蒋介石亲信爱将
王耀武传奇

温 相著

团结出版社

图书在版编目（CIP）数据

　　蒋介石亲信爱将王耀武传奇/ 温相著. -- 北京 ： 团结出版社，
2013.1（2020.6 重印）
　　ISBN 978-7-5126-1493-2

　　Ⅰ．①王… Ⅱ．①温… Ⅲ．①王耀武（1904～1968）—传记 Ⅳ．①
K825.2

　　中国版本图书馆 CIP 数据核字(2012)第 299003 号

出　版：团结出版社
　　　　（北京市东城区东皇城根南街 84 号　邮编：100006）
电　话：(010) 65228880　65244790　（出版社）
　　　　（010）65238766　85113874　65133603（发行部）
　　　　（010）65133603（邮购）
网　址：http://www.tjpress.com
E-mail：zb65244790@vip.163.com
　　　　fx65133603@163.com（发行部邮购）
经　销：全国新华书店
印　装：三河市东方印刷有限公司

开　本：170mm×240mm　　　16 开
印　张：30.25
字　数：515 千字
版　次：2013 年 1 月　第 1 版
印　次：2020 年 6 月　第 2 次印刷

书　号：978-7-5126-1493-2
定　价：68.00 元
　　　　（版权所属，盗版必究）

别梦依稀·父爱如山（代序）

王鲁云

得知温相先生大作《王耀武传奇》一书即将印制出版，心情久久不能平静。父亲王耀武的音容笑貌转瞬之间映于眼前，仿佛昨日。

父亲一生戎马倥偬、军旅匆匆。我在1935年10月出生时，父亲还在江西前线。我出生的消息让父亲非常高兴，他虽然是老派人，但脑筋并不旧，尤其没有"重男轻女"的思想。而且又因为我是长女（其实也是唯一的女儿），让他格外钟爱。每逢我的生日，尽管他很忙碌甚至"过家门而不入"，但总要细心惦记，总要托人送回一两样小玩意哄我开心。这些东西因为济南城破之前行色匆乱，都已然散失了。1965年，经周恩来总理批准，我带着小女黄惠珍回祖国大陆探望父亲，屈指算来已经十七年未曾谋面，父亲显然苍老了许多，但他对我的慈爱不容稍减，他压低了声音拉住年仅七岁的惠珍问长问短，舐犊之情溢于言表。虽然这次见面只有一周的时间，但它印刻在我心目中的记忆却是恒之久远。

父亲一生历史功过早已盖棺论定，这里不再赘述。我只是想借这个机会谈一谈我对他的印象。父亲功名早显，一路扶摇，入参庙议，手绾兵符，可谓烜赫人物。但他本人从来都是自持甚俭、洁身自好。旧社会的旧习气从无沾染。他与戴雨农（戴笠）私交很好，但私下里却对其人渔色、暴虐等负面颇多微词。他本人虽也不能免俗，广开财路，但从未骄奢淫逸、中饱私囊。有一次，我亲眼见到他穿着一双新布鞋在污水中踏来踩去，颇为不解，就问缘故。父亲告诉我，小时候家里很穷，我祖母一人操持全家，节衣缩食，一双新布鞋总希望它能延长寿命。因为鞋底是细麻绳纳的，干透了的麻绳耐力有限，猛一用力，很易折断。所以，穿了新鞋就要在水里踩一踩，让麻绳吸足水分，增强韧性，自然也就耐穿了。他为人讲求边幅，但平素办公，除非迎来送往、宴请宾朋，否则绝不穿皮鞋，只穿粗布鞋。他的饮食也相当简单，温相先生书中所述庐山那一段白文冰为他做"号筒子"（卷饼）一事至为逼真，他在家里最爱吃的就是这一口，每逢此时，他还告诉我说，少年时代如果能吃上这些就已经是过年了。

对于国共两党最后兵戎相见，父亲内心感受极其复杂。他不赞成陈诚那些人急于发动内战的想法，却又不能不服从于军令。他本来从不在家里谈及军务、政务，这次却也隐忍不住。据母亲郑宜兰后来对我说，父亲两次说过"这一腔热血竟洒何地"的话。父亲晚年曾致力于祖国和平统一建设大业，惜乎早逝，未能贡献良多。所幸我们目前事业尚能为两岸三地经济良性互动略尽绵薄之力，或可弥补父亲些许遗憾。

父亲前半生事业中也有母亲郑宜兰的影子，他们两人素来相敬如宾。在当时的社会背景下，高级官员金屋藏娇者比比皆是，父亲却从不拈花惹草，对母亲的感情始终如一。济南城破前夕，他送走祖母、母亲和孩子们。之后，母亲带着我们九个孩子（六位兄弟和两位堂兄弟以及我本人）来到了香港，生活一段时间后，我们全家又去了中美，母亲终老于哥斯达黎加。一段时间以来，一些书刊包括互联网上流传着母亲后来同父亲的一位副官结成夫妻并背叛父亲一类的传说，令我深感惊诧，这完全是无中生有。对于这类不负责任的谣诼，我们家属已经在《大公报》上公开发表声明予以澄清，现在借温相先生大作出版的机会再度表明一下事情的真相，母亲郑宜兰在离开祖国之后没有做过任何一件对不起父亲的事情，她对父亲的思念一如既往，没有更改，只不过因为主客观原因，以至于他们始终未能聚首，不能不说是一大憾事。

拉拉杂杂写了这些文字，不知所云，聊以表达对父亲的追思与追念之情吧。

楔　子

　　1949 年中华人民共和国成立后有一次，当被问及在众多的国民党黄埔系高级将领中哪几位指挥才能比较出色时，粟裕脱口而出："就是杜聿明和王耀武。"粟裕接着评点这两位老对手："杜聿明只能打胜仗，不能打败仗；只能在有利条件下打仗，不能在不利条件下打仗。"——"那么，王耀武呢？"

　　粟裕说："王耀武这个人在国民党的高级将领中比较有指挥才能。陈老总说过，不要小看王耀武，他是国民党那些人里比较明白的一个。"

　　粟裕评价王耀武之际，王耀武还在接受战犯改造。当王耀武经过特赦释放出来后，有人问他除了亲人最想见以外，还有谁此刻能让他想起来呢？王耀武沉吟片刻说："粟裕。"

　　真正意义上的对手往往也是知己。

第一章

投身黄埔

1. 王耀武的小名叫"骡子"

名字的历程对于中国人来说，不但是一部民俗史，也是一部政治史。王耀武一生分别有三个名字：王哲让、王耀武、王俊才，也是他三个不同历史阶段人生历程的最好折射……

西方人认为名字就是一个符号或者代号。这种说法用在中国人身上不合适，用在政治人物身上更不合适。中国人自古讲究"名不正则言不顺"，所以，这个名字那是万万马虎不得的。元曲的《高祖还乡》中有这么一句道白："只道刘三，谁肯把你揪捽住？白甚么改了姓，更了名，唤做汉高祖！"可谓一针见血。因此，名字的历程对于中国人来说，不但是一部民俗史，也是一部政治史。本书的主人公王耀武一生中的三个名字也是他三个不同历史阶段的最好折射。

王耀武有哪三个名字呢？分别是王哲让、王耀武、王俊才。自然，他还有个小名，叫"骡子"。

农村为了养活孩子图个顺当，经常给小孩起个贱名，什么"狗子"啊、"驴蛋"啊等等的。按说王耀武的"骡子"也该是这么一个来路，但偏偏还就不是。

1904年，王耀武出生在山东泰安上王庄的一个普通农民家里，王耀武的老爹和大哥很早就去世了，留下孤儿寡母的，生活非常艰苦。农家子弟想要熬出点动静来，要么能做点买卖，要么读书精明。可王耀武这两点都不沾边，就是庄稼地的农活他也不灵。左邻右舍的人有时候就开玩笑说："这孩子愣就是'骡子'。"什么叫"骡子"？那就是非驴非马的意思，也就是既做不成农民，也当不了城里人。

王耀武的老娘是一个非常要强的人，听了这样的话心里的难受可想而知。然而，这个"骡子"的小名竟是不胫而走，就是王耀武后来衣锦还乡时，家乡人还有叫他骡子的。

说起王耀武的老娘，那还真不是一般"战士"。国民党阵营中有几个政治人物的老娘那都是响当当的，在历史上是留过一两段痕迹的。比如蒋介石的老娘，比如王耀武的老娘，比如沈醉等人的老娘。背景当然都是守寡以后的故事。

孩子行不行，关键在妈。古人说"相夫教子"也就是这个道理。王耀武小时候淘气，上树摘邻居家的果实，给邻居追着打，王耀武他妈看到了，就拦住王耀武，说给追着孩子打的邻居听："你就让你大爷打两下出出气不行吗？跑什么跑啊！"就这一句话，邻居也不好意思了，呵呵干笑着。

有一年，王耀武的外祖父病了，病得很重。家里人急得团团转，最后由王耀武外祖父的一位当家的堂兄也就是族长请来一个郎中给看病，左看右看，搞了半个月，外祖父的高烧就是下不去。王耀武的老娘就觉得不对劲，要换个大夫给瞧瞧，可头一个大夫那是族中的长辈，而且是有势力的族长给请来的，如果生掰的话，必然伤了和气，以后族长难免不找他们家麻烦。怎么办呢？王耀武的老娘暗地里托人请了另外一位郎中，半夜里偷偷地上门给号脉，开药。白天族长请的那位大夫开的药照样抓，照样熬，就是不吃，暗地里倒掉。晚上请来的这位大夫开的药方，王耀武的老娘亲自去抓，亲自去熬，这样过了七天，王耀武的外祖父大便也通了，高烧也退了，人硬是闯过了这道鬼门关。王耀武老娘的这份心计和胆魄对王耀武的影响应该说是毕生的。

王耀武有个本家大爷，叫王德发。山东人特尊重武松，武松行二，所以见到牛气一些的人，大家喜欢叫他"二爷"。王德发在村子里就有"二爷"的称呼，人称"德二爷"。德二爷有最牛的两样本事，就连村长、乡长都服他。王德发的两样本事是耍大刀和下绊子。特别是下绊子，俗称"使坏"，王德发不是对乡亲们使坏，而是对那些经常欺男霸女、横行乡里的人使点小坏。大坏不敢使，毕竟人家有势力摆在那里。不过，使小坏也曾经除过一条恶霸。

恶霸的名字叫王秀虎，别说在上王庄了，就是在泰安城里，这老小子也是挂一号的。王秀虎家里开着面铺，经营挂面，还有个油坊，另外还放印子钱。王秀虎这人太恶了，间接害死过好几个人，只是因为他手上从不直接沾血，加上泰安城里有后台，所以，村里人虽然恨之入骨可又无可奈何。

说来也是该着这老小子命绝，碰上了王德发，更主要的是碰上了姜桂题。姜桂题早年投身捻军，是老捻子张乐行手下的悍将之一，可是后来看到张老乐（张乐行人称张老乐）不灵了，就合伙把张老乐给绑了送给清军邀功，用张乐行父子的鲜血染红了自己的顶戴。张老乐是被凌迟处死的，死前大骂姜桂题，儿子怕疼，嗷嗷喊，张老乐冲他怒吼："你算什么爷们！"儿子这才闭嘴。姜桂题在张老乐死后连着几天都做噩梦，后来落下了个毛病：听着"老乐"这个词他就发抖。

有一年，姜桂题驻节泰安上王庄，赶上饭点带着十几个亲随找饭辙，王德发给带路，一路走着，不远处就看到一个明晃晃的大幌子，上面写着两个大字：挂面（挂麵）。

请注意了，这挂面两个字是繁体字，不是今天的简体字。姜桂题这人有个缺点，不识字，文盲一个。还有个缺点就是近视眼。他一眼看见这个"挂麵"的幌子，就不高兴了。

姜桂题骂了一声："他奶奶的，谁敢把老子的名字挂在高处？"当时十几个亲随也懵了，不知道老爷子怎么发脾气。王德发脑袋瓜子转得多快啊，马上就门清了。敢情姜桂题把"挂麵"看成了他自己的名字"桂题"（桂题）。王德发赶快走上前去说了一句："报告大帅，这人可牛了，他叫王秀虎，人称王老乐，这方圆百十里没人不知道的，谁都不敢惹。"

姜桂题一听"老乐"，当时就来脾气了，他问王德发："他为啥叫王老乐。"王德发说："人家有钱嘛，天天行乐，还不老乐啊，再说了，大把的小老婆围着他，当爷们的谁不乐啊？"别看姜桂题做了大官，手底下几千号人，可年幼家贫，要过饭，当过乞丐，特别是有一次冬天，他扶着老娘要饭，那家人的小老婆不但不给，还放狗咬伤了姜桂题的老娘，姜桂题奉母极孝，所以，见到老娘被狗咬自然恨在心头，这件事他一直记着，尤其恨这个小老婆，也就因为这，他直到后来高官得做，也不养小老婆。今天听到这话，心头的火一下子就拱起来了，让手底下人把那个幌子给撕了。

这一下就闹开了。

姜桂题虽然是驻军头领，可今天大家伙都穿着便装，上去撕幌子，店里的伙计当然不干了，一家伙就动开了手，棍棒哪有长眼睛的，姜桂题一看这不是反了吗？马上叫人把大队人马给开来了。还把王秀虎给捆上了。

这一来也惊动了地方，管事的和头面乡绅都出来了，一说开，姜桂题脸上挂不住了。甭管什么年头，文盲也不是光荣的。但姜桂题身边的师爷不含糊啊，他给大帅找台阶下，说打墙也是动土，如今王秀虎这件事要是办成了夹生饭，以后大帅还不得留下个不识字的岔口给人家念叨一辈子吗？再说了，领路的王德发都讲了，这王秀虎是地头蛇啊，在地面上有很多的仇人，如今把他给彻底办了，那不但不会留下文盲的话头，还能让老百姓时时刻刻念大帅的功德。那年代谁不仇富啊。

姜桂题一听直拍大腿：就这么办了。还有一层原因，王秀虎的外号王老乐的"老乐"两个字是姜桂题心中的一段隐痛，那时候带兵的人都迷信，一个"老乐"一个

"挂面"，这两个同时出现不是偶然的，姜桂题觉得不拔了这根刺，他心里就犯嘀咕。所以，一挥手，把王秀虎给斩了，罪名是现成的，殴打驻军，这还了得。斩了倒是斩了，不过姜桂题以后又多了一个外号，人称：姜挂面。

2."让"的哲学

"凡事让三分，凡人敬三分"是"让"的哲学，遍布中国各个角落。王耀武首名王哲让，其家训也为"勤、良、俭、让"。

王耀武的第一个名字王哲让就是王德发给起的。这个"哲"是行辈，哲字辈的。这个"让"则是王德发最得意的一个字。王德发跑江湖、溜码头嘛，靠的是装了一肚子的"三国"，别看他念书没有念多久，说出来的话并不糙。为什么叫"让"？王德发自有一番见教。王德发说了：人这辈子最难的就是装孙子，说白了就是夹着尾巴做人。凡事让三分，凡人敬三分。这个让，这个敬，不是跟比你强的人，而是跟比你弱、比你差的人。达官显贵，你敢不让人家吗？可贩夫走卒，你要是也能做到让，那就不含糊了。你给当官的让道，那是本分，你要是给卖菜的让道，那就是你的功夫了。

王耀武的老娘也很赞同王德发给起的这个名字，王哲让。王耀武家里的家训就是四个字：勤、良、俭、让。

"让"这个字不仅是祖传的道统，也是王德发跑了半辈子江湖的经验。自古以来，"让"的哲学充斥着中国的各个角落，上自庙堂，下起草泽，人们对"让"充满了复杂的感觉和感情。晋文公重耳"退避三舍"，清代大学士、父子宰相的张英"让他三尺又何妨"，久久在历史的天际中回响。

无独有偶的是，国民党军另外一个高级将领，一度成为蒋介石的候补接班人之一的胡宗南的原名也是这个"让"字（胡宗南原名胡让）。包括中国共产党早期领导人之一的张太雷原名也有一个"让"，张曾让。可见，"让"对于普通民众的影响了。

具体到王耀武的家世，也不能不让。父兄早早过世，跟着寡母过日子的王耀武兄弟早早就品尝了人生的艰难和困窘，少年时代的贫寒给王耀武一生带来了无法磨灭的印象。而母亲在这些岁月中的刚毅与挣扎更成为王耀武拼命都要出人头地的原动力。

"朝为田舍郎，暮登天子堂"，靠的是读书。老娘紧衣缩食地供王耀武读书。王耀武拜张宝亭老学究为师启蒙。上学的头一天，老娘把王耀武叫到跟前说："孩儿啊，读书不全为了光宗耀祖，也为你将来懂得做人的道道。"

不过，王耀武的书的确读得很一般，放学以后就跟王德发到处转悠。最喜欢看的就是王德发的"驱邪"。

王德发是村子里的"能人"，举凡有了穷哥们看不起病又不能不找个辙排遣排遣时，王德发的用场就派上了。"驱邪"在今天看来是地道的迷信，但在当年却是特别的受追捧。

毛泽东后来说过："乡里农民，小病挺挺就过去了。大病也不一定找医生，拜个菩萨，求点香灰回来吃。你不要小看香灰，给人的精神上的支持可大啊。"

其实，"驱邪"也是这个层面上来的。

王耀武对"驱邪"本身并不是很懂，只是觉得好玩，而更主要的是每次王德发"驱邪""胜利"归来，总要拿上别人送给他的一两只活鸡，这一两只活鸡也就往往成了王德发、王耀武爷俩的一顿美餐。

有一次，村上的一个比较富裕点的本家大哥病了，左看医生，右吃草药，都不灵，延宕了十多天，没法子就找了王德发去"驱邪"，王耀武也跟着去了。王德发先是问了问起病的缘由，家里人告诉王德发说："老头多喝了一点酒，半夜叫嚷口渴，起来喝了缸里的水，早晨发现缸里的水里面好像有些小虫子，于是就做病了。"

王德发听明白了，然后拿出一堆家什，装模作样地比划了半天，最后递给本家大哥一小碟白色粉末状的东西让他服下，说这是"符化"的。过了一会，本家大哥开始呕吐，王德发让王耀武用小铜盆给接住呕吐物，然后拿出去，王德发倒也不避王耀武，悄悄地往小铜盆中放了点东西进去，然后自己亲自端进去给本家大哥看："大哥，你的病估计要好了，你好好看看这里都是些什么东西？"

本家大哥和家人一道看来，铜盆中的呕吐物里零星地散布着几个细细的红色小虫子。

这之后一周内，这位本家大哥的病霍然而愈。自然少不了答谢王德发，王耀武也得了两只活鸡，这是他平生的第一次"下海收入"。

王德发收拾活鸡有套本事。他先把鸡给吊起来，吊半个钟头的样子，然后解下来一刀斩决，刀要快，眼要准，鸡连哼唧的机会都没有。为啥要吊起来，王德发始终没说过。但这样杀掉的鸡炖起来的确是香。王德发最拿手的是红烧鸡块，放点粉皮，出锅以后那个劲儿就甭提了。王耀武这辈子最好这一口——红烧鸡块外加粉皮。有的书上说"红烧鸡炖粉皮"，其实不够准确。

王耀武的这口爱好到了后来连蒋介石都知道了，只要是蒋介石给王耀武设宴款待，必须吩咐厨房先请上等的鲁菜厨子备好这道"红烧鸡块"。发迹以后的王耀武曾经拜谒过戴季陶，亲自下厨给戴季陶做了这道"红烧鸡块"，戴季陶是四川人，南来北往、出国回流，也算是见了很多世面的人，口味自然很杂。下筷吃了一口红烧鸡块就放不下了，接连两三口，然后问王耀武的做法，王耀武只能复述把活鸡给吊起来这一模式。戴季陶摇头晃脑地想了一会说："佐民（王耀武字佐民）老弟，你这鸡不得了啊，你想想看，人给吊起来的时候一定是胡思乱想的，虽说鸡不同于人，但毕竟也是一脉生命，想来也是各种滋味云集。我看你这鸡应该叫'思想鸡'。"王耀武当然要恭维这位国民党内头号理论家的"伟论"了。

可当年王德发红烧鸡块时说给王耀武听的却是另外一番道理。

王耀武一边吃着鸡块，一边问王德发，因为王耀武亲眼看到王德发做了手脚了。王德发抿口小酒就咧开嘴乐了："孩啊，天底下最难琢磨的就是人心这玩意，人心隔肚皮就是这个理儿。我这大哥的心思都在那几条虫子上，所以，吃啥药都白搭。说白了就是闹心。所以我就给他开个小玩笑，弄两三条小虫子给他解解闷。耳听为虚，眼见为实，他看到了，就踏实了。人这辈子其实活的就是这个心思。心思不对了，就都不对了。"

王耀武似懂非懂地点了点头。王德发又说道："你进了学，不能死读书，读死书。还得多点人情世故，而这人情世故中最重要的就是这个人心，你拿住了人心，那什么事干不成？我这是临时蒙事，你可要学点真本事。能拿住人心，再会装孙子，你小子这辈子就算拿下了，谁也奈何不了你！"

3. 绑匪来了

绑架案受牵连，王耀武智斗绑匪脱险。兵荒马乱，王耀武见识到土匪的肆虐，与官军的横暴。"军队"在王耀武心中形成了概念。

上王庄有个外来户，家里的男人早死了，剩下一个寡妇与两个儿子。老大叫吴化东，老二叫吴化成。其中老二吴化成跟王耀武一起在张宝亭的私塾里念书，算是同学。吴化成比王耀武小几个月，平常跟王耀武玩得特别好。而吴家的情景跟王家差不多，都是寡母带着两个儿子，所以，两家处得不错。

但跟着麻烦就来了，吴化成的老娘也是人们俗称的吴嫂，三十岁出头的光景，人还有些姿色，给庄上的地主王体乾当老妈子。早些年间一些大户人家的老妈子、丫鬟、奶妈，其实都是主人手中的玩物。小说《子夜》大家都看过吧，吴荪甫一来脾气先把老妈子给干了，说起来这吴荪甫还不是一般的土财主可比。

王体乾这孙子比起我们前面说的那个王秀虎更邪乎，家里开着当铺呢。开典当行的从古至今，有泛泛之辈吗？没有啊。王耀武进过王体乾家的当铺，站在高高的柜台下就多说了一句："这是新袄子，没穿过的。"柜台里面就飞出一句话来："当不当？不当滚蛋，多什么嘴？"

按说王体乾搞了吴嫂，你多少意思点也行啊，卖身那是没法子的事，可这老孙子忒不是东西，不但不多给加钱，还变着花样折磨吴嫂。更令人生气的是王体乾的小儿子还经常欺负吴化成，嘴里不干不净地骂骂咧咧。吴化成有时候受了委屈就跟王耀武嘟囔，王耀武一孩子能说啥啊？可心里真憋气。王耀武等王德发闲下来时跟他说了吴化成家里的事，在少年王耀武心目中，他这位二大爷是个无事不能的大能人。可大能人听了这件事以后，闷了半天没说话。王体乾是谁，王德发太清楚了，这是县里头面人物见了都要恭敬、客气的豪绅。他一个小小的走江湖耍把式的人能奈人何？"挂麺"那种事哪儿能说碰上就碰上呢？

王德发束手无策，吴化成的哥哥吴化东可等不及了。一个大小伙子不能眼见自己的亲人随便给王八蛋们欺负。吴化东在铁匠铺帮工，结交了一些行踪诡秘的老客，他们经常来钉马掌，一来二去的就熟了。吴化东估计这些人可能是"走水"的（走水就是流匪的意思）。有一天；他就把话透了透，说者有心，听者更有意。还真让吴化东给猜对了。来这里钉马掌的这几个人的确是一帮"走水"的过路绑匪。

这批走水的绑匪一直都很饿，找不到"口"，偏巧碰上了吴化东报仇心切，这等于出门给钱包绊了一大马趴，哪儿有不高兴的道理。匪首吩咐了，按照吴化东指定的地点，把王体乾的儿子给绑了，然后跟王体乾要 10 万元，如果条件允许的话，连带着把吴化东也给收拾了，不给这里任何人留下任何可靠的印记。

王体乾的小儿子上学平素都是吴化成陪着，没想到这两天吴化成闹病了，就给改成了王耀武陪着。绑匪遇到王体乾的儿子时一看身边还有别人，二话不说，一道捆了。王体乾家里找不到儿子，火上房一样。那边王耀武的老娘看不见儿子回来，差点没晕死过去。像王体乾这种人，本身就通黑白两道，泰安附近的绑匪是不会轻易找茬的，因为王体乾对他们不薄。老家伙坐下来一琢磨，这一准儿是过路的干的。但他又有点想不明白，既然都知道王体乾的大号，绑匪应该也知道王家的力度不是？眼下是没说的，立马备钱，同时暗地里把山后的两个拜把子匪首找来，请他们给打探一下，这到底是谁做下的"买卖"，黑道上的事情还得由黑道解决。按说王体乾跟官府的关系那么铁，为啥不请官面上的人来解决呢？道理也是明摆着的——官比匪黑。

就拿剿匪来说，一旦得信说某地有匪患，这在官府看来那就是捞银子的好机会。派上一两百人，县里、乡里、村里三处都要好吃好喝好玩好用好女人招待着，临走还要拿上好钱好酒好牲口，谁要是稍有含糊，那就立马扣上"通匪"的罪名。所以，官军剿匪，狗跳鸡飞。王体乾是大户，虽然这些钱未必都出自他的门下，可这些如狼似虎的官军是黑眼珠见不得白银子的，万一有个差池，王体乾绝对是吃不了兜着走。所以，他宁可把钱花在黑道上。

被绑上山来的王耀武以及王体乾的儿子被分别关在两个小山洞里。王体乾的宝贝儿子平常养尊处优，哪儿遭这种罪去？当时就晕菜了。王耀武眼睛给蒙住了，可心眼转起来没问题。他上学晚，九岁开始读私塾，这一年他才十三岁。

待了一会，等着有人动静了，王耀武猛地喊了一嗓子："给我上点清传子，渴了！"

就王耀武这一嗓门，蒙在眼睛上的黑布就给扯下去了。"上清传子"这是句黑话。也就是上茶的意思。古往今来，一些高危行业往往有着它独立的言行。比如我们在江边船上吃鱼，一边吃光了，要吃另一面，你不能说"翻过来"，因为行船的人最忌讳这个"翻"字，所以，你要说"划过来"。同样的道理，黑道上经常血雨腥风，土匪们干的是掉脑袋的勾当，禁忌自然更多了。他们最忌讳的是"饭"和"茶"这两个字，饭同犯，茶同查，因而，吃饭叫"上传子"，喝茶叫"上清传子"。这是山东地面上的一些土匪的讲究。你要是说漏了嘴，他们能马上跟你翻脸。

可这些行话也仅限于他们土匪之间的传递，冷不防被绑来的半大孩子居然也能冒出来这句话，就让绑匪们大吃一惊。这批绑匪是过路的，所谓强龙不压地头蛇，他们干这单子的买卖也是准备快进快去，拿到钱就立马走人，不能久留，更不想因此惹动这一地面上的各路土匪。如今听到孩子的"黑话"，不免有些犯嘀咕。"走水"的土匪当家的叫"一把刀"，次一级的叫"二把刀"。这时候，绑匪群中的"二把刀"说话了："这是哪家儿的娃？"绑匪就告诉他说跟着王体乾那儿子在一起的，所以，也就按照规矩必须给绑过来了，不清楚是谁家的孩子。

"二把刀"就问王耀武："你跟谁学的这句话？"

王耀武小脑袋瓜一扬说："跟我二大爷学的。"

"你二大爷谁啊？"

王耀武顿了顿，火候到了，大声地回答说："说起我二大爷来，那还真是个人物，先给我来口清传子，润润嗓子再说。"

"二把刀"示意给王耀武喝口水。喝完了水的王耀武接着说："我二大爷的大刀本事是祖传的，打我二爷爷那辈就有了，我二爷爷当年用'跑水报'的'神马'救过'铁裤裆'一条命，王铁汉单骑退追兵，谁不知道啊？王铁汉就是我二爷爷，王德发是我二大爷，你们扫听扫听去！"

"二把刀"听到这儿，马上招呼手下绑匪："把大哥赶紧喊来！"

不一会儿的工夫，"一把刀"来了。"二把刀"让王耀武重复一遍刚才的话，王耀武脑袋一拨楞："好话不说二遍。"

"二把刀"说："行，你小子。"他就把王耀武刚才说的话给"一把刀"重复了一下，"一把刀"听完，眉毛马上立起来了，紧走几步到王耀武跟前："小兄弟，你说你二爷爷叫王铁汉？救过'铁裤裆'？你可知道'铁裤裆'叫什么姓什么吗？"

王耀武想了一下说："铁裤裆大名咱不知道，就知道人家都叫他唐二虎，为啥叫他唐二虎，因为我二大爷说了，他有两个儿子，虎里虎气的。"

"一把刀"听到这里，更急了："你二爷爷还在吗？"

王耀武说："我二爷爷早就升天了，我二大爷还在，他老身板结实着呢。"

"一把刀"一挥手，让底下人给王耀武松绑，这下子下面人也懵了。

王耀武这人一给解下来，小嘴吧唧得更快了："我二大爷说了，唐二虎不光有'铁裤裆'这一绝招，还有练'斤镖'这绝招呢，人称外号'斤镖唐'。"

后面这句话刚说完，"一把刀"喊了一声：上酒来！

端上了一杯酒，"一把刀""二把刀"端着酒杯敬起了王耀武："小兄弟，我们哥俩敬你一杯，喝完再说。"

这回轮到王耀武蒙了。

为什么"一把刀""二把刀"两个绑匪头子忽然对王耀武敬起酒来了呢？这里面有段往事要说一说。

王耀武转述王德发口中的"唐二虎"那是王德发老爹王铁汉当年在河南走码头时结识下的好朋友之一。唐二虎是镖局的人，力气很大，尤其是练斤镖有一套章法，行里都服他。我们经常说到"金镖黄三太""金镖黄天霸"等等的传说，其实那都不够准确，因为首先就没有人用金子打造镖的，一只镖少说也有一斤重，拿在手里沉甸甸的，更别说飞了。其次，金镖是斤镖的讹传。镖局的人都知道，天底下只有练斤镖的，没听说飞金镖的。

有一年，唐二虎得罪了官府，官府要拿他站笼子。什么叫站笼子？说白了就是绞死，但比绞死更遭罪，在抽砖之前，一般牛一点的江洋大盗也都面无人色了。清朝对付盗匪最狠的两招，一招是站笼子，这是公刑，也就是公开处理的，在刑法范围之内的，还有一种私刑，最残忍，俗名叫做"刺马眼"，什么叫"刺马眼"呢？就是用猪鬃扎男性的尿道口，一旦扎进去，这人不死也残废了。别看唐二虎外号"铁裤裆"，要是给用上"刺马眼"这招，什么裤裆都破了。

官府围捕唐二虎的消息给当时在河南办事的王铁汉知道了，王铁汉当夜就用"跑水报"的马给唐二虎送信。"跑水报"又是怎么一回事呢？

原来，河南洛阳有个万金潭，这是通黄河的，这个潭子里的水要是看涨的话，那么黄河的水也要涨起来了。遇到万金潭涨水时，就用快马疾驰到开封报信，这就叫"跑水报"，用来跑水报的马都是上等的纯种马，从来不"眼岔"（眼岔指的是在马行走中，遇到可能遇惊的事而惊跑、惊乱）。但跑水报最伤马，再好的马跑过水报也活不久。[①] 王铁汉胯下的那匹"玉顶西凉驹"是有名的，跑过水报但还非常硬实，平常那是双料伺候着。用这匹马来给唐二虎报信，那真是恩情到家了。

王铁汉放跑了唐二虎，官府那边很快也知道了，派人打马来追，王铁汉的马给了唐二虎，自己骑了另外一匹"菊花青"，脚力明显不如跑水报的那匹神马了。眼看着官府的人要追上来了，王铁汉不含糊啊，他蒙半边脸，手里托着毛瑟快枪。余光一瞄，后面是四个追兵。王铁汉一扬手，枪就响了，六连发。后面的追兵一下子就听明白了，河南巡防营手里最硬的家伙当时也就是五响快枪，这会儿他们听到六连发的动静，立刻带住缰绳，不追了。要不王德发怎么总跟王耀武说"让"呢？这是他老爹王铁汉传下来的，当时王铁汉要是回身开枪，别说四个追兵，就是八个也给撂倒了，但事情也就大发了，打死官府的人，是死罪啊。王铁汉是救人，不是杀人，所以，他亮了亮枪，也让后面的弟兄们明白明白，巡防营的五响连发快枪在眼前是不好使的。这样一来，大家都有面子了，追兵回去可以说遇到硬家伙了，不好追，他这边不伤一个人，自己还跑了。要不怎么说"让"是哲学呢。实际上王铁汉这么做，也是当时相当一批走江湖刀尖上舔血的人惯用的急中生智的手法之一，比如国民党的御用文人陶

---

① 陶希圣著《潮流与点滴》第 18、22 页，中国大百科全书出版社 2009 年版。

希圣在他晚年的回忆录中也提到过类似的情节。①

不过，到底是惊了官府，王铁汉从河南夏邑走回曹州，然后奔了泰安，河南地界以后再也不便去了，自己也更名为王厚起。可唐二虎到死还记得这位救命恩人，后来他死前跟两个儿子交代："务必找到你王铁汉王大爷，一定要报这个恩，否则你们哥俩将来不要到地下见我。"唐家哥俩倒是没少打听，可人家王铁汉都改了名，换了地界，到哪儿找去啊？要不是今天王耀武抽冷子说出来，那真是无处可寻了。

王德发教王耀武练大刀时没少跟他说王铁汉的那些事，王耀武脑瓜聪明，还有心，也就记住了。给绑匪绑上山以后，王耀武本意是说出王铁汉、王德发给自己壮壮胆子，也就是拉大旗作虎皮，没想到竟然跟眼前的两位绑匪头子连起了一段渊源。

"一把刀"和"二把刀"给王耀武饱餐一顿，安排他睡一会。哥俩就商量开了。很明显，这小孩不但不能动，而且还要完好无缺地给王德发送回去，这报恩是起码的。可贼不走空，这也是祖训啊。两个匪首考虑的是起码要把王耀武留在山上过一段，直到他们拿到王家的赎金为止。可是，眼下发生的另外一幕情形让匪首多少改了主意。他们给王耀武摆吃的时候，上了一碗鸡，王耀武撕下一个大腿搁在一边，始终没有动。"一把刀"就问王耀武："你小子怎么不吃这鸡腿？"王耀武说："俺吃了这么好的饭菜，俺娘还没吃到，俺留下个鸡腿带给俺娘吃，坏山里的规矩不？""一把刀""二把刀"相视了一阵。绑匪虽然丑恶，可毕竟也是人，也有残存的那么一点人性，或可说这种残存的东西在这一刻被王耀武的这番话给勾了起来。哥俩决定先放王耀武下山。但这种放可不是放羊的放，那是带着任务的。"一把刀"吩咐把王体乾的儿子的小手指头剁下来一根包好交给王耀武带回去，意思很明确，"走水"的贼是没有耐心的。

"一把刀"的盘算并非真的是给王德发报恩，王耀武拿着王体乾家的小少爷的手指头回去也不是什么好事。以王体乾这些人的为富不仁和凶恶程度，搞不好很有可能要了王耀武的小命。如果是这样的话，倒是正中"一把刀"的"下怀"，凡是见过他们哥俩的陌生人要么入伙跟他们走，要么就做刀下鬼。"二把刀"自然明白大哥的心思，不过，他多少有些顾虑地问了一句："王德发的恩不报，将来九泉之下难见老爹啊。"他大哥用鼻孔哼了一声道："你我哥俩走到今天这一步，打家劫舍，落草为寇，已经见不了他老人家了，我们不狠点，那就轮到别人对咱哥俩下狠手了。"

"人算不如天算"，王耀武被王德发发现并且救回了上王庄。但并没有像"一把

---

① 陶希圣著《潮流与点滴》第20、21页，中国大百科全书出版社2009年版。

刀"预想的那样发生简单的命案，而是引发了一场更大的灾祸。

王体乾的小儿子被绑票以后，王家上下就形成了两股意见，一股是大老婆坚持的报官。大老婆的弟弟在县警察局当了小头目，一直惦记着姐夫家里的财产，偏偏大老婆自己不争气，生了个女儿，所以在家里也就落了下风。她所以坚持报官，根本不在于救王体乾的命根子，而是要断送王体乾家的命脉。"黑眼珠见不得白银子"这条"大道理"也是往往要管许多"小道理"的。

王体乾的小老婆这边呢，虽然肚子争气生了儿子，可娘家没人啊。只能依靠老头子给撑腰。这会见到了儿子的小手指头，当即晕厥。醒过来以后一定要把王耀武给绑在马棚里活活吊死再说。这时候王德发说话了："绑匪里头有规矩，要是把'放水'的'活口'给弄死了，他们保不齐可能会要了小少爷的命呢。"王体乾听了连连点头："兄弟，你看如今怎么办好？"平素里，王体乾见到王德发那是连鼻孔出气都懒得哼一下的主儿，现在到了走投无路的地步，居然也拉上了"兄弟"这一层的关系（按照族中的血缘，王体乾与王德发是平辈的弟兄）。王德发说："报官不报官的全在老爷您一句话，可小少爷的命也在老爷这句话上面了。"王德发这个回答其实等于没说一样，可慌乱中的王体乾竟没有听出这么点花活来，反而貌似镇定地又点了点头。

但是，大老婆姐弟俩可等不及了，没跟王体乾打招呼就报了官。官府一听真的高兴了。多少天没沾荤腥了，而且这次是王体乾家里出了大事。这真是千载难逢的好机会啊。当然，这里面最高兴的要算县长了。

县长俗称"百里侯"，古代就有"灭门知县"一说。说明他手里的权力。在地方做过县长，在军队做过团长的人，历来都是颇有些手腕和手段的，而这两个位置也是日后升迁或可说飞黄腾达的必由之路。当县长通常要学会扮演四种角色：第一是公婆；第二是阎王；第三是老虎；第四是孙子。对于豪门大族来说，县长是公婆，既要保护他们，也要防止他们爬到自己的头上来；对于寻常百姓来说，县长是阎王，你不交齐各项赋税，那就只有死路一条；对于流氓匪患来说，县长是老虎，要不时地抖一抖虎威；对于上司来说，县长是孙子，除了听喝再无其他可能。

面对流氓匪患，县长抖一抖虎威的真正目的不是为了保境安民，而是为了自己的纱帽和自家的荷包。流氓匪患不能太多，也不能太少，太多了你县长的纱帽就成问题，太少了你县长的钱包就也成问题。"养寇自重"这是自古以来做官的诀窍之一。而"养寇自重"的另一面便是"宰肥鸭"。眼下遇到的这伙绑匪正是给了县长"痛宰肥鸭"的好机会和好身手。

县长降尊纡贵地来到王体乾家里，嘘寒问暖，而且也发了虎威，要借大兵"进剿"，驻军的人马尚未开到，县警察局的各色人物早已按捺不住，频繁登场，王体乾的银子开始一江春水向东流了。

驻军派出一个连，县警察局调动了六十多名警察配合，搜山围剿了一周，愣是没见绑匪的半点踪影，只是王体乾儿子的一只耳朵又给送到了王家。这下子王家彻底给砸晕了。王体乾不得不让王德发帮着想点办法，最后由王德发带着巨款上山与绑匪协商，从王耀武口中，王德发已经知道了"一把刀""二把刀"兄弟俩的来路，这哥俩也不再掖着藏着，特别是看到了巨款健在，自然放人，少了一只耳朵和一根小手指头的王体乾的小儿子终于"平安归来"。可吴化东却被绑匪给劫走了，生死不明。而且最麻烦的是吴化东在铁匠铺同绑匪接触的事走漏了消息，吴嫂为了掩护吴化成逃跑，自己被王体乾家里活活吊死在马棚里。

这场意外的灾难，让少年王耀武见识了土匪的"厉害"和官军的"横暴"。王德发搂着他的头说了句话："孩啊，这年头不拿枪托子说话硬是说了不算呢。"这是王耀武对军队这个词有了一点概念的开端。五年以后，也就是王耀武离开家乡的前一年，有一支武装部队开到上王庄附近，一天晚上，王体乾家里突起大火，王体乾被烧伤，不久不治身死。王家怀疑这场大火与驻军有关，官司打到了县衙门，县长给驻军的营长下帖子，可营长连个照面都不打。这件事给王耀武的印象无疑更加深刻。"军人"成了他心目中一个崭新的想往。至于他和吴化成的再次见面，已然是若干年后了。

4. 阴国人

英国人阴损，故得名"阴国人"。王耀武背井离乡来到天津一家英国烟草公司做事，遭小人伙同英国人算计。

王耀武一生不吸烟，而且还曾经挂名担任过国民党政府的禁烟委员会委员。可谁也没有想到的是这位禁烟委员会委员早年的打工生涯竟是从天津一家烟草公司的打杂开始的。

19岁那一年，家里的穷困已经到了极限。读书成了奢望，不得已的情况下，王耀武只好选择了背井离乡。当年北中国最佳的去处便是天津。经过同乡的介绍，王耀武来到天津一家烟草公司做事，当了一名极为普通的勤杂工。

香烟传入中国之初，英美势力还占不到主导地位。一开始是小吕宋和土耳其出产的"铜鼓牌""金鼓牌"香烟行销上海。此后，英美烟草公司大举杀入中国市场。它所生产的号称"三剑客"的"老刀牌""红锡包""三炮台"风靡整个中国长达二十多年。

王耀武干这些杂活倒不在乎，本身起点就低，能进城，能进天津这样的大城市在王耀武看来已经满足了。问题是他所在的这家给英美烟草公司打下手的天津公司不是人待的地方。在这家有着几百人的公司里，英国人自然是第一等的，其次是英国人带过来的"阿差"也就是俗称的"印巴狗"（印度人），第三等是广东人，第四等是天津本地人，第五等才是外地来的。

自鸦片战争以来，中国人饱受外虏侵凌，虽说是"八国联军"，但这里面最坏的是英国、日本和俄罗斯。这英国人的坏主要是体现在阴损上面。蒋介石给英国人起了个外号：阴番（阴是阴损的意思，番是蔑称）。他背后管英国人就叫阴国人。在蒋介石的日记里，多处出现"英夷不灭非男儿"的意思。实际上不独蒋介石，民国时代举凡接触过英国人的都没有留下夸他们的字眼。王耀武后来回忆说："英人之阴险不下倭奴。"究竟怎么个阴险呢？王耀武做过比喻："俄国人是鲸吞，是准备一下子把中国吞到它肚子里；日本人是凌迟，一刀刀地宰割你；英国人则不同，他在你身上开个口子，然后再通上胶皮管子，把你的血一点点地吸走。它吸你的血的时候偶尔还给你吃白面馒头，倒不是可怜你，而是让你的血更有营养，能够吸的时间更长。吸血的同时，它们还要在胶皮管子上挂上一块广告，上书四个大字'通商贸易'。"

而在英国人之下还有着一帮子洋奴。平民教育家晏阳初用四个字来形容中国人的劣根性——贫、弱、私、狭。这些弱点或者说特点之一尤其在外国人的买办中反映得最集中最有"特色"。前面我们说过，在英商英美烟草公司里第三等人是广东人。其实，这广东人也分两个等级，上等的是从香港跟着英国人过来的，这叫"从龙"；下等的是广东的一些土著。具体到天津这家英美烟草的"孙公司"来说，香港过来的几乎没有，都是广东土著。个个都轮上了工头或者那摩温，因此，在中国人面前，这些做了工头的广东人的"气派"也就"有所不同"了。

王耀武侍候的这个广东工头姓区，发音应该叫"欧"，可是，工人们背后都叫他"老蛆（区）"。这家伙也的确是厂子里有名的蛆虫。在英国人大班面前点头哈腰，转过脸对自己的同胞不仅仅是横眉冷对了。手里经常拿个半尺长的鞭子，看谁不顺眼，上去就一家伙，下手非常狠。这土鳖还有个毛病，他是广东人，到了北边愣是说吃不惯北方的饭菜，早晨一定要喝粥。弄得王耀武见天早起给他打粥，而且这粥既不能稀，也不能稠，矫情得很。

民国时代有些广东人的地域观念非常偏狭，他们管广东以北的人都叫做"北佬"。殊不知，如果没有这些"北佬"南下，他们真的狗屁不是。这些话盘在王耀武心里很久，就是不敢说，一说出来饭碗就没了。到了厂子里以后，王耀武处处留心，格外注意，时间一长，工友们都喜欢这位山东来的"小王"，人心眼实诚，还厚道，关键是有眼力见儿，看见谁忙着或者不舒服，好言好语或者热毛巾把子就递上来了，出门在外，图什么啊？图的不就是暖人心吗？王耀武虽然没有得罪过老蛆，可老蛆把王耀武这些得人心的事看在眼里，恨在心头。什么叫小人啊？那就是见不得别人比自己能的人。

俗话说，不怕贼偷，就怕贼惦记。给这个老蛆惦记上了，王耀武哪儿还能有好日子过？而且，你王耀武再能耐，也不可能连轴转瞪着眼珠子看着老蛆不是？而且，老蛆知道王耀武人缘好，要想收拾王耀武不能给工友们看见，就得下阴招。机会很快就来了。

英美烟草要往中国各地渗透，占领中国市场，离不开分销商和包销商，这些商人实际上是英美烟草的触角，所以，别看英美烟草的洋人大班平常牛哄哄的，可见了这些分销商、包销商们都相当客气，天津的这家英美烟草的"孙公司"对口的包销商是永祥庆烟草行。永祥庆烟草行的老板姓庄，人称"庄二先生"。只要这位庄二先生一到厂子里来，英国人麦克就迎出去亲自接待。这一天，庄二先生又来了，还是麦克把他接到接待室款待。麦克走了以后，他办公间的电话响了，老蛆就对王耀武说："小王，你去告诉麦大老板，说是有电话找他。"王耀武不知是计，颠颠地跑去叫麦克老板听电话。这下子惹祸上身了。

这庄二先生早年也狗屁不是，黑道灰道垃圾道上都跑过的主儿，后来混壮了，装上了大尾巴狼。一般说这类人麻烦事最多，臭讲究也最多，道理很简单，因为他们出处阴暗，所以，一旦漂白就刻意弄出一副世袭贵族出身的模样给人看。这庄二有个毛病，跟人谈话时不准外面来人给打断。当然，这毛病分对谁，对底下人，对求着他的人，都行得通，对那些比他牛、比他厉害的人，他一点都不敢讲究。

英国人大班麦克当然知道庄老二的忌讳，可王耀武不知道啊。他跑进去一通报，庄二的眉头就皱起来了，麦克这边正跟庄二砍价呢，一看这情形，知道庄二不高兴了，脾气立刻上来，脱口就大骂王耀武，让王耀武滚蛋。接下来的情况不用猜也能知道个一二，麦克要炒掉王耀武那是小菜一碟，可老蛆不打算就这么轻易放过王耀武，他还一个劲儿地在洋大班面前给王耀武下蛆："赶走他太便宜了，耽误了您老的生意这是大事，这小子来了以后到处卖好，不能这么让他走了，让他下车间，最苦最累的活白干上几个月再滚蛋。"英国人自然高兴这么办，回过头来，老蛆又跟王耀武说："小王，洋人生气了，要不是我给你美言，你就废了，这样吧，勤杂不能干了，下到车间里面干上一段，等麦老板脾气消了，我再给你叫上来。"

王耀武这才知道中了老蛆的奸计，可没法子，人在屋檐下，岂能不低头？下了车间的王耀武累死累活，还要暗地里受老蛆派下来的小跟班的捉弄，心里的苦闷和憋气没地方说去。一来二去的病倒了，这一病正好给老蛆找到了新的借口，说通了洋人麦克，一脚把王耀武踢出了大门。

5."天津混混"

同乡替王耀武出恶气，托"天津混混"惩治小人，小人一败涂地。

也合该王耀武起死回生。敢情王耀武以前总给老蛆买粥时认识了一个山东老乡叫做赵铁矛的，这哥们跟王耀武非常对脾气，特别是知道了王耀武被老蛆算计的这件事，火往上顶，他拍了胸脯要给王耀武出这口恶气。赵铁矛有个干妹妹，是天津天宝班的"把式"，也是天津有名的女混混头子小李妈的腿子。赵铁矛把要出口恶气的事跟他干妹妹一说，干妹妹也拍了粉胸脯说哥你放心吧，包在妹子这两坨肉上。其实，办老蛆这类角儿，根本不用花费两坨肉，干妹妹跟下面的混混一说，整治老蛆的办法就出台了。老蛆好赌，干妹妹他们把老蛆的行踪给摸准了，经常去哪家开赌局都搞清楚了。挑了一天老蛆兴致比较浓烈的日子，好戏就直接开锣了。

这一天，老蛆手风特别顺，一路杀将下来，搂了不少钱，对家一个小伙子急了，要玩大的。说话间就把自己大腿上的肉给割了一块下来，血淋淋的扔在了赌桌上。周围的人一看，马上就明白了，这是遇到混混了。混混的腿肉那不是可以随便割的肥猪肉，那是有价码的。那混混笑嘻嘻地拿着一把盐捂在了伤口上，要是搁在旁人，早就龇牙咧嘴了，混混却毫不在意，因为不喊疼那可是混混的看家本领，在天津要想当混混，第一条就是挨打不能喊疼，一喊就完了，终身污点。赌到最后，老蛆输惨了，眼看着一条腿就要没了，如果还想留着这条腿，那就拿银子说话，英美烟草内部对赌博、吸毒处理得非常严，一经发现立刻开除。所以，老蛆是有苦说不出。最后没法子，找了广东同乡腾挪了一笔钱，算是堵上了这个无底洞。"辛辛苦苦三十年，一夜回到解放前"的老蛆从此也废了。

6. 混迹上海滩

转战上海滩，王耀武卷入黄金荣贩毒案，幸得故人保身。国家不受欺负要靠有血性有责任的军人，王耀武欲投奔黄埔军校。

恶气固然是出了，可天津也待不住了。王耀武和赵铁矛通过一层关系直奔上海，继续他们的店员生涯。

王耀武和赵铁矛这次投奔的地方是上海马玉山糖果公司。赵铁矛不仅扔下自己的活计跟着王耀武南下，而且还搭了两张火车票在里面。说起赵铁矛这人，王耀武从心眼里感激他，可老赵有个毛病，就是太喜欢跟女人扯淡。就是眼下，他们哥俩下一步还不知道究竟如何面对大上海时，赵铁矛的眼珠子便又开始走神了。

赵铁矛眼睛盯着坐在普通座位上的一个年轻女人，这女的正在反复地打毛衣，一卷卷的毛线缠了又缠、绕了又绕的，弄个不停。你别看这女的聚精会神地织毛衣，可余光也发现了赵铁矛射过来的眼神。

过了一会，织毛衣的女人对面有个座位空了出来，女人用腿一横，愣是把这个位置给占住了，然后用眼光瞟了赵铁矛、王耀武一下，赵铁矛多机灵啊，马上就坐下了，连说谢谢。女人莞尔一笑，不言语。王耀武还接茬站着，他就知道老赵的老毛病又犯了。果然，赵铁矛有一句没一句地跟女人聊着。女人问他们去哪儿，赵铁矛说是去上海做工。女人又问是哪一家，赵铁矛就实话实说是马玉山糖果公司。女人又是微微一笑，继续打着毛衣。两个人一来一往越说越热闹，女人的笑声也开始此起彼伏，赵铁矛的脸上也开始变得油汪汪的了。等到了下车时，赵铁矛心甘情愿地接了女人手里拎着的一个铁皮箱，当起了这位手里不停织毛衣的女人的小跟班。

女人给了赵铁矛、王耀武一小卷钞票，让他们叫辆黄包车把铁皮箱送到一个指定的地方。女人给出的钱除开雇黄包车还有余份儿，赵铁矛自然满口答应。王耀武却不怎么愿意，可也不好说什么。王耀武、赵铁矛按照女人交代的地址跑了去，给等在那里多时的便探抓个正着，对上海滩还来不及多看两眼的王耀武、赵铁矛就此被带进了局子里。

旧上海的警察局有条不成文的规矩，凡是新进来的嫌犯，只要看看没啥来头就先打一顿再说。这种下马威的传统其实是来自于清朝。打人之前先用麻包给裹上，让你看不见是谁。打人的工具分两种，一种俗称"蟒鞭"，就是用牛皮条做成的，鞭梢有个硬疙瘩，那个硬疙瘩要是扫在肋骨上，肯定是内伤。另外一种是橡胶棍子，这种棍子打人外表看不出来，里面就惨了。嫌犯先给剥光衣服，然后滚进麻包，再然后就是一通暴打。打完以后，警察让你说啥你就说啥。

王耀武都快哭出来了，不是怕，而是觉得冤枉，这叫什么事啊？火车上搭上这么个女的，下了火车就要挨一顿揍。这是上海吗？改名叫上刑得了。赵铁矛早蒙了，直给人作揖，那没有用，只要你没背景，警察眼珠里看谁都是一堆肉。

警察这边正准备动手呢，进来一个人，二十多岁，带着斜纹领章，问了王耀武、赵铁矛一句："你们是山东来的？"斜纹领章是一种特殊标志，归属部门叫做上海市警察局特种督察室，这是旧上海警察局内部的一个特务部门，所以，普通警察看见带着斜纹领章的人都礼让三分，惹不起。因此，这个年轻人一发话，那几个警察也就停手了。赵铁矛那边早就泣不成声了，王耀武就回答了一句："老家泰安上王庄的。"那个斜纹领章的警察一听"泰安上王庄的"，马上把眼珠子瞪圆了，反复地看着王耀武："给你打听一个人，上王庄有个王德发你认识不？"王耀武说："那是俺大爷。"斜纹领章又问一句："你叫什么名字？"王耀武回答："俺叫王哲让。"斜纹领章大喊一声："你是骡子？"王耀武抬眼一看，这人谁啊？知道我小名。

叫出王耀武小名的这位佩戴斜纹领章的警察就是当初被走水的土匪"一把刀""二把刀"兄弟给掳走的吴嫂的大儿子吴化东。吴化东被惯匪"一把刀"他们掳走不久，寻机脱身，多亏了一位叫做袁筱南的人把他给搭救下来，带在身边。这位袁筱南是干什么的呢？他是一位策士，是贵州军阀袁祖铭的入幕之宾。

袁祖铭号鼎卿，1889 年生于贵州省安龙县。1907 年 3 月，袁祖铭考入贵阳市贵州陆军小学第二期学习，袁筱南和他是同窗好友，两个人订交就在那时。袁祖铭受到贵州同乡王文华的器重。"武昌起义"爆发，贵州立宪派也蠢蠢欲动，王文华拥戴舅舅刘显世就任贵州陆军第四标标统（团长），掌握军权。王文华本人担任管带，袁祖铭被提拔为督队官（副管带）。1917 年护法战争爆发，孙中山秘密委任王文华为黔军总司令，王文华只说给了胞兄王伯群和袁祖铭知道。然而，天底下没有不透风的墙，

杀害王文华的贵州军阀袁祖铭

身在贵州的刘显世多少听说了一些，王文华本非池中之物，多年以来辅佐刘显世已然尾大不掉，刘显世就此忽然提拔袁祖铭担任黔军第二师师长，牵制王文华。王文华一旦得知这一消息，怒气冲天，以整肃队伍为名，解散黔军第二师，调任袁祖铭为黔军总司令部总参议，坐了冷板凳，王、袁二人从此失和。

王文华力求推倒刘显世，但又不愿背负骂名，毕竟刘是王的亲舅舅兼叔岳父，就暗中指使自己的妹夫何应钦、亲信谷正伦（人称"国民党军宪兵之父"）倒戈一击，自己则东去上海，扮成在野闲人的模样。王文华走前顾虑到袁祖铭为人狡悍，不易摆弄，就把袁祖铭一道裹挟到上海。袁祖铭到了上海，除开吃喝嫖赌再无任何事情可做，闲暇之际不意遇到老友袁筱南，向老友倾吐心曲。王文华秘密监视袁祖铭已经到了令袁无法忍受的地步。袁筱南对袁祖铭说，原贵州参议长张彭年的老哥张协陆惨死王文华手中，张彭年寓居上海，一直准备杀掉王文华为乃兄报仇。袁筱南与张彭年的亲信何壁辉相当熟悉，可以代为联络，先找一条脱离王文华的路子，然后寻机借刀杀人，只有杀了王文华，袁祖铭才有出头之日。

两人说定以后，由袁筱南出面联系何壁辉乃至张彭年，双方一拍即合。袁筱南、何壁辉他们很快摸清王文华最喜欢去的地方叫做"一品香"，袁筱南让何壁辉买通一品香的人，安排了两间靠窗的房子，让杀手住了进去，随时关注王文华的出没。此时，已经有贵州同乡跟王文华打过招呼，说是有人准备暗算你，王文华少年得志、予智予雄，并不把同乡的警示放在心中。1921 年 3 月 16 日这一天，王文华的胞兄王伯群（后任国民政府交通部部长）来电话说李烈钧到了上海，卢永祥的儿子卢小嘉做东，一定要请王文华到场，王伯群为了保险起见专门派车来接王文华。王文华前腿刚一跨出一品香的大门，袁筱南、何壁辉买通的杀手的子弹就直射王文华要害，只两枪便把王文华当场打死。

王文华是名人，当街被打死，这在上海滩是头等大新闻，地方当局当然要严加缉拿凶犯，可是，何璧辉等人事前用心缜密，愣是半点破绽找不到，再有，袁筱南早就安插吴化东进入上海市警察局特种督察室，内中曲折也已然熟知在胸。王伯群痛失胞弟，他发誓要杀袁祖铭、张彭年。可惜的是他并不知道幕后真正运筹这件事的江湖策士袁筱南的绝大功效。

国民政府交通部部长王伯群（何应钦妻兄）

吴化东把王耀武扶了起来，哥俩都掉了眼泪。吴化东先给王耀武、赵铁矛安顿一下，晚上专门找个地方给这哥俩压惊。饭桌上吴化东一说，王耀武、赵铁矛这才知道为啥要抓他们俩，合着这么些天以来，上海警方了解到一批毒品要运到王耀武他们送货的地方，就在那里蹲坑死等，没想到等来的不是毒枭，而是王耀武、赵铁矛这俩"土鳖"，要不是给吴化东遇上，这哥俩可能就做了替死鬼。赵铁矛给吴化东描述了一下火车上碰到的那个女人的模样，吴化东说这个女人很有可能就是他们要抓的贩毒的首犯之一，至少也是重要知情者。

由于有吴化东的关照，马玉山糖果公司的掌柜对王耀武、赵铁矛客气多了。王耀武也是吃一堑长一智，保持好人缘的同时还不能太露痕迹，以免被人嫉妒，遭人暗算。这种低三下四、左右逢源的店员生活给王耀武日后的处事风格打上了深深的烙印。

旧上海小东门有个饭庄，名字叫德兴馆，经营本帮菜，口味有些偏于油重厚味。吴化东在周末时就带王耀武、赵铁矛来这里开荤。哥仨一边吃一边聊，不防外面有了汽车的响动，跟着走进来两三个彪形大汉，径直走到吴化东他们桌前说："你们到一边吃去，这片我们包圆了。"嘿，吴化东穿着警服呢，还带着斜纹领章，这行头上海人应该能看出来啊。赵铁矛自从有了吴化东撑腰以后，脾气也见涨，他先蹿了："怎么着？没看见吴大警官在这儿吗？"彪形大汉抬手一扒拉："爱谁谁，赶紧让道。"说话间，外面众星捧月似地进来一个矮胖的男人，矮胖的男人脸上布落着星星点点的麻子，麻脸男人一左一右跟着两跟班，一男一女。德兴馆掌柜的吴全贵不知道啥时候已经冲出来了，站在麻脸男人面前直哈腰，对男跟班一脸客气地说："祥哥，都准备好了。"然后又给那个女的抛了一个笑脸："姗姐，您好。"麻脸男人不摘墨镜，走到预先安排好的桌面，店里的伙计都给让开了，就是吴全贵带着二掌柜、三掌柜一起忙乎。王耀武拿眼睛直瞟吴化东，那意思是说这都什么人啊？

吴化东马上就明白了，遇见"高人"了，而且他也知道眼前这位"高人"别说他一个佩戴斜纹领章的惹不起，就是淞沪警察厅厅长也得甘拜下风。吴全贵抽空走到吴化东跟前，压低声音说了一句："老板在这儿，老弟今天的账面都算哥哥我的了，回头再说。"吴化东当然明白了，赶紧走人吧，拉着王耀武、赵铁矛就往外走。可是，这赵铁矛不老实，还回头看了几眼，这一看不要紧，他发现麻脸男人身边的女跟班就是火车上织毛衣的那女的，他大声对吴化东说："吴大哥，那女的，就是那女的给我们的地址。"他这话把那边桌上的人也给惊了，特别是那个女跟班，特地往王耀武、赵铁矛这边望了一眼，就这一眼，彼此都愣住了。

王耀武也认出来了，双方对视片刻，女人无言，吴化东拉着王耀武、赵铁矛赶紧离开了，回到住处，吴化东才告诉这哥俩，今天碰到的这位麻脸男人，不是别人，而是大名鼎鼎的"麻皮荣"——黄金荣。德兴馆的新掌柜吴全贵是黄金荣的徒子徒孙，跟在黄金荣左边的男跟班是黄金荣的三徒弟兼厨师马祥生，人称"祥哥"，跟在黄金荣右边的女跟班是黄金荣儿媳妇李志清的亲随谭玉姗，人称"姗姐"。

吴化东听完赵铁矛、王耀武的追述以后，特别是描述了谭玉姗在火车上的所作所为，倒吸一口冷气。王耀武、赵铁矛按照谭玉姗交代的地点送去的那个皮箱里面除了盥洗用品之外，再无任何违禁品，更别说毒品了。这明摆着就是谭玉姗闻到了什么味道。而黄金荣包娼包赌、大肆贩毒的劣行，上海警界无人不知，也无人敢管，为何这次目标独独锁定谭玉姗？谁不知道谭玉姗跟李志清的关系？谁不知道李志清与黄金荣的关系？有些话，吴化东已经不便跟王耀武、赵铁矛两个人说了，只是嘱咐他们最近千万不要出门，不要跟生人随意来往，就在店里小心侍候生意就是。

过了一个月，王耀武、赵铁矛哥俩悬着的一颗心多少可以放进肚子里了，没人找他们麻烦。忽然有一天，店里来了个电话，是黄金荣家里打来的，点名叫赵铁矛、王耀武给送去一盒水果蛋糕和一大包菊花软糖。掌柜的当时就"毛"了，赶快把王耀武、赵铁矛给叫来："怎么你们跟黄家认识？"王耀武马上就想到是谭玉姗那档子事了，又不便跟掌柜的细说，就胡乱诌了一通。掌柜不放心地交代："你们可要万分小心，黄家那不是闹着玩的，你们两个外乡人稍有差池，连带着我们小店也跟着完蛋。"王耀武、赵铁矛连连答应，他们俩现找吴化东也来不及了，只好硬着头皮去了黄家，是死是活也都认了。

出面找他们的果然是谭玉姗。此刻这个女人已经不再是火车上那个打毛线的女人了，她白净的脸皮上不阴不阳，嘴里轻吐着瓜子皮，半瞭半看地扫视着王耀武和赵铁矛，过了片刻，这才全部露出笑意："你们两个人还算上道，上次的事让你们受惊了，本来我跟少夫人说了要给你们压惊的，不过，遣将不如激将，眼下就有一桩让你们白落一笔钱的好事，看你们敢不敢做了。"王耀武、赵铁矛忙问是什么事，谭玉姗说你们不用打听，下午跟着我一起走就是了，到了地方机灵着点，有你们的好处。午饭是在黄家开的，王耀武、赵铁矛吃得不多，心里惦记着下午的事情。

　　到了下午，谭玉姗收拾停当，叫起王耀武、赵铁矛直奔黄金大戏院。黄金大戏院的陈老板贴身跟班等在那里呢。谭玉姗并不进去，让手下的阿四领着赵铁矛跟着陈老板的跟班进去，王耀武给留在外边。过了好一会儿，赵铁矛还有那个阿四一起出来了，还有陈老板的跟班，阿四把一个要紧的包裹塞给谭玉姗，谭玉姗掂量了一下，然后叫了几辆黄包车，大家一道离开。这一路上无话。

　　赵铁矛跟谭玉姗他们走得更近了，后来干脆辞了马玉山糖果公司的差事，做了谭玉姗的跟班。赵铁矛几次回来拉王耀武入伙，王耀武都给婉言谢绝了。快到年底时，吴化东带来的一个消息让王耀武真的动心了。吴化东告诉王耀武，广州的国民党陆军军官学校（黄埔军校）第三期又要招生了，他问王耀武有没有兴趣南下广州投考军校。到上海的一年中，王耀武没少留心时事，报纸一张不落地看个没完。天下的大事虽然还不甚了了，可也看出个子丑寅卯来，这年头兵荒马乱的，只有拿枪杆子的才有办法。特别是他几次到租界，看到洋人巡捕对中国军人的吆三喝四，更让他心头充满了复杂的感觉。一个人要想不挨欺负要靠一副好身板好手段，一个国家要想不挨欺负要靠一批有骨头有血性有责任的军人。由此萌发的参军当兵的念头一旦与吴化东的这则消息发生了碰撞，很快燃起了新的火花——投奔黄埔军校去！

　　王耀武走前，吴化东没能来送行，上海市警察局特种督察室督察长在妓院里被仇家所杀，凶手至今逍遥法外，吴化东他们已经忙了好一阵子。不过，吴化东还是托人送来大洋二十元作为王耀武的盘缠。赵铁矛倒是不请自到，在王耀武离开上海前一天赶到了王耀武的住处，还带来了一些酒菜，算是饯行。赵铁矛还意外地给王耀武解开了到上海以来所遇到的一处迷惑。即那天谭玉姗带着他和赵铁矛去了黄金大戏院，到底所为何事。原来黄金大戏院的陈老板也是黄金荣的徒弟之一，他从北平那里的眼线得知荀慧生等人此间来上海演出前用包银购进一批烟土准备在上海脱手，因为北方的烟土价格比较低，而上海则居高不下，一转手就是一倍甚至两倍的利润，所谓黑眼珠见不得白银子，很少有人例外。而且，荀慧生是何等样人啊，那是一等一的大名角，如果敲他一笔竹杠，胜过几年的开销。而且最主要的是荀慧生曾经开罪过谭玉姗，这是多年前的旧账，黄金大戏院的陈老板为了讨好谭玉姗乃至李志清，专门想了一个"仙人跳"的招法对付荀慧生。他暗中派人盯牢给荀慧生出手烟土的人，然后派人假扮上海租界工部局的暗探说是发现了荀慧生等人私携烟土，准备第一抓人，第二通过报馆将消息捅出去。荀慧生这些人活的就是这张脸，如果这种消息给弄出去，虽然吸大烟是他们这一行司空见惯的把戏，可倒卖烟土毕竟不是什么光彩的事，而且也碰了刑律的线，是一桩可大可小的麻烦事。

荀慧生知道麻烦上身以后就托陈老板给想办法，陈老板装出一副侠肝义胆的模样说自己在工部局有熟人，可以让他们出面摆平，不额外花费荀老板一分钱，算是交个朋友。而陈老板所谓的"工部局的朋友"其实就是阿四和赵铁矛假扮而成。那一天在黄家，谭玉姗暗中观察了王耀武几次，包括在火车上的一举一动联系起来，谭玉姗认为这种事王耀武不适合去做，所以，到了最后收网时把王耀武留在了门外。摆平的结果是荀慧生交出烟土，陈老板还荀慧生一个成本价，等于说荀慧生白白给陈老板他们打了一次工，这是暗的，还有明的一套，荀慧生答应还上陈老板这个人情，而以荀慧生的价码，还人情的标准低不了。也就是说陈老板、谭玉姗他们玩弄的这一票，不但捞到了实惠，而且还捉弄了荀慧生。

赵铁矛告诉王耀武，谭玉姗在火车上反复打着的那卷子毛线里面有玄机。别说一般的警察发现不了，就是特种督察室一样也给白涮。说到最后，赵铁矛问王耀武："你知道吴化东的顶头上司市警察局的督察长是谁杀的吗？"王耀武晃了晃脑袋。赵铁矛说："远在天边，近在眼前。"王耀武还以为赵是喝多了胡诌，等到赵铁矛说完了内中的原曲，王耀武不禁倒吸一口冷气：上海滩这地方水太深了。

黄金荣捧个戏子露兰春，赶巧跟浙江军阀卢永祥的儿子卢小嘉发生了冲突。黄金荣先下手把卢小嘉给收拾了一番。卢小嘉是什么人啊？那是和张学良、孙科齐名的"三公子"，哪儿受过这样的窝囊气。立刻找到老爹诉苦，卢永祥一个电话，淞沪地方当局就把黄金荣给抓起来了，一顿胖揍，差点没打死。不过，自古讲究的就是强龙不压地头蛇，淞沪当局何丰林平时还要仰仗黄金荣给他出彩呢，自然要手下留情。既然打也打了，赔也赔了，何丰林就做东请卢小嘉与黄金荣握手言欢，卢小嘉根本不给面子，不来。何丰林好说歹说，最后黄金荣又赔进了一尊玉佛这才说动了卢小嘉，算是一笔勾销。可背后卢小嘉找了上海市警察局特种督察室的新任督察长为他寻找黄金荣贩毒的直接证据，道理很简单，前次那是因为戏子的事闹出来的，上不得台面，也不能因此狠办黄金荣，但要是真正找到黄金荣的茬口，那就不一样了。然而，黄金荣在上海滩已经不再是当年的"麻皮金荣"了，他已经是手眼通天的人物，当时，杜月笙、张啸林还没有完全起来，还都听黄的招呼，所以，黄手底下的腿子、眼线分布在各行各业，特别是警界最多。督察长这边刚一动心眼，就有人给黄金荣报上了。所以，特种督察室的警察们蹲坑等谭玉姗落网时却只能碰到王耀武与赵铁矛两个替死鬼。

等到江浙战争爆发前夕，卢永祥想方设法控制上海，就自然而然地想到了要极力拉拢黄金荣这样的地头蛇为他卖命，也就示意自己的儿子不要再打黄金荣的主意。两下便妥协了，他们一妥协，很正常就要有人"出局"，作为彼此"消气"的牺牲品。于是乎，上海市警察局的特种督察室督察长便成了军阀同流氓交易的砝码。谭玉姗把这个活儿给了赵铁矛，赵铁矛说到这里落下了几大滴眼泪："老弟，老哥我是完全陷进去了，身不由己啊，不过，我也看出来了，这年头，你不杀人，人家就杀你，你老弟去广州进军校好，当了军官便可以合法杀人，谁敢管你？"王耀武知道他这次真的是喝多了，赵铁矛给王耀武留下三十块大洋，说是兄弟一场，穷家富路。王耀武不好推却，走前将这三十元寄回了泰安上王庄老娘那里。

7. 改名王耀武

耀武乃是耀我国家之武，王哲让改名王耀武。王耀武被黄埔军校录取。

"三民主义，吾党所宗，以建民国，以进大同。咨尔多士，为民前锋；夙夜匪懈，主义是从，矢勤矢勇，必信必忠；一心一德，贯彻始终。"这首后来被确定为中华民国国歌的歌曲在二十世纪二十年代中期经常飘响于广州黄埔岛国民党陆军军官学校的上空，一批热血青年就是在这首歌的激励下投身到可歌可泣的北伐战场上的。而 1924年 12 月 9 日这一天刚刚踏入黄埔军校考场的王耀武在第一次听到这首歌时，内心的激动已经难以名状。

1924 年 2 月 1 日，由王柏龄、李济深、沈应时、林振雄、俞飞鹏、宋荣昌、张家瑞组成黄埔军校筹备委员会，蒋介石任委员会委员长。这是"委员长"这一头衔第一次出现在蒋介石的生平中。黄埔军校最高领导层由三人组成，即俗称的"军校三巨头"——孙中山（总理）、廖仲恺（党代表）、蒋介石（校长）。军校下设政治部、教授部、训练部、管理部、军需部、军医部。黄埔军校成立之初，并不被人看重。

滇军名将、朱德的老朋友范石生最看不起黄埔军校。他听说黄埔军校成立，转了一圈回来跟部下说："黄埔军校算个什么玩意儿？我派两个营就撂倒他们。"身为陈诚"土木系"中坚力量的国民党军中将方靖曾以建国粤军机关枪营营长、少校军衔的地位投考黄埔，好友听说这一消息以后都来劝方靖："去投那玩意儿干什么？成不了什么气候。"广州的女学生看到裹着绑腿、身着粗布军校装的黄埔军校学生走来，就暗地嗤笑："臭腿子又来了。"可是，谁也没有想到的是，这个一度被讥讽到了极点的黄埔军校锻造出国共两党若干名名将，在二十世纪三四十年代的政治舞台上，黄埔军校出尽了风头。它的前辈们如东北讲武堂、云南讲武堂、保定军校都相形见绌。

黄埔军校门前有一副对联，上联写道：升官发财请往他处；下联则书：贪生怕死勿入斯门。横批：革命者来。黄埔一期是 1924 年 5 月 5 日入校，6 月 16 日开学典礼，到了当年 11 月就开始毕业考试，前后不过半年的时间，可就这半年时间给这批学生留下了终生受用不尽的财富。徐向前（黄埔一期）回忆说："我那时能够站得住脚，很重要的一条，就是能带着部队打仗。我在黄埔军校，学了些军事知识，在海陆丰作战，积累了些游击战的经验，有用处。带着大家打游击，不断取得胜利，没吃过大亏。"1924 年 10 月，广州发生"商团叛乱"，黄埔学生及锋小试，一战打出了威名。仅用了两天的时间就把商团军打得落花流水。

张灵甫戎装照

王耀武的初试是在上海完成的，这次来广州，一是复试，二是复试之后的报到。复试这一天，王耀武起个大早，早早来到了军校的校门口，贪婪地注视着校门内的一切景观。那些说起来甚至可以用寒酸来形容的建筑物在王耀武看来却充满了太多的诱惑和希望。

复试写文章的时候，王耀武下笔很快，一挥而就。王耀武的字写得不错，不错到什么程度呢？到了连张灵甫也不得不点头的地步。有人或许问了，张灵甫点头算老几啊？说起来张灵甫点头还真算个事。张灵甫的书法师法于右任，老张沦落时靠卖字为生，而且张灵甫一向比较骄狂，不仅在军事上，在其他方面也很自负，特别是这个字，他看不起戴季陶、陈立夫、张道藩的字，军队里的高级将领就更不用说了，上司的也好，下级的也罢，除了蒋介石的字他不敢点评以外，剩下的他都敢评价一番，也不管人家乐意不乐意。有一年，他看到张静江的字，踱了两步然后说出一句话："人翁（张静江本名人杰，国民党内有称'人翁'，意为'主人翁'，隐示张静江与蒋介石的不俗关系）的字，外行都说好，内行不敢说不好。"这话一传开，差点儿没把张静江给气死。可张灵甫看过王耀武的字，直点头，这在张灵甫来说，已经是相当可以的评价了。要说王耀武是张灵甫的顶头上司，那俞济时还是七十四军的开山门的"祖师爷"呢，张灵甫还不是照样痛贬？

　　王耀武的文章写完之后，自己端详了两遍，这时，身边走过来一个相貌文雅、举止不俗的军官，他戴着一副金丝眼镜，透过镜片折射过来的目光投落在王耀武的卷子上分明是一丝赞许。这位军官轻声细语地问了一句："你为什么改名叫耀武？"王耀武在上海初试时就已经改名叫王耀武，但卷子上还写着"原名王哲让"的字眼。王耀武挺身而立："报告长官，国力衰微，列强侵凌，这是武人的耻辱，所以，耀武扬威才是方今上策，而此耀武乃是耀我国家之武，而此扬威乃是扬我民族之威。所以，学生不才，自改姓名为耀武。"军官"哦"了一声，不作任何评价，走开了。

　　复试发榜，王耀武被录取了。黄埔军校的学程安排是相当紧凑的，也是相当紧张的。天不亮就起床，穿军装、打绑腿，紧急集合三分钟聆训，然后出操，出操归来三分钟跑步上厕所，十分钟吃早饭，接着再上课。课后还是出操，晚上自习。黄埔军校的操场临近珠江口，不论是涨潮还是下暴雨，照旧出操，一边迈步，一边喊着号子，不但声震天外，而且威武雄壮，令人侧目。我们前面讲过一点黄埔生的战斗力，一方面是不怕死的精神和过硬的训练，另一方面则是早期黄埔生的成分。就以黄埔军校前四期学生而言，他们当中多数人来自于底层，黄埔军校第四期中赤贫出身的占28%，农民和城市平民出身的占54%，两者相加超过了百分之八十。所以，这些人走上战场时，能吃苦、敢拼命都不是偶然的。包括王耀武也是如此。不过，有趣的是，还是这些赤贫、平民、农民出身的一些黄埔生很快跻身上层，成为国民党的要员、大员，他们对下层和曾经是他们同类的人的盘剥比起民族资产阶级和知识分子出身的显得更为变本加厉，更为敲骨吸髓。而这些显然是成分这一层面无法解读的现象。

　　军校的吃饭是一绝，徐向前晚年回忆说："吃饭限定十分钟，得狼吞虎咽。"可狼吞虎咽有时候也是半饱半饥的。这就需要技巧了。王耀武在天津干过勤杂，在上海站过柜台，这点小事是难不住他的。黄埔三期的学生里，"抢饭"最猛的就是孙启人，人送外号"孙气人"。孙"气人"吃饭是真"气人"，平均四分钟一碗饭，不管多烫、多热，稀里呼噜的一顿擂。跟他在一起的方暾总是抢不过孙启人，一边往嘴里扒拉饭的孙启人还不忘了一边跟方暾开玩笑："初升的太阳就是欠火候啊。"方暾的名字"暾"就是"初升的太阳"的意思，方暾这个气啊，还不能说什么，谁让自己不争气呢。这件事给王耀武知道了，王耀武跟方暾关系不错，就给方暾出了一个点子。王耀武告诉方暾，你盛第一碗饭时，不要盛满，因为你一旦盛满，吃饭速度又慢的话，第一碗饭吃完再想盛第二碗离吹哨也不远了，所以，十分钟内你只能吃掉一碗饭。而第一碗盛不多的话，你最多花费三分钟吃完这碗饭，这时就连吃饭最快的孙启人也没法赶上你，你就可以从从容容地去盛第二碗，满满的第二碗饭吃完时刚好吹哨，这样一来，就完全可以吃掉两碗饭。方暾照着王耀武说的去办，果然比以前吃得多了，加上速度再一提升，连孙启人也不在话下了。这段吃饭的往事给方暾留下深刻的印象，直到抗战中，他担任国民党军政部点验委员会第一组中将组长时，还不忘了给王耀武处处开绿灯。而那位抢饭最猛、吃饭最快的孙启人因为江苏同乡的关系，很快攀上顾祝同、韩德勤的大船，累官至国民党军第八十九军三十三师师长，黄桥决战时被陈毅、粟裕所俘，做了俘虏的孙启人吃饭还是令人瞠目结舌。吃完以后还说了一段警句："兄弟我以前看戏，一看到四面楚歌，我就笑话项羽无能，这场仗下来，我也知道了什么叫十面埋伏。"

8. 巧识王文彦

黄埔军校乃立身之本，何应钦留心军校人才。王耀武修正训练动作巧识王文彦，并被其推荐给何应钦。

黄埔军校的教官主要有两部分出身，一部分是日本士官学校毕业的，所谓"亲日派"大多从这里出来；另一部分是保定军校毕业的。苏联顾问经常亲临指导，对于军校的指挥、训练，苏联顾问也经常插手，凡是不听或者不服苏联顾问的一律都被扣上各种帽子，横加训斥。当时军校的苏联顾问比较有名的是切列潘诺夫。他与军校委任的总教官何应钦关系非常微妙。1924 年 9 月 3 日，何应钦奉命组建黄埔军校教导团，团中层军官由军校教官充任，连长由军校区队长一级干部担任，排长、班长则由黄埔第一期的优秀学生充任。教导团打的第一仗就是平定广州商团叛乱，一时间名声大噪。所以，何应钦挑选黄埔一期的数名优秀学生在空余时间回到军校充当部分见习教官，一方面用实战经验教授低年级同学，另一方面扩大黄埔一期的影响特别是扩大教导团的影响，借以冲抵苏联顾问的指手画脚。对此，切列潘诺夫特别不满，他回到苏联以后写了一本叫做《中国国民革命军的北伐》的回忆录，书中大骂何应钦："这是一个奸贼，是一个十足的奸贼。"

而这位被苏联顾问切列潘诺夫骂作奸贼的何应钦与本书的主人公王耀武的密切关系、关联也就从一场训练中开始了。

王耀武他们区队练习的肉搏术特别是劈刺都是教官根据日本士官学校中的动作照搬过来的。王耀武练了几次就有想法了，私下里跟方嘴他们几个同学说了说。当初，王德发教王耀武练大刀时就跟王耀武说过：所谓武林高手的高主要高在头十招之内不露破绽，头十招之内不受损失。而这样的高手你是轻易遇不到的，多数人械斗时也就是头三招最猛，所谓程咬金三板斧。所以，只要你让开他头三招或者头五招，就有对付的办法了。王德发还教给王耀武说用大刀劈人，主要劈三个地方，一个是脸，一个是右臂，一个是左腿。王德发说，只要你小子躲过对方头三招，然后就直劈这三处，不出三个回合，就能让他掉块肉。王耀武总结日本军队传统的刺杀一般是三种，即通刺、横刺、斜刺。这就如同老虎的一扑、一掀、一剪一个道理。所以，王耀武在上过日本士官学校毕业的教官们引领的刺杀课以后，就提出自己的看法，在对方横刺时，就用大刀直劈他的右臂，他和方嘴几个人还私下演练过，演练了几次，其中有一次给王文彦意外地看到了。

王文彦没想到眼前这个相貌不是特别出众，还带有浓重北方口音的青年人竟然对既定课程做出了自己的修正。王文彦就招呼王耀武过来，要跟王耀武过过招。王文彦是上过两重军校的人，第一次就读于贵州讲武学校，校长是王文彦的姐夫何应钦。这所学校是何应钦的内兄王文华亲手重建的，讲武学校在王文华看来就如同湘军之于曾国藩、淮军之于李鸿章、小站之于袁世凯一样重要，所以，说动母亲刘显亲（也是何应钦的岳母）跟舅舅刘显世做工作，最终把这副重担交给了何应钦，王文彦在讲武学

何应钦

何应钦"与民同乐"

校既是学生，也是骨干。何应钦本人毕业于日本士官学校，与后来侵华的日酋冈村宁次等人都是同学，回到偏远贵州的何应钦将在日本所学倾泻于这所讲武学校，所以，王文彦这些骨干分子对于日本的军校训练是相当迷信的。如今，他看到王耀武一个三期学生，竟然臧否起日本的这套军事教材，就觉得一定要和他过过手，看看这个后生老弟是不是就会动嘴皮子。

王文彦这么留意第三期学生还有个重要的目的。而这个重要的目的则是何应钦交代给他的任务。说起来何应钦之来黄埔军校，并非初衷，而且也极不甘心窝在这里做一个所谓的总教官。何应钦还自我解嘲地起了一个外号，自称是"狮子头"。他说林冲是八十万禁军教头，被称作"豹子头"，我在这里不过是领着几百号人出操喊口号，就像淮扬菜中的"狮子头"一样，貌似好听，其实就是下酒菜。他的内兄王伯群（王文华长兄）参加了段祺瑞在北京召开的"善后会议"以后就给何应钦来信了。在当时人们的心目中，北京北洋政府才是正宗，所以，何应钦准备转托王伯群、邓汉祥谋个北京的差事干干。请托的信函都写好了，可巧这件事给何应钦的密友李仲公知道了，李仲公马上给何应钦去了一封长信，将国内的政治形势进行了详尽的勾画，并且直言不讳地告诉何应钦，国民党必将取代北洋政府，而黄埔军校就是你何应钦的立身之本、发展之源。也就在此前后，蒋介石逐次提拔何应钦担当重任，特别是把组建教导团的大任交给了何应钦，这样一来，何应钦也就打消了北上的念头。而随着教导团的声名鹊起，何应钦越来越明白了李仲公的苦心孤诣。何应钦自己做过军校校长，他知道学生就是本钱，所以，他让顾祝同、刘峙、王文彦这些心腹教官、学生替他特别留意黄埔三期新生中的翘楚，以备不时之需。因此，王文彦对于王耀武的格外留意也是题中应有之义了。

何应钦标准照

王耀武执刀（木刀），王文彦执枪（木枪），架势一拉开，马上围了一堆人。王文彦三招过后，王耀武毫发不损，接着，王耀武的木刀可就不客气了，可谓刀刀致"命"，当然这是演练，但路数明摆着。七八招过后，王文彦有点招架不住了，要是搁了别人，木刀上涂着的白粉要就爬上王文彦的军装了。然而，王耀武是谁啊？他心里装着他德发二大爷的一席教诲呢，"让"！别看王耀武把王哲让的名字给改了，但有些东西那是在心里生根发芽的。练武的人讲究点到为止，何况这还是在军校，眼前的这位大小是学兄兼见习教官。所以，王耀武见好就收，退后一步，还憨憨一笑说："让您见笑了。我这都是些野路子。"王文彦也收枪了，心里明白王耀武这是给他面子，也就浅浅地笑了一下。于是，三期新生叫做王耀武的人记在了王文彦的脑海里。

早期的黄埔学生，除了少数人以外，大多数都是有些理想和抱负的年轻人，都是一腔热血，浑身是胆。比如我们都知道的抗战期间河南"四大害"之一的汤恩伯（四害指的是水、旱、黄、汤，其中汤即汤恩伯）。他在国民党中央陆军军官学校带步兵大队训练时，早起跑操，一直沿着黄浦路、中山东路跑到中山门，然后再按原路跑回，张治中说他是"肯于苦干的人"。王耀武也一样，他能进黄埔军校，那是费了不少的力

　　　第一章　投身黄埔

气，黄埔军校这层资历就是他的全部本钱。每天早晨早早起来跑步，风雨不误，从不间断。包括有点头疼脑热的，王耀武也一直坚持。

学生如此，教官也不含糊。总教官何应钦带头领跑，校长蒋介石更是亲力亲为。你别看老蒋在上海滩的时候比较荒唐，好逸恶劳、肥马轻裘，还染上了一些莫名其妙的难言之隐。一旦当了黄埔军校校长，立马改弦更张，剃光头，喝白水，甚至还扎过绑腿。1965年11月12日，何应钦回忆黄埔岁月时曾经这样说过："记得这一段期间，我总是每晨天还没有亮以前，就带着学生和学生兵在黄埔岛跑步，锻炼体力和精神。每当我们回到集合场的时候，朦胧中总看到校长蒋先生，挈着纬国，站在集合场中央等候我们。"蒋介石有个习惯就是在黄埔时期养成的，那就是只要他人在"首都"，多半住在军校里。中国人民解放军第四十七军军长、少将黎原在二十世纪三十年代曾经就读于中央军校（黄埔军校的后身），他本人就说过："蒋氏夫妇经常住在军校，一方面是出于安全考虑，更主要的是他对黄埔军校的感情。"所以，像顾祝同这些喜欢睡懒觉的教官，只要蒋介石在校，他们绝对不敢恋床。

王耀武跑步比起集体跑操要早半个小时，他这是"预热"。蒋介石早起特别有规律，洗漱之后，站在窗前看几眼校园，然后走到操场巡视。国民党第二号人物陈诚就是在蒋介石凌晨巡视时给发现的，从此走上不同凡响的通天之路。而王耀武则是在蒋

陈诚

介石凌晨起床站在窗前望那么几眼中进入其视线的。

几乎每次在军校的早起远望时都能看到这个青年学生的跑步的身影，这引起了蒋介石的关注。蒋介石的偶像曾国藩曾经跟儿子曾纪泽说过一句掏心窝子的话："不信书，尽信运气。"这话能出自一生都光明磊落的曾国藩之口想来不是老头子心血来潮的逗闷子。王耀武跑步的这条道，正好在蒋介石的窗前，有人或许问了，人家王耀武真会挑地方啊。其实不是。蒋介石在黄埔军校有两个住处，一个是公开的，那是背对着操场的，再一个是秘密的，仅有何应钦、王柏龄等少数头头知道的。蒋介石本人是搞过暗杀的，

光复会头子陶成章就死在蒋介石的枪下，所以，他特别注意安全，他在军校的住处格外保密。王耀武跑步途经蒋介石的秘密住所，这在王耀武来说真是做梦都想不到的。

蒋介石问何应钦："有个经常在我窗前跑步的学生是哪个？"要是蒋介石问别人，比如问王柏龄，比如问邵元冲，比如问钱大钧，那么都会回答说等属下去查查回来再承禀钧座。但人家何应钦的力度就不一样，他脱口而出："这是三期学生王耀武，字佐民，山东泰安人。"何应钦为什么能够脱口而出？因为他早就关注起王耀武来了。王

陈诚陪同蒋介石校阅军官（左一陈诚）

耀武复试时碰到的那位带着金丝眼镜的军官便是何应钦，而后王文彦又把王耀武的那段对既定教材的修正的事情说给了何应钦，何应钦便更加觉得这位来自北方的年轻人不俗。而何应钦为什么这样处处留意学生的动态乃至到了对一名新生也不放过呢？这里面大有来由。

9."有心人"——何应钦

"有心人"何应钦，深得蒋介石信任，是蒋介石身边"文武两甘草"之一的武甘草，黄埔军校实际上的二号人物。

1921 年 12 月，何应钦在黔军内讧中落败，遇刺逃亡，经好友王柏龄的介绍，得以进一步与蒋介石取得联系（此前，何应钦与蒋介石也算认识，并不熟悉）。1924 年

4月26日这一天，蒋介石提出搞实战演习，何应钦与王柏龄各提一套方案。演习的预定计划是这样的：假定有一支登陆部队将由黄埔军校校门上岸，进攻军校后面的升旗山，你将如何应对？身为黄埔军校筹备委员会委员、军校教授部主任（即教育长）的王柏龄提出甲案即迂回作战。何应钦提出乙案，即正面突击。甲案比较稳当，伤亡小，但进展迟缓；乙案大胆勇健，伤亡大，进展迅速。乙案深得蒋介石的称赞，这是蒋介石第一次对何应钦开始有了好感。

1924年6月6日是黄埔军校开学的第一天，国民党总理兼军校总理孙中山亲自莅临开学典礼。蒋介石这个人不喜欢事务性的东西，典礼如何筹办，如何铺陈，都要下面人来具体操办。本来这是王柏龄的事情，但王柏龄此人生性慵懒，结果全由何应钦一手操持。下午三时，学校大操场举行盛大阅兵仪式，何应钦担任阅兵总指挥，整个仪式严肃、整洁、明快、英武，让在场的各派头面人物都极为赞叹，孙中山更是欣赏有加，仪式结束后，孙中山提出与蒋介石、何应钦、王柏龄三人一道合影留念，这张照片是何应钦发迹的象征，被何一生所珍藏。军校开门红，让校长蒋介石脸上有光，加深了对何应钦的期许和赏识。

蒋介石本人一度兼任长洲要塞司令，他在要塞竖起一面大旗，上书一个斗大的"蒋"字。其时，蒋介石不过是国民党阵营中刚刚崛起的新生力量代表，既不能与元老派比肩，也没有足够的军内资历。在鱼龙混杂的国民党军中，蒋还没有特殊的威望。然而，就在这一背景下，每当何应钦走过要塞炮台前看到这面写有蒋字的大旗时，都庄严肃穆地行注目礼。这一细节被蒋介石暗中捕捉到了，他对何应钦的这种"朴忠"刻骨铭心。从此，他对何应钦青眼相待。

而彻底奠定何应钦在军校的实际上第二号人物的基础的还有另一层因素，这层因素便是何应钦来到黄埔军校的举荐人王柏龄。王柏龄，字茂如，在江苏省陆军小学学习期间，与蒋介石、张群结为异性兄弟，此后，三人一同进入日本士官学校预科——振武学校。后应唐继尧邀请，回国主持云南讲武堂，担任教育长。同当时主持北方保定军校的蒋百里（即蒋方震，钱学森的老丈人）并称："南王北蒋"。所以，黄埔军校成立之初，孙中山特派王柏龄为七人筹备委员会委员。何应钦在1921年遇刺时，多亏王柏龄救助，才得以不死。这以后也是王柏龄的力荐，何应钦才进入黄埔军校担任总教官。说起来，王柏龄应该算是何应钦的知己和恩人了，可天底下就有这样一种悖论，那就是举荐者与被举荐者的关系往往发展到势同水火，剑拔弩张。

王柏龄是一个特别有"情趣"的人，而且是那种有情趣的性情中人。可你不要

忘了，今夕何夕？这是在黄埔军校的创业阶段，《民国高级将领列传》和《何应钦传》中都记载一点，即王柏龄在校期间"狂嫖滥赌"。此事是否真相如此，已经碍难考证。不过有一点，那就是蒋介石有事要找教育长王柏龄时，王往往脱岗。倒是何应钦召之即来，久而久之，蒋对何应钦、王柏龄两个人的观感还能一样吗？蒋介石不是一个不念旧的人，问题在于这个念旧念到什么程度，而这个"旧"有没有给他足够的面子让他继续"念"下去。王柏龄在黄埔的表现显然不够蒋介石"念旧"的标准。在蒋介石、张群、王柏龄三兄弟中，以王柏龄最为率性。就拿张群来说，他是蒋介石身边"文武两甘草"之一即文甘草（武甘草是何应钦）。张群跟蒋介石是拜把子兄弟，可汪精卫上台照样用他。四川军人经常不买老蒋的账，但张群用他四川人的籍贯与这些四川军阀相处得那叫一个融洽。国共对决到最后阶段，确保大西南是生死防线。蒋介石对刘文辉、卢汉这些人都不放心。人家张群发话了，我保自乾（刘文辉字自乾）、永衡（卢汉字永衡）没事。结果呢？一个在彭县扯旗起义，一个在云南振臂一挥。西康、云南两省都反了。这要是放在别人身上，那一准儿玩完，可张群啥事没有，平安抵达台湾，平安担任总统府秘书长，继续高官得坐。当时，就有人劝张群不要去台湾，说万一蒋介石算账怎么办。人家张群怎么说？张群说了，这时候必须去，而且要快去。蒋先生现在搭的是草台，需要有人捧场，特别是老朋友，去晚了，那才叫玩完呢。果不其然，张群到了台湾，有人在蒋介石面前说起云南起义的事，蒋介石哼了两声说："我走到哪里，岳军就会跟我到哪里。"（张群字岳军）下面的话还用老头子再说吗？傻子都明白了。而且最传奇的是，张群原来是被卢汉给扣在昆明做人质的，卢汉准备偷偷把张群给放了，杨青田奉中共之命警告卢汉说，张群是甲级战犯，释放他要等中共中央批准才行。卢汉说张群对我有恩，要等共产党解放军来了，那还能放得了吗？硬是把张群给放了，不但放了，还把张群身边的细软换成美元让张群一起带着走。这哥们义气玩的，真叫人一个瞠目结舌。张群最后走前还扔下一句话，这话说得那叫一个甜："张某闯荡中国大半生，就交下永衡这一个朋友。"高人吧？张群在抗战期间给蒋介石献过"国策"，而在处理复杂的人际关系上又是这样的如鱼得水，王柏龄呢？治校找不到人，打仗找不到北，那你说蒋介石还怎么念旧？念不下去了。而且，王柏龄那大爷脾气一上来，逮谁跟谁干。

国民党北伐胜利以后，蒋介石派王柏龄谋求云南归顺中央，因为龙云是王柏龄的学生，所以，在昆明办事，王柏龄很顺手，而且龙云也想利用蒋介石这棵大树镇压云南省内的异己派势力，这样一拍即合，等于说王柏龄立了一项大功。立了大功的王柏龄自然要获得酬庸，蒋介石许给他上海市市长的职务。王柏龄高兴得不得了，委任状还没有下达，人就跑到了上海。他到了上海不要紧，可有一个人挑理了。谁啊？宋氏三姐妹的老娘倪老太太。老太太发话了："茂如到了上海，怎么也不来看我啊？"这话传到王柏龄的耳朵里，也不知道这位老大犯了哪路神仙脾气，脱口就是一句："她又没把女儿嫁给我，我为什么去看她？"你说这话说的？一下子就把倪老太太给撞到南墙上了。倪老太太的三个女儿、三个女婿外加一个儿子，这都是近现代中国响当当的人物，她能咽下这口气吗？一状告到蒋介石那里，王柏龄的上海市市长彻底没戏。

10. 初露头角

王耀武卷入一起震惊国民党高层的政治事件中，立奇功获得了蒋介石的由衷欣赏。

王柏龄这样的性情自然不是何应钦的对手，落了下风的王柏龄还经常在蒋介石面前攻讦何应钦，而何应钦从来不在蒋介石面前说王柏龄的任何是非，这样一对比，蒋介石又发感慨了："敬之（何应钦字敬之）有古大臣之风。"言外之意就是你王柏龄

"人心不古"。吃了这种定心丸的何应钦更加卖力为蒋介石效劳。因此，当蒋介石问起经常在他窗前跑步的学生是谁时，何应钦连个"啐"都不打，立刻说出王耀武的姓名、籍贯。蒋介石一听更高兴了，教导团交给何应钦这一步就走对了。何应钦试探地询问蒋介石是否要召见王耀武。蒋介石摇摇头："不急，还要历练他一段。"何应钦连忙点头称是。

　　蒋介石之所以不急着召见王耀武，一层因素是嘴上说的"历练他一段"，另一层因素则是他的"耳报"还没有送来有关王耀武的足够信息。掌控黄埔军校是蒋介石此时的主要任务，蒋介石的召见本身就带有强烈的"恩出自上"的用意，所以，召不召见，何时召见，都不是何应钦可以全程参与的，定夺都在蒋介石一人手中。虽说把教导团交给了何应钦，但作为黄埔的第一号人物怎么能把信任都寄托在一个人身上呢？诸葛亮说过："夫为将者，必有腹心、耳目、爪牙。无腹心者，如人夜行，无所措手足；无耳目者，如冥然而居，不知运动；无爪牙者，如饥人食毒物，无不死矣。故善将者，必有博闻多智者为腹心，沉审谨密者为耳目，勇悍善敌者为爪牙。"何应钦是蒋介石的腹心，而爪牙、鹰犬、耳目则另有其人。当时在军校为蒋介石刺探各路人马情报的主要有两个人，一个是胡靖安，一个是曾扩情。

　　至于眼下，蒋介石也好，何应钦也罢，最先考虑的是东征的大问题。孙中山北上之后，陈炯明纠结一部人马，威胁广州，企图旧梦重温。1925 年 2 月，何应钦奉命率领教导第一团参加东征。这次东征战役下来，让蒋介石尤为看清楚了何应钦与王柏龄。战役初始，王柏龄身为教导第二团团长，竟然炮击友军，尽管这是误炸，可他稀里糊涂的劲头令蒋介石大失颜面。蒋一怒之下撤了王柏龄的教导二团团长职务。接下来的"棉湖之战"，何应钦大显身手。这场战役不但让南中国的各路人马看清了黄埔学生军的力度，更让觊觎广州政权的各派势力倒吸一口冷气。战役结束后，何应钦的教导一团全团伤亡三分之一，9 个连长阵亡 6 人，伤 3 人。战斗打到最艰苦的时候，黄埔军校党代表廖仲恺亲自搬运弹药，黄埔军校政治部主任兼东江各地党务组织主任周恩来始终处在第一线激励士气。蒋介石对何应钦说："你必须顶住，千万不能退后一步，此地要是败退，广州就危在旦夕！"何应钦说："我用脑袋担保绝不后退一步。"转过身来喝令炮兵连连长陈诚："你身为炮兵连长，连几门山炮都拉不响吗？"陈诚满面羞红，亲自跑上去架炮、开火，一炮命中目标。战后，蒋介石当即宣布陈诚升任营长。苏联顾问加伦（布留赫尔）将自己的佩刀解下赠给何应钦。棉湖一战成就了何应钦一生的英名，也基本奠定了他在黄埔系中的第二号人物的声望。这种余威即便是在国民党败退大陆前后仍旧存在。自然，也埋下了他与陈诚不睦的祸根。

身为黄埔三期学生的王耀武尽管无缘于这次棉湖苦战，但很快被卷入到另外一起震惊国民党高层的政治事件中去，并且获得了蒋介石的由衷欣赏。这件事还要从"廖案"说起。

1925年3月12日，国民党创始人孙中山在北京病逝。此时的黄埔军校内已经暗流涌动，在1925年2月成立的以中共党人为核心骨干的"青年军人联合会"同军校内拥蒋派为核心的孙文主义学会冲突日益激烈。王耀武本人也面临着一次重要的抉择。青年军人联合会和孙文主义学会在校内都不断地"招兵买马"，孙文主义学会因为有戴季陶出面支持并且得到蒋介石的默许，特别是主持这件事的王柏龄很想利用这个学会在蒋介石面前一显身手，所以，该学会的活动特别猖獗。孙文主义学会的骨干贺衷寒、邓文仪四处游说，广建党羽。也有人找到了王耀武，动员王耀武入会。王耀武没表态，青年军人联合会找到王耀武，王耀武同样没有表态。

方暾私下里悄悄地对王耀武说："佐民，你这么干，孙文主义学会那帮人还不恨透了你？"王耀武笑了笑说："他们现在没工夫恨我，他们最恨的是蒋先云、许继慎。"方暾说："他们恨这两位是由来已久的，不稀奇。"王耀武说："你是有所不知，现在军校里又有了一桩奇闻。"方暾来兴趣了："什么奇闻？"王耀武说："凡是加入孙文主义学会的每人给大洋三元。"方暾说："不会吧？这不成了帮会了吗？"王耀武："所以，人家现在都管孙文主义学会叫做'三元会'。"方暾想了想，突然明白了："这该不会是那边想出的主意吧？"王耀武点了点头："现在孙文主义学会贺衷寒他们就怀疑是蒋先云、许继慎搞的把戏，这件事在同学中都传开了，大家对孙文主义学会印象糟得很。"方暾说："蒋先云、许继慎不会干这种事，这两位是有名的特立独行，干这事的一定是另有其人。"王耀武："不管怎么说，眼前这两家闹得乱哄哄的，我们进去就是蹚浑水。心存校长，不在乎加不加入孙文主义学会。"

方暾猜得没错，关于"三元会"的传说始作俑者的确不是蒋先云、许继慎，而是余洒度。余洒度与贺衷寒、邓文仪都是湖南同乡，可他们几位可不是"老乡见老乡，两眼泪汪汪"，而是"老乡见老乡，背后给三枪"。余洒度主持血花剧社很出风头，但孙文主义学会中没有他的立足之地，他就宗奉邓演达，准备另起炉灶，而且还暗中组织一批人反对孙文主义学会，"三元会"的"传说"，就是他鼓动人搞出来的。蒋介石后来见青军会（青年军人联合会简称）与孙文会积不相能，就另外成立了黄埔同学会，派曾扩情担任黄埔同学会秘书，主持同学会日常工作。派余洒度为同学会宣传科科长。余洒度一下子爬到了贺衷寒、邓文仪这些人的头上，让他们恨之入骨，后来收集材料排挤余洒度，余洒度终于落败。1927 年，余洒度参加了著名的"秋收起义"，本来是朝着"老一辈无产阶级革命家"的方向发展，不料本人没有坚持下来，中间脱队，重又回到国民党阵营中，进了"自新同学招待所"。1934 年，余洒度与蒋介石的侄孙蒋孝先闹翻，被蒋孝先扣上一顶"贩毒藏药"的帽子，惨遭枪决。

王耀武没有参加孙文主义学会的最根本的因素他并没有跟方嗖说实话。因为他通过王文彦了解到何应钦对孙文主义学会并不满意。何应钦本人虽然不得不加入了孙文主义学会，装装样子，但本心上对于这个给王柏龄提供"咸鱼翻身"的舞台的"狗皮膏药"异常反感，只是何应钦脸上不便直接挂出来罢了。所以，当他得知孙文主义学会拉拢王耀武入会不成的事情后，他特地让王文彦关照王耀武，不要担心打击报复，要是有人为难你，你就可以找何应钦诉苦。而且，何应钦还把王耀武的"心存校长，不在于加不加入孙文主义学会"这句话在恰当的时机说给了蒋介石。所以，当孙文主义学会的人跑到蒋介石跟前给王耀武打小汇报时，蒋介石就哼了一声，说："你们连王耀武这样的中立派都拉不过来，还搞什么组织？"

1925 年 8 月 20 日，廖仲恺在中央党部门前遇刺身亡，史称"廖案"。这件事发生后，汪精卫、蒋介石、许崇智组成"处理廖案特别委员会"，因为主谋胡毅生是胡汉民的堂弟，胡汉民即便全身是嘴也说不清楚了，只好黯然下课。8 月 26 日，国民革命军第一军成立，蒋介石兼任军长。蒋介石任命何应钦为第一军第一师师长。9 月，蒋、汪第一轮合作的第二颗"硕果"瓜熟蒂落——广州国民政府军事实权派首领许崇智下台。

9 月 20 日这一天，蒋介石调集黄埔学生军包围许崇智的寓所，这招是迅雷不及掩耳，许崇智的嫡系大将许济、莫雄等人都蒙在鼓中，许崇智寓所的防守部队根本不是黄埔学生军的对手。王耀武也参加了这次驱逐许崇智的行动。在围堵许崇智寓所的过程中发生了一个意外的插曲。黄埔学生军虽然是由黄埔学生组成的，但并不是说完全孤立的背景。黄埔学生军中不少人以前就是粤军中人，两者是交叉性质的。而且，许崇智这人治军较宽，对下属一直不错，黄埔学生军中有些人也很感念他，这时候奉上峰之令来驱逐自己的老长官，这在一个特重袍泽、江湖的旧道德时代，往往难以下手。王文彦一看这架势就觉得坏了，这要是完不成任务或者完成不好的话，别说蒋介石那里不答应，就是何应钦第一个就得废了他。他看了看站在一边的王耀武："佐民，你看……"王耀武："连长，请给我十个人、三挺机关枪。"王文彦马上答应。王耀武带着这十个人、三挺机关枪，一下子就把通往粤军司令部与许崇智寓所的一条关键消息小路给封死了。这样一来，王耀武不但封死了粤军可能知道消息后的变生肘腋，也封死了黄埔学生军部分粤军中人心中最后一点残念。因为谁都清楚，这条消息路一旦给封死了，别说粤军援军，就是一只鸟都休想飞过来，许崇智彻底完了。

许崇智等不到援兵，却接到了蒋介石的电话，蒋介石在电话里告诉许崇智："现在广东的空气对总司令非常不利，请总司令到外面避避风头，将来事态平稳了，还要请总司令回来主持大局。"蒋介石还给许崇智写了一封信，托人带去。许崇智一看信就知道大势已去，只好黯然出走。不过，"失之东隅，收之桑榆"，许崇智丢了粤军总司令这一职务的确损失很大，可手中拿着蒋介石的这封亲笔信也成了许崇智日后的一块"点金石"。只要许崇智手头紧了，就跟蒋介石伸手要钱，蒋介石不管数目多大，从不含糊，一律送去。

王耀武这"临门一脚"让蒋介石铭心刻骨，记了一辈子。王耀武济南战役被俘后，响应中共的号召，多次在电台里宣讲解放军方面的宽大政策、优待俘虏，特别是淮海战役期间各人民电台反复播送王耀武的宣讲，对瓦解国民党军队起了不小的作用。总统府侍卫长石祖德亲眼目睹了蒋介石听到王耀武的广播后的愤怒，"老头子一脚踢翻了收音机"。可是，当有人提出要做不利于王耀武的家属的事以示惩戒时，蒋介石则摇摇头："王俊才（王耀武）民国十四年对'革命'建过奇功。"下面人遂不敢再提。可见，直到这时，蒋介石仍旧对王耀武当年驱逐许崇智过程中的所为记忆犹新，不能忘怀。

11. 东征

第二次东征胜利，国民政府论功行赏，王耀武获奖励，且奖励在他 1926 年 1 月毕业后很快落到实处。

蒋介石决定要见一见这位质朴、苦干的年轻人了。这时的蒋介石虽然还不是后来身兼一百多个要职的"党国领袖"，可在众多的黄埔生心目中，这位国民党陆军军官学校校长兼广州卫戍司令兼国民革命军第一军军长的大人物已经足以决定他们未来的命运了。

受到蒋介石召见的黄埔生一般来说都要接受两种考验，一个是"相面"，一个是

"问话"。蒋介石早年有游走江湖的历史，所以，对于一个人的"面相"，他是很愿意研究一番的。就蒋个人来说，也是一个相当注重仪表的人。他当初给这些黄埔生的第一个"下马威"就是军容风纪。初入军校的青年人们对于军人应该如何端正仪表，并无感性以及理性认识。有一次，蒋介石问这些黄埔生："你们知道怎么戴军帽吗？"学生们都一愣。蒋介石当即亲自示范——戴军帽时用食指和中指捏住帽徽，拇指第二关节对准鼻梁。这样的做法才能让军帽标准、端正地冠于头上。学生们一看，都服了。到底是校长，到底去过日本。

中国古人有句名言叫做："妍皮不裹痴骨"，后秦帝国的皇帝姚兴对此就特别推崇。蒋介石也不例外。其实，只要看看蒋介石麾下的著名的"八大金刚"——何应钦、陈诚、钱大钧、张治中、陈继承、蒋鼎文、顾祝同、刘峙等人的相貌便可以了解一二了。不过，以貌取人到底不如以才取人。貌不惊人的徐向前就是蒋介石看走眼的最好的一个例证。蒋介石对于一口山西话且相貌平平的徐向前并无深刻印象，更想象不到此人的军事能力后来竟然勇冠三军。

但是，这次召见很快被贼心不死的陈炯明的卷土重来给搅黄了。这次，陈炯明比以往增加了一些本钱，与盘踞在广东南路的邓本殷遥相呼应。国民政府决定发动第二次东征，彻底剿灭陈炯明。1925年9月28日，东征军成立，蒋介石任东征军总指挥，何应钦兼任东征军第一纵队纵队长。东征军打击的重点是陈家军的老巢——惠州。王耀武也参加了这次战斗，这是他生平第一次的野战。

但是，这次野战让王耀武领教的不是战争的残酷，而是战场上机遇的诡谲。王耀武当时隶属于国民革命军第一军第一师第三团，团长是钱大钧。钱大钧是江苏苏州人（生于江苏昆山），性子绵软，很讲情面。而且，在名利场上多半能表现出至少是表面的恬淡。民国时代不属于国民党正宗嫡系的各派势力的头面人物都比较喜欢钱大钧。

钱大钧的三团驻扎博罗，任务是防卫蒋介石的东征军总指挥部。钱大钧生平有两个外号最能说明其为人。第一个是"黄埔蛋"，第二个是"钱大钧"（也作"钧大钱"）。我们先来说第一个外号。何应钦的外号"何婆婆"指的是何应钦在黄埔系阵营中的实际地位，仅次于"老公公"蒋介石的"老婆婆"。而钱大钧的"黄埔蛋"的外号则生动地再现了蒋介石、钱大钧之间的关系。

蒋介石这个人牙口不好，吃东西就有点费劲。一般都是要先挑酥软的东西入口。因此，鸡蛋就特别合蒋介石的口味。钱大钧平素就对蒋介石的起居饮食特别关注，蒋介石的警卫、保安工作都是钱大钧一手操持。有一回，蒋介石随口说了一句："不知道

晚年钱大钧

什么时候再能吃上一次'黄埔蛋'。"钱大钧马上就去找人操办。蒋介石当初经过黄埔港时吃过一个名叫"严妈妈"的人烹制的炒鸡蛋，印象特别深刻，回味无穷。其实，这"黄埔蛋"没啥特殊的秘诀，就是大火烹炒，后放葱花，起锅麻溜。一开始，派下去的人没找到，钱大钧就急了，自己带着卫兵到周边农村去打探，严妈妈真给钱大钧找到了，老人家年近六十，身体还硬朗，就是耳朵不那么灵。钱大钧请老太太再给蒋介石烧制一次黄埔蛋，蒋介石大快朵颐，连声称赞，严妈妈把

这个手艺后来告诉了蒋介石身边的厨师，蒋介石每吃黄埔蛋，必然想到钱大钧的"辛劳"，内中的思绪自然不言而喻。"黄埔蛋"的外号安在了钱大钧头上也就在情理之中了。所以，钱大钧在黄埔军校的各教官中升迁速度相当之快，一度代理何应钦的教育长乃至代理蒋介石的军校校长。后来经常挂在钱大钧嘴上的一句话就是："领袖也是人。"

这次驻扎博罗，照例还是钱大钧负责卫护蒋介石的安全。按照蒋介石的本意，他是要调蒋先云来做自己的警卫部队首领的。蒋先云是"黄埔三杰"之首（蒋先云、贺衷寒、陈赓并称"黄埔三杰"），他是湖南人，可蒋介石一直想跟他拉同宗的关系，还一度让蒋先云做自己的秘书（蒋介石担任北伐军总司令后最早选定的两位机要秘书就是蒋先云和陈立夫）。蒋先云不愿意自己的部队调来给蒋介石当警卫，他直率地表示自己愿意血染沙场而非看家护院。要是放在别人给钱大钧说这番话，钱大钧早就恼了，可蒋先云毕竟非比旁人，那是蒋介石的爱将。所以，钱大钧只好苦笑着说道："老弟啊，给校长做警卫怎么能叫看家护院呢？"这样，钱大钧选派王文彦所在的连队作为蒋介石的警卫部队。王文彦自然把这当作美差来看，他对王耀武说："这蒋先云也不知道脑子动了哪根筋，硬是要效命沙场，精神固然可嘉，但护卫总指挥不也一样光荣吗？而且，还会让总指挥另眼相看的，我真不知道这帮子共产党到底是怎么想的。"

这件事留给王耀武的印象很深，直到十年以后，他与被俘的红军师长胡天陶对话时，这保存在记忆深处的往事又被重新勾了出来，让王耀武久久陷入深思之中。

王耀武所在的连队刚刚进入角色就传来警报。原来经侦察发现，有一股"陈家军"向博罗方向突袭而来。钱大钧命令警卫连立即做好保护总指挥部安全撤离的准备。王耀武觉得这道命令来得奇怪，因为此前王文彦跟他透露过，前线已经牵制大量的陈炯明的部队，而且何应钦将第一师的骨干力量全部调来防卫博罗总指挥部，是不是在没有搞清楚

提携王耀武"进步"的俞济时

具体情况前不要轻易做出张皇的举措来？王文彦拍了拍王耀武的肩膀说："佐民，做事不由东，累死也无功。现在钱大钧就是我们的东家，你不听他的话，出了麻烦谁给你兜着？"

王文彦他们紧锣密鼓地张罗着，蒋介石一进来就来脾气了，大怒："谁在搞什么？"下面人就跟他报告了，蒋介石一听更火了："把钱大钧给我叫来！"钱大钧一到，劈头盖脸就是一顿训，蒋介石拍着桌子说："把陈赓给我找来，我要陈赓当我的警卫连长！"钱大钧一边擦汗，一边解释："钧座，陈赓不可靠啊，有亲共的嫌疑。"蒋介石怒气不息："还不是你们这些国民党员不争气嘛！惠州铁桶一般，不就是蒋先云这个共产党先登上去的？敌军未至，我们倒先自乱阵脚，哪里还有军人的气概了？你去把陈赓给我找来！"

在黄埔军校中，"黄埔三杰"各有千秋，同学中有句顺口溜叫做："蒋先云的笔，贺衷寒的嘴，陈赓的腿。"陈赓带的部队的特点就是腿勤、腿快、腿长。这次调来陈赓连做警卫部队，也多亏了陈赓的腿，救了蒋介石一条命。

第二次东征胜利之后，国民政府论功行赏，何应钦受到"指挥有方，劳苦功高"的高度褒扬，并无特殊作为的三团团长钱大钧也受到格外褒奖。并没有参与实质性作战的王文彦部也被传令嘉奖。这让王耀武大感吃惊。王文彦笑着开导王耀武："佐民，

第一章　投身黄埔

这就是政治。钱大钧虽然一开始被校长骂了一顿，可毕竟后来校长遇险是真，这说明钱大钧未雨绸缪也不见得错，只不过时间提早了一点。再者说，最早登上惠州城的都是共产党，我们国民党这边要是再没有点功劳摆在那里，岂不是昭告天下人东征胜利取自于共党手中吗？"王耀武说："校长不也公开表白说是中共方面立有大功吗？"王文彦又笑了："那是说说而已，说到底，校长是要靠着我们这些国民党的黄埔生的，而不是蒋先云、陈赓他们。如果这次风头都给蒋先云、陈赓他们抢了去，以后哪还有黄埔生愿意给校长卖命？这就叫疏不间亲。"王文彦说的没错，牺牲阵前的第四团团长刘尧宸被破格追授为陆军中将，国民党籍的黄埔生均被"从优议叙"，王耀武也获得了一定的奖励，而且，这一奖励在他1926年1月毕业后很快就给落到了实处。

12. 马前卒

北伐军东路军正式进入福州，何应钦就任福建临时政治会议代理主席。王耀武所在宪兵营被任命为省临时政治会议联会执法处。

1926年1月，王耀武结束了在黄埔军校的学习生活，正式进入军人的行列。他被分派到国民革命军第一军第一师第三团第四连担任少尉排长。这个职务其实是一个障眼法，何应钦不想让人看出自己对王耀武的栽培。这里涉及到一个何应钦的政治生存之道或者说也是何应钦之所以几十年都能够维持自己"武甘草"的绝对地位的秘诀。

在后来者研究国民党内派系斗争史时，不少人笼统地认为何应钦用人朝前，不用人朝后，有的人他用过了以后就放在了一边，这点上不如陈诚。因为陈诚始终如一地培养自己信任的部下。还有人就此将这一对比列入何应钦所以"不敌"陈诚的界面上去。事实上，这种貌似劣势或者缺点的东西正是何应钦本人刻意营造出来的氛围或者印象。

某种意义上说，何应钦用他的"无争""无骨""无党"的超级手段几乎活过了蒋家两代人。国民党政坛上的"三无概念股"应该首推何应钦，政治上的较量最直接的表现就是生命的赛跑。"谁笑到最后谁才笑得最好"。

具体到王耀武的任用上，何应钦也费了一番心思。黄埔生毕业出来一般也就是准尉起步，当然也有上来就当连长的。但那是经过蒋介石特许和批准的，何应钦岂敢僭越？而且，先做排长也不招风，过了不到一个月的功夫，王耀武升任上尉连长，不显山不露水。在旧军队中，有"连长连长，半个皇上"的说法。而事实上，在部队中，"连长""团长"这两个职务是特别锻炼人的才干的。

王耀武随何应钦驻扎潮（州）、汕（头）一带，上面给他所在的团部新派来一位政治训导员。这位政治训导员新官上任并不急于与各路官长会面，倒是钻到士兵堆里嘘寒问暖。引起了各路官长的关注，王耀武也对这位新来的政治训导员充满了好奇。不过，几天以后，当他见到这位训导员时，他的好奇马上转化成了惊奇。

王耀武见到的政治训导员不是别人，而是阔别了几年的上海市警察局特种督导室警官吴化东。王耀武在广东见到吴化东，其激动的心情自不待言，而更多的藏在心里的则是疑惑和不解。吴化东当然知道王耀武在想什么，不过，有些事情在中共党内是上不能告爹娘，下不能传子女的。所以，吴化东仅仅是笼统地说了一下自己由上海到江西再到广东的经历。其实，吴化东的共产党员身份早在上海时期就已经明确了，他借助给袁祖铭的策士袁筱南当跑腿儿的影子为党内办了几件实事，虽然一开始还比较顺利，但很快被袁筱南察觉，吴化东奉组织的命令转道江西，此后接到新的命令让他立刻赶赴广东，接受中共广东区委的直接领导。按照党组织的指示，表面上在国民革命军东路军挂职，属于单线联系。

1926年3月和5月间发生的"中山舰事件"以及"整理党务案"让中共在国民党军中的力量受到了一定的挫伤，公开暴露身份的党员不可能继续维持自己的位置。而吴化东因为既没有公开身份，又有王耀武这层关系，所以，安之若素，且同时得到了王文彦的好感。1926年7月1日，国民政府正式发表《北伐宣言》，北伐军兵分三路，何应钦所部驻守潮梅，防止孙传芳手下大将周荫人进犯广东，蒋介石对何应钦特别嘱托："兄宜坐镇潮梅，妥筹应付。"等于把看老家的担子压给了何应钦，由此可以看出何在蒋介石心目中的地位。何应钦名曰看家，但手里的本钱却比较有限。第一军驻守潮梅一带，只有两师一团，两师包括粤军的谭曙卿的第三师，谭曙卿是蒋介石眼中的"窝囊废"，可用人之际，不得不如此。另一个师是冯轶斐的第十四师，这个师是嫡系，黄埔学生为骨干的第一师的老底子。可是，蒋介石把这个师的第二团抽走调拨给钱大钧的第二十师，另外，张贞的独立第四师也交给何应钦统辖，其实，张贞的独立师名义是师，实际不过一千人而已，是团改建而来的。包里归堆，何应钦麾下只有七千五百人之多，连一个十足的整建制师都不到。

而何应钦所警备的对手——孙传芳大将周荫人却实实在在地掌握着六万人的武装。

虽然周荫人号令不一，可手里的人马是何应钦的数倍。何应钦奉命守家，但心里想的却是如何反客为主，准备随时进攻福建。他给前方的蒋介石专门去电函请此事，蒋介石一开始并不同意。可随着战事的发展，蒋介石不得不重新考虑何应钦的建议。1926年9月，孙传芳命令周荫人出兵广东，借此缓解江西战场的压力，周荫人专电蜗居在香港的陈炯明，老陈耐不住寂寞，一听说有人打广东的主意，半夜爬起来给周荫人写信点拨。消息传到蒋介石耳朵里，蒋介石立即命令何应钦点齐所部人马向福建进发。

进军福建前夕，何应钦把身边的几件大事给办了。首先任命王绳祖为潮州卫戍司令，何辑五为汕头卫戍司令。何辑五本名何应瑞，是何应钦的四弟，何应钦与王文湘结婚以后一直没有孩子，何辑五就把自己的孩子过继给何应钦，所以，何辑五与何应钦的兄弟关系不同于一般，何应钦的家务，何辑五可以做大半个主。何辑五向何应钦建议把原来配备在蒋介石身边的警卫连改组为宪兵连，一则为维持军纪，二则为刺探军情，三则为保护军机。何应钦在日本读书时就对日本宪兵制度比较感兴趣，他与同乡谷正伦多次谈及日本宪兵制度，话语中充满了艳羡。这也给谷正伦以很大的启发，多年以后，谷正伦一手操办国民党军宪兵，号称"宪兵之父"，同早年何应钦的灌输不无关系。何应钦深以何辑五的主张为然，并且决定干脆扩充为宪兵营，随后他去电给蒋介石呈办宪兵营这件事，蒋介石来电照准。宪兵营营长确定为王文彦，宪兵营第一连连长的人选，何应钦第一个想到的就是王耀武。

宪兵营是新建武装，关系到总部的脸面，王文彦虽然与何应钦是至亲，可能力毕竟有限，让王耀武出来辅助王文彦，既是给王文彦的晋升铺垫台阶，也是对王耀武的提拔重用，这是一个一举两得的好办法。何应钦为此专门找王耀武谈话："佐民，此次出征福建，一扫寇氛，宪兵营职司警保、侦缉，且新立不久，未孚人心，其安危所系，不用我来多言，你跟我这么久了，应该知道担子的轻重。正所谓'何意百炼钢，化为绕指柔'，能挑起这副重担，日后才能为国家、民族所大用。"王耀武："请总座放心，佐民一定服从长官指挥，办好宪兵营。"接着，何应钦随口问起吴化东来，王耀武一时没搞明白，经过何应钦的略微说明，王耀武这才知道宪兵营开张的第一桩买卖原来要在自己身上兑现。

孙传芳委任的福建督办周荫人奉命进犯广东，准备兵分八路，其中第一军是张毅所部，第二军是李凤翔所部。李凤翔这一军下辖曹万顺、杜起云两路人马。从上杭、长汀向潮州攻击。就在两军交锋前夕，曹万顺、杜起云派人与何应钦秘密联络，向何应钦吐露了周荫人犯境的部分军事计划，这是明摆着输诚。具体经办此事的是已经调任何应钦第一军政治部政治科科长的吴化东。为什么要让吴化东经办这件事呢？因为曹万顺那边派来接洽的代表便是吴化东失散多年的弟弟吴化成。我们在前面说过，吴化成在王体乾家是他妈妈吴嫂用一条命掩护逃出虎口的，辗转多处的吴化成在一次非常偶然的机会里被靠在直系军阀门下的李厚基收用，做了身边的一名听差。有一次，李厚基游泳呛水，吴化成第一个跳下去救人，下去以后非但没捞上李厚基，差点没把自己的小命给丢了，敢情吴化成根本就不会游泳。上了岸的李厚基由此非常感激吴化成，觉得这北方来的小伙子仁义、厚道，提拔吴化成做了自己的贴身卫士。后来，李厚基就对吴化成说，我老了，也跑不动了，你跟着我没啥大出息，不如换一个东家。李厚基就把吴化成交给曹万顺，吴化成跟了一段曹万顺，特别会来事，而且，曹万顺是河北人，在福建各派人马中是北方系统的，他对同是北方人的吴化成便尤其看重。不久，曹万顺便把手枪连连长的位置给了吴化成。这次决定向何应钦的国民党军投诚，曹万顺以为事关机密，必须要得力心腹才能去办，自然而然地想到了吴化成。

　　吴化成这些年也算是历练出来了，他派人去打听何应钦那边的动静，一打听不要紧，把吴化东给打听出来了，一开始，吴化成不信呐，天底下重名重姓的多得是，怎么那么巧啊？他还真叫这么巧。吴化东、吴化成兄弟俩见了面，抱头痛哭一场，离别之情就先别叙了，办正经事要紧。吴化成衔曹万顺之命，给吴化东这面透露了部分的周荫人的计划，全部计划不能一次端给何应钦这边，那样一来，下面的买卖就没法做了。何应钦盘算着与曹万顺的"生意"应该让新成立的宪兵营参与一下，不为别的，就为提升宪兵营的资历。所以，召见王耀武时，何应钦把这件事透了一点给王耀武。并且责成王耀武和王文彦他们尽快进入角色。

　　离别多年，王耀武发现吴化成这小子变多了，变得鬼精鬼精的。吴化成开出价码来了，曹万顺要是过来，必须给个正牌的国民革命军序列中的军长干干。何应钦也才于1926年1月接任的第一军军长，曹万顺猛一过来就要个军长，王耀武怀疑自己的耳朵听错了。吴化成不动声色地笑了笑："二哥，你可听好了，我们是没下马，先敬酒。"王耀武："怎么讲？"吴化成："周荫人给陈炯明的密电是谁透露给你们的？还不是我方？要是让陈炯明那老小子得了手，你们还能在潮梅这地方这么舒服吗？"王耀武承认吴化成说的是事实，的确是从曹万顺的渠道中得知陈炯明蠢蠢欲动的消息，这才促使了蒋介石下定决心。吴化成接着说："二哥，你再想想看，周荫人再不济，他手底下也是六七万的人马，你有多少？我给你们报一万都是往多了说。我们老板说了，要是国民政府够意思的话，老板那边还有大礼要送。"这种事王耀武自然做不了主了，回去报告给何应钦，王文彦还在一边抱怨："曹万顺这老小子开出的价码也太离谱了，还他奶奶的想当军长！"何应钦说："清朝初年，满清征讨西南，南明小朝廷危在旦夕，张献忠的义子孙可望给南明开出价码，要当秦王，南明讨价还价，说秦王是一字并肩王，不能给外姓，当个郡王算了。孙可望怀恨在心，后来投降满清，满清一上来就给孙可望封了一个'义王'，比正宗的满洲贵族郡王的年俸还多一千两银子，你们想想看，孙可望能不玩命报效吗？就按曹万顺开出的价码拟稿给江西，上报总司令，请他批准。"

何应钦的判断没有错，蒋介石立刻批准，只要曹万顺过来，马上发表为国民革命军第十七军军长，并仍兼第一师师长。军长兼师长这里面是有很大奥妙的，旧军队中高升当然是美事，但高升之后丢了实权的也比比皆是，军长高高在上要是不直接掌握部队，那就是明升暗降。所以，蒋介石先给曹万顺一颗定心丸，军长兼师长，大权一把抓。这服药配好以后，曹万顺那边的大礼也送到了。

曹万顺送来的"礼"还真不是一般的"礼"。周荫人虽然手底下六万多人马，气势汹汹，可也有软肋。这软肋就在永定这地方。永定是周荫人的总部，也是闽军进犯广东的后方补给兵站，守卫力量薄弱，仅有4500余人。如果拿下永定，周荫人被端了老巢，不战自乱。何应钦拿着这份"大礼"，心花怒放，这是老天爷成全他的功名富贵啊。可是，江西那边老蒋不同意，蒋介石给何应钦的回电中声称："出于政治上的考虑，我们不批准主动发起进攻。"这份电报给何应钦兜头一盆冷水，浇傻了。福建战场不开辟，何应钦守家的代价就要增加一倍。最主要的是他也就无从建功立业，拔奇功于头筹。

这等心事早就给政治科科长吴化东看在眼里。他也给何应钦配了一服药，药引子便是苏联顾问切列潘诺夫。吴化东的主张就是要切顾问出面承揽一切，说动何应钦"抗命"。切列潘诺夫知道何应钦喜欢打猎，就邀请何应钦在周末时与他一道相聚于荒郊野外。老毛子给人的感觉历来都是粗粗拉拉，心不在焉，可他们心细如发、精鬼算计的另一面也往往给这种粗糙的表面刻意地掩盖了。切列潘诺夫安排的这场围猎让何应钦出尽了风头，王耀武也是生平第一次看到何应钦的枪法的高超。兴奋之余，切顾问谈出了自己的想法，极力鼓噪何应钦先发制人。何应钦没有更多的表示。但10月8日这一天，王耀武带领的宪兵第一连的一次正常巡查行动却给了何应钦最好的启发。

10月8日这天早晨，王耀武的宪兵第一连抓到了一个形迹可疑的人，经过王耀武等人亲自审讯得知，此人是闽军混成旅的侦察人员，奉命越过省界刺探粤方军情。

何应钦一拿到这个消息，马上下了决心。因为有了这个人证以后，可以应对蒋介石"衅不自我开"的原电，也就可以拿出"将在外君命有所不受"的勇气来。当天，何应钦即下达攻闽战令，这是何应钦一生少有的"乾纲独断"——国民革命军第三师于 10 月 9 日向永定进攻。10 月 13 日，何应钦率各部全歼闽军大部主力，缴获步枪

王耀武陪同何应钦合影
（左一：王耀武；左四：何应钦）

4000 支、炮 9 门、机关枪 22 挺，俘敌 4000 余，并活捉闽军师长刘宝珩等师、团、营级军官 50 余人，可谓大获全胜。远在江西的蒋介石闻知这一消息，大为兴奋，专门来电祝贺称："积郁为之一伸，革命军士气亦因大振。"10 月 18 日，何应钦正式通电就任北伐军东路军总指挥，曹万顺所部也正式改编为国民革命军第十七军。何应钦以第一军、第十七军、第十四军分进合击，直下漳州、泉州，福建海军也表示要与北伐军合作，福建全省格局大变。在中共党人与福建地方力量的共同运作下，福州转瞬即下。1926 年 12 月 18 日，北伐军东路军正式进入福州，何应钦就任福建省临时政治会议代理主席，成为福建全省的最高统治者。王耀武所在的宪兵营被任命为福建省临时政治会议联合执法处。

13. 王耀武办案

联合执法处接到"福州富豪霸占民女"一案，王文彦将此案交由王耀武办理。

联合执法处名义上是三方即警方、法院、军方联席会议，但因为宪兵营是何应钦的嫡系，而临时政治会议其实就是"军管会"，所以，宪兵营一股独大。不过，因为福建刚刚底定，还有些县市没有来得及收复，所以，宪兵营的力度在一开始还并没有被某些绅豪大户认识到，直到王耀武他们开刀祭旗的那一天起，福州的豪门才看清，"宪兵营"是万万得罪不得的，而王耀武他们开的第一刀不仅给王耀武本人带来了难得的声誉，也意外地带来了他终生的姻缘。

这件事还要从福州地方法院的郑推事登门拜望说起。福州地方法院的郑推事年约

五十，身体硬朗、谈吐清晰，王耀武尊之为"老先生"。王耀武问明郑推事的来意，并且接过郑推事递过来的"滚单"，心里明白了，这是大麻烦主动上门。否则，王文彦也不会一推六二五地交给他来办理。

福州当地有位赫赫有名的投机商人叫做李云峰，这个人有些来头。他的后台是大名鼎鼎的"王秃子"——王紫云。王紫云祖上是从山东逃荒跑到天津卫的。王紫云本人原来就在天津小站新建陆军兵营外做杂货买卖。这小子脑袋瓜转得特别快，他发现这批新建陆军的士兵穿鞋特别费，就改行修鞋。不仅修鞋，而且还隔三岔五地给这些当兵的和下级军官联系好玩的地方。久而久之，王秃子的大名连曹锟、李纯乃至冯国璋都听说过。所以，当曹锟发迹以后，就把军服的生意交给王秃子打理，王秃子一夜之间就成了天津码头上的名人，还给自己起了一个不错的大号——王紫云。王秃子是一个很有心计的人，别看买卖越做越大，身家上了几百万元，可仍旧吃窝头、啃咸菜，人前装得跟三孙子似的，但背后的文章可是大发了。他每次去曹锟那里，光门包这一项，他就甩出交通银行簇新的票子五万整，这大手笔谁敢比？即便是曹锟的男宠李艳青李六子也不敢低看王秃子一眼。李云峰是王秃子的山东同乡，还有点远亲的意思。所以，很受王秃子的信赖，东南一带的生意有相当一部分交给李云峰打理。坐镇东南半壁的"联帅"孙传芳也是山东人，李云峰搭上了这条大船，在福州的买卖没有不顺手的。

李云峰看上了福州地面上的一个唱戏的女角儿，艺名"小红宝"。这"小红宝"不但戏唱得好，人也长得俏，关键是她不同于一般走江湖卖艺的身上染了一堆的"混气"，还颇有些"天然去雕饰"的意思。李云峰在生意场里见的女人多了，泛泛之辈当然不在他的眼里，有人就给他推荐"小红宝"，李云峰去听了两次戏，人就不能自持了。先是捧戏，跟着就是假戏真做。"小红宝"要不怎么说与普通的江湖艺人有区别呢，她是唱戏不假，可也坚决不卖身。李云峰脾气一上来，就给演了个"霸王硬上弓"，把"小红宝"弄到一个地方藏了起来，尽情地蹂躏。"小红宝"的家里人跟戏班子里的都急蒙了，到处托人打探，后来搞清楚是李云峰闹的鬼，就把李云峰给告到福州地方法院去了。法院里的人谁不知道李云峰的大号啊，谁敢管？推来推去就把这件事推给了推事老郑，老郑一看卷宗就明白这是上头不想惹事，让他出头顶雷。但老郑这人脾气偏，还真就要管这件事。偏归偏，老郑不想胡来，他看到北伐军进了福州，联合执法处成立了，就把卷宗交到了宪兵营王文彦的手中。

王文彦有心不管，毕竟福州还不是久留之地，北伐军下一步的标的那是浙江乃至上海。而且这李云峰太过棘手。但要是推，也推不出去，联合执法处名义上是联合，其实是唯军方马首是瞻，宪兵营要是往外推，一旦传扬开去，还怎么树立威信？想到这里，王文彦就把这烫手的山芋丢给了王耀武。让老郑去找王耀武具体操办。王耀武晚上睡不着，拿着这份沉甸甸的卷宗反复看了好几遍，曹营之事为何很难办？就在于经常把简单的搞复杂，复杂的搞简单。李云峰犯法就该拿人，可李云峰不是一般人物，虽然孙传芳滚出了福建省，但像李云峰这样的富豪，北伐军上层还是刀下留情的，为的是将来特定情况下请这些人继续捧场。不过，要是不抓的话，先就王耀武自己这一关就过不去。王耀武自己是深恨这些豪富们鱼肉百姓，不拿平民当人看的现象的，尽管这一半年来以来，自己穿上了军装，成了革命军军官，豪富们见到自己也免不了点头哈腰，可他每每想到山东老家王体乾之流的胡作非为，心中就有些愤懑，当然，这种愤懑已经与当年的那种纯然的愤怒大不相同了，只要自己愿意，至少在表面上豪富们是不敢与他计较的，面子上的满足和升迁的欲望大大地折抵和冲淡了早年的单纯。

王耀武把宪兵连一排排长罗明理叫来，同他商量一下如何办理李云峰这件事。罗明理是四川人，比王耀武小两岁，人很机灵，也很较真，有时候免不了跟王耀武顶牛，可越顶牛，王耀武越喜欢他。王耀武让罗明理派人监视李云峰，密切注意他的动向，特别是搞清楚"小红宝"的藏身之地。罗明理说："连长，不行就把小红宝给偷出来再说。"王耀武摇摇头："我也想过偷的办法，但那不是宪兵营的派头，这件事说到底要讨上面一个口风。"

过了两天，王耀武去见王文彦，王文彦当然知道王耀武是干什么来的，笑着打哈哈："你别跟我讨什么尚方宝剑，我是第一没有，第二也不会给。"王耀武说："我不要尚方宝剑，我就要你一句话。我们什么时候开拔？"王文彦又笑了："这比尚方宝剑还厉害呢。但我可以告诉你，上峰已经来了专电，催促总指挥马上赶往浙江。"王耀武咧嘴乐了："那我就明白了。"王文彦拉住王耀武坐下："李云峰那件事你让下面人先办着，我这里有个要紧的事情请你马上去抓一下。"王耀武问什么事，王文彦压低了声音说："给我挑选十名精干的人过来。要会双手打枪的那种。"王耀武："能问为什么吗？"王文彦："回头告诉你，你先去准备一下。"

王耀武准备停当以后，告知王文彦，王文彦这才道出原曲。原来，随着北伐军的节节胜利，各路军阀已经蠢蠢欲动，有相当一部分人愿意像曹万顺那样先行结纳北伐军，给自己留几条后路出来，这里面就包括曾经与何应钦闹翻了天的黔军头子袁祖铭。袁祖铭派他的亲信策士袁筱南专门南下到福州与何应钦密谈。何应钦也答应了，问题出在准备工作上，王文彦的姐姐王文湘私下里找到王文彦，让他务必保证何应钦的安全。最好是暗中埋伏几个骁勇善战的警卫人员。王文彦："佐民，你别以为我姐这是草木皆兵，女人见识，这里面有段故事你是不知道的。"接着，王文彦就把何应钦当年遇刺的往事给说了出来。

1921年12月15日，何应钦与副官到昆明三牌坊华丰茶楼喝茶聊天。刚一进茶楼大门，就有两名青年站起身来向何应钦敬礼、立正。何应钦不认识他们，这两位自报家门：一个是原来在何应钦手下当过班长的，一个是曾经受过何应钦教授的学生，如今都在昆明经商。自称当过班长的人尤其谦恭，他让何应钦的"学生"扶着何应钦上楼，自己跟在何应钦后面说话。忽然，"班长"对何应钦说："旅座，请稍候片刻。"（何应钦曾任黔军旅长一职）何应钦扶着扶梯上楼，左手里拿着一个小紫砂壶，猛然间，觉察到后面动静有异，本能将左手拿着的紫砂壶向后心使劲一掩，也就是这一"掩"救了何应钦一条性命。自称"班长"的人掏出手枪照着何应钦后心就是一枪，紫砂壶挡住了这一发要命的子弹，后面陆续射来的子弹虽然也击中了何应钦，但到底没有这第一发来得要害。

刺客是刘显世、袁祖铭派来的，这一年的春天，他们在上海已经成功地杀掉了王文华，所以，眼下的唯一肉中刺就是何应钦，只要剔了这一根，他们便可以彻底安稳了。何应钦倒在血泊中，多亏顾品珍、范石生、王柏龄等人的多方救治，何应钦才得以不死，但有一颗弹头落在腹腔中，终生未能取出，最后在何应钦遗体火化后才重现出来。

有了这一层的刺杀的死结，说到底何应钦与袁祖铭早已势不两立、你死我活了。可政治这东西本来就没有恩人和仇人一说的。袁祖铭要另立山头，就要寻找新的靠山；蒋介石要北伐胜利就要减少阻力。两者一拍即合。不过，蒋介石还是很够意思，专门跟何应钦说："敬之，你要是不容袁祖铭，我也决不接纳他。"老蒋的这话等于把何应钦逼到了墙角，可嘴角分明流淌着蜜意。何应钦当然不敢接茬，只是说不能因私废公，从革命大局着眼云云。这样，蒋介石正式发表袁祖铭为国民革命军左翼总指挥兼第十一军军长的任命。何应钦看着这样的任命，内心的酸楚可想而知。

偏巧这位袁祖铭不知道是活糊涂了还是喝高了，对孙中山的"三民主义"突然发表了一番高论，认为"三民主义"并不完整，而是要"四民主义"。应该说袁祖铭说的是实话，但这样的实话在某些时候其实等于屁话、昏话。国民党此刻正高举孙中山的"三民主义"的大旗倡言北伐，袁祖铭不香不臭的这一屁让国民党高层半天缓不过劲来。袁祖铭这一回的把戏得罪的人太多，也太狠。

但是，"放屁"的屁主儿袁祖铭自己还不觉悟，他在湖南待久了，静极思动，就让袁筱南去找蒋介石，准备请蒋介石给他重新安排一块地盘，蒋介石顺水推舟说去找敬之商量吧。于是乎，袁筱南就跑到福州来找何应钦。刺杀王文华的预谋，袁筱南是参了股份的，但暗杀何应钦，袁筱南则不以为然。但刺杀何应钦的事情，刘显世、袁祖铭都在兴头上，听不进去袁筱南的劝告。而在何应钦、王文湘、王文彦他们看来，不论袁祖铭还是袁筱南，都不是什么好东西，特别是王文湘、王文彦姐弟俩最恨袁祖铭、袁筱南，杀兄之仇想起来都是咬牙切齿的。这次，因为老蒋发话，何应钦不得不接待一下袁筱南，王文湘提醒王文彦务必做好警卫，不能让何应钦再出任何差池，宁可草木皆兵，也不能大意失荆州。

王文彦还特别嘱咐王耀武说："这次袁筱南带了一个人来，也是来者不善，这个随员的情况你要去给我排查清楚。"王耀武郑重地点点头。这时，王文彦又说道："佐民，李云峰的事，只好由你出面，这个雷不好踩，辛苦你了。你也知道我的苦衷。"说完，王文彦在王耀武的肩膀上不轻不重地压了一下。王耀武笑笑："我明白。我让罗明理盯着呢。"王文彦："罗明理？一颗烟？"王耀武说是。

"一颗烟"是罗明理的外号，这还是在第二次东征时落下的。当时，王文彦所在的连队接到任务，要及时赶到指定地点，罗明理那时在王耀武手下当班长。与王文彦他们分进合击的四连也在紧急行动，出发前，四连的一个排长问罗明理："果松坡有多远？"罗明理说："一颗烟的工夫。"战后，四连落慢于王文彦连，四连的那个排长气哼哼地找罗明理问话："你小子抽一颗烟有多长？"罗明理认认真真地用他们四川家乡话解释说："要半个多时辰。"罗明理是四川"通南巴"的人，那里抽烟的烟叶卷起来有一尺多长，放在烟袋锅里，一抽就是一个小时，约有十华里的路程。罗明理放了这一道"水"让四连他们白跑了不少辛苦路，却让王耀武他们抢了先。以后，这"一颗烟"的外号就传开了。

王耀武："说起'一颗烟'来，我还有个事要请营长帮忙呢。"王文彦："你佐民老弟也学会讲价钱了？"王耀武："罗明理这小子得罪了一个人，我想请营长给排解一下。"王文彦问得罪谁了，王耀武说出一个名字来，王文彦皱了皱眉头。

罗明理得罪的这个人大名叫做戴笠，浙江江山人，小名春风。在黄埔军校知道此

国民党军统首领戴笠

人的都叫他"戴抽风"，一则是此人喜怒不定，不好琢磨；二则是"贼不走空"，经常"打抽丰"。1925年的戴笠还是个无名小卒，但这个无名小卒已经不甘寂寞了，他经常游走于黄埔军校相关联的各路关系网的下层，收集情报，刺探人情。也经常以此作为晋见蒋介石的敲门砖，可惜的是，蒋介石并不特别重视这些小纸条，蒋校长的"门房"们更加不待见"戴抽风"，时常冷嘲热讽，戴笠心里怒骂，嘴上却是仍旧甘言厚币。所谓"苍天不负苦心人"，戴笠的行动或多或少引起了蒋介石的注意，安排他进了黄埔六期入伍生队。成了"黄埔生"的戴笠对"本职工作"更加狂热，以经常密探某某学生或者某某教官思想是否左倾为能事，一段时间里，军校半夜经常有小汽车进出，带走被"密告"的人证。这些被带走的人当中有一个是罗明理的同乡兼好友，这让罗明理就此恨上了戴笠，时刻找茬口准备整治戴笠一把。

戴笠这一生玩弄类似的"偷梁换柱"的把戏不知凡几，他也经常以此自得。进了黄埔军校的戴笠，这一毛病非但没有改正，反而变本加厉。变本加厉的原因也是"靠谱"的，因为戴笠需要经费，跑情报没有钱那是万万不灵的。也就因为这一点给罗明理暗中抓住了把柄，一张密告送上去，戴笠差点给抓起来，尽管没有"军法从事"，到底还是吃了点暗亏。起初，戴笠并不知道是罗明理下的套，但戴笠此人历来是睚眦必报，慢慢地就了解到是罗明理干的，当然不会轻易放过罗明理。此次北伐，戴笠随同东路军行事，蒋介石给了他一点点特权，王耀武深恐戴笠得势殃及池鱼，这才向王文彦讲出实情，请求王文彦予以协助。

"阎王好见，小鬼难缠"，王文彦本人并不惧怕戴笠，但戴笠多少有些来头他也是知道的。宪兵营是何应钦交给他的本钱之一，如果宪兵营的骨干跟戴笠之间纠缠不清，对他也不是什么好事。王文彦说："佐民，这件事我来办，戴雨农这个人尽管难缠，可也是极会看风头的。这年头只要识时务就好办。"王文彦回头托人找到了胡靖安，请他出面安排戴笠的经费，有了大把"封口费"的戴笠当然明白这是为什么，他也封了一张极精巧的名片给王文彦，上面刻有"江山戴笠"四个仿宋体字以及一排细密的地址，对于行踪不定却经常落脚于此的戴笠来说，这排地址的透露即相当于今天的人告诉你手机号码一般。而更多的含义则是通知王文彦："以后有事您言语一声。"这是王耀武与戴笠订交的开始，虽然这时候双方还没有直接照面。

戴笠与蒋介石

14. 兄弟重逢

袁筱南入福州与王文彦会面，其随从竟是王耀武的兄弟赵铁矛。兄弟重逢。

王耀武把精心挑选出来的十名优秀士兵交给王文彦，而且，亲自参与布置会面场地，做到万无一失。这时候，罗明理带着关于李云峰的消息回来了。据罗明理报告，李云峰最近转款比较多，特别是转到上海的款项尤其居多。王耀武告诉罗明理，不急于动李云峰，同时加派人手保护好福州地方法院的郑推事。1926 年 12 月 25 日，袁祖铭的策士袁筱南以及随从一人悄然进入福州城，住进了事前约好的饭店，准备同何应钦会面。与此同时，王耀武已经让罗明理早早地把东路军马上开拔的消息播散出去，效果很快就收到了。

对于袁筱南这个人，王耀武一直有点好奇，因为他听吴化东专门提起过他，有一种深藏不露的感觉。大抵是那种幕后长胡子伸黑手的主儿。所以，这次袁筱南来福州，王耀武特别找了机会要从侧面看看这位"袁先生"到底长得什么样。因为袁筱南来福州，起居警卫都是交由王耀武他们连负责的，因此，要见袁筱南并不困难。但王耀武不会为了见袁筱南，把起码的规矩给忘了，他将自己在上海当店员时听到的关于袁筱南的事情说给了王文彦，王文彦给王耀武安排了一个机会，就是第二天上午何应钦同袁筱南谈完以后出来，王耀武可以在外间等候，正好能够见上袁筱南一面。

计划没有变化快，何应钦改主意了，他不准备同袁筱南单独会面，王文彦、王耀武都作为警卫和随从参加会面，袁筱南的随从也在场。何应钦这么做不是没有泄愤的意思在里面，同时也是一个小小的下马威。袁筱南久历阵仗，哪儿能不明白这么个道理呢？所以，他显得格外的谦恭。站在袁筱南身边的那位随从，大半个脸给一副墨镜遮住了，嘴角森严，脸色铁青，望过去就是个标准的杀手。王耀武怎么也没有想到，站在眼前的这位铁青脸、大墨镜的"杀手"居然是自己失去联系近三年之久的好友赵铁矛。

赵铁矛先前一直跟在黄金荣那里，如何又来到了福州，成了袁筱南的随从了呢？这都要从赵铁矛的"引路人"谭玉姗这个"祸精"说起。黄金荣与杜月笙的关系，全上海没人不知道的，所以，黄、杜两家一直也走得比较近。谭玉姗与杜月笙的大老婆一直都是牌桌上的姐妹。但赌场无父子，牌九打多了，嫌隙也就生出来了。谭玉姗仗着黄金荣当靠山，嘴上说得不好听，杜月笙的大老婆那更不是省油的灯，当场就让谭玉姗下不来台面。在场诸人连忙解劝，一般认为，这种茶壶里的风波，过一段就算了。哪知道，谭玉姗不罢休，暗中耍了一个花招。她让人布置了一个局，利用杜月笙的猜忌心强的特点，让杜月笙误以为自己的大老婆跟手下人不清不楚。这一来，麻烦就大了，杜月笙找人直接干废了自己的这个手下，双腿都给打断了，大老婆也被打入"冷宫"。本来这件事也算是密不透风的那种，也本来就可以"阴干"了事，偏偏半路上杀出了个程咬金。这个"程咬金"便是赵铁矛。

赵铁矛早就是谭玉姗床上的常客了。这一次，赵铁矛又把谭玉姗给侍候舒服了，女人哼哼唧唧以后就顺口把整治杜月笙大老婆的事非常简略地说漏了一句半句，但这已经足够了。随着二十年代中期的到来，黄金荣的势力已经日渐萎缩，相反，杜月笙的势力在逐渐增大。

久在黄金荣左右，赵铁矛更清楚以后上海滩到底会是谁家的天下，因此，他很早就有投奔杜月笙的念头，如今送上门的"入场券"，焉有不用的道理。赵铁矛通过朋友找到顾嘉棠说要拜见杜先生有急事，顾嘉棠就给安排了。赵铁矛把这件事的原委一说，杜月笙当时没动声色，也没有多说什么，只是一拱手说谢谢赵老弟费心。过了半个月，顾嘉棠突然神秘地找到了赵铁矛，一出手就是十根金条。赵铁矛也是道上混了多年的了，一看这架势就知道来者不善。顾嘉棠是谁啊？那是杜月笙的左膀右臂。顾嘉棠用手指蘸了茶水，在桌子上写出一个"玉"字，再然后抹去。赵铁矛明白了，这是杜月笙要杀谭玉姗泄愤。但是，谭玉姗是黄金荣身边的人，特别是黄金荣内管家的亲信，这种带点"欺师灭祖"味道的东西，杜月笙是断然不愿意给人知道的，所以，一下子拿出十根金条来也是说明了这件事的要害之处。赵铁矛要是不收这金条反而会让顾嘉棠乃至杜月笙不放心。赵铁矛把金条收好，就问了一句："棠哥想几天听信？"顾嘉棠伸出三个手指头来。

　　三天后，顾嘉棠约赵铁矛老地方见面。赵铁矛把一个锦盒交给顾嘉棠，顾嘉棠打开一看，原来正是谭玉姗的人头。顾嘉棠满意地笑了，赵铁矛近前一步说："棠哥，剩下的连个骨头渣都找不到了。"顾嘉棠点点头，这意思就是说谭玉姗的尸首已经给用硝镪水化掉了，不会留半点痕迹。顾嘉棠又掏出十根金条塞给赵铁矛。一周后，杜月笙主动要赵铁矛去他那里坐一坐。分宾主落座后，杜月笙绝口不提谭玉姗的事，而是说："吃我们这口饭的，到底是下九流，别看你今天登堂入室，人家照旧看不上你。所以，要么去学李自成、洪秀全造反到底，自己称王称霸，要么就趁早招安，谋一条'正路'出来。"杜月笙告诉赵铁矛，眼下就有一个现成的机会，袁祖铭的全权代表袁筱南请杜月笙帮忙物色一名贴身随从，既要胆大心细，还要重情重义。杜月笙说："袁筱南的祖、父两代都是贵州省著名的立宪派头脑，家私万贯且不说，跟几派军阀都有来往，如今袁祖铭又挂上了广州的国民政府，将来恐怕要不止于此，老弟可以从这里起步，谋个正途出身，将来也好光宗耀祖。如果老弟不肯，完全可以留在这里帮着阿棠和我做事，究竟如何，请老弟自行取决。"袁筱南这个人的名字对于赵铁矛来说并不陌生，他从吴化东那里听说过的，只是觉得此人特别神秘，深居简出，很少露面，真要是能给这样的人赏识，将来的前途不消说要比现在悬在半空中强，哪里还有犹豫的可能呢？当即满口答应下来。杜月笙说："老弟不妨改个名字，铁矛有些粗猛，不若叫做铁夫，铁血丈夫嘛。"改名为赵铁夫。赵铁矛正式做了袁筱南的跟班，效果不错，而且更不错的是因为赵铁夫的保护，袁筱南逃过了一场看似意外的车祸。由此，袁筱南比较看重赵铁夫，南下福州也自然要把他带在身边。也由此，促成了王耀武与赵铁夫弟兄二人的重逢。

　　王耀武与袁筱南的随从赵铁夫的关系给何应钦知道以后，他甚至派了王文彦前来道贺，这让王耀武委实有些感动，也让赵铁夫面子十足。赵铁夫记起杜月笙的赠言，时刻想着谋一条正途出身，如今看到何应钦这位国民革命军的上层首脑对自己还能如此的给面子，颇为涕零。何应钦自己当然不会出面，王文彦就成了他的代表，王文彦要王耀武请赵铁夫四处转转，尽一下做老弟的义务。表面上看是王文彦给足了王耀武、赵铁夫乃至袁筱南的面子，其实不然，王文彦的主要任务就是在福州想方设法拖住袁筱南他们，如果能拖住十天左右，湖南那边就只欠东风了。

袁筱南对此行比较满意，虽然何应钦一开始有些倨傲，但那也是情理之中，总体说来，何应钦算是答应了袁祖铭开出的条件，何应钦也让袁筱南到湖南后给袁祖铭带话，只要服膺国民革命，可以再上层楼。至于驻地也无须顾虑太多，浙江战事很快就会明朗，届时，江西、安徽、浙江等省都将覆盖于青天白日旗之下，作为国民革命军左翼总指挥的袁祖铭难道还会没有安身立命的地方吗？而且在福州，袁筱南还专程去看望了自己的旧友——福州聋哑学校校长。袁筱南的祖、父两代同前来贵州传教的西方传教士有着密切的关联。后来自费在贵州威宁为中国百姓办教育并且献出自己宝贵生命的柏格里也同袁家有过交往。这给幼年的袁筱南留下了深刻的印象。在上海活动期间，袁筱南和上海天主教聋哑学校的负责人就往过较密，他和福州聋哑学校校长也是在那里结识的。在这位校长的家里，袁筱南从他口中得知了王耀武是如何智取李云峰、救下"小红宝"的曲折的过程，不由得对这位年轻的连长刮目相看。

15. 王耀武"请客"

王耀武圆满处理"福州富豪霸占民女"案，为自己和北伐军赢得了良好的声誉。

东路军即将开拔。也就在这时候，罗明理及时送来了李云峰新的动向，安插在福州地方法院郑推事出门回家两点一线的几个眼线起了大作用了。他们抓获了一名疑犯，据这个疑犯交代，李云峰手下买通了他们，一俟北伐军离开福州，他们就可以拿郑推事的女儿郑宜兰"开荤"。郑宜兰当然不是什么"国色天香"，但却是老郑唯一的骨血。他们也不会要郑宜兰的命，但祸害一番也足以让郑家生不如死了。其实，李云峰已经准备开溜，只是因为手头临时有件事没有处理完，"小红宝"他是不能带走的，只有秘密解决掉为好。而这个"秘密解决"的办法当然也不是灭口，而是送人。送给的下家是福州市地方警察局缉私队队长。这样的情报也早就给罗明理捕捉到，送给了王耀武。有了这么几样菜，王耀武觉得可以"请客"了。

王耀武是"霸王请客"，"客人"是来也得来，不来也得来。李云峰当然清楚，王耀武这时候下帖子找他是已经断定了他的后路走向何方。所以，硬着头皮来到了宪兵营。不过，这个李云峰的确不是吃素的，他拿来的见面礼很特别，一篓"莱阳梨"。"莱阳梨"是秋季收获，如今已经接近腊月，却能保鲜如此之好，这点已经让离家多年的王耀武感到有些惊奇了。李云峰从篓筐中拿出一枚，很快削好递给王耀武："王连长，亲不亲，故乡人；近不近，故乡情。"王耀武接过来，大咬一口，罗明理站在一边，哎了一声，王耀武看了看罗明理，没吭声，李云峰干笑两声，脸上流露出鄙夷的神情。

王耀武看在眼里，不动声色地说道："我这位老弟罗明理是四川人，四川人的特点是就认为普天之下，最好的莫过四川。其实，俺们山东的好东西才多呢，就拿这莱阳梨来说，便是一绝。给人下毒，莫过于用砒霜，但砒霜有几遭东西进不去，其中就有这莱阳梨，所以，以前北京城的满洲皇帝点名要莱阳梨做梨干进贡不是没有道理的。"王耀武话音刚落，李云峰便浮出笑意："王连长年纪轻轻，阅历却是不浅。"王耀武也笑了一下："王某在上海的马玉山糖果店站过柜台，对于蜜饯糖果略有所知而已，加上这是家乡的东西，就比如人的根本一般，忘本在俺们老家可是要挨骂的。"李云峰说："是啊，李某自发迹以来，经常接济故人，也是因为心存不敢忘本这个念头。"王耀武说："没错，李先生的大仁大德也算是有口皆碑，由李先生想到俺们家乡出来的另外一位大善人王紫云王先生，那也是了不得的人物啊。"李云峰听到王耀武提及"王秃子"，连忙道："王连长也认识紫云先生吗？"王耀武："王紫云先生那是贵人，是俺们山东人的骄傲，王某是高攀不上的，只是这两天有北来的朋友带来口信说王先生不幸在济南病故了。不知李先生可曾听说？"李云峰的脸色一下子就变了，虽然还想强撑镇定，到底是减了几分颜色。

王紫云的死讯是王耀武从赵铁夫那里听来的，他们两个人闲聊时提到了王秃子王紫云，赵铁夫就把他刚听到的关于王紫云的消息说了出来。原来，张宗昌拉王紫云当军粮局局长，其实是变相搜刮王紫云的巨额财产。如果是以往，王紫云当然不会轻易就范，而今则不同，直系一蹶不振，北方是奉系的天下，张宗昌又是张作霖门下的"秦叔宝""尉迟恭"一流的人物，霸占山东，王紫云不敢与之较量，只好忍气吞声。哪知道，张宗昌在潘复的挑拨下，直接鲸吞王紫云的全部家产，王紫云也不甘示弱，扯上孙传芳的路子，直奔济南同张宗昌理论，因为又急又气，半路上犯了病，人到济南就不灵了，延宕了几天，最终断了气。因为有孙传芳这层关系，张宗昌让济南的医院秘不发丧，死死摁住这个消息。所以，即便是李云峰这样的人也是刚刚知道王紫云的死讯。王紫云一死，李云峰就等于没了靠山，问题是这类消息竟然这么快让宪兵连连长王耀武给知道了，这下面的局面就不那么好看了。

王耀武接着说："这里有份节略，请李先生过目。"李云峰一看不要紧，更上火了。这是什么节略啊，这就是给李云峰拉的清单，李云峰从福州地界上转款的全部去向。何应钦担任福建省临时政治会议主席以后宣布一条临时法律，那就是严禁福建省内的商家勾连北方孙传芳的银号，违者重处。而李云峰转款记录分明就有三笔在"违法"范围内。李云峰不知道王耀武哪来的本事，居然能把这种事的脉络搞得一清二楚，这次比听到王紫云的死讯还要难过。

一般说来，人治下的政治团体或者军政集团，其领导群体的气质、素养往往影响这个团体或者集团的发展历程。即以国民党而言，它的第一代领导团体和第二代领导团体的核心人物中泰半出身商贾，至少是对经商、捞钱比较在行。所以，国民党每到一处，对当地的富甲、豪绅、钱庄、票号的动态往往摸得一清二楚。而且，内中还不乏行家里手。王耀武就是其中难得一见的"高手"。

山东人在清末民初有个特殊的外号叫"小炉匠"。有人或许要问，这不是跟小说《林海雪原》中的栾平一样了吗？只不过，此炉非彼炉。这里的"炉"指的是旧中国独具特色的银行业源流之一的炉房。而老北京有名的几座炉房如万丰号、万兴号都是山东德平人的天下。作为炉房的下家的土厂，更是山东人的拿手好戏。比如洪顺土厂等十多家都是山东人开办，从东家到伙计，一张嘴都是浓浓的煎饼味。

有些客户因为携带大量现银不方便，就暂时寄存在炉房的柜上，这也就是炉房初涉存放业务的开端。这种存放是要有高度责任和信誉作保障的，一旦出现丁点纰漏，炉房的生意就要一落千丈。清朝覆灭，民国建立，国家货币废银改元时，炉房虽然一度沉寂但又很快复起，纷纷改称银号、钱庄，其根本一点就在于炉房的信誉是了不起的。正因为有这样的好传统，所以，老辈人都很认炉房，冯玉祥的混成十六旅就把从四川解送北京的现银存于炉房，从此以后，西北军的大宗款项都交付炉房出身的银号打理。

一开始要调查李云峰的来往账目，直眉愣眼地去查，那是要坏菜的，所以只能用暗查，但暗查怎么查？李云峰的钱如何去向？王耀武首先就想到了炉房。福州的钱庄、票号有十多家，一家一家去查，且不说花费时间多，而且也容易惊了李云峰。王耀武就让罗明理先去过滤一下，看看福州地面上，炉房出身的票号有几家，一了解有四家，好，那么这四家里面有没有山东掌柜的，一问还真没有。再一问，出门道了，其中聚福兴的掌柜的外家是山东德平人，这就齐活了。罗明理带人找聚福兴的掌柜"谈"了一次，掌柜的便把李云峰在该号的汇款账目给交代了一点，王耀武也不想过分难为银号，交代的这一点已经够用了。在李云峰来说，他尽管知道王耀武是山东人，可一个宪兵连连长、行伍出身的大兵头，怎么能够了解炉房这档子事呢？这才是李云峰脸色大变的根源。

李云峰的脸色还没有匀乎过来，王耀武又给他上了第三道"菜"，把罗明理审问过的那个准备祸害郑推事女儿郑宜兰的疑犯的口供给端上来了，李云峰一看，方寸开始乱了。李云峰交代过下面人等到北伐军一开拔要给老郑一点颜色看看，下面人就弄出这么个主意来，虽然还没有实行，可动机有了，动作也有了。"小红宝"的事，李云峰根本不在意，因为即便是王耀武他们知道了小红宝的住处，那也不碍事，男女之间的事谁说得清楚？但是，钱庄转款的事就不同了，那是可以往犯军令上靠，而准备向地方法院推事的直系亲属动手更是犯法的勾当。要是放在平常，以李云峰同地方法院、警察局的关系，他根本不在乎，现在不一样，宪兵营的人主动"请"他来，而且一上来就把炉房的事情给你捅出来，说明这"水"深了去了。

王耀武顿了一下，这才说起"小红宝"的事情，俗话说，"民不举，官不究"，现在是小红宝的家人把你李云峰给告了，说你强抢民女，这第四道"菜"一样让李云峰难以下咽。而且，最难能可贵的是王耀武最后端上来的这盆"汤"，基本上就让李云峰彻底傻了。李云峰不是把"小红宝"送给警察局缉私队队长了吗？李云峰的言下之意是，你王连长找缉私队队长去吧，跟我说不着。王耀武这边话就给垫出来了，王耀武告诉李云峰，最近两天，宪兵营查抄了一处走私库房，这库房的走私物品来自叫做"嘉和"的水上货运，北伐军在泉州的人马已经把嘉和给盯上了。福州这边的赃物也取到了，下面的工作开展将会非常顺利。李云峰这下没辙了，嘉和是干什么的？那是李云峰和福州地方警察局缉私队队长捞外快的主要来源，王耀武既然能查到嘉和，就能知道他和缉私队队长的老底，按照这一个路子查下去，李云峰就是不死也别想活着走出福州城了。罗明理一看来劲了，还紧着给扎针："李先生，何主席早就宣布了，军政时期可以便宜行事，特别是执法这类复杂的买卖，我们宪兵营看着办就行了。"王耀武说："罗排长，也不能说宪兵营就包打天下了，凡是涉及司法的问题都要上送联合执法处，由三堂会审定谳才行。"这两人的一唱一和让李云峰知道今天自己就是那王耀武嘴里的"莱阳梨"。

事已至此，无话可说，李云峰认栽。王耀武还是笑呵呵的春风满面，他给李云峰续上茶，慢慢地说道："李先生，你我都是山东人，山东穷，出来混更是不易，我家里长辈给我起名叫王哲让，这里的'让'就是告诫我为人处世都要学会礼让，今天这件事我不想为难李先生，我让一分，也请李先生让一分，怎么样？"李云峰听到这里，一拱手："王连长，话说到这份儿上，我要是不让我不成了王八蛋了吗？你来定盘子吧。"王耀武当下计议停当：1.把小红宝送还家人；2.由李云峰亲自出面，"主动"捐赠一部分款项给福建地方（不说捐给北伐军，免得将来回到北方不好跟人照面）修缮公路；3.走私罪名不予追究，走私物品照半价就地散放；4.雇凶害人一事不予提及，疑犯送交地方警察局严加看管。

16. 恶鬼登门

王耀武办案漂亮，也成就了自己的姻缘。蒋介石与国民党高层准备"清党"。戴笠为此事与王耀武会面。

王耀武这件事办得很漂亮，上至何应钦，下到王文彦都非常满意。特别是福州聋哑学校校长主动对各方的宣传，无形中给北伐军的声誉造成了良好的影响。此外还有一个人也特别满意，这人就是福州地方法院的郑推事。老郑跟何应钦、王文彦他们的想法可不同，王耀武虽然惩办了李云峰，要回了小红宝，还没有特别伤李云峰这些人的面子，老郑在法院里也没有因此遭到格外的刁难。老郑这就琢磨开了，女儿也不小了，成天待在家里，虽说不是什么国色天香，可毕竟女大不中留。就侧面打听了一下王耀武的基本情况，人年轻，22岁，黄埔军校出身，还正在走上风，都不错。老郑毕竟是细心人，专门请本家的兄弟给王耀武掐算一下，八字是不可能要来的，那就找机会给相个面吧。机会是现成的，请王耀武来家里坐一坐，结果被王耀武婉拒了。老郑就托人请营长王文彦出面，这次王耀武不好推托，就去了一次老郑的家里，老郑的本家兄弟一照面，回头跟老郑说："这小伙子大概有二十年大运好走。"老郑一听："就二十年？"本家兄弟："大哥啊，二十年还少啊？你看看现在是什么年头？有的人还能不能活二十年都难说，走二十年大运你当是天上掉馅饼啊？"老郑一想也是这个理。

老郑托王文彦给作伐将女儿郑宜兰许给王耀武，王文彦满口答应，可王耀武却以进军途中，迎娶婚配非其所宜，不想这么做，但在王文彦的劝说下，同意先行订婚，以后再履行正式程序。王耀武是一个信守承诺的人，后来他果然正式迎娶郑宜兰，而且两人厮守二十多年，感情虽谈不上水乳交融，可也相对和谐，最难得的是当王耀武风生水起、官运亨通之际，并没有三妻六妾、寻花问柳，这在当时污浊的官场上也算是异数了。

1926年12月28日、29日，蒋介石连电何应钦，要何务必于1927年1月15日赶到浙江衢州、处州与前来帮助何应钦指挥浙江战事的新桂系首脑白崇禧会和。1927年2月，何应钦与白崇禧会师于杭州，此刻的王耀武也已经从宪兵营第一连连长的位置上升任国民革命军第一军补充团第二营少校营长。何应钦安排王耀武到这个位置上也是很有深意的，宪兵营虽然地位重要，但到底不是带兵的起步台，要想在军队中站稳脚跟，首先要带起一支武装来。当时，第一军虽然从属于蒋介石、何应钦，但内中相当一部分中下级军官对中国共产党的主张比较信服，特别是国共合作期间，蒋介石自己也不断宣称"反共便是反革命""服从共产国际的领导""反工农就是替帝国主义服务"。而随着北伐军的节节胜利，国共之间的矛盾也开始逐日增加，第一军内部青年军人中的思想也不再那么步调一致。在这样的背景下，能否掌握好第一军，能否让第一军做到"为蒋所用"是何应钦考虑的头等大事。所以，他准备用"换血"的办法陆续将第一军中下层军官进行有步骤的清洗。王耀武就是在这样的情况下走上营长这个位置的。

何应钦采取的第二个步骤便是"李代桃僵"，调降将周凤歧所部进入上海，用周凤歧的部队对第一军中左倾的军官进行全方位的监测。与此同时，何应钦同新桂系越走越近，白崇禧早就力主"清党"，李宗仁、白崇禧都愿意在此关键时刻襄助何应钦做好进一步的清洗。4月6日，白崇禧率部查封了国民革命军总政治部。4月8日，白崇禧就任上海戒严司令部司令，"分共"的铡刀已经被悄然拉动。

4月9日这天，王耀武的营房里迎来了两位不速之客。其中一人是风尘仆仆的赵铁夫，而另一位戴着墨镜、神神秘秘的样子，直到被请进营部才介绍给王耀武。

赵铁夫如今已经是周凤歧的国民革命军第二十六军政治部（4月12日以后改称政训处）密查股股长，而他介绍给王耀武认识的这位神秘模样的矮个子便是王耀武早已闻名的戴笠戴雨农。戴笠现在的身份，赵铁夫没有说明，戴笠自己也不说，王耀武当然不好问。赵铁夫的每一次出现都让王耀武大吃一惊，现在又突然与戴笠搅和到了一起，更让王耀武一头雾水，而他们为什么突然造访，这些到底是怎么回事呢？

这还要从赵铁夫随同袁筱南前往湖南常德说起。1926年12月下旬，袁筱南与赵铁夫赶奔常德，行前给袁祖铭拍去了电报。这封电报的内容并无保密之处，但也被唐生智的情报人员获悉，一点不漏地汇报给了唐生智。而在行前，王文彦又导演了另外一场大戏，让袁筱南的行程彻底地按照何应钦、唐生智的时间表转动。王文彦仔细地从王耀武那里了解了一番赵铁夫的来历，他对赵铁夫好色的弱点非常感兴趣。而且，在"小红宝"一家以及福州聋哑学校校长在内的答谢王耀武的聚会上，赵铁夫对"小红宝"的一言一行都被王文彦一滴不落地看在眼里，记在心头。王文彦跟王耀武商量："佐民，你看把'小红宝'说给你的把兄弟老赵怎么样？"王耀武吃了一惊："这有点挨不上吧？"王文彦："这有什么挨不上的？你不是说老赵跟你是过命的交情吗？"王耀武："交情那是没得说，可老赵跟'小红宝'根本不认识啊。"王文彦："那有什么啊，你给介绍介绍，再给撮合撮合不就成了吗？再说了，那天在酒桌上我也看到了，老赵一眼都不离'小红宝'，我看是动了凡心了。"王耀武："营长，你也算是眼观六路、耳听八方了。"王文彦："怎么样，你来做这个大媒吧，这个人情可是不薄啊。"王耀武："我做大媒最不合适。"王文彦："哦？"王耀武："你看，是我救的'小红宝'，我现在给自己的兄弟去做媒，传开去就会成了北伐军宪兵营仗势踢跑了李云峰，肥水落进了自家田，于我个人无所谓，但对于咱们宪兵营乃至东路军的影响不可小觑。"王文彦："嗯，有道理。那你看由谁去说媒更合适？"王耀武："为什么偏偏把红线拴在这两个人身上呢？"王文彦："佐民，有些话我现在还不能说，但这件事你帮我想想办法，一定要设法促成这两个人，如果促成了，不但我，就连你也立了一大功。"王耀武："说媒也能立功？"王文彦："对，说媒也有政治。"王耀武想了想："既然这样，那不如请福州聋哑学校的校长和袁筱南先生直接说给'小红宝'的父母，这样一来，我们就不露痕迹了。"说实话，王耀武是不想给赵铁夫保这个媒，因为他联想到老赵在上海滩的两次杀人经历，对这位把兄弟的为人处世产生了些许隔膜，"小红宝"一家人都是清白出身，他本能上不愿意让这样的人家跟赵铁夫发生那样亲密的关系。但既然王文彦已经把话说得那么直白，他就只能搞一个李代桃僵出来。王文彦听后说："这个主意好，老赵那里你先给他透透口风。"王耀武就把这件事说给赵铁夫了，赵铁夫当然高兴，他按照王耀武的吩咐请袁筱南出面，袁筱南知道赵铁夫这个人有些"好色"，而且，他对王耀武智取李云峰、解救"小红宝"这件事很有好感，觉得玉成这两个人也未必不是一件好事。如果这件事要是放在过去，别说"小红宝"本人，就是"小红宝"的父母也不会答应，谁认识他赵铁夫老大贵姓啊？再说了，南方人跟北方人通婚，也透着新鲜不是？可是，经历了李云峰那件事以后，"小红宝"一家在心理上发生了很大的变化，王耀武他们虽然一时救下了"小红宝"，但北伐军一旦离开福州，将来的事情谁说得清楚？这还在其次，主要是通过这件事，他们一家人觉得在这个社会上没有个过硬的靠山，那简直是寸步难行。福州聋哑学校校长因为认识袁筱南，所以，把袁筱南的情况说给"小红宝"的父母，赵铁夫既然是国民党新招纳的实力派人物袁祖铭的座上客袁筱南的贴身亲随，将来也应该有个好去处，再说了，这位赵铁夫还是恩人王耀武的把兄弟，想必也错不了。就这样，"小红宝"的父母包括"小红宝"本人就应承下来了，因为时间较紧，没有举行婚礼，只是搞了个订婚仪式，也是说好等袁筱南他们办完事以后折回福州专门迎娶"小红宝"。这样，袁筱南他们离开福州的时间再次押后。袁筱南他们临行前，何应钦突然吩咐王文彦："这个赵铁夫你要想办法给他指一条活路。"王文彦："是考虑王佐民的关系？"何应钦冷笑一声："王佐民算什么？赵铁夫是上海杜月笙的面子介绍过去的，总司令跟我交代过，杜这个人我们很快就会有大用处，虽然赵铁夫并非杜的亲信，但最好也要留有将来见面的余地，懂不懂？"王文彦连忙叫来王耀武，煞有介事地问王耀武："佐民，我想托老赵办件事行不行？"王耀武："你是他的大媒，你找他办事还不是一句话吗？"王文彦："那你晚些时候把他找来，我跟他聊聊。"掌灯时分，赵铁夫颠颠地来看王文彦，王文彦告诉赵铁夫他有个失散多年的表哥终于联系上了，人很凑巧就在常德，在一家叫茂新货栈的地方帮忙，王文彦想请赵铁夫转告这位表哥一声，他们东路军即将开拔，未来行止难以确定，如果通信的话，还是请写给广州的黄埔军校，由校方负责传递。王文彦还交给赵铁夫十元钱，请老赵在路上顺便给表哥买点礼物捎去，王文彦对赵铁夫说："赵老弟，你记好了，对方问你找谁，你就说找老周，对方问你从哪里来，你就说从贵州老家来，对方要是问你跟老周什么关系，你就说我是他兴义的表弟。这几句话你可要记住了。"赵铁夫有点不以为然："这有什么难记的，我就是把我亲爹忘了，也忘不了这几句话啊，这件事太容易了，包在我身上吧。"王文彦听到这里，意味深长地笑了："这年头除了老娘是亲的，哪儿还有什么'亲爹'啊。"

1927年1月初，袁筱南与赵铁夫才动身前往常德。这一路走得不平静，袁筱南偶感风寒，在途中又给耽误了一周多的时间，这样一来，他们到常德时已经是1927年1月26日。

就在袁筱南、赵铁夫进入常德的同一时间，唐生智与周斓已经定下除掉袁祖铭的密计。

那么，唐生智为什么要杀袁祖铭呢？还在于他的猜忌之心与吞并异己的原理。袁

　　第一章　投身黄埔

祖铭赖在湘西不动，手下一个师的兵力，唐生智就不能不防，他自己就是搞政变起家的，而且，袁祖铭其人也是善于内讧的主儿，比起唐生智的手段并不差。历史上，袁祖铭暗杀王文华、行刺何应钦，枪枪都打在老乡的后背上，对待同乡尚且如此，何况唐生智一个外人了。而最重要的一条信息则是来自于何应钦那边，何应钦已经默许唐生智任意处理袁祖铭，事实上，如果没有何应钦的同意，唐生智也是不敢断然处置袁祖铭这个实力派的。本来唐生智把周斓的师摆在常德看住袁祖铭时还给袁祖铭提供一条了"活路"，请袁祖铭移驻鄂西，袁祖铭不答应。因为袁祖铭不傻，鄂西那地方很快就会成为北伐战场的前线，一个师的人马还不够南北双方下酒的呢。再者，袁筱南跟何应钦的会谈还没有眉目，轻易挪开了，到哪儿吃饭去啊？其实，唐生智安排的这条"活路"也不过是给自己下一个台阶，因为他明知道袁祖铭是根本不会答应的，惟其如此，他下手收拾袁祖铭时也就有了足够的理由。应该说杀掉袁祖铭对于新兴的湖南军阀唐生智来说，太划算了，第一可以向何应钦示好；第二，可以就此吞并袁祖铭一个师的人马；第三，搞掉袁祖铭也让那些觊觎湖南地盘的外省人看清楚，湖南只姓唐。有了这三条，袁祖铭不死都不行了。

别看袁祖铭近在咫尺，可他没想明白唐生智是何等样人，倒是远在天边的何应钦琢磨清楚了。何应钦只需不动声色地招待好袁筱南，拖住他的后腿，让他稳稳地在福州玩上几天，便一切都可以随心所欲了。而且，意外之中，竟然还多了赵铁夫这个棋子，以他和王耀武的重逢，袁筱南不论从哪一条上想都不会想到"缓兵之计"这上面

打死袁祖铭的湖南军阀唐生智

来。这真是"天助我也"。而唐生智那边，由于有了何应钦拖住袁筱南这一招，屠刀早已磨得飞快，只等"肥猪"下锅了。

1927 年 1 月 29 日，赵铁夫按照王文彦说给他的地址找到了常德茂新货栈的表哥老周。这位"表哥"不是别人，正是戴笠。戴笠怎么来了常德呢？这是因为常德茂新货栈是蒋介石让何应钦设下的一个"据点"。湘西这地方与四川、湖北、贵州交界，又一直是陈渠珍（人称"陈老统"）统辖，是个三不管的地

界，特别适合于建造据点，安排潜伏。唐生智虽然"皈依"国民政府，但蒋介石对他始终不放心，唐这个人野心很大，最主要的是唐的"反骨"，凡是给唐生智做长官的最后都要给唐生智算计，在老蒋看来，这是一只"喂不熟的狼"，迟早要吃人的。

就戴笠本人而言，他来湘西"蹲点"还有一个便利条件。戴笠有个江湖上的好友，湖南龙山人，叫瞿伯平，人送外号"瞿二十二"。为啥叫"瞿二十二"呢？因为瞿伯平往上数二十二辈都当土匪，是湘西有名的土匪世家，瞿伯平自己倒不是当土匪的，而是给土匪销赃的。他开了一个货栈就是茂新货栈。戴笠就把这个点发展成了情报据点，通过瞿伯平这条线，戴笠还与瞿伯平的族兄瞿伯阶建立了感情，"瞿伯阶"这个名字希望大家记住，在后面还有他和王耀武的一场好戏。而且，这个瞿伯阶是湘西赫赫有名的第一号土匪头子，曾经名震龙山的彭叫驴子（彭春荣，后来曾经送给沈醉一套人皮马鞍）那也不过是瞿伯阶的手下而已。

对上暗号以后，戴笠就告诉赵铁夫，后天中午也就是 1 月 31 日，赵铁夫一定要出来到距离茂新货栈不远的一个小酒馆等他，找临街的位置坐，一定要死等，戴笠说我们这次见面关系到老弟的荣华富贵，这件事谁也不要告诉。赵铁夫记住了，但不明白这是为什么。不过，谜底很快就被揭开了。

1 月 30 日晚，周斓接到袁祖铭的电话，问事情办得怎么样了。原来，周斓与唐生智在长沙密商时定下的办法是由周斓出面假意称要去汉口为袁祖铭接洽国民政府。对于这件事，袁筱南一开始就不同意，因为袁筱南来了以后，很快与袁祖铭见面，把在福州的情况说了一些，而且，他劝袁祖铭尽快离开常德，即便部队暂时不能全部开拔，袁祖铭本人也应该早点离开，哪怕先到长沙也行。袁祖铭问他为什么，袁筱南说，你在湘西呆的过久，唐生智那边难免不会有所想法，你早点走至少也是给唐生智吃一个安心丸。同时，袁筱南反对袁祖铭再跟武汉方面联系，这样容易给人"两面通吃"的感觉，当此敏感之际，权力出现巨大真空之时，不要横生枝节才好。但这些话袁祖铭听不进去，袁祖铭听不进去的原因还在于一条，那就是他要等何壁辉来，何壁辉是袁祖铭在某些关键阶段不可或缺的左膀右臂，当初密谋杀掉王文华，何壁辉就是主要参与人，暗杀何应钦，何壁辉也是当事人。就这样，袁祖铭"义无反顾"地钻进了唐生智、周斓给他预先设好的圈套，从此身首异处。

1 月 31 日中午，赵铁夫如约来到戴笠指定的小酒馆，找了临街的位置坐下。这个位置也是戴笠事前讲好的，抬眼看去正好可以望到"武陵社团"的后楼。而这个"武陵社团"正是周斓与袁祖铭电话里约定的那个"社团"。过了半个多小时，突然，武陵社团枪声大作，里面的人狼奔豕突、四处乱窜。赵铁夫本能地把手按到了腰间，这时，另外一只手按住了他的肩膀，让他坐下，他回头一看原来是茂新货栈的"周老板"（戴笠）。戴笠低声说："跟我走。"两人迅速离开了小酒馆。路上，赵铁夫还跟戴笠说："袁筱南先生还在客栈呢。"戴笠冷笑道："哪里还会再有什么袁筱南啊，树倒猢狲散了。"

袁筱南是死是活，赵铁夫也不愿意去深究了，他在戴笠的资助下回到上海，重又找到杜月笙，把前前后后的事情跟杜说了。杜月笙先安排赵铁夫住下，过了几天，他把赵铁夫找来："老弟，新投过去的周凤歧欠我一个人情，你不如先去他那里，据说此公现在行情看涨。"杜月笙把自己的亲笔信交给赵铁夫。赵铁夫拿着这封亲笔信去拜谒周凤歧，周凤歧果然很给杜月笙面子，客客气气地安排了赵铁夫。不久，赵铁夫又在周凤歧的引荐下，再次同王文彦见了面，如今的王文彦已经是东路军总指挥部的特务团团长，常德发生的事情，何应钦和他早已拿到了耳报，对赵铁夫的表现也比较满意。就这样，稍后，赵铁夫坐上了周凤歧第二十六军密查股股长的位置。赵铁夫之所以坐上这把交椅，自然有它浓厚的背景。

蒋介石以及国民党内一批大佬在准备"清党"之际，就首先考虑到武装力量的问题。第一军号称是蒋介石的嫡系，但中共骨干力量及其影响不容低估。而何应钦一度有"不能掌握第一军"的感觉。事实上，这种感觉不仅何应钦有，蒋介石也同样感受到了。第一军第一师师长薛岳、第二师师长严重都具有"左倾"迹象，特别是薛岳，当初攻占上海时便与中共领导下的工人纠察队相得甚欢，还不顾白崇禧的反对，应上海总工会邀请开进上海。提起这位绰号"老虎仔"的薛岳薛伯陵，那可是国民党军历史上赫赫有名的人物，他与叶挺并称"悍将"，深受孙中山期许。东征北伐，薛岳时常以少胜多，以能战、敢战、善战闻名南中国。不仅如此，他还一度对中共充满了同情，当蒋介石准备调离第一军第一师离开上海时，薛岳甚至跑到中共中央的驻地，提出要把蒋介石当作反革命扣押起来。

基于这些事实，蒋介石认为只能借重外力来整顿第一军，所谓外力主要是李宗仁、白崇禧的第七军和周凤歧的第二十六军。周凤歧那里成立密查组以后，蒋介石批准由杜月笙推荐过去的赵铁夫充当组长。把常德方面善后工作处理完毕的戴笠也赶回上海，竟然作为赵铁夫的手下听用，这让戴笠心中极为不满，好在赵铁夫不敢充大个，而戴笠也不能做得过分。人主使用嫡系的办法从来就是两条：一个是捧；一个是棒。今天可以把你捧上台，明天还可以把你乱棒打死。借助外人来清理门户的好处在于人主自身不必厕身其间，以便将来有转圜的余地，另一方面则不断地警醒嫡系，不要以为自己可以一票到底，只有随时保持忠心耿耿才能安然于位。老蒋所以用白崇禧、周凤歧，所以同意让赵铁夫暂时爬在戴笠之上，其用意不外乎此。

王耀武所在的补充团，团长是何绍周，也就是何应钦的二哥何应禄的儿子。不过，何绍周本人并没有到职，补充团团长的位置实际上始终是空缺的。为什么何绍周不到职呢？因为何绍周早就得知了"清党"的消息。什么叫"清党"，谁也不清楚，但有一点是都清楚的，那就是"千百万人头落地"，落地的这些个脑袋哪颗是共产党的，哪颗是国民党的，谁也分不清。大家当初一口锅搅马勺，现在翻起脸来一枪致命。补充团里不少都是黄埔生，就不是黄埔生的也多是从广东、福建一路跟过来的袍泽。这种活儿何绍周能愿意干吗？所以，何绍周愣就是不到职，不视事。而且，何绍周本人对于第一军的情况也不很熟悉，他北伐初期还在李宗仁的第七军里当团长。何应钦当初把王耀武派到这个团里当营长的目的就跟当初派王耀武辅佐王文彦是一个道理。因此，补充团的大事小情随着何绍周的不到职，基本上都是王耀武在跟第一营营长盘算着来决定的。而今天，赵铁夫、戴笠登门造访，不为别的，就为"清党"而来。

王耀武虽然是第一次见到戴笠，但对他的名字早已不陌生了。而戴笠对于这位佩戴少校军阶且比自己小了整整八岁的王耀武也是多有耳闻。虽然王耀武比戴笠小，可是按照黄埔军校的行辈论，王耀武是正宗的第三期，而戴笠不过是插班的第六期而已，所以，戴笠仍旧非常客气地冲王耀武拱拱手："王营长，久仰久仰。"王耀武赶快拉住戴笠的手说："雨农兄，你这是折杀老弟我了，雨农兄的大名我们可是早就听到的，我们虽在前面厮杀陷阵，但没有像雨农兄这样一批同学在校长的安排下在背后甘当无名英雄，想必也不会这么顺利地打到南京城下。"戴笠听完这番话，不禁朗声大笑。此时的戴笠是标准的小人物，既无固定的办公场所，也无坚定的经费来源，甚至连一个正式的头衔都没有。每当他跑到蒋介石那里投递情报时，蒋介石公馆里面的下人都会半公开地说："看，看，小瘪三又来了。"而今天，他听到黄埔三期、王文彦身边的红人王耀武对他如此恭维，心里的情绪被调动起来了。

王耀武等到戴笠喝了第一口茶后，又略带亲切的口吻说道："雨农兄，敝属下前此有得罪老兄的地方，万望见谅。"王耀武说的还是罗明理的那件事，实际上这件事已经由王文彦出面帮助解决了，今天王耀武见到戴笠，是为了尊重他起见，又提了一次。戴笠果然不放在心上："佐民老弟，你太客气了。这都是小事，而且不打不相识，如果没有这件事，我可能还待在广州呢，呵呵。"赵铁夫这时候从公文包里掏出一份清单递给王耀武，王耀武一手接过来一手指着勤务兵说："去给司务长说一下，今天好好弄几个菜，要有好酒啊。"戴笠和赵铁夫都说公务缠身，一会就得走，王耀武拦道："两位老兄风尘仆仆地跑到我这里来，如果不喝这顿酒，以后我王佐民出门就没人搭理了。"大家又是哈哈一笑。

不过，等王耀武看过这份名单以后，他笑不出来了。这是一份指名看押或者逮捕的具有左倾迹象或者是有中共嫌疑的人名册。而且，里面居然有他二营营附穆忠恒的大名。他抬头看了看赵、戴二人，赵铁夫说："佐民，这份名单是二十六军密查组搞出来了的，因为涉及到你的二营，我和雨农兄决定还是拿来给你看看，最好你自己出面解决一下，如果端上去给潘主任看到了，那就不妙。"赵铁夫口中的"潘主任"指的就是东路军总指挥部办公处主任潘宜之，此人是白崇禧的心腹大将，奉命主持上海清党工作，杀人不眨眼。

赵铁夫、戴笠他们来的前一天，师部就传下命令，对于一切妨碍国民革命大业的嫌疑分子，各部长官可以临机断然处置。每逢浩劫，杀人的权力都被无限下放，随便哪个阿猫阿狗都可以屠刀复指。与之对照的则是分赃的权力被无限上沿，只有最高人物才能决定赃物的去向。

赵铁夫走到王耀武跟前："佐民，这件事你来拍板好了，我和雨农兄可以坐等。"戴笠也含"笑"地望了王耀武一眼。这时候，酒菜给端上来了。王耀武放下名单："先喝酒，民以食为天，边吃边聊。"小酒一喝上，人的神经多少开始放松，戴笠的话也多了起来。赵铁夫跟戴笠简单介绍了王耀武在福州办的那起李云峰的案子，还说王耀武艳福不浅，娶了郑宜兰云云。戴笠眯起眼睛，稳稳地喝了一口酒，话题就从女人这里打开了。

戴笠给王耀武、赵铁夫讲了两个自己抓情报的小段子，很精彩，王、赵二人连连敬酒。戴笠说："搞情报这玩意儿那不是绣花也不是念书，那要靠两条腿走下去的，都说烟花柳巷是下九流，可下九流就是有大文章做。"戴笠又说："为什么周凤歧撅撅屁股，何敬公那边就马上知道了消息了呢？那就要拜托这下九流的功劳……老百姓话说娼妓娼妓，其实娼是娼，妓是妓，两码事。什么叫娼？就是俗称的'龟公''龟婆'，老鸨子，在满清，娼的后代不能应科举，因为你缺德啊，但是妓女的后代就不同，还可以改头换面从新做人……说起浙江地面上的妓女，不同于各地的就是半掩门的最多，这种半掩门的跟上海、苏州的书寓还不同……什么叫半掩门？那就是有钱有势的人家小老婆熬不住了，托身边的老妈子或者女佣给她找泻火的人家，周凤歧有个小老婆身边的大阿姐就是这么给我认识的，一旦认识了，那还能让她轻易脱手吗？所以，周凤歧就是放个屁，东路军也能听到响。"

说及小老婆，赵铁夫也来劲了："周凤歧的那个小老婆也就那么回事吧，比起我在福州捞到的这条大鱼那还是差远了。"戴笠立刻追问："福州的什么大鱼？"赵铁夫还没有意识到戴笠的目的，接着吹嘘了一番自己裹挟小红宝的经历，戴笠又眯起眼睛来，稳稳地喝了一口酒："老赵，没想到你还有这么一手？不愧是跟着杜老板捞世界的。"王耀武接过话头："说起妓女，我们在黄埔的时候倒是听人说起过广州的妓女可谓豪妓。"赵、戴二人忙问何谓豪妓，王耀武说："清光绪二十八年，老百姓不满老英国人的横行霸道，往沙面上喷火，喷火需要煤油，大寨上的妓女主动掏腰包给大家买煤油火烧英国领事馆，这还不算是豪妓吗？"

王耀武平生不渔色、不猎艳、不纳妾，平素与人交谈最多是吹一吹生意经到头了，从不轻易谈及女人，更不消说是妓女这类话题了。但今天的确破例，为什么破例，很简单，不把眼下戴笠、赵铁夫这两位给喝高兴了，后面的话就无从谈起。酒过三巡，戴笠、赵铁夫红扑扑的脸蛋上绽放着油光，王耀武回过身去取来两样东西摆在桌上，一个是正宗的老英国货——两块打簧金表，一个是装在精致的盒子的银条。王耀武一拱手说："两位老兄都是难得来一次的大忙人，佐民这里是军营，没啥好招待的，这两样东西说起来都是战利品，对我来说没啥用，但对两位老兄来说，却是经常用得着的利器。不成敬意啊。"戴笠拿起金表仔细端详了一下，再看了一眼那镂花的银条，正宗的老北京"四大恒"（恒利、恒和、恒源、恒兴）的上等玩意儿，嘴巴可就咧开了："佐民，你太破费了。"王耀武摆摆手："雨农兄，小玩意而已，你老兄走南闯北，一定见识不少，让你取笑了。"

戴笠、赵铁夫走前，余兴未尽地跟王耀武道别："佐民老弟，名单留在你处，这可是一个千载难逢的立大功出大名的机会，清党在即，老弟可以藉此再上层楼啊。"王耀武嘴上连声道谢，送走他们以后，他立即叫来穆忠恒，给他简短地说了一下事情的经过，然后郑重地交代："老弟，我看你暂时请假回山东老家，日期要倒填，等风头过了，我再写信给你。时下鱼龙混杂，一两句话也说不清楚。凭你我的交情，我相信老弟不可能是中共那边的跨党分子。"穆忠恒给王耀武敬了一个标准的军礼："营长，忠恒不死，容当后报。"

第二章

同室操戈

1. 收留赵铁夫

国民党政权更替，赵铁夫失靠山投奔王耀武，王耀武将其安置于营部。"第二次北伐"结束后，王所在部队调往徐州附近驻扎。

1927年10月，结束"追剿"任务的王耀武被何应钦召到南京，改任国民革命军第一军第二十二师第四团第三营营长。这虽然是典型的平调，可王耀武原来所在的补充团无论如何也不能与二十二师的第四团相提并论。而且，第四团的团长很快就要调任，王耀武此来至少是副团长的位置，如果一切顺利的话，团长也应该不成问题。不过，事情的发展没有像何应钦预料的那样，王耀武在营长的位置上又足足待了两年半，比起同时起步的某些黄埔同学来居然落后了。内中的原因就要从蒋介石的第一次下野说起。

"四一二"政变结束后，蒋桂两家由蜜月转而龃龉，蒋介石眼见新桂系日益坐大，心怀不满，而李宗仁、白崇禧也不甘"我为鱼肉"，乃采取先下手为强的手段，凌逼蒋介石退位。白崇禧公开倡言要蒋介石下野，蒋问何应钦："敬之，你以为白健生的话如何？"何应钦脱口回答："在当前形势下，我也只能同意他们的建议。"蒋介石闻听此言，其悻恼程度不问也知。

蒋介石人虽然离开了南京，可魂儿还在。蒋介石在1927年9月20日发表《告黄埔同学书》，对何应钦含沙射影。但此时的何应钦大抵也是春风得意，凭借"龙潭大捷"的余威，正在享用同新桂系的合作美味。哪知道，三个月后，风云突变，新桂系被蒋介石暗中动了手脚，在南京左支右绌、疲于奔命，各方势力先后表态拥戴蒋介石出山。和宋美龄新婚不久的蒋介石终于在1927年12月"重作冯妇"，返回权力核心。

这次下野虽然是新桂系逼宫，可如果没有何应钦的默许，蒋介石也不会轻易离开，至少在蒋和蒋身边的亲信是这么看的。而当蒋介石已经接受国民党第二届四中全会预备会的邀请其复职的通令时，何应钦却迟迟不发出拥戴电，令蒋大为光火，后在李仲公的督促下，何应钦才不得不在20日将拥戴电勉强发出。1928年1月4日，蒋介石复任国民革命军总司令。2月10日，蒋介石调何应钦为总司令部参谋长，撤换何应钦在南京成贤街的全部卫队。2月13日，何应钦向蒋介石低头，提出辞去国民革命军第一路军总指挥的职务。

蒋介石、何应钦的这段冲突内中细节多半是由李仲公描述，李甚至表白如果没有他的居中调停，很有可能会偾事。而事实上则与李仲公的回忆不尽相同。蒋介石的确恼火何应钦在新桂系逼宫问题上的暧昧，但同时也承认在下野后何应钦仍旧牢牢地代他掌握黄埔系，特别是刘峙、顾祝同、钱大钧这些黄埔系的头号大将们在蒋介石面前多为何应钦缓颊，更为重要的是在今后的时日中，蒋介石还要借重何应钦，况且，蒋、何的历史渊源已经令他们二人的关系密不可分。即便是这样，蒋介石还是把何应钦暂时留在身边，对于何应钦允诺提拔的人事予以冻结，也是在这个大背景下，王耀武晋升团附、团长的梦想给短暂地打破了。

1928年4月，原任周凤歧的第二十六军密查组组长的赵铁夫忽然不期而至，跑到王耀武的营部来"要饭"吃。王耀武给他安顿下来，然后问长问短。赵铁夫告诉了王耀武他"落魄"的起因。蒋介石第一次下野时，白崇禧的手伸得很长，直接捅到了浙江地面上。当时担任浙江省政府主席的是周凤歧，周凤歧早在上海"清党"时就被白崇禧给拉了过去，成为新桂系的新宠。但是，周凤歧不晓得蒋介石对于浙江向来视作禁脔，不容他人染指的。蒋介石很早安排了蒋鼎文、蒋伯诚在浙江为他看家护院。周凤歧大概是投靠心切，竟然给蒋介石送去五万元大洋让蒋尽快离开浙江，把蒋介石气得拍案大骂，立命蒋伯诚派兵控制钱塘江，截留浙东税款。蒋伯诚手中丁点人马怎么能够拦得住周凤歧一个军呢？于是乎，此公跑到南京去见何应钦，把周凤歧的无礼一一说出，何应钦即用电话通知白崇禧，把球踢给了新桂系。白崇禧虽然内心很赞赏周凤歧的做法，可嘴上还要痛骂周凤歧"胡闹"，蒋伯诚就势请何应钦自兼浙江省政府主席，白崇禧不得不赞同，因何在南京，所以，浙江省政府主席一职由蒋伯诚代理，同时实授浙江省省防军总指挥。蒋伯诚玩的这一手既满足了老蒋的要求，也给足了何应钦的面子，特别是坑了新桂系一道。为此，他受到蒋介石、何应钦的看重，日后多次负有秘密使命为蒋介石在各派军阀中充当说客、坐探，与杨永泰并称蒋介石的"苏秦、张仪"。

周凤歧一"滚蛋"，陈卓接任第二十六军军长，陈卓上任便把密查股给解散了，赵铁夫丢了饭碗，原准备南下去找戴笠（戴笠在1927年4月14日返回广州），哪知道戴笠在广州也出事了。广州在李济深的主持下大肆杀人，著名中共党人如肖楚女等即被当街处决，十分血腥。戴笠在这场大屠杀中也是大显身手，特别是在黄埔军校里掀起了三尺波澜。

由于军校党组织没有及时发难，转而被李济深所控制。邓文仪、胡靖安、乔家才组成的军校"清党委员会"，大肆捕人。被指认和挺身而出的中共党籍的学生们当夜就被统一押往虎门和鱼珠炮台，集体处决。而上了戴笠的嫌疑人名单的学生因为证据不足，只能在夜晚悄悄逮捕用汽车送走，有的被活埋，有的则被打残。黄埔学生称邓文仪、胡靖安、乔家才、戴笠为"四凶"。对于前三人，因为分别有蒋介石、李济深的信任，大家尚不敢直接动手，而对于戴笠，同学中人深恨其不断出卖，找了他一个小茬口，以戴笠贪污三元钱为理由要求官方对戴笠予以惩处。为了平息众怒，戴笠不得不黯然离开黄埔军校，这是他一生中最灰暗的一页，所以，日后戴笠倾轧、整治黄埔同学最为有力，在军统局里，黄埔出身的表面上风光，其实暗中都受到不同程度的监视和打压，戴笠亲手提拔、重用的心腹悍将如毛人凤、何芝园、徐业道、沈醉等人无一出身于黄埔。

戴笠如此出局，赵铁夫自然"投靠无门"，想来想去，只有来就王耀武。王耀武给赵铁夫安置在营部，担任书记官。"第二次北伐"结束后不久，王耀武所在的部队调往徐州附近驻扎休整。

2."军旗事件"

何应钦莅临徐州校阅部队，关键时刻一面军旗污损，幸得王耀武巧妙陈词化解危机。

王耀武利用这段时间给他的老友申同伦去了一封信，申同伦原来叫申六，是王耀武在上海马玉山糖果店当伙计时的哥们儿，现在自己做生意，做得还不错，就给自己改名叫申同伦，王耀武给他去信的目的是交代头一年悄悄开张的小型糖果饼干店的下一步去处。王耀武怎么想起开店了呢？这就和王耀武的治军方法联系起来了。

曾国藩兄弟平定太平天国，用"乡勇起家"，突破了自宋代以来皇家谨守的樊篱——兵不知将，将不知兵。这以后是兵为将有，将为兵主，开启近现代军阀专政的先河。曾国藩带兵（主要是曾国荃统兵）是豪夺，到了李鸿章时代就改"哄抢"，到了北洋时代，直接明抢。唯一号称异数的算是冯玉祥的部队，冯玉祥和他手下的"十三太保"，有一头算一头，对士兵都还是比较讲究的，冯玉祥给士兵掏耳朵、剪指甲、理发，冬天放着自己的马车，给伤病员。著名的"倒戈将军"石友三从来不直接打骂士兵，后来当上山东"土地爷"的韩复榘半夜跑到兵营里给士兵讲故事、掖被子。轮到王耀武治军，他念的是生意经，他说士兵是他的主顾，老兵就是老主顾。

王耀武是穷人出身，所以，他太清楚钱对于穷人来说意味着什么。也所以，王耀武的关饷那是有名的"公开化"，钱箱子就摆在营部门口，各连连长领回，公开发给士兵，谁要是贪了、占了或者挪了、用了，对不起，一颗子弹等着你。王

山东军阀韩复榘

耀武原名王哲让，可这种事他从来不让分毫。但王耀武虽然滚在嫡系里，饷银从来不缺，可也宽裕不到哪儿去。节流是一方面，更主要的是开源，开源的渠道两条，一条是战利品截收与分流；一条是生意。王耀武把部分战利品转化为钱，成为做生意的本金，这份本金，王耀武看得很重，就交给他的老友申六（申同伦）来打理，开了个糖果饼干店。按说这种店铺盈利也比较有限，但王耀武说了，民以食为天，只要本着诚敬的精神，这种小生意也能搞大，冠生园不就是例子吗？而且，最主要的是王耀武本人懂这行，没人可能轻易蒙得了他，即便申六也不例外。

这家中小型的糖果饼干店主营水果糖、饼干、瓜子三类。在起名上，王耀武颇费一番头脑，糖果叫做"水果奶糖"，瓜子叫做"奶油香瓜子"。那个时代，牛奶是奢侈品，凡是跟这东西沾边的都被仰视。中华人民共和国成立后，有人糟改宋美龄，不就是说她经常用牛奶洗澡吗？引起了平民们的冲天愤恨，现在又陆续有一些回忆录出台，回忆说宋美龄没有用牛奶洗过澡。不管有没有用过牛奶洗澡，就以牛奶为工具产生的力度是不容低估的。所以，王耀武给糖果和瓜子的名字上都冠以"奶"。而且，王耀武在信中给申六交代得很清楚，这两样东西看起来不起眼，但绝对赚女人和小孩的钱，天底下最好赚也最赚不完的钱就是从女人与小孩口袋中流出来的银子。至于在选料、配料上，王耀武更是动了一大堆心思，在马玉山糖果店当伙计时，王耀武经常

帮着后面忙乎，所以，一般点心、糖果的制作流程，他都非常熟悉。就以糖果而言，王耀武让申六务必标明味道，比如草莓味的、话梅味的、柠檬味的、香草味的等等。因为王耀武、申六的种种努力，这家糖果店一直经营得不错，抗战后，王耀武出资进一步将其扩大，并且亲自巡视店内的管理。

由于有了这笔暗地里的资金来源，王耀武的手头宽绰多了。"钱壮英雄胆"，王耀武把这笔钱分成几部分，一部分用作抚恤，阵亡、伤残的士兵，除了上面规定的钱以外，王耀武自己还贴上一些。另外一部分作为赏功，有战功、战绩的士兵，经过举荐都能拿到一小笔额外之财。还有一部分用于恩惠，有些士兵家里困难，有些士兵难渡难关，这笔钱就派上用场了。西北军冯玉祥那里，也给当兵的钱，那通常是充当敢死队的时候，荷包里被长官给包上一两块或者两三块现大洋，士兵们叫它"纸钱"，也就是送死的钱。王耀武这笔钱则是上打珠，没死前就给用上了。既然说到主顾，那就是还有个客户服务的问题。王耀武是一营之长，也就是掌柜的，服务好不好不但在掌柜，还在于前台，谁是前台呢？那些个连排长就是前台。对于这些前台人员，王耀武除开用钱，还得用心。这个心就是不抢功、不诿过。

王耀武手下的这三个连长，最受器重的自然是一连连长罗明理，但最让王耀武眼下感兴趣的则是三连连长滕超（字子俊）。滕超是第一军上校谍报处处长刘夷的关系上过来的，有些后台，可没有那么狗仗人势。一到连队，很快跟士兵打成一片，平素跟这些人称兄道弟，颇受士兵们的喜欢。滕超是正牌的中央军校毕业生，按说这个资历的年轻人不会这么待见普通一兵，但滕超真是一个例外。其实，关注滕超或者说暗中观察滕超的不只王耀武，还有赵铁夫。而且，赵铁夫对滕超的观察已经超出一名营部书记官的责任范围。所谓"螳螂捕蝉黄雀在后"，这些都没有逃过王耀武的耳报神——罗明理的眼珠子。

1930 年 3 月，上峰传下话来，新任国民政府军政部部长何应钦即将莅临徐州校阅部队，要求各部务必做好准备工作。何应钦一向是比较体恤下情的，他把校阅安排在下午，要大家安心吃好中午饭，他主要看的部队也就包括王耀武所在的团。这次何应钦来进行所谓的校阅，毋宁说是战前动员。以蒋介石为首的南京政府与以阎锡山、冯玉祥、李宗仁等人为首的反对派的矛盾日益激化，必须通过大决战来一较雌雄。所以，嫡系部队的士气、军容乃至战斗力都成了关键。

自从 1927 年下半年一别，王耀武也有两年多未再见到老长官何应钦了，而且，这次校阅是何应钦新官上任后的第一次亲临部队，所以，王耀武布置得格外精细，亲自把关。然而，就是这样，意外还是不期而至。滕超的三连把军旗给污损了。

在那个时代，军旗到底有多重要呢？先来说一个段子。龙云发迹的一个插曲。

龙云在唐继尧手下曾任佽飞军副大队长（佽飞军系唐继尧警卫部队，佽飞是古代形容勇士的名词，李白诗"佽飞斩长蛟，遗图画中见"）。有一次，佽飞军按照唐继尧的意图进行军事演习，哪知道，佽飞军的军旗找不到了，唐继尧以"擅失军旗"罪名将佽飞军大队长枪决，提升龙云为佽飞军大队长。事后，这位被枪决的佽飞军大队长的老婆哭着喊着要找龙云算账，说是龙云把军旗隐匿起来，故意栽赃给那位大队长。龙云为此专门送给原大队长老婆一笔巨款，是为"封嘴费"。

如今在节骨眼上，三连的军旗给污损了，而且马上就要开始校阅，举着污损的军旗本身就是蔑视长官，要是不打军旗，众目睽睽之下，如何解释？临时挪借也来不及了。大家望着王耀武，王耀武手一挥："就打这面旗！"

何应钦披着黑斗篷，威风凛凛地出现在王耀武的营队前，他对王耀武治下的队伍的军容严整、阵仗修明非常满意，刚要说"佐民不错"，抬眼一看那面污损的军旗，眉头马上就皱起来了。王耀武此刻已经大步走到何应钦面前，敬标准军礼："敬公好！"

何应钦用带着白手套的食指指了指那面三连的军旗："佐民，你就用这个来欢迎我吗？"王耀武："请敬公容禀。"何应钦点点头。王耀武："这面军旗午饭时不知何故遭致污损，有人建议学生另外腾挪，或者予以利用他途遮掩，学生均未听取。"何应钦："这是为何？"王耀武："军旗虽然临时污损，但责在学生本人，敬公经常教导我们说，凡事预则立，不预则废，当此大战一触即发之际，学生忝为一营之长，理应枕戈待旦、盘马弯弓，却不意疏忽至此，此实为军人大耻。故而，学生让属下张挂这面军旗，就是要以学生的疏懒警示全军，以昭惕励。并自请处分。"

何应钦的表情缓和多了，脱下白手套，点了点王耀武："佐民啊，两年未见，你还是那么有肩胛。"然而，转过身来对身边陪同的师长、旅长、团长等人说："知耻近乎勇，王佐民以身作则，不事推诿。今值国民革命、河山统一之关键时期，我辈军人宁不乎此？"大家连声唯唯。一场眼看就要波及各方的惊险片段给王耀武的一番慷慨陈词巧妙地化解掉了。

校阅一结束，大家回到营房休息。三连连长滕超就跑到王耀武的住处先给王耀武狠狠地鞠了一躬。三连军旗污损，首先要治罪的就是他这个连长，而且，只要王耀武头一偏，随便找个什么理由都可以把这件事实实在在地推在滕超身上，当着军政部部长的面，一个连长算球啊。第二天，滕超不辞而别，留下一封短信，就是八个字："愧损军旗，无颜以对。"人走了，可事情没有完。就在滕超走后不久，蒋介石、何应钦的头号亲信大将、王耀武的顶头上司刘峙亲自向蒋介石、何应钦保荐，任王耀武为中校团附，照旧兼任营长，蒋介石、何应钦批复同意。

3. 黄雀在后

大规模政治绞杀运动中，政治人物行事往往突破底线。国民党上层授意赵铁夫卧底于王耀武身边，王察觉但并未说破。

滕超是刘峙的亲侄子刘夷保荐上来的人，污损军旗的责任既在滕超身上，也在举荐人刘夷脸上。而且，更要命的是，滕超的真实身份竟然是改组派大将滕固的本家兄弟。

让老蒋感到问题严重的是 1929 年由改组派策划的"溧阳暴动"。而且，随着溧阳暴动的发生，改组派还勾连空军，准备用炸弹在国民党中央党部（中央党部即国民党中央执行委员会的简称）的会议大厅将包括蒋介石在内的国民党中央执行委员会常务委员中他们视作眼中钉的人一块炸死，这个计划说起来比华克之他们后来付诸行动的刺杀蒋介石惊心动魄得多，只是因为天气变化的原因，飞机无法投弹，只好作罢。而且，在众多的改组派中，江苏省的改组派力度最大，滕固一班人活动能力最强，在蒋介石的眼皮子底下翻江倒海，老蒋岂能不恨之入骨。

对付改组派，老蒋有两把刀子，一把是明的，即南京宪兵司令部谷正伦，一把是暗的，即蒋介石身边的初期特务头子之一的陈希曾（系陈其美之侄，陈果夫、陈立夫的堂兄弟）。陈希曾安排大量的密探深入到基层中去，探访改组派。赵铁夫也是陈希曾撒下的一枚重要的棋子。而且，赵铁夫之来王耀武所部，并非全部为改组派而来，而是上峰对于王耀武部的"特殊关照"。

我们前面提到过在"四一二清党"过程中，王耀武放走穆忠恒的那段故事。实际上从那个时候开始，上面对王耀武所部已经有了不同的看法。只是说这种看法还没有发生质的改变。有人或许要问，王耀武不是何应钦一手提拔、老蒋相当看好的人吗？其实，在大规模的政治绞杀运动中，政治人物的行事作风往往是要突破一切底线的。

赵铁夫密查的成绩也是显著的，特别是厘清了滕超的这条线。为什么不急于动滕超呢？这里面有着赵铁夫的私心自用。赵铁夫通过调查滕超，发现两条重要的线索，一条是直通王乐平的秘密住处的蛛丝马迹，这一点，赵铁夫不敢藏私，马上向陈希曾做了汇报，也就导致了 1930 年 2 月 18 日这一天，陈希曾率领大批特务，将王乐平、潘行健秘密枪杀的结果。然而，陈希曾并没有将赵铁夫的功劳记在前头，反倒是继续要赵铁夫反复收集王乐平余党的情报，赵铁夫心中暗恨陈希曾，只不过，暗恨而已，他还没有足够的实力跟陈希曾这样量级的人物掰腕子。所以，第二条线索，赵铁夫始终压着不动，这条线索能挖出蒋介石嫡系中央军校改组派成员的小尾巴，而且，赵铁夫一直试图将刘夷也牵扯进来，因为只有标的过大，事后计算酬庸的算盘珠子才会拨打得过响。应该说，赵铁夫的这一把已经带有孤注一掷的感觉了。

　　要说这时候的赵铁夫也不是当年混迹上海滩，泡谭玉姗的主儿了。他通过关系攀上了蒋介石的机要秘书毛庆祥。赵铁夫当然清楚牵扯刘夷也就等于牵扯了刘峙。但是，自古以来鹰犬类的人物要成就大功名，就不惮以兴大狱为题目。而且，以前他跟袁筱南时，袁就跟他说过，凡是杀伐决断、威权自操的雄主历来都喜欢玩弄"大义灭亲"的伎俩。这里的"大义灭亲"不是雄主本人要灭自己的亲戚，而是让别人自行灭掉受到怀疑的亲朋故旧，由此来显示他们对雄主的效忠。王耀武和赵铁夫的关系上面能不清楚吗？可是，还是让赵铁夫来王耀武这里卧底，为了什么？既是考验王耀武，也是验证赵铁夫。作为上峰，可以请君入瓮，作为下级，便可以照猫画虎。

　　但是，赵铁夫多少有些轻料王耀武。王耀武从上海千里迢迢投考黄埔军校，当然热血报国是其主要原因，可另一层则是准备摆脱下九流身份的桎梏，出人头地。随着"清党"和一系列事变，早年的那种激情与热度已经开始大幅度降温，而随之填补空间的便是功名富贵。对于像王耀武这样出身的人，他更清楚、更明白地位、权势的重要性。惟其如此，他对身边的人或者事也就有了十倍的小心和清醒。从一开始，他便不相信赵铁夫的那套"戏词"，因为他知道赵铁夫这个人的功名利禄的心思比他还要强烈，怎么可能屈居一个营部书记官长达一年之久呢？赵铁夫跟过黄金荣，也跟过袁筱南，还跟过杜月笙，这些曾经或者仍旧头角峥嵘的人尚且不能羁縻他多久，何况一个仅仅做了营长的王耀武。所以，当罗明理暗中打探的有关赵铁夫的行径通报过来时，王耀武更加印证了自己的原始看法。但是，王耀武并不打算说破。

　　过了一个月，上峰又下了一道命令，王耀武免兼营长，专司团附一职。赵铁夫得到消息后来找王耀武，问王耀武这是怎么回事。王耀武说很正常，我兼了一个月的营长本来就是过渡一下，各团都没有团附兼营长的，我岂能例外？而且，我在营部一天，你的位置就一直这么悬着，我想提拔你，一则人微言轻，二则即便是提拔了，也是人言啧啧。如今，我调走，新营长上任，我完全可以把话先给垫到。赵铁夫连连摆手："我个人无所谓，只要你老弟一切顺利就好。"新营长上任不久，对赵铁夫的任命也给报上去了，拟出任三连连长。

这下轮到赵铁夫慌神了。因为新军阀之间的混战的炮声已经隆隆作响，赵铁夫所在的营早已接到命令，随时开拔前线。所谓连长，一旦战争启动，那跟送死是同义词。因此，赵铁夫又一次找到王耀武，他跟王耀武说，戴笠给他来信，说他现在南京，他觉得还是跟着戴笠干比较好一些。王耀武佯作惋惜的神情："老兄，你要知道，主力团的连长都是要黄埔生出任的，这次营部提出调补老兄担任连长，我觉得新任营长还算给我王佐民面子，错过了这次机会，以后可就不好找了。"赵铁夫："佐民，说实话，我肯窝在书记官的位置上，也就是因为你老弟在上面罩着我，现在你虽说调去做了团附，可到底不如人家现管，我对带兵又是外行，假如弄糟了，你老弟的名声也跟受牵连。跑腿学舌我还在行，所以，我想还是先回南京找找雨农再说。"王耀武"深沉"地想了想："也好，雨农兄是通天的人物，与其这么耗在底层，不如跟着雨农兄，只是南京码头大，老兄千万留神风雨。"

临行前，王耀武专门摆酒给赵铁夫钱行，哥俩都喝高了。王耀武："现在中国办事难，做人也难。要想做事，恐怕就做不得人，要想做人，那就办不成事。所以，左右权衡，宁可得罪事，也不能得罪人。得罪事最多是一事无成，得罪人那就做不成人，做不成人只好变成鬼了。"赵铁夫："你老弟的这番话不过是站在你的立场上说而已，要是你站在我这边，你就说不出这些话了。"王耀武："你那边是哪边？"赵铁夫苦笑一声："像我这种人就是只能给主子当恶犬的，恶犬嘛，顾名思义，第一要恶，第二要狠，主子挥挥手，我们摇尾走，光走还不行，还得一路狂咬。干的就是得罪人的勾当，而且，主子要是需要，还得把我送给仇家扒皮炖肉，当然，也能在人家吃剩下以后拣几根骨头棒子埋起来，立一块牌子，上写'义犬'二字。但如果哪一天背着主子准备讨好谁或者准备跟他拉拉勾，那就只能变成炖肉，连牌子都捞不到。"王耀武看了赵铁夫一眼，心里翻腾出更多的东西：你赵铁夫是狗，难道目前我王耀武就敢直起腰来做人不成？

4. 单刀赴会

内黄一战，王耀武单刀赴会，说服吴化成献城，刘峙报请上峰，提升王耀武为团长。

1927 年 11 月，何应钦派刘峙率部沿着津浦线北进，何应钦本意是让顾祝同统一指挥第一军和第九军，命令还没有来得及下达，国民党军便与孙传芳一部接触，顾祝同沿津浦线左翼进攻，刘峙沿津浦线正面进攻。攻占临淮关后，指挥混乱，何应钦乃命部队后撤，刘峙所部没有接到撤退命令，继续向蚌埠前进，在长淮卫一带与孙传芳所部遭遇，刘峙一举击溃孙部，占领了蚌埠，而正常进攻的顾祝同部反而落后于刘峙，何应钦闻讯，连连击掌："经扶（刘峙字经扶）是福将，经扶是福将。""福将"的美名也由此缠绕在刘峙的身上。

中原大战爆发以后，刘峙被任命为第二军团总指挥，配备在陇海线的正面作战，刘峙统辖包括第一师、第二师、第九师、第十一师在内的蒋介石的大部嫡系精锐部队，其中第一师为刘峙亲自掌握。河南战场是一对二，即蒋介石嫡系对付阎锡山、冯玉祥两派的联军，冯玉祥的西北军在河南战场上格外奋勇，大刀片子横飞，刘峙所部损失不小，如果这么硬拼下去，刘峙就没法向蒋介石、何应钦交差了。

说刘峙是"福将"，也不全是空穴来风。刘峙在中原大战中还是动了不少的脑筋，比起那些只知道打硬仗、打烂仗的人还要强出一些。眼下，刘峙的第一师就碰到一颗钉子，守内黄的西北军张汉生旅。陈诚的十一师打内黄时就吃过张汉生旅的苦头，转而由刘峙的第一师接手，刘峙就琢磨了，不能硬攻了，得想想办法。怎么想办法，那是谍报处处长刘夷的任务。刘夷是刘峙的侄子，平常办事很麻利，也很听招呼，刘峙有培养他的意思。但是，一听说要用软刀子对付内黄守军，刘夷也犯愁了。因为他得到了一个消息，内黄守城的主人换了。

原来镇守内黄的是西北军旅长张汉生，张汉生是石敬亭的人，按说应该算是西北军内部的死硬派。可他还有个致命的弱点——认钱不认人。刘夷早就派人跟张汉生取得了联系，这个联络人是专门做西北军、晋军军粮生意、被服生意的商人沈北原。沈北原和张汉生一提条件，张汉生就答应了，刘夷开的价码不低啊，过去以后旅长变

"福将"刘峙

师长，另外兑现十五万现大洋，还有南京一所高级住宅。可是，谁也没有想到的是，天有不测风云，张汉生让人给打了黑枪，在酒席桌上让部下宰了。谁这么大胆子啊？说起来也是熟人，他就是王耀武的把兄弟吴化成。

我们前面提到东征时，何应钦收服曹万顺所部改编为十七军的事情，曹万顺的亲信之一吴化成还是促成这件事的当事人之一。曹万顺改编为十七军后，吴化成也水涨船高，当上了团长、旅长。以后，十七军改编为整编第十一师，曹万顺还是师长，吴化成担任主力团团长。十一师师长是曹万顺，但十一师真正的主子是副师长陈诚。1929年夏，十一师中的黄埔生起哄把曹万顺赶走，推戴陈诚担任师长，蒋介石为了给老曹一个台阶下，改派曹万顺为新编第一师师长。曹万顺是灰溜溜地走了，吴化成他自然不敢带走，老吴的日子可就跟"小白菜"一样了。1930年春，吴化成所部驻扎武昌，陈诚暗中命令亲信将其全部包围缴械，吴化成被遣送回籍。

丢了兵权的吴化成其实跟"叫花子"没啥区别了，心里这个恨啊。那也没用，人家陈诚是谁啊？后来托人混到了冯玉祥的头号大将宋哲元手下，先给了一个营长干着。宋哲元、鹿钟麟、李鸣钟、石敬亭号称是冯玉祥手下的"四大台柱"。在这"四大台柱"中，数宋哲元的身手最好，其实不要说是在冯玉祥的西北军中，就是把蒋介石的嫡系将领也算上，宋哲元一样不输于他们。老宋从小就练弹弓子，打鸟那是一流，长大以后练枪法，蒋介石视察西北军时，宋哲元当场给老蒋露了一手，一枪就把鸟给干下来了，老蒋看了一眼说："这就是传说中的'穿云手'吧？"事后，宋哲元跟手下人嘀咕："别看蒋老总这人哼哼哈哈的，还愣知道'穿云手'。"

而最让吴化成胆子发毛的是宋哲元的"狠"。宋哲元为人相当朴素，不治私产，打起仗来那也是玩命当头，不仅玩自己的命，更玩别人的命。"宋哲元杀俘"那是曾经轰动一时的民国名段子。

宋哲元杀俘虽然狠，但对朋友一直够意思。吴化成走的是萧振瀛的门路，萧振瀛同宋哲元的关系那叫一个铁。因为有了这层关系，吴化成两个月的工夫升团长了。这次内黄吃紧，宋哲元特意派吴化成跟着张汉生去救火。吴化成很感念宋哲元的恩德，在守内黄的时候特别玩命，尤其是遇上陈诚的十一师，那真是仇人见面、分外眼红，一顿猛打，连张汉生都给看傻了，张汉生说："化成老弟，你这么打下去，将来可不好再见面了。"吴化成："活着干、死了算，你是不知道当初在武昌这陈矮子把我收拾成什么样子。"所以，张汉生同刘夷秘密联系的事，始终瞒着吴化成。但天底下没有不透风的墙，吴化成还是摸清了情况，这一来不要紧，吴化成就想了，我是受了宋老总的知遇之恩来帮忙守内黄的，张汉生连个屁都不放自己就想独吞，既然没有兄弟我的份儿，那也就别怪兄弟我手黑了。吴化成利用请客吃饭的机会就把张汉生给毙了，同时还把沈北原给扣留当成人质。

沈北原一旦被扣，刘峙这边唯一同内黄城里联络的渠道就断了。刘峙让他想办法，他哪儿能想得出来？只好硬着头皮把这件事给刘峙说了。刘峙就说："开个会吧，大家一起碰碰。"团以上军官都给叫到了师部，刘峙亲自主持会议，身为团附的王耀武也参加了。会上，刘峙把情况摆了摆，大家你看我，我看你，都没有好办法。说了一通，最后主持人刘峙无奈地说了声："散会。"等到众人散去不久，王耀武悄悄地找到了刘夷，把自己在会上的想法和盘托出。

刘夷这时才知道王耀武跟内黄守军的头子吴化成还有这么一层关系，大喜过望，马上安排王耀武见刘峙。刘峙用肥厚的手掌轻轻地拍着王耀武的手背："佐民啊，你可算是及时雨了。"王耀武："为总座分忧是王某应该做的。"刘峙："我担心，你只身前往内黄城，万一这个吴化成翻脸不认人怎么办？我们打不下内黄，最多再花上一段时间，如果你有了不测，我将来可不好向你的娘老子，向何敬公交代啊。"刘峙这人最大的本领就是"和稀泥"，古人叫"调和鼎鼐"，能力且不论，话说得特别匀乎，跟七八级泥瓦匠一样。本来刘峙最担心的是内黄打不下，老蒋那里不好办，可话到嘴边就说成了替王耀武的安全担忧，还说跟何应钦不好交代云云，这一下子就把王耀武给放在自己人堆里，你想，王耀武怎么也得受感动吧，这一受感动，有些事可能就更豁出去了。

应该说，王耀武确实受了感动，可王耀武还没有到了为了刘峙一句话就豁出去的地步。他之所以敢于只身前往内黄说动吴化成反正，就在于他了解吴化成，尤其是有了上次武昌被缴械经历的吴化成的心态。再者说了，这种事多带一个人就多一分风险，万一走漏了风声，可真就应了刘峙的那句话了。刘夷："佐民老弟，当年关二爷单刀赴会还带个周仓呢，你老弟硬是一个人独闯内黄城，让哥哥我佩服。"王耀武一笑："俗话说，关公门前要大刀，我这次去内黄就是要大刀去了。"刘峙郑重地握着王耀武的手："佐民，一切都拜托了。"当时的情况是，蒋介石的所谓中央军对冯玉祥的西北军的作战能力特别是敢打敢拼的作风产生畏难情绪，蒋就希望通过银弹战术多拉拢一些西北军的人马投诚。而且，河南战场是老蒋出的"奇兵"之一，不宜拖延，内黄如果久攻不下，阎锡山、冯玉祥的后备援军就会很快赶到，那样一来不仅刘峙的第一师麻烦，就连左右两翼的辅助攻击部队也要受到牵连。所以，刘峙这才特别看重王耀武

　　　　　　　第二章　同室操戈

的内黄之行。

为了配合王耀武进内黄城，刘峙下令第一师陆续撤出外围，作出掉头西去的架势。利用这个当口，王耀武趁机溜进了内黄。按照刘夷提供的线索，去和沈北原的妹妹沈舒宁接头。沈舒宁与沈北原是同父异母的兄妹，但看上去两个人特别亲，沈舒宁告诉王耀武，如果你们那边还没有动静，她就准备单身一人去见吴化成，不管怎么说先把兄长沈北原救出来。王耀武问沈舒宁，他们在内黄城里有几处落脚点？沈北原知不知道这些？沈舒宁说一共有两处，沈北原都知道。王耀武心里就更有数了。

在沈舒宁那里住了一晚上，第二天王耀武单独去见吴化成。说话间，哥俩又有差不多三年没见面了。吴化成搂着王耀武的肩膀头笑着说："二哥，我得管你叫二爷了。"王耀武："骂我？"吴化成："你都赶上关二爷了，单刀赴会。"王耀武："我是关二爷，你是鲁肃，咱哥俩这不成了互相吹捧了吗？"吴化成在后宅摆上一桌好酒菜款待王耀武，吴化成一边给王耀武布菜，一边旁敲侧击地说道："二哥，你这次来，兄弟我可以保证一点，那就是你老兄可以全须全尾地回去，至于剩下的我就不敢保证了。"王耀武："我还不一定回去，也许就在这内黄城里扎根了。"吴化成："怎么说？"王耀武："咱哥俩之间用不着铺着垫着说话，我就告诉你三条，第一条，你坐升旅长；第二条，你继续镇守内黄，这里算你的临时地盘，上边不管你要一分钱；第三，给张汉生的十五万大洋、南京一处房子都改在你的名下。"吴化成："二哥，你说这话是门缝里看人啊，你当兄弟我是谁啊？吕温侯吗？"王耀武："既然你愿意说三国，我就陪你聊聊。吕布为啥完蛋？那就是该拉硬时不拉硬，该投降时不投降。董卓就是一土匪，混大了也就是土匪头，你给他当干儿子，连土匪都不如。可曹阿瞒是谁啊？那是我负天下人的主儿，这种人你要是没有半斤八两的话，趁早投降他，降得越晚死得越惨。"吴化成："你是说老蒋相当于曹操？"王耀武："他是不是曹操我不知道，但你不是号称对曹阿瞒最佩服吗？"说到这里，王耀武掏出一本油印的小册子，上面写着一排字："克瑞斯玛（charisma）之研究——马克斯·韦伯原著"。吴化成拿着小册子翻开一看："行啊，二哥，这才几年不见，都看上洋人写的东西了。你该不会转行当传教士吧？"王耀武："要是倒退十年嘛，到你们西北军来当传教士倒正合适，自从老古（古约翰）给冯玉祥骂跑以后，西北军除了冯先生以外谁也不信了，现在呢？是不是还都信冯先生啊？"王耀武说完这番话，吴化成脸上起了变化，刚才那副装出的调侃神色忽然都一扫而光。

王耀武话里提到的"老古被冯先生给骂跑了"是西北军中的一段典故，这段典故也只有少数人知道，吴化成之所以知道还是萧振瀛说给他听的。冯玉祥人称"基督将军"，早年特别迷恋基督教，在流传至今的《冯玉祥日记》中还能看到早年的冯玉祥对基督的崇敬之情。所以，冯玉祥军中，西方传教士地位都比较高。有位传教士叫古约翰的，与冯玉祥的关系尤其融洽。五卅惨案发生后有一次，冯玉祥同古约翰说到外国人在中国横行霸道开枪杀人一事时，古约翰居然对冯玉祥说："那些都是暴徒，理应开枪。"冯玉祥一听就火了，奶奶的，谁是暴徒啊？古约翰一看冯玉祥发脾气了，也不示弱，表示要离开冯玉祥的军队，冯玉祥马上接茬："请便。"古约翰临走时拿出一块怀表给冯玉祥："这是我高祖父传下来的，现在留给你做纪念。"冯玉祥不收："你的东西你拿走。"从此以后，冯玉祥开始对基督教产生怀疑，他认为那些外国的传教士一旦接触到关系中国人的实质问题时都会把屁股坐在中国人的对立面一方，所谓平等、博爱都是有针对性的。古约翰当初同冯玉祥相识也就在河南安阳，王耀武今天有意引出这段典故，吴化成知道王耀武是要作一篇大文章的。

　　对于冯玉祥在西北军中的威望，吴化成那是深有体会。不过，今非昔比，自从韩复榘、石友三叛逃之后，冯玉祥的个人威望受到严重挫伤，冯本人更是经常流泪甚至抽自己的耳光。有一天，冯玉祥忽然指着外面给自己站岗的哨兵说："这个哨兵将来也靠不住。"身边的人问他为什么，冯玉祥说当年韩复榘、石友三这些人都给他站过岗，现在怎么样？还不都成了叛徒？王耀武进一步说道："韩向方（韩复榘字向方）为何叛离？你老弟人在西北军应该比我清楚。"王耀武一下子把韩复榘、石敬亭的矛盾点了出来，吴化成略微一想，额头冒出一层细密的冷汗。因为他知道张汉生是石敬亭的人，如今死在他手里，这笔账石敬亭不可能不跟他算清楚。王耀武看到吴化成的表情，又进了一步："老三，你想想看，张汉生身为石敬亭的心腹，他都敢跟我们这边接洽，说明了什么？"王耀武拿过那本"克瑞斯玛之研究"的小册子，用手扬了扬说："民国十二年，《每周评论》评选十二个活着的最伟大的中国人，先总理孙先生得票1315张，你们的冯先生得票1217张，名列第二。实际上在西北军中，冯先生说白了就是一尊神。"吴化成点点头。王耀武："这就是具有克瑞斯玛气质的领导人，他身上有神力和魔力多种超出常人的特征。西北军在历史上几度挣扎、几度沉浮，都多亏了冯先生，这才有了今天的地位。可是，老三，你别忘了，现在这尊神不灵了。"吴化成："你是说西北军要完蛋？"王耀武没接吴化成的话头，继续沿着自己的思路说："神是什么？神是无所不能，无所不往，假如某一天神做不到这些了，那也就不是神了。以前西北军在直奉两家的夹击下还能生存，靠的是冯先生。冯先生从苏俄一回来，宋哲元他们都掉眼泪，跟见了亲娘老子一样。现在呢？韩复榘、石友三叛离在前，阎老西算计在后，别的不说，就缺衣少钱这点，冯先生能解决吗？以前跟着冯先生是一个亮接着一个亮，现在跟着冯先生是一个坎跟着一个坎，光膀子抢大刀片能抢到啥时候？大家伙都看不到以后，神也看不出来，你想想，这神还能是神吗？这不就是泥菩萨了吗？神变成了泥菩萨，你们还玩个屁？"吴化成站起身来回踱步，过会儿又坐下："二哥，你说兄弟我算不算好人？"王耀武："怎么想起问这个来了？"吴化成："我当初跟着老曹投奔你们那边，我心里就琢磨以后咱也成了国民革命军了，也好歹混个人样了。可陈矮子一家伙把老子打成了叫花子，你们整杂牌军的事不是一天两天了，今天用得着，烧香供着，明天不用了，放在脚底下踩。你说冯先生这尊神不灵了，可我倒要问问老蒋这尊神是不是很灵？"王耀武笑了："走一步，看一步。你问的是将来，我说的是眼下，内黄城到底能守多久，你心里最清楚。你抓了沈北原，既不用刑，也不侦讯，他在城里的落脚点至今都完好无缺，这说明什么？"吴化成："我也想过站过去，可心里不落底，万一再演一次武昌缴械的事，我还不如死在这里呢。再说了，这次得罪陈矮子也不浅，他能放过我？"王耀武掏出最后一张王牌，这是刘峙临行前交给他的"护身符"，签有刘峙姓名和刻有刘峙牙章的"保证书"，保证兑现提出的条件和保证吴化成的人身安全。王耀武："老三，俗话说江大漫不过海，胳膊拧不过大腿，刘总指挥上面是何敬公，算是通天了，你如果连这个都信不过，我也就只好拍屁股走人。"吴化成把保证书收好，端起酒杯："二哥，既然这样，我也不藏着掖着了，内黄城我献定了。"

吴化成说到做到，内黄很快落入刘峙的手中，原来谈好的条件陆续在兑现，不过，兑现的速度很慢，兑现的方向也慢慢偏离了轨道。沈北原给放了出来，沈舒宁要摆酒席重谢王耀武，王耀武婉言谢绝，沈舒宁说："王团长，你要是不嫌弃的话，我想认你当兄长。"王耀武笑笑："那敢情好，我有老弟，可还没有老妹，大哥我是不敢当了，还是当二哥吧。"王耀武单刀赴会，说服吴化成献城，刘峙报请上峰，提升王耀武为团长，另外嘉奖王耀武大洋五千元，王耀武把这笔钱分了一半给刘夷。由于刘峙的运作，刘夷出任国民革命军独立第三十二旅旅长，经刘夷保荐，王耀武调任第三十二旅上校团长。这一年，王耀武26岁。在国民党军中，有一条约定俗成的升官曲线，即要在三十岁之前升到旅团一级，三十五岁之前升到师旅一级，四十岁之前升到军师一级，这样，才有可能在四十五岁或者五十岁之前跻身高级将领（中将以上）。王耀武26岁就任团长，也算是早早搭上顺风船。

这次任命之后，刘峙还亲自召见王耀武："佐民，这次人事变动，事前我也没有征求你的意见便安排了，你不会不高兴吧？"王耀武哪儿敢说不高兴啊，连连道谢。刘峙抓着王耀武的手："佐民，要说这个谢，也该是我来说。上次内黄一战，如果不是你冒死进城说动吴化成，恐怕我们也不会这么轻松地拿下后来的战事。此其一，其二，这次调升刘夷做旅长，不瞒你说，我是想栽培栽培他，有点私心，但他的能力我最清楚，内黄这件事要没有你在里面，别说他的谍报处长干不下去，就我本人脸上也是无光。所以，我让你当三十二旅的第一团团长，既是辅佐刘夷，也是帮我的忙，怎么样？"王耀武："王某一介草莽，蒙敬公和总座赏识提拔才有今天，上次内黄城一事，如没有刘旅长事前所作的铺垫，王某何以能够入城，又何以能够顺利与吴化成见面？所以，王某绝不敢贪天之功为己有。如今又蒙总座信赖，王某一定不负总座期望，服从刘旅长指挥。"刘峙给王耀武又开了一张"支票"："佐民，我答应你，刘夷在三十二旅也就是混一层资历而已，将来三十二旅还是你来掌舵。"

等到王耀武到任的那一天，刘夷率全旅各级主官列队欢迎，场面搞得很大。饭后，刘夷专门请王耀武到他那里坐一坐，茶杯一端起来，刘夷就说了："你来我这里，名义上是团长，其实是副旅长，军中不是有句俏皮话吗？副驴（旅）也是驴（旅）。"刘夷又说："以后论公论私，你们都是兄弟，这个旅我是旅长不假，可你老弟也能当一半的家。"王耀武赶紧谦辞："哪里，哪里，一切唯旅座马首是瞻。"

刘夷对王耀武的关注不是一天两天了，就拿上次王耀武巧妙"劝退"赵铁夫来说，王耀武曾经托人带话给刘夷请辞兼任营长一事，王耀武"以退为进"，故意请辞兼任营长，这样一来，新任营长是刘夷的关系上来的，完全可以放手收拾赵铁夫。刘夷他们给赵铁夫设了两个局，一个是顶上去，就是把赵铁夫架在连长的位置上"烧烤"，让战场上的"子弹"帮忙；另一个是摁下去，如果赵铁夫继续留在营部，那就找他一个错处，在行军途中把他给"办"了。刘夷欣赏王耀武的地方在于，王耀武这人虽然心机很深，但做事留有余地，特别是对老朋友，轻易不会翻脸，即便是翻脸，也认人。这样的人用起来，既会给自己贴金，也还不用大面积地防范。在王耀武来说，跟上刘夷等于直接攀上了刘峙，也就等于重又上了一个新台阶。

但谁也没有想到的是，王耀武的举主刘夷的仕途在 1932 年 6 月狠狠地摔了一个大跟头，而且，这一摔，刘夷再也没有在军界中爬起来。1932 年 6 月，蒋介石发动第四次对江西苏区的"围剿"。6 月 30 日，蒋介石兵分三路，其中中路军蒋介石亲自兼任司令官，刘峙为副，代行职责。刘夷的独立三十二旅的任务是由修水向万载、铜鼓进击红军。但是，刘夷追着红军的后脚跟绕了好几个月，也不得要领，自己倒是给拖得疲惫不堪。按说这在"剿匪"战役中是家常便饭，前三次"围剿"中，资历比刘夷深、军衔比刘夷高的国民党军将领给肥的拖瘦、瘦的拖死的大有人在。可是，这次麻烦竟然直接找上门来了。

刘夷战而无功，这在刘峙的麾下根本不算一回事。可有人因此就准备在老蒋面前给这对叔侄好好地上一上眼药。说来这眼药的药引子还跟王耀武有着间接的关系。

这个药引子就是吴化成。吴化成上次献城有功，暂时给封了个旅长，说是旅长，其实还是带着一团的人马，奖金说是给十五万现大洋，可实际到手的只有三万元，驻守内黄倒是也做到了，不过只待了一个月。而且，随着中原大战蒋介石集团的胜利的到来，吴化成的空牌旅长的位置很快也丢了，部队缩编为一个团，吴化成还是团长，暂归刘夷统辖。吴化成见到王耀武就开玩笑，说自己是"三大悲"（以前有所谓"四大悲"的说法，指的是久旱逢甘雨——几滴；他乡遇故知——仇人；洞房花烛夜——石女；金榜题名时——重名）。而吴化成的三大悲指的是：当了旅长——内容太空；给了奖金——数目太少；放了地盘——时间太短。实际上吴化成和王耀武都没有想到，他的第四大悲马上就到了，而且相当的"悲"。

吴化成到了刘夷手下的情况给陈诚知道了，陈诚要刘夷把吴化成的团划给夏楚中节制，说是临时的，其实谁都知道，这是要算账，算旧账。刘夷一听到这个口信，当时就骂出口来了，妈妈奶奶的大骂陈诚。手下人一看都给惊呆了，心想这旅长是真驴啊。1930 年 6 月，中原大战期间，陈庄失守，旅长李默庵肾囊中弹，可陈诚还是要追究责任，李默庵电告陈诚："此为刘团长责任。"陈诚立刻报告蒋介石，征得蒋介石的同意，命宪兵连连长罗伟将团长刘天铎枪决。这位刘天铎不是别人，正是刘峙的侄子、刘夷的兄弟。如今，为了一个吴化成，陈诚的口信追屁股追到了独立三十二旅的地面上，刘夷能不骂人吗？本来这类人事上的事情，刘夷总是要找王耀武商量的，因为王耀武对这类事比较拿手。可这一回，大概是刘夷给气糊涂了，当即拍板，一口回绝陈诚。事后，他告诉了王耀武，王耀武面有难色地说："旅座，这件事有点操切。"刘夷本以为王耀武听了这件事的处理结果也会赞成他的，毕竟王耀武和吴化成的关系不同一般。哪知道王耀武不以为然。刘夷说："怎么个操切法？难道还让他陈小鬼爬到我们的脑瓜顶上拉屎撒尿吗？"王耀武说："事缓则圆，我们不同意陈辞修（陈诚字辞修）的做法，也不用硬顶。如果陈诚那边请来总座的手谕或者命令，我们就尴尬了。"刘夷一想也是，陈诚这小子惯于走上层路线，一搞就是直通到蒋介石那里，他有时候也纳闷，就问刘峙："您老人家就能咽下这口恶气？"刘峙呵呵一笑，啥也不说。刘峙一生信奉四个字："大智若愚"，他在保定军校读书时有个外号叫"刘哈哈"，说的就是刘峙待人接物惯于打哈哈，从来不较真，即便是有人占了他便宜，他也不当真，久而久之，刘峙的人缘越来越好。像熊式辉这样的主儿都能跟刘峙说一说心里话。陈诚论起来是刘峙的学弟、后辈，如今盛气凌人地爬了上去，刘峙怎么能无动于衷呢？但问题是，你有动于衷又能怎样？陈诚现在瞄准的位置不是他刘峙，而是何应钦。所以，刘峙不着急，因为目前想动手收拾陈诚的绝不止他刘峙一人，他乐得"黄鹤楼上看翻船"，等着看热闹就是了。

可刘夷哪知道他这位长亲的肚子里的"弯弯绕"啊。王耀武就给他出主意了："既然已经回话了，也不用急，韩向方（韩复榘）不是跟总指挥（指刘峙）要开拔费吗？不妨做个顺水人情，把吴化成这个团都交给韩复榘，当初吴化成毙了张汉生，这个张汉生是韩复榘仇人石敬亭的心腹，有了这个过门儿，韩向方那边不会不罩着吴化成的。这样一来，陈诚那边再追究下来，就没我们啥事了。"刘夷："韩向方能扛得住吗？"王耀武："韩向方现在正走顺字，上峰对他很看重，陈诚不会掂不出这个分量的。"刘夷："好，就按老弟的意见办。"王耀武："这件事我可以出头去找吴化成，免得旅座作难。"

王耀武把这层意思说给吴化成以后，吴化成当场就翻了，不过，这也在王耀武的意料之中。吴化成指着窗外骂道："二哥，你上次怎么跟我说来着？现在怎么样？我的担心不是多余的吧？卸磨杀驴，过河拆桥，堂堂中央军就干这事？"王耀武："我还是那句话，走一步看一步，将来的事不管，就说眼下。你留在这里的危险不用我说你也知道。'剿共'不是闹着玩的，你这点本钱放在这里屁也不算一个，你回头跟着韩向方，他知道你杀了张汉生，必然承你一个人情，你跟着韩向方回山东，吃香的喝辣的，凭你的本事，两三年内蹿到旅长的位置一点问题都没有，你想想，与其在这里赌气，不如回去谋个更好的缺分，什么中央军、地方军的，拿到手里的才是最实惠的。"吴化成听完王耀武的话，不吭气了，除开按照王耀武说的办，也没有更好的主意了。说实话，"人往高处走"是普遍道理，吴化成从西北军又摇身一变成了中央军，虽然背后有些牢骚，比如空头旅长、现大洋见少等等，可自己人前人后的还是觉得很威风的，毕竟不是杂牌武装了。但陈诚这么一搞，把吴化成的这么点念想彻底给灭了，吴化成知道自己这辈子休想再跟"中央军"沾边，在他们这些"黄马褂"眼中，自己永远都是杂牌，永远都是必须消灭铲除的对象。

第二章　同室操戈

5. 江西老表熊式辉

陈诚、熊式辉内斗，陈诚杀鸡骇猴，敲打刘峙，实则给熊看。顶头上司被换，王耀武受影响。

吴化成的风波刚过去，又发生了"陈、熊内斗"，陈诚又把账算在了刘峙身上。这个"熊"就是熊式辉，老熊是刘峙的同乡兼同学。江西人特别抱团，这是有历史传统的。明朝天顺、成化年间的名相李贤对江西人就特别有"研究"，他写的《吾乡说》，江西人看完把鼻子都给气歪了。老熊是"新政学系"的头面人物，他和杨永泰正得老蒋的信赖，一个做了南昌行营的秘书长，一个做了南昌行营的参谋长。老蒋看老熊整天忙里忙外、四处奔波，特别感慨，一感慨就把熊式辉给任命为江西省政府委员兼主席（这是国民党政权地方政府一把手的正式称谓，即某省政府委员兼主席）。老熊听到这个任命更感慨，"呱唧"一下从飞机上掉下来了。要说老熊那真是可人儿，徐志摩、戴笠从飞机上掉下来，人当时就完了，人家老熊从飞机上掉下来，直接就给挂树上了，除了踝骨受伤外，愣是毫发无损。

老熊走马上任，特别勤勉，一开门就把南昌市的德胜路给改名叫做"中正路"（难怪老蒋打江西屡次受阻，合着经常给江西人踩在脚下），还把赣江大桥改叫"中正桥"，把大礼堂改名叫"中正堂"。把医学院也改名叫"中正医学院"，大学叫"中正大学"，总之，江西省内，满大街都是"中正"。这还不算完，老熊加班加点赶造"中正楼"，给老蒋修别墅，总监工力度也很大，派上省警务处处长（全省警界一把手）兼省会警察局局长黄光斗。哪知道有一天晚上，风雨大作，把新修的围墙给冲倒了，也活该黄光斗处长"走运"，蒋介石当晚就下榻在"中正楼"，还以为发生了兵变，勃然大怒，当即赏给黄光斗一记耳光和一顿臭骂。黄光斗吃苦受累好几个月，一句好听的没捞到不说还挨了一嘴巴，马上去找老熊辞职。要不怎么说民国时代的人"实诚"呢，挨领导几句骂就辞职。还是人家老熊有涵养，当场说出一番话来让黄光斗彻底服了："多少人想一近委座政泽（女人称'香泽'，最高就要称'政泽'）而不可得，你现在既亲耳聆训，还让委座亲手抚以面颊，这样的荣耀，满江西你也找不到第二个。你还要辞职？"

熊式辉不光是对蒋介石如此，对于其他国民党大佬也是相当的有研究。有一年，国民政府挂名主席林森莅临江西视察，老熊先行派人打探看林主席穿的是什么衣服，回来禀报说是马褂、长衫。好啦，老熊传下话去，一律着马褂、长衫接驾。林森船到码头，一眼望去，黑乎乎一大片马褂长衫，心里真舒服啊。邀请林森上座用餐，饭后自由活动，别人都或者打牌，或者转悠，只有老熊挺在那里不动，林森感叹地说："天翼（熊式辉字天翼），不意你竟颇通养生之道啊。"熊式辉连说哪里哪里。其实，这也是熊式辉事前做的功课，他知道林森饭后就坐着不动，管这个叫"保养元气"，所以，他也跟那儿挺着，哄得林森高兴。林森、胡汉民他们早年追随孙中山，很吃过政学系杨永泰他们一些人的苦头，所以，对政学系素来不感冒。哪知道这次到了江西地面上，熊式辉如此款待，如此善解人意，因而，林森回到南京，逢人便夸熊天翼政通人和。老熊这广告做的，不说天字第一号的廉价也差不多。

老熊在江西搞公务员考试，提拔县、区长，他亲自主持口试。一个考生拾级而上，老熊劈面问道："你上得台来，刚才一共迈了多少楼梯？"这考生也是人才，脱口反问："主席乃总理信徒，试问《总理遗教》共有多少字数？"老熊一摆手："你合格了，可以当县长。"

对于老熊的所作所为和施政方针，陈诚最看不起。陈诚这个人最自负的还不是他的领兵作战，而是治课农桑、管带一方。他在江西统兵时便对江西地方行政指手画脚，提了不少建议，你想，老熊能高兴吗？老熊这人最是睚眦必报的主儿，当年他跟赖世璜搭班子，一个军长，一个党代表，硬是尿不到一个壶里，一般人如果是这样的话，最多是一走了之或者改换门庭。人家老熊不这样，他从部下黄光斗（就是前面挨了老蒋一耳光的那位警务处处长）那里得到一个似是而非的消息，说是孙传芳许诺赖世璜，只要反正，就可以给江西督军的位置。老熊才不管消息是真是假呢，他素知白崇禧与赖世璜不睦，便把这个消息透给白崇禧，此时白崇禧正大权在握，就以这层因素将赖世璜抓来枪决。老熊收拾异己通常是一石若干鸟。赖世璜不仅是白崇禧的对头，更是刘峙的对头。赖世璜一死，刘峙跟过年似的，心里甭提多感激老熊了。如今陈诚找上门来，不仅开罪于刘峙，而且直接冒犯老熊本人，老熊哪能闲着啊。

陈诚毕竟不是赖世璜，老熊对待陈诚用的是釜底抽薪，也就是将陈诚起家的十八军化整为零，拆散了事。这个办法老熊运筹了很长时间，而且居然上达何应钦、刘峙知道，得到了何的默许和刘峙的赞成。不过，老熊虽然步骤紧密，却忽略了一个十分重要的因素，那就是老蒋之于枪杆子的基础论调。在蒋介石看来，部队只能由亲信的黄埔系带领，而黄埔系中又以浙江籍为主。正如"黄埔三杰"之一的贺衷寒与肖作霖酒后闲聊时指出的那样："蒋先生暴则有之，昏则完全不然。你没有看到他的统驭术的绝顶高明吗？他一向抓得很紧的是军队、特务和财政这三个命根子。这三个命根子各有一套他最亲信的人替他看守；同时他又让这三种力量互相依赖、相互牵制，而只听命于他一人。这三个方面的每一个方面，又都各有三个鼎足并峙的力量，使其互相牵制。军队方面是陈诚、汤恩伯和胡宗南；特务方面是戴笠、徐恩曾和毛庆祥；财政方面是孔祥熙、宋子文和陈氏兄弟。他们之间谁也不敢有所挟持而无所顾忌。所有这些人，除了孔、宋是他的至戚外，其余又都是浙江人，连宋子文的原籍也是浙江，可以说，都是他极亲信的人了。可是他对这些人都还有个防而不备、备而不防，难道这还算是'昏'？"老熊要抽的"薪"是陈诚的十八军，而十八军并不姓陈，而姓蒋，尽管老熊矛头所指是陈诚，尽管新政学系眼下正得老蒋的宠信，可一旦触及到根本，老蒋那是寸土不让的。他暗中通过别人将这一消息递给了陈诚，陈诚马上准备组织反击。

进入三十年代，蒋介石开始刻意培养黄埔系的"中生代"将领，以便逐次取代何应钦等人，其中，陈诚、胡宗南、汤恩伯都是重点培养对象。对于陈诚，蒋介石还格外有着另外一层想法，那就是准备提携陈诚作为他的"半个接班人"。因此，蒋介石专门促成了陈诚与谭延闿（原任国民政府主席）的女儿谭祥（谭曼意）的婚事，使蒋、陈的关系更笼上一层或明或暗的"亲属"政治面纱。谭延闿的老爹是前清的两广总督谭钟麟，谭家两代都位极人臣，阖门富贵。所以，宋美龄的老娘倪老太太最初是要把女儿宋美龄许给谭延闿的。但老谭那是久于世故、人情的主儿，他年长宋美龄十七岁，虽然老夫少妻之于豪门来说算不得什么，可谭延闿却另有打算，因而，他拜倪老太太为干妈，认宋美龄为义妹，既给足了宋家的面子，也照顾了自己的情绪和算盘。仅此一点来说，足以让宋美龄感激，更让后来者蒋介石另眼相待。加之宋美龄与谭延闿的"兄妹关系"，所以，陈诚、谭祥夫妇在老蒋面前较之以前更有面子。

有了更多面子的陈诚还没忘了里子是怎么回事。熊式辉跟他玩的小动作说到底也还是在公事公办的范畴内，而且，熊式辉、杨永泰这几个"新政学系"的头面人物既有老蒋本身的看重，也有张群为之奥援。因而要跟他们对手，目前还不是时候。而何应钦早就是他陈诚的老冤家，但是，人家何应钦毕竟是第二号人物，以陈诚的实力还不能与之抗衡。那么，就剩下了刘峙。陈诚便把开刀的对象对准了刘峙。当年熊式辉用杀赖世璜的办法来讨好白崇禧和刘峙，那么，他陈诚也可以如法炮制，名义上是敲打刘峙，实际上则是做给老熊看。但"敲打"刘峙也是明敲和暗敲两种，陈诚选择了暗敲，因为这样放出的冷箭既可以顺利达到目的，也还有一定的转圜余地，至少不会轻易暴露自己的全部"火力"。

陈诚把这件事交给亲信夏楚中来办，夏楚中在南京办差时结识了供职于中央宪兵司令部的赵铁夫。通过老赵了解到滕超与刘夷的那段往事，赵铁夫一直找机会准备报复刘夷，夏楚中也是来者不善，两人一拍即合，将滕超一事整理成材料，经陈诚上呈蒋介石，连同此间刘夷"追剿"红军不力的事情一并纳入。老蒋看完以后，批了几个字，一则一定要把滕超缉拿归案，另一则便是换掉刘夷，改派柏天民担任独立第三十二旅旅长。独立第三十二旅旅团主官中不少都是黄埔一期、黄埔二期的学长，刘夷在的时候，因为有他照应，王耀武可以不那么顾忌这层因素，如今刘夷走了，而且是灰溜溜地被赶走的，王耀武的日子也不那么自在了。

6. 宜黄生死劫

宜黄一战，林彪、聂荣臻率红军进攻柏天民部。王耀武提出"固守待援"，守住了宜黄城。

然而，更不自在的还是老蒋与陈诚。第四次"围剿"是老蒋特别下血本的一次大动作，可这次大动作也让老蒋丢尽了颜面，陈诚本人更是如此。他一手培养起来的国民革命军第十一师在第四次"围剿"中遭到重创，损兵折将不说，还无形中给同僚提供了一堆攻击他下课的炮弹。十一师在草台冈战役中，师长肖乾被击伤，旅长黄维被扎伤，三个主力团长悉数阵亡。给陈诚的十一师这个下马威的是林彪、聂荣臻率领的红一军团。

十一师因为这次重创，记忆尤其深刻，将其称之为"三·二一覆辙"（因时间是1933年3月21日），对红军方面的总指挥林彪，他们也给予了高度的重视。据淮海战役中担任国民党军第十八军代理军长的杨伯涛回忆，在第五次"围剿"中，陈诚下令十八军各级官佐认真学习林彪的《论短促突击》，足见十八军系统对林彪的重视程度。

不过，王耀武对林彪却并不"感冒"。国民党军高级将领中最看不起林彪的有两个人，一个是胡宗南，一个则是王耀武。胡宗南与王耀武看不起林彪各有各的着眼点，但共同一点便是对林彪为人的轻蔑。1943年周恩来到西安，胡宗南大摆筵席宴请周恩来、邓颖超。胡宗南还特意从在西安的国民党军将级军官中挑选黄埔六期以内30人，各携家眷作陪，并且对筵席中的称谓做了事前严格规定，胡宗南要求这些黄埔系将领对周执以师礼，称周为"周先生"，称邓颖超为"周夫人"，称胡宗南不称"长官"而称"胡宗南同志"。负责酒筵的王超凡请示胡宗南，如何称呼林彪，胡宗南当即表示："不请林彪。"

而王耀武对林彪早有评价，四个字："险幸如狼"。这番评价是怎么说起来的呢？时间还要推回到1927年。1927年的秋冬之际，王耀武偶然的一次从团部那里看到一份通缉名单。这份名单的抬头赫然写道："国民政府秘字第一号令开"。这份通缉名单一共通缉所谓"共党要犯、危险分子"193人，鲍罗廷、陈独秀、谭平山、林祖涵、徐谦位列前五名，毛泽东名列第十一名。让王耀武感到惊讶的是，林彪居然也在这份名单上，居然名列第六十一名，在林彪的前面便是著名中共早期领导人瞿秋白、张太雷、施存统，而周恩来也才名列第七十六名，还在林彪之后。王耀武问团长："团座，这名单哪搞来的？"团长回答："这是从师部要来的誊抄件。"王耀武："不会有错吧？"团长说："应该不会错。"王耀武指着林彪的名字再问道："他怎么可能也在名单上呢？"团长笑了："佐民，你怎么跟师座一个疑问呢？"王耀武："哦，师座也这么问过？"团长说："没错，师座看了名单以后，就说林彪怎么可能也会被通缉呢？还排名这么靠前，他算老几啊？"王耀武也笑了。这里的"师座"指的就是时任国民党军第二十二师师长的胡宗南。团长问王耀武："佐民，你认识这个叫林彪的吗？据说也是我们黄埔出来的，第几期的？"王耀武："比我低一期，是四期的。"团长："这人怎么样？"王耀武："团座想听实话吗？"团长："佐民，你我兄弟谁跟谁啊，有话在我这里尽管放，出门就都忘了。"王耀武："不瞒团座，这通缉名单上列的一百多号人，不少都听说过，尽管他们身陷共党，可为人那还是有一号的，至少不是小人。唯独这个林彪，险幸如狼，是个十足的小人，他怎么会混迹其中呢？"团长："佐民，何谓险幸如狼？"话说到这里，被外面的"报告"声打断了，王耀武为何说林彪"险幸如狼"，他的根据是什么？至今还是个谜。

但有一点不是谜，那就是王耀武的的确确认真研究过十一师在草台冈战役中的落败的全过程。从某种意义上说，他这个局外人对此事的关注程度比起肖乾、黄维、宋瑞珂这些局内人还要夸张。王耀武认为第十一师之所以遭到败绩，核心的原因就是选将不当。陈诚作为中路总指挥，督率三个纵队分进合击，这里面第一纵队指挥官是罗卓英，这是陈诚的头号亲信。罗卓英别号慈威，但在王耀武看来，罗卓英是慈有余而威不足。国民党军十八军大陆时期的末代军长杨伯涛就说罗卓英是"多谋寡断"。草台冈战役之前，罗卓英发觉草台冈地形不利，通知十一师师长肖乾撤回五里牌，可肖乾以部队过于疲惫为由，要求就在草台冈宿营，罗卓英只好听之任之。如此一来，正好堕入红军的包围圈。所以，王耀武总结草台冈战役的教训时就认为在自己的系统内，"安反侧、树权威"是头等大事，不管你是谁，不论你怎样，只要有分庭抗礼的苗头，立刻掐死。即便掐不死，也要送出去。这也就是后来侯龙安乃至安慧民、张灵甫等人的必然下场。

1933年3月下旬，红一方面军为了贯彻中共临时中央提出的"向北发展、扩大苏区"的号召，由林彪、聂荣臻率领包括红一军团在内的大批红军开始进攻乐安等地。5月16日，红一军团在中沙、藤田一带集中，进行整编。原红七、九、十、十一各师以及红二十二军整编为红一军团第一师、第二师，其中罗炳辉任第一师师长，徐彦刚任第二师师长，整编后的红一军团共8500余人。6月5日，红一军团军团部接到方面军总部命令，原镇守宜黄的国民党军第十师李默庵部于6月4日已经离开宜黄开赴崇仁，接防宜黄的是国民党军独立第三十二旅，其先头部队第一团已经由抚州开至宜黄，另外两个团尚在途中。方面军总部要求红一军团为主攻力量，红三军团为总预备队，红五军团为助攻，全力消灭敌第三十二旅，此次行动由红一军团统一指挥。

李默庵在黄埔生中颇有些虚名，例如同学中传诵的"文有贺衷寒，武有胡宗南，又文又武李默庵"云云。实则纵观李默庵的军事生涯，罕见大手笔。1932年8月，同为军校第一期同学的徐向前、陈赓与李默庵在战场上相遇，一战下来，李默庵的第十师被歼2000余，师部几乎被毁，李默庵和顶头上司卫立煌差点被活捉。不过，李默庵再怎么着，名气也比后来的这位柏天民要大一些。而且，镇守宜黄的第十师是整建制的，而目下进入宜黄城内的不过是独立第三十二旅的一个团而已。应该说，这对于能征惯战的红一军团实在是小菜一碟了。

红一军团冒雨赶到宜黄以北，部署如下：以第一师围攻宜黄，以第二师北上在遭遇战中消灭敌独立第三十二旅剩下的两个团。红一师一下子猛扑到了宜黄城下，柏天民还没弄清是怎么回事时，宜黄四门就给红一师围上了。这边红二师徐彦刚的战绩也不错，用伤亡二十人的代价击毙独立第三十二旅一百多人，获人枪二百余。转过头来，红二师也扑到了宜黄城下，这样一来，红一军团几乎全部兵力都集中用于攻城，这是摆明让柏天民"成仁"了。

柏天民立刻向上峰呼叫求助，上峰指令柏天民相机突围。可是，往哪儿突啊？柏天民旅部是在西门，主攻西门的是红二师徐彦刚，徐彦刚是秋收起义的老资格，红一军团整编前那是一军团的参谋长，年方26岁，正是血气方刚的时候，他亲自冲到第一线指挥战士们猛攻西门，跟柏天民"死磕"。独立第三十二旅自打成建制以来也没有遇到这样的劲敌，柏天民方寸有点乱了。

　　怎么办呢？柏天民想起王耀武来了。自1933年年初柏天民到任以来，他跟王耀武的关系是不咸不淡、不冷不热，毕竟"一朝天子一朝臣"，王耀武是前任刘夷的亲信，所以，柏天民不管怎么看，他对王耀武都得端着点。今天这是非常时期，"三个臭皮匠赛过诸葛亮"，好歹要找王耀武来商量商量，再说一旦突围被击溃，责任也能分担出去一些。柏天民一看王耀武一脸的油汗连跑带颠的，就知道他那边也是吃紧。叹了一口气说："佐民，上峰有令让我们相机突围，你怎么看？"王耀武拿着茶缸灌了两口水："旅座，恕我直言，相机突围行不通。"柏天民："怎么个行不通？"王耀武："赤匪素来善于围点打援，我们现在兵不过三千，分路突围更等于送死，不如固守待援。"柏天民："固守谈何容易？你没看到眼下这四门的攻守吗？"王耀武："匪军虽然人多势众，但不利也有二，一则地利，宜黄河水深阔，不利于大部队攻坚，匪军小股偷袭部队已经被我强大火力压制；二则我军弹药齐备，宜黄城内深沟壁垒、粮草充盈，匪军倍道兼程，兵法有云'百里而趋利者蹶上将'。我们正好以逸待劳。"柏天民踱了几步，搓搓手："理论上是这么说，可……"王耀武接上话茬："旅座，目前围攻宜黄城的是匪军第一军团林彪所部，林彪是军校第四期的毕业生，此人带兵我多少有点研究，素来讲求两个字。"柏天民："哪两个字？"王耀武："一曰活，一曰巧。"柏天民："说下去。"王耀武："一言以蔽之就是避免硬仗，说到底还是匪军本钱有限。林彪以活，我军对之以死，林彪以巧，我军对之以呆。所以，职部以为我部不妨固守几日，同时催促上峰急令就近各部出力相援，必能解宜黄之围。"柏天民："老弟说的有理。"这是柏天民第一次称呼王耀武为"老弟"。

　　转过身来，柏天民又有了疑问："万一我部不按上峰指令相机突围，将来形势有变，上峰责怪下来，干系非浅啊。"王耀武："旅座，上峰命令李师长（李默庵）以两个营兵力协守宜黄，待接防完毕后方可调离，但李师长未按上峰指令，我部接防时，宜黄乃是空城，此其一；其二，我部二团、三团协进时，上峰明令友军夹辅两翼，但据退入城中的二团、三团官兵介绍，一路上只有我部孤军直入，并无友军援助，失机之责在彼不在我。况且，我部以孤军守婴城，即便战败，有何可耻？"柏天民听完，呵呵笑出声来："佐民老弟，佐民老弟，你真是一席话点醒梦中人啊。好，就依老弟之意。"

　　从6月7日开始，红一军团连攻三天，未能攻克宜黄城。6月10日，方面军总部命令撤围宜黄。这场攻坚战，独立第三十二旅尽管损失惨重，旅长柏天民甚至腿部负伤。但毕竟守住了宜黄城，消息传开，连老蒋都震动了。柏天民受伤住院，蒋介石亲往探视。

7."俊才、俊才"

蒋介石召见王耀武。王耀武谈吐机智，蒋任命为补充第一旅旅长，授衔少将。

老蒋来探视柏天民，探视双方都很感慨，柏天民感慨的是"委座"大驾光临，蒋介石感慨的是他的黄埔生中还有如此玩命守城还居然守住的主儿还能活着接受他的看顾。要说柏天民这人还真是不错，不是那种"一阔脸就变"，老蒋详细地问了死守宜黄的前后经历，柏天民就把王耀武给点出来了，说这次要不是王佐民献策死守宜黄，三十二旅可能就完了。老蒋一听，用戴着白手套的手连连轻击桌面："俊才，俊才。"

当初在黄埔军校时，老蒋就曾想亲自召见王耀武，但世事纷纭，一晃差不多就是十年。如今在江西地面上，他再一次听到王耀武的"动人事迹"，他决定立刻传见王耀武。说是立刻，其实也是足足等了三个多月，才给王耀武安排上，毕竟当年的"蒋校长"如今已然是"统领全国武装力量"的"蒋委员长"了。

国民党党政军高级干部去见老蒋无异于面"圣"，所以，个个都是如履薄冰、如临深渊。王耀武自然不会例外。而且，王耀武不同于浙江籍的正宗嫡系将领，虽然也是"黄埔生"，可毕竟与蒋毫无任何历史渊源。要见老蒋，一般都要"备课"，"备课"的好坏直接影响到接见结果，而接见结果又是未来仕途、官运的直接反射。所以，套用现在的流行用词，这些国民党的"高干"们相对于老蒋来说，也是"弱势群体"。

尽管"天威不可测"，可老蒋也毕竟是人，是人就要有人的规律和轨迹可寻。蒋介石接见黄埔生，多少有个相对比较固定的框架，那就是常常问及对方，最近读了什么书。这倒不是老蒋有办学习班的癖好，而是准备抓对方的"活思想"。但是，这种提问问多了，下面人也有了不少的对策，他们多数都回答老蒋最爱听的"学生正在研读《曾文正公全集》或者《曾胡治兵要略》或者《委员长训示》或者《剿匪手本》"，老蒋有时候间或问到一些条文，这些条文的解答固然也是关键，可前面的开头已经给被接见者打下了一个好分数。

然而，真正要获得老蒋的关注或者说欢心，却绝不是依靠这么简单的路数便可以轻松达到的。所谓"特色"，所谓"创新"，那才是关键所在。王耀武很清楚，这辈子能见到最高当局，绝不可能像见到邻居二大爷那么容易，这次会面对于王耀武的一生都势必产生特别极端的作用。也许别人并不赞成王耀武的看法，但王耀武自己却始终这么认为。

1933年10月，蒋介石在南昌行营官邸正式接见王耀武。蒋介石是一个极重边幅的人，不仅对军容风貌特殊关注，而且对一些琐碎小事也往往看在眼里。有一次，老蒋身边的一位侍从人员拿着公文包给拿颠倒了，等到老蒋索取文件时，他手忙脚乱地翻腾了半天，老蒋当时很平静，就那么看着这位侍从，一直等到他找到文件为止。一年后，有人替这位侍从谋求外放的机会，履历摆在老蒋的案头上始终得不到批复。受托人就急了，专门找了一个老蒋心情不错的时候旁敲侧击地询问老蒋，蒋介石哼了一声说："这个人连个公文包都拿不住，难道还能拿住印把子不成？"就这么一句话连同受托人在内，官运就此到头。

王耀武军装笔挺地站在蒋介石的面前，自报家门："学生王耀武参见校长。"蒋介石笑容可掬地摆摆手："坐，坐。"这时，老蒋已经走到王耀武的跟前，忽然，蒋介石的目光出现了定格。他用手点了点王耀武系的武装带："这个，你还带着？"王耀武一

蒋介石召见王耀武（右）

个立正："是，卧薪尝胆、生聚教训，学生时刻不敢稍忘。"蒋介石动容地笑了："好，这个，好。"然后，示意王耀武坐下。

这不是一条普通的武装带。早在黄埔军校时期，蒋介石给黄埔前三期的学生发过一批武装带，当然不都是老蒋亲自送交到学生手中的，有不少是何应钦这些人代为授予的。武装带左肩斜下方刻有"黄埔"二字，老蒋用越王勾践的"十年生聚、十年教训"来激励黄埔生要有"卧薪尝胆"的精神。老蒋是浙江人，勾践无疑是浙江的骄傲，况且，当时国民党旨在平定军阀、统一南北，正需要"卧薪尝胆"。时过境迁，多年以后，蒋介石能从王耀武的身上又一次看到这条具有特殊年代背景的武装带，又能从王耀武口中听到他早年的训示的核心内容，这岂能不让老蒋动容？

蒋介石和蔼地问道："今年多大了？"王耀武马上要起身立正回答，蒋介石用手虚按了一下："坐下说，随便点。"王耀武回答："二十九岁。"蒋介石："嗯，我在你这个年龄时正追随英士先生（陈其美）谋夺'肇和舰'。"蒋介石又问："家里还有什么人？"王耀武答道："上有老母，下有兄弟，偶尔也通音讯。"蒋介石挑了挑眉头："令堂身体如何？"王耀武："劳委座惦记，老母尚称健朗。"简单的寒暄一结束，老蒋就问及宜黄守城的情况。老蒋："上峰已然有令，命你部相机突围，何以最后仍旧坚守？"王耀武："学生早承校长训诲，革命军人必须抱定杀身成仁之决心方能在危急关头报国于万一。共军数倍于我，即便突围，也必定狼奔豕突，溃不成军，与其如此，莫若婴城死守，即便战死也不负军人本色。"蒋介石轻轻地点点头："嗯，说得好。你现在还常常跑步吗？"这是蒋介石想起黄埔军校时王耀武跑步的往事。王耀武回答："学生现在还早起跑步，所谓风雨如晦，鸡鸣不已。"

老蒋要王耀武喝茶，自己喝白开水，然后问道："平素你都读些什么书？"王耀武："学生最喜读诸葛武侯的《将苑》和孔圣人的《孝经》，不瞒校长，学生是山东人，对此二位先贤颇为膜拜。"老蒋平素出这道题目时，多数的回答都是我们前面提到的那一套老路子，什么《曾文正公全集》了，什么《曾胡治兵要略》等等，王耀武忽然冒出来一个《将苑》和《孝经》，引起了蒋介石的足够的兴趣，将接见时间临时延长。蒋介石问：《将苑》核心何在？"王耀武："学生以

王耀武签名

为莫过于《将志》一节。"王耀武进一步说道: "人无志不立,将无志不武。为将者,需像武侯所指那样——'见利不贪,见美不淫,以身殉国,壹意而已'。学生之仰慕武侯,并非全为乡土因素,实古今同理所在。"蒋介石: "你讲讲。"王耀武: "如今,内乱猖獗,外忧不止,学生等忝为军人,正当追随校长完成先总理遗志,致国民革命成功于全国,因而须将武侯'鞠躬尽瘁死而后已'之精神发扬光大。昔日,岳武穆行军路过南阳,挥泪手书《出师表》,学生不才,见贤思齐而已。"蒋介石连连点头,离开沙发,回到办公桌前,从抽屉里掏出一件东西,提笔在上面写了些字,又问: "你离家多少年了?"王耀武: "已有十年,虽然学生以身许国,可高堂老母却时常令学生惦念。学生捧读《孝经》,'夫孝,始于事亲,忠于事君,终于立身'此句最为学生所钟。学生自幼丧父,都是老母一手带大,所历寒苦,实难一一详说……"王耀武说到自己的母亲时的确动了真感情,特别是老母亲在他离家的前夜将家里仅有的两元钱缝进自己的口袋里的情形至今历历在目。

蒋介石事母极孝,这是尽人皆知的。王耀武的这段"动之以情"的回忆让蒋介石颇具同感。他把两件东西交到王耀武的手中,王耀武一看,一个是蒋介石的全身照,照片的背面上书几行字: "艰苦卓绝——俊才吾弟留念——蒋中正。"另一个是填有

蒋介石与王耀武合影

5000元数额的领款单据，虽然不是支票，可比支票管用。蒋介石说："我自作主张将你的字号改为俊才，你以为如何？"王耀武受宠若惊，又是一个标准的立正："谢校长赐名。"蒋介石喜欢给人改名，但在国民党黄埔生中，受过如此殊荣的也仅有两个人，一个是黄维，一个则是王耀武。从此，王耀武又有了他的第三个名字——王俊才。只不过，这个"俊才"的称呼不是随便什么人都可以叫的，那是蒋介石的专利。

接见结束时，蒋介石破例送王耀武到门口，蒋介石说："俊才，我已经下手令任命你为补充第一旅旅长，少将军衔。第一旅虽是补充旅，但兵精粮足，官兵又多是北方人，适合你来统带，三十二旅旅团一级黄埔一期、二期居多，你在那里得不到施展。"王耀武再次敬礼，他已经明确感到，他人生的飞跃真正开始了。

8."主任好"

在江西，王耀武与顾祝同会面，接受任务参与围追堵截方志敏部队。

1934年秋，驻扎在江西临川的国民革命军补充第一旅少将旅长王耀武接到命令，要求他立刻赶赴国民党中央执行委员会委员、湘鄂赣闽粤五省"剿匪"军北路军总司令顾祝同的行在接受任务。顾祝同有个外号叫"顾百顺"，意思是百依百顺。就以这次江西进剿来说，顾祝同名义上是北路军总司令，可实际上则是光杆一个，陈诚的十八军遇事直接请示抚州的蒋介石，对顾祝同根本不搭理。可人家顾祝同也根本不生气，整天窝在办公室跟幕僚们吹牛、聊天、打麻将。王耀武对顾祝同并不陌生，他的同学方暾（当年在黄埔军校抢饭吃的交情）有好几次跟王耀武谈到过有关顾的趣闻。顾祝同这个人驭下与众不同，有一年，方暾手下的一个连跑了两个排的人枪，方暾一怒之下就把连长李志超给抓起来了。然后向顾祝同汇报，顾祝同就问："这个人平素打仗怎么样？"旅长黄杰就说："李连长打仗不错。"顾祝同听了便说："回去。"方暾纳闷啊，什么叫"回去"啊？顾祝同一指外面："让李连长回连上去。"方暾脱口而出："还让他当连长？"顾祝同点点头说："让他去军需处领两个排的枪，自己把人马补充起来。"方暾更蒙了。黄杰压低声音说："你小子还傻站那干什么？忘了连坐法了？"蒋介石的军队中实行"连坐法"，像这种拖枪逃跑事件都要受到严惩，连长完蛋，方暾这个营长也好不到哪儿去。顾祝同这么一处理，大家都保全了，事后都特别感激老顾。

对于不听摆弄或者慢慢坐大的部下，顾祝同也从不疾言厉色或者有意压制，而是抽冷子给对方一记"粉拳"，不轻不重，让你琢磨一辈子。黄杰有"军人政治家"的称谓，受到老蒋的赏识，脾气也慢慢看涨，手也伸得越来越长。他跟黄埔三期的旅长何大熙关系一直不好，而何大熙是老顾的亲信，黄杰"打狗不看主人面"，放在别人，早就翻了，可老顾还忍着。但黄杰有点"宜将剩勇追穷寇"的劲头，他听说何大熙倒腾一车皮弹药卖到汉口发洋财，就马上报告老蒋，要将何大熙枪毙。顾祝同也知道了，立马去电话抢救何大熙，他报告老蒋说何大熙运送的这批弹药不是倒卖，而是送后方保存。老蒋就把何大熙叫到身边问个究竟，何大熙也真够爷们儿，不愿意牵连顾祝同，一个人直接往身上扛："报告委座，学生应酬多，钱不够花，这批弹药运到后方去，卖的成分居多。"老蒋一看何大熙还挺"诚实"，就说："你不知道这是干犯军令吗？"何大熙说："上梁不正下梁歪，说到干犯军令，也是黄师长（黄杰）先犯的。"老蒋问黄杰犯了什么军令，何大熙就把黄杰将收到的抗日慰问金贪墨，花了十五万元保送一个女学生到美国留学的事给捅出来了，老蒋一听勃然大怒，一个电话就把黄杰给拎来，一顿臭骂，骂完以后发现黄杰留着胡子，更来气："你是高级指挥官，还居然留有胡须？当军风纪是儿戏吗？而且，你的这个胡子到了战场就是敌人现成的靶子，你是要脑袋还是要胡子？"黄杰赶紧表示马上就剃。黄杰要剃何大熙的脑袋，不但没剃成，反而丢了自己的胡子，一时在军中传为笑谈，不过，黄杰从此对顾祝同深怀畏惧。

顾祝同驻节临川县城，王耀武对顾的左右没少嘘寒问暖，特别是顾的几个重要亲信，王耀武都花了大价钱，所以，这些人闲聊时，都夸王耀武有才干。顾祝同对王耀武的好感自然也就渐渐多了起来。

一般人见了顾祝同，都称"总司令好"或者"墨公好"（顾祝同字墨三）。唯独王耀武例外，王耀武见顾祝同，立正敬礼："主任好。"顾祝同心里这个舒服啊，甭提了。为什么？因为顾祝同投身黄埔军校时最初是担任教官，三个月后，一个很偶然的原因，军校任命顾祝同代理管理部主任。黄埔军校分设六个部，即政治部、教授部、训练部、管理部、军需部、军医部。顾祝同的这个代理管理部主任虽然仅仅一个月，可意义不同，军校的部主任是军校的中层领导，有了这个履历，在蒋介石的"八大金刚"中，顾祝同就压刘峙、陈继承、蒋鼎文等人一头，仅次于何应钦和钱大钧。所以，王耀武叫顾祝同"主任"无疑搔到顾祝同的痒处，他能不高兴吗？

顾祝同从酒柜中拿出一款包装非常漂亮的锦盒递给王耀武："佐民啊，深秋季节，赣地潮寒，军务之余喝上一点，倒也活血化瘀，抵却风湿。"王耀武接过来一看，原来是两瓶洋河大曲。王耀武："主任恤下高风，学生早有耳闻，今日得见，铭之肺腑。"

接着，王耀武讲了一个自己当初在马玉山糖果店听到的关于"洋河大曲"的段子，逗得顾祝同哈哈大笑，手指着王耀武说："佐民，都说你是万事通，果不其然啊。"顾祝同其人是有名的"恋乡狂"，他对家乡涟水的感情尤为深厚，所以，顾祝同的夹袋人物中涟水籍的比比皆是。王耀武了解到顾祝同这一癖好，专门对症下药，哄得顾祝同心情舒畅。不过，王耀武对于顾祝同，还有一个包袱没有抖开，但在王耀武看来，并不急于抖落，所谓放长线钓大鱼，王耀武自信他的这个"包袱"一旦由顾祝同本人亲自解开时，效果往往会事半功倍。

两个人谈笑了一阵，顾祝同转入正题："佐民，今天找你来，是有一事相告。"顾祝同待人和蔼，特别是对属下，从不用"命令""责成"一类的硬词，都是挑选商量的口吻，令人听来非常亲切，没有抵触情绪。顾祝同又说道："自从我们执行新的战略战术以来，堡垒政策给匪军造成的被动可谓卓有成效，他们吃穿用动辄碰壁，长此以往，必将难以为继。如果他们继续困在匪区，断难长久，所以，上峰以为，匪军必将窜扰赣浙闽皖边区，与我军开展机动作战。佐民，你以为如何？"

其实，早在顾祝同将王耀武招来行在时，王耀武已经猜出个大概了。对方志敏一部即北上抗日先遣队的围追堵截兵力入不敷出，顾祝同可能要借重于王耀武的补充第一旅。但是，方志敏为何许人也，谁都知道，啃这样的硬骨头，追着屁股跑，油水不多，吃苦受累，还有可能因此丢了前程，这些危险却是尽人皆知。等到顾祝同将洋河大曲交到王耀武手中时，王耀武对顾祝同下面的文章更加了如指掌了。

王耀武回答："职部不才，如蒙主任垂青，愿供驱驰。"顾祝同悬着的一颗心落了地，脸上的笑容越发可掬："佐民，方志敏乃当世悍匪，此人不独在共区颇有影响，即便在我军中，也有些人受其影响或者蛊惑，此逆不除，必将国无宁日，所谓'攘外必先安内'终为画饼。老弟如果愿意参加追剿，那是最好不过。我考虑了一下，你的补充第一旅可以暂归俞处长指挥，我已经修书一封，你交给俞处长即可，我与他的叔叔颇有交情，他会卖我这个面子的。"王耀武马上道谢："多谢主任关照，职部一定不负主任厚望，在俞处长指挥下，尽早完成追剿重任。"

顾祝同所说的"俞处长"指的是时任国民党政府浙江省保安处处长兼"剿匪"指挥官的俞济时。俞济时的族叔即俞飞鹏，是奉化人中跟着老蒋混的级别最高的重金属。俞飞鹏的老爹干念盘的出身，俞飞鹏本人当过体育教师，体格好，人长得也体面，关键是会说话，会办事，老蒋当沪军团长时，俞飞鹏就跟着办军需了，以后一路扶摇直升到国民党军兵站总监、国民政府交通部部长等要职。顾祝同在黄埔当管理部代理主任时与俞飞鹏订交，两个人一直关系深厚。至于俞济时本人对顾祝同更是尊礼有加。所以，此间顾祝同给俞济时去信要求关照补充第一旅，这对王耀武来说也是一个结交这位蒋介石身边"一等带刀侍卫"的好机缘。

不过，此时王耀武想要从顾祝同这里得到的绝不仅仅是这么一封可以结交俞济时的"敲门砖"，而是要把顾祝同腰间佩戴的"尚方宝剑"请出来，请出来的目的很简单，那就是拔掉一根眼中钉、肉中刺。

9.副旅长侯龙安

王耀武借助"尚方宝剑"顾祝同，欲除有种种劣行的异己副旅长侯龙安。

王耀武到任补充一旅任旅长时，很快安排罗明理跟了过来，这已经是惯例了。没料到的是有人扎刺。这个人是补充一旅现任副旅长侯龙安（原名侯骁，号龙安）。说侯龙安或许大家没几个人知道，但要说起此人的族弟侯腾，估计熟悉民国史特别是熟悉民国特务史的朋友都该知道这位大名鼎鼎的国民党政府国防部二厅厅长的"光荣事迹"。侯龙安是湖北黄陂人，旧社会湖北当地有句顺口溜叫做："奸黄陂，狡孝感，又奸又狡是汉川。"这里讲的三个地方的人，黄陂人奸，孝感人狡，而汉川人兼具两者"长处"。黄陂在民国史上出过大人物，那位民国大总统黎元洪黎菩萨便是。原来汉口还有一条路名叫黎元洪路，中华人民共和国成立后给改名叫黎黄陂路。

侯龙安的祖上就是干特务起家的，同时兼职"打牛鞭"。什么叫"打牛鞭"？大家千万别误会，跟"牛鞭"没啥关系，跟"人鞭"就更没关系了。旧社会黄陂当地没有买卖耕牛的牙行（中介公司），所以，就只能依托个人来进行私下交易，专门负责这项交易的人叫做"打牛鞭"。比如张三他们家要把小牛换成大牛，李四他们家要把瘦牛换成肥牛，那就要托打牛鞭的人出面给联系，这位"打牛鞭"的走家串户，不大声吆喝，都靠手指头暗地里比划，以前互联网上总说"咱村通讯基本靠吼，咱村娱乐基本靠手"，其实黄陂人那时候已经"基本靠手"了。成不成交不要紧，先得紧着给"打牛鞭"的人一笔佣金，一来二去的，腰包也就鼓起来了。"打牛鞭"说白了就是一种初级阶段的经纪人。干经纪这行，也是要眼观六路，耳听八方。因而，侯龙安、侯腾他们从小就免费接受这类培训，长大以后，都跟"人精"似的，走到哪儿都不吃亏。

本来，补充第一旅旅长的位置已经内定是侯龙安的，老侯本人也用了不少银子。

可是，老蒋那边一句话，把王耀武给调来了，一屁股坐到了旅长的位置上去，旅内的人事变动先行冻结，都要等王耀武发话才行。王耀武怎么来的第一旅，侯龙安这个量级的人物不会不知道，所以，你再不高兴也得忍着。补充第一旅是1933年冬由保定编练处三个补充团改编过来的，侯龙安本人又是保定军校出来的，所以，旅内拉帮结派，很有一番气候。可是，王耀武如今来补充旅不是当幌子的，而是要当家拿主意的。这样一来，他和侯龙安之间也就很难尿到一个壶里去。

立秋的时候，王耀武要下边给士兵们改善改善，在北方，立秋吃肉"抢秋膘"，所以，王耀武要他们杀几头猪。可是，这道命令到了侯龙安那里就不灵了，侯龙安说了："那几头猪太瘦了，还是改喝羊汤吧。"王耀武知道后没拦着，他愿意看到侯龙安这么做。不久，底下就流传开来了："旅长给我们吃肉，副旅长偏偏让咱们喝汤。"王耀武非常清楚补充旅对于自己的仕途意味着什么，也更清楚侯龙安的存在对自己的影响。但他现在不急于动这个人，他会给这个人提供更多的暴露的舞台。

另一方面，王耀武在人事安排上做了穿插。补充旅一共下辖三个团，第一团是侯龙安的老营，侯龙安上调为副旅长以后，王耀武提升第一团第一营营长为第一团团长，第二营营长提升为参谋主任，第三营营长提升为团附。而把自己的三个老部下调到第一团担任三个营的营长。这样一来，侯龙安的嘴巴被堵上了，一团的归属也发生了变化。表面上看，侯龙安的三个亲信都得到了充分的提拔，实际上被彻底削弱，团长、团附虽然是一团的两个主官，可具体办事则要营长来操持，即便将来团长、团附不听王耀武的招呼，但三个营长是王耀武的人，这第一团也就掌握在王耀武的手中了。王耀武调罗明理担任旅参谋长，这也是一把双刃剑，一则参谋长在国民党军某些师旅编制中，位置仅次于军事主官，处于第二把手的地位（也就是说在某些旅、某些师当中，旅长、师长之后就是参谋长，再之后才是副旅长或者副师长，这说明参谋长当时的实权）。二则，参谋长主管参谋处，被提升上来的侯龙安的亲信原第一团第二营营长担任参谋主任自然要听命于参谋长。与此同时，王耀武还成立了军官大队，任命周志道担任军官大队大队长，军官大队顾名思义就是培训、培养军官的地方，这是补充旅的"黄埔军校"，这里培养出来的基层军官跟王耀武有着天然的联系，他们一旦放出去，犹如水银泻地，很快就会把王耀武的意志贯彻到补充旅的各个角落里。在稍后的时间段里，王耀武陆续置换了第二团、第三团的头头，补充旅的三个团就在王耀武不动声色的调派中"换了人间"。此外，王耀武私下里安排人收集了不少侯龙安的贪污军饷的证据，这些钝刀子王耀武知道在适当时机抛出来后的效果。

　　　　　　　第二章　同室操戈

在面见顾祝同时，王耀武简明扼要地将侯龙安的种种劣行做了表述，王耀武说："大战在即，此人留在军中，难免不生事端，倘若前方追剿，后院起火，我王耀武个人无所谓，但主任交办的大事恐怕要耽误了。"王耀武知道，顾祝同不会轻易点头办这种事的，他只需要顾祝同知道这件事，不明确反对就可以了。而且，在来顾祝同这里之前，王耀武早已将顾祝同的左右亲信打点清楚，特别是在顾祝同最信任的小舅子身上花了大价钱的，所以，他坚信顾祝同会给他一个满意的答复的。

果不其然，当顾祝同听完王耀武的陈述后，象征性地"思考"了一下说："佐民，这件事由你便宜处理，至于你怎么处理，不要告诉我，我也不想知道。只是将来上边问起来，一切有我。"顾祝同又轻轻地用食指点了点那封给俞济时的信的信封，王耀武马上站起身来，深深一鞠："学生明白。"

一年多以前也就是从 1933 年 10 月起，国民党政府发起第五次针对中央苏区的"围剿"。这次"围剿"之前，蒋介石亲临训话，他要求各级将领要拿出曾国藩、曾国荃兄弟克复安庆和天京的劲头和策略来。也就是说，老蒋这次不但是动血本，而且还准备打持久战。改"攻"为"围"，也就是常说的"三分军事，七分政治"。具体的办法是两个，即在战术上奉行"堡垒政策"（含碉堡、公路），在军心上奉行"身先士卒政策"。"堡垒政策"的提出，在传统说法中多引述斯诺的《西行漫记》和索尔兹伯里的《长征：前所未闻的故事》，以为是蒋介石聘用的德国军事总顾问冯·塞克特上将提出的，其实这是以讹传讹的典型例证。

二十世纪九十年代初，近代史研究者何友良等人就用翔实的史料考证出"堡垒政策"绝非塞克特所为，而是国民党人自己搞出来的"杰作"。最早提出"堡垒政策"的是国民党军第十二师师长金汉鼎，他是在 1929 年由鲁涤平主持的江西全省"清剿"会议上正式提出的，但并未引起重视。此后，国民党军第五十二旅旅长兼鄂南绥靖公署主任戴岳用"堡垒政策"于 1930 年试行于赣东的"清剿"，颇有收效。戴岳本人曾向蒋介石就"堡垒政策"进言，蒋介石也未能真正听取。随后，戴岳写了一个小册子，将自己对苏区的某些"进剿"意见全部纳入，却得到了何应钦的倍加赞赏，颁行全军。但直到此时，"堡垒政策"仍旧没有引起国民党军最高当局的全盘考虑和吸收。1933 年 6 月，在由蒋介石主持召开的"五省剿匪军事会议"上，柳维垣提出应当普遍推行"堡垒政策"，并得到了蒋介石的许可，随后，刻画的《剿匪部队协助民众构筑碉寨图说》由国民政府军事委员会委员长南昌行营批准颁行。而"公路政策"则是由赵观涛提出的，受到了蒋介石的嘉奖。有趣的是，这么一项导致第五次"围剿"作战取得"巨大成就"的建议均系杂牌（戴岳、赵观涛、金汉鼎均属杂牌军）所为，可见前人所说"嫡系是靠不住的"还是有一定道理。

而在蒋介石来说，金汉鼎、戴岳提出建议的1929年对于他还不能够完全听取并且付诸于实行，因为那时节的蒋介石尚未牢固地掌握最高权力。时隔三四年后的1933年，老蒋虽然也还没有做到如臂使指的"君临天下"（事实上老蒋在中国大陆统治的二十二年中始终未曾做到这一点，只有独霸台岛后才开始品尝这一滋味），但毕竟较之1930年有了较大的"进步"，大量的人力、物力的抽调也已经部分成为可能。特别是在1932年，老蒋本人认真研读了曾国藩兄弟克复安庆、金陵的实战历史，使得他有了新的启发。曾国藩提出的"结硬寨，打呆仗"在蒋介石的心中形成一种理念。针对苏区红军的机动灵活和四处游走，蒋介石认为，曾国藩的办法没有过时。此前，金汉鼎等人提出的"堡垒政策"的依据也是从清军镇压贵州、湘西一带少数民族反抗运动中得到的启示。

1934年7月，中央命令红七军团组成北上抗日先遣队。整个红七军团号称"军团"，战斗人员却只有4000多人，枪支1300支，迫击炮6门，部分战斗人员只好手持梭镖。而在这支作为中央苏区突围的引子部队中，有一个现象特别奇怪，那就是担负了300多担的印刷品和200多担的后勤物资，加上非战斗人员2000多人，逶迤北上的军团其实更像是步履艰难的宣传队。1934年12月10日，红十军团军团部率领下的红二十师（师长王如痴）、红二十一师（师长胡天陶）与红十九师（寻淮洲兼任师长）会师于黄山东南的汤口。这时，军团得到消息，尾追而来的国民党军补充第一旅王耀武部外加浙江省保安处下属三团一个加强营也已抵达汤口，王耀武部属于孤立突出，悬师于外，可以利用乌泥关至谭家桥两侧公路的有利地形对其狠命一击。虽然红十军团兵力与王耀武部相差无几，而且装备不如王部，但王耀武的补充第一旅在红十军团的某些将领看来并不陌生，寻淮洲曾经教训过王耀武部。所以，军团的部署是这样的："由乌泥关起，沿公路两侧自南而北，按十九、二十、二十一师的顺序设伏。十九师是军团战斗力较强的一个师，配置在上峰，除以一个连兵力控制乌泥关制高点外，该师主要兵力部署在乌泥关以北，与二十、二十一师阵地依次衔接。二十一师以一个营构筑工事坚守谭家桥正面。待敌补充第一旅通过乌泥关，进入我设伏地域以后，即行封锁乌泥关口，断敌退路，阻击敌可能之增援。二十、二十一师会同十九师部分兵力对敌拦腰出击，并排打下去，将其大部歼灭于乌泥关至谭家桥公路上。"

10. 王耀武看病

王耀武治好了"剿匪"指挥官俞济时的病，并向其提出自己的"追剿"策略，之后向部队布置了追击任务。

两个多月前，也就是 1934 年 10 月，老蒋下达"三项指示"。第一，"匪"军主力已经离开老巢，开始长征，正是"追剿"痛歼的好机会；第二，各部协同作战，必须再接再厉；第三，有功者赏，有过者罚，有动作迟缓、临战畏缩者，军法从事、绝不姑息。身为"剿匪"指挥官兼浙江省保安处处长的俞济时马上把王耀武叫来，商量对策。一个多月的相处，已经让俞济时对王耀武产生了某种依赖，可谓不离须臾。自然这还要从王耀武与俞济时的颇有戏剧性的首次会晤说起。

9 月里，王耀武赶赴上饶面见赣东北"剿匪"总指挥赵观涛。虽然赵观涛是"总座"，可王耀武对他并不感冒。此公一上来滔滔不绝说个不停，啰里啰唆的不提，就里面的内容也是错漏百出。比如赵观涛告诉王耀武说，方志敏部一万多人流窜赣浙闽皖边区。王耀武心中暗笑，身为总指挥，居然连起码的敌情都搞不清楚，以己昏昏使人昭昭，其可得乎？不过，该应付还要应付。接下来最关键的课程是如何拜见俞济时。俞济时在两次东征时都是老蒋的亲信卫士，组建警卫团时又是团长，组建警卫旅时又是旅长，组建警卫师时又是师长，这一路下来，是不折不扣的"锦衣卫都指挥使"。再加上俞飞鹏的侄子，黄埔军校出身，这三块大牌子一挂，谁见谁傻。老蒋把俞济时放到浙江担任保安处处长，话说得非常明白："雍正年间，设立一个官职叫'观风整俗使'，你去浙江当保安处长，也是观风整俗使。"所以，俞济时一到浙江，那真是大刀阔斧，处处显示出"锦衣卫"的威风。俞济时在浙江干的几件大事综合起来就是六个字：换人、禁毒、生财。他把浙江省保安处下属各部的官员几乎都换上他八十八师的老底子，要做事就要拉帮，这是那个时代的哲学。禁毒说起来容易做起来难，贩毒的往往有背景，七勾八连的带出省政府要员也未可知。但俞济时不管那一套，爱谁谁，只要你贩毒，只要你吸毒，就枪毙。浙江原来的"老头子"是鲁涤平，他的亲信杨绵仲仗着老鲁的招牌还不准备买俞济时的账，俞济时伸手一拳，把杨绵仲打得满地找牙，直接从后门跑了。鲁涤平听说以后，气得嗷嗷叫："老子纵横天下时，俞济时这小子还吃奶呢，现在居然打上门来了，岂有此理。"说归说，回头连个屁也不敢放，因为俞济时的背后站的是谁，地球人都知道。

"骄横"这个词用在俞济时身上最准确。但王耀武不怵，因为他知道俞济时最需要什么，也最担心什么。早在红七军团转战期间，俞济时就因为"追剿"不力给老蒋一顿臭骂，扣上撤职留任的处分的大帽子，过了一段又背上记大过处分一次，不准抵赎。越是在老蒋身边待久了的人，越清楚"伴君如伴虎"的道理，别看曾经是老蒋的"御前侍卫"，可一旦远离京门，那就是君恩不再。而且这天底下最薄情最靠不住的就要算是所谓的"君恩雨露"了。因此，俞济时做梦都想赶紧把这两大包袱给甩掉。但问题是手头没有金刚钻啊。别看浙江省的保安部队的头头脑脑都换上了他八十八师的老底子，可兵员不行啊，到底是地方部队，素质潮得很。而且，浙军历来都是有名的烂泥巴糊不上墙的。因而，俞济时早就想抓一支嫡系武装在手充实自己的实力，眼下王耀武的补充第一旅来了，也就等于救命稻草来了。本来，俞济时这几天身体不舒服，头疼，而且呕吐，但他还是坚持着立刻召见王耀武。

见面寒暄一过，俞济时马上切入正题，两个人反复计议了一下下一步的"追剿"任务。这时候，勤务兵给俞济时端上药和水，俞济时捂着胃，强饮了几口。王耀武："处座，还是好生休养，职部下次再来叨扰。"俞济时摆摆手："佐民，不碍事，小毛病，忍一忍就过去了。"王耀武："职部不才，还略通一点药理，可否请处座脉象一验？"俞济时："哦？好啊。"俞济时伸过手去，王耀武按着俞济时的手腕认真地听了一会儿，然后又端详了一下俞济时的脸。找来纸笔，很快写出一个方子，俞济时拿过来一看，就见上面写着："古秦艽三钱，酒川芎一钱，刺蒺藜三钱，法半下三钱，西砂仁一钱半（炒），淡干姜一钱，炒广皮一钱，半结云苓三钱，生甘草三钱，生姜（三片引）。"王耀武："处座，请即刻抓药服用，估计半夜里就会见效。如半夜见效，明早再服一次，如半夜不见效，三时可加服一次。"俞济时当然表示感谢，但他的表情王耀武能看出来，还是将信将疑。这也不奇怪，这批黄埔军人自认为是新型人才，西风东渐，对于祖国的中医大多抱有轻视的态度，王耀武不准备多说什么，转而告退。

第二天一早，俞济时的电话就追到了王耀武的旅部，俞济时的声音比起昨天敞亮多了："佐民啊，你要是有空的话，请过来一下。"俞济时一见王耀武，就摇着王耀武的手臂不放，朗声大笑："佐民老弟，委座真是巨眼识人啊，他说你是俊才，果不其然，难为老弟居然还通医道，不瞒你说，你给我开的方子，我是抱着试一试的态度，连我的勤务兵都劝我，这两毛钱的药能管用吗？我的军医主任都说了，俞处长要是相信中医，我们只好告辞。他妈的，现在不用他们告辞，老子今天就让他们滚回杭州

任职浙江时的俞济时

去。都他娘的吃饭混事。什么德国、日本留学医科博士，抵不上老弟一剂小药。老弟有所不知，这个病不是什么大病，可精神委顿得很，如今是追剿进入关键时刻，我这个样子如何号令三军？你也看到了，委座的手令早就到了，我能不急吗？现在好了，有了老弟的这服药，我是浑身通泰，上下舒服。"王耀武："看处座的气色，应该是半夜就见效了。"俞济时连连点头："没错，半夜里就好了，吐也不吐了，头也不疼了。今早我又

按照你的意思服了一次，现在基本上好了。"王耀武请俞济时坐下，又给俞济时复诊了一次："处座主要是外感风邪、中寒胃弱，所以，职部用药主在祛寒、温中、健脾。其实也是军务繁忙所致，用西医的话说就是肠胃感冒，西药对于这类病目前好像还没有特效药，最多是告诉你多喝开水多休息而已。"俞济时又大笑："没错，娘希匹，就会念这两段经。"王耀武微笑道："老祖宗留下很多宝贵的东西，可惜我们做子孙的都还不能继承下来，这且不说，有的人在海外学了点皮毛，不过是邯郸学步，居然回来也大言不惭地批判中医，殊不知这样的数典忘祖害人不浅。"俞济时："老弟所言不错，你还记得吧，当年在黄埔，我们这些人受了点新思潮的影响，觉得中医没用了，汉字不灵了，儒学完蛋了，等等，什么都是外洋的好，什么都是海外的灵，现在看来并非如此简单啊。"王耀武："处座所言极是，梁启超'笔尖稍带感情'，领一时风骚，结果不听中医肖龙友的规劝，迷信西洋医学，在协和医院把好好的一个腰子当作病肾生生给切除了，白白断送了自家的性命。"俞济时听到这里，连拍大腿："着、着啊，合着协和医院的掌刀洋大夫还是个顺拐。分不清左腰子还是右腰子。"这时，俞济时的亲信副官也跟着捧场："听说协和医院的饭堂拿手菜是熘腰花。"三人同时哈哈大笑。

这一次，王耀武告辞时，俞济时亲自送到门口，握着王耀武的手说："老弟，以后不要再叫什么处座啊、职部啊，那些俗套子的东西在你我兄弟面前全免。我痴长你两岁，你就叫我大哥，我们本来就是黄埔同窗，理应兄弟相称。"王耀武："那我就高攀了。"

11 月下旬，南昌行营电令催促俞济时，务须追上方志敏并全力痛"剿"。俞济时请王耀武过来商议。俞济时说："老弟，匪军不到万不得已，是不会离开他们的根据地的，如今一旦离开说明也是山穷水尽，这一次，如果因为我们追击不力，势必要遭到严惩。以老弟的高见，有何妙计可售？"王耀武："大哥过奖了，兄弟我以为，此间匪军十军团虽则凶悍，但也有致命弱点可寻。"俞济时来神了："你说说，什么致命弱点？"王耀武："据可靠情报称，此次匪军流窜南下的十军团共有五人掌权，分别是方志敏、乐少华、聂鸿钧、寻淮洲、刘畴西。这五人我分析了一下，方志敏长项在于组织、领导，军事非其所长。乐少华、聂鸿钧威名未著，实不足虑。唯有寻淮洲、刘畴西长期典兵，寻淮洲尤为剽悍。不过，寻、刘二人也并非奇才，寻淮洲勇则勇矣，却有些粗疏。刘畴西此人，大哥应该有些印象吧？"俞济时说："岂止印象啊，此人在我们黄埔那是大名鼎鼎的一位，黄埔同学会总务科刘科长谁不知道啊。刘畴西是第一期的，原来在何敬公的教导团担任三连党代表，打淡水时相当奋勇，棉湖战役中，他丢了左手，后来还是校长亲笔批准拨款为他装了一只假手。"王耀武："大哥记性真好，的确如此。刘畴西与寻淮洲一样，都是敢于拼死犯难、不惧危困之人。但是，刘畴西作战拘泥成法，不够灵活。他们现在率领的是一支疲惫之师，非有奇才不能扭转局面。"俞济时："按照老弟的意思，匪十军团中既无奇才，自然不难聚歼。"王耀武："也不尽然，匪军中有一人可称奇才，值得关注。"俞济时问："此人是谁？"王耀武说："粟裕。"俞济时："没听说过，军校前三期中似乎并无此人。"王耀武："他不是我们黄埔出身，是个师范生，湖南人。"俞济时哼了一声："还是个'湘军'呢。"王耀武见俞济时并不怎么在意，遂多说了两句："去年我遇见许克祥，他跟我说起粟裕，他跟粟裕交过手，他说粟裕这人不好对付，像常山赵子龙。"俞济时连连冷笑："许克祥的话你也信？他看谁都像常山赵子龙。"王耀武嘿然一笑，俞济时也觉得刚才自己的话有些刻薄，就把话头往回拉了一下："佐民，你接着说，这个粟裕有何过人之处？"王耀武："我跟这个人没有直接交过手，还不好现身说法。但是，我从一些匪军的俘虏口中大致听到一些关于此人的事情，简单总结起来，此人带兵约略有三个特点，一曰硬，二曰准，三曰奇。"其实，王耀武还有几句话想说，但碍于上下级的体制，就给咽了回去。在王耀武看来，粟裕此人领兵作战的所谓"硬"、所谓"准"还不都是主要的，关键在于一个"奇"，而这个"奇"绝非军校的课本中可以给你直接答案的，指挥不拘成法，布阵不循常规，这才是对手。王耀武："当年向荣、乌兰泰视陈玉成为孺子，轻易将其放过，谁想到陈玉成纵横皖北、威胁上游居然长达六年之久。"俞济时："陈玉成后来不也成了胜保的囊中之物了吗？"王耀武："大哥，今日中共，非昔时洪杨可比。"俞济时"嗯"了一声："照你这么说，这次我们又要啃骨头了？"王耀武："未必，此次我得到情报说，粟裕不过是匪军中的参谋长而已，俗话说，参谋不带长，放屁都不响。匪军中最为尊崇者是书记，其次是政委，参谋长不过副末而已，所以，这次追剿是一个绝好的机会，如有可能的话，最好能生擒粟裕，即便不能生擒，也要将其一举消灭，为党国绝此后患。"俞济时："有道理，这次追剿，我要随同你们第一旅行动。我倒要亲眼见识见识这个叫粟裕的湖南蛮子。"

王耀武赶回部队，马上布置追击任务。12 月，补充第一旅驻扎安徽绩溪，王耀武召开团以上军官会议。到会的有旅长王耀武、副旅长侯龙安、参谋长罗明理、一团团长刘保定、一团副团长、二团团长周志道、副团长程智、三团团长李天霞、三团团附黄伟斌等。王耀武在会上着重谈了五点意见："（一）我军处于绝对优势，弹药充足，掌握着水陆交通工具，运送物资及部队便利，转用兵力和补充迅速。共军则完全相反，红十军团过长江过不去，回根据地回不了，进退维谷，已处于绝境。（二）共军红十军团及红七军团，自离开苏区以来，不断与我军作战，伤亡很重。据指挥部通知，第十及第七两军团已合并为第十军团，军团政治委员会的主席是方志敏，军团长是刘畴西，副军团长是寻淮洲。该军团辖三个师，计第十九师、第二十师、第二十一

粟裕大将在前线

师。第十九师师长由寻淮洲兼，第二十师师长是王如痴，第二十一师师长是胡天陶。（三）共军几月以来未得整理补充，饮食不足，体质衰弱。在此寒冷之际又无棉衣，伤病人员无药医治，死亡增多。（四）共军弹药缺乏，每个战斗兵只有十几发子弹，其中还有土造的，效力很差。赣东北苏区被我军攻打围困，地区缩小，物资缺乏到了极点，已自顾不暇，也无力支援第十军团。（五）共军官兵所穿的衣服破烂不堪，难以护体。从以上的情况看，红十军团的力量与我军的力量对比，确实众寡悬殊。但他们作战机动灵活，为了解除困难、

得到补充，就会千方百计地在我们的身上想办法、打主意。今后只要我军不粗心大意，不打败仗，就断绝了红十军团的补充来源，这样他们就难持久，必会遭到消灭。所以对共军作战既要勇敢果决，还要胆大心细，万不可轻视他们。判断在红七军团与十军团合编为第十军团后，可能会利用我们的弱点，予我们以打击，各部切不可骄傲疏忽。我们必须遵照委座的电令，再接再厉，迅速消灭方部，以竟全功。"

11. 血战谭家桥

谭家桥战役，王耀武部虽开始遭红军伏击，但后来红军指挥失误，战局扭转，王耀武部占领乌泥关制高点。

补充第一旅在安徽分水境内吃过寻淮洲的红十九师的苦头。所以，尽管王耀武在俞济时面前对于寻淮洲的重视程度远不如粟裕，但在会上，他还是特别强调了寻淮洲这个人物不容低估。而且，还在这次会上，王耀武要求旅部各主官都要下到部队中去，他本人带旅教导营和特务连在三团督导，罗明理下到二团，侯龙安下到一团。一团是侯龙安起家的地方，派他到一团是名正言顺的，而且一旦出了"事"，侯龙安是轻易找不到借口给自己开脱的。因为二团的战斗力冠于全旅，一直作为前锋使用。所以，会后，王耀武便把周志道、程智留了下来，嘱咐两句。王耀武拍着程智的肩膀说："大智，你要好好辅佐靖方（周志道字靖方），这一仗是我们一旅的身家性命。"同时，王耀武还把亲信副官安慧民特别叫来，小声叮嘱两句："安子，你的任务都已经清楚了吧？"安慧民轻轻点头。王耀武："每临大事有静气，去了一团那里主要是看，不要多说一句话。"安慧民再次点头。王耀武把安慧民放在一团跟侯龙安待在一处是本次作战中幕后较量的主流。

1934年12月13日下午，王耀武的补充第一旅抵达汤口宿营。当晚，即接到俞济时的电令："据报匪十军团已向太平窜去。着该旅于明14日上午6时由汤口出发，经乌泥关、谭家桥向太平追击前进。指挥部及加强营随该旅行动。"王耀武立即下达追击命令："（一）共军第十军团已向太平逃窜，本旅遵命于明(14)日上午6时出发，经乌泥关、谭家桥向太平追击前进。（二）以第二团为前卫，前卫部队在行进中必须严密搜索，免被袭击。其余各部队，按旅部直属部队、第三团、第一团的秩序行进。"

王耀武给周志道的二团命令核心是"前卫部队在行进中必须严密搜索，免被袭击"。但粗心大意的周志道却没有足够地重视。12月14日六时开始行进途中的第二团，未发现任何"可疑情况"，途径乌泥关、谭家桥时，周志道的望远镜中看到的都是寻常百姓的"安之若素"。而且，周志道就以此向王耀武汇报，所幸的是副团长程智要求部队缓速前行，这个缓速使得本来应该是三个营全部通过谭家桥的第一团只抛出去第一营。三个小时的时间看似短暂，但在恶战、大战中也足以决断一支军队的生死了。

上午九时整，当周志道的第二团第一营通过谭家桥后，突然，枪声大作，预先埋伏好的红军对第二团和旅直属队发起猛烈攻击。带着加强营在后面督阵的俞济时有点紧张，他立即给王耀武发去手令："敌人早有埋伏，我们为什么未发觉，迅速派队将各重要山头占领，负责击败敌人的袭击。无论在什么情况之下，官兵不得后退，否则以擅自撤退、临阵脱逃论罪。"王耀武一面下发俞济时的手令，一面命令三团团长李天霞率主力向红十军团的左侧背予以迅猛反击。同时把第一团刘保定一部调出迅速占领乌泥关。

王耀武主动下到三团是有来由的。三团团长李天霞与王耀武都是黄埔三期毕业的，李为人比较阴，主意多，不好驾驭。平素在第一旅中，李天霞只听王耀武的，王耀武以下谁也指挥不动他。但李天霞也有"讲义气"的地方，侯龙安曾经拉拢过李天霞，准备作为与王耀武对抗的砝码，转过身来，李天霞就把这件事捅给了王耀武。所以，不论李天霞后来怎么好色，怎么过分，王耀武都给他留足了面子和台阶，即使是李天霞同张灵甫搞得势同水火之际，王耀武还能做到不偏不倚，尽可能地照顾李天霞。眼下，李天霞不瞎（李天霞被政敌称之为"李天瞎"或"李天虾"），也不虾，他知道这一战的关键，因此，他把第三团的看家本钱都端了出来。

刚开始挨打时王耀武的确有点蒙，加之俞济时的手令的催促。但是，他很快镇定下来，战场上的形势也在他镇定的这一刻中逐渐了然。他发现红军兵力的配置出现缺陷，而且不是一般的缺陷，即未能将有效力量屯集在乌泥关以北，也就是说红军没有及时抢占制高点，反倒把相当的人马配属到乌泥关以南去了，王耀武甚至在想，这种低级的错误难道是真的吗？然而，战场局势瞬息万变，王耀武来不及细想，目前完全有条件利用红军的这一缺陷，牢牢地将乌泥关的制高点控制在手中，居高临下，进退自如。王耀武让李天霞全力保住刘保定团占据的乌泥关要隘，同时掩护第二团的右翼，这两件事都是"给人做嫁衣裳"的活计，可今天李天霞一点价钱都不讲，全团所有重武器都派上了用场。李天霞本人亲自拿着手枪督战，同准备攻占乌泥关的红军绞杀到了一处。

仗打到这份儿上，红十九师的错误便显露出来，而且随着战局的发展，这一错误给整个战役造成的损失已然无法挽回。

根据军团的部署，红十九师应该是摆在乌泥关以北，与红二十师、红二十一师阵地衔接，互为掎角、互为奥援。但不知何故却把红十九师摆在了乌泥关以南，乌泥关以南是悬崖陡壁，部队根本展不开，只能缩成一团打。方志敏后来在狱中总结这一战役的失利原因时对红十九师的指挥员的错误做如下批评："19 师是以有用之兵，而用于无用之地，钻入一个陡峻的山峡里，陷住不能用出来。19 师指挥员没有十分尊重军团指挥员的意志，凭着自己的意志去作战，形成战斗指挥未能完全一致。"正是由于这一失误，红十九师无法同红二十师、红二十一师阵地形成有效衔接进而予以补充支援，同时也因为红十九师的被动挨打局面从而让王耀武得以腾出手来集中对付红二十师和红二十一师。

本来，周志道团被狙击时，形势对红军是比较有利的，周志道慌乱中令司号长吹号请求援助，司号长被一枪撂倒，周志道本人也被击中右臂，部队出现暂时的混乱。虽然周志道的一团仅仅被放过一个营，但以红二十师、红二十一师的主力对付区区两个营的国民党军还不是什么难事。可惜的是，原定计划中的红十九师未能按照乌泥关以北布控，导致王耀武的第三团的第三营和浙江保安处所属加强营在此失误的空隙中猛然赶到，增加到周志道前卫团的正面中去，给冲锋过来的红军造成了特殊的难度。周志道负伤后，副团长程智代行指挥权限，他集中两个营的全部重机关枪铺设一道火力网，以"地存与存、地亡与亡"号令全团把所有的子弹都必须打光。激战大约四十分钟，红军两次冲锋均被打退，红二十师、红二十一师眼见战役处于胶着状态，便改令一部红军由公路的右侧的山头丛林里突出，直扑补充第一旅的旅部即谭家桥东端。

但这招如果在一个小时前或许奏效，可此刻不仅没有效力，反而啃了硬骨头。部署在谭家桥东端的是王耀武的教导营与特务连，这两股国民党军都是补充第一旅的精锐，不但人员素质相对较高，而且火力非常猛，就以特务连为例，他们全连仅1924 年产自南京兵工厂的新型马克沁重机关枪就有 8 挺之多，这种重机关枪的特点是故障少、火力猛，一改哈其开斯机关枪平均射击 300 发子弹就卡滞的毛病。至于体积轻便、射速每分钟高达 150 发子弹，可连续发射 300 发子弹的捷克造的轻机关枪更是大把，排附以上的军官人手一柄 1916 式白朗宁自动手枪，这种枪枪长 6 寸、弹容7 发，在西北军等杂牌部队中只有团营级才能配备。而教导营则配备了日本造的七五山炮，携弹 50 发。以如此火力阻击地方部队改编而成的红二十师和红二十一师，其结果可想而知。

所谓"一鼓作气、再而衰、三而竭"，红军三次冲锋均被王耀武补充旅打退，直扑旅部的计划也告吹。寻淮洲再度奋勇，组织第四次最大规模的冲锋，此次冲锋兵分两路，一路扑浙江保安处加强营，一路扑周志道第二团。王耀武这边也杀红了眼，他亲自冲上第一线督战，82 迫击炮都给推上了前沿，王耀武的补充一旅装备素来不弱，一个步兵团光重机关枪就有 12 挺至 15 挺、82 迫击炮 4 门。弹药充足，一个士兵携弹100 至 200 发，手榴弹 2 枚，重机关枪携弹 3000 发，营以上都有电话联络指挥。而红十军团在这方面则明显处于劣势。他们远离根据地作战，没有后方补给，所用子弹装满土造的硝盐，这种硝盐是从粪坑墙壁上刮下来的尿碱熬制而成，燃烧速度慢，动力不足。弹丸是用电线凝成的一坨铁蛋，不能啮合膛线，初速很低，打出去后在空中翻跟斗（此处据耿飚回忆）。红十九师虽号称强悍，可也是以运动战见长，既然叫运动战，便不能携带重装备，而且，蒋介石在嫡系部队中推行连坐法，王耀武还将此连坐法引申一步，即枪在人在，枪丢人亡。所以，分水遭遇战，补充一旅尽管败给红十九师，但红军缴获非常有限，无法进行有效补充。就这样，第四轮冲锋又未成功。王耀武的手摇电话响了，周志道在电话筒中带着点兴奋报告："旅座，在敌人第四次冲锋中，发现红军有十几个人冒着炮火的危险去抢救一个人，抬着向后方走去，看样子，被抬走的这个人可能是敌高级军官。"王耀武脑际间蹦出一个人的名字，难道是他？

12. 较量

谭家桥血战结束，副旅长侯龙安因督导不力被惩戒。虽战胜，但看到红军艰苦卓绝，王耀武深有感触。

谭家桥战役虽然没有结束，可局面已经明朗了。至于他们为何遭致惨败，不用王耀武发话，他的部下都能总结明白。二团团长周志道给王耀武来电话时说："今天敌人没有沉住气，开始袭击早了。他们如等到第二团通过，然后集中力量猛扑旅司令部，先将司令部打乱，失掉了指挥，再打各团，那我们就完蛋了。"三团团长李天霞也说："敌人今天向我们袭击过早了，如待我们最后的部队通过乌泥关，他们再派部队占领，那不费一弹就可以占领该关。对我们形成包围以后，再开始对我们猛袭，我们就很可能失败了。"作为红军方面名义上的最高领导人方志敏也总结了三点:"第一,地形选择不好,敌人占据马路,是居高临下,我们向敌冲锋,等于仰攻;第二,钳制队与突击队没有适当的配合,我们没有集中主要力量,由右手矮山头打到马路上去;第三,19师是以有用之兵,而用于无用之地,钻入一个陡峻的山峡里,陷住不能用出来。19师指挥员没有十分尊重军团指挥员的意志,凭着自己的意志去作战,形成战斗指挥未能完全一致。"这三点中既有刘畴西的错误,也有寻淮洲的失误。不论是刘畴西还是寻淮洲,都亲身经历了中央苏区的前四次反围剿战役,也都清楚"初战"对于长途转战的部队的重要性。然而,他们却都陷入低级错误的烂泥潭中未能自拔,历史是公正的,刘畴西、寻淮洲的壮烈殉节也不足以掩盖他们曾经犯下的错误,而且正是这些错误让红十军团付出了巨大的代价。

战场上枪声逐渐稀少,硝烟慢慢远去,王耀武却特别谨慎,他告诫前卫团团长周志道:"从今天作战的情况看,他们很顽强,千万不要忽视。今天因为你们搜索不严密,使我们遭到突然的袭击,部队仓皇应战,弄得手忙脚乱,几乎失败,这不是教训吗?"从不说"硬话""狠话"的王耀武嘴中吐出的这几个反问句也足够周志道喝上一壶的了,周志道捂着负伤的臂膀,低沉地回答:"旅座放心,卑职一定万分小心,不敢有半点疏漏。"刚放下周志道这边,李天霞的电话又追屁股后面跑了来:"旅座,截击我们三团的是匪军二十一师的一个营,已经被我们击溃,枪声稀少,敌人的行动隐蔽,看不见他们还有什么积极的企图,可能已开始撤退。一团那边打得实在操蛋,差点给匪军摸了过去。"李天霞今天表现不错,因为表现不错,所以,趁机踩一下同僚也就可以理解了,王耀武哼哈了两句,不置可否。实际上他已经从安慧民那里了解到一团的情况,侯龙安督导不力是铁一般的事实。这个消息对于王耀武来说,不减于谭家桥战役的胜出。

战事稍定,俞济时便把王耀武找来商量下一步对策,夸赞的闲话,俞济时来不及细说。他想先听听王耀武的建议。王耀武说:"我认为匪军十军团弹药极为缺乏,这次向我们袭击,想以迅雷不及掩耳的手段,以速战速胜的战法,消灭我们一部,从我们身上得到人员和物资的补充。他们计划虽厉害,但对我们开始袭击太早,过早暴露了他们的企图以致遭到挫败。以他们的力量和物资条件来说,他们不敢恋战和在一处久待。我判断红军今晚一定撤退,现在可能在做退却的准备工作。为了打破红军的准备及与其保持接触,而免失踪,拟令各团酌派部队向红军进攻。"俞济时同意王耀武的看法,把追击的时间选定在第二天拂晓。次日一早,王耀武的补充第一旅开始缓慢推进，逐次盘查。在草地里只发现对手遗留下来的少量枪支，和屈指可数的两个伤兵。据三团团附黄伟斌报告，"匪"军十军团的十九师师长寻淮洲受重伤，目前去向不明，正在进一步打探。王耀武得到这个探报，心中自然大喜，周志道报告中的那位被十几名战友抬下去的人无疑就是寻淮洲了。只不过王耀武没有像他的部下高兴得那么夸张，在他们看来，分水境内的遭遇战的劲敌寻淮洲命在旦夕，着实是一件"大喜事"。而在王耀武的心中，狂喜之外还有一丝怅惘。这点怅惘在 1947 年时揭开了谜底，王耀武对罗明理说："谭家桥那仗，我当时听周靖方（周志道）报告有共军方面的大头目受伤，后来得知是寻淮洲，我高兴也是真高兴，但如果是粟裕的话，我就更高兴了。那是一次绝好的机会，可惜错过了，错过了。"

不过，眼下要是能够生俘寻淮洲的话，那么，这场谭家桥战役的句号无疑是画得最完美的了。王耀武严令安慧民不惜一切代价找到寻淮洲，最好是活的。王耀武的补充旅前面我们提到过，从官长到士兵，多半是北方人。如果在北边作战，可谓人地两熟，不消说了。可在江西就不同，深入江西腹地多日，王耀武最感苦恼的就是对当地的民俗风情一点都不了解，虽然是行走在中国自己的地盘上，却跟到了境外没啥区别。所以，王耀武挖空心思想到了一招，自然，这一招也是跟共产党学来的，即"溶兵于民"。他亲自安排招收了一批江西籍的乡下青年人组建便衣队。王耀武自己来自于农村，所以，他对农村的情况一向是比较清楚的。因为科举的废除，新学未能广泛普及，农村的基础教育出现大断层和大空白。原本用读书致用维系的旧道德体系很快受到最尖锐的挑战。一些为富不仁的暴发户很快利用这个空隙钻了出来，迅速霸占了有效资源，成为"名噪一时"的土豪劣绅。也正是这些人让本来就已经出路几乎断绝的农村里的青年更加看不到希望，逼迫他们铤而走险。对于这一点，王耀武感同身受，体会最深。因此，他用钱财开道，招募了一批青年人充当他的耳目，便衣队人数不多，总在二十人左右，由安慧民统领。随着王耀武后来地位的不断升高，这支便衣队的规模也不断扩充，以至后来成为王耀武系统的一个独立武装。

安慧民接到王耀武的死命令，便连续派人打探有关寻淮洲的一切消息。最后，目标锁定茂林医院。安慧民带着便衣队马上包围了茂林医院，进行了秘密搜查，但不得要领。安慧民的眼珠子转开了，王耀武要人要得很紧，只给了三天时间。眼珠子转着转着，就转到了一个年轻的女护士身上。他倒不是想搞这个女护士，而是令他倍感蹊跷的是，茂林医院的一处病房一直是这位女护士在看守，而病房本身是空的。安慧民下令彻底搜扫这个病房，还把女护士叫到了跟前。安慧民拿出一摞钱摆在女护士面前，女护士摇摇头。安慧民冷笑两声，抓起女护士的一只手，轻轻地摩挲着她的中指："这手是真不赖啊，跟葱段似的鲜嫩，你说要是哪天忽然就没了，是不是怪吓人的？"安慧民的眼珠里射出的寒光把女护士给吓哭了："前天送来一个伤员，全身血糊糊的，送来的当天，人就不行了，怎么都没抢救过来。后来就抬走了。"安慧民盯紧道："抬哪儿去了？"女护士哭泣："这个我真不知道，没人告诉我们。"安慧民手腕子一用力，女护士好悬没尿了，跪在地上，大哭道："送来的人堆里有个三十多岁的被狗给咬了，怕是疯狗，还是我给他包扎的，他这两天每天都要来换药、打针。"安慧民："今天来不来？"女护士："应该快来了。"安慧民点点头，将一摞钞票塞进女护士的口袋里："给我记住了，弄得跟平常一样，这人一进医院，就给我递个信号，要是人跑了，哼哼，你也知道该怎么办。"女护士含泪点头。

中午时，女护士说的那位被狗咬伤的人果然进了医院，被事前埋伏好的便衣队逮捕（便衣队因为都是江西本地人，所以，一经布控，不易觉察），经过酷刑审讯，这人交代了那个神秘伤员的掩埋地点。安慧民马不停蹄地赶去，将尸体挖了出来，并且照相。为了"稳妥"起见，安慧民还将寻淮洲的人头砍下，装进石灰桶中，作为邀功请赏的力证。

王耀武拿着寻淮洲的照片去见俞济时，受到俞济时的夸赞："佐民，这件事办得漂亮，活要见人，死要见尸，这是校长一贯的规矩。我要给你请功。"说完，俞济时拉着王耀武坐下："佐民，还有一件事，加强营营长告你们第一旅的副旅长侯龙安的状，你去调查一下？"王耀武："这件事我也有耳闻，正准备向大哥汇报。侯龙安此次作战督导不力，致使第一团战绩最差，几乎误了大事。而且，又怠慢友军。我想如果不稍加惩戒，恐怕众人不服。"俞济时："嗯，佐民，你有这个态度就行了，剩下的事我来操作。"

寻淮洲遗体照片上报后不久，南昌行营再次颁发嘉奖令，奖励补充第一旅五千元。同时，根据俞济时的汇报，补充第一旅副旅长侯龙安上校以临战畏敌、贻误军机为由交南昌行营军法处严加勘问。罗明理对于如此严厉地处理侯龙安有些不解，他有一次私下里聊天时同王耀武说起："旅座，我记得你跟我说过，你是宁可得罪事，不愿得罪人的。"王耀武："没错，我的确说过这样的话，可你也要知道，像侯龙安这种人，一旦得罪就要得罪到底。"罗明理："此话怎讲？"王耀武说："我给你说个故事，你就明白了。"

南宋绍兴年间，岳飞被诬陷下狱。他不甘心，尚且抱有一丝幻想，总以为宋高宗是了解他的。这时候，一名狱卒对岳飞说："岳爷爷，您老人家别琢磨了，不会有后命了。"岳飞问为啥。狱卒说："自古以来，君疑臣则诛，臣疑君则反。君疑臣而不诛臣，必将为臣所诛。臣疑君而不反君，必将为君所杀。今天，您老落到这步田地，首先是官家（宋代对皇帝的尊称）对您老起了疑，如果拷打一番放了出去，您老还能像以往那么效忠官家吗？所以，事到如今，您老只有一死，也只有您老死了，官家才能放心。"

王耀武说："这段故事是我的一位长辈说给我听的，我一直记到现在。古往今来很多深奥的道理达官显贵未必完全清楚，倒是贩夫走卒往往看得分明。侯龙安的事你就不用操心了，我自有决处。"罗明理望着眼前这张熟悉的脸庞，突然感到王耀武的眼中不知何时已经射出一道寒光，而这些内容却是他从来没有读过的。

还没等王耀武喘匀了谭家桥这口气，12月15日凌晨四点，俞济时便把电话打到王耀武的床上："敌第十军团与我军在谭家桥激战一昼夜，损失很重，子弹消耗颇多，现每个士兵身上只有数发子弹，有的没有子弹，只带一颗土造手榴弹。他们不是急行军就是作战，官兵每日难得一餐，又无棉衣，饥寒交迫，急待整补。我们为了不使他们有喘息整补的机会，务须跟踪穷追予以消灭。"王耀武遵从俞济时的指令，调动全旅官兵于两小时后出发，追击红十军团。第一旅至遂安时，俞济时接到赵观涛的"红军急待整理补充，有窜回老巢之企图，已令各封锁线防守部队严加防范。着各追击部队加紧追击，务将敌人歼灭于封锁线以外"军令，马上同王耀武紧急磋商，俞济时直接表态说："红十军团与补充第一旅激战于谭家桥，与第二十一旅战于江林、横芳，与第四十九师战于高村，复与第二十一旅、补充旅战于溪头，又与浙江保安纵队战于星口市、徐家村。经过多次激战后，红十军团战斗力大为削弱，现在他们的人数至多3000人。我们的封锁线筑有星罗棋布的大小碉堡，设有木栅、砦柴，埋有触发的地雷及绳拉的手榴弹群。为了防止敌红十军团窜回其根据地，已增加防守封锁线的部队，加强了工事。前有封锁线挡住他们的去路，后有几路追兵跟着打，敌军处境已万分艰难，要与优于他们8倍以上的军队作战，哪有不败之理。吾望加紧追击，协同友军，尽歼该敌，方不辜负委座的期望。"

就在方志敏遇俘的前两天即1月27日，王耀武率补充第一旅抵达白沙关附近，参与搜山。王耀武后来回忆说："我遵照指示加以部署，以第一团在中间，第二团在左，第三团在右，由怀玉山北部向南搜索。在各部出发后，有时听到一阵一阵的枪声。分散潜伏在山地丛林中的红军人员，在严寒的天气里，数日不得饮食，冻饿得躺在地上动弹不了。有的想拿枪向国军射击，因手冻僵，扣不动扳机，打不出去。有的挣扎着向国军投掷手榴弹，因肢体被冻硬，无力投掷，完全丧失了战斗力。补充第一旅各团，在搜山中所送来的红军人员，面黄肌瘦，手脚冻裂，因喝不到水，嘴上起泡的很多。"参谋主任吴克定（原侯龙安亲信因病住院，他的参谋主任职务由吴克定代理）得意扬扬地对王耀武说："敌人无衣无食，困在山上不打也会饿死冻死。十军团残部这次化整为零，是最后的一次，就要被我们完全消灭，再也不能化零为整了。"

搜索怀玉山的第二天，李天霞的第三团有了意外的收获。他们抓到了红二十一师师长胡天陶，经过被俘的红军战士的指认，身份已经确定。李天霞因为与红二十一师在战场上交过手，特别兴奋。等看到胡天陶以后，他有点犯蒙。"这位师长的上身穿着三件补了许多补丁的单衣，下身穿两条破烂不堪的裤子，脚上穿着两只不同色的草鞋，背着一个很旧的干粮袋，袋里装着一个破洋瓷碗，除此以外，别无他物，与战士没有什么区别。"李天霞把胡天陶押送到旅部交由王耀武亲自审讯。一开始是旅部参谋审问的，没问出什么结果。王耀武决定自己出马，会一会这位红军的师长，这也是自追剿以来面对面的直接打交道的红军队伍里的最高军阶了。

谈话持续了一个小时左右，王耀武面无表情地走了出来，外边的周志道、刘保定、李天霞都望着王耀武，王耀武也简单地看了看他们，随手一指书记官记录的询问笔录说："都在这上面了，你们看吧。"周志道等人拿着讯问笔录一看："王说：'蒋委员长对你们实行宽大及感化教育，只要你们觉悟，一样得到重用。'胡答：'我认为只有革命，坚决地打倒帝国主义、封建主义及军阀，中国才有办法。国民党勾结帝国主义屠杀中国人民，我们是坚决反对的。'王问：'你知道方志敏现在什么地点？'胡答：'我不知道。'王又问：'你们进入苏区后准备做些什么？方志敏对未突入封锁线的部队有什么指示？'胡答：'不知道。'王说：'你家在哪里？家里还有什么人？告诉我们，我们可以保护你的眷属。'胡答：'我没有家，没有亲人，不要保护。'"李天霞看完，叹了一口气："怪不得校长说共匪不灭，我等异日将死无葬身之地，如今看来果不其然。"

王耀武心里想得更多，这些衣衫褴褛、饥饿缠身的人身体内流淌着沸腾的热血，自己初进黄埔时，不也曾热血沸腾吗？只不过自己越来越"冷静"、越来越"现实"罢了。而从冷静发展到冷酷再发展到冷漠，某种意义上也是一个政治集团从初生到倾覆的轨迹。作为胜利者的王耀武并不感到轻松。

复兴社特务处成立，是"军统"的前身。戴笠任处长，并将赵铁夫安插进宪兵司令部第四课，任课长。

胡天陶被送往俞济时的指挥部，也是没有问出任何有价值的东西，经由俞济时交送南昌行营处理，暂时押在南昌第二陆军监狱。南昌陆军监狱统归国民政府军事委员会管辖，具体负责的机构是军政部。但是，唯独这个第二陆军监狱的管理方特殊。国民党留下一个"传统"，那就是举凡带有"二"字的政府、军队机构、机关无不与"特"（特务）、"情"（情报）有关，大家都知道的如二处、二厅等等。包括警官学校，凡是叫第二警官学校或者第二警务训练所的都是培养情报人员的基地。南昌第二陆军监狱的管理方是南京宪兵司令部，也就是中央宪兵司令部。蒋介石本人特别重视宪兵，他说过："一个优秀的宪兵相当于一名连长。我宁愿牺牲一个连长，也不愿牺牲一个宪兵。"中国宪兵当时的重要参照物就是日本，所以，南京宪兵司令部常年聘请日本顾问。中央宪兵司令部下设六个处，即总务、警务、军医、军械、政训、军需。其中警务处是宪兵司令部的灵魂所在。

"同行是冤家"，谷正伦办宪兵司令部，最眼热的是戴笠。此时的戴笠已经今非昔比，早就是鸟枪换炮了。1932年4月1日，中华民族复兴社特务处成立，戴笠任处长，办公地点选在南京鸡鹅巷53号。复兴社特务处是"军统"的前身，所以，4月1日也成为后来"军统局"成立的日子，这个在西方称之为愚人节的日子里诞生的机构在日后的十多年中令无数中国人谈虎色变。特务处有了内务机构，但还没有外勤机关，也就是说让特务组织完全公开化。戴笠首先将目光瞄准了宪兵司令部。1933年冬，谷正伦聘请复兴社的骨干给宪兵司令部设立的"特务教育班"（对外称特别研究班）充当教官。戴笠便利用这个机会将赵铁夫等人安插进去。由于谷正伦对赵铁夫的赏识，赵很快楔入警务处第四课，开始是副课长，继而担任了课长。不过，谷正伦也不是等闲之辈，他知道赵铁夫的出身，所以，在第四课课长的旁侧又设立了政治指导员负责监督赵铁夫，以免其坐大。

"特务教育班"毕业后的学员组建为"特警队"，这也是谷正伦仿效日本"特别高等警察组"的模式建造的近现代中国第一支特别武装警察部队。"特警队"在南昌设立联络办事处，该办事处配备最先进的武器装备和通讯设施，其主要职能有三种，第一种就近保卫南昌行营的安全；第二种归口代管南昌第二陆军监狱；第三种协助驻军肃清各类"匪患"。而宪兵司令部对各地特警队联络办事处设有"巡视"制度，巡视员即由宪兵司令部警务处不定期派出。1934 至 1935 年这一年中的巡视员便是赵铁夫。

谷正伦将赵铁夫派出去的目的在于让赵逐渐淡化宪兵司令部第四课的业务，这样便于挑选其他人来接替赵。可是，谷正伦的这一妙计也正好被戴笠所利用。因为 1934 年这一年对于戴笠来说，实在太重要了，不亚于 1932 年。军事委员会委员长南昌行营设有一个庞大的特务组织，叫做调查课，课长是黄埔干将邓文仪，也是复兴社的"十三太保"之一。邓文仪因为有"清党"的功劳被蒋介石看作是难得的人才，调查课内部人员众多，不乏特务工作上的"干才"，这点尤其为戴笠所看重。他一直在打调查课的主意，可惜的是，蒋介石并不准备让他染指。可是，1934 年，一个千载难逢的机会从天而降。

说它是"从天而降"就在于它跟飞机有着密切的关联。1934 年南昌机场一场突如其来的大火将蒋介石视作珍宝的飞机和油库统统烧光。蒋介石下手令让邓文仪限期破案，邓文仪在限期内未能破案，即被蒋介石撤职。而这里其实主要是戴笠起了反作用。戴笠早就掌握了邓文仪与徐培根的材料，徐培根曾任航空署署长，此时担任军事委员会空军处处长，他同邓文仪关系颇厚。戴笠从有关渠道中了解到徐培根经手办理了一批飞机的进口，取得了大量的回扣。这件事已经被特务处所关注，碰巧的是忽然起了大火，难免没有"毁尸灭证"的嫌疑。而邓文仪在查办过程中碍于徐培根的面子，始终不敢下手。这就给了戴笠钻空子的机会。他秘密陈奏给蒋介石，并且拉拢调查课内部骨干张毅夫（张严佛）作为内应。最狠的是戴笠自己不出面，另外引出宪兵司令部第四课出来调查，课长赵铁夫自然配合戴笠的双簧表演，这样下来，即便是老蒋是个"神"也很难看穿戴笠的把戏。说起来，邓文仪素来看好戴笠，复兴社成立之初，邓文仪还说过："做中国的希姆莱，我是不行的，我们中间只有雨农才行。"但到了关键时刻，戴笠在邓文仪的背后插了致命一刀。从此，邓文仪彻底退出国民党的情报系统，改任党务、政工方面。

赵铁夫早已加入复兴社，复兴社其实也只是蒋介石重新建党或者说整党的外围组织，其核心组织为力行社，其核心成员包括贺衷寒、康泽、邓文仪、刘健群、肖赞育、滕杰、戴笠、周复、酆悌、杜心如、葛武启、桂永清等人，一直有一种说法就是"复兴社十三太保"，但这也是始终没有固定的概念，很难说出这十三个人的标准名单。力行社和它的外围组织复兴社还一度被讹传为"蓝衣社"，成为当时社会上目之为"天子近亲"的标志。赵铁夫因为不是"黄马褂"，所以至多只能进入到复兴社这一层面，戴笠对这点很满意，在他看来，赵铁夫这种人是只能用而不能信。但是，既然说到用，戴笠还是愿意在一些特殊的情况下放手使用老赵的。

14. 读《明史》

　　王耀武部将开赴西北，王暗示亲信安惠民，托监狱管理人员白文冰铲除被关押的侯龙安。

　　赵铁夫这次到南昌还带来一位神秘的客人。这位客人的大名叫做顾顺章，说起顾顺章，人们首先想到一个名词：叛徒。但是，只要你翻开中共早期历史资料，你就会发现这位顶着"叛徒"头衔的顾顺章颇有来头。1927年5月，顾顺章成为中共五届一中全会上当选的中共中央委员和中央军事委员会委员。当时，中央军委只有三名成员，一名主任（三名成员包括加伦、顾顺章、彭湃，主任为周恩来）。顾顺章还成为中共历史上第一位也是唯一的一位兼任特务工作处处长的政治人物。在中共的"八七会议"上，顾顺章当选为临时中央政治局委员。1927年11月，中共中央组织局成立，下设特务科，由顾顺章任科长，中共中央组织局特务科也就是俗称的"中央特科"。中央特科设有四个科，顾顺章兼任其中的行动科科长。中共"六大"以后，在中央特科之上成立中央特别委员会，成员包括向忠发、周恩来和顾顺章，顾顺章还兼任过中共中央交通局局长。1931年4月，顾顺章被捕叛变。因为顾顺章的叛变直接导致向忠发、蔡和森的被捕和恽代英的牺牲。间接导致周恩来、聂荣臻、陈云等大批领导人不得不离开上海赶赴苏区。

　　顾顺章叛变以后被安排在徐恩曾的领导之下。但相处一段时间后，顾顺章便发现徐不过是一个"绣花枕头"而已，靠着"二陈"（陈果夫、陈立夫）的关系却并无实际本领。而且，徐本人过于渔色。在苏联受训时，苏联国家政治保卫总局（即内务部的前身，"格伯乌"）局长亚戈达转述斯大林的名言："过度好色与酗酒乱言标志着个人意志的薄弱。"所以，顾顺章看不起徐恩曾，进而开始同戴笠频频接触。顾顺章与戴笠出身相仿，受教育程度也差不多，共同语言自然也就多。而且，这两个人都有一个最大的共同点即为达到目的可以不择手段。这次戴笠让赵铁夫把顾顺章带到南昌，主要目的是利用接收南昌行营调查课的机会在江西设立一个特殊的情报点，情报人员的培训和引导工作交由顾顺章来完成，同时，顾顺章还可以配合赵铁夫做好"剿匪"后期的某些"善后"工作，可谓一石二鸟。也是借着这个机会，戴笠要看看顾顺章的理论之外的实践本领（顾顺章叛变后曾经编辑出版大量的有关特务工作的手册，"理论"著述"丰厚"）。

顾顺章也算不负戴笠的"厚望"，一到南昌就掀起了一起大案，牵连数百人不说，居然还挖出了另外一桩多年以来缠绕在赵铁夫等人心头的疑案。

当然，这些事情的由头还是从胡天陶的被羁押开始的。胡天陶被送往南昌第二陆军监狱关押，暂时没有进一步处理。对于红军师长以上的干部，国民党的政策并不仅仅限于一般性的杀戮。比如1932年赣州战役中被俘的红三军团一师师长侯中英，就被国民党送到南京监狱下属的制造木屐鞋的劳役场服役，后因侯中英在内中策划暴动，国民党当局恼羞成怒，乃下令处决侯中英。胡天陶被送到南昌第二陆军监狱后，被严密看管，编号是276号。国民党当局的意思还是有点不死心，他们准备让顾顺章顺道南昌的时候做一下劝降工作。顾顺章明知道这是一个费力不讨好的差事，但也不能推诿。其实，自他叛变以后，成功劝降的只有李竹声、卢福坦、徐锡根、盛岳（盛忠亮）等少数人。顾顺章看过胡天陶的卷宗，这种人不比卢福坦、李竹声、盛岳，去了也是白去。所以，他干脆拖着。赵铁夫那边拖不起啊，戴笠一天两个电话催问。于是，赵铁夫拉着顾顺章好歹去了一次南昌第二陆军监狱。这时候距离胡天陶入狱已经有一段时间了。

南昌第二陆军监狱的典狱长是谷正伦的亲信，上校军衔，正牌的黄埔生。他对赵铁夫并不感冒，所以，老赵每次来，他都不亲自出面接待，而是派了副典狱长和狱政科副科长敷衍。老赵这辈子最以自己没有穿上"黄马褂"为耻，而且也最看不起那些个"黄马褂"狐假虎威。典狱长的这一招很让老赵没面子。因此，老赵一直琢磨如何让典狱长彻底没了"里子"。但值得老赵欣慰的是狱政科副科长白文冰的热情、周到。并且，白文冰还是老赵的山东小同乡。自古以来就是"没有无缘无故的爱，也没有无缘无故的恨"，白文冰对老赵热情、周到，那是自有一番来由的。

白文冰是王耀武亲信副官安慧民的拜把子兄弟，都是山东人，平素白文冰就没少花安慧民的银子，到了关键时刻就必须冲上去。侯龙安被羁押在南昌第二陆军监狱，王耀武的补充第一旅即将驻防西北，远离江西，侯龙安的生死成了王耀武的心病。侯龙安的族弟侯腾最近没少找关系托人，要把老哥从监狱里给弄出来，只是因为老哥脑袋上的罪名有点"潮"，不好熨平。蒋介石在第五次"围剿"中最恨的两条就是临阵退缩与接战不力。偏偏这两条都让侯龙安给占全了，而且这次不是泛泛之辈将侯龙安送进了监狱，而是俞济时与南昌行营，所以，陈诚尽管想捞侯龙安，可就是张不开嘴，最主要的是陈诚本人也特别痛恨临阵退缩的无能之辈。不过，陈诚再痛恨他也得卖夏楚中、郭忏的面子，侯腾转托到他们，他们就在陈诚面前念经，陈诚只好答应在可能的情况下帮上一把。这些动态自然瞒不过王耀武，补充一旅即将开赴西安，侯龙安被弄进监狱还只是完成了既定方针的第一步。下面怎么办？放虎归山的后果王耀武是非常清楚的。

　　但是，眼下让王耀武倍感棘手的是还找不到一篇更大的文章来做。谭家桥战役险则险矣，可毕竟是打赢了。在这样的背景下，找出罪名弄掉侯龙安，理由就不那么充分。而且，王耀武也并不想表现得穷凶极恶、迫不及待。王耀武的心思给一旁专司窥伺的副官安慧民看在眼中。他想到了自己的同乡、拜把子哥儿们白文冰，想到了白文冰目前的特殊的位置。有一天，他趁着王耀武高兴，对王耀武说出了这段原曲，王耀武笑容满面："哦，既然都是我们山东同乡，你去支点钱好好跟他聚一聚，问问他有没有什么难处需要我们打点的，大家都在外面混，总要互相照应才好。"王耀武又说："安子，你的升职报告我已经打上去了，估计很快就会批复。"安慧民此时是上尉副官，进一步便是校官，校官的升降当时掌握在南昌行营和军政部。安慧民连连道谢，他提醒王耀武："旅座，我们即将开拔，可是，侯龙安还在南昌羁押，日子久了，您看会不会夜长梦多啊？"王耀武"坦然"笑道："侯副旅长的去留跟我有什么关系？而且也不是我们这个层面可以考虑的问题。"王耀武拿起书桌上的一册《明史》对安慧民说道："安子，我平素让你多去读读这套《明史》，你到底看了多少了？"安慧民赧然。王耀武"语重心长"地教训道："安子，我跟你说了多少遍了，人不学不知义，玉不琢不成器。汉光武帝刘秀如何？戎马之间还是手不释卷。校长经常教导我们要多看书。你我都是做下属的，都要时时刻刻主动为上司、为长官分忧。"说话间，王耀武就指着手中这册《明史》："我们到江西这么久了，你知道江西有个才子叫做解缙的吗？"安慧民："我哪能知道啊。"王耀武："就是啊，不知道就要学习，就要找来书读一读，《明史》上有解缙传，你回去好好学一学。书中自有黄金屋，古人不会坑你的。"

　　安慧民捧着《明史》找到解缙传，看着上面的古汉语，脑袋瓜子当时就大了一圈。但是，他又很快想起王耀武在他临走时说过的一句话："你去看看解缙是怎么死的？作为下属不能为上司分劳，就要被上司分尸。"他硬着头皮读下去，读到了解缙之死的这一段："十三年，锦衣卫帅纪纲上囚籍，帝见缙姓名曰：'缙犹在耶？'纲遂醉缙酒，埋积雪中，立死。"安慧民不禁倒吸一口冷气。脑瓜子一下子醒了不少。他跟着王耀武前后有五六年了，从勤务兵干起，一路升到副官，他太清楚王耀武的脾性了。这个人从来都很少疾言厉色，也很少背后臧否他人。可是，此人的手腕从来都不软，真正算得上是"杀人于谈笑间"。而且，王耀武对下属交办事情，向来没有废话，尤其是交办大事时可谓滴水不漏。今天，王耀武格外对他交代阅读《明史·解缙传》，一样别具深意。

第二天一早，安慧民决定验证一下自己的看法。他去了一趟旅部特别会计室。这个"特会室"其实是王耀武的"小金库"，掌管着王耀武各方生意的资金命脉，特会室的主任叫王鲁方，是王耀武的远房亲戚，很受信任。安慧民跟他关系比较好，经常在一起喝酒吹牛。王鲁方一见安慧民就拱手笑嘻嘻："恭喜恭喜，一角三就要换成二角一了。"国民党军中习惯将上尉领章说成"一角三"，把少校领章说成"二角一"。安慧民也跟着打哈哈。然后他说他来领点钱，是旅长昨个交代的。王鲁方拿出一张纸："旅座已经关照了，你签个字，马上领钱。"安慧民一看单子上面写的是"贰仟元"，他立刻明白了，自己的想法是对的。这次碰到"大活"了，得意地哼了一句《甘露寺》的戏词："劝千岁，'杀'字休出口。"

1935 年的"两千元"是个什么概念呢？上海滩顶级的演艺明星白杨月薪是 340 元。北京城内学术界有三位被称之为"老板"的重量级学者，分别是胡适、傅斯年、顾颉刚。其中顾颉刚月薪是 610 元。而当时国民党政权的"党和国家领导人"量级的国民政府委员月薪是 800 元。北京海泉居拿手的好菜"熘腰花"是四角钱一大盘，猪肉白菜水饺是一角钱二十五个（皮薄馅大）。你就想想看，"两千元"能办多少事，能养活多少人了。南昌行营发给补充旅一共是一万元的奖金，王耀武拿出五分之一水平的银子交给安慧民去款待一个山东同乡白文冰，区区狱政科副科长一个月的薪水也不过百元上下而已。

对于王耀武的大名，白文冰本人早就仰慕了，安慧民这小子在江西这段时间里没少来跟他聚，手面特别宽，人也亮堂了很多。开口旅座，闭口旅座的，人都是来世上一遭，看看人家这个活法，凭啥啊？不就是跟上了财神爷了吗？上面教导说都要认真捧读《曾文正公全集》，白文冰就记住了曾老爷子的一句话"不信书，尽信运气"。等到安慧民旁敲侧击地说出了侯龙安的事情以后，白文冰就琢磨着这次自己的运气来了。其实，在监狱里弄死一个犯人，先别管他是不是死囚，那真跟碾死一个蚂蚁一样容易。什么叫"犯人"，那就是"犯在别人手里的人"，他是死还是活，那全在狱方的一巴掌上。退一万步说，就算这个犯人是上面挂了号的，可只要把银子码足了，狱方让他初一死，他也肯定活不过十五。目前的问题是怎么个"死法"，白文冰手里托着沉甸甸的两千块大洋，心里就盘算开了。安慧民办事不少地方是跟王耀武学的，最主要的是一点是敢下注，一般的副官跟班拿到这两千元，至少得自己留下一半再说。但安慧民不同，但凡他感觉这是王耀武交下来的大事，他从不在中间抽头，因为他知道只要把这件事办成了，办妥了，王耀武后续的重赏还会源源不断，见小利忘"大义"可不行。他把这两千元一起交到白文冰手中，话说得相当活络："老弟，留着养家，这年头谁都不容易。我这次去西边，再聚不知道猴年马月，实在有难处就来西边找我。"这等于连白文冰的退路都给点出来了，如果再不办事，那除非是二百五。

15. 一石三鸟

升职典狱长的白文冰，借助复兴社特务处之手除掉了侯龙安。

在监狱里杀人，通行的办法有三种。其中比较阴狠的叫做"果丹皮"。监狱里收拾犯人，都给起各种食品的名称，听起来特"温馨"。比如"红烧排骨"，就是用烧红的子弹头刮犯人的肋骨。那么，什么叫"果丹皮"呢？就是暗中把犯人找来，说是准备让你出狱了，狱方给你准备点酒菜，交个朋友，将来出去以后呢，大家不要彼此记恨云云。这首先在思想上解除了你的"武装"，然后一杯杯地灌你，灌到基本醉了以后，拿温水扑面，再用事前浸好的桑树皮、山楂树皮为主要原材料做成的特殊的纸张一张张地铺到犯人的脸上，盖住口、鼻、耳、眼等处的出气口。一般只用三张，犯人就嗝屁朝凉。前清时代管这个叫"开加官"，但那时候科技不发达，纸张原材料主要是桑树皮，进入民国以后，狱方开动脑筋，加入了山楂树皮，加入这种材料以后最大的"好处"在于犯人死后的首轮尸检容易被误导，据说这都是山楂树皮和桑树皮混合的功效。

不过，用"果丹皮"的办法弄死侯龙安显然不够稳妥。因为侯这种人不是普通犯人可比，尸检通常要三次，而且，制作"果丹皮"需要人手，弄死侯龙安这种人知道的人越少越好。有时候，钱多了的确咬手，不仅咬手，而且还咬心，白文冰这一段为了弄死侯龙安的买卖特别费脑子，中午一开饭就点红烧肉吃，狂补。侯龙安是单独羁押，而且名为羁押，其实与一般的监犯还是有大大的不同，有一定的自由活动空间。这对于想要弄死他的白文冰来说，既有利也有弊。但相对来说，弊更大一些。白文冰不能通过同监的犯人作弊弄死侯，也不能通过饭食毒死侯。只能用"智取"，而这个"智"到底从何而来，真是让白文冰有些为难了。

"车到山前必有路"，侯龙安提出自己所住的地方有些潮湿，要求换一个监所。白文冰知道机会来了，马上呈报典狱长，两天内就批复同意。这次，白文冰给侯龙安安排的这座监所地点比较隐秘，距离监狱的一个废弃的后门特别近，在监所附近有一处青砖垒砌的"独角亭"，名义上是亭子，其实就是一个石头桌子，两个石头墩子。侯龙安喜欢下棋，狱政科的小伍经常陪侯玩一玩，白文冰以这个"独角亭"的位置"迎合"侯龙安下棋的习惯，这让侯非常满意。他对白文冰连连道谢，可白文冰这时考虑的则是尽快弄死眼前这位"业余初段"。

弄死侯龙安的办法，安慧民倒是神神叨叨地给白文冰讲了江西才子解缙遇难的经过。应该说，这段典故的确提醒了白文冰。"压死"的确是个好办法。因为侯龙安新搬过去的监所素来不被人注意，在距离侯住的地方，一直屯着一些麻包和袋装水泥，作案工具是现成的。而且，白文冰听老狱卒们说起过，早些年监狱里杀人用压死的办法特别容易蒙混过关。所谓"土囊压身，铁钉贯耳"，这是明代北镇抚司传下来的"绝活"。

踩点、找工具、安排人手，杀人前的三项准备工作在白文冰的秘密运作下基本都到位。人手没有外人，只有他一个。可是，变化来了，来得特别突然。而且就发生在顾顺章、赵铁夫的一次偶然巡查中。

这次巡查不是特意安排的，而是例行检查。本来，这种例行检查，顾顺章是不可能到场的。但赵铁夫为了显示一下自己的力度，就带着顾顺章进了南昌第二陆军监狱。白文冰全程陪同，他们几个人正走着，赶上一个狱卒提着大食盒往禁闭室走。赵铁夫、白文冰没说什么，倒是顾顺章问了一句："弄了些什么吃的啊？"他这么一问，赵铁夫也来神了："都瞧瞧。"狱卒就不得不停住脚步，把食盒打开。食盒里面一共摆了三个菜，一碗饭。三个菜分别是辣子鸡、酥炸鱼、椒闷排骨，饭是姜丝炒饭。顾顺章看得非常细，还用鼻子闻了闻："新做的？"狱卒点点头。赵铁夫又问："给谁送去？"狱卒报出了在押犯人的号码，白文冰给翻译了一下："赤匪师长胡天陶。"顾顺章皱了皱眉："他为什么关在禁闭室里？"白文冰说："他带头闹事，所以，先打了一顿，然后就给关进去了。"顾顺章："动刑动到什么程度？"白文冰张了张嘴，没说话，眼珠子直瞟赵铁夫。赵铁夫不以为然地说："有啥可隐瞒的，顾专员是外人吗？"白文冰马上堆笑："不是，不是。"接着他压低声音说个大概出来。顾顺章一把将赵铁夫拉到一边："请赵兄给找个安静的地方说话。"赵铁夫一看顾顺章的脸色就知道事情来头不小，立即吩咐白文冰照办。

白文冰找的这个地方的确安静。屋子里只有赵铁夫、白文冰和顾顺章三个人。顾顺章问道："你说说起因。"白文冰就告诉赵铁夫和顾顺章，原来有个长押的共党分子绝食，已经绝了好几天了，狱政这边怕出人命就用老法子整治一下。所谓整治也就是用胶皮管子捅进犯人的肛门，然后将牛奶输入，这样避免犯人出现生命危险。因为是老法子，而且犯人又是长押的犯人，所以，动手的时候，保密工作没那么细致，刚好给两个犯人看到了，这下子就起了麻烦，胡天陶带头要求不准虐待政治犯，不少人也跟着一起闹腾，狱方费了不少周折才算平息，转过头来自然不会放过胡天陶，一顿恶打，直至将胡彻底打晕为止，拖进了禁闭室。

顾顺章听完经过，脸上浮起一阵阵冷笑，不屑地说道："往肛门里送牛奶这招是跟德国人学的吧？"白文冰点点头。顾顺章转过脸来看了看赵铁夫："洋人放个屁都是香的。这种长押犯一年也洗不了一次澡，他的腚沟子没把你们给熏死啊？"白文冰："顾专员真是体察下情，那个味就别提多鲜灵了。"顾顺章："告诉你们，以后再遇到这种绝食的犯人，用不着费那股子牛劲，直接把他的门牙敲掉，然后顺着牙床子灌米汤，就他们也配喝牛奶？"赵铁夫一听，指着白文冰说："小白，你听听，我早就跟你们说过，顾专员是人才啊，看见没有？什么叫兵不血刃啊，这就是。"

接下来，顾顺章详细地问了食盒的来源和胡天陶受刑的全部过程以及伤口受创程度。食盒是优待室的"主人"萧逸自己订的饭菜，这个萧逸是国民党，狱方用他来感召胡天陶，而且答应如果"工作"有了"成绩"，萧逸自己也会捞到不少好处。这样一来二去，萧逸与胡天陶经常利用特殊的机会在一起聊天、吃饭。赵铁夫听到这里，当时就火了："哪儿冒出个特优犯（特别优待的简称）来？我怎么不知道？你们怎么从来不向我汇报？"白文冰只好报以苦笑。赵铁夫也明白了，陆军监狱里的特优犯的基本卷宗都是由典狱长直接掌握，除非有上峰手令，否则是无法知道这些特优犯的来源和构成的。白文冰他们不向赵铁夫报告也是正常，因为在谷正伦的嫡系南昌第二陆军监狱的典狱长看来，赵铁夫不过是门前过客，又算老几？

顾顺章提醒了一句："能不能看看这个萧逸的照片？"白文冰比较为难。赵铁夫走过去说："老弟，帮帮忙，不会亏待你的。"白文冰知道眼前这二位的来头，尤其知道赵铁夫的为人和背景。所以，他尽管脸上装出为难的表情，但暗地里却很快找到了一张萧逸的照片送来。赵铁夫一看萧逸的照片，脸色立刻变了："他叫萧逸吗？"白文冰："是啊，登记表和档案表都是这么写的。"赵铁夫："真是踏破铁鞋无觅处啊，这个混蛋跑这儿装大尾巴狼来了。该着我老赵今年走运。小白，事成以后，我不会忘了你的。"赵铁夫的这番话把顾顺章、白文冰都给说愣了。

照片上的萧逸其实就是曾经从王耀武那里走脱的改组派分子滕超。他自离开王耀武以后，受改组派的秘密委派到南昌进行活动，化名萧逸。在一次接头时被捕，送往南昌第二陆军监狱关押。他被捕以后，改组派进行了狱外营救，特别托了滕超的姨夫，此人与蒋介石的头号智囊杨永泰是同学，又是同乡，在杨永泰的暗示下，南昌第二陆军监狱非但没有为难滕超，反而把他掌握为特优犯。

顾顺章长出一口气："赵兄这么一讲，就严丝合缝了。如果我没有猜错的话，今晚，最迟午夜之后，监狱要出大事。"赵铁夫、白文冰都把脑袋凑了过去，那表情就是两个字："为啥？"顾顺章得意地笑了笑："这种招数要骗别人或许还可以，但要骗过我的法眼，那就是做梦，这些把戏想当年都是老子玩剩下的。"赵铁夫通过接触顾顺章了解到顾一旦到了得意忘形的时候，往往将"老子"挂在嘴边。看来，这次南昌之行要捞"大鱼"了。

因为事关紧要，顾顺章也没有多卖关子，直截了当地说道："这个什么萧逸表面上是感化胡天陶的，其实早就给胡拉过去了。你们看到今天送上的这三个菜一个饭没有？鱼虾是发物，又加辣椒，不发都不行。而且还有姜丝炒饭，赶一块去了，白副科长可以去查一查这位萧逸以往的用餐记录，有没有这么多辛辣的东西一次性地用过？胡天陶刚刚用过大刑，再吃了这些辛辣和发性的东西，今晚必然要起高热。到时候好戏就要上演了。"赵铁夫："监狱里有医务室，高热怕什么？"顾顺章："这是我们当年劫狱时不常用的一招，举凡遇到这种情况，监狱里的医务室的关键人早就打通关节。医务室晚上值班的人不会超过两个，一般是一个。他们随便编个理由就可以把外边的医生请进来，胡天陶要是死了，狱方是吃不了兜着走，一定不敢怠慢。所有的文章就在那些打着抢救旗号的外边的医务人员身上了。"赵铁夫："可这里是第二陆军监狱，壁垒森严、警卫重叠，他们怎么出得去？"顾顺章笑笑："赵兄，你太小看这些人的手段了。据我所知，陆军监狱在外边有个固定的医院，对不对？"白文冰点点头。顾顺章："他们第一步是把胡天陶送到这所由陆军监狱控制的医院中，这在表面上首先就把你给麻痹了，然后再从这所医院里下手，其实他们早已策划好了，医院里的内线也肯定布置妥当，从医院将胡天陶接走。"赵铁夫倒吸一口冷气："共党的花样竟然如此之多？"顾顺章："要我看，未必是中共所为。胡天陶不是中共党内的什么要人，中共也犯不上花这么大的力气去营救他。问题很有可能出在改组派萧逸的身上。我怀疑是不是你们国民党里面的人直接插手了，要是那样的话，事情就麻烦了。"赵铁夫没工夫计较顾顺章说走嘴的那句"你们国民党"的话，他暗暗承认顾顺章的这段结论很有可能距离真相最近。

　　赵铁夫和顾顺章商量了一下，定下密计，准备将劫狱的人一网打尽。站在一边的白文冰听得仔细，他此刻盘算的是，按照老法子弄死侯龙安目前看已经不需要了，眼前的这场突变正好可以给侯龙安量身定做一副"新棺材"。赵铁夫亲自给戴笠打电话，通报这件事。第二陆军监狱是宪兵的地盘，赵铁夫虽然可以指挥特警队驻南昌联络办事处，但商调宪兵进驻这种事，南昌办事处肯定要请示南京的谷正伦，这样一来无疑就给典狱长那边通了消息。赵铁夫要利用这次机会不但挖出劫狱的老根，而且还准备彻底砸了典狱长的饭碗。他给白文冰开出的支票是保他坐升副典狱长兼狱政科科长。至于顾顺章，那是看热闹的不嫌事大，而且，顾早就是静极思动，他很想借这个机会给南京"中统"徐恩曾那些人看看，看看他顾顺章的"超强纠错"的"本领"。

　　戴笠接到赵铁夫的电话，马上电令南昌行营调查科（调查课）特务队队长全力配合赵铁夫，在信仁医院（南昌第二陆军监狱主办）和通往信仁医院的路途中布置大量暗哨和暗探，随时密捕。

　　果不出顾顺章所料，劫狱的步骤正是从这三道菜和一碗饭开始的。胡天陶发高热，然后被提出来转出监狱治疗。再然后，劫狱者和胡天陶都被途中赵铁夫秘密布置的特务秘密逮捕，直接押送到南昌行营调查科。经过突审，劫狱者交代了滕超和幕后的指使人兴安土畜公司经理许随安。赵铁夫立刻率人直扑兴安土畜公司，将该公司所有人员全部带回调查科，只是没有抓到经理许随安。在连夜的审讯中，让赵铁夫倍感奇怪的是，这位兴安土畜公司经理许随安竟然连一张照片都没有留下，所有该公司的工作人员都不能详细地描绘出许经理的确切容貌。赵铁夫决定立即提审滕超，南昌第二陆军监狱典狱长也奉陪在座。此刻，赵铁夫整理汇报的有关这次劫狱的材料已经上呈戴笠，戴笠将其精心剪裁后呈报蒋介石、何应钦。在这份材料中，戴笠刻意突出赵铁夫的背景是来自于中央宪兵司令部谷正伦的门下，这样一来，不但何应钦不会产生反感，连已然有些冒冷汗的谷正伦也格外感谢戴笠，他严令南昌第二陆军监狱典狱长，不惜一切代价突破滕超。顾顺章提醒赵铁夫，不要用南昌监狱的这些刑具，滕超在这里既然是特优犯，想必暗中已经早有人做了手脚。让滕超张嘴，一定要做点细功夫。所谓细功夫，顾顺章告诉赵铁夫，江西当地乡下有三样私刑最狠，名唤：烧香火、拔阴毛、割胸口。这三桩连续给滕超用上，保他开口。赵铁夫问："有那么神吗？"顾顺章神秘地笑道："智慧来自于民间，大智慧更是来自于群氓。知道这话是谁说的吗？这是苏联特工的祖宗捷尔任斯基的名言。你只管用，我估计不出这两套刑罚，滕超就会开口。"

三套私刑才上了一道，滕超就扛不住了，交代了有关准备营救胡天陶的一些重要情况。但对于许随安这个人，滕超并不能提供特别有价值的东西。滕超还交代出他的上线是一个叫做"军师"的人。这个人具体叫什么，他并不清楚。南昌市社会局提供的兴安土畜公司注册材料中许随安的东西也都是伪造的，这样一来，案子几乎搁浅。因为连续劳累了几天，赵铁夫准备找个地方放松一下，就到了"夜来香"。夜来香不是公开纳客，有点像今天的某些会员俱乐部一样，要"凭证入场"。赵铁夫的身份自不必说，他在这里有一个长包，女人把他侍候得很舒服，两个人闲聊，赵铁夫问了一些风尘中事，哪知道竟然意外地获得了一条线索。原来，他这位长包的一个相识，是在南昌做暗娼的，这种暗娼不是普通的土娼，而是江南的那种"书寓"，所谓大家闺秀"下海"。前一阵，据说这个女的给一个做生意的许先生包养了，再以后也不招待其他人了。而这个许先生据说就是什么土畜公司的什么经理。赵铁夫得到这个消息，回去立刻布置抓捕被许先生包养的女人，而且吩咐下去，只能在这个女人出门逛街时密捕，千万不能走漏一丁点风声。

几天后，终于将这个女人抓到。赵铁夫特别下功夫，一个小时内啃下这根骨头，通过这个女人作为诱饵，将许随安一举拿下。经过长时间的刑讯，许随安招供。兴安土畜公司只不过是个幌子，他背后的直接联系人是一个叫做"军师"的。滕超从狱中传出话来要军师营救胡天陶。军师就让许随安布置具体营救措施。军师叫什么，什么来头，什么背景，许随安从不敢多问。但有一点，许随安可以肯定，军师的口音里有黔西南的味道。赵铁夫问为什么这么说，许随安说他以前在那里做过生意，待了一年多，所以，对那里的口音比较熟悉。赵铁夫又问："能不能说得具体点，黔西南好几个县呢。"许随安想了想："也许是安龙？也许是兴仁？不敢确定。"赵铁夫一听到"安龙"这个名字，心里咯噔一下。这么多年来，他心里的一个谜团一样的东西又涌了上来。

"'军师'是不是左撇子?"赵铁夫问。

"不是。"

"是不是经常用红珊瑚烟嘴?"

"他就是抽一般的香烟。"

赵铁夫还追问到具体的联络方式。但他知道这已经没有用了，以许随安描述的这位"军师"的诡谲，他与许随安之间的旧有的联络方式早已形同废纸。不过，他还是忽略了一点，那就是许随安并没有完全说实话。按照常理，赵铁夫不应该忽略这一点，但此时的赵铁夫被一片往事的浮云遮住了原本应该放大的视线。

许随安提到的"军师"跟一个人太像了。他把这一猜测说给了戴笠。戴笠在电话的那一边也沉默了许久，然后戴笠说："老赵，干我们这行的，就没有'不可能'这三个字，既然你怀疑到了这一点，你马上让人将许随安押解到南京来，我亲自审问。"这次破获南昌第二陆军监狱的劫狱案，戴笠亲口告诉赵铁夫，不要怕把事情闹大，这是一篇极好的文章，不但一石三鸟，而且鸟的个头都不会小了。

既然要兴大狱，就要株连。复兴社特务处和南昌行营调查课要把"蛋糕做大"，狱政科副科长白文冰也跟着沾光。谷正伦下令免去南昌第二陆军监狱典狱长、副典狱长职务，即行勘训。提升白文冰为副典狱长兼狱政科长，在新任典狱长到职前代行典狱长职务。案子虽然发生在谷正伦的管片，可戴笠的手段到底还是有一些，他将此案的功臣名位首推给谷正伦。手下人问戴笠为什么这么做，戴笠说："委座经常叫我们看《曾文正公全集》，你就该知道曾国藩在平定长毛以后叙功的花名册上把从无作为的满人官文推到第一位的来由吧？曾老爷子不是说过吗？'能善其末路者，总须设法将权位二字，推让少许，减去几成，则晚节渐渐可以收场耳。'"戴笠的这一做法让谷正伦不得不下狠手撤除自己在南昌第二陆军监狱的心腹，听任复兴社特务处的触角延伸到那里。

坐上了副典狱长位置的白文冰做的第一件事，便是借复兴社特务处之手杀了侯龙安。赵铁夫吩咐白文冰将需要一网打尽的人员造册列表，白文冰就将侯龙安的名字加了上去。举凡是要兴大狱、广株连时，也都是办案人员"有仇报仇、有冤申冤"的好机会，所以，赵铁夫照例不问。名册誊抄后，直接交递给何应钦，转呈蒋介石。为什么没有直接交给老蒋呢？戴笠很清楚，谷正伦是何应钦线上的人，而且，这次又是"首功"，等于间接给何应钦长脸，何应钦势必会在批复中下功夫。经过何应钦之手再上呈，即便将来出现任何纰漏，所谓"天塌下来还有高个顶着"，给他戴笠擦屁股的就绝不止一两个人了。

只是大人物有大人物的智慧，小人物也有小人物的狡黠。戴笠没想到的是，白文冰将侯龙安的名字挂在株连名单的这一招，竟然也将陈诚与军统的是非恩怨彻底连了起来，而且这一连居然长达十年之久。这一连居然最后成了赵铁夫万劫不复的伏笔。自然，这一连，白文冰后半生的富贵也开始迎面扑来。

明朝嘉靖年间，诤臣杨继盛弹劾权奸严嵩。明世宗朱厚熜命将杨继盛下狱拷打，但还没有立即处决杨的进一步表示，只是斩监候。这时，刚好判决总督浙江福建军务的张经的奏陈报了上去，按照嘉靖的一贯做法，边臣失机必死无疑。于是，严嵩就将杨继盛的名字附在张经等人案件的末尾，夹带上呈。明世宗大笔一挥，一律处死。有人或许要问，以明世宗朱厚熜的察察为明的为人，怎么可以受严嵩的愚弄？这就是不了解严嵩的奸宄之处。严嵩非常熟悉朱厚熜的批答奏章的习惯，像这类请予处决的奏章，只是走一个程序而已，张经等人的案子皇帝老儿早就定下了调子。所以，这类处分上报以后，照例只有司礼监太监给皇帝念一遍，而不必亲自过目。既然是念，这里面的讲究也就大了。而且，杀张经最得力的人是赵文华和胡宗宪，即便是将来明世宗察觉了，第一有赵文华、胡宗宪顶着，第二也是最主要的明世宗朱厚熜是一个讳疾忌医的顶尖人物，从来不下罪己诏，从来不准人家指着他的癞痢头说事的主儿。如此这般，杨继盛必然横死，严嵩也必然不会因为杨的横死而受到任何实质性的追查。

狱政科副科长白文冰长期在江西工作、生活在这样的历史人文环境下，对严嵩的掌故了解得更为详细，并且能够活学活用到现实中，也就不足为奇了。在二十世纪三十年代的南昌第二陆军监狱的案件中，白文冰可以说是成功地给自己撑起了若干把保护伞，虽然这些保护伞们本身并不知道他们是在扮演这样的角色。在白文冰之上有赵铁夫、戴笠，在戴笠之上还有何应钦，而在何应钦之上就是最高当局蒋介石。不过，眼前的南昌第二陆军监狱也已不是久留之地，谷正伦折了两个亲信，暂时让白文冰代理，纯粹是过渡，有朝一日，等谷正伦腾出手来，白文冰别说仕途走到头，就是命也难保。因此，他早作打算，给安慧民去信，要安想办法，或者去补充旅，或者去其他部队，总之，尽快离开监狱这个是非之地。

这起案子中另外一个颇有些得意的是顾顺章。他在赵铁夫这些特务处的眼皮底下玩出了这么漂亮的"活儿"，不仅身在南京的戴笠为他击节叫好，就是南昌行营的一些人也认为顾顺章身手的确"不俗"。可是，顾顺章忘了一点，他也因此得罪了他现在的老板——中统。徐恩曾他们了解到顾顺章在南昌的表现，更了解到戴笠有拉拢顾顺章站过去的意图以后，"食指"大动。他们找了个理由让顾顺章去苏州，这个理由顾顺章没办法驳回，或者说顾顺章根本就没有意识到这是一个陷阱。但赵铁夫意识到了，不是赵铁夫比顾顺章脑子好使，而是赵铁夫有线报，这个线报虽然没有明白地说顾顺章可能遭遇不测，但提出的建议是最好不要让顾去苏州。然而，这个建议赵铁夫从未向顾顺章提起过，也没有对戴笠说过。

此次破案，赵铁夫清算了滕超（上峰电令，滕超就地密裁），还意外地抓获到了许随安，由此可能还会带来其他的惊喜。更主要的是他帮助戴笠咬住了南昌第二陆军监狱这根骨头，从而将复兴社特务处和南昌行营调查课的买卖扩大到了宪兵的领域中。可是，这一切并非是他赵铁夫最早发觉的，而是来自于一个中共叛徒顾顺章的手腕。这不免有些令他气馁，而且，戴笠的意思也很明确，顾顺章要到特务处这边来，以赵铁夫的判断，一旦顾顺章上了特务处这条船，势必如鱼得水，特别是顾顺章办案的某些理念更是戴笠所欣赏的。这种人本来就寡廉鲜耻，再遇上戴笠提携，将来还会有他赵铁夫吃饭的地方吗？所以，他宁愿眼看着顾顺章去苏州送死，顾死了，南昌的这起案子也就只剩下两个当事人了，一个是他赵铁夫，一个是白文冰，白文冰不敢多嘴，也就是说只有他赵铁夫最具发言权。

不出赵铁夫所料，顾顺章一到苏州即被扣押，随后遭到秘密处决。胡天陶因为越狱不成，被加刑关押，严加防范，到了1935年冬，遭到残杀。侯龙安的弟弟侯腾只好暂时接受乃兄被杀的现实，由此记下赵铁夫乃至戴笠的一笔账。这些消息传到王耀武的耳朵里时，王耀武正在西北轻松地吃着羊肉泡馍。

王耀武问安慧民："侯龙安家里还有什么人？"安慧民："只有一个老婆。"王耀武："侯龙安毕竟是补充旅的人，他的家眷也就是补充旅的家眷，以后每月都按时接济她，直到给她养老送终。"本来，白文冰已经给安慧民去过几次信，想要去投靠王耀武，安慧民却并未向王耀武汇报，在安慧民看来，白文冰这种人最好不要来。

安慧民出去后，王耀武放下碗筷，走到窗前。他轻舒了一口气。弄死区区侯龙安本不足挂齿。问题在于从这时算起，以他王耀武为核心、以补充旅为外延的这个半独立的系统悄悄地开始运转了。在这个系统中，只要他王耀武愿意，每个齿轮都必须按照他的意志来做事乃至做人。调防西北以来，特别是与那位"年少眉浓"的胡宗南接触多了以后，王耀武更加强烈地感到了这一点，还是曾国藩的观点对："是英雄就必须培养羽翼。"

第三章

抗战军兴

1. 胡宗南摆酒

王耀武部被调至西北胡宗南麾下。

王耀武原在赣东"剿共"，为何忽然一下子成了胡宗南在西北、川西等地的属下了呢？这里原有一段曲折。

蒋介石当时有个判断，他认为红四方面军放弃经营了一阵的川陕根据地转而"流窜"有相机同中央红军主力会合的迹象，特别是兵出青海、甘肃、新疆的可能性最大。蒋的这一判断得到了包括胡宗南在内的一批高级将领们的认同，尤其胡宗南，对蒋介石特加吹捧，其目的是希望独竟全功。为此，蒋介石增调驻扎芜湖的第49师伍诚仁部、驻扎开封的第60师陈沛部、驻扎保定的第61师杨步飞部、驻扎赣东的第一补充旅王耀武部、驻扎北平的第二师补充旅钟松部统一划归已经担任第三路军第二纵队司令官的胡宗南指挥。

王耀武上头有三个"婆婆"，一个是临时的"婆婆"俞济时。再一个是赵观涛，还有一个也就是最大的那个便是顾祝同。俞济时在结束对红十军团的"围剿"之后便离开了，王耀武主要面对的是赵观涛和顾祝同。这里面，赵观涛因为跟陈诚关系一直很僵，陈诚早就琢磨将补充旅王耀武的人马划归到自己门下。在这点上，顾祝同和赵观涛都是一致的，那就是坚决抵制陈诚的做法。所以，老蒋这边一来调令，顾祝同马上批准王耀武离开赣东转赴西北。

可是，就在王耀武整装待发的时候，顾祝同的电话跟着屁股后头就打来了。顾祝同让王耀武马上去见他。一进门，顾祝同就连连摆手："佐民啊，这件事要怪你。"王耀武一愣。顾祝同请王耀武坐下，然后还给王耀武倒了一杯水："佐民，你这个关子未免卖得太大了，连我也蒙在鼓里。"王耀武更糊涂了："主任，到底是什么事？"顾祝同笑道："佐民，你的老师是刘位钧刘子衡对不对？你为什么不告诉我？"王耀武一听，心中暗笑，自己当初设计的这个包袱到底如愿以偿地让顾祝同亲自给解开了，他要的就是眼下的这个效果。

王耀武的老师叫刘子衡,原名刘位钧。说起来这位刘子衡还比王耀武小,是 1905 年生人,但此人颇有学问和风骨。1929 年 6 月,他与程照轩等人组织学生在曲阜二师上演《子见南子》轰动全国。顾祝同与刘子衡私交甚厚,这点王耀武早就打听出来了。但是,上次他去见顾祝同时故意不提这段,目的在于"放长线钓大鱼",免得让顾祝同怀疑自己故意拉关系。此间,林森需要一位硕儒给其讲形势课,顾祝同和另外几个人便极力推荐刘子衡,在顾和刘的通话中,刘子衡提到了王耀武,顾祝同恍然大悟:"原来王耀武是你的学生啊?"这才引出顾祝同为何急急忙忙将王耀武召来问话。

顾祝同说:"我听说,子衡当年学生中比较出色的有'二王八司马'一说?你也算是'二王'中的'一王'对不对?那个'王'叫什么来着?"王耀武作惭愧状:"听说是叫王徵绥,我也不认识。不过,那都是传说,是那时候大家伙年轻,浑叫开的,不算数。"顾祝同进一步说道:"佐民,我起先并不知道你和子衡的这层师生关系,否则我不会批准你去西北胡宗南那里。"说到这里,顾祝同索性把这次为何调动王耀武去西北的前因后果跟王耀武说个清楚,也算是把王耀武当成了自己人。

顾祝同:"你我都是敬公(何应钦)线上的人,你的补充旅战功卓著、能力超群,我是有点私心的,要给敬公留点种子,有的人(指陈诚)欺人太甚,敬公早就看在眼里了。眼下,既然调令已下,委座那里不好更改,你就暂时委屈一下去胡宗南手底下屈就一番,我另外还会有安排的。"临走前,顾祝同还塞给了王耀武一本密电码:"佐民,你可以按照这个电码直接跟我联系。你去西北历练一下也好,从今以后,西北就是大局所在,说不定哪一天我也会被调往西北,那时我们又可以共事了。"王耀武连连道谢。在军队里,最怕一个"调"字,一纸调令可能决定一个将领半生乃至一生的荣辱。王耀武自己盘算过了,去西北也并不吃亏,因为胡宗南不论从黄埔方面论,还是从第二十二师方面论,都跟自己有一定的渊源,至少不会给自己添麻烦。如今又有了顾祝同的许愿,因此,王耀武觉得踏实多了。

果然不出王耀武所料,胡宗南对于王耀武的到来非常热情。胡此人一向喜欢用"小恩小惠"笼络他人而且还以此自得。早年的胡宗南尚未发迹,穷极无聊时喜欢摆弄象棋。有一次去浙江湖州府庙门前看人摆残局,手也痒痒,于是跟棋手对上几把,没想到对方竟然不是胡宗南的对手,几局下来,对方招架不住,按照规矩,摆残局的人自然要付给胡宗南加倍的银钱,可胡宗南将这些钱往棋盘上一推说:"这是你的辛苦钱,我不过是玩玩而已,怎么能拿走呢。"旁观者都称赞胡宗南"仁义大度"。

胡宗南摆酒席给王耀武接风,席间,胡宗南对王耀武特加笼络,因为胡宗南也清楚老头子给王耀武改名的事："佐民老弟，你我硬是有缘，当年一起在二十二师，如今又在西北重逢，百年修得同船渡，我们现在可是坐在一条船上了，要同舟共济才是啊。"王耀武心里清楚，这是胡宗南的拉关系手法，所谓"当年一起在二十二师"虽说不假，可人家胡宗南那时是二十二师的师长，而他王耀武不过是营长而已，中间隔了好几层，胡宗南当时知不知道有王耀武这个人都成问题。而胡却并不这么说，这里埋伏的是胡宗南的心机。

王耀武也不含糊，包括对胡宗南的称呼上，王耀武都做了必要的调整。他管胡宗南叫"师长"，既不称"司令官"，也不叫"师座"，如同当初见顾祝同称呼"主任"一样，这里面也充满了玄妙。"师长"有两层意思，一层是"叙旧"，因为胡宗南早就是王耀武的老长官，二十二师的师长，那么，为啥不称"师座"呢？因为今非昔比，胡宗南此刻虽然还是第一师的师长，但已经被老蒋任命为纵队司令官，称呼胡宗南为"师座"容易混淆胡现在的级别，胡这个人一向讲求边幅，王耀武在这点上当然明白得很。二则胡宗南本来就是教师出身，前后干了八年教书匠，手下带出来三百多个学生，其中像程开椿、潘天钧这些人都成为胡宗南身边的重要亲信。胡宗南的履历上还有胡宗南自己编造的"南京国立高等师范学校"的假学历。再者，胡宗南在黄埔，期数早于王耀武两届，而且胡宗南还是黄埔生中第一个跨入将军行列的，"四一二""清党"前，胡宗南便已经是少将了。所以，"师长"还有尊为"老师"的意思。

不用说，胡宗南对这个称呼很满意，也觉得王耀武此人乖巧，难怪老头子和何应钦都很中意，自然也就更想把他拉入自己的行列中来，说话间语气更加亲密，已经到了脱略形迹的地步。胡宗南说："老弟，你知道吗？你来西北，是我向老头子建议的。"王耀武故意表示惊讶，胡宗南看了他一眼，继续道："陈诚想把你划到他的属下，我一看这不是把老弟往火坑里推吗？再者说了，西北用人孔急，你老弟这样的俊才不放在这里放在哪里？"由于事涉陈诚，王耀武不好多说什么。胡宗南大概是酒精的作用抑或准备进一步拉近同王耀武的关系，竟然说出了一段他和陈诚之间素来鲜为人知的"抢老婆"的故事。

原任国民政府主席谭延闿有个三小姐叫谭祥，长期待字闺中，按照当时婚嫁的年龄标准，差不多就是"齐天大剩"这一量级了。谭延闿死前，对这件事一直放心不下，就转托宋美龄务必早晚关照谭祥。对于这件事，宋美龄也自然满口答应。问题是谭祥的标准不一般，她要找的夫婿既要人品端正，还要身世清白，特别一点是级别要在军长以上（含军长）。前两点还算不难，但军长级别以上的男人要么年龄大，要么有家室，宋美龄跟蒋介石商量人选，目标锁定在两个人身上。一个是陈诚，一个则是胡宗南。虽然这两个人当时还都不是军长，但他们所统率的师实际上也就是军，当军长是水到渠成的事。问题是这两个人不相上下，到底选哪一个，蒋、宋都拿不准主意。综合谭祥的要求来说，胡宗南应该更合适一些。胡宗南在老家有个原配姓梅，后来得了神经病，经人调解离异。也就是说在蒋介石、宋美龄准备给谭祥介绍男朋友的这个当口，胡宗南实际上单身。而陈诚则不同，陈诚在老家也有一个原配，并未离异，而且当时陈诚身边还有位"红颜知己"，类似于蒋介石当年跟陈洁如的关系。所以，在这点上，宋美龄不满意选陈诚。可是，宋美龄哪知道，胡宗南虽然跟神经病的老婆分了手，却也一直没闲着。他在上海期间勾引的杭州女子师范毕业的黄采楹竟然身为人母。胡宗南这个人搞女人向来有一手，比起国民党党内另外两个大特务头子徐恩曾和戴笠的本事不但丝毫不差，而且青出于蓝。徐恩曾搞女人最终被女人所制，戴笠搞女人闹得满城风雨。只有胡宗南搞女人不仅是暗度陈仓还小桥流水。一旦嫌弃了，不声不响地就将其丢在一边，神不知鬼不觉的。对外还是一副正人君子的面孔。最主要的一点是胡宗南对于搞女人自己还有一套行之有效的经验，其中最主要的一点就是相面。

胡宗南本人特别迷信相术，这和他以此起家有关（关于这一点后面要专门提到）。像他这种人，找老婆那是要相当慎重的。俗话说"人怕见面"，胡宗南对于未来的女友乃至老婆是一定要见上一见的，不管对方是谁。就是后来气焰熏天的孔二小姐，胡宗南也是要亲眼得见才行。而且，胡宗南本人见过谭祥，到底是怎么见的，已经无从考证。但有一点则是明白无误的，胡宗南对谭祥并不满意。胡当然知道谭祥的分量所在，要是放在一般人身上，谭祥这样的女人即便是丑八怪也要迎娶，因为谭的背后站着两座大山——蒋介石和宋美龄。可素来自负的胡宗南却不这么认为。胡宗南从扛上少将的领章那天起就自认为是蒋介石当仁不让的接班人，谭祥娶不娶无关宏旨，至少在胡宗南看来是这样的。胡宗南为什么对谭祥不满意？按照胡宗南的"胡氏相面法"判断，谭祥"克夫"。也就是说谁要是做了谭祥的丈夫谁就要死前谭祥之前。应该说，在这点上，还是让胡宗南给蒙对了，陈诚的确死在谭祥之前。只是胡宗南没有算到，他胡宗南最后还是先于自己的老婆叶霞翟早走一步。如果后人据此说叶霞翟"克夫"的话，不知道胡宗南在天之灵如何作答？

同王耀武絮絮叨叨地说了这么多，胡宗南自得地说道："谁让我名字里有个'让'来着，呵呵。"接着用筷子敲着鼓点念念有词："千里家书只为墙，让他三尺又何妨。长城万里今犹在，不见当年秦始皇。"王耀武心中暗笑，他知道胡宗南嘟囔的这首打油诗是前清康熙朝大学士张英的句子，张英、张廷玉父子两代宰相，以"能容"见称。而胡宗南所要夸耀的并非是他的"能容"，而是这种放弃，某种意义说不过是讥讽陈诚捡了他胡宗南扔掉的便宜而已，而另外的含义则是说陈诚的升腾也不过是借了老婆的"光"，裙带而已。既然胡宗南好这一口，王耀武便不妨再给他添点柴禾。因为正好说到相面，王耀武就接着话茬说："相术上对双眉最为看重，特别是男人的眉毛更是以'华盖'命名。"胡宗南的筷子马上停了："佐民，你也颇通相术？"王耀武笑笑："师长，我的耳朵里不过是顺风刮进来一些乡野趣闻，说来也是给师长解闷，不要笑我粗俗啊。"胡宗南："哪里，哪里，你说说眉毛的事。"王耀武："相术中有一个说法叫'眉动'，说眉动实为心动。不知确否？"胡宗南来兴趣了："你说详细点。"王耀武："我有个本家大爷叫王德发，他以前给人押过镖。他们走镖歇脚的地方经常有些驻军出没，其中有个小头目他还认识，经常聊聊天什么的。有一次，他又在歇脚，又碰到了这位驻军的小头目，他发现这个小头目眉毛动了，跟平素不一样了。"胡宗南："哦？就是说此人心动了？"王耀武："师长所料极是。我这位本家大爷就跟镖行的镖师说今晚我们不能住了，赶紧走，要出麻烦。镖师半信半疑的，天黑赶路还埋怨我那位本家大爷。可是第二天就传来消息说是昨晚没走的那两个镖行的生意都给驻军哗变的乱兵抢了，两个镖师死于非命。这下子大家都服了我本家大爷的眼神。"胡宗南连击两下桌子："没错，眉者为心。佐民，你这个段子说得好，说得好啊。"说罢，胡宗南还用小手指抿了抿自己的眉端。这一动作也被王耀武看在眼里。他知道他编出来的这个段子搔到了胡宗南的痒处。

王德发确实给王耀武讲过这段在镖行历险的故事，但跟眉毛一点关系都没有，更没啥"眉动"一类的神事。故事的本来经过是这样的：王德发跟着镖行的镖师一起走镖（也就是俗称的押镖），他们歇脚的地方也的确经常碰到驻军的闲散士兵们喝茶扯淡，彼此间也打过招呼但不熟。有一次，王德发发现驻军的士兵有点子变化，平素他们都是各自喝茶、划拳什么的，这次却三五成群的嘀嘀咕咕，王德发在江湖上走的路多了，直觉不对头，就跟镖师建议赶紧走人，不要跟平常那样在这里过夜。镖师跟王德发也是哥们，便听了王德发的话，立马走了。他们走后第二天就传来消息说驻军的一部分士兵哗变，抢劫商铺，包括没走的那两镖也被暗算，镖师死了，镖也丢了。那么，王耀武为什么将这件事编得跟眉头扯上关系呢？

胡宗南15岁考入湖州府中学堂，这在胡宗南来说也是特别兴奋的一件事。少年得意免不了东游西逛表达自己的开心。有一个星期日，他和同学一道来湖州府庙前玩，路过一个测字相面的摊子，摊主拉他们做生意，胡宗南因为刚刚考中中学，心里高兴，顺手就捻出一个字，打开一看，傻眼了，是一个"空"字。测字摊的摊主摇头晃脑地端详了一下胡宗南，特别是看了看胡宗南的眉毛。然后说了一个四句诗："昂首天外，八面玲珑。铁肩道义，巧夺天工。"然后用毛笔写下这个"空"字递给胡宗南："二十年内你要是不发迹，你回湖州来拆我的庙。"胡宗南糊涂了："请先生明言一二。"摊主道："空是官字头，工字尾，说你将来工于心计、必做大官。而这个字好就好在里面的两个撇，俗称八字眉。我刚才仔细看了看小哥你的眉毛，你这双眉毛是我十年间见到的最好的，用相书上的话说就是'年少眉浓——必发'。你记住我这句话，拿好这个字。"胡宗南将信将疑，不过，"年少眉浓必发"这句话却牢记在心。测字的这一年是1910年，20年后也就是1930年，胡宗南升任国民革命军第一师师长，一个月后晋升中将军衔，正式跻身国民党军高级将领行列。

有了这段情节在里面，胡宗南便格外迷信自己的眉毛。王耀武正是了解到胡宗南早年的这个经历，所以，今晚在酒席当中便用"眉毛"作下酒菜，正中胡宗南的要害。胡宗南余兴未尽地拉着王耀武说："佐民，不怪老头子那么赏识你，说你是俊才。你就安心留在我这里，有我胡宗南一口吃的，绝不会让老弟饿着。"

王耀武长袖善舞，当然不会饿着。可是，他到了西北的第一个星期却再次亲眼目睹了"饿鬼"的惨状。这一天休息，王耀武上街闲逛，身边跟着副官安慧民和一个贴身卫士，都穿便装。走着走着，就觉得脚底下不对，仔细一看，踩到了一个人的手，王耀武立刻倒退两步，定睛一看，这个人是气息奄奄，手还在本能地摆动，那意思是可怜可怜给点吃的。安慧民挡住王耀武，他知道旅长是"苦出身"，平常对穷人态度挺好，碰到这种情况掏点钱或者买点吃的是很正常的，就准备拿钱。可是却被王耀武给拦住了。王耀武又看了一眼那个快要饿死的人，小声对安慧民说："走吧。"

安慧民不解，王耀武："安子，你大概是没有挨过饿，至少没见过饿死鬼是什么样。刚才我们碰到的那个人已经快不行了。你这时候给他吃的，不是救他，而是害他。"安慧民更不解了。王耀武："久饿的人肠胃都软化了，你给他买吃的，他当时就能撑死信不信？而且，你即便救他一时，也救不了他一世，这顿饱饭就算不撑死，过了今个儿他还得挨饿，本来现在就要饿死了，也就是马上就解脱了，你给他一顿吃的，让他暂时缓过来，回头他还要遭二茬苦，吃二茬罪，与其那样折磨他，不如就让他现在利利索索地走了。"王耀武又说："我小时候每年这个时节，庄上都有一大批这样的饿鬼讨饭，最后都是无声无息地活活饿死，没法子的事。老辈子人见得多了，就积累了点经验，也许没啥道理。"说完这些话，王耀武心情一下子坏了，他叹口气说："安子，你说今年是什么年？"安慧民："民国二十三年。"王耀武："我是民国十三年进的黄埔，十年过去了，快要饿死的老百姓还是随处可见，你说我们这些穿官衣儿的人这么多年都忙活什么来着？"这个问题安慧民是回答不出来了，其实王耀武自己也回答不出来。

2."无期徒刑"

胡宗南欲让王耀武加入复兴社西北分社，王心中不愿，找人替代，暗示前来摸胡宗南底的赵铁夫坐复兴社助理书记之位。

中国历史上素有"三大将"一类的传统，比如汉武帝开疆拓土依靠的是"三大将"，即卫青、霍去病、李广利。南宋开国依靠的是"三大将"，即韩世忠、岳飞、张俊。蒋介石手下也有"三大将"，即陈诚、胡宗南、汤恩伯。这仁人儿仁脾气，侧重也各有不同。但有一点比较接近，那就是在军事上都不怎么强。1947年夏，蒋介石对陈诚说："你管了几年军事，结果一大半江山都被你管掉了，再管下去，要弄光了，我不能不亲自来管了。"1949年10月29日，金门战役硝烟未散，蒋介石便在台北给汤恩伯盖棺论定："汤恩伯于危难之中主退，殊失我望，他是嫡系，是我学生，辜负我多年来对他的宠信。"然而，就是陈诚，早年在东征、北伐中还都算是颇有建树，汤恩伯在抗战初期也还曾经被著名记者范长江等人吹捧一番。只有这位胡宗南，掌管着老蒋西北半壁河山、泰半武装，竟然鲜有胜绩，逃离大陆之后的蒋介石甚至准备抛弃胡宗南，国防部次长郭寄峤犯颜直陈："送一名大将给敌人做俘虏，既违背了战争利益，也违反了指挥道德。"蒋介石这才默许飞机将胡宗南接来台湾。

初到胡宗南麾下的王耀武也很快领略了这位头号嫡系大将的战争"风采"。战时部队两大任务"行军作战"，这是经常挂在嘴边的东西。也就是一个"走"，一个"打"。作为名将来说，必须具备爱兵如子的基本素质。所以，即便是名震域外的霍去病，因为对待士兵有如鸡犬仍旧为史书所诟病。爱兵如子的"爱"究竟体现在哪里呢？莫过于两点，即战斗减员和非战斗减员的数量与质量。其中，这"非战斗减员"最考验指挥员的"爱兵如子"的程度。素有"军神"之称的刘伯承在在这方面做的便堪称典范。回过头来看胡宗南，那就差得远了。对于胡宗南的这种作风，杂牌军就不用说了，就是黄埔系的将领们包括胡宗南手下的大将也啧有烦言。王耀武一上任就遇到钟松所部被胡宗南的乱指挥给坑惨了的故事。钟松的补充旅从陕南往川北行军时，原可以从宝鸡取汉中大道经褒城、沔县到川陕交界的阳平关，这一路行军、宿营都很方便。可是，胡宗南偏偏让钟松部经陈仓古道向阳平关前进，理由是避免与杨虎城所属的冯钦哉师发生"争执"。然而，陈仓古道年久失修，破败不堪，单人徒手勉强经过，但大部队的辎重、武器、骡马就很难通行。钟松电告胡宗南，胡仍旧坚持原意，钟松只好放弃骡马，士兵人手抬运武器弹药，加上不断下雨，山路滑泞，官兵叫苦不迭。最可怕的是从平武到松潘时，要通过雪宝顶，这座大雪山高达4500多米，这且不说，关键是数万大军的给养始终解决不了，胡宗南徒以所谓"怪招"出击，却全然不顾相关因素，结果在松潘时，士兵因冻饿而死的遍地皆是，还引发疾疫，如果不是殿后的王耀武、杨步飞他们及时赶到，胡宗南的第一师在川北就要彻底交代了。

胡宗南胡子拉碴的，倒还没忘了跟王耀武开玩笑："佐民，我还说有我一口吃的就不让你挨饿，哪知道我自己倒先挨了一顿饿。"挨饿还在其次，关键在于挨打。胡宗南在包座战役中很受了一些损失。本来被红军包围的伍诚仁部连续向胡宗南呼叫求援，可胡宗南认为伍诚仁是蒋光鼐、蔡廷锴他们十九路军的老底子，因此迟迟不派人，直到估计老伍他们基本扛不住的时候，才让李铁军率第一旅驰援，援救途中，李铁军以呼叫不上伍诚仁师的电台为由撤回，就这样，孤军作战的伍诚仁给打得稀里哗啦、溃不成军。逃回松潘的伍诚仁非但没捞到一丁点同情，反而因此被撤职。国民党的十九路军是有名的能打硬仗的主儿，尤其是它的老底子，这本该是个"百炼钢"化为"绕指柔"的好买卖，可愣是让胡宗南给搞砸了。蒋介石远在天边，自然不了解全面情况，听信胡宗南的奏报把伍诚仁给干废了，这一下子引发的影响更坏。抗战期间，张发奎、薛岳这些粤籍的高级将领被从冷板凳上拉起来充任第一线指挥，陈诚并没有因为他们在历史上跟蒋介石作对便慢待他们，不论陈诚是从何种立场和角度出发，也不论陈诚这是利用抑或使用他们，但这一点也还可以用"不拘一格"来形容，相形之下，胡宗南的"气度"就不是那么回事了。

然而，胡宗南自己也有一肚子委屈，也有一堆儿的"衷肠"要往外掏。胡宗南从甘南撤回甘谷以后，整补四个月，他自己也是大病一场。戴笠知道了胡宗南生病，马上让赵铁夫带足慰问品去看望胡宗南，表达自己的一番心意。此时的赵铁夫早就不在谷正伦的中央宪兵司令部干了，而是调到了军政部何应钦的门下，担任上校专员。在胡宗南追击红军之前，戴笠已经卖过一次大面子给胡宗南了。因为行军作战最重联络和侦察，戴笠额外支援了一批电台，这种电台是 2.5 瓦的小型电台，非常灵巧，两个人便可以背带，一个人便可以操纵，营连一级的独立出去执行任务都可以携带这种电台便于同指挥机关随时保持联系。哪知道这场败仗打下来，这种电台也跟着损失惨重，戴笠非但没有一点的脸色，反而还让赵铁夫再多带一批去送给胡宗南"压惊"。戴笠让赵铁夫这个量级的人物前去问安，本身就有点表演的成分，就是让人看看他和胡宗南的关系之铁之磁。按说，赵铁夫的身份，戴笠是指挥不动的，可是，这里还有一层因素，那就是何应钦同意赵铁夫前去主要是为了了解一下胡宗南所部的编制问题。何应钦早就风闻胡宗南的第一师特别"出格"。一个陆军师居然下辖十几个团，还自行配备补充旅、骑兵团等非常规建制部队，这里到底玩的什么猫腻？何应钦对赵铁夫说："你一到那边就抓紧和王佐民联系，王佐民归胡宗南统辖有一段时间了，他这个人心细，一定知道第一师的门道，具体了解以后把情况汇报给我。"

此时的王耀武不在旅部，而是去看望胡宗南了。胡宗南的病不是什么大病，放在今天说就是"肠胃感冒"，有累的因素，更多的是气的。最要命的是犯了痔疮，搞得胡宗南坐卧不宁。王耀武手头有个方子便是专门对付肠胃感冒的，可是这次没拿出来。因为胡宗南不是俞济时，胡宗南手下第一号亲信叫做王微，他是胡宗南的秘书，也是胡宗南的"总管"，胡宗南事无巨细都要通过王微来处理，名义上是秘书，实际上第一师除了胡宗南，谁都要礼让他三分，甚至连蒋介石都知道王微的大号。胡宗南一病倒，正好是王微大显身手的机会，他跑前跑后，指挥用药，因此，王耀武绝口不提方子的事，这种吃力不讨好的事，王耀武是不会轻易去做的。

胡宗南见王耀武进来，象征性地要站起来，王耀武赶紧快走几步，扶胡宗南半躺下，还抽出点时间跟王微打了招呼。胡宗南用眼神示意王微退下，屋子里就剩下了胡宗南和王耀武两个人。通过这一段的交道，胡宗南对王耀武很满意，有心想要拉王耀武到自己的门下来。这点王耀武也不是不清楚，不过，王耀武却没这种打算。从心底里论，王耀武不喜欢胡宗南这种人。而且，胡眼下正在生病，王耀武便想坐一坐就走，可胡宗南却摆出一副要深谈的架势，王耀武只好按下屁股坐在那里。胡宗南此人颇喜欢玩弄一些权术，尤其对待属下经常搞点分而治之的把戏出来。这和胡宗南出身乡村教师有着密不可分的关系。

胡宗南有意拉近自己同王耀武之间的关系，主要是看看王耀武是否可以收为己用。两个人之间的话题自然是从这次"追剿"红军说起。胡宗南郁郁地说："佐民，你也看到了，这'剿共'说穿了就是无期徒刑。"王耀武没想到胡宗南这么直接，一时间不好接茬。胡宗南自顾说了下去："要出奇兵就要轻装，轻装就不能补足给养，这在人家共产党来说不算什么，苦惯了，可我们有些军官却叫苦连天，当兵的也跟着起哄，说到底是什么？无外乎人心两个字。"王耀武心里对胡宗南的看法并不以为然，军官叫苦，当兵叫苦，自有其叫苦的原因。你胡宗南口口声声要大家共渡时艰，可你作为最高指挥官是否一体遵行呢？安慧民最近跟胡宗南的侍从副官（负责饮食起居部分的，胡宗南麾下多名侍从副官，分工特别详细）毛权走得很近，他从毛权那里了解到胡宗南这次"追剿"，真可谓厚自奉养，罐头、点心、水果、滋补品、红酒等等一应俱全，毛权的行军帐篷里堆得跟小山似的，就这样，当一些下级军官和士兵挨饿的时候，也不说拿出一样来救济。"上行下效"，胡宗南倚重的黄埔一期的第一旅旅长李铁军是广东梅县人，最喜欢喝两口，而且爱喝白兰地，每天都要喝，在行军途中，他们广东的海味和白兰地酒要源源不断地供应着这位"旅座"。团长杨定南是湖南人，湖南的辣味就不能缺。"天下没有不透风的墙"，你自以为官长们这么做，下层军官和当兵的不知道，其实不过是敢怒不敢言罢了，这样一个氛围下，指望着这些人替你卖命，替你完成所谓的"出奇兵"，那真是痴心妄想。如果说到"人心"，这也就是"人心"。

"人心散了，自'清党'以来，人心就散了。"胡宗南让自己躺得更舒服一些，呷了一口水，然后接着说："问题出在哪里呢？还是出在我们党内，党内没有一个像样的组织形式能够牢牢地将人心凝聚到一处，用'涣散'两个字形容也不为过。陈果夫、陈立夫他们十足误国、误党、误委座。"王耀武："以师长之意，何为'像样的组织形式'呢？"胡宗南："先总理整顿党务时，先是学的苏俄，因为苏俄的党务组织训练方面特为严谨、牢固，于是照搬他们的中央政治局和中央书记处、中央组织局的模式过来，我们也成立了中央政治委员会，先总理担纲主席。但是，在苏俄，中央政治局是大政所出之处，而我们党自先总理仙逝，委座上台前却始终没有培养政治委员会的功能，这个中政会忽而是苏俄政治局，忽而是苏俄的书记处，忽而又是苏俄的组织局，令党内高层也莫衷一是。这或许也是鲍罗廷的阴谋之一吧？"

国民党中央政治委员会成立之初的宗旨的确如同胡宗南所说，有照抄苏俄中央政治局的痕迹。只是这一委员会在成立后始终学习不到苏俄政治局的真谛，反而成为一个叠床架屋的拦路虎。所以，后来又分别成立了国民党中央执行委员会常务委员会，再后来又将中央执行委员会常务委员会与中央政治委员会合并为中央政治会议，再再后来，中央政治委员会又从中央政治会议中脱离出来独立开列。反反复复，分分合合，使得中政会这样的严肃的最高政治统率机关完全成了玩具一类的东西。胡宗南继续对王耀武说："'四一二'之前，身在武汉的那批人已经控制了中政会，委座人在下游，权不自专，只能搞推倒重来，大行'清党'，其实，'清党'者并非完全针对中共，另外一层也是针对武汉的那些长衫佬们。只不过，如此一来，中政会又成了矛盾的焦点。'清党'之后，委座碍于形势，不得不将中政会一拆为四，在中枢自有委座主持，而在北方分别由冯玉祥、阎锡山把握另外两个政治分会，南方则由新桂系把握一个政治分会。这也是新桂系由此坐大的缘故。天下也从此多事了。"

王耀武："自古治平天下都是讲求'强干弱枝'，师长所言中政会故事，我倒是开始领悟一点了。"胡宗南："你说的不错，可惜我们正相反，成了弱干强枝。试想，没有一个强有力的中枢统率机关，如何整拾人心？中共上层是精英，下层则是群众，你也应该有所体察，我们从广东北伐开始，一路上最基础的党部工作都是中共的人马在搞，他们弯得下去腰身，跟泥腿子打交道，我们十个也比不上他们一个。'清党'一起，中共诚然给肃清大半，可我们党内基层的党部机关也涣散大半。在上没有一个领袖群伦的统率机关，在下没有一片牢不可破的基础衙门，你想想看，这人心还能握在我们手中不成？自古道，得人心者得天下，我甚至不敢想下去。"王耀武："像我们这些人平素也只是带兵打仗，从未如师长这样想得如此之深。"胡宗南："不往深了想也不行，我们这些人说到底都是要替校长分劳分忧的。民国二十年，校长在官邸召见贺衷寒、康兆民（康泽）、酆悌、雨农（戴笠）他们，说到沉痛处，可谓声泪俱下。第二年，我到南京，曾扩情、康兆民他们请我吃饭，雨农后来也去了，席间说到这次谈话，我们几个都掉眼泪了，不能不掉啊。我当时就表态了，说如果再不把复兴社搞起来，我们在座的这些人将来都是党国的头号罪人。"关于"中华民族复兴社"这个秘密机构，王耀武早有耳闻，今天再次从胡宗南的口中得知它成立前后的部分来源，心头一紧，胡宗南这次与他漫论天下兴亡，绝不会是泛泛而谈。

胡宗南："原来搞复兴社的时候，还不叫复兴社，康兆民、贺衷寒、刘健群他们各自有一套拳经，有的要叫救亡社，有的要叫力行社，最后校长拍板，定了三层组织，复兴社是第二层。说实话，复兴社是一个很好的办法，团结黄埔同学，恢复北伐精神。可是，校长到底太忙，社里的大权旁落在贺衷寒这样的人手中，宁不坏事？"胡宗南在黄埔时便与贺衷寒不和，这也不是什么秘密了。贺衷寒利用复兴社拉起湖南帮也不是什么秘密。问题在于，胡宗南本来是复兴社的提议发起人，复兴社成立以后，他和桂永清成为绝无仅有的两名现役军人参加者，并且当选为中央干事会干事。

然而，在一向"昂首天外"的胡宗南看来，复兴社中央干事会书记被贺衷寒、刘健群这些人把持着，而并无他的份儿，因而他全力支持戴笠在复兴社内部"翻江倒海"，先是拱倒了邓文仪，继而又收拾了滕杰，目前，胡宗南已经从蒋介石那里要到了复兴社在西北的组织大权。可谁想到，贺衷寒手爪子伸得很长，派出徐经济这些人跟他捣乱。因此，要在西北完全站稳脚跟，必须先把复兴社的领导权抓过来。胡宗南的名言是："打天下要靠三样东西，印把子、钱袋子、枪杆子。"他不缺枪杆子，钱袋子也不少，抓住印把子是关键。

黄埔二期有个"名人"叫做葛武棨，他做过蒋介石的侍从秘书。蒋介石对此人是又爱又恨。葛武棨是浙江人，地道的老蒋的大同乡，又留学日本，相当于老蒋的"同道"，还是黄埔生出身，这三条足以让他走到老蒋的跟前了。他对老蒋那是一万分的忠诚，这点蒋介石丝毫不怀疑。可是，此人头脑有时候特别容易发热乃至发昏，加上脾气不好，动辄就抽别人大耳光，肖作霖在回忆"复兴社"往事时，曾给葛武棨专门画过一副"尊容"——"葛武棨和潘佑强是一对活宝，同样乖僻暴戾，骄横自大，只有给蒋介石骂得狗血淋头时，才露出其本来的奴才面目。并且这两人的外貌，也几乎完全一模一样，和戏台上的蒋干或汤老爷差不多，面目可憎，令人恶心，其后连蒋介石都不愿理睬他们，在组织中便成了两个'狗不理'。"后来，葛武棨不知道动了哪根脑筋，居然把复兴社的情况写了一份呈递给陈立夫，恰巧被贺衷寒偷来汇报给蒋介石，蒋介石一面骂贺衷寒不该去干偷信这样龌龊的事，一面将葛武棨发配西北，送交胡宗南严加管教。

但是，葛武棨到了胡宗南这里，非但没有被"严加管教"，反而屡屡获得重用，这也是胡宗南平素自鸣得意的"权谋经"之一。用葛武棨这种人人喊打的"过街老鼠"，一则不用担心被使用者坐大；二则还可以示以对被使用者的优容。最重要的还是葛武棨其人，第一，此人毕竟是嫡系，黄埔生外加侍从秘书，这样的出身就是黄埔系中也不多见。第二，此人好斗，用好了未尝不是一条看门恶犬。不过，葛武棨的弱点也是显而易见的。所以，要有一个互补型的外来客，这个对象，胡宗南瞄准的正是王耀武。

但在王耀武看来，加入复兴社却是一项难得的苦差。在黄埔系中领兵的师旅一级的军事主官里，加入复兴社的除了胡宗南，还有杜聿明，这本来是向上攀升的终南捷径之一。可是，王耀武却不这么看，在他看来，一旦加入复兴社，而且是被胡宗南罗致到门下的这种，势必给胡宗南操控在掌中，而他的本意是绝不愿俯首于胡宗南这样的"二传手"的。黄埔一期、黄埔二期的学生一般都能直接同蒋介石对上话，其中还有不少人直接接受过老蒋的耳提面命，但黄埔三期以后便不同了，最多也就是攀上何应钦而已，王耀武当初走的也是何应钦的路线。然而，王耀武的思想绝不仅于此，我们前面已经提到过，他之所以下狠手收拾掉侯龙安这样的异己分子，就是要在第一旅中树立其个人的绝对权威，第一旅换言之就是他王耀武独自成军的起家根本，所以，这支部队，他是不容任何人轻易染指的。况且，一旦入到胡宗南门下，势必与陈诚等人结成嫌怨，这又是他王耀武左右逢源的处世哲学所不能伸张出去的。最最重要的是，跟着胡宗南干，至多不过是李文、李铁军一样的二三流将领而已，不可能成为统带一方或者独成一系的方面大将。再者，复兴社一样鱼龙混杂，跟黄埔军校时期的孙文主义学会不会有太大区别，如果真的要走这条路的话，他王耀武早在黄埔时便可以上这条船，不用等到今天请胡宗南做介绍人。

但是，胡宗南既然亮出了他的牌，如果没有一个很好的理由请他收兵的话，那么下一步面临的困难和麻烦就会增大。王耀武回到旅部一直想的就是这件事。这时候，副官安慧民喊了声报告，王耀武让他进来。这才知道，赵铁夫已经神不知鬼不觉地到了，赵铁夫到了以后的地址竟然连胡宗南都没有通知，而是先行派人跟安慧民接上头请王耀武过去一叙。

赵铁夫住的地方是复兴社特务处在西北地区设立的一个秘密据点——南原巷12号。王耀武自然穿的便装，赵铁夫一见他就大笑："佐民，发福了。"王耀武也跟着打哈哈："大哥你现在可是神龙见首不见尾啊，真正的密勿之臣。"赵铁夫"啐"了一口："狗屁，跑腿学舌的看家狗罢了。"

"不过，佐民，你该请我吃饭，不是吃一顿两顿，而是至少三顿，你欠我的人情大发了。"王耀武笑道："我欠大哥的是一辈子的人情，吃饭算啥？"赵铁夫："我说的可是眼前的买卖，你知道不，我在南昌干了一件大事。"看着赵铁夫卖弄的神情，王耀武不好意思说他都知道了，索性让老赵表现一番。赵铁夫三言两语的把他在南昌第二陆军监狱里的勾当说了一下："怎么样，佐民，一个滕超，一个侯龙安，这两个麻烦我可都替你给解决掉。你不请我吃饭？"王耀武原本听安慧民汇报时还以为赵铁夫对侯龙安这件事不甚了了，可现在知道老赵对此竟然也是心如明镜一般，转念一想也对，赵铁夫是干什么的？这种事最多也是瞒他一时，瞒不过他一世。于是，赶紧作了一个揖："大哥，承情之至。"说完，拿过两个锦盒，摆在赵铁夫面前："大哥，老弟给你准备两样东西，早就拿来了，你赏收吧。"赵铁夫把盒子打开一看，一盒是五根金条，一盒是十二支纯金打造的金钗。老赵也撑不住了："佐民，咱哥俩谁跟谁啊，用得着这个吗？"

王耀武："大哥，你还别跟我推辞，咱哥俩还真用得着这个。"五根金条在1935年夏季是什么概念？那时候还正是国民党统治时期吹捧的所谓"黄金十年"当中，物价相对比较平稳，金子值钱，抗战结束后，南京、上海相当不错的住宅也就是两根小黄鱼，可想而知在1935年这五根金条是什么样的力度了。赵铁夫见过手面阔的，可没见过对他自己出手这么痛快的，再有就是这金子跟金子不一样，眼前的这五根金条那是西北有名的沙粒金做成的，成色最足。这种沙粒金金条，赵铁夫从戴笠的办公室里见过，戴雨农拿他孝敬委员长侍从室的关键人物，如今这好东西落到自己的眼前，你想老赵的心情他能不激动吗？

可是，王耀武也从来不会轻易放鹞子出去，那一旦出手必是双倍甚至三倍的回报。他此刻笑眯眯地跟赵铁夫解释："大哥，这金条呢，你可能不知道，我有个朋友在上海做生意，硬拉着我入股，你说我哪儿有什么钱啊，这等于说是送给我干股，俗话说拿人钱财与人消灾，我一个带兵打仗的这年头能赶上大哥你的路子野吗？谁让咱们是哥们来着，就是找垫背的，我不找你找谁？所以，我就把我那份干股二一添作五，你我一人一半，将来人家有事求我，大哥你也跑不了。"王耀武停了停又说："这金钗是给我嫂夫人的见面礼，大哥你在上海新娶，老弟我也没法子道贺，这点物件就算是贺礼了。如今大哥的码头宽了，需要打点的也多了，这点子东西说白了也不过是一转身的事，所以，我说要大哥赏收。"

这话说的，送人家厚礼，还叫"赏收"，收礼的人不但没一点精神负担反而是给人面子。赵铁夫高兴得直咧嘴："佐民，啥也不说了，以后用得着哥哥的地方，一句话。"王耀武刚才说的那些话一小半是真的，剩下的都是他事前琢磨过的。这股金确实是开企业来的，不过那不是什么王耀武朋友的，而是他王耀武自己的厂子。十二根金钗更有讲究了，赵铁夫前面找的是王耀武救过的"小红宝"，跟着赵铁夫去了上海，又南下广州，自从给戴笠知道以后，就迷上了，赵铁夫也是"爽快人"，看《三国》也不是一遍两遍的主儿，大耳贼刘玄德的话怎么说来着："兄弟如手足，妻子如衣服"，既然是"衣服"，换着穿还不正常啊，一晚上的工夫，小红宝就上了戴笠的床了。这件事赵铁夫没敢跟王耀武透，所以，这次找的老婆他也就简单地跟王耀武点了点。但这种事能瞒过王耀武吗？他故意不提这茬，十二根金钗奉上新嫂子，一切都在不言中了。骂人不揭短，何况送礼呢。

赵铁夫："佐民，我这次来，实不相瞒，何老总的意思是要摸一摸第一师的家底，可你也知道，第一师是天子门生，老虎屁股摸不得的，你在西北也有一段时间了，所以，我今天一定要先行请教你老弟。"王耀武："大哥，第一师的家底且不说摸得摸不得，就说一定要摸，多久才能摸得清？"赵铁夫："怎么也要半年以上。"王耀武："这还是要在胡宗南的配合下，如果他不配合你，别说半年，就是三年五载的也难讲。"赵铁夫："黄马褂（黄埔生）本来就惹不起，胡琴斋（胡宗南）这样的御赐黄马褂就更加惹不起。我想起这事就犯愁。"王耀武："有件事跟大哥说一下，或许是个参考。"赵铁夫："老弟请讲。"

　　复兴社西北分社的书记是胡宗南，但胡并不负责日常工作，日常事务交给助理书记徐经济打理，徐的公开身份是绥靖公署参议兼军校毕业生调查处甘肃通讯处主任。1935 年春，徐经济调离西北，其主要原因之一便是胡宗南的秘书王微对他不满，向胡宗南吹耳边风，导致徐的调动。接替徐的是胡维藩，胡是浙江遂安人，一直是搞党务，1932 年在开封主持党部工作，他接替复兴社西北分社以后，始终挑不起来。而王微这些人想趁机插手复兴社西北分社的全盘事务，这点又不为南京总社所批准。一来二去，复兴社西北分社明显落后于其他省、地分社。现在，西北分社需要一个看家的助理书记，这个人选还没有最后确定。

　　听完以后，赵铁夫问王耀武："你的意思是让我争取这个助理书记？"王耀武："大哥目前的职务是军政部专员，用这个名义在西北摸查第一师的家底，虽说名正言顺，但到底进不去根本，如果有了复兴社这一层，效果便不同。还有一点是，以雨农跟胡宗南的交情，这个助理书记大哥来当恐怕是水到渠成的。"赵铁夫："佐民，你一说倒是提醒我了，你知道徐麻子吧？"王耀武："你是说徐远举？"赵铁夫："对，就是这小子，他现在是复兴社西藏支社的负责人，他表面上的任务是护送班禅，发展复兴社成员，其实呢，完全不是这码事。"赵铁夫说到这里，停了一下，习惯性地左右看了看。赵铁夫压低了声音："日本人福岛安正你听说过没有？"王耀武："日军中将，对吧。"赵铁夫："没错，不但是日军中将，而且还是日本西藏渗透计划的总策划。他有个关门弟子叫山木青一，是日军参谋本部后藏工作课特务，公开身份是满洲铁路株式会社嘱托，他的任务是完成对班禅大弟子安钦活佛的包围，从而达到策动西藏的全面亲日反英势力的高涨。"王耀武："这动静可就大了。"赵铁夫："谁说不是呢？据雨农现在掌握的情况是日本人尚未入藏，他们目前的目标是在陕西建立情报网，前期工作应该已经开展了。所以，雨农在我来之前专门把我和徐麻子找到一起去，交代这件事，徐麻子明年到西藏专门办理此事，而我则兼顾看管陕西的日本情报点。你刚才提到西北分社助理书记这茬，正好跟雨农的吩咐对上了。真是个好主意，我要专门请示雨农，让他给胡宗南打个招呼，争取到这个助理书记的位置。"王耀武："大哥，你这么一说的话，那这个西北分社助理书记就不是争取了，而是志在必得。如果真挖到日本人伸出来的这根尾巴，大哥可就不仅功在党国了，而且是功在民族了。"王耀武今天来的目的就是要鼓动赵铁夫去拿下这个复兴社西北分社助理书记的位置，而且据王耀武的反复观察和思考，这个位置应该不会太费劲便落在老赵的手中，如此一来，以胡宗南的雄猜好忌的为人，他是断然不会再请王耀武入股复兴社西北分社，因为王耀武同赵铁夫的关系不难考证，胡宗南生平最忌的是手下人穿"连裆裤"。再者，赵铁夫此次前来即便是谋求西北分社的助理书记，胡宗南即便是知道了由他王耀武鼓动而成，那也没啥风险，因为西北分社的大权早就给贺衷寒、康泽等人觊觎上了，与其落在那些人手中，不如落在戴笠手里，这个账，胡宗南是算得清的。而且，如此一来，戴笠一定要欠他王耀武的人情，这五根金条和十二根金钗放出去收获的远远不止普通的钱财可比，这种政治资本将来的效应王耀武相信一定会比较可观的。

不过，赵铁夫透露出日本人在陕西密谋设立情报网的事情倒是让王耀武狠吸了一口冷气，西北猬集了如此之多的国军精锐部队，而且早晚这些部队都要派上抗日的用场，即使是继续"剿共"，日本人在卧榻之侧也绝不是好事。只是这未雨绸缪的事情与谁去说呢？王耀武又陷入了沉思之中。

3."钦差大臣"

为避免自己部队被划到胡宗南帐下，王耀武求助俞济时及其叔父俞飞鹏，俞飞鹏运作，王耀部正式扩编为第五十一师，王任师长。

1936 年上半年，国民政府军政部上校专员赵铁夫以公、秘两种身份（已经获准兼任复兴社西北分社助理书记）基本摸清了胡宗南的第一师的家底，当然这也是在获得了胡宗南重贿的前提下完成的。军政部部长何应钦报请蒋介石批准，第一师即将扩编为第一军，仍以胡宗南为军长。而且，在胡宗南的运作下，第一军仍旧包含了他第一师的全部班底，新组编进来的部队也以胡宗南的意见为意见。这让此前一直不肯扩编的胡宗南长吁了一口气，心底的这块石头终于落了地。而王耀武心头的石头却因此给提了起来。

作为军事主官来说，承平时期最担心的是两件事，一个是调，一个是编。特别是兵为将有的时代里，一个调，一个编，你这个草头王可能马上变成光杆司令。蒋介石对付杂牌军往往就是这两招，而胡宗南、陈诚、汤恩伯这三大将吞并其他各部的办法也因袭这两招。胡宗南上次拉王耀武加入复兴社的事给王耀武用赵铁夫的办法轻轻推了出去，而这次胡宗南扩编，首先想到的是把王耀武的补充旅弄进自己的门下。王耀武的这个旅资质多好啊，多数是北方人，驻扎西北正合适，而且，这支部队的战斗力也是最强的。他胡宗南这么想是越想越美，王耀武这么想就是越想越怕了。

要想完全躲开这个胡宗南伸来的爪子是不可能的，最好的办法是自己先给自己套上硬盔甲，让你的爪子无法可伸。可是，到哪儿找这套硬盔甲呢？王耀武见天便琢磨这件事，要说"通天"，他可以先找顾祝同，或者直接找何应钦。但要这么做的话，很有可能便与胡宗南的关系闹僵了，毕竟自己目前还在他的屋檐下，将来也不是再也不见面了。于是，他想到了俞济时，就找俞济时想办法。因为俞济时不仅跟他投缘，而且俞济时的老叔俞飞鹏是最高当局的"铁哥儿们"，说话的分量自然不同外人。而最主要的一点则是在王耀武看来，俞济时不会长期典兵在外，总有回到老蒋身边的一天，而那时候也正是自己羽翼丰满之际，借他人炉灶烧自己的大米饭吃，天底下还能有比这更美的事吗？

俞济时此时正驻守在湖北重镇宜昌，职务是国民革命军第五十八师师长，这一年，俞济时才 34 周岁。上次在江西"围剿"中国工农红军第十军团方志敏所部"有功"，获得了蒋介石的格外恩赏，心里美滋滋的。因为俞济时清楚他给老蒋长的这个脸可不是一般的脸。老蒋跟前的御前侍卫那都是蒋介石亲手调教出来的，但是有一点，再怎么调教，你这个御前侍卫也就是鹰犬而已，没见过大阵仗，没到外面经历过风雨世面，所以，老蒋时不时地就把一些认为值得进一步栽培的侍卫给放出去担任军事主官，历练历练。不过，这堆人中干出色的很少很少，多半是成事不足败事有余，最后也就留在地方上了。可他俞济时不同啊，一出马，就来了个谭家桥战役，当然功劳多半是人王耀武给扛出来的，但不管怎么说他俞济时当时也在战场，也是名义上的最高指挥官不是？所以，老蒋就有面子了，最高当局有面子了，俞济时那就不用说了。

人人都有难念的经，俞济时也不例外。按说俞济时现在是春风得意吧，可还闹心，闹心什么呢？闹心自己这张嘴。敢情俞济时刚生下来时是个"兔唇儿"，先天从娘胎里带出来的。如果俞济时就是个撒尿和泥的主儿，在家乡门前当个店员，兔唇儿不兔唇儿的无所谓，关键是他是师长，是蒋介石的头等侍卫，是场面人。而且，蒋介石这人最重门面，他俞济时怎么敢搞得拖泥带水呢？早在广州的时候，俞济时就在外国人开办的医院里做了缝合手术，但这个手术做得不怎么好，门面上是对付了，可内里总是难受，特别是到了春夏之交，经常发炎、发低烧，这么多年了，求医问药也没有去根儿。

后来俞济时就把这件事跟王耀武说了，王耀武一听就乐了，这不是直接给撞枪口上了吗？原来王耀武最早听他二大爷王德发说过治兔唇儿这种事，跑江湖的王德发见得多了，听得也多了，说是中医治兔唇儿，主要是靠两样东西，一个是刀，一个是药。这刀可不是一般的西医的手术刀，而这个药也绝不是一般的中西药，都有特殊的讲究。王德发听过一耳朵，那叫"六类米"，具体哪六类，王德发倒是能说出来，但具体怎么操作，那他就彻底不清楚了。王耀武在上海马玉山糖果公司站柜台的时候，因为经常给一个老中医外送点心和糖果，后来竟然和老人家认识了，老头对王耀武不错，有时候还跟王耀武聊天闲扯，爷俩儿说着说着就扯到了兔唇儿上了，老头说我还不是吹牛，我们家治兔唇儿那是一绝。王耀武就提到了二大爷王德发说起的"六类米"，老头说："行啊，小子，你还知道有'六类米'呢，不简单。我就给你念叨念叨。"

老祖宗传下来的中医可谓博大精深，其精妙之处是无以言表的。一般数典忘祖的糊涂虫们以为中医不过是些树叶子、药渣子而已，其实，中医的手术水平不仅早于西医，而且术后的料理功能在某些细节上也远非西医可以企及。我们都知道三国时曹魏权臣司马师患有眼病，长了个大瘤子，这不是罗贯中杜撰的，而是实有其事。更神奇的是，司马师的眼瘤被中医手术切除，而我们又知道眼科手术因为事涉多种复杂微细血管和神经组织，即便是今天的现代西医技术也不敢打包票。然而，我们的老祖宗就是在缺乏现代科学技术的背景下完成了这一神奇的经过。《太平御览》卷740引南梁沈约所著的《宋书》上对这个眼科手术做过文字记载，现在看到的《宋书》中这一记载已经失传。此外，《晋书·景帝纪》中对司马师的手术也有过记载，经今人朱大渭考证："根据多处有关资料，司马师曾割去眼瘤，而视力不损当不虚，这也是极为精细复杂的手术。"按照年份推算，在距今1800多年前，中国人已经能够独立完成这种精妙玄绝的手术，确是有些"当惊世界殊"的感觉。即以兔唇儿而言，据朱大渭的考证，早在1600多年前，这类整形外科手术在中国已经有成功的范例。[①]

王耀武听过老头的介绍，对这件事简记在心，多年不忘，这也是王耀武有心的地

---

① 朱大渭著《六朝史论》第73、74页，中华书局1998年8月第一版。

方。所以，这次俞济时一提出来，他就给上海的申六去电报，请他务必找到这位老中医。申六不久回了电报说老人家年迈，恐有差池，特别嘱咐推荐他的师弟可以代为完成。说来也巧，老头的师弟人就在湖北荆州，俞济时亲自去请，自然请到，一旦请到，那是药到病除，不仅兔唇儿完全弥合，而且喝了"六类米"熬制的粥糜，连低烧现象也给根除了。俞济时治好了多年的痼疾，欠王耀武的人情可就大了，他几次要重谢王耀武，王耀武都辞谢，因为王耀武需要的不是金钱上的酬答，而是政治上的回报。

如今，这份大人情到了见利的时候了。俞济时得到王耀武的来报以后，马上给王耀武去电，几个字："家叔即到，见机行事。"别看就八个字，玄机大了去了。"家叔"是谁啊？那就是国民政府交通部部长俞飞鹏，俞飞鹏即将到西北视察公干，啥叫"见机行事"？那就说明俞飞鹏到西北可不是为了泛泛的分内之事，肯定还别负使命。这八个字放在别人身上，那就是看一年也看不明白，放在王耀武身上，一个晚上就琢磨明白了。俞济时跟他说过，俞飞鹏这个人不好色、不好赌，好的是附庸风雅，好的是机敏灵巧。有了这个信息，俞飞鹏人还没有到西北，瓢子就给王耀武捏住了。要不怎么说信息就是资源，信息就是生命呢。要不今天怎么会有信息产业这一说呢。

西北是块宝地，就说这些出土文物，那就不是一般地方可以比得了的，特别是像陕西，周秦汉唐多少代的都城啊，好东西海了去了。但既然是附庸风雅，就不是一般的商鼎汉玉能够搞掂的，王耀武给俞飞鹏准备的是一件特殊的礼物，基本符合俞飞鹏的人物性格，而且也基本投其所好。

人身上的各色情结往往都是由可望不可即的东西组成，说穿了，也就是"梦"，有的人留恋旧梦，有的人则喜做新梦。身为国民党政权曾经的第二号人物汪精卫生前最喜欢人家叫他"委座"，以至后来在投靠了日本人之后迫不及待地穿上军装检阅"清乡武装"。作为国民政府交通部部长、蒋介石身边的红人俞飞鹏同样也有一种情结。如果你见了俞飞鹏叫他"俞部长"或者"俞樵公"，他最多是哼哼哈哈（俞飞鹏号樵峰，所以，尊称樵公或者樵翁）。但是，你要管他叫一声"俞老师"，俞飞鹏的眼珠子就会放光。俞飞鹏早年有两个梦想，一个是带兵，做长驱万里的名将，一个是带人，做桃李满天下的名师。

应该说，俞飞鹏的这两个梦想基本都实现了。首先，他做过体育老师，不能算是名师，可也算是育人子弟。其次，他虽不是名将，可也被授予陆军上将军衔，而且若干名将见了他也都要折腰。然而，仔细计较起来，他的梦想显然没有全部认真地兑现。所以，在某些时候，在某些地点，俞飞鹏所表现出来的有关上述两种梦想的情结效应就特别明显。一个是喜欢各色宝剑，一个则是愿意人家叫他俞老师，特别是当年他亲手培养过的学生们的这一声亲切的称呼。有了这两个"软肋"，王耀武的文章便好做多了。

王耀武自然不会蠢到一见俞飞鹏的面就叫"俞老师"的地步，更不会弄一堆宝剑出来送给俞飞鹏。尽管事情发展到最后也都是以这两件事为依归，但这个过程却是一定要柔和到"天然去雕饰"的地步。不要说当事人俞飞鹏一时半会儿看不出来，就是冷眼旁观的人也至少在当时被全然瞒住。这才是王耀武最需要的"火候"。

最先映入俞飞鹏眼帘的是第一补充旅整洁、威武的军容，那些擦拭一新的武器和勃勃生机的士气令俞飞鹏不住地点头。而最关键的是"开场白"——王耀武敬了个标准军礼："国民革命军第一补充旅全体将士准备完毕，请樵公校阅。"这么多年来，俞飞鹏下过无数次部队，受到过无数次礼遇，而这种待遇竟然是破天荒第一次。为了让俞飞鹏心情万分愉悦地完成检阅，王耀武还给俞飞鹏专门准备了特别制作的军靴和早已准备好的军刀，腰间佩戴的军刀偶尔同军靴上簇新的马刺相撞时发出的只有俞飞鹏才能听到的细微的声响让他心花怒放。军刀、马刺，这对于一位名将来说，不啻于荣誉和光环。也许有人认为这是夸大其词，但事实的确如此。山西籍名将商震最重风纪，他每出行必有簇新的马刺相伴。有一次他去剧场，因为人多把他的马刺给弄坏了，商震宁可重新折回去换一副新马刺再出来。而且，俞飞鹏不同于商震，以这样的尊容校阅数千将士不说百年不遇，至少也是十多年未遇。他骑在马上想："都说这个王佐民是有心人，今天得见，果不其然，委座许他为'俊才'，也非浪得虚名啊。"

校阅完毕，俞飞鹏恋恋不舍地回望着那匹骑过的战马说："佐民，大家都知道北洋的王承斌爱马胜过爱美人，其实我俞某人也是一样，这么多年了，浪掷光阴，髀肉重生，今天如果不是佐民盛情相邀，我几乎都忘了这骑马的滋味了。"王耀武："樵公辅佐委座底定大局，事几之余还能忘情于沙场旧梦，这才是我辈军人应该师法的地方。"俞飞鹏笑得更好看了，他拍拍王耀武的肩膀，随后托起王耀武请他佩戴的那把军刀："佐民，现在军人都佩短剑，这是跟洋人学的，其实我看还是佩长剑最好，你没看日本人至今还挎着军刀吗？"王耀武："是啊，我至今记得樵公当年在黄埔时手书的'交兵不假挥长剑，已挫英雄百万师'的名句，我们这些学生一度还众口相传呢。"俞飞鹏："你们居然还记得？哈哈哈。我那时是兴之所至，照录胡曾的原诗而已。"王耀武："樵公喜欢胡曾的诗？"俞飞鹏："嗯，我最喜欢胡曾的《泸水》。"说到这里，俞飞鹏竟低声吟哦起来："五月驱兵入不毛，月明泸水瘴烟高。誓将雄略酬三顾，岂惮征蛮七纵劳。"王耀武："武侯高风，后人仰止。"俞飞鹏："哦，我想起来了，佐民你是诸葛武侯的山东老乡吧，呵呵，自古齐鲁多豪杰之士。"王耀武："属下碌碌，却也有幸襟沾前贤遗泽。"

俞飞鹏一边同王耀武说着，一边仔细把玩着手里的这把军刀。忽然，他停住了脚步，目光紧紧锁定在刀鞘的篆文。看了一会儿，又从口袋里掏出一个精致的盒子，打开盒子，里面原来装的是一柄小巧的放大镜。俞飞鹏用放大镜认认真真地扫量着篆文，王耀武等人也都停在那里不动。很是看了一会儿的俞飞鹏抬起头来，长吁一声："佐民啊，你这把军刀什么来历？"王耀武："我从一家准备搬迁的老店里买的，樵公的意思是……?"俞飞鹏："这柄军刀的来头大了去了。"王耀武他们都洗耳恭听。俞飞鹏指着刀鞘上的篆文说："这是'小站'两个字，其中这个'站'用的是'穿锤'的笔法，什么叫穿锤？你们知道吗？"王耀武等人都摇摇头。俞飞鹏："魏晋南北朝时高欢手下有个大将叫厍狄干，他是个大老粗，一写他的名字'干'，他就写出头，人家问他为啥出头，厍狄干说，不出头能干吗？"说到这里，大家都会意地放声大笑。俞飞鹏接着说："你们还别说，厍狄干这个大老粗玩弄的这个手法后来还成了书法界的流行货，北宋的权臣蔡京那是有名的书法家，他就喜欢'穿锤'这类笔法。宋徽宗的年号叫'崇宁'，发行崇宁重宝时，请蔡京来写这几个字，崇字是上面一个山，下面一个宗，可是人家蔡京大笔一挥，上面那个山字的一竖直接穿下去，穿到底，这要是搁在别人身上，大家伙早就不干了，可蔡京是谁啊？谁敢说啊，不但不敢说，大家伙还都得捧着聊，说这是神来之笔。但是后来就有人放马后炮了，说蔡京这个穿锤给穿糟糕了，'宗'给穿破了头，所以，北宋覆灭，南宋播迁，宗庙社稷给毁了。"

"不过，自蔡京以后，好用穿锤的也还是大有人在，这把刀鞘上的'小站'二字中的'站'就是穿锤。"俞飞鹏说到这里，指给大家看，果然那个"站"字左侧的"立"的那一横与右侧的"占"上的那一横连了起来。俞飞鹏说："这是母刀，还有一把子刀我在天津陈光远住处看到过。"陈光远是北洋军阀直系大将，著名的"长江三督"之一（长江三督指李纯、王占元、陈光远）。俞飞鹏："陈光远本来也不配有这样的军刀，但他当年是袁克定的左膀右臂，是模范团的头子，子刀是赐给模范团的。至于现在我们看到的这柄母刀，无疑就是袁世凯当年自己的佩刀。"

俞飞鹏说的没错，这把军刀的来历的确非常有趣。袁世凯在朝鲜时非常艳羡日本军官的军刀，后来他托人搞到了昭和军阀山县有朋的军刀摹本，在他开始小站练兵前，专门督造了这两柄军刀，一柄放在家里，一柄自己佩戴，上面篆有"小站"两字，这两个字是出于老袁自己的手笔，用的是"穿锤"的手法。袁世凯当了大总统以后，有憾于段祺瑞的尾大不掉，开始着力培养袁克定，模范团便是典型一例。袁世凯示意袁克定担任模范团第一任团长，段祺瑞死活不同意，老袁最后扔下一句硬话："芝泉（段祺瑞字芝泉），你看我当这个模范团团长够不够格？"段祺瑞这才没话说。袁世凯自兼团长，第一任干满，提拔第二任时，老袁不再跟段祺瑞废话，直接任命袁克定为团长，陈光远为团副，并钦赐这柄军刀（子刀）。袁世凯死后，军刀的母刀留在袁克定处，子刀多次被转手，这也就是俞飞鹏在陈光远手中看到的原因。而今，这把母刀竟然在穷僻的西北重现天日，真是令俞飞鹏激动不已。

王耀武把俞飞鹏的表情都看在眼里，不动声色地说道："我们这些凡夫俗子竟然不知道这柄军刀还有如此传奇的经历，若非樵公指点，几乎让它湮没了。"俞飞鹏："佐民，你这第一旅宝贝可是不少啊。"王耀武："难得樵公如此喜爱，我们这些粗人留着也没有用，再者军旅辗转，万一丢失，岂不是天大的遗憾？不如请樵公收好，异日国家博物馆成立，也好做一历史见证。"王耀武的这番话铺垫得特别到位，俞飞鹏收礼还等于是为了国家保存文物，这面子给的，俞飞鹏不能不要了，他让随员包好这柄军刀，心底已经有了下一步处理这柄军刀的计划，这样的宝贝既不能自己留着，也不用给什么国家博物馆，而是应该送给最高当局。"秦失其鹿，天下逐之，先入关中者为王。"一方传国玉玺的故事演了多少代，成全了多少幸运儿。多尔衮追杀蒙元后裔，意外在草原上收取元顺帝的玉玺，皇太极为此告庙祭祖，这是"天命攸归"的"大把戏"。国民党取天下自北洋军阀，如今北洋的老祖宗袁世凯的军刀落在他手里，这不是表明国民党是"正根"吗？如果把这把军刀上送，那么，最高当局对他的欣赏那就不是一般的了。想到这里，他心中也由衷地感谢王耀武："这个王佐民还真是个人物。"

俞飞鹏走进旅部的陈列室，在一张桌子上摆放着几个厚本子，上面标有"治军要录"的字样，俞飞鹏操起来翻了翻，猛然间被"打野外"这一段章节所吸引。这段有关"打野外"的描述让俞飞鹏有些忘情地读了起来。这本"治军要录"中抄录了诸葛亮、李靖、戚继光、曾国藩、左宗棠、蒋介石、苏沃洛夫、拿破仑等中外名人有关治军的方略，而在这些方略中挤占着一点点空间的有关"打野外"的描述何以让俞飞鹏如此留恋呢？

这个"打野外"是王耀武给俞飞鹏预备的第二道"菜"。俞飞鹏在1916至1917年这段时间里曾经在北京师范学校供职，担任体育教师，当时的中国内忧外患，学生们一般都是忧国忧民，尤其对军事训练特别感兴趣。俞飞鹏的体育课实际上就是变相的军事课。俞飞鹏比较侧重于教导学生体能方面的锻炼，因为在俞飞鹏看来，体格的严酷训练关乎军人的基本素质的养成，在这点上，他很欣赏德国人的做法，而这类功课早在他担任宁波师范体育教师时已经开始留意了，最主要的是，俞飞鹏本人还参加过学生军，所以，他对学生的军事训练、操练的力度的把握颇为到位，很多学生在这点上也很信服俞飞鹏，甚至时隔六十多年后，留在大陆的一些北京师范学校的学生还能对俞飞鹏当年领着他们"打野外"记忆犹新。为了增强学生对军事斗争的直接认识，俞飞鹏还说动师范学校的方校长，给学生们搞了一批真枪实弹扛在肩上。有一年夏天（具体时间至今没有定论，一说是1917年夏，一说是1916年秋），俞飞鹏领着学生们到北京的小汤山"打野外"，认认真真地上了一堂军事课。俞飞鹏不仅脑子勤快，手也不懒，他及时总结每次打野外活动的特征、损益，总结成几条经验，在课堂上与学生们共同探讨。而这些东西竟然在几年后的一次意外的机会中飘进了王耀武的耳朵里，这不能不说是历史给予王耀武的一种特殊款待，当然，特殊的款待往往也一定是留给那些时时刻刻做着准备、时时刻刻用心观察的人们的。

在马玉山糖果公司后期的王耀武已经决定去广州投考军校，虽然这方面的东西他也多少看了一些，可总有一种隔靴搔痒的感觉。有一天，他照例站柜台，听几个客人在那里闲吹，其中一位客人王耀武认识，他大名叫冯德炎，这家伙特别能吹。就拿他的姓氏来说，他就能吹出一段故事来。冯德炎说："兄弟我原来不姓冯，我姓马，为啥改姓冯了呢？别误会啊，我妈她老人家没改嫁，我呢，跟人家冯玉祥冯大将军也八竿子打不着。可就是姓了冯了，您说怎么个档子事呢？"旁边还有几个起哄的，冯德炎一看更来劲了："合着兄弟我当年去德国留学的时候，看见人家德国人不少姓冯的都特牛气，一打听，敢情在德国啊，姓冯的那都是贵族。兄弟我就想了，这年头谁不想跟贵族攀上啊，再说了，马和冯就差两点，我就给改了，改姓冯了。可是兄弟我千算万算没算到一点，那就是咱爹给兄弟我起的这个名字愣是跟人家贵族冯套不上去，您想啊，冯德炎，冯德炎，怎么听着他都不是贵族不是，怎么听着他都是裁缝。"大家伙一通哄笑，冯德炎："我告诉你，我是青岛人，您知道青岛人是啥概念吗？青岛人是德国人的表弟，懂不？别人去德国或许找不着门，咱们青岛人去德国那就跟走我舅舅家一样。"大伙又是一顿嘲笑。冯德炎来脾气了："跟你们说不信是不？告诉你，我老冯不但去德国留学，读的还是德国皇家陆军学院。"这帮人笑得更凶了："皇家？有多黄啊？"冯德炎这次不笑了："好，我就给你们说说什么是'打野外'。"冯德炎一边说，大家伙一边笑，后来就散了，可王耀武却留心了，他先给冯德炎递上一杯热茶，然后陪着笑脸："冯先生，您刚才说的'打野外'的故事，我听着好听，您能不能接着给我说说，当然不会让您白说，今天我请您吃点心。"冯德炎："这帮子人是肉眼凡胎，还真就你小王识货，要说'打野外'，我在北京读师范的时候，我老师俞飞鹏俞老师那亲手交给我们的，我到德国念陆军学院时，一伸手把德国人都给震了，好嘛，青岛人，不含糊啊。"随后，冯德炎说了好几条，王耀武都给记下了，再后来他还找过几次冯德炎，冯德炎又跟他吹了一些军事训练上的事。其实，也不怪大家嘲笑冯德炎，冯的确没有去过德国，本来去德国留学冯是榜上有名的，可为了一个女人，冯德炎把这个名额卖给了另外一个朋友，为了遮丑，就把自己的马德炎改姓了冯。但是，冯德炎说的这些有关"打野外"的点滴知识却让王耀武给牢牢记住了。

随着王耀武带兵年头的增长以及对古往今来的某些战例的研读，王耀武感到俞飞鹏有关体能训练的某些看法是很有道理的，这也就是他始终能把冯德炎吹牛时露出来的这些东西记住的原因。自然，今天把这些东西列入第一补充旅的《治军要录》中则是另一层面的话题了。

当俞飞鹏问起这段时，王耀武就把以上的往事说了出来。俞飞鹏发感慨了："佐民，我没想到你这么用心，只是我俞某人何德何能，怎么敢与诸位先贤乃至委座并列呢？"王耀武："樵公过谦了，佐民之所以将樵公这段论述列入其间，也是自有一番来源的，如果樵公明天赏光的话，就请樵公参加职部的'打野外'如何？"俞飞鹏欣然应允。次日"打野外"归来，一路上俞飞鹏同王耀武多有交流，王耀武结合自己的一些所学所识在俞飞鹏面前做了比较详细地叙述，俞飞鹏频频点头。

休息了两天，俞飞鹏又应胡宗南的邀请到第一师师部做客，王耀武没有作陪。等到俞飞鹏离开西北前，又到王耀武这里来了一次。俞飞鹏："佐民，你的心思我都懂，我此行不瞒你说，并非全为检查通讯工作而来，而是受委座之托，兼顾西北军务。上峰的意思：国防部队还将扩充十五个师左右。编制问题还在研究中，俞某也忝列参与，所以，你老弟放心好了，我回南京以后，先找何敬之，再去见委座，第一旅的事包在我身上。"王耀武深深一揖，一切都在不言中了。俞飞鹏回南京途中转道湖北，见了俞济时以后，他说："王佐民这个人真是聪明，此人将来前程一定不可限量。对这个人你一定要交厚，这对我们将来有大用处。"

俞飞鹏回到南京，面见何应钦以及向蒋介石做了有关汇报之后，王耀武所部的扩编计划很快得到批准，军政部将新编第十一师的番号给了王耀武，这是一个暂时的番号，此后王耀武部正式扩编为国民革命军第五十一师，王耀武任师长。何应钦的大舅哥王伯群曾任国民政府交通部部长，是俞飞鹏的前任。他在四川等地考察时偷运鸦片、吗啡牟利被中央宪兵司令部查获，王伯群原以为中央宪兵司令部的司令谷正伦与他们交情不浅，可以睁一眼闭一眼地放过，哪知道谷正伦并不徇私，直接将此事上报政府，王伯群被就地免职。王伯群去后，交通部大权落入俞飞鹏手中，交通部的大帐既乱又杂，如果俞飞鹏想要就此来彻底搞臭王伯群那是很容易的事，但是，俞飞鹏只字不提不说，还没有对王伯群在交通部的旧部大动干戈，平稳过渡了。这件事很让王伯群、何应钦念他的好，等于欠了俞飞鹏一个绝大的人情。所以，俞飞鹏一谈到王耀武部的扩编的事情，何应钦马上照准，再者说了，王耀武是谁啊？他何应钦心里跟明镜似的，这样的顺水人情再不会做的话，那他还能叫何应钦吗？

今人有论及王耀武所部扩编一事时提出王耀武是托了"重庆行辕主任贺国光"的门路才得以办成。这是不准确的。首先，在 1936 年国民党政权没有设立所谓的"重庆行辕"。 1936 年这一年中成立的军事委员会委员长外派机关只有重庆行营这个机构而非重庆行辕。而重庆行营成立于 1936 年 10 月，此时王耀武所部已扩编完成。其次，我们再来看贺国光的职务。贺国光于 1936 年 10 月被任命为国民政府军事委员会委员长重庆行营参谋长兼第一厅厅长。1939 年 1 月，贺国光被任命为军事委员会委员长成都行辕主任，而非什么"重庆行辕主任"。而最重要的一点是 1936 年的重庆行营主任不是别人，正是给过王耀武密码本可以直接与其联络的顾祝同。退一步说，即便是王耀武要托人扩编，他何以不找行营主任顾祝同，却偏偏要找行营参谋长贺国光呢？难道顾祝同的力度在贺国光之下不成？

而且最为主要的是，这个重庆行营管辖范围是川（四川）、滇（云南）、康（西康）、黔（贵州）四省，西北驻军的编制、防务问题该行营并无直接插手的可能。而且，顾祝同是 1936 年 9 月 3 日就任行营主任，11 月，他决定将行营设立在重庆。王耀武部的扩编时间则是在 1936 年上半年。再有一点，这个所谓的"重庆行营"说到底不过是蒋安插在西南的一个眼线，而这个眼线的核心人物则是重庆行营秘书长杨永泰。换言之，在重庆行营里，不论是顾祝同还是贺国光，其实权势都不如杨永泰。杨永泰与王耀武并无渊源，况且即便是请托到重庆行营的门下，最终拍板决定编制的还在南京军政部，还要何应钦来点头。"一事不烦二主"，以王耀武做人的精明程度，他是断然不会去走重庆行营的门路的，从时间表上看，也根本走不了，扩编之前还没有重庆行营这一机构呢。

4. 子午谷救驾

王耀武收留张灵甫去训练便衣队。"西安事变"爆发，蒋介石被扣。王耀武与故人张学良部下穆忠恒联系，受其指点子午谷"救驾"。

王耀武的五十一师是两旅四团的编制，两个旅长（151旅和153旅）分别是周志道、李天霞。他们两个人原任团长，都是坐升。周志道这个人做事比较卖力气，不讲价钱，王耀武很欣赏他。李天霞是王耀武的黄埔同期同学，我们前面提到过，在第一旅的"斗法"过程中，李天霞拒绝侯龙安的拉拢，坚定地站在王耀武一边，深得王耀武看重，另外，李天霞柔媚见长，平素里也很会讨王耀武的欢心。原来周志道的副手、补充第一旅二团副团长程智只调升了半格，当了团长。还有一个也是升了半格的就是邱维达。程智作战勇猛，邱维达则深沉果敢，这两个人说起来都是王耀武准备精心培养的"苗子"，在这次扩编中却没有被充分地晋升，王耀武是有着另外一层考虑的。

程智智勇兼备，但缺乏历练，在团长这个位置上磨一磨非常必要，如果骤然提升他到副旅长一类的位置上，表面看好像荣耀，其实是耽误了人才。邱维达是一个爱憎分明的人，以往他在李天霞手下，对于李的一些做法就看不惯。可是，胳膊拗不过大腿，现实生活就是如此，军人也不是生长在真空里，将来要独当一面就必然要先学会如何同各色人等打交道的本领。所以，王耀武把邱维达安排在参谋处，当参谋主任（参谋处处长），积累他的协理、调和方面的经验和能力。

就在王耀武扩编之际，有一个身负杀妻罪名的人投在了五十一师的门下。此人便是后来因为在孟良崮战役中被击毙而为人们所熟知的张灵甫。不过，这个时候的张灵甫还不叫张灵甫，而是叫张钟灵。（关于张灵甫的本名，《民国高级将领列传》中介绍道：张灵甫，原名钟灵，字灵甫，

邱维达

后以字行。目前还有一种考证认为张灵甫原名张宗麟，本书取《民国高级将领列传》中的说法，故作张钟灵。）

对于张灵甫，王耀武并不陌生。当年是黄埔同学，王是三期，张是四期，脚跟脚进了军校。离开军校以后又脚跟脚地进了第一师，王是五团三营的营长，张是六团二连的连长。王耀武的这双店员眼睛对张灵甫同样也不例外地关注着，张灵甫的优缺点，王耀武都看在眼里。张灵甫为人强梁、狠忍，这是身处乱世的军人们很快出头的一个重要基础。但另外一方面，这样性情的人又难免被碰得头破血流。所谓不成龙则成蛇。张灵甫的弱点是缺乏足够的政治头脑，这在王耀武看来倒未必是真正意义上的缺点，至少罗致在自己门下没啥太大的障碍。因为缺乏政治头脑便可以进一步驾驭，尽管也有桀骜不驯的一面，可毕竟还能掌控在手中，收为爪牙。况且，使功何如使过，用一个有着前科、污点的人有时候会胜过使用那些历史清白的，这也算是中国的传统政治中的某些"经验之谈"吧。

正是基于这种认识，王耀武出面以"标下愿保"的姿态给张灵甫说情。本来，老蒋对于黄埔生就是比较骄纵的，张灵甫虽然背负一条人命，可没有立即付之公议，更谈不上处死。既然有人作保，而且此人又不是外人，而是自己目之为"俊才"的王耀武，自然也是一保就准。就这样，张灵甫到了王耀武门下做了个上校候差员，用官场上的说法，这个官职是王八吃大粒盐——咸鼋（闲员）。可是，闲员不闲，王耀武交给张灵甫一个特殊的任务，那就是训练便衣队。

王耀武对张灵甫的起居饮食甚至到一些细微的地方都很照顾，不让出现一丝的纰漏，更不允许下面拿张灵甫的污点做文章，因为王耀武知道张灵甫穷蹙来投，心思会格外敏感，自己既然已经为张灵甫作保，就要拿出倾心结纳的样子来。首先王耀武替张灵甫想到的就是改名的问题，说实话，张钟灵这个名字臭了，不宜再用，容易让人联想起杀妻那凶残的一幕。但这种事不好直接张嘴说，容易让张灵甫误解。王耀武就琢磨了一个办法出来。

自清以降，读"明史"是一个很热的东西，这种现象甚至延伸到民国时代，国民党高级将领中熟读"明史"的大有人在，谈论明史的更是比比皆是。王耀武、张灵甫也不例外。这一天，王耀武、张灵甫凑一块闲聊，又谈到明朝历史上的一些事，特别是结合眼下日本人大兵压境的背景，颇为欷歔。明朝历史上抵御外患最有名的莫过于于谦、戚继光、袁崇焕这三位，话题当然也就转移到了他们三个人身上。聊了一会儿以后，王耀武走了，临走前桌上压着那本《明史》，张灵甫回来拿起一看，马上就明白了王耀武的苦心了。

这本《明史》被翻开压住的这段是徐有贞传。徐有贞是明朝历史上有名的有才无德、毁誉参半的宰执。他本名徐珵，瓦剌俘获明英宗以后直扑北京城，一时朝野上下乱成一团，有的人主张迁都，有的人主张抵抗。主张迁都最力的就有徐有贞，逃跑的观点遭于谦等人的驳斥后渐渐消沉，徐有贞一看风向不对，便改换门庭，也来了个主战。他后来托于谦的门路想给自己提拔提拔，于谦知道徐有贞这个人虽然德行不怎么样，能力还是有的，国家用人之际，推荐一下也无妨。可是，明朝的景泰皇帝知道这个徐有贞啊，他一看奏章，就问于谦，这个徐珵不就是那位主张迁都的主儿吗？于谦不能撒谎啊，就说是。景泰说，这样的人还能用吗？得，彻底没戏。大臣陈循就跟徐有贞说，老兄这个名字太臭了，不妨改一个，或许还能转转运。徐珵就改名叫徐有贞。本来，于谦是用心推荐的，可景泰皇帝不用，徐有贞便恨上了于谦。明英宗复辟，夺门之变后，徐有贞力主杀于谦。陈循本来劝徐有贞改名，这是有德于徐有贞，可到了关键时刻，徐有贞也不帮着陈循，看着他倒霉。后来徐有贞落难的时候，曾经跟士权关系不错，还对士权说，以后我们要做儿女亲家。可一旦还阳，徐有贞对亲事绝口不提，士权登门拜望，他也不提。他不提，士权也不提。这在士权来说是施恩不望报，在徐有贞则是忘恩负义。

那么，王耀武这么安排，用徐有贞的例子提醒张灵甫，不怕张灵甫忌恨吗？毕竟徐有贞是一个缺德的人。如果王耀武想不到这一点，那他也就不是王耀武了。徐有贞此人的确缺德，但另一面此人能力颇强，用杨善的话说就是"善奇谋"，"夺门之变"时，石亨这些武将们心里都胆突突的，一个劲儿地打鼓："能成吗？"只有徐有贞斩钉截铁地说："肯定能成。"徐有贞不仅搞政变有一套，就是水利、地理、军事都很有研究，也很有成绩。而且徐有贞此人极思进取，功名心重，用现在的话说就是"事业心强"，他被贬回家后，还常常拿着铁鞭，夜观天象，以为皇帝老儿能够重新招呼他。这些性格与张灵甫颇有相近的地方，也容易引起张灵甫的共鸣。张灵甫其人并非一般的草莽，而是有些抱负和野心的青年军人，徐有贞一流的人物往往会成为他们追慕的"榜样"，比如清末的大将胜保，生平就以年羹尧为楷模，其实胜保何尝不知道年羹尧最后横死呢？

事后证明，王耀武的这一招很有效，张灵甫就此改名，以字行。改名本身还有一层含义，那就是过去种种譬如昨日死，将来种种譬如明日生。张灵甫后来自己说过："前半生这条命是爹娘给的，后半生这条命是校长和佐公（王耀武字佐民）给的。"所以，尽管后来张灵甫统领七十四师，渐有分庭抗礼之势，但始终没有另立门户，也是感念王耀武当初的庇护与提携。

参谋长罗明理对王耀武收留张灵甫还让张灵甫去训练便衣队这件事颇感不解。罗明理："张灵甫于人如此，于至亲如此，师座收留他倒也罢了，还放在左右，还让他染指便衣队，我是有些担心啊。"王耀武："用人不疑，疑人不用嘛。"罗明理哼了一声。王耀武知道罗明理对老婆一向很好，也很照料，自然对张灵甫杀妻会不以为然。于是就跟罗明理开了个玩笑："谁能像你那么怕老婆。"罗明理一听就不干了："我怕老婆？谁不怕老婆？你不怕？"罗明理从东征便一路追随王耀武，所以，他和王耀武之间私下里的谈话完全可以脱略形迹。王耀武也乐了："我那不叫怕，我那叫尊重。"罗明理"嘡"了一下："呵呵，长官们就是会说话，我们当下级的怕老婆就叫'惧内'，你们当长官的怕老婆就叫'尊重'，不一样就是不一样啊。"王耀武："怕老婆是一种美德，知道吗？"罗明理："谁说的？"王耀武："这是墨公（顾祝同）说的。"罗明理点点头："这话我相信，本党怕老婆那也是有传统的。校长我不敢说，汪先生（汪精卫）怕老婆那是尽人皆知的，墨公怕老婆也是尽人皆知的，只是这怕老婆何时成了一种美德呢？"王耀武："墨公讲了，俗话说，举头三尺有神明，在外敬神明，在家怕老婆，如要长存敬畏之心，必然不会特别嚣张，也就自然不致重蹈骄必败、骄必亡的覆辙。"

抓获日军

罗明理：“在家怕老婆，在外胡乱搞，也是大有人在啊。好像越是在家怕老婆怕得厉害的，在外胡搞得也就越凶猛。”王耀武哈哈大笑：“你该不会是说你自己吧？”

便衣队自江西“剿共”以后已经成为王耀武手中的一张王牌。他一开始训练便衣队的想法还仅仅停留在一般程度上，随着手头武装的不断扩充和眼界的不断开阔，王耀武对便衣队的要求也就不断加码，内里赋予便衣队的野心也就逐渐膨胀。他将便衣队基本定位为现代版的成吉思汗的“怯薛军”。

举凡了解这位“纵横万里、灭国四十”的“一代天骄”的人都会知道，成吉思汗的“怯薛军”是蒙元铁骑制胜的一件重要法宝之一。具体到怯薛制度本身，也就是侍卫、宿卫、内卫轮值法，蒙古的怯薛分为三种，一种是侍卫，执掌日间作战和警备；一种是宿卫，执掌夜间战斗和防卫；一种是内卫，贴身警卫长官。蒙古的怯薛都是骑兵，人要粗壮，所谓磨盘腰，琵琶腿；马要喷鼻，所谓甘草黄、透骨龙。每个蒙古怯薛兵配一伞、一锅、一碗、一刀、一弓，这是怯薛兵的“五件套”。每到一处，就地征粮，自行炊事，简洁明快、动作迅敏。怯薛除了以上任务外，后来还将职责扩大到侦察、传令、兵站、交通等，成为蒙元军事帝国无坚不摧、无锋不折的一柄利刃。

山东人对于蒙元帝国的研究在北中国来说是数一数二的，这跟成吉思汗及其子孙鲸吞天下的战略有直接关系。成吉思汗灭亡金国特别是攻取中都，以山东作为最重要的一翼，并以此经略中原、逐步南下。所以，当山东红袄军李全的儿子李瓒据济南发动叛乱时，元世祖忽必烈竟集中了十七路人马同时合攻济南，甚至还将驻守高丽的部分军队调回参加战斗，汉军世侯的头面人物史天泽等人都充当了平叛的急先锋。据此我们可以看出山东的重要性。在这场非常之变中，山东人与蒙古人之间都进一步加深了彼此的“了解”，自然这种了解是以血腥为代价，以压服为基础的，因为蒙古人忌惮山东部分地区的剽悍。也是在这场非常之变中，山东人更加愿意主动去钻研那支蒙元帝国视作眼珠子的秘密武器——怯薛。

山东籍的名将戚继光、军阀吴佩孚都先后将蒙元帝国的“怯薛”列入练兵的必然守则中，并以此为发轫，锻造出一时的精锐，只不过前者戚继光用它来保家卫国，而后者吴佩孚则用它来谋夺私利。王耀武作为山东人的后代，他对怯薛制度的研究和迷恋同样与祖宗有着天然的共鸣。其实，不独王耀武这个山东人，就是曾国藩湘系军阀的“霆军”（鲍超所部，因鲍超字春霆，故曰霆军）、左宗棠的“老湘营”（刘松山、刘锦棠叔侄统带的部众）甚至太平天国英王陈玉成的“红猿”都有当年成吉思汗“怯薛”的影子。在王耀武看来，怯薛的核心就是人自为战、人自敢战、人自死战这三条，以个体的勇锐带动整体的威猛。王耀武希望通过便衣队的训练成军将五十一师整体带入强硬的氛围中去，将这支武装锻造成通体烧红的钢条，有朝一日，这副钢条将彻底插入倭寇的喉咙中去。而这些内容却是要从1928年那一幕惨痛的回忆和经历说起，它留给王耀武毕生的血痕永远也不能磨灭。

1928年春，王耀武参加国民党的第二次北伐，部队打回山东老家，迎接他们的并非胜利与鲜花，而是日军的铁蹄和刺刀。5月3日这一天，震惊中外的"济南惨案"发生了，这就发生在王耀武这位离家多年的山东游子的眼皮底下，这就发生在一群荷枪实弹的国民革命军聚集的地方。在历史上，山东饱受日本侵侮，从甲午年间的威海卫之战到第一次世界大战期间日本出兵山东抢占德国租界。而且，这一次的济南惨案尤其令中国人感到痛心疾首的是，就在济南惨案发生前的五年即1923年，日本关东大地震爆发，损失惨重，当时的中国还处在军阀混战的时代里，百姓缺衣少食、饥寒交迫，然而却能竭尽自己所能，伸出援助之手帮助日本灾民渡过危机，仅山东一地捐赠给日本的救灾物资便有三十万日元之多。可是，中国人民的以德报怨没有换来同等的交换，也没有唤醒日本人的良知，五年后的1928年，山东人捧出去的热心肠得到的冰冷的刺刀深深插入体内。

在济南惨案中，王耀武亲眼目睹过一场令他终生难忘的惨剧——一名年仅三岁的山东儿童被日军用五根钉子活活钉死在城墙上。王耀武含泪找到团长李延年，独自请战，即便拼光他王耀武手下的这个连也在所不惜，李延年拍了拍王耀武的肩膀，刚说了一声"佐民"，王耀武眼泪就不由自主地淌了下来："这不光是咱们山东人的奇耻大辱，也是我们国民革命军军人的奇耻大辱。"

从团部出来一边走一边挥泪的王耀武就从这一天起悄悄给自己立下一个规矩："以后只要碰到日军，决不准手下留情。"这条规矩以后成为王耀武第五十一师、第七十四军、第二十四集团军的一条军规。

济南惨案留给国民党统兵将领们的印象无疑是非常深刻的。1928年5月10日这一天，冯玉祥在日记中写道："余以济案之故，愤恨交集，连日以来，往往痛哭，因之患病，本日较重。"而蒋介石在他的日记里又是如何描述济南惨案的呢？1933年1月1日，蒋介石在日记中写道："雪耻之记，已足五年，今年不再自欺乎？倭寇警报日急，望自勉奋，毋负所生也。"[1]从蒋介石的日记中，我们可以看到，老蒋对于1928

---

① 蒋介石日记（原稿本），中国第二历史档案馆藏。转引自杨天石《卢沟桥事变前蒋介石的对日策略》，载《近代史研究》2001年第二期第1页。

年的济南惨案同样不敢稍忘，同样抱有雪耻之心。至于蒋介石为何在济南惨案发生后不久就给日本军方发去态度委婉谦卑的照会并且严令各军不得与日军正面冲突，则需要联系当时的历史背景和政治背景做全面的解读。

作为当时的下级军官的王耀武自然不会有蒋介石那样的"胸怀"，作为齐鲁子弟的他面对家乡和家乡人民遭受的祸害，心头燃起的怒火是不能用语言来形容的。济南惨案是扎在王耀武心坎里的一根刺，随着带兵的年深日久和职务的不断提升，王耀武对这根刺的思考又增加了很多层内容。"九一八"事变乃至后来的长城抗战，赋予了王耀武的这种思考越来越带有现实性和急迫性。

第一次北伐途径福州时，罗明理他们查抄到一批东西，里面有些书稿，是原来福建船政学堂的资料，罗明理知道王耀武喜欢看杂书，就把这些书稿给捆了，一并交给王耀武。王耀武看了很高兴，可没有工夫去细细地读。接下来就是不停地征战，始终没时间去翻看这些尘封已久的书稿，直到这次屯兵西北，终于有了闲暇，王耀武开始一点点地打开这些沾满了历史灰尘的特殊见证人的记忆闸门。而撞进王耀武眼帘的竟都是他一直思考的东西，也是他不怎么愿意面对的东西。

王耀武出生前十年，中日之间爆发甲午战争，作为甲午战争最关键的一个回合——黄海大战一直是近现代有志于抵御倭寇的人们关注的焦点，更是总结历史经验教训最好的课本。王耀武也是关注者之一，而且他作为山东人，对于发生在家乡的近海海面上的这场战争比起其他人来说似乎更有一种不同的滋味。在王耀武的思绪中，经常会蹦出这样的提问："为什么在黄海大战中，北洋舰队没有击沉任何一艘日本联合舰队的军舰？"

对于黄海大战乃至甲午中日战争的宏观轮廓，王耀武并不想深究，他关注的是北洋舰队的指挥团队。具体说就是北洋水师的各舰管带们的表现。在黄海大战以及稍后的较量中，北洋舰队七位管带的非正常死亡令人注目。他们分别是林永升、邓世昌、黄建勋、林履中、林泰曾、刘步蟾、方伯谦。在这七人当中，只有林永升一人是在作战时中炮牺牲的，邓世昌、黄建勋、林履中都是投海自尽，方伯谦则是临阵脱逃被杀。而作为北洋舰队的第二号、第三号人物的刘步蟾、林泰曾都是自杀身亡，他们两个人也是北洋舰队数一数二的铁甲巨舰定远、镇远的实际指挥者。关于刘步蟾、林泰曾在黄海大战中的表现，作为当事人的广甲舰大管轮卢毓英评述道："（刘步蟾）初经战阵，心慌意乱耳"，至于林泰曾，卢毓英则以"胆小忠厚"评价之。（林泰曾的"胆小"连李鸿章也不否认，他说："林泰曾向来胆小。"）

这样素质的两位管带（刘步蟾兼任左翼总兵，林泰曾兼任右翼总兵），在丁汝昌受伤后难以肩负起统带全军抗击倭寇也自然是题中应有之义了（据今人苏小东考证，黄海大战初起，丁汝昌负伤，旗舰指挥信号中断，在此后近 5 个小时的海战中，竟然没有一个管带挺身而出代替指挥，直至尾声时，才由叶祖珪代升督旗收队）。"冰冻三尺非一日之寒"，刘步蟾、林泰曾包括北洋舰队的部分管带临阵胆怯、指挥紊乱并非是一两天内忽然形成的，而是别有一番渊源的。

北洋舰队成军时的这批中层骨干基本来自于福建船政学堂，曾经做过这个学堂访问的英国海军军官 Henry Shore 在观察了这批学生后得出一个结论："他们勤勉与专心工作，也许超过英国的学生，……从智力来说，他们和西方的学生不相上下，不过在其他方面则远不如后者。他们是虚弱屠小的角色，一点精神或雄心也没有，在某种程度上有些巾帼味。这自然是由抚育的方式造成的，下完课，他们只是到各处走走发呆，或是做他们的功课，从来不运动，而且不懂得娱乐。"在外国人的眼中"让清国的学生做体育运动比进行学术教育还要为难"。做过船政大臣的沈葆桢更是一针见血地指出："出自学堂者……临阵不免张皇。"严复、郭嵩焘等人也都对中国学生的体能训练之差表示忧虑。体魄的健壮与尚武精神是紧密相连的，毛泽东在其《体育之研究》一文开宗明义地说道："体不坚实，则见兵而畏之，何有于命中，何有于致远？"换言之，北洋舰队日后覆灭的命运实际上已经很早地蕴含于福建船政学堂的某些学生的军事训练和体能测试中了。[①]

青灯黄卷、秉烛夜读，王耀武不免喟然长叹。外人谓我民族为"东亚病夫"，在外则为体能，在内则为心智。心智者，王耀武自觉无能，体能者，在国民革命军第五十一师内，王耀武坚信一定要达到。福建船政学堂的这段历史对王耀武的刺激还仅仅来自于历史，现实中对他的刺激更加令他浮想联翩。

有一天，他去操练现场，因为修筑演习工事，找来一小批民工帮工，这些民工口音嘈杂、南腔北调，干活并不卖力。惹得团长程智有些恼火，手下的人看到团长恼火，自然也更加恼火，一抬手就给其中的一个民工一点颜色看看，这点颜色让这位民工身上马上多了一道伤痕，民工不敢特别愤怒，低声地骂了一句："有能耐跟小鬼子练去。"这句话落在听力极其好使的打人的耳朵里，遭致了二茬罪，整个人给捆在了树上。刚巧给巡视到此的王耀武看到了。王耀武问为什么打人，打人的排长说："报告师座，我打的是他的态度。"王耀武："什么态度？"排长："他居然蔑视国军精锐。"排

---

① 此处参考苏小东《北洋海军管带群体与甲午海战》一文，载《近代史研究》1999 年第二期。

长说的并非没有根据，程智所在的团又称"程团"，是王耀武部的精锐所在，而王耀武部本身就号称嫡系中的精锐。对于骁勇善战的程智，王耀武亲热地呼之为"大智"，对待"程团"格外优渥，可今天他忍不住了："赶快给人松绑。"

王耀武让护兵给挨打的民工端来一碗水，扶着他坐下，这个民工抬眼看了王耀武一眼："精锐咋了？黄杰的中央二师是不是精锐？鬼子都进了碉堡了，还耍牌呢。"王耀武："你听谁说的？"民工："我二哥给他们抓过袜子亲眼看到的，如果不是他命大，早就给小鬼子一刺刀捅死了。不过，一条腿也废了。"黄杰在"济南惨案"期间曾经成功护送过蒋介石，是黄埔生当时传诵一时的"风云人物"，他的部队在前线居然这副德性，这倒是让王耀武暗自吃惊。1933年3月4日，日军先头部队仅128人即攻占热河省首府承德，这件事传来，舆论大哗。不过，王耀武当时认为，那不过是东北军的窝囊和无能罢了，如今，听到中央二师竟然也有这类的败笔，不禁生出耻辱感。从这时开始，王耀武下定决心一定要把自己的部队在抵御倭寇之前训练成为一支召之即来、来之能战、战之能胜的武装，而这些内容对于自己准备用在刀刃上的便衣队还远远不够。所以，从这个角度上看，王耀武更需要张灵甫这样铁面无情、残苛寡恩的人充当便衣队的总教头。

张灵甫心里对这项任命并不满意，但他也知道这是他打响第一炮的基地。因此，一上任就玩命开工，搞的便衣队这些人叫苦连天，但也就是背后嘟囔，当面谁也不敢较真。可王耀武的亲信安慧民受不了。安子因为王耀武升了师长，他也从副官变成了副官长，佩戴中校军衔，别看他比张灵甫的军阶低，资历浅，但他是王耀武跟前一等一的红人，并不把张灵甫放在眼里。同时，他也知道张灵甫是师长亲自安排下来的，当众让张灵甫下不来台也不是办法。于是，他就暗中去见王耀武给张灵甫奏了一本。

王耀武听完这"本"，从抽屉里掏出一张领款单，在上面添了几个数，递给安慧民："安子，你去会计那儿领点钱，弟兄们跟前你多照应一点，训练是苦了一点，可道理你也清楚，大战在即，这时候不苦，就等着上战场送死。张灵甫是我安排的，他的训练方案也是我点头的，你跟弟兄们说清楚，剩下的事你自己看着办好了。"安慧民一看钱数真不少，赶紧替"弟兄们"谢谢王耀武。王耀武也冲他笑了笑，张灵甫这么做，引起的这种反弹其实也正是他王耀武想看到的局面。

就便衣队训练这件事来说，张灵甫对他们要求得越严，他们的抱怨声越大，王耀武就越好做工作。张灵甫的弱点，王耀武是看得很清楚的，张是一员猛将甚至可以说是一员悍将，但缺乏政治头脑，用现在的话说就是原则性有余，灵活性不足。他尤其不善于处理复杂的人事关系，在解决矛盾、解决问题时多数时候是以刚性的面孔出现。尽管张灵甫知道便衣队是王耀武的心腹武装，可一旦进入状态，他才不管三七二十一呢。而这些正好为王耀武所乘，如果你张灵甫善于结纳人心、善于把握尺度，那么，把便衣队交给你张灵甫岂不等于"熟饭给人吃"了吗？因此，罗明理、安慧民等人的担忧，王耀武听是听了，也做了貌似关注其实敷衍的回复，但内心深处，王耀武自觉他是能够把握住张灵甫，把握住便衣队的。

说过便衣队，安慧民又对王耀武汇报道："师座，上次你交给我的事，我一直在办，眼下有了点眉目。"王耀武："说说。"安慧民："那个中年人经常去的地方是一个小印刷所，我派人从那里搞了点物证出来，可看了半天没看明白。"说完，安慧民从皮包里递给王耀武一张印刷品。王耀武看了看："难怪你没看懂，这是盲文。"王耀武接着问："这个小印刷所的背景打听清楚没有？"安慧民："打听清楚了，跟县政府有关系，县政府的秘书在里面还有点抽头。"王耀武："这批盲文的印刷品是给哪家承印的？"安慧民刚要张嘴，王耀武先开口了："如果我没有猜错的话，应该是给成都启喑学校承印的，对不对？"安慧民："师座，您也太神了，您怎么知道的？"王耀武一笑："你别忘了咱们可都是山东人。"说着，王耀武走到地图前面，用手指头敲了一下图面说："距离成都启喑学校最近的是汉中天主教堂。你马上布置暗哨，从现在开始，二十四小时对它进行秘密监控。"安慧民"哦"了一下。王耀武："原因回头我再告诉你，不过，现在暂时不要惊动赵专员（赵铁夫）那里。等事情有了眉目，我会告诉他的。"

为什么王耀武很快猜出被监视的印刷所印制的东西的承印单位呢？为什么王耀武又说"你别忘了咱们可都是山东人"呢？这里有一则跟山东人紧密相连的往事。

中华民国教育部编撰的《中国第一次教育年鉴》上说："聋哑学校，以光绪二十四年（1898年）烟台启喑学校为最早。"据今人郭大松、曾立前的考证，近代中国第一所启喑学校其实是山东登州启喑学馆，时间是1897年，比起烟台启喑学校早了一年，即烟台启喑学校的前身。这所学校的创办者是美国传教士梅里士和他的妻子梅耐德。[1]

截至1936年，中国各地开办的启喑学校与烟台启喑学校（即登州启喑学馆）有密切关联的居大半之多。其中比较有些名气的如上海聋哑学校、南京市立盲哑学校、成都市基督教盲哑学校等尤为突出。王耀武本人是山东人，又多年行走在外，对于这些

---

[1] 郭大松、曾立前著《传教士与近代中国启喑教育》，载《近代史研究》1994年第六期，第36-48页。

情况他是了解一些的，更主要的是他在天津、上海闯码头的时候，还知道了日本人对于在中国开办聋哑学校的另外一种浓烈的兴趣，自然这个兴趣是一定要加上引号的。

日寇占据台湾以后，于1917年设立木村盲哑教育所。在此前后，日本人在大陆也陆续建立了一些打着盲哑教育旗号的小据点，这些小据点包括上述的木村盲哑教育所的一个共同特点就是都被日本陆、海军军方所掌控，包括木村盲哑学校的创办者本人也是日本海军退役军医官。最初对日本人的这种深刻用心有所觉察的是上海滩的杜月笙。杜月笙自发现日本人利用盲哑教育充当侵华工具以后，他的对策是"以夷制夷"，即利用欧美传教士开办的正规聋哑教育予以抵制，特别是美国的一些传教士对日本人的这种无耻的做法非常愤懑，因此他们的抵制活动也相当到位。唯其如此，日本人对于这些西方的传教士恨之入骨，在日军大面积侵华开始以后，这些倾心于中国盲哑教育的西方传教士尤其是美国传教士都被日本人遣送到潍县集中营，饱受摧残。

王耀武在上次赵铁夫同他谈起关于日本人对西藏上层宗教头脑进行策反之前，便已经得到探报，得知日本特务机关在西北逐渐撒开情报网络，其意图是不言而喻的。因为联系到西藏的特殊地理位置，所以，王耀武的目光才开始将成都一带紧紧地锁定。

王耀武办情报的确有他的特色，但王耀武不同于戴笠，戴笠搞情报是靠它吃饭甚至靠它发家，王耀武搞情报不过是一种辅助手段，某种程度上说，王耀武这一生手里掌握的情报除开人情世故便是和军事行动密切相关的内容。就拿眼下这个印刷所的事情来说，安慧民去调查监视只是其中一条路线，王耀武还有一条暗线，那就是卫士孟记东打听出来的新线索。而这条线索才是王耀武最需要也最能放长线钓大鱼的。

而目前最让王耀武高兴的还不是这两组情报，因为罗明理给他带来了他一直盼望的新消息。穆忠恒有信了。我们前面提到过，在"四一二""清党"期间，戴笠、赵铁夫找过王耀武，黑名单上有穆忠恒的名字，正是王耀武的关照，才让穆忠恒脱离险情。只是这一别已然差不多十年了。这一次，由罗明理

杜月笙

负责，终于跟穆忠恒重新联系上了，而且特别令王耀武满意的是，穆忠恒此刻正是他王耀武准备拨动的如意算盘上非常关键的一颗珠子。

穆忠恒的老爹穆霜亭是于学忠的启蒙老师之一，于学忠一直很敬佩他这位老师，当作半拉子父亲看待。所以，穆忠恒从王耀武那里离开以后，就自然跑到了于学忠的帐下。于学忠安排穆忠恒担任参谋。于学忠当时的职务是平津卫戍司令，同时负责军纪风宪。奉军主力军副官长纳二房请客，不少军官都去贺喜，只有穆忠恒不去。于学忠派人暗中收集这次请客送礼的名单，然后呈送张学良，张学良一声令下，不少军官为之丢官罢职，唯独穆忠恒，因为不阿附，受到于学忠的看重，提拔为团长。穆忠恒这人说话有点不利索，人家背后叫他"穆磕巴"。有一天晚上，他回到团部有点晚了，哨兵问他口令，他一着急回答慢了，哨兵当场就给他一枪托子，还把他扣了半个晚上，幸好值星官认识穆忠恒，这才给放了出来。第二天早上，穆忠恒起大早把这个哨兵找来，哨兵都吓傻了，穆忠恒不但不办他，还格外奖励他，任命他当班长。这件事传到张学良的耳朵里，少帅很满意。

由于有了少帅的夸赞和于学忠的奖掖，穆忠恒很快升到旅长，并且被看作是东北军的"第三梯队"，准备进一步提拔重用。张学良要提拔重要干部，有个习惯，那就是先把这个人调到身边担任一段高级侍从参谋，一方面是观察此人的能力，另一方面也是给他历练的平台。穆忠恒担任张学良侍从参谋时，办了一件事让张学良刮目相看。

张学良的卫队旅有个营长姓刁，刁营长的老爹是乡下人，土里土气的，上不得台面。有一次，刁营长老爹去看望儿子，刁营长愣是让人把老爹给支走了，不见面。不仅不见面，还连夜让人把老爹给送回乡下去。这给穆忠恒知道了，他跟张学良说："副司令，自古道'求忠臣于孝子之门'，这样的货留在卫队旅，一旦有个风吹草动，能指望他为长官效忠吗？"张学良一听还真对，当即就把刁营长给废了。从这件小事上，张学良发现穆忠恒此人有点意思，所谓"讷于言而敏于行"，"穆磕巴"有两下子。此后，张学良批准提拔穆忠恒出任师长，少将军衔。东北军移驻西北以后，穆忠恒终于经过一番周折同罗明理再次取得了联系。

王耀武让人备了一份厚礼，通过中间人送交给了穆忠恒，穆忠恒还写信来问候王耀武。两下开始有了交往。应该说，即便是王耀武，也仅仅是将重逢看作是意外之喜，最多是多了一条路，全然没有料到半年以后，这条路竟然成了他人生的一次重大抉择的关口。

1936年12月12日，震惊中外的"西安事变"发生，张学良、杨虎城扣押蒋介石及诸多国民党大员。消息传来，各方反应不一，但作为蒋介石的嫡系的黄埔系高级将领们几乎都表现得痛心疾首，王耀武自然不能例外。早在一年前，广东实力派首脑陈济棠的兄长陈维周给蒋介石的运程算过一卦，卦象显示老蒋注定过不了1936年这一关。这个卦象竟然也是陈济棠起兵反蒋的理由之一。陈维周算的这一卦不能说不准，只是没有应在他们家"伯南"身上，而是应在了远居西北的张、杨哥俩。南京国民政府接到蒋介石被扣的消息后，立刻炸了窝，吵吵嚷嚷，莫衷一是。何应钦下达讨伐令以后，王耀武所部的行军路线尚未完全敲定，王耀武这时想起了穆忠恒。而作为东、西北军高级将领的穆忠恒也同样不轻松。

1936年12月11日，穆忠恒收到于学忠发来的"指人译"的急电，电令穆忠恒所部负责解决国民党军中央嫡系部队关麟征部。别看平常穆忠恒磕磕巴巴的，这时候脑筋可是清醒了："这么搞下去，中国怕是要打内战了。"副师长、师参谋长都等着穆忠恒拍板呢，穆忠恒交代："缴械就可以了，千万不要为难中央军，将来大家还要再见面。"实际上，穆忠恒已经意识到，东北军的命运要发生重大改变了。

王耀武的动作特别快，他几乎是一听到蒋介石被抓的消息便把罗明理派出去了，去跟穆忠恒接头。当天晚上，罗明理便与穆忠恒联系上了。罗明理把王耀武嘱咐的几个要点都跟穆忠恒做了解释。此时，东、西北军内部已经有些人在给自己寻找另外的出路，比如西北军的冯钦哉。穆忠恒自然不愿意背叛张学良，可蒋介石说到底也是国民党的最高当局，封建传统理念中的"以下犯上""刺王杀驾"这些东西已经明显在穆忠恒心中作祟。而且，他面对的不是别人，是曾经救过自己的王耀武。只是眼下，穆忠恒就是想帮罗明理他也暂时帮不上，因为于学忠的人马还没有开到西安城里，对里面的情况，穆忠恒也并不了解多少。就在这个关键时刻，出现了一个意外情况。

这个意外还要从万耀煌和他的老婆周长邻说起。西安事变发生后，国民党军第二十五军军长万耀煌夫妇也被扣押。万耀煌算是老资格，那是参加过辛亥革命的主儿。万耀煌跟何应钦、谷正伦同过学，所以，他在杂牌武装里一直受到国民党当局的另眼相看。1936年，他的二十五军驻扎咸阳，归蒋鼎文统辖。西安事变当天，万耀煌见到了张学良，张口就问："委座怎么样？安全否？"张学良告诉他老蒋安全没问题。万耀煌一回到招待所就大声喊道："委座现在新城大楼，很安全。"张学良之所以同意跟万耀煌见面，为的是要万耀煌出个手令，让二十五军撤离咸阳，调往兴平县驻扎。万耀煌没答应。12月13日上午，王以哲、何柱国又来劝万耀煌（王以哲、何柱国与万耀煌原本认识）同意撤离咸阳，万耀煌还是没答应，两下还发生了口角，万耀煌的老婆周长邻出来拉架，借机溜了出去，去见蒋鼎文、陈诚。本来万耀煌的老婆周长邻也在羁押之列的，但周长邻人很泼辣，她在西京招待所见到来探望的张学良，就问张学良："我算不算政治犯？"张学良笑了："万大嫂，我们不搞株连，你算什么政治犯啊。"就这样，周长邻的行动比起万耀煌他们自由得多。

　　周长邻看到蒋鼎文以后，蒋鼎文特别高兴，专门嘱咐周长邻传递两个消息：第一，请鲍文樾来，最好由陈调元、蒋作宾、蒋百里出面请，让鲍文樾劝劝张学良，就此打住；第二，万耀煌的二十五军坚守咸阳，固然威胁西安，但眼下西安城内主要是杨虎城的人马，张学良手底下只有刘多荃一个旅，还不是足编的，如果杨虎城不顾一切蛮干的话，张学良想拦也拦不住。所以，二十五军马上调离咸阳，让于学忠的队伍开进西安，张、杨势力均衡了，委座和大家的安全才能得以保障。12月13日上午，周长邻利用同蒋作宾见面的机会，转告了蒋鼎文的第一条意见。同时，她买通了一个卫兵，要卫兵务必通知万耀煌的二十五军办事处（地点在花园饭店）让万耀煌的老卫士黄青山第二天上午来一次西京招待所。12月14日上午，王以哲、何柱国再一次来劝万耀煌，万耀煌还是不答应，就在这时，门外传来一阵阵哭声，万耀煌的老卫士黄青山突然闯了进来，倒地痛哭，万耀煌气得大骂黄青山没骨气，其实也是指桑骂槐，王以哲、何柱国脸色很难看，周长邻恰到好处地出来解劝，就势一把将黄青山拉出门外，用最快的语速嘱咐黄青山："你今天就出城，告知卢副军长，马上撤离咸阳开赴大峡谷，马上和陕南的王耀武取得联系。"黄青山很快传达了周长邻的指示，二十五军撤离咸阳，同时也跟王耀武的五十一师取得了联系。于学忠的人马也跟着开了过来，穆忠恒通过罗明理给王耀武传递了一个口信："兵行险道，互有依靠。"

　　12月17日上午，王耀武收到罗明理传来的这个口信。王耀武把这个口信小范围内传达，听听他们的意见，张灵甫本来没资格参加，王耀武特别点名，他算是叨陪末座。众人普遍认为这口信未免过于言简意赅，什么叫"兵行险道"？什么叫"互有依靠"？这不成了猜谜语了吗？王耀武点了张灵甫的名："灵甫，你说说看。"张灵甫笑笑："还是大家说吧。"王耀武："这时候还装什么谦虚？你就说你的想法。"张灵甫站了起来，走到地图前："就走子午谷这条路，如果说兵行险道，这条道无疑是最险的，而且，我们走子午谷距离万耀煌的二十五军防地最近，也就是互有依靠。"说完，坐回原处，不吭气了。王耀武环顾左右："怎么样？还有没有发言的？"邱维达说了一句："我附议。"王耀武挺身而起："好，各部主官立即回营安排，准备即刻开拔。"李天霞故意晚走一步，拉住王耀武："师座，就凭张灵甫这句话，咱们就跟魏延学？"王耀武："我琢磨过了，穆忠恒就是这个意思，走这条路，不但军事上主动，政治上也显眼。"王耀武说的"军事上主动"，李天霞没来得及细想，但"政治上显眼"这句话一转身就弄明白了，他暗骂了一句："这个张灵甫真会出风头。"其实，张灵甫还有一层意思没有说出来，而王耀武也不愿意自己讲出来。根据黄青山、罗明理分别带来的口信，王耀武很清楚摆在他眼前的态势，兵一定要出，这是表忠心、站队伍的关键，但兵怎么出，走哪条路线更关键，急则生变，缓则误事，兵马急进，容易给西安方面误传一个信号，万一他们来邪门的，那就不是救蒋介石而是害蒋介石了。如果动作缓慢，那后果就不用说了。因此，走子午谷最好，首先摆出一副冒死犯难、不惧险阻的架势，给各方看看，特别是给老蒋看；其次，可以与二十五军遥相呼应，互为掎角，即便是将来出了问题，也有一个垫背的。再有，子午谷路途狭长，急行军也走不快，所谓坐观待变，子午谷行军无疑是上上之选。最后这层意思，张灵甫未必能看出来，王耀武看出来了却不能说出来。

营救蒋介石，各方真正打军事牌的不多，更多的则是政治牌。王耀武他们走了子午谷，可是有惊无险，一则穆忠恒事前做了手脚，二则12月18日，南京主战派便开始降温。等到蒋介石顺利回到南京后，对于一批主战派当初不顾他死活的做法颇有微词，特别是对于黄埔系出身的如贺衷寒等人处理尤重，几乎是一脚踢开。然而，却对王耀武兵出子午谷这件事记忆犹新且印象非常，自然，张灵甫这个名字也一道被老蒋简记在心。只是在这场"营救运动"中立下真正大功劳的万耀煌的老婆周长邻后来在台湾晚年颓唐，生活无着，靠同乡的接济过日子，一些了解西安事变过程中万耀煌、周长邻夫妇对于老蒋的救命之恩的人都为之酸鼻子。

5. 在庐山

日军炮声迫近，蒋介石的庐山军官训练团同样火爆。在庐山，王耀武、吴化东兄弟、白文冰聚首，王决定带白文冰于身边。

在整个二十世纪的五十年中，还没有哪一座山岳像庐山这样耀眼。国、共两党历史上影响中华民族进程的几件大事都是在庐山开场或者完成的。古人称呼庐山为"隐岳"，其偶尔露峥嵘的侧面的确令人惊叹。

进入到 1937 年，日军的隆隆炮声已经日渐迫近。而蒋介石开办的庐山军官训练团也同样火爆。王耀武作为师旅一级的军事主官，被请到了庐山上，成为受训对象之一。

1933 年夏，蒋介石创设庐山军官训练团。起初，这还只是给中央系统的各级将领们洗脑的场所。随后便演化成为招降纳叛的基地。地方实力派门下的骨干力量被成批地请来，在青天白日旗下宣誓对中央政府的效忠。老蒋的"银弹""肉弹"战术在这里遍地开花，有些"意志薄弱"的很快上了中央的"贼船"。

"阎王好见，小鬼难缠"，在庐山这座小庙里，本来陈诚这个"二阎王"已经够这些"军阀余孽"喝上一壶的了，偏赶上陈诚手下的这几个"大秘"尤其骄横，一则仗着靠山硬，二则仗着学历高，说起话来，指手画脚、云山雾绕，把这些军阀余孽给收拾得可以。

不过，也有不买账的，比如山东省政府主席韩复榘的亲信、手枪旅旅长吴化成就是这么个爷们儿。吴化成怎么来庐山受训了呢？韩复榘手下的骨干分为两类，一类是老派，一类是新派。老派的头子是孙桐萱，新派没有头子，主要包括省府秘书长张绍堂、手枪旅旅长吴化成等人。老派因为跟随韩复榘久了，要想让他"变天"，需要慢慢做工作。新派便不同，他们的目的很简单，就是以个人发迹为宗旨，怎么容易怎么来，没那么多的顾虑。所以，蒋介石派在山东的钉子蒋伯诚建议可以从吴化成身上着手办理。此外，复兴社特务处戴笠他们也报告给蒋介石一个有关吴化成在抓捕吉鸿昌之后的不为人知的表现。

抗日爱国将领吉鸿昌在天津租界被捕以后，吉鸿昌的妻子胡红霞四处奔走营救丈夫，其中便找到了曹万顺。寓居在天津的曹万顺对吉鸿昌本人是比较佩服的，而且大家关系一直也不错。但是，这个时候要是伸手的话，招来的麻烦也是不言而喻的。救，就是开罪于老蒋和何应钦；不救，便是开罪于老朋友甚至是良知。怎么办呢？刚好吴化成来看望老长官曹万顺，曹万顺就把这个情况跟吴化成说了。吴化成一听，便说："军座，这不难，把它给推出去。"曹万顺："推出去？怎么推？推给谁？"吴化成用手指了指西边："推给他。"曹万顺马上明白了，这是让他将这件棘手的事情推给住在自己西边的鹿钟麟。曹万顺犹豫了："老弟，你是知道的，想当初西北军那会儿，鹿瑞伯（鹿钟麟字瑞伯）是力主杀掉吉大胆（吉鸿昌的外号叫吉大胆）的，你这会把这件事推给他，这不是明摆着我们不够意思吗？"吴化成嘿嘿一笑："军座，事儿可以这么办，可话不见得这么说。您老和鹿瑞伯都是在野之身，可人家鹿瑞伯脑袋上到底顶着一个中央执行委员会委员的头衔，您老知道这个头衔眼下是什么价钱吗？至少一巴掌（五十根金条）。"曹万顺一想也是，自己力度本来就不够嘛，再者说了，鹿钟麟再怎么不够意思，也不能见死不救吧，怎么说都是原来冯先生手下的三军袍泽啊。于是乎，曹万顺给胡红霞递话，让她去找鹿钟麟。吴化成还叮了曹万顺一句："军座，您老从今晚起就离开府上串串亲戚。鹿钟麟那边的结果不用打听也能猜到，回头吉大胆的家里人再找您，您还怎么推托？三十六计走为上。"果不其然，胡红霞去了鹿钟麟府上，别说鹿钟麟的面，就连鹿钟麟家里主事的都没见到，直接给看门的打发回来了。胡红霞只好折回来再找曹万顺，可曹万顺按照吴化成的意思早就躲开了。

吴化成的这段表现给特务处天津的密探打听到了上报总部。老蒋再一综合蒋伯诚的意见，嗯，这个吴化成还算靠谱，请到庐山来吧。就这么着，吴化成上了庐山。自从上次一别，王耀武、吴化成、吴化东三人有好几年没见面了，没想到这次在庐山再度聚首。吴化东现在混得比较"壮"，成了陈诚身边的红人之一。说起来，这也是陈诚用人的怪招之一，当时就有人提醒陈诚，说吴化东的弟弟就是那个"三姓家奴"吴化成，陈诚一撇嘴"哥哥是哥哥，弟弟是弟弟，别说他只是吴化成的弟弟，就是吴化成的儿子我也照用不误。"自"四一二""清党"以后，吴化东的党组织关系就丢失了，这么多年过去，他始终无法跟党组织取得联系。三兄弟在受训之余，找了时间，小聚一番。地点是吴化成挑的，是军官训练团的生活服务社，这个服务社曲径通幽、异常雅静，别说王耀武没来过，就是吴化东也仅仅是听说过。

三人说笑着走进服务社，服务社的头头早已在那里恭候多时。吴化成伸手介绍道："这是咱们山东老乡，白文冰白老弟。"然后吴化成又把白文冰介绍给王耀武和吴化东，王耀武跟白文冰握手时，白文冰还尊敬地叫了一声："师座好。"王耀武没想到这个从未谋面的白文冰居然叫出了自己的官阶，不由得多看了他一眼。饭菜安排妥当以后，白文冰退出，只剩王耀武、吴化成、吴化东三人推杯换盏。吴化成在饭桌上道出了白文冰来到服务社的一段往事。

原来白文冰在帮助赵铁夫处理完南昌第二陆军监狱的一干要务之后，暂时被安排在副典狱长的位置上。赵铁夫走后不久，白文冰也奉调到江西省会警察局副局长。按理说，南昌市警察局副局长这个位置比起第二监狱副典狱长可是肥多了。可这里有个陷阱，当时兼任省会警察局局长的是江西省主席熊式辉的大将黄光斗，关于黄与熊式辉的关系，我们在前面做过介绍。黄光斗这个人虽说是熊式辉的夹袋中人，但肚子里的货还是很硬的，他治理江西警务很有一套。江西的警察有个顺口溜："跟着黄警监，活着干，死了算。"平素黄光斗约束下面的警察很严，动辄就禁闭。可是，如果有的警察因公付出代价，黄光斗一定大张旗鼓地宣扬。有一次，一个警察队长殉职，黄光斗不但自己热泪横淌，还把熊式辉等江西省官场上的头面人物一道请来，一道热泪横淌。所以，江西的警察服其公道，畏其威严，敬其人品。

在这种有些刚直的上司手下干事，对于白文冰这种人来说真是遭了洋罪。不仅毫无外快，而且如履薄冰。他就给安慧民去信联络，但始终联系不上，只好请托赵铁夫。在同赵铁夫联系过程中还是有了些收获，摸到了王耀武的行踪，白文冰还是准备在有可能的情况下去投奔王耀武。

说来也巧，赶上这一年白文冰负责缉私，抓到了一批走私的钨矿砂，往上一摸，摸到了吴化成那里。原来吴化成与张绍堂勾结江西省银行的头面人物走私矿砂，回报是江西省银行的这些人可以在山东地面上猛捞一笔。白文冰在这件事上也是入了股的，自然要经常性地"高抬贵手"。可不知怎么给黄光斗知道了，老黄要追究白文冰的责任。白文冰事前也想到万一露馅怎么办，所以，手脚非常干净，黄光斗也就是怀疑，始终拿不到铁证。但是，省会警察局副局长不干了，一脚踢到了南昌行营办公厅总务处，挂了两年闲差，后来找人托关系在励志社谋个缺儿，再以后到了这个庐山脚下的生活服务社当头头。说到这里，吴化成希望王耀武留下白文冰做个帮手，王耀武含混地答应了。

这一期庐山训练团，不再设立营一级的编制，而改设大队，大队长分别由胡宗南、万耀煌、刘兴、王东原、夏威等人充任。胡宗南是嫡系，他也知道庐山军官训练团是陈诚狐假虎威的地盘，所以，根本提不起兴趣来，完全是应付差事。夏威、刘兴、王东原他们也知道自己之所以能够担任大队长，说白了是老蒋给各方势力的一点面子，也是借此做个拉拢的姿态，因此也不太认真。可万耀煌例外。老万自从跟蒋"委员长"共过"患难"以后，身价看涨，自我感觉特别的好，也特别拿大队长这根鸡毛当令箭。他对那些杂牌军的队员们说："没有革命理想的军队绝不能打胜仗，你们跟着军阀搞来搞去为什么总打败仗？就是因为缺乏三民主义革命理想，让我带上一个营、一个团就能把你们一个师、一个军冲垮，信不信？"还有一次，指着这些杂牌军的学员说："你们太不讲卫生，太缺乏自理能力，宿舍里臭气熏天，连我儿子万文哲都不如，他每天还知道洗脚洗澡呢。"万耀煌这人一向治军很严，他的远亲万迪强犯了军规，万耀煌亲手拿鞭子狠抽老弟，万耀煌的哥哥万玉拂看不过去，就跟万耀煌说："你要是不待见他，就让回老家算了，何必这么打他。将来回到乡里怎么跟他父母交代？"万耀煌说："让他这么回老家那才是害了他呢，我狠狠抽他就是让他记住，军人不是这么个当法，我现在不狠狠抽他，将来他在我手里出了事，我那才没脸去见他爹娘老子呢。"万迪强是万耀煌的族弟，挨了打也得叫万耀煌一声哥哥，可眼下这批队员既不是万耀煌的部下，更不是他老弟，挨了骂以后当然要出这口恶气，就时刻准备着收拾一次万耀煌。

谁领头呢？大伙儿就想起吴化成来了。于是就找到吴化成的门下，吴化成也不客气，不过提了个条件，这件事你们要搞，就要搞出大动静，谁也不能半途而废。大家说好。庐山训练期间，每天早晨有个升旗仪式，大家都要到场，培养所谓"敬爱党国"的"精神"。偏偏这一天，领导下的这个队的杂牌军学员都没有到，空出一大片场地，万耀煌脸上挂不住了，就找人去催问，一问才知道这些人要么洗澡呢，要么洗脚呢，没时间看升旗。把老万给气的，还没招。头一天没去，第二天又没去，老万急了，自己跑去看，一看还搁那儿搓呢，有的搓澡，有的搓脚后跟，一边搓还一边侃："多亏了万大队长啊，要不然你说这长了脚气自己都不知道。"还有人捧哏："是啊，这回万大队长可是说到了点子上，咱们不好好地收拾收拾自己，连他儿子都不如，我这儿还有一灰指甲，不知道谁能给瞧瞧？"万耀煌这个气啊，但还找不出发泄的对象，人多啊，法不责众啊。就这么着，这件事就传到了上峰的耳朵里，万耀煌吃不住了，他打听了一下，知道领头的是吴化成，这爷们还得罪不起，他哥吴化东是陈诚的身边人。怎么办呢？他想起了王耀武，王耀武跟吴化成关系好啊，他就去找王耀武给说和说和。西安事变那阵子，王耀武跟万耀煌的老卫士黄青山打过交道，跟万耀煌虽然没有直接挂上钩，可也算是半个熟人。所以，万耀煌一张嘴，王耀武就拍胸脯："万大哥，您就放心吧，这件事交给我了，吴化成也是有口无心的人，他未必是跟您作对，可能有些误会。"王耀武的话里头有根软骨头，万耀煌也能听出来，他忙搓搓手："也是我这臭脾气，多少年了，也改不了，上次训话时有的地方可能说过头了，可那也是论公不论私。"王耀武："谁说不是呢？万大哥急公好义，谁不清楚，您就放心吧，这件事我马上给您办去。"王耀武回头找到吴化成，把这个事说了一下，吴化成也知道闹得差不多了，便答应停手。吴化成这次答应出面收拾万耀煌也并非为了杂牌军出口气，而是因为万耀煌跟陈诚走得很近。打狗不看主人面，这是吴化成这次来庐山的另外一项任务，而这项任务吴化成是做给某个人看的，因为他知道这个人最喜欢看这一幕闹剧。这也算是跟这个人见面前的一杯敬酒吧。

西安事变之后，东北军成了没娘的孩子，穆忠恒被上边借口训练，逼他脱离了基干部队，上了庐山。穆忠恒比王耀武、吴化成他们晚来三天，而且也不在一个中队，直到有一次大家聚餐，王耀武才发现，自然少不了大话一番离别之情，吴化成也作陪，大家喝着喝着，就聊到了人事上面来。因为"西安事变"不论是王耀武还是吴化成，都没有亲身经历，所以，兴趣特别浓烈。王耀武放下筷子，问了一句穆忠恒："少帅这个人怎么样？"穆忠恒："少帅这人一两句说不清，政治上、能力上，姑且不论，就对人这点来说，凡是跟过他的，没有不竖这个的。"穆忠恒比划了一下大拇指。吴化成来兴致了："哥哥，说两段。"穆忠恒指着饭桌上一道"烧茄子"说："就说说烧茄子的故事。"

有一次，张学良跟包括穆忠恒在内的一批旅团级指挥官聚餐，张学良就建议了："咱们今天来个特别的，都报报自己会做的拿手菜，然后我来点菜。"大家就一个个地报菜名，穆忠恒报的是"烧茄子"，张学良说行，我点这个菜。穆忠恒就下厨房去做烧茄子，做好以后端上来，特意放在张学良手边，可到终席，张学良也没有碰一下这道"烧茄子"。穆忠恒就纳闷了，怎么回事呢？后来他逮了机会就去问张学良："副司令，是不是我做的菜不好吃？所以，您老一筷子都没动过？"张学良笑了笑："你个穆磕巴，观察得还很细。不是你做的不好吃，而是我不能吃。你知道吗？这道烧茄子是郭茂宸（郭松龄）生前最喜欢吃的，每次他上桌都点这个菜，他要是不动第一口，我也绝不会动筷子，现在他不在了，每次我都要一盘烧茄子摆在那儿，看到这道菜就想起他来了。"穆忠恒说到这里，王耀武、吴化成都有些愣怔，穆忠恒接着说："有一年，我跟于学忠去少帅那里汇报工作，大家围着桌子坐成一团，因为天热，有冰糕、酸梅汤等冷饮供应，我们正喝着呢，电话响了，是王家桢打来的，说一会儿就到。少帅一放下电话就吩咐把酸梅汤给撤了。我们不明白怎么回事。事后，少帅对我们讲了，当初王家桢还是个穷学生时，在北京求学，和三个同学跟绒线胡同那儿喝了一桶的酸梅汤，第二天三人就倒下了，其中一个还为此送了命，所以，王家桢见不得酸梅汤。少帅就为这层因素，从来不在王家桢面前摆酸梅汤、提酸梅汤。"吴化成听到这里，也竖起大拇指头："张汉卿真是爷们儿啊。"王耀武也轻轻地点点头。日后，他在山东主政时，也师法张学良演过一场"烧茄子"的戏，我们后面会谈到。

1937年7月7日，"卢沟桥事变"爆发。次日，国民政府外交部向日本政府提出口头抗议。7月10日，蒋介石命令政府向英美等国发去备忘录，揭露日本破坏九国公约的行径。三天后，蒋介石电令宋哲元："已决心运用全力抗战，宁为玉碎，勿为瓦全，以保持我国家与个人之人格。"

抗战的呼声越来越高，王耀武这些少壮军人的屁股也坐不住板凳了。为数不少的受训成员请缨即刻前线抗敌。吴化东却给王耀武带来个消息说戴笠也上庐山来了。王耀武："想必是校长召见吧？"吴化东不置可否，就哼了一声："此公到哪里，哪里就多事。"王耀武："也许是哪里一多事，此公就在哪里呢？"两人相视一笑。

几天后的一个傍晚，戴笠让人来找王耀武，说是要见上一面。王耀武跟随来人去了戴笠的住处。也是十余年不见，戴笠的脸蛋子有点发"福"，但笑容仍旧如同1927年那一年那么可掬。王耀武、戴笠就顺着1927年一别的时间轨迹随意闲扯了几句，表面上看是随意，但戴笠说话的主题不离训练二字。说到后来，戴笠忽然插了一句话："佐民，听说你手里有支便衣队颇成气候？"王耀武就知道戴笠这么晚找他来住处绝不会是叙旧的："蒙雨农兄垂问，小弟我这支便衣队其实也就是逮鸡毛凑掸子，一点点弄起来的，聊补耳目或缺而已。"戴笠："不容易，咱们国军里能有老弟你这种想法的恐怕屈指可数。有件事老弟可能还不知道，校长让我留心江浙一带军情，伺机可以组建一支别动军，作为正规作战的辅助手段。你也知道我这么多年来主要精力都是摆在情报那边，对于这种事真是赶鸭子上架，不知从何措手，不知老弟可有办法教我？"说完，戴笠还貌似真意地把两只手互相搓了搓。

王耀武也拿出一副貌似有所动的劲头道："雨农兄既然如此信赖小弟，小弟也就不藏私了。这样，如果雨农兄愿意，小弟我便衣队里的人任由雨农兄挑选，随时听从雨农兄调派，决不食言。"戴笠高兴了："佐民啊，难得你一番豪情啊，这个人情我可是欠大发了。哈哈，不过你哥哥我也不会那么无耻地挖你老弟的墙角，这件事不是特别急，回头我给铁夫去信，让他代我到你那里去转转，你给老哥我挑几个精干的人派过来，临时借重一下，将来一定完璧归赵，不敢掠美。"这时，戴笠从公文包里取出一柄带着皮套的匕首，摆在王耀武的面前："老弟，你看看这东西货色如何？"王耀武抽出一看，果然是好家伙。戴笠："这是我给老弟准备的一点意思，这么多年不见了，当哥哥我的空着手来不像话啊。"戴笠告诉王耀武，这是一批美国军用物资，性能非常之好，他留了一箱送给王耀武。戴笠不要王耀武感谢："老弟不用见外，武器这东西是咱们军人不能缺少的玩意儿。说到这里，我还想起一件事。我听说俞部长那里为你们请办了一批装备，眼下是不是就停在上海？"

王耀武听到戴笠这番话时才知道原来前面的要人啊、送匕首啊等等都是铺垫，这才刚刚进入正题。王耀武点点头，把五十一师的装备落后的情况简单地跟戴笠说了说。戴笠："说实话，你不讲我也清楚，你的部队是新组建起来的，各色装备肯定一时配不齐，眼前也是最缺这批东西。可是，我刚才也跟你说了，我那边组建别动军是老头子的意思，虽说不是很急，但也应该很快着手准备了，本来，何敬公已经答应许给我一批装备，只是还在途中，而老弟这批货能不能暂时帮我解一下燃眉之急？临时腾挪几天？"戴笠说的是临时腾挪，王耀武就知道这批货注定是到不了五十一师手里了。

从戴笠那里出来，王耀武心里很是窝火。应该说，自从他领兵以来，还没有这么稀里糊涂地给人"截胡"，即便是让对方占了便宜，他也要从其他地方给填坑补齐。唯独这次，让戴笠得手，他表达了自己的难处，戴笠却告诉他不必管手续上的事，一应程序都由他负责，而且戴笠一再表示仅仅是暂时腾挪，事后一定加倍奉还。这张空头支票开得真是无从说起，越这么琢磨，心里也就越堵。冷不防背后有人喊了他一声："王先生，您好。"

王耀武转过身来一看，是一位佩戴少校领章的女人。借着路灯的灯光，王耀武发现这女人长得挺标致，穿上军装以后更显得有点"飒爽"。只是自己怎么也想不起来会跟她认识。这个女人给王耀武敬了一个军礼，然后说道："王先生，您不认识我了？"王耀武："您是……？"女军官走近一步："王先生，民国十五年，您在福州救过我的。"王耀武一下子记起来了，原来这个女军官就是当年福州落难的"小红宝"。他记得小红宝后来跟了赵铁夫，再后来又离开了赵铁夫，他一时想不出该如何称呼她，这时，小红宝张嘴了："王先生，我现在叫余书茵。"王耀武："哦，余小姐，你好，怎么你在这里呢？"余书茵没有直接回答王耀武的问题："王先生，这么多年来，我一直特别感激您当年的出手相救，只是我始终没有报答的机会，今天能在庐山见到先生，或多或少也弥补了我的一点遗憾。"说到当年的那段往事，王耀武心头掠过一丝不安，赵铁夫后来是如何对待"小红宝"的，王耀武都有耳闻，虽然"小红宝"并不是因为他的说项才嫁给赵铁夫，但一种"伯仁虽非我杀却由我而死"的念头还是一下子拱了上来，好在王耀武如今的修炼已非当初的宪兵连连长可比。所以，脸上没有丝毫表露。

余书茵同王耀武简单说了两句以后，告诉王耀武说，将来如果有事找她的话，可以给上海305信箱去信。并且塞给王耀武一枚私人印章，只要去信的尾巴上钤有这枚印章，就会立刻生效。余书茵刚走，吴化成不知道从什么地方钻了出来。他笑道："二哥，这女人的屁股又大又圆，看着不错啊。"王耀武揶揄道："这么晚的天都能看出来？"吴化成："你别忘了你弟弟我可是手枪旅旅长啊。"王耀武问吴化成这么晚了出来干什么，吴化成说没找到你，随便转转。但是，王耀武看着吴化成背影消失的方向有点跟自己刚才前去见戴笠的地方有些接近，当时也没有多想。

第二天中午午饭后，吴化东来看王耀武。一见面就问王耀武："昨晚你去戴雨农那里了？"王耀武："到底是军政部的，这也知道？"吴化东："嘿嘿，怎么样？戴雨农剥了你几层皮？"王耀武伸出手指头比画了一下。吴化东："两层？还算客气啊。"王耀武："还客气？好不容易搞到的一批军火都泡汤了，问题是现在抗战在即，这么一搞，我将来总不能拿着烧火棍去捅鬼子吧？"吴化东："你也没走空啊。"王耀武："那是，还给了我一箱子匕首呢。"吴化东："戴雨农就是这么一个人，你知道他是怎么议论戴笠的吗？"吴化东说的"他"就是指陈诚。王耀武："说说。"吴化东："他（陈诚）说了，戴笠这个人除了老头子以外，几乎所有人都想玩弄于股掌之间。"王耀武有点不信。吴化东："他还说了，戴笠这个人是典型的城狐社鼠，如果不及早灭了，将来翻起三尺浪来谁也挡不住。"王耀武："他怎么这么恨戴笠？"吴化东："具体怎么结下的梁子还不清楚，但的确是水火不容。对了，你这批军火真的想给戴雨农吗？"王耀武："不是我想给，而是不给不行。"吴化东："看你的意思还是不想给，既然不想给，我就替你做一回恶人，怎么样？"王耀武："怎么做？"吴化东跟王耀武说了一下自己的计划，王耀武听完："这么一来，会不会牵连到你？"吴化东："牵连不到，退一步说，即便牵连到了，戴雨农也该知道'冤有头债有主'的道理。"王耀武浅笑了一下："只是这样做，他们之间的仇隙便会更深了。"吴化东："他们之间的梁子也不差这一星半点了。"

吴化东久居国民党上层，虽不是显赫人物，可也能够经常性地接触这些显赫人物。他深知戴笠的凶险。陈诚、戴笠之间的矛盾说到底不过是"争宠"。而戴笠与中共之间的关系则是不共戴天、你死我活。老蒋不容许他指定范畴之外的人染指军权。但对戴笠算是一个例外，例外的原因主要是抗日已经提上日程。不过，即便如此，老蒋对于戴笠的这支别动军也做了硬性规定，这支部队只能戴着"民办"的帽子，不能走"国营"路线。所以，戴笠的这股子人马的部分武装也只能走"野路子"，不便完全伸手从何应钦管辖的军政部手里要。戴笠虽然在扩充武装上受到了限制，但他的脑筋动得很快，他将这支部队采用"一饭两吃"的办法，一则用来对付日本人，一则用来对付中共。一旦这支别动军撒下网去，必然无孔不入。而且，他们对付中共的凶狠程度某种意义上说是要超过对付日本人的。正因为有了这层因素，老蒋对于戴笠的"别动军"多半时间采取了睁一眼闭一眼的态度。这自然引起了吴化东的忧虑。

军政部配备给王耀武的这批武器不说是精良之最可也差不多。戴笠如果拿着这批武器真的去抗日的话，吴化东也犯不上这么发愁。现在问题的关键在于吴化东已经得到情报，戴笠用这批武器的目的不是组建什么别动军，而是送给刘建绪做人情。

刘建绪是什么人？那是何健的人马，自从归顺中央以后，成为老蒋在"剿共"战场上的一员悍将。戴笠结交刘建绪干什么？目的很简单，就是两条，既要出陈诚的丑，又要打"CC"派的脸。

粟裕、刘英在浙西南闹得很红，浙江是蒋介石的老家，后院起火不是开玩笑的。老蒋马上命令罗卓英率领40个团"围剿"红军。罗卓英虽然也打了几个硬仗，但没有消灭得了粟裕他们，反而师老兵疲，大丢颜面。谁都知道罗卓英是陈诚的头号心腹，这等于直接给陈诚脸上抹黑。1936年下半年，陈诚不甘心罗卓英的失败，向老蒋推荐他拉拢过来的老杂牌张发奎去当闽浙赣皖边区公署主任，为的是面子不至于丢得太狠。

可张发奎到任不过两个多月，戴笠便通过何应钦奏保刘建绪担任闽浙赣皖边区公署主任，取代张发奎。这个奏保其实也是正中老蒋的下怀，蒋介石老早就瞅着何健不顺眼，此公在军阀混战中首鼠两端，是典型的骑墙派，只是因为老蒋拉着他对付新桂系，而且湖南是通往两广的要冲，蒋介石不便逼人太甚。但如今将刘建绪抽调过来，正好可以肢解何健的一部分人马。所以，奏保上来，老蒋立刻批准。刘建绪知道没有枪杆子狗屁都不是，因此，他跟戴笠也讲了点条件，那就是要武器弹药。戴笠知道刘建绪当年在湖南的时候跟CC系就不对付。此刻，如果刘建绪在四省会剿过程中得逞，戴笠的触角一下子就可以伸到这"四不管"的死角中去，再者说，也正好利用刘建绪这张牌狠狠地抽陈诚、罗卓英的耳刮子。戴笠就这么给应承下来了。那么，"羊毛"出在哪条"狗"身上呢？戴笠一琢磨便想到了王耀武，于是便有了用匕首换武装的那段故事。

王耀武并不知道内中的曲折。可吴化东清楚，吴化东虽然脱党，可时时刻刻都在同情中共，关键时刻更不会眼睁睁地看着戴笠用抗日的武器去干剪除中共的勾当。他现在讨得王耀武的口风，既不愿意将这批装备这么便宜了戴笠，但又不好公开驳戴笠的面子。吴化东主动要求去当这个"恶人"。具体操作起来也并不十分困难。因为军政部部长名义上是何应钦，但陈诚已经接掌实际部务，而且陈诚到军政部来给何应钦当副手，那是孔祥熙跟蒋介石张的嘴。

陈诚是那种"一朝权在手，便把令来行"的人，做事顶较真。他甫一上任就一改军政部拖沓的作风，以迅猛的手段对部务进行改造。特别是对那些人情请托、因循故旧尤其反感。当然，这里的"人情"也是要看什么人的，比如陈诚自己麾下的"土木系"往往别有洞天。因此，吴化东针对陈诚这个特点，直接把戴笠索取王耀武部装备的事捅给了他，其中也摆出王耀武的苦衷。陈诚原本对王耀武并无特殊印象，这次倒是颇具好感了："王佐民在那种情况下不能不答应他（指戴笠）。你看怎么办？"吴化东："戴雨农矛头所指再明显不过了，如果在我们手中给他惯这种毛病，我担心日后此人蹬鼻子上脸，无所顾忌了。"陈诚冷笑一声："他做梦！"有了陈诚这句话就好办了，下面的都由吴化东来操办。军政部只需给发货方开具一纸文件说明原来的单据在程序上有问题，待查期间任何人不得提货。戴笠就是哑巴吃黄连，有苦说不出。只是，吴化东没有想到，此次秘密操作竟然为他日后的杀身之祸埋下伏笔。

在庐山的这段日子里，王耀武发现白文冰这人的确比较有心，值得带在身边。王耀武虽然走南闯北，可基本口味并没有太大变化。他最喜欢吃的便食就是烙饼摊鸡蛋。越是简单的饭菜越是难做。"一日之计在于晨"，白文冰在王耀武周末的早餐上特别下功夫，烙饼的饼既不能太油腻，也不能太干糊，饼里卷着的内容，也不能就是摊鸡蛋一项，还要加上细细的葱丝以及在江西难得一觅的酱驴肉。王耀武在天津待过，所以，白文冰给王耀武的"号筒子"（也就是卷饼的俗称）佐配的是天津卫的玉米面糊糊，外加上一小碟油炸虾皮。这三样东西虽说不贵，可绝对费，费了不少心思的费。不过，这时候王耀武想到的给白文冰安排的角色还只是类似于勤务一流，后来在偶然的一次闲聊中，王耀武彻底改变了对白文冰的观感。王耀武问白文冰为什么第一次见面就知道了自己的官阶，白文冰微笑着回答："我仰慕师座久矣，当初我在南昌时从我把兄弟安慧民口中便知道了不少关于师座的传奇经历。"王耀武如梦初醒，这才把白文冰和安慧民那次说的所谓"山东同乡"联系起来，这才把眼前的白文冰同南昌第二陆军监狱的那段往事联系起来。自古以来，杀人不沾血才算高明。补充旅副旅长侯龙安尽管没有毕业，可毕竟进过保定军校（保定军校于1923年停办，所以，侯龙安没有完成学业）。"保定系"的人在国民党军中那是一股了不得的势力，包括老蒋、陈诚、白崇禧等人在内都算是保定军校出身。杀侯龙安这种人必须要名正言顺，请"尚方宝剑"，办成铁案，只要最高当局发话，将来谁也别想翻案。而这些他既不能说出口、也不可能亲自去交办的事情被眼前这位励志社的大伙计白文冰点点滴滴地做到了，而且做得严丝合缝、密不透风，即便是对自己，白文冰也始终没有随口夸耀一句。这人不简单，王耀武觉得把这个人留在身边，将来会有大用场的。因此，当卢沟桥的炮声将王耀武这些受训的将领们轰下庐山之际，王耀武决定把白文冰带走。当然，不是直接带走，而是分开走。

　　　　　　　第三章　抗战军兴

6. 罗店处女战

王耀武部开赴淞沪战场，初战罗店，夜袭日特务据点，并截获重要情报。

1937年8月13日，淞沪抗战爆发。在此举国上下同仇敌忾、一致对外的大背景下，王耀武和他的五十一师也走上了抗日的战场。

8月20日，五十一师接到国民政府军事委员会电令，立即整装集结于陕西宝鸡火车站，经西安、洛阳、徐州到达浦口过江转京沪铁路，抵达安亭。王耀武接到命令，有点摩拳擦掌的感觉，从"济南惨案"到今天，弹指一挥间，十年了。终于到了"以血洗血"的这一天了，作为山东人，作为中国军人，作为中华民族的子孙，这份心情已经无以言表。

当天中午，陕西南郑的天主教堂突然来了一封信交呈王耀武，意思是请五十一师营以上军官在教堂做客，名义是给饯行。安慧民送来了请柬："师座，咱们去不去？"王耀武笑笑："为啥不去？不但去，还要大摇大摆地去。"安慧民："那……？"王耀武："你手里的活儿一点不要停，不仅不要停，还要加快速度。赵专员那边你给露点口风没有？"安慧民："漏了点，但看着赵专员好像有点不过瘾似的。"王耀武："那你就再给他送点去，包括这张请柬的事你也让他知道。"

南郑天主教堂的大神父是意大利人，跟他们国家的"林谦"墨索里尼是同乡。对王耀武他们非常热情，拿出很多法国大菜来招待。王耀武更看重的是这些法国大菜的背后。酒过三巡，菜过五味，神父请王耀武、罗明理他们这些人到小休息室用茶点。

王耀武指挥作战照（右二）

神父还拿出墨索里尼、希特勒的照片给王耀武他们看，叽里咕噜地说一些中意、中德友好之类的场面话。王耀武他们也没闲着，罗明理、安慧民用茶杯、点心作掩护，聊着即将出行的路线以及可能遇到的敌情，一位教堂里的神职人员不停地穿梭于罗明理、安慧民的周围，殷勤的表情乃至甜腻，王耀武冷眼看着这一切。

出发前，团长邱维达说出了自己的一点忧虑："师座，我们与这些意大利人并无交往，他们何以如此盛情款待？"王耀武："我们军界对意大利、德国抱有好感的不下少数，'哈德门'嘛。"邱维达见王耀武并不特别重视，进一步道："师座，我早听说陕南这一带不安静，耳目嘈杂，不得不防啊。"王耀武看了看邱维达，用手按了按他的肩膀："青白，你的话我记住了。"邱维达原来字杏荪，后来感觉这个字号跟利欲熏心的盛宣怀一样，遂改为青白。当时的中国政府正在巴结意大利和德国，蒋方震游历欧美，特别推崇意大利原中央航空管理局局长杜黑的"空中打击"理论（俗称"杜黑主义"），并向蒋介石推荐。意大利政府、德国政府至少在表面上还很看重同中国的交往，墨索里尼的女婿齐亚诺、希特勒本人都对蒋方震特别礼遇。在国民党阵营中也有一批人主张联合德意，扼制英国，打击日本。所以，意大利神父出面的宴请在五十一师的营以上军官中引起的反应并不是十分特殊，只有邱维达少数人琢磨不对劲，这也是后来王耀武比较看重邱维达的地方。

当五十一师徒步行军抵达宝鸡车站（当时陇海路西端只修到宝鸡）时，少数不明飞机对五十一师的行进开始尾追侦察。而在途中，五十一师分别在下关和苏州两处遭遇日军飞机轰炸，但奇怪的是这两次轰炸并没有给五十一师造成任何严重的伤亡。邱维达又来找王耀武："师座，这两次轰炸蹊跷啊。"王耀武："青白，你放心，你说过的话我还记得，用不了多久，谜底就会揭晓了。"安慧民已经按照王耀武的布置给赵铁夫发去加密电报，一切行动都在按原计划进行着。

1937 年 8 月 24 日夜，王耀武的五十一师全体官兵抵达安亭车站。安亭这个小站第一次在历史上写下它的名字。而若干年后的公元 1966 年 11 月 10 日，在这个小站发生的史称"安亭事件"的政治闹剧再一次将安亭推到了历史的风口浪尖上。

就在王耀武他们到达之前的 8 月 22 日晚，日军第三师团、第十一师团、第八师团所属第四旅团以及第一师团所属第一旅团，已经在川沙口、狮子林、宝山同时登陆。此后目标直指罗店通往嘉定公路的两侧，意在威胁中国战区左翼的侧背。日军的战术原则虽多，但根本点是"两个第一"，即"攻击第一""包围第一"。其中，切割包围最为日军所推崇。在日俄战争中的"营口战役""辽阳战役"中，日军用这一招让俄军大败，吃足了苦头。日军也以此自骄，将其奉为圭臬。而切割包围的关键在于斩断对手的左翼，所以，日军这次登陆行动配备的师团都是甲种师团。第三师团又称"名古屋师团"，日本政坛"名相"桂太郎就从这里脱颖而出。被倭寇吹捧为"明治陆军三尊佛"的儿玉源太郎也曾经担任过这个师团的师团长。第十一师团也不"逊色"，臭名昭著的日本战犯乃木希典、白川义则、松井石根都曾担任过该师团的师团长。日军自发动侵华战争以来，败少胜多，特别是亲眼目睹中国自甲午战败后的几十年国无宁日、民不聊生，所以，骨子里轻视中国，妄图一战而下的思想尤其浓烈。这次，它调集主力师团也就是准备用"狮子搏兔"的凶猛战术一下子打垮国民党，从心理上摧毁中国人的斗志。

对于日军的战术，以蒋介石为首的国民党军事决策层并不陌生。针对日军的切割包围，国民党政府特意将陈诚的主力部队配备在左翼，而王耀武部的主要任务则是与十一师取得联系，增援作战，从而保证罗店地区战局的稳定，为全局赢得时间。罗店是通往宝山、上海、嘉定、松江等几条公路的枢纽，类似三国时代的街亭，在日军看来是志在必得，而在国军看来也是誓死力争。犬牙交错的时刻到来了。

王耀武马不停蹄地召开作战会议。从川沙登陆的日军三个师团利用炮舰的掩护，势头正凶，以五十一师一个师的兵力保守罗店阵地无异于羊入狼群。所以，王耀武当即拍板以邱维达团、程智团赴第一线，支援罗店方面作战，两个主力团前进时分两步走，第一步是用急行军的速度快速到达嘉定，第二步则投入作战。邱维达和程智是五十一师的两员虎将，这两个团也是主力，一下子就都给端上了前台，参谋长罗明理心里有些不忍。王耀武看出来了："不要想那么多了，全国才能全家，我们这点家什这时候要还怕打破个坛坛罐罐的，将来等我们入土了，是没脸去见列祖列宗的，就是子孙后代也要戳着我们的脊梁骨骂。当年我们在济南城下时不就是在等着这一天吗？"罗明理点点头，不言语了。

就在这时，安慧民领着白文冰前来面见王耀武。白文冰怎么突然来了呢？在庐山的时候，王耀武安排白文冰去申六（申同伦）那里帮着申六打理在上海、南京和汉口的生意。王耀武从侧面观察，白文冰这个人其实很适合做这方面的工作，自然这也是锻炼和判断一个人的机会。同时，王耀武还让白文冰给申六带去一封信。这封信是开口的，这表明王耀武对白文冰的信赖。这次白文冰回来也是给王耀武带信的，带着申六给王耀武的新消息。

在托白文冰送给申六的信里，王耀武最重要的要申六调查一下上海 305 信箱的背景，关于这段意思，王耀武用了只有他申六才能读懂的密码。这次申六带回来的这封信同样在这方面做了加密处理。安慧民站在一旁，睃了白文冰一眼，心里很不以为然。他后来一直不怎么跟白文冰联系，主要就是不想让白文冰跑到王耀武的圈子里来，跟自己搅一个马勺。对于白文冰是何等样人，安慧民虽然不敢说完全吃得准，但有一点则是肯定的，这家伙绝不是省油的灯。放这么个人进来，等于给自己配个对手。现在看王耀武将白文冰安排在申六那边，自己多少松了口气，他看到王耀武那么认真地阅读白文冰送来的信，又有些酸溜溜的。

王耀武看完信以后吩咐安慧民："安子，你去把参谋长叫来。"等安慧民走开以后，王耀武微笑着对白文冰说："小白，把你的励志社的金饭碗给敲了，屈就在上海申六爷那里，你不会有意见吧？"白文冰："说实话，能在主座麾下供驱驰，也是我白文冰个人一直以来最大的愿望。"白文冰对王耀武的尊称很特别，叫做"主座"，这是主公的变异。"主公"这个词对于我们来说并不陌生，《三国演义》中多次出现过。这不独是古人的专利，也是近现代人对于自己敬佩的大人物的尊称。白文冰又低声问了王耀武一句："主座，有件事不知道该讲不该讲？"王耀武："你说。"白文冰："我也是刚刚知道，申六爷去年玩过一大笔公债。不知道您清楚不清楚？"王耀武："什么？公债？"白文冰肯定地说："复兴公债，财政部发的。"王耀武："他跟我说过，钱是放出去一些搞借贷，我不让他搞，他来信说已经收回来了。"白文冰："这笔公债拉下饥荒了。"王耀武再度震惊："有多少？你怎么知道的？"说到这里，王耀武摆一下手："你傍晚来我这里，咱们细谈。"说到这里，正好罗明理、安慧民也到了。王耀武开始向罗明理、安慧民布置任务，白文冰告退。

申六带来的消息很重要，所谓上海305信箱，也就是余书茵留给王耀武的那个特殊呼救地址已经被调查清楚了。这是一个距离上海南京路哈同大楼三楼通原洋行最近的住处。申六拿着王耀武那张事前钤好私章的空白信倒填内容寄去，不到一周便有了回复。回复内容很简单，只是交代了一个简明的接头地点。按照地址，申六自己摸了去，并且见到了一个女人，这个女人向申六传递了一项重要的情报。如今这份情报经过加密已经摆到了王耀武的桌子前，也正是王耀武要向罗明理、安慧民特别说明的。

通原洋行是日本人井上开设的，表面上是做易货贸易的小公司。其实这是上海沦陷前夕日本浪人和日本中下层特务的汇集点，也是后来上海滩臭名昭著的"井上公馆"的前身。余书茵又是怎么同这家洋行发生了关系呢？这里有一段曲折。

余书茵本来是跟着赵铁夫的，在余看来，赵铁夫足以为她遮风挡雨。经过"小红宝事件"迅速"成长"起来的余书茵把很多事情似乎都看透了。一个弱肉强食的年代里，与其默默无闻地被凌辱，不如躬身起来无耻地嚣张。然而，她毕竟是正经人家出身，想要一下子走到无耻的境地还有许多关卡要过，第一道关口就让她眩晕了很久。

赵铁夫与戴笠在"清党"后去见王耀武时，不经意间说漏了余书茵，这很快被一向以渔色著称的戴笠捕捉住了。余书茵作为"礼物"被赵铁夫送到了戴笠的床前。对于这种量级的"凌辱"，余书茵只有选择顺从，也必须选择顺从。从这时开始，余书茵真的把有些事情看开了，想透了。戴笠也算"够意思"，余书茵跟了戴笠以后，物质方面的且不用说了，精神上的快感几乎一刻都没有停过。这个乌纱帽翅儿虽然不大的浙江江山人其能量之大让余书茵往往瞠目结舌，无话可说。十年的江湖让余书茵发现"金权"为何金在前而权在后的道理。所以，她伸手向戴笠要一把金钥匙。戴笠也同意了，专门为她成立了一家现代社会称之为"皮包公司"的企业。这家公司尽管房无一间、地无一垄，却应有尽有，来者不拒。当然，戴笠的身份决定他不会简简单单包装一个只会吐出不会收纳的公司交给自己的小蜜的。这家公司的另外一层只能就是两个字：情报。

而这个"情报"主要针对的就是日本人。余书茵按照戴笠的指定，刻意交结一位日本商人，他的名字叫中山纯一郎。此人是日本皇室外戚亲贵侯爵中山忠能家族的亲属。中山纯一郎本人也迎娶过远支皇室（后病死），并且与海军系统川村家族交厚。通原洋行的井上也时不时要打着中山的招牌蒙事。所以，余书茵接近中山纯一郎这也是戴笠的一个如意算盘。

演员出身是余书茵的一道利器。余书茵发现中山纯一郎经常跟一个日本陆军联队长叫做英森的打交道，英森的代表是小泉菊次郎。小泉菊次郎有个"头衔"，他自称是小泉又次郎（曾任日本邮政大臣，时任立宪民政党干事长，即后来日本首相小泉纯一郎的祖父）的亲戚。关于这点余书茵没有考证过，但有一点则是肯定的，那就是中山同小泉的关系的确非同一般。

小泉、中山、英森这三个人在一起做的生意很多，有一些不好出手的就找井上帮忙给"销赃"。只是最近一段时间，小泉很少上门，行踪诡秘，余书茵便旁敲侧击地找到了根据。因为英森的部队已经开赴罗店附近，具体方位还不清楚。所以，余书茵暂时也只能提供给申六一些相关的情报，内中最重要的一条就是小泉菊次郎的一个私密据点在罗泾附近。这份见面礼虽然说不上十分厚重，但也不轻。

日军特重炮兵，日俄战争期间，他们由此吃了不少的甜头。俄军旅顺要塞陆上防卫司令官康特拉琴科少将就是死于日军的重炮之下。日军炮兵的传统思路很明显，一条是抵近射击；一条是压制敌炮。就步炮协同来说，强于国民党军。所以，端掉敌人的炮兵阵地是最关键的。余书茵的情报到来之前，王耀武已经有了这个想法，自己的兵力不足，只有出"奇兵"。如今看到余书茵的情报，更加夯实了自己的考虑。这个"奇兵"就是夜战，这也就是王耀武把罗明理、安慧民找来的原因，便衣队该派上用场了。

美军中将赠送给王耀武的手枪

傍晚时，白文冰来找王耀武，谈了谈申六的情况。王耀武心里很窝火，因为他一再叮嘱申六，公债这类投机风险特别大的东西一点都不要碰，因为你摸不清来头。1936年初，财政部部长孔祥熙提出整理内债方案，这是一箭双雕的把戏，一方面极力凸显国民政府控制财政金融领域的杠杆，另一方面则是大力打压日益坐大的江浙财阀。孔祥熙推出的复兴公债便是这个把戏中的重头戏。上海金融界勉强接受。就在这时，从南京飘来"做空"的气息，气味一直很浓

王耀武配枪枪套

烈，而且这气味符合上海金融界的口味，因为他们对财政部一肚子不满意，正好发泄。于是，这时候便开始抛售。

这一抛售表面上看正好是所谓"市场黑手"抵制政府的表现。殊不知，这个做空的烟幕的发放者并非别人，正是以孔祥熙为代表的政府豪门。财政部次长徐堪、中央银行副总裁陈行、中国国货银行董事长宋子良秘密成立了一个银公司，其目的就是奔着这次整理公债而来，就是要空手套白狼，不仅是白狼，就是吊睛白额大虎也一样照单全收。做空的消息正是他们故意放出来的，他们放出来以后，报纸也为之呐喊，一大批商户很快上当。

就在大家顺着做空的路子走的时候，徐、陈、宋的银公司大量吃进，他们一边吃进，一边操控财政部不断放出整理公债的下一步计划，逼迫市场一边倒，完全空头市。等到他们吃饱了以后，便一路拉升，债市从空头全面倒向多头，一把便吸干了中小户的血汗钱。据事后统计，徐堪、陈行、宋子良在这轮空翻多的行情中一次就获利3000多万法币。上海工商界管徐、陈、宋的银公司叫"三不"公司，即指徐堪不

堪，陈行不行，宋子良不良。还有人幽默地说应该是"四不"，还要加上一个孔祥熙的"不祥"。

王耀武："这种空翻多最狠的肯定要出在交割上。"白文冰："主座所言极是，银公司他们要求财政部命令上海华商证券交易所一律用现品交割，不得掉期，而且时间卡得很紧。"王耀武："你是怎么知道的？"白文冰："励志社有人在华商所，我是从他那里知道申六爷玩公债亏了大本钱的，具体亏空多少，我都抄录下来了。"说完给王耀武一个小册子，王耀武就看了两眼，眼珠子便冒了火，一拳捶在桌面上，差点骂娘。但转念一想也没有特别好的办法，只好先不要打草惊蛇，由此再想又特别后悔不该让申六知道上海305信箱这件事，因为事涉余书茵，可能还会连着戴笠，王耀武脑袋顿时觉得大了不少。白文冰看在眼里，并不急于表态，等着王耀武转了一圈以后，他慢吞吞地说道："主座别急，这件事还有补救的余地。"王耀武："你说说看。"白文冰："如果主座信任我白文冰，我头拱地也把亏空查明白，励志社在上海华商所有一笔款子，假如需要的话，可以暂时腾挪一下，半年后归还也行，神不知鬼不觉。"王耀武："钱还好办，毕竟是死的……"白文冰："您不用说了，只要主座信赖我小白，一切都在我身上了。眼前大战在即，主座不敢分心，后面的事都交给我，如何？"王耀武看了看白文冰，然后点点头："老弟，厂子那边的事都拜托了。多余的话我也不说了。"

刚送走白文冰，邱维达的加急电话就打进来了。邱团经过三个半小时的急行军已经安全到达嘉定县，全城空无一人。邱维达电话请示王耀武行止，王耀武告诉邱全权在他，见机行事，如以后通讯联系故障，可相机处置一切，不必事前关白。

8月25日拂晓，邱维达派出一个营向罗店方向警戒，其余部队抓紧休息。不一会儿，派出联络的少校团附刘振武跑了回来，他向邱维达报告说："十一师昨日反击罗店未能奏效，伤亡很重，师主力退守施相公庙东西线，现正加强防御工事；罗店已被倭寇占领，友军望火速增援。"邱维达考虑到天亮以后，日军在川沙口的炮舰远程火炮已经能够打到嘉定县，敌机活动也异常频繁。所以，他决定各营马上开赴前线，接替十一师一部防地，利用公路两侧排水沟隐蔽前进，官兵一律伪装，限令黄昏前接替完毕。25日正午，邱团正式接替十一师施相公庙部分防地，邱维达在相公庙东南侧顾宅设立临时指挥所。进入防地后，邱维达下令马上办三件事。第一，巩固阵地，从团指挥所一直到第一线必须构成有掩体的堑壕、交通壕防御体系，限三天内完成；第二，纵深配备，疏散配置；第三，防控加伪装。8月29日夜，邱维达下令营长胡豪率领预备队加强两个连的兵力，夜袭日军阵地。

胡豪把能用上的重家伙都给派上了用场，深夜入梦的日军被这迎头一击给打得有些糊涂了，王耀武的五十一师打仗有个规矩，那就是要冒着手榴弹的硝烟冲杀，等第一批手榴弹甩出去后，冲锋号吹响了，有人统计过，淞沪战役中牺牲的司号员就比其他战役多出一倍还不止，冲锋号始终伴随着战役的全部过程。邱团的士兵端着雪亮的刺刀从斜刺冲了出去，拦腰把日军斩成几段。有位哲人说过"战争让军人复活"，这句话对五十一师的全体将士适用。最初的猛烈打击的确让日军有些晕头转向，他们闹不清这是怎么回事时已经丢下了一百多具尸体。

邱团突破的是日军竹田联队的防地。联队长竹田几乎不能相信眼前的这批中国军队居然敢向一个完整建制的师团主力发动如此迅猛的攻击，而且在很短的时间内就把战争的进程大幅度缩短，从袭击和远距离的射杀直接过渡到正面拼杀，这在他的陆军生涯中是从来没有遇见过的，不但是他，他相信在他的同僚中也没有对这种凶猛的打击做过任何从心理到生理上的准备。竹田的舅父曾经跟随山县有朋参加日本"西南战争"，并且亲手击伤号称"维新三杰"的西乡隆盛。这种"血统"令竹田异常骄横，他本人声称他的联队为天皇尽忠时没有一个人是后背着弹的，都是在前进中阵亡。

竹田联队毕竟是日军一支训练有素、经验丰富的精锐部队。竹田很快从第一轮打击的尾声中找到了一点契机和转折的方向，他很快寻找到一个缺口，并且准备利用日军的优势火力制止中国军队的新一轮的打击。他派出一个步兵小队去争夺缺口，日军虽说遭到突然袭击，但是，应变的能力还没有丧失，日军的整体素质上相当不弱，通过半个多小时的激战，日军略占上风。

胡豪一看，急了，大吼一声："上刺刀，冲！"日军还没有从突破缺口防守的兴奋中抽身，就看见又一批中国军人红着眼珠子杀了过来，胡豪手里的马刀是西北马鸿逵部送给王耀武他们的纪念品，这柄马刀是马鸿逵武装仿照明代抗倭名将戚继光的腰刀模样打造的，刀长约一米，刀体较窄、刀身微弧，两面有血槽，锋端尖利，这种刀的好处在于既可劈砍，也可刺击，胡豪马刀在手，迎面就过来两个鬼子，其中一个标准刺杀直奔胡豪的前胸，抗战期间日军使用的步枪俗称"三八大盖"，这是因为其枪机上方有一拱形的防尘盖，可以随机柄前后运动，故此得名。这种步枪一律配有日本明治三十年式刺刀，该刺刀刀体长400毫米，质重690克，日本陆军非常重视拼刺的作用，日军的《步兵操典》中公开强调"决定战斗的最终胜负是刺刀突击"，在日俄战争中，日军就曾经组织师团为单位的白刃格杀冲锋，这在世界军事史上也是比较罕见的，眼下和胡豪他们对阵的竹田联队算是日本陆军中的尖子，刺杀本领自不消说，可是，他们没料到的是他们碰见的对手既不是闻风三十里的东北军，也不是枪响一百三的晋绥军，而是国民党军中的嫡系武装。而且，这支国民党嫡系武装在刺杀本领上丝毫不比他们日本军队逊色。我们都知道，王耀武之所以跟王文彦结识，就是从刺杀训练上来的。王耀武自成一军以后，对刺杀训练格外重视。而且，王耀武的第一旅还曾经作为国军刺杀模范被军政部通令嘉奖过。在抗战期间，特别是中前期，日军最怕的就是国军的白刃战。①

鬼子的刺刀一上的同时，胡豪闪身一侧，手腕用力一个横劈下去，扑上来的这个鬼子的半条胳膊就飞出去了，鬼子疼得哎呀一声惯倒了，另一个鬼子一看同伴这么快就给撂倒，也急了，雪亮的刺刀直接就冲胡豪的软肋上扎，胡豪顺势把三八大盖往怀里一带，喊了声"走着"，右手的马刀齐刷刷地将这个小鬼子的手指头给去了三根，十指连心啊，鬼子怪叫着乱跑，胡豪一个快步冲过去，一把抓住鬼子的皮带，左胳膊一较劲，这鬼子服服帖帖地半靠在胡豪的胸前，胡豪右手握刀、左手夹着鬼子，杀入敌群，这夹着的鬼子就仿佛挡箭牌一样，凡是躲不过去的刺刀都"便宜"了他，等到杀了一圈回头再看时，这鬼子身上捅得跟血葫芦似的。原来给胡豪砍断半条胳膊的那个鬼子满地不知道找什么，按照战前的规矩，凡是拿下一名鬼子的伤兵或者俘虏，赏法币两百元，这是不小的数目。所以，司号员看见这剩下一条半胳膊的鬼子还准备上前把他给扶起来，哪知道一近身，那鬼子照着司号员的耳朵就是一口，还咬住不放，司号员又疼又急，还没辙，因为他手里只有军号，就在这时，只听得"扑哧"一下，一股白色的液体溅了司号员一脸，原来是胡豪的马刀砍开了鬼子的脑袋瓜子，脑浆四溅。胡豪收回刀还骂："他奶奶的，小鬼子就不能留。"

过了一会儿，胡豪瞥见一个日军军官，身边拥着几个鬼子，且战且退，边走还用指挥刀乱比划，胡豪合计这老小子看起来官不小，要是能把这老小子给忙活了，这可没白露一回脸，胡豪自己越想越高兴，喊过来两个战士，胡豪："你们两个上去把老鬼子的身边那几个家伙给我去了，我单独对付那个大个的。"两个战士吼了一声就上去了，胡豪挥刀直逼那名鬼子军官，鬼子军官身边的几个日军忙着和上来的两个战士拼杀，就把鬼子军官给单独晾在那里了，胡豪人到刀也到了，兜头便剁，鬼子军官双手握刀，向上用力一磕，鬼子的劲头不小，特别是鬼子这把刀确实不错，"铛"的一声，胡豪的刀口愣是给崩缺了一块。鬼子出刀就是一个毒，军刀带着冷风刷地劈向胡豪的左肩，胡豪用刀一挡，鬼子的刀锋又改了路数，来了个"枯树盘根"，胡豪刚要

---

① 王奇生著《革命与反革命》第314页，社会科学文献出版社2010年版。

招架，不防脚下给尸体绊住，一个趔趄差点没翻倒，可鬼子的刀已经到了，这刀要是给劈上，那可就是九死一生。哪知道鬼子军官的刀没砍上胡豪的脸，倒是给一个硬邦邦的金属物挡住了——司号员看到胡豪这边有危险，一个箭步蹿了过来，用军号顶住了鬼子的军刀，军号给劈断了，刀锋在司号员的头部留下了一个口子，血马上流了出来，司号员还没顾得上擦脸，转身捡起胡豪的马刀正准备递给胡豪时，鬼子军官的第二刀又到了，司号员手无寸铁，而且还侧身，哪能想到这一刀，结果正好给鬼子的军刀捅穿了肺腑，一股热血噗的一下从司号员的口鼻喷涌出来，胡豪目眦尽裂、痛不欲生："操你妈的小鬼子。"腾出手来一枪就把鬼子军官给撂倒了，跟上去照着鬼子军官的咽喉又补了两枪。胡豪伸手拿过鬼子的那把沾血的军刀挂在腰间，同时扯下了鬼子的领章，借着夜色一看，来脾气了："妈的，才是个少佐，真他奶奶的瘦。"

这时，远处一批鬼子已经嗷嗷叫着扑了过来。之前，邱维达交代得很清楚，见好就收，关键是引诱鬼子扑向我方阵地。这样就便于集中歼灭敌人。胡豪一看鬼子上来了，正好，撤。鬼子一通穷追，哪知道邱维达已经把全团上下的重武器都准备好了，鬼子在距离邱团阵地两百米地带时，三发红色信号弹升空，邱团将士奋勇杀敌、争先恐后，复仇的火焰将这些鬼子一个不剩地都烧死在阵前。竹田联队的确像竹田自己声称的那样"没有一个人是后背着弹的，都是在前进中阵亡"。

在邱团打响的同时，安慧民、孟记东的便衣队也悄悄地摸进了小泉菊次郎的私密据点。这个据点连中山纯一郎也不知道，但却被余书茵不动声色地发现了。这次摸哨，王耀武下了死命令，一个活口都不能留，除了小泉本人。小泉的模样，安慧民、孟记东都已经深深地刻在了脑子里。应该说这是一场赌博，因为王耀武也不能预知小泉一定知道英森的方位，而且即便知道了，是不是一定能抢在时间的前面。最令王耀武忧心的是，如果行动失败，余书茵将面临什么样的后果？在便衣队出发后，王耀武甚至有些懊悔自己的决策，直到这时，他才更加意识到余书茵通过申六给自己传递的情报是多么的难能可贵，而自己很有可能把昔日恩人的角色变成今天的误人。

不过，王耀武做梦都没想到的是，他的便衣队的运气今晚出奇的好。当他们冲进屋子里时，一下子堵到了两个鬼子，其中一个是小泉，另外一个不认识，但很凶。小泉被安慧民一脚踢翻，随即就给摁住了，那个很凶的鬼子随手顺起小桌子扫开了孟记东的劈面一拳，接着就以极快的速度抽出了军刀。与此同时，安慧民的消音手枪也亮相了，枪口对准了鬼子，不料孟记东已经冲到了鬼子的面前，孟记东把荷叶腰刀给拔出来了，鬼子也挺直了身子，几乎没容孟记东张嘴，刀带着风声呼的砍了过来，孟记东用力一磕，"铛"的一声，鬼子、孟记东都不由自主地退后几步，安慧民急了："这不是没事找事吗？"孟记东刀锋故意卖了一个破绽，鬼子惯性地一冲，孟记东抽刀横扫，鬼子急忙闪身，却也慢了，孟记东的刀呼啸着切下了鬼子的半边脸，鬼子疯了，他再度用足了浑身气力猛扑过来时，孟记东借力一让，鬼子一个趔趄差点扑倒，等他回转身来，这把腰刀已经深深插入了他的腹部，他一头栽倒，说了句日语："好刀法。"孟记东收刀在手，看着鬼子的尸首咧了咧嘴说："奶奶的。"安慧民、孟记东他们把小泉装进麻袋捆好，简单收拾了一下杂物，死了的鬼子也给装走，现场经过半个小时的布置，基本看不出格斗的场面，血迹不多，刚才因为抓捕匆忙，没注意地上，临走时，安慧民、孟记东横扫了一眼，一下子看到了一个卷筒，这是刚才抓那个鬼子时从他身上掉出来的。孟记东上去拔开筒盖，倒出来的是一卷稿子，上面写满日文，安慧民："师座交代过了，凡是文字的东西都拿走。"

安慧民、孟记东他们赶回来时，王耀武还没有睡，他把临时指挥所设在了程团，程智也陪着王耀武说话呢。两个麻袋一扔，一股子血腥气扑鼻而来，一死一活。活人先给绑在一侧，估计不能马上交代，先看死的，死人裤子一脱，兜裆布那儿有个小牌牌，王耀武拿下来一看，递给程智，程智懂日语，他看了以后，咧嘴乐了："这是英森的内带腰牌。"这一句话，屋子里的人都惊呆了。死鬼子原来是英森。

堂堂日军炮兵联队联队长大佐英森居然死在孟记东的荷叶腰刀之下，孟记东那个牛啊。王耀武："小泉这个人你们哥俩就负责处理了。要人不知鬼不觉。"安慧民此刻还不知道，孟记东不光在夜袭中立了奇功，他身上肩负的那条查陕南暗线的秘密使命也正有了些突破性的眉目。而王耀武此刻的全部精力都放在了小泉身上掉下来的那个圆筒中装的那些写满日文的文件上。经过紧张的翻译，王耀武才知道这竟然是一份相对比较绝密的会谈纪要，参与会谈的人竟然还有日本的海军大臣米内光政，发起人之一是小泉。

小泉并非是单纯的商人，确切地说这是一个用商业作掩护的日本政客群体或者说侵华幕僚群体在中国东南半壁的政治观察员。他以定居中国将近八年的时间为日本侵略中国积极谋划，他的观点集中起来就是两个字"蚕食"。具体方略是先行经营满洲，用十年左右的时间完成，华北问题暂时外交化，得寸进寸，得尺进尺。在满洲安全着陆以后，全方位经营华北，以怀柔和强硬两种手段赎买华北主权。小泉还分析了鲸吞策略的不可行在于第一容易惊动苏联，第二容易惊动英美，特别是不要轻易对长江流域下手，将国民党政权逼进墙角。小泉用历史资料证明国民党高层对于满洲乃至对于华北实际上是缺乏通盘考虑的，某种程度上，他们认为满洲是满清贵族带来的"嫁妆"，国民党领导层在历史上就曾经有过了"讨伐袁世凯"，以满洲作为交换条件换取日军两个师团的武装的构想。而华北因为长期以来是北洋政府的老巢，亲日势力一直很大，国民政府始终无力整合那里的格局，加之东北军、西北军的先后入驻，让华北更加成为一盘散沙。

小泉还认为二十世纪三十年代初是日本夺取中国的最佳时机。就是与中国历史上的1644年相比也毫不逊色。而且，当前的国民党政府同明朝中央政权还不能等量齐观。蒋介石为首的南京政府所能控制的只有江西、江苏、安徽、浙江、福建等少数东南各省。在北方有阎锡山、张学良、韩复榘、宋哲元等，在西南有龙云、刘湘、刘文辉、李宗仁等，在西北还有中共。如果日本不急于深入中国的腹地，不引起各派力量的反弹，特别是不要引发中国问题国际化的趋势。那么，国民党政府不会轻易就满洲、华北问题做出激烈的表态和措施。

具体到日本国内对于发动侵华战争，各个阶层都是投了赞成票的，尽管出发点不尽相同。虽然也有些许反战呼声，但并非主流，也影响不到大局。而在中国，如何对抗日本，主流社会中也还没有达成一致。小泉注意到，胡适一流的学者力主议和。"七七事变"发生不久，胡适就向蒋介石推荐高宗武担任打通对日和谈路线的特使。高宗武有一句名言："我姓高，但我的调子却很低。"胡适也声称："中国为一中世纪的国家，断不能抵抗近代国家的日本，必须认清战争的后果。"还有一些人吹嘘日军的战斗力，这同中国明末甚嚣尘上的"女真不可满万，满万则天下无敌"的论调几乎相近。这种舆论氛围对于日本来说是相当有利的。

综合这些条件，小泉强调日本只要不采取急进的办法，就会有机会、有时间以及有能力逐渐吞噬中国的大片领土，至少可以培植亲日政权在中国问题上占有国际间的独霸话语权。小泉的这一想法得到了他的朋友米内光政的赞同。米内光政这个名字对于王耀武来说并不陌生。

王耀武最早知道米内光政的名字并非来自于他自己的阅读，而是从赵铁夫那里听来的。而且，最初听到米内光政也不是他的大名，而是他的外号。米内光政在日本政坛上有个外号叫做"送牛奶的"，这是陆军那批军阀送给米内的"礼物"之一。米内本人早年的确当过送奶工。米内还有个外号叫"忍人"，这是暗讽米内光政在侵略中国的具体操作上力主持重而非急进。不管陆军方面是怎么笑骂米内，米内绝不还口，也来了个唾面自干。米内的这副"死猪不怕开水烫"的嘴脸深得天皇裕仁的赏识，每见米内必呼之为"爱卿"。然而，米内尽管抱有同样的想法，也曾经将这一想法上达天听，但终究无济于事。日本天皇裕仁是公子王孙一流的人物，没有经历过祖父睦仁（明治）处理复杂事务的过程，也没有对中国的历史、现实有过理性的认知。因此，今天忽而听米内的，明天就改听杉山元的。虽然，他有乾纲独断的权柄，却没有与之配套的智慧。小泉不敢公然对天皇表达任何个人看法，却说了一句意味深长的话："今天的日本朝野，没有一个人是多尔衮。"

押着小泉出来，安慧民问孟记东："明白师座的意思了吗？"孟记东："不是说人不知鬼不觉吗？"安慧民："啥叫人不知鬼不觉啊？"孟记东："安队，您老考我？还不就是'闷倒驴'吗？"

"闷倒驴"的做法源自南北朝时期东魏叛将侯景的发明。侯景的老家在今天的内蒙古，当地盛产一种烈酒，俗称"闷倒驴"，深受鲜卑人的喜爱。这种酒顾名思义，就是驴喝了，也一样被闷倒。以后，侯景攻陷台城，占据了南梁的半壁江山，侯景让手下人带上"闷倒驴"给梁简文帝萧纲喝下去，一会儿的工夫萧纲就醉倒了，然后用大土包压在萧纲的身上，随即气绝。这种方法是行刑者和被刑者都不痛苦，也算是早期的一种"安乐死"。安慧民、孟记东就用这种办法送小鬼子小泉上路。

要说这一晚上的折腾已经给五十一师带来了意想不到的荣誉，可师长王耀武的心情却久久不能平静。死鬼小泉留下的会谈纪要中的某些话震撼了他的内心深处。特别是日本人经常提到的那句话："灭秦者，秦也，非六国也。"日军炮兵联队联队长英森私离讯地，并不全然是日军军纪的荡然，更多的则是对中国的蔑视。而小泉就带着这样绝密的文件大模大样地出现在罗泾附近，其内心对中国的轻蔑显然与英森同出一辙。据有关史料记载，直至 1940 年 10 月的关家垴战役全歼日军冈崎大队，才基本停止了日军一个大队可以在抗日根据地横冲直撞的局面。[①] 事实上，在此之前，日军不论是在正面战场还是在后方战场，气焰都是特别嚣张，他们自中日甲午战争以来的骄狂心态以及在东北、华北的长驱直入养就了他们的目空一切。

而这些还不是最可怕的。最让王耀武感到脊梁骨发冷的在于小泉等人的会谈中的那番论述。"皇姑屯事件"之前，日本朝野上下以西园寺公望、牧野伸显为代表的保守派势力主张维持日本国在国际上的声誉与已有的地位，在中国问题上以渐进的策略进行"和平"侵略，这也就是张作霖被炸死后，一旦田中义一表态不再强烈要求立即处理关东军有关责任人后，西园寺、牧野等人便立即向天皇裕仁陈奏罢黜田中的主

---

① 《左权传》第 565 页，当代中国出版社 2005 年 2 月第一版。

因。然而，西园寺等人的有限度的维持现状很快被激进派否决，"九一八事变"就是最好的证明，而随着日军铁蹄不断深入中国，裕仁的政治天平也发生倾斜。不过，这时候，主要武力侵华的阵营又分为两派，一派是极端激进派，一派则是持重激进派。前者俗称"老虎政策"，后者俗称"飞鹰政策"。广田弘毅、米内光政等人都是"飞鹰政策"的主要赞助者。"飞鹰政策"概括起来主要是三点：第一，不能与英美闹翻；第二，不能让苏联得逞；第三，分化国民党政权内部。而这三点中至少前两点是得到了国民党政权高层的回应的，亲英美这点不用说了，"不能让苏联得逞"同样也符合某些国民党当局重量级人物的基础意志。1936年，国民政府外长张群与日本驻华大使川樾谈判时，张群同意自山海关至张家口、绥远、包头一带设立防共区。而且在对苏联的态度上，蒋介石的"倭患急而俄患缓，但俄患大而倭患小"的既定方针始终影响着国民党政权同苏联之间的关系。1932年中苏复交实际上在国民党一方来说是无可奈何之举。因此，米内光政等人认为，近代以来，日本在甲午战争、日俄战争以及"九一八事变"的几大轮较量中连连得分，频占上风，这对于一向习惯于在远东称王称霸的俄国人来说是全然不能忍受的，特别是看着东北落入日本人的掌控中，斯大林是不会袖手旁观的。苏联也一定会在某种程度上谋求同国民党的联合一道遏制日本的扩张。所以，必须打出"历史牌"即用蒋介石在历史上曾经忧虑受制于苏联人以及

苏联对中共的支持的现状来明白无误地时刻告诫蒋介石政权不能同苏联走得太近，才可以从容地腾出手来全面肢解中国。但是，米内等人的主张没有受到陆军的重视，也没有得到日本政界主流派强有力的支持，连口称"爱卿"的裕仁也没有对此作出明确的表态。自然，这是中国之"幸"，如果这个毒辣的伎俩真的成为日本的战略国策，那么，"钝刀子割肉""温水煮青蛙"的手段必将予以施行，那时中日战争的格局究竟向哪一种方向发展也已很难预料。

这里顺便要提到的是，米内光政侵华的态度也并非座谈会中那么"轻柔"，

蒋介石的把兄弟张群（右蒋介石，左张群）

当然这也许跟记录者未必全然知情或者米内本人对他们有所保留有关。根据战犯松井石根的阵中日记记载，就在"八一三事变"的第二天，他去见陆军大臣杉山元，杉山元亲口告诉松井，"海军当局对此已有强硬态度的决心"，而此后松井的日记中还记载一条"海相关于时局的意见与上记我之所见几乎相同"，松井石根为此还"甚感欣怀"。也就是说，"八一三事变"后准备大打出手的力主人以海军米内光政等最为坚持。由此可见，米内光政，包括小泉菊次郎等人在内，就侵略中国并且进行疯狂的民族压迫和民族征服这点来说，他们跟陆军极端派在本质上没有任何区别，是天然的一致。只是在具体操作手段上有些许差别而已。

第二天早晨，又传捷报，邱团击毙日军竹田联队多人，其中联队长竹田大佐也被击毙。邱维达拿着胡豪缴获的那柄军刀，仔细端详了一下，胡豪："团座，瘦了点，就是个少佐。"邱维达抽出军刀，一道寒光，他凑近观看，刀身上刻有字样："胡子，你运气不错啊，这是把好刀，而且还挺有来历。"胡豪："是吗？有啥来历？"邱维达指着刀身上的刻字说："这上面有八个字，'神皇屏藩，永世翼戴'。"邱维达认识一些日语，他告诉胡豪："看这字样的口气，八成跟日本天皇有关系，你整死的这小鬼子叫啥名？"胡豪："黑灯瞎火的，我连他长啥样都没看清，更别说他叫啥名了。"邱维达："不管他叫啥名，这把刀是名刀，有来头。"胡豪："既然有来头，团座你就收着吧。"邱维达笑了："我不够级别，这把刀上交，将来等抗战胜利了，成立个博物馆，咱们把这把刀交给博物馆，让子孙后代都来看看他胡爷爷的威风。"胡豪哈哈大笑。

王耀武的五十一师刚一出手，就阵毙竹田、捅死英森，这在当时引起了极大的轰动，上海滩也为之震动，不少报纸连篇累牍地报道五十一师抗战初捷的消息，王耀武的头像也上了头条。兄弟部队也到邱团的阵地上参观学习，同级的官长也给王耀武打来祝捷电话。《民国高级将领列传》中《王耀武》词条中记载，王耀武因此被由陆军少将晋升为中将。其实，这个记载是比较模糊的说法，不十分准确。抗战爆发后，国民政府有过明确规定，暂时中止将级军官的晋升。而且，国民党军军官的官职是分开的，即有职级和官级一说，打个比方说，某军长，职级是中将，但官级却是少将，这就需要晋升。王耀武在抗战中由少将晋升为中将不是在 1937 年，而是在 1945

蒋介石颁发给王耀武所部（五十一师）的武功状

年，那一次晋升也是在国民政府打破既有的暂停将级军官晋升的成例下完成的，后面我们将会做具体介绍。

一交手就莫名其妙地死了两个主力联队长，引起了日本军部高层的震惊。他们马上决定调第九、第十三、第一百一，三个师团以及野战重炮兵第五旅团、第三飞行团参战，同时还把台湾守备队俗称"重藤支队"（守备队队长为重藤千秋少将）调了过来。到 1937 年 10 月底，日军第十六师团也划归上海派遣军调拨使用。日军的重兵云集引起日本陆军内部的争论，参谋本部少将石原莞尔反对这么做，他的议论很孤立，日本天皇批准了陆军的计划，数万日军很快集结到了淞沪战场。

时任国民革命军第五十一师师长王耀武

从 8 月 25 日到 11 月 8 日近三个月的时间里，王耀武率领五十一师苦战多日，基本完成了上级交给他们的任务。11 月 8 日，五十一师撤出阵地，全师以邱维达团为总掩护队，负责殿后。撤至昆山附近时，第二期掩护工作交由张灵甫团完成。邱团在这次掩护中付出很大代价，继团附刘振武牺牲后，二营营长尹远之也壮烈殉国。对于淞沪战役，王耀武有过一番议论："战役初期，我们打得很顽强，但很快陷入硬拼的境地，缺乏机动灵活，这是不可取的，杀敌一万，自损八千。后来撤离战场，没有组织有效的撤退，这是最失败的一点。淞沪打成这副模样，敌我双方都有经验教训可以总结，在敌方，有鲸吞中华的妄想症，在我方也有试图藉一战而扫荡日军下东海的念头。"

明争暗斗

1. 喋血石头城

南京保卫战，王耀武部打得异常惨烈，损失了程智、胡豪等得力干将。最后，余部渡江撤退。

1937 年 11 月 29 日上午，国民革命军第七十四军军长俞济时气急败坏地把第五十一师师长王耀武叫来，这是王耀武自认识俞济时以来看到的俞济时最差的表情。

王耀武的补充旅升格为师的时候，在番号问题上很费了一番周折。一开始给了王耀武一个新编十一师的临时性的番号，正式的番号军政部那里始终拿不出来。最后还是俞济时找了俞飞鹏想办法，把五十一师的番号强给要了过来。说起五十一师的番号，也颇有些来历。这个师是 1929 年国民党召开全国编遣会议以后由第五十师改编而来，师长是老资格的范石生，少将军衔。蒋介石对范石生很客气："本党的老同志了，需要什么尽管开口。"给五十一师补充的弹药、给养也很到位。但范石生本人心里不安，当年也就是 1923 年春，范石生位高权重之际，在一次军事会议上与初露头

"钦差大臣"俞飞鹏

角的蒋介石发生龃龉，范石生口出不逊，对老蒋大声呵斥，有的版本还说范石生掌掴蒋介石（应该不确）。总之，两个人闹得很不高兴，只是这么多年过去了，老蒋不论是公开场合会晤还是私下里见面，从来没有对范石生有过半点异样的表示，反而特别热情，越是这样，范石生也就越发毛。因为他知道但凡像蒋介石这个量级的人物，一般说来都是恩怨分明、睚眦必报。于是，范石生早在 1932 年便提出辞去五十一师师长职务，蒋介石没有批准。他便委托副师长张浩统带队伍，自己上了庐山搞起了悬壶济世的生计。并且

修筑一所房子，取名"五一公寓"，有"五十一师"的隐喻。范石生的医术不错，张元济的孙女张珑患病就是范石生用药才得以痊愈，关于这一点张珑念念不忘，在她晚年撰写的回忆录《水流云在》中还专门提上一笔。1934年，蒋介石照准所请，范石生从此脱离军界，成了彻底的江湖郎中。1936年春，余汉谋奉命将五十一师在韶关全部缴械，该师番号上缴。本来这个番号是准备注销的，但因为范石生人还活着，脑袋上还虚顶着军事参议院中将参议的名义，所以，军政部何应钦那里始终没有动作。后来，俞飞鹏跟何应钦打了招呼，而且何应钦也知道是给王耀武所部的，因此批得很快，戴着帽子就下到了王耀武手里。五十一师表面上是编两个旅，但在军政部备案还有个尾巴，那就是可以在特殊情况下，另编两个乙种团，这不是一般师旅能够享受到的待遇。抗战一启动，俞济时就将五十一师拉进自己的圈子里，另外将自己原来所在的五十八师交给冯圣法统领。

在整个罗店战役中，七十四军拼了命，损耗相当之大，缺额很多。王耀武、冯圣法都向俞济时表示过，部队应该休整一段时间，以利再战。俞济时当然也希望是这样，可是等到他去老蒋那儿以后，心里都凉透了。不但没有被批准休整，反而给划到保卫南京的部队中去。俞济时对王耀武说："你我的想法都落空了，委座不同意休整。"王耀武："为什么？"俞济时悻悻而言："固守南京的部队最初并没有把第七十四军计划在内，第一军胡宗南部都过了长江，现驻浦口一带，没有把他们留在南京，反而把七十四军留下了，看情况南京是守不住的。何应钦、白崇禧以及所见到的其他将领都不赞成守南京，只有委员长和唐生智主张守，唐生智自告奋勇，担任保卫南京的最高指挥官。你看南京能守得住吗？"王耀武没想到会有这种安排，好在事前他也不是一点准备都没有，对于守不守南京，他这一路上也没少琢磨。所以，俞济时一旦问到，他略微顿了一下，便回答道："我看没有守住南京的有利条件：（一）各部队新从上海撤退，士气不振，一般官长身在江南而心已过江北。（二）唐生智的长官都是临时凑合而成的，所指挥的部队是临时调拨的，这些部队他过去都没有指挥过，他不了解各部队的情况，也不了解敌人的情况。（三）要守南京城，必须守住城郊的要点，地区大、兵力单，难以形成纵深，易被突破。因此我也认为南京不易守住。"俞济时："那我就不明白了，委座要守南京还有政治上的考虑，唐孟潇（唐生智）到底何苦来呢？"

俞济时提到了唐生智，倒是勾起王耀武的一桩心事。这次从罗店撤离前，王耀武安排孟记东留下，去上海找白文冰联系，同时相机追查汉中天主教堂背后的玄机。在陕南时，发现汉中天主教堂的"猫腻儿"以后，从孟记东每次汇报回来的情报中，王耀武敏感地觉察到似乎总是有人在指点着自己，这个人多多少少留下了蛛丝马迹，那个被孟记东暗中查访到的"红珊瑚烟嘴"一下子让王耀武想起了很多往事。

王耀武记得孟记东是如此向他汇报的。在暗查过程中，孟记东盯住了一个叫"长毛"的人。有一天，"长毛"从接头人手里取得了情报，孟记东就此跟上，"长毛"也察觉到了有人跟踪，七拐八拐地走进了一家小酒店。走到靠窗户的那个桌子边坐下，坐下前还躬身问了一下已经坐在那里的一个戴着礼帽的男人："先生，这里能坐吗？"那人哼了一声，"长毛"坐下来了。孟记东没有马上抓捕"长毛"，一个是准备守株待兔，抓到"长毛"的下家，再一个就是一旦等不到下家就抓捕"长毛"手中的情报。可是，"长毛"坐下来以后，酒保忽然过来赶他，因为"长毛"经常在这里赊账不还，酒保就让他趁早滚蛋，"长毛"说自己饿了，下次一定还钱，酒保还是不答应。这时候，坐在一边的那个戴礼帽的男人说："你给他一张肉饼，账算我的。这点事有什么可计较的？祖宗江山都快丢了，一个把钱算得那么精有个屁用？"酒保按照那人的吩咐去做了，那人留下酒钱便离开了。"长毛"吃完肉饼走出来时即被孟记东抓捕归案，可带回一审，一无所获，"长毛"浑身上下给剥了个精光，也没有找到丝毫纸条。孟记东是明明看着"长毛"当时接头时是拿了一张纸出来的，而且他始终没有机会销毁这张纸，为啥就不翼而飞了呢？王耀武听完，就淡淡笑了一下："吃了呗。"孟记东："吃了？我怎么没看见？"王耀武："和着肉饼吃了，你能看见吗？你就是那会儿当场给'长毛'剖腹开胃，你也休想找到一点痕迹。"孟记东一下子想起戴礼帽男人让酒保给"长毛"上肉饼的情节了。王耀武仔细地问了问戴礼帽男人的情况，孟记东说别的还在其次，就是这人始终叼着一根红珊瑚烟嘴。王耀武又问："那人是不是左撇子？"孟记东拍拍脑门："好像是，吃不太准。"

"红珊瑚烟嘴"、貌似"左撇子"，这两个特点集中在一个人身上的时候，王耀武打了个激灵："难道他还活着不成？"而且，最重要的一点还是从成都启喑学校开始，这让王耀武一下子把记忆的窗口对准了北伐期间的福州——福州聋哑学校校长的老朋友，而这次又是跟启喑学校有关，难道这是巧合？如果不是巧合，那么说明了什么？说明了这个人跟日本人有勾结？那么，既然与日本人有勾结，为什么还不断地指点自己？

这次白文冰从上海到罗店前线指挥所时，特别谈到当年赵铁夫审问许随安时问到了三件事，红珊瑚烟嘴、左撇子、安龙口音。王耀武暗想："看来此人还真是活着。"王耀武问白文冰："后来赵专员有没有再说起这件事？"白文冰："没有，当时我之所以知道红珊瑚烟嘴、左撇子、安龙口音也不是赵专员告诉我的，而是我无意中听到的。"王耀武把在陕南的某些片段与白文冰谈到的枝节联系起来时，他感觉，这个一直神秘存在的"活死人"似乎始终想要跟自己表露些什么东西，也似乎在故意躲着自己。所以，他要孟记东留在上海，伺机查一查这个"活死人"的下落，当然不是大海捞针，而是要通过余书茵这条线的帮助。而且，在上海王耀武还有一棵大树备用，那便是刘夷。哪知道，到了南京没几天，王耀武竟然与这位"大树"刘夷碰面了。

刘夷自从丢了三十二旅旅长职务之后，通过刘峙的努力，给暂时安排在淞沪警备司令部总务处任处长。"七七事变"发生，国民党中央命令撤销淞沪警备司令部，刘夷再次丢官，只好跑到南京来托关系，不过，刘夷这几年在上海没白混，结交了不少"大款"，这次到南京跑官也是带着"财神爷"来的，刘夷还颇为神秘地告诉王耀武，他结交的这位"财神爷"来头不小，生意做得很大，跟孔、宋他们都有交情。刘夷："佐民，过几天，我带他来给你认识认识，这人不错，小白（白文冰）也应该跟你提过，对你的生意一向也有关照的。"王耀武："你是说那位迟先生？"刘夷："对，迟语迟先生。"王耀武："小白他们没少麻烦老兄你，本来我是应该当面重谢的，可你也看到了，刚从淞沪那边折过来就得马上开会去。"刘夷："咱们是自家兄弟，说什么谢不谢的，再说了，小白已经给过我不少好处了，就是可惜申六了，好好的两口子竟然死于车祸，真是人有旦夕祸福啊。"王耀武也欷歔一阵："是啊，小白给我来信时，我都蒙了，怎么可能呢？是不是得罪了什么人？"刘夷："肯定是得罪人了，但现场我亲自找人勘查的，不是故意谋杀，的确是意外的车祸，肇事司机当场跑了，但车逮着了，车主也盘问过了，没有任何特殊背景，根本也不认识申六。真叫他妈的一个寸。"王耀武："万幸的是申六的孩子还在老家，我已经让人把申六的那部分股份划到他孩子的名下了，于生于死我也算是有个交代了。"刘夷："佐民，不是当哥哥的当面奉承你，你老弟做人真是这个。"刘夷竖了竖大拇指，"这年头像你老弟这么厚道的可不多见了。上次迟语还跟我提起你呢。"王耀武："是吗？迟先生也知道王某这一号？"刘夷："看你说的，你王佐民罗店激战，连毙两个日酋，谁人不知？迟语上次跟我说你这人办事特别谨慎小心，像当初炒'复兴公债'的事，上海滩多少家都跟着进去了，申六愣是没动一指头，这还不都是因为你摁着他？"王耀武心里"咯噔"一下，但脸上没露任何声色："复兴公债那是我们这个级别玩的？要是你老兄玩玩那还差不多，毕竟门第放在那里的。"刘夷不以为然地笑道："屁的门第啊，我这几年是真他妈的叫一个背，旅长旅长丢了，处长处长不让干了，跑到南京到处说小话、装孙子，就说这复兴公债，当初迟语让我把家底都压上去，他保我翻倍，我哪儿敢啊，后来这小子赚得盆满钵满的。"王耀武："哦，看来迟先生路子果然不同凡响啊。"刘夷："那是，他以前跟老唐关系一直不错，老唐死了以后，估计又傍上新人了，但总不过孔宋那一圈子里的，上次复兴公债的事你也应该知道，不是那个圈子里的人谁能活？"刘夷所说的"老唐"指的是宋子文原来的秘书唐腴庐，后被人当作宋子文误杀于火车站前，唐死后，宋子文对唐家一切特别关照。迟语的这些背景，白文冰都曾告知王耀武，但迟语如何得知申六没有染指复兴公债呢？这至少说明迟语对申六的经营是表示过过分的"关心"。王耀武觉得自己有必要在适当的时候会一会这位迟语先生。

但眼下肯定不行，蒋介石主持召开的高级将领关于防守南京的重要军事会议即将在铁道部召开，王耀武被指名列席参加。同时参加这次会议的还有唐生智、罗卓英、钱大钧、王敬久、桂永清、俞济时、宋希濂、冯圣法、孙元良、邓龙光、叶肇等人。蒋介石在会上强调指出："（一）南京是中国的首都，为了国际声誉，不能弃之而不守。（二）南京是总理陵墓所在地，我们如不守南京，总理不能瞑目于九泉之下。（三）大家要有破釜沉舟的勇气和不成功便成仁的决心。（四）南京郊区有预先做好的国防工事可利用，兵力部署要纵深有重点，紫金山、雨花台等要点不能放弃，必须坚守。（五）我已调云南卢汉等部生力军集中武汉，以备南京之围。（六）唐长官见危受命，你们应服从他的指挥。"蒋介石说完，唐生智站了起来，继续表态："守南京的任务是艰巨的，在这种情形下，只有鞠躬尽瘁，死而后已。"蒋、唐两个人把会议的调子都定了下来，其他人自然无话可说。

王耀武（前排左二）与同僚合影

散会时，王耀武正往外走，钱大钧拉住了王耀武："佐民，你等一下。"王耀武回身见是钱大钧，马上敬了一个军礼："慕公（钱大钧字慕尹）好。"钱大钧开了句玩笑："木工（慕公）不好，油工好。"王耀武也乐了。钱大钧："敬公知道你来南京了，说要见一见你，你就跟我去吧。"一路上，钱大钧对王耀武说："别看唐孟潇在会上慷慨激昂，其实他毫无办法，他历来也不是以守见长，这次不知道怎么发了神经要死守南京了。所以我说别看他现在当的是木工，最后还是要当油工的，脚底抹油，开溜。"王耀武："日寇对于首都是志在必得，如果守的话，难免一场恶战，我军自淞沪后，还没有认真休整，以疲惫之师对抗虎狼之敌，这也是我们这些下属最为忧虑的。"钱大钧："谁说不是呢？敬公也是这个意思，可惜委座听不进去，过会你见了敬公，不必跟他提这些事，免得他烦恼。"

哪知道，何应钦见了王耀武以后，自己倒是主动将"苦恼"和盘托出。何应钦："外人不了解情况，说我何某人是亲日派，古人云，'乃知兵者是凶器，圣人不得已而用之。'两国开战那是玩笑的吗？"王耀武对于何应钦"亲日派"早有耳闻。何应钦："二十四年（民国二十四年，公元 1935 年）在中央政治会议上，汪兆铭提出几点看法，其中提出一条是看看日本人到底拿我们当朋友还是当奴隶，如果当奴隶就只好去拼。我说这还用看吗？日本人摆明拿我们当奴隶的。"王耀武："倭寇奴役中华之心由来已久。"何应钦："是啊，外间对我与日酋梅津（梅津美治郎）之间的协议很不谅解，其实我是忍辱负重。日本人对于我们中国的设计，我总结是四点：第一，中国大陆永远不能统一；第二，谁能统一中国就打倒谁；第三，不许中国有建设，尤其是军事建设；第四，要打倒中国国民党，使民族性渐次消沉。"何应钦："你知道吗？两广事变陈济棠反对中央时，打的是抗日的旗号，可是竟然得到日本人的赞助，说穿了，日本人就是要分裂中国，中国越分裂它越高兴。"王耀武："而分裂我国莫过于打垮我们的有生力量。"何应钦："对，所以，我不赞成守南京，不仅是我，德国顾问法肯豪森也不赞成，连陈辞修都不赞成，可老头子就是要守，他是守给国际上看的。不过，即便要守，也不能用唐孟潇这种人。"王耀武："学生注意了一下，唐主任（唐生智时任国民政府军事委员会执行部主任）似乎并没有把南京失守后如何组织撤退这件事放在首位考虑。"何应钦一听这话，大有"高山流水"之感，忙坐在王耀武的身边："佐民，你不错，不愧是我带起来的，看问题一下子就看到了点子上。你知道吗？我最恨的就是唐孟潇这一点。自古言兵，必有战、守、退三则，战而不胜，守而不成，那就要退而有据。我们淞沪战场上就吃了撤退的亏，所以，这次南京保卫体系中，我特别强调要吸取淞沪的教训，搞出一套有序的撤退工程，可硬是让唐孟潇的个人野心给打个稀巴烂。"王耀武始终感觉外界有人说唐生智之所以提出守南京是因为久不掌兵权的静极思动，但以他带兵多年的经验看，唐生智如果藉守南京一战就想收拢人心重整旗鼓，

　　　　　　　　第四章　明争暗斗

那简直是做梦。不过，唐生智这个人也的确不好说。

说到这里，王耀武简单地将抓捕、处决小泉菊次郎的事情跟何应钦汇报了一下，将那份从小泉身上搜到的文件也一并呈递给何应钦。何应钦呵呵一笑："佐民，老实说，罗店那一战伤亡大了点，但你们打得很不错，只是我不知道在背后还有这么一段插曲。按照常理，日本人丢了人是一定要管我们要的，这次倒是奇怪了，没有丝毫动静。"何应钦："再有呢，去年戴雨农跟我汇报一件事，正好你也知道一点，我就跟你说说。你还记得袁筱南这个人吗？"王耀武："您是说那个袁祖铭的策士，在福州见过的那个人？"何应钦："对，此人后来去了常德，当时据说是死于变乱，可戴笠说他并没有死，不仅没有死，而且还有很多活动不在我们的掌握之中，他跟一些异己分子走得很近，行踪诡秘，上次在南昌破获的那个劫狱案，主谋初步怀疑就是他。赵铁夫把在南昌抓到的许随安押到南京，戴笠亲自审的，从许的口中得知了一些情况，跟我们掌握的基本吻合。据戴笠调查，此人在二十五年、二十六年（民国二十五年、二十六年即公元 1936 年、1937 年）主要活动在西北也就是陕南一带。所以，上次赵铁夫到了陕西，一个主要任务就是伺机抓捕袁筱南。"王耀武心里踏实了，看来自己的猜测并不错，赵铁夫到西北一定是另有所图，上次让安慧民向他透露有关陕南天主教堂的情况如今看来也算是自己押对了一宝，否则何应钦知道自己私下里调查却不露半点口风很容易造成不必要的误会，而且又解释不清楚。果然，何应钦下面的话已经带有期许性质和表扬意味了："佐民，我听下面人说，你也在调查此事，而且取得了一些进展，特别是给赵铁夫他们提供了一些宝贵的线索。我早就跟戴笠他们讲过，别看王佐民是带兵打仗的，可心思不比你们差，你当初带宪兵连时，我就发现你这个长处了。"王耀武："蒙敬公错爱，学生的确发现了一些蛛丝马迹。只不过，学生有一点不明，我们对汉中天主教堂最初的怀疑其实就是来自于这位被目前假定的袁筱南的提醒，而后我们在追查嫌疑人时又是袁筱南给及时通风报信，他如果到陕南欲行不轨，何以如此关照我们？"何应钦淡然一笑："不要被这些假象所蒙蔽。袁这种人固然在民族问题上暂时跟我们同路，但你要记住一点，这种人比起日本人之于我们还要危险。他们一旦接受激进思想，最终是要跟我们顽抗到底的，而且他们这类人比起工农出身的泥腿子往往危害十倍有余。"何应钦说话间从桌子上拿出一份《卷宗》来，抽出其中的几页，递给王耀武："你认识这个叫俞启威的吗？说起来跟你们山东也有关系。"王耀武看了一下，上面都是记载着这个叫"俞启威"的人一些背景资料，王耀武特别注意到俞启威的家世。俞启威的祖父俞明震，曾任南京陆师学堂总办、甘肃学政、甘肃布政使等职，俞启威的父亲俞大纯曾任北洋政府交通部陇海铁路局局长，而俞启威的伯父就是现任国民政府兵工署署长俞大维。说起俞大维，王耀武是耳熟能详的。蒋介石曾派陈仪采办军火，陈仪请谭延闿的大公子谭伯羽帮忙，恰好谭伯羽抽不开身，就推荐自己的世交好友正在德国柏林大学深造的俞大维，蒋就此任命俞大维担任驻德商务专员，专司军火贸易，从此俞大维与兵工行业结下不解之缘，也由此飞黄腾达。何应钦："怎么样？家世如此显赫，可就是这个人在民国二十四年北平大搞学生运动跟政府捣乱，而且见首不见尾，诡谲得很，我在北平时听了几次汇报，专门指示要抓住这个人，可惜始终没有落网。本来，民国二十二年时，他已经在上海被捕，可惜我们有些人糊涂得很，竟然被说动将此人放了，这真是放虎归山、遗患无穷。"王耀武："我以前听刘老师（刘峙）说过，那个俞大纯不怎么安分。"何应钦："俞大纯同刘经扶过不去，被经扶给搞垮了，俞家开始衰败。这个俞启威大概从这个时候开始被激进思想诱惑转而同当局对抗，像他们这些出身高门大户的人，对我们这一套最熟悉，一旦从心底里激发了反抗的思想，很容易找到我们的七寸，所以，他们动作起来也就很容易制造大麻烦、大乱子。而他们有朝一日成了共党分子的话，那后果更加不堪设想。远的且不说，就说戊戌六君子之首的谭嗣同吧，此人是贵公子出身，其父乃是湖北省的第一号人物，可他在他的代表作《仁学》中却主张法国大革命的那套理论'誓杀尽天下之君主，使流血满地球，以泄万民之恨'，这岂不是让人大跌眼镜？所以，我常常说，王亚樵不要怕，可怕的倒是袁筱南这路人。"王耀武有些将信将疑，何应钦又举了一个例子："你说满清是亡于革命党还是亡于立宪派？"王耀武："自然是先总理领导的辛亥革命了。"何应钦摇摇头："佐民，你只知其一，不知其二。先总理领导辛亥革命，本党同志前仆后继固然没错，但满清这棵大树最终仆倒与立宪派有极大的关联，特别是从立宪派阵营中转而同情革命党的那些人起了不小的作用。"

何应钦同王耀武正聊着，秘书进来看了一眼，何应钦不耐烦地说："让他再等一会儿，急什么？"秘书答应着退出。王耀武忙说："敬公日理万机，公务繁忙，学生不敢继续叨扰了。"何应钦："没什么，你也认识，就是刘定一（刘夷）来找我谋个缺分。你跟刘夷共过事，你觉得此人如何安排好？"王耀武："人事安排，但凭敬公处分，学生不敢置喙。"何应钦手一扬："但说无妨，也是给我一个参考嘛。"王耀武："刘定一领兵作战差了点儿意思，不过，做一些事务性的工作还是可以胜任的。"何应钦："他也就是个'无事忙'，经扶的长处他是一点都没学到，反倒是把经扶的短处学了个遍。"王耀武知道刘峙在河南被日军打得焦头烂额，国民党上层对刘峙非常有看法，说刘峙军事外行、捞钱内行。何应钦嘱咐王耀武："佐民，袁筱南的事情你一定要认真去办，有什么消息及时跟戴雨农他们沟通，我相信你的能力，一定能将此人捉拿归案，切记，对待这种人千万不能手软。"王耀武连忙点头。说到这里，王耀武拿出一支笔来递到何应钦的面前："敬公，学生这次来南京十分匆忙，没有给敬公预备像样的东西，这支笔是从战场上缴获的日酋的贴身之物，送给敬公存念。"何应钦当时就笑了："佐民啊，你怎么这么客气？你戎马倥偬，还有时间惦记我，我就已经心满意足了，不过，这样东西不比别的，我是一定要收下的。"何应钦端详了一下这支笔："这是明治四十五年制造的，那一年正好是日本天皇睦仁驾崩，日本人赶造了一大批纪念物，其中就有这种金笔，这些赶造出来的金笔都送给士官生，目的就是要让他们'继承'所谓'明治伟业'，那一年也正好是先总理创立民国的开始。我把这支笔就放在我的办公桌上，让所有来到我这里的人都看看，都不要忘了日本人的狼子野心和我辈军人身上的责任。佐民啊，你这支笔送得好。"日本士官生有三样东西是最不可或缺的，一个是军刀，一个是金笔，一个是挎包。在这三样东西里基本可以分辨出一位士官生的来头、地位乃至成就。比如明治四十五年这一款的金笔赠送的士官生的家庭背景都不是泛泛之辈，要么是贵胄子弟，要么是勋臣之后。王耀武送东西给上级、平级、下级从来都不是即兴之作，而又都是给人以平易之感。

何应钦走到办公桌前，拉开最上面的一个抽屉，拿出一个包来转身交给王耀武："佐民，我这里正好有一件东西是刘夷他们送来的，你也知道，这东西我是用不到的，你虽然不吸烟，可毕竟上下左右需要打点的地方多，交给你来处理吧。"王耀武打开一看，原来是一套精美的现代烟具，包括小型烟缸、烟斗、烟嘴、烟盒这几样，一水的银质。何应钦指着它们说："这是刘夷送到家里去的，内人不知究竟，一问才知道，刘夷有个朋友，号称生意很大，愿意出手援助政府，非要见我一面不可。"何应钦踱了两步，"想起来了，叫迟语。"王耀武："多谢敬公见赠，只是非常时期，生人还是少见为好。"何应钦扭头一想："嗯，你考虑的有道理。等抗战胜利以后，我跟委员长说说，调你来南京担任中央宪兵司令，有你佐民在，我们都可以安睡枕上了。不过，这样一来，也就委屈你了。"

王耀武从何应钦官邸刚一出来，就有一个中校军官赶紧上来拉住王耀武叫大哥："大哥，可算把你找到了，老板那边都等急了。"王耀武认出来了，是俞济时的亲信副官张英年："老弟，出什么事了？"张英年拉着王耀武往汽车里钻："进去再说。"

然后告诉司机快开。在车上张英年就抱怨开了："这何老总也真是能聊，我巴巴等了一个多小时了，连口水都不敢喝。"王耀武从后面将何应钦送的那个包里的银质烟盒拿出塞给了张英年："你留着玩吧。"张英年回过头去："何老总送的？"王耀武点点头。张英年："大哥，那我怎么敢要啊，这不是折我吗？"王耀武："别跟我扯淡，让你留着就留着。"王耀武对于军队内部的一些称呼很有看法，特别是对那种下级称呼上级不叫官衔、官称而是直呼"老板""大哥"等做派尤其反感。比如军统的人都管戴笠叫老板，管蒋介石叫"大老板"。王耀武认为都是革命军人、政府官员，所谓做此官、行此礼，凡事都要讲究一个章法，什么大哥、老板的，乱七八糟且不说，作为高级将领或者高层官员如果对这类"大哥""老板"等称呼安之若素，跟杜月笙、张啸林之辈有何区别？简直就是自甘下贱。何况人家杜月笙也还要叫手下人呼他一声"杜先生"。因此在王耀武统辖的队伍中，只要王耀武在场，所有人都不敢大呼小叫"大哥""老板"一流的东西。眼前这位张英年由于是俞济时的亲信副官，王耀武早已刻意结交多年，张副官嘴巴里"大哥""老板"的一路混叫，王耀武也就听之任之了。

像张英年这类人，因为长期在长官跟前转悠，什么好东西也都见过。所以，除开送钱以外，就要送一些来头颇大、背景颇深的货色才能满足他们的虚荣心。王耀武知道，这些副官、司机在一起闲来无事时吹的都是高层人物跟自己打过何等交道、说过何等话题，别看这么一个小小的烟盒，张英年下个月的吹牛的主题都会围绕它展开。而且，这种带着何应钦余温的小玩意儿到了张英年手中，更显出他在王耀武心目中的分量。

不到五分钟，张英年就把俞济时为何急于召见的基本内容都说给了王耀武，而且张英年还透露一条，老头子（蒋介石）可能会见一见七十四军团以上军官，要王耀武格外留心。下车前，张英年叫司机把刚刚运到军部的美国高级罐头和法国上等红葡萄酒分出一部分来给王耀武的五十一师师部送过去。王耀武："叫安子来取算了。"张英年一摆手，很仗义的样子："大哥，一脚油门的事，还用你专门吩咐吗？"

在办公室里，俞济时将上面分派下来的关于五十一师如何布防一事向王耀武做了紧急说明："五十一师以主力担任方山玉淳化镇守备，以国防工事为主，构筑野战阵地，且予联系加强。以一部位置于高桥门、河定桥（不含）之线，构筑预备阵地，向湖熟镇派出警戒部队，严密监视，左与第六十六军，右与第五十八师取得联络。

以第三〇一团占领右由宋墅（含）经淳化镇迄上庄（不含）一线，左与第六十六军取得联络。以第三〇二团占领右由方山（含）左迄宋墅（不含）之线，右与第五十八师取得联络，限三日内完成可御中口径炮弹防御工事。以第三〇六团为师预备队，位置于宋墅附近策应第一线部队战斗，重点保持于左翼。以第三〇五团位置于高桥门至河定桥（不含）一线，构筑预备阵地。师部位置于上方镇之城壖里、湖熟镇。又由第三〇一团派步兵一连担任警戒。句容、汤水（汤山）、秣陵关一带均派有严密暗哨监视敌情，并与友军保持联络。"俞济时："佐民，后天早上八点，委员长要在中山陵训话，你们师团以上军官都要到齐，不能有一人缺席。"王耀武："具体讲什么？"俞济时："无非是鼓劲打气一类的，看起来委员长是真的要在南京跟日本人决一死战了。"

这次训话规格很高，除蒋介石外，何应钦、白崇禧、冯玉祥、唐生智等大员均到场。俞济时、王耀武、冯圣法等人一身戎装，肃穆静听。老蒋要七十四军全方位服从首都卫戍司令长官唐生智的调派，不得干犯军令。蒋训话完毕，大家走散开来，白崇禧指着唐生智笑嘻嘻道："孟潇，不怪都说你们湖南人是骡子。"唐生智淡淡地回答："骡子也是人需要的。"然后，唐生智用手一指王耀武说："看见没有？这次守南京不光有我这匹湖南骡子，还有那匹山东骡子。"冯玉祥："再加上我，这次可以算是骡马大会了。"大家哄的一下笑开了。这时候，蒋介石的贴身侍从蒋孝镇走到俞济时的跟前低语两句，俞济时转身就跟蒋孝镇离开了，王耀武知道这一定是蒋介石另有密召。

中午时分，俞济时又把王耀武找去，透露了一点蒋介石召见他的情况。俞济时："委座这次守南京打的是政治牌，我们七十四军作为委座一手栽培起来的嫡系，要格外给他争脸，打得越顽强越好，不要怕损失，损失多少，委座那里给补充多少。南京是首都，也是总理陵寝所在，不像样地打一仗，国际国内都交代不过去，你回去告诉下面，不要怕死人。"此前俞济时对于守南京还是一肚子苦水，仅仅过了一个上午，他的态度就变了，王耀武清楚这是蒋介石下定了决心，俞济时也随之转向。

不过，等到五十一师的官兵真的进入阵地时，气可就不打一处来了。国防工事修得太糟糕，有的机关枪掩体的门都打不开，枪眼做得太大，很容易成为敌人发现的目标，有的钢筋水泥工事还被土给埋着，根本使用不了。罗明理怒气冲天："何老总是怎么搞的？"一向善于约束部下的王耀武听到了这番牢骚，特别是针对何应钦的牢骚却没有做任何阻拦的表示。作为提携自己不断走入仕途的捷径的何应钦，王耀武个人内心是充满感激的，但自淞沪抗战以来，何应钦主持修建下的国防工事之溃烂程度却让王耀武委实不敢恭维。吴福、锡澄一线50公里的国防线是耗巨资修建而成，有些还是半永久工事，可工事守备部队疏于同作战部队的联络沟通，以至于大战到来之际，作战部队居然未能拿到国防工事位置图，也无人充当向导，几十万大军千里溃退，敌人围追而至，国防工事徒然被踩在脚下成了日军讥笑的话柄。而作为咽喉要道的杭州湾，竟无认真布防，守护金山卫的只有一些壮丁，简直可以称得上开门揖盗。像这类找不到工事的钥匙、望门兴叹的事情早在淞沪战场上就已经见过，难怪罗明理气得骂娘。但骂归骂，工事还得抢修、整补。可日军的先头部队却已经不准备给中国守军留下任何喘息之机。

12月4日下午两点，由土桥、索墅西犯的日军五百余人与五十一师前进搜索部队接触。与此同时，日军七百余人，直扑湖熟镇。奉命担任全师守备任务的306团团长邱维达在12月7日接到电话，师部命令该团立即策应151旅周志道所部，即派出一个营的兵力防守湖熟镇。邱维达把这个任务交给了三营，上次淞沪战场上一场夜袭战让三营打出了风头，关键时刻，这把好钢再次给用到了刀刃上。邱维达叮嘱胡豪："胡子，鬼子来势汹汹，你要有点准备。"胡豪："青白，不吹牛，守两天没问题。"邱维达知道直扑湖熟镇的日军数量远在胡豪三营之上，而且武器精良、配有重炮，守两天他没敢想，要是能守住一天一夜已经相当理想了。他什么也没说，拍了拍胡豪的肩膀。胡豪跟邱维达都是黄埔四期的同学，论起资历来，胡豪在地方当过县长，在军队当过师参谋长，如今变成了营长却一点脾气都没有，人多的时候，胡豪都管邱维达叫团长，就他们俩的时候便改口直呼邱维达的字号。

三营的确没吹牛，面对强敌，愣是守了一天一夜。12月8日晨，日军

南京保卫战中的机枪阵地

以主力猛攻淳化镇阵地，战役异常激烈，五十一师官兵顽强抵抗，自师长以下都披挂上阵，团长张灵甫受重伤不退。当晚，卫戍司令长官部来电，要求五十一师放弃淳化、方山阵地，向河定桥、麻田桥一线转移。12月9日一早，王耀武的吉普车开上了邱维达的306团阵地，151旅旅长周志道给王耀武敬了一个军礼："师座，这会要是再有几个批次的苏联飞机就好了。"在淳化镇攻防时，苏军飞机助阵，周志道对苏军的战斗力特别欣赏。王耀武："靠山山倒，靠人人跑，还是靠我们自己吧。"随即他部署邱维达团在原阵地留少数人员警戒，剩下的一律退入城内，以城垣为阵地，守备中华门到水西门一线。王耀武："鬼子的主力都上来了，接下来的是一场恶战。"周志道："这么打下去，咱们师可就要拼光了。"胡豪接了一句："国破尚如此，我何惜此头？"周志道刚要还嘴，王耀武用眼光制止了他，王耀武走到胡豪身旁，捶了他一拳："正山（胡豪字正山），湖熟那一仗打得好，不愧是我们黄埔出来的。你那把刀劈了多少鬼子了？"胡豪上次夜袭战时缴获的那把日本军刀一直被胡豪带在身边，他有个愿望，要用这把军刀劈死一百个鬼子，此刻听到王耀武发问，他自豪地竖起手指头比划了一下："整五十个。"王耀武："看来要超额完成任务了。"

　　12月10日晨，日军趁国民党守军喘息未定，派出大批次军机编队对驻守雨花台的国民党军第八十八师阵地进行狂轰乱炸。同时，方山方面的日军重炮联队也对防守中华门一带的五十一师阵地进行大面积轰击。午后四时，雨花台东、西高地失守，日军得以将炮兵近距离发挥作用，掩护坦克、步兵直接攻占城垣。邱维达在中华门城上指挥所发现日军有两辆坦克掩护下的步兵企图通过中华门外军桥，立即命令集中步兵炮猛轰，日军坦克相继被击中，落入水中，尾随而来的步兵也随之被击溃，一时间士气大振。12月11日，在水西门外湖沼地带发现日军先头部队，王耀武叫通了302团团长程智的指挥所的电话："大智，你那里还能坚持多久？"程智："报告师座，还能坚持两天，鬼子的炮火太猛，八十八师的伤兵又太多。"程智还有一些潜台词没有说出来，八十八师从雨花台溃退下来的伤兵要通过到五十一师151旅阵地的右翼防线内，守军不愿意，后来双方为此竟然发生了激烈的冲突以致拔枪相向。王耀武略沉默了一下："大智，明天是最激烈的时刻，你的阵地也最吃紧，你给我记着，你要活着回来见我，听明白没有？"程智被炮火熏黑的脸上浮起短暂的笑容："师座，你放心，我在阵地在。"王耀武与程智都没有想到这是他们最后一次通话，王耀武更没有想到这是他最后一次听到他的得意部将的声音。

　　为了迎接次日的激战，王耀武几乎一夜未眠，早上刚刚闭了会儿眼睛，李天霞的电话就打了进来，王耀武拿起听筒，李天霞气急败坏的声音一下子扑了进去："师座，这仗没法打了！八十八师的城墙阵地没有部队防守，鬼子百十来人就从我们旅的阵地的空隙扒上去了，步炮协同，打了我们个措手不及，城墙不守，遑论守城？这么简单的道理，八十八师愣是不知道？我就纳闷了，长官部为什么不督令各部确实占领，这样南京还能守得住吗？"王耀武吼道："你发牢骚顶个屁！你的阵地丢了，还要长官部给你擦屁股吗？你马上给我组织人夺回来，你李天霞不是字耀宗吗？现在就是你光耀祖宗的时候！"李天霞啪的一声按下了电话机，冲着手下人大叫："师长说了，现在就是我们光耀祖宗的时候，跟我把阵地夺回来，谁要耍孬种，老子一枪崩了他！"而实际上被李天霞痛骂的国民党军第七十二军第八十八师全体官兵在守卫南京时所表现出来的英勇顽强并不逊于五十一师。据中国第二历史档案馆馆藏《陆军第八十八师南京之战役战斗详报》记载，八十八师在1937年12月12日上午与日军的拼死作战中，团长韩宪元，营长黄琪、周鸿、符仪亭等先后殉国。下午，旅长朱赤、高致嵩，团长华品章，营长苏天俊、王宏烈、李强华或阵亡或自戕，全师官兵六千余人均英勇牺牲。

就在李天霞督率手下抢夺153旅失去的阵地时，151旅也正承受着建制以来最猛烈的打击。日军攻占雨花台后，抽掉一部分兵力增援，151旅302团面对几乎三倍于己的敌军毫不畏惧，团长程智手持轻机关枪亲自上阵，子弹在他的身旁呼啸，勤务兵几次拉他下来，都被骂开，团附黄大炜操起一把花机关挡在程智的前面扫射，借此保护程智。哪知道，突然一发子弹射来，打断了黄大炜的左手，穿过程智的头部，再穿过后面站着的勤务兵的左眼，程智当场牺牲。噩耗传来，王耀武几乎不能自持，他擦了一把眼泪，立刻命吴克定代理302团团长退守第二道防线。

上午九时，日军在中华门、水西门的城垣突出部炸开一段缺口，乘隙而入，坦克在前，步兵在后，有的日军甚至已经将膏药旗插入了断壁残垣之中。153旅306团三营营长胡豪"嗷"的一嗓子，带着一百多名弟兄组成的敢死队猛扑了过去，胡豪手里紧握着几颗手榴弹，很快翻滚到敌军坦克的一侧，看准间隙，翻身扑在坦克的后背，坦克车里的鬼子刚把机枪眼打开，胡豪手里冒着青烟的手榴弹就给塞了进去，一声巨响，日军坦克车被炸成了一堆零碎，早已扑倒在地的胡豪翻身而起："弟兄们，杀鬼子啊！"不防一发冷弹，打穿了胡豪的阴囊，一只睾丸流了出来，胡豪用军帽扣住，单手执刀继续拼杀。不到一个小时的工夫，突入进来的鬼子几乎全被消灭。可惜的是，团附刘历滋、营长胡豪相继中弹牺牲。151旅旅长周志道得知胡豪阵亡的消息，发疯似的跑来，他看到胡豪僵硬地躺在木板上，身上蒙着一条白布单，周志道眼泪一下子就掉下来了，他咬破食指，用血在白布单上写下几个字："国破尚如此，我何惜此头。"在场有人提醒周志道："旅座，这可是反诗啊。"因为这两句诗出自于被国民政府处决的"要犯"吉鸿昌之手。周志道没搭理他，用低沉的哭声说道："胡子，你走好，我周某人的血也一定要洒在抗日的战场上！"

日军主力猛攻302团阵地，代理团长吴克定惊慌失措，很快被敌军突破，王耀武得知后怒不可遏，亲自带人跑到了302团指挥所，当场撤了吴克定，任命黄大炜代理团长，他说："大炜，你的伤怎么样？"黄大炜："死不了。"王耀武："能不能再守十个小时？"黄大炜："我豁出去了！"王耀武："好，这里拜托你了。"王耀武吩咐卫兵将吴克定押回师部，等候处理，吴克定是从很早就追随王耀武的，在补充旅时一度代理参谋主任，算是王耀武的班底人马，如今却沦为阶下囚，非常时期五十一师的官兵们看到了王耀武的非常手段。下午五时，俞济时打电话通知王耀武，卫戍司令长官部要召集各师师长开会。王耀武向俞济时建议："开会如研究到放弃南京的问题时，不论突围或渡江，必须有周密的计划及准备的时间。应立将江北岸所有的船只调到下关至八卦洲的江边，分配给各部，并区分上船的码头；否则是不堪设想的。"这是经历过淞沪战场的大溃退留下的深刻教训，俞济时当然也清楚。在会上俞济时提出了王耀武的建议，唐生智不置可否，只是让下面人将印好的突围命令发给各师师长遵照执行。王耀武师接到的命令是设法突围渡江，在滁州火车站集结待命。王耀武后来回忆说："我下达命令后，即率领我部人员经城内中山路向挹江门前进，途中遇到第三十六师的部队阻止各部队向下关撤退，并不断地开枪射击，子弹由头顶上空嗖嗖飞过。向挹江门行进的官兵看到这种情形，有的主张与该师对打；有的说，没有叫敌人打死，而被自己的部队打死了，那才冤枉。我看无法由马路通过，又怕耽搁时间多了过不了江，就绕道向挹江门走去。在行进中不断听到爆炸政府各部建筑物的声音，马嘶人嚷，伤兵叫喊，乱腾到极点。各部队遗弃的伤兵很多，其中勉强能行者，也挂着棍子向下关前进，一面走一面骂。曾听伤兵骂着说：'你们都逃了，把我们甩到这里，叫日军杀害，真令人伤心！他妈的，早知如此，谁肯打仗。'我到了挹江门，看到城门只开了一扇，人多门少，极为拥挤，甚至有被挤倒踩死的；有一辆马车被挤翻在地下；人们光顾逃命，宁肯踩着马越过车而去，也没有人将倒在城门下妨碍行走的马和车拉开。"王耀武最为担心的类似淞沪战场大溃退的场面再一次在南京城外上演了。而事实上的情景远比王耀武的回忆要悲惨。一些伤兵无人照管，倚在废墟中，大声呻吟，有的肠子流出一截，逢人就哀求："给我一枪吧。"踩踏事件时有发生，而且不论官阶，蒋介石的嫡系教导总队第二团团长谢承瑞就被活活踩死。而有的官兵因为被踩在脚下呼救不应，竟愤然拉响自己身上的手榴弹，同来往拥挤出逃的人群同归于尽，尸塞城门。由于仓促撤退且无周密布置，很多军官、士兵呼啸着涌入江中，或者手拉木板，或者凭借芦苇浮排，日军敌舰上的水兵用步枪任意射杀江中漂浮的国民党军官兵，并不时向人群中撞去，一时间血花飞溅、脑浆迸裂，兽军居然鼓掌狂笑。国民党中央宪兵司令部副司令、中将肖山令就是遭日军汽艇枪击没于江中的。

时任国民党军第七十一军八十七师副师长兼 261 旅旅长的陈颐鼎回忆说："南京城的保卫战，糊里糊涂地打了五天。在这五天战斗过程中，上级没有同我们见过一次面，没有尽他们应尽的责任，也没有告诉我们南京保卫战的一般部署情况，更没有向我们下达撤退的命令，事后也没有听说哪个指挥官因失职受处分。"作为南京防守的最高长官唐生智撤离南京时也比较凄惶，据目击者刘庸诚（时任教导总队参谋处第一课参谋）回忆，唐生智"衣领以下有几个纽扣都没有扣上，头上戴了一顶红绿色鸭绒睡帽，顶上还有一个彩色帽结子，嘴上叼着一支香烟。"其实，当时的情况远没有到撒丫子狂跑的境地，如果有组织地进行分头抵抗，有序安排撤退并不是没有可能，也至少不会造成那些惨剧的接连发生。1939 年 12 月 30 日，国民党军在昆仑关大捷之后收缴的日军中村旅团文件《皇风万里》的小册子发现，日军在总结南京战役的教训时特别提到曾经有两名中国军人躲在被炸坏的战车中潜伏到下午四时，用战车上的机关枪狙击日军一个整建制的大队（相当于营），因为日军这个大队没有平射炮，无法击毁战车，所以，直到黄昏时分仍旧拿这两名士兵毫无办法，这两名士兵最后安然撤退。12 月 13 日日军突入南京城中，部分拥挤在下关的散兵游勇愤于倭寇的强暴和上级指挥的无能，公开拥戴一名上校军医为首领，转而杀了回去，与敌追兵相遇，痛歼日军百余人。在光华门附近的国军伤兵们自发组织起来，用棉花蘸汽油燃烧熏走日军，然后切割歼灭，其中日军一名军曹的首级还被悬挂在城上，这件事被日军第十军司令部讳莫如深，他们始终不承认这股日军是死于国民党军伤兵之手。

王耀武带着残兵败将冲到江边却发现没有可渡的船只，正在焦急万分时，军部副官张英年出现了："大哥，军座特别留了一条火轮给你们师。"其实这要归功于俞飞鹏，俞飞鹏撤离南京前特意关照，拨给俞济时两条火轮，所以，俞济时专门让张英年在这里等候。这条火轮帮了五十一师的大忙，全师仅剩下的五千多名官兵都靠着这条船渡过了难关，当然武器装备只好丢掉了。王耀武是最后上船的，走到半路，他突然想起邱维达："怎么没看见邱团长？"张英年陪着王耀武，这是俞济时特意叮嘱的："大哥，也许邱团长另外有船已经走了。"这时有人喊了一声："邱团长还在对岸，他负责殿后，受了重伤，是给抬着走的。"王耀武："必须把邱团长找回来。"张英年："大哥，这时候还怎么找啊，再说谁去找？"王耀武："我去。"张英年一把拦住王耀武："你这不是坑兄弟我吗？能让你去吗？我去吧。"王耀武："老弟，我四个团长，一个牺牲，两个重伤，如果邱维达再落入敌手，你说我这个师长是不是当到头了？"张英年："大哥，你啥也别说了，我去给你把邱团长找回来，找不回来我就留在南京了。"

邱维达左腿中弹骨断，失血过多，用担架抬到下关码头时被嘈杂的声音唤醒。老邱人很仗义，别看自己受伤动不了，可还帮衬着别人。他看见几个人围着四个粪桶发呆，就让卫士过去问问，卫士说这几个人没有渡江工具，就找到四个粪桶不知道怎么办好，邱维达说你去告诉他们，让他们把粪桶翻过来，并排码好，解下绑腿给它捆住，人站上去就行了。那几个人按照邱维达说的办法去做，一会儿的工夫，这个简易"粪排"就做好了，几个人站上去，"粪排"突然沉下去，把这个人吓够呛，邱维达赶紧让卫士喊了一嗓子："别怕，马上就浮起来，死也别离开粪桶！"过了一会儿，粪桶果然浮起来，那几个人喊了几嗓子大意是道谢，卫士嘟囔了一句："把别人送走了，我们怎么办？"邱维达惨笑了一下："吉人自有天相。"话说到这里，邱维达已经摸索着把手枪的保险打开了，他考虑万一过不去就在这里自行了断。

正在这时，从煤炭港方向传来喊声："五十一师邱维达团长在哪里？五十一师邱团长在哪里？"卫士来神了："团座，我们有救了。"可仔细一看又发愁了，因为他们现在的位置距离煤炭港还有两百多米呢，这怎么办啊？说来也巧，一个用六大捆芦苇扎成的浮排刚好从卫士的视线中通过，浮排上放着一辆自行车，旁边站着一个胖墩看着。卫士赶紧大喊："兄弟，帮个忙吧，我们团长负伤了，能不能给他搭上！"胖墩扭头："听口音是湖南的？"卫士更来神了："平江的。"胖墩一把将自行车推到江中，折回浮排将邱维达和卫士一起拉了上来。靠着这条小浮排邱维达到了煤炭港，邱维达一定要胖墩留下姓名地址，胖墩乐了："都是家乡人，莫客气。"邱维达让卫士记下胖墩的名字：瞿天乐，湘西凤凰县人。胖墩："长官您叫我老乐就行了。"邱维达问瞿老乐："自行车是谁的？"瞿天乐回答说是自己的上司的。邱维达："你把上司的自行车给丢了，他能饶你吗？"瞿天乐："救人要紧，自行车丢了再买新的。"这时，邱维达的卫士插了一句嘴："老乐兄弟，跟咱们团长干吧，咱们团长对下面人是这个。"他竖了竖大拇指。瞿天乐看了邱维达一眼："嘿嘿，那敢情好，就是不知道长官收不收。"邱维达："患难之交，谈什么收不收的，你要是看得起我邱某人，以后咱们就一口锅里搅马勺。"瞿天乐赶紧道谢。

到了煤炭港，邱维达看到了救星——军部副官张英年和王耀武派来的卫士等在这里接应他们，其他人一看有船，拼着命地涌过来，有的人直接蹦到江中游了过去，邱维达受伤行动不便，幸好船上抛下一条绳子系住邱维达的腰，硬是在水里将邱维达拖上了船。

2.强攻三义寨

强攻三义寨战役，王耀武部损失惨重

王耀武率领残部赶到滁州火车站，离着很远就看到一块大牌子，上写："国民革命军第五十一师收容处"。王耀武就觉得奇怪，哪来这么个组织啊？走过去一看，好嘛，不少先期到这里的五十一师的官兵已经打着饱嗝从这个收容处出来了，虽然军容不整，可还记着给长官敬礼。王耀武一进屋子，看见还有一些弟兄们正闷头吃呢。"主座，您请。"王耀武抬头一看，不是别人，正是白文冰。原来上海沦陷后，白文冰按照王耀武事前的嘱托将厂子做了结算，能带走的都带走。他和孟记东打听到南京保卫战已经打响，大批部队都可能要退到滁州来，所以，他们预先从滁州火车站张站长那里租了几个仓库，囤积了一些干粮，再后来一打听，七十四军果然是要到滁州火车站集结的。因此，这哥俩就擅自立起一块大牌子，建立了一级"组织"——五十一师收容处。"主座，这事前没请示就自封为处长，还请您原谅。"王耀武哈哈大笑："行啊，小白，你这个处长当得不赖，不仅收容还管饭。"白文冰为王耀武端上饭菜，馒头、猪肉罐头外加两个鸡蛋。王耀武边吃边问："小孟呢？"白文冰喊了一声，孟记东也跑过来了。王耀武嘴里含着馒头直点头："对了，军座那里安排没有？"白文冰："请您放心，早就安排好了，不但军座本人安排好了，连军座身边的人以及冯师长他们也都安排好了。"王耀武："好，这就是咱们五十一师的作风，走到哪儿都饿不着。"白文冰看看左右没人，又低声说了一句："厂子那边的事，我过会儿跟您汇报。"王耀武轻声道："那个不急。"

匆匆吃过饭，王耀武赶着去见俞济时。南京这一战下来，七十四军折损大半，下一步怎么办，俞济时也没有数，只好先在这里等候上峰指示。不久，接到命令，全军开往湖北沙市整补。

早在 1937 年 10 月，日军就已经腾出一只手来扑向中原，因为他们知道"中原逐鹿"才能明确"鹿死谁手"。11 月，日军攻占安阳、大名，中日双方形成犬牙交错的态势。1938 年 2 月，日军发动豫北作战，月底，整个豫北地区沦入敌手。5 月中，日军为了进一步消灭国民党军有生力量，开始发起徐州作战。5 月 12 日，日军第一军第十四师团以"先入关中者为王"的嚣张气焰由濮县强渡黄河，17 日攻入兰封以东地区。十四师团的师团长是臭名昭著的日本战犯土肥原贤二。这次进攻中原地区，土肥原一改其狡诈、险忍的作风，拒绝接受日军华北方面军进攻商丘的命令，转而直扑兰封，擅自打响了豫东作战的第一枪。

5 月 14 日，土肥原师团用了一天的时间即攻陷菏泽。5 月 20 日，土肥原师团流窜到内黄、仪封、野鸡岗、楚庄寨等地，蒋介石命令前线所有部队必须听命于前敌总司令薛岳的指挥。薛岳的部署大致是八条方针，其中以俞济时的第七十四军会同第六十四军为东路军，沿铁道两侧向野鸡岗、楚庄寨、贺村攻击。

七十四军此时和黄杰的第八军正奉命向归德一带集结。这次兰封会战，蒋介石是很下血本的，他把中央嫡系部队大将俞济时、黄杰、宋希濂、桂永清等统统派上战场，薛岳也不能藏着掖着，把广东同乡李汉魂"抓来"，担任豫东兵团第一路总指挥。李汉魂是广东军界著名的"三伯"之一（即陈济棠陈伯南、薛岳薛伯陵、李汉魂李伯豪），跟张发奎、叶挺他们都是同学。这次兰封会战前夕，捣鬼的虽然有桂永清等人，可大家还算能够和衷共济。

"老虎仔"薛岳

王耀武的五十一师在沙市整补以后，元气逐渐得以恢复，张灵甫也于 3 月间归队，被提升为 153 旅副旅长，同李天霞搭班子。邱维达虽然伤还没有完全好利索，也硬撑着归队，被提拔为 151 旅副旅长，给周志道做副手。[1] 此外，301 团、302 团的团长们都换了人。当时李汉魂把指挥部设在桃园关，王耀武他们五十一师在孔庄，五十八师冯圣法也设法向孔庄靠拢。第三集团军第二十师也奉命配合第五十一师进攻贺村。

第二十师前来与王耀武部接洽的是副师长兼新编第四旅旅长吴化成。1938 年 1 月，蒋介石借口开封军事会议将韩复榘诱捕，随后审判枪决。蒋介石之所以敢如此迅速地解除韩复榘的职务并且将其置于死地，主要是此前"功课"做得到位。韩复榘起家的部队是二十师，师长先是韩复榘，后来交给孙桐萱。而孙桐萱作为韩复榘手下头号心腹早已被蒋介石的糖衣炮弹打得晕头转向，孙本人虽然没有直接投靠蒋介石，且在韩复榘被捕以后还算尽力奔走营救，但也没有像某些军阀的干将那样组织人马同蒋介石抗衡，仅此一点也足以让蒋介石放心收拾韩复榘了。此外，蒋介石还让戴笠下了一步暗棋，这就是拉拢吴化成。在庐山军官训练团期间，王耀武曾经看到吴化成朝着戴笠的住处走去，事实上那时吴化成早就跟戴笠搭上了线，韩复榘手下"新生代"的两个代表人物张绍堂和吴化成都被拉了过去。因此，盘踞山东八年之久的韩复榘的命运并没有比他的前辈张宗昌、刘珍年强到哪儿去，同样是身首异处。

韩复榘完蛋以后，老蒋让孙桐萱掌握第三集团军。孙桐萱一直对吴化成耿耿于

---

[1] 邱维达本人回忆他是 1938 年 9 月被提拔为 151 旅副旅长，有误。

怀，这时候就想动手肢解吴化成的手枪旅，哪知道吴化成不是傻子，早就从曹福林那里打听到了消息，吴化成策动手下哗变，而且也跟戴笠打了招呼，孙桐萱一看，不敢来硬的，只好敷衍吴化成，任命他当二十师副师长，将手枪旅改编为新编第四旅，仍旧由吴化成兼任旅长。"没吃过猪肉，也见过猪跑"，吴化成这么多年混迹于地方实力派的阵营中，见到了韩复榘、刘珍年这两个山东最大的军阀的下场，所以，他太知道基干武装对于自己今后地位的重要性了。想当年，蒋介石让李仙洲去当刘珍年基干部队第二十一师的副师长，组织力量瓦解刘珍年的骨干。回头老蒋问李仙洲，刘珍年在二十一师里面还有没有威望了？李仙洲说没啥威望了，前脚听到这个消息，后脚老蒋就把刘珍年给毙了。韩复榘的下场也是如此，因此，吴化成任谁说破大天去，他对原来的手枪旅死也不撒手。

但眼下有个难题，抗战非常时期，人家孙桐萱要是用集团军总司令的名义命令你出战，这就比较麻烦，不打肯定不行，违反军令不说还捞个坏名声——汉奸。要是打呢，正好中了老孙的软刀子。所以，吴化成一直犯嘀咕。哪成想，攻打贺村的主力是王耀武的五十一师。吴化成一看这机会来了，一路盘算着，早早地就来跟王耀武打照面，不仅如此，吴化成还送来不少好东西，有吃的、有用的，他们哥俩从庐山分手到现在也才十个月没见面，弄得跟十年没见似的，王耀武一看这架势就明白了几分，大家都是"老中医"，互相开什么"药方子"啊。

吴化成不急着给自己倒苦水，反而特别关心王耀武部队的"成长"，问长问短，尤其是问到在沙市的整补。这一来倒也触到了王耀武的痛处。别看五十一师是嫡系，可大量的减员以后补充起来相当困难，这不是上边刁难，而是咱们国家那时候在国民党统治下的兵役制度成了拦路虎。反观日本的征兵制，一旦大量减员马上就能予以补充，而且还是那种召之即来、来之能战的主儿。因为兵源的问题，直接导致部队的战斗力的差距。武汉会战期间担任第九战区第一兵团高参兼作战科科长的赵子立（后任国民政府河南省政府主席）曾经做过一个比较，他说："一个战斗力强的师，在战略战术都没有错误的情况下，才能与日军一个联队（团）打成平手，战斗力差的部队，两三个团打不过敌军一个联队。"武器装备就更成问题了，王耀武上次联系的那匹武器弹药因为戴笠要"截胡"，所以至今没有下文。王耀武的五十一师的武器装备现状是这样的：除了少数"中正式"以外，大部分是"汉阳造"，主力团才有三挺重机关枪和一排迫击炮，师直属炮兵连一共才三门老式克虏伯山炮。因此，炮兵连连长王建基拿这三门炮当命根子看，白天轻易不露面，只有晚上出来放几炮，友军就讥笑五十一师的炮兵连是"月经连"，王建基就开骂了："奶奶的，你们他妈的要是手头也有三门炮的话，老子看你们见天开几炮？说老子的炮兵连是'月经连'，老子说你们的炮是痔疮炮！"

哥俩互相说了阵话，吴化成就把"正菜"端出来了："二哥，这次打贺村，我看不如智取算了，都知道你老哥手里有个杀手锏，这时候不用啥时候用啊。"王耀武知道他指的是便衣队，笑笑没言语。说到智取，倒是勾起前天白文冰同王耀武谈过的一件事。白文冰到了五十一师师部，负责军需，由此跟河南地面上的正谊货运栈经理王思成打上了交道。王思成也是山东人，而且知道国军此次来河南专门为了驱逐倭寇，所以，他和他的手下非常卖力气。这个货运栈其实就是原来的"镖行"，所以起名叫"正谊"，用的是道上熟知的"大刀王五"王正谊的名号。王思成同贺村维持会的保安队队长贺一龙很熟，贺一龙人称"贺老拐"，参加过二十九军，用一把改锥缴获了一挺"拐把子"机枪。贺一龙这个人心眼特别巧，虽然这种"拐把子"机枪是"新生事物"，但他很快就把里面的道道给琢磨透了，而且，这挺"拐把子"在他手里是"一枪两用"，既当机枪使唤，又当冷兵刃。后来因为一桩小事跟连长吵翻，半夜里自己拖着拐把子跑回了河南老家。贺一龙压根对鬼子就没好印象，他被拉下水是没法子的事，维持会会长是他亲舅舅，他也知道鬼子最恨二十九军，他的身份要是暴露了，将来准没好。因此，刚听说国军打过来，他的心眼就活了，正好王思成同五十一师的人接上了头，他就把话给递过来了，想"反正"。白文冰也和贺一龙接触了，白文冰觉得贺一龙人不赖，他也有他的想法。此次来王耀武师部，自己以前立下的汗马功劳都是暗的，所以，他要有明的一手，而眼下战事正紧，如果在军事上露一手出来，势必就能占上上风，将来在论功行赏之际，王耀武也好给自己说话。贺一龙"反正"这件事，白文冰特别在意，贺一龙初步跟他谈了自己的计划，白文冰连夜就向王耀武作了汇报，王耀武同罗明理、周志道、李天霞、邱维达、张灵甫等人商量了一下，也觉得可行。于是，王耀武就命令安慧民带着便衣队化装成正谊货运栈的伙计进村，邱维达带纪鸿儒团事前埋伏，等候信号，吴化成率新编第四旅、周志道率一个团全面策应。

贺一龙选择的下手对象是日军驻扎贺村大队的机枪中队中队长松本宪吉大尉。松本宪吉这个人有两个毛病，一个是好色，另一个则是好吃。可贺村是穷地方，吃的很有限。所以，松本宪吉大尉的肚子很无奈。而机关枪中队是贺村日本守军的重点，几十挺"拐把子"机枪这样的厚礼送给谁谁都会乐。1938 年 5 月 22 日这一天是星期天，也是中国传统二十四节气之一的"小满"。贺一龙邀请松本在内的日军机关枪中队的

　　　　　第四章　明争暗斗

四个鬼子头外加一个翻译官参加本村举行的吃请。本来战事已经日渐吃紧，贺村守军内部已经空前紧张，这样的吃请是不该参加的。但松本宪吉这人嘴巴太馋，听说有"烤胎羊"，那是打死都得去。再者，也是主要的，请客的地点距离他们的驻地非常近，一旦有紧急情况，他可以立刻返回。

松本宪吉带着小队长长谷川义男、军医濑谷志、主计前原久治郎和翻译朴正泽（朝鲜人）以及一个班的护卫如约而至。贺一龙马上请他们入座，但松本戒心很大，十个担负护卫任务的鬼子就在院外站岗，不进来，松本这几个鬼子头军刀不解，手枪不下，而且还不进屋，就要在院子里开席。翻译朴正泽翻译完，贺一龙便满脸堆笑地说："松本太君，中日两国都是礼仪之邦，您在院子里坐席，分不出长幼尊卑，大大的不礼貌，也不是待客之道。"松本看了看贺一龙谦卑的样子，点点头，进屋了。外面的两道岗哨暂时只能让他们挺在那里，免得鬼子生疑。席间，贺一龙两次出去布置，引起了松本的怀疑，就问贺一龙："贺，你的出去的干什么？"贺一龙又笑了："松本太君，我去厨房看看，我今天要给您老人家露一手，做一个您从来没吃过的羊腰子汤。"松本："羊腰子汤？"贺一龙指了指松本的下面："羊腰子，对这个大大的补，花姑娘大大的干活。"松本一听哈哈怪笑："贺，你的良心坏了坏了的，这里花姑娘的没有，我喝了这个要大大的难受。"贺一龙："您要不难受，我会更难受的。"松本没听明白，贺一龙就凑到翻译官朴正泽跟前嘀咕了两句，朴正泽翻译给松本，松本又是一阵怪笑，这回彻底放心了。

过了一会儿，贺一龙端着一大盆羊腰子汤上来，故意走到松本面前请他闻闻，这股子膻气熏得松本直晃脑袋，说时迟那时快，贺一龙将汤盆子一下子扣到了松本的脑袋瓜子上："动手！"屋里贺一龙的几个手下和五十一师便衣队的人就操起了家伙，当场就把松本、濑谷志、前原久治郎给放倒了，长谷川义男和朴正泽往外跑，在院子里被安慧民、孟记东给撂倒了。院子里乱成一团，安慧民见已经得手，立即发出信号，邱维达、纪鸿儒带着302团猛地扑了过来，沿着这个缺口一下子就把鬼子机关枪中队给平了，周志道、吴化成也率领大队人马接着杀了过来，贺村战斗还不过一个小时就结束了。邱维达、安慧民、贺一龙等人在院子里指挥一干人等打扫战场，却没料到长谷川义男还剩一口气，这小鬼子抓起一柄长枪向贺一龙身后猛刺过去，就在这时，邱维达的军刀也同时出鞘，"咔嚓"一声，长谷川义男的半条胳膊被砍断，长谷川惨叫而死，安慧民、贺一龙都看呆了，邱维达用手绢擦拭了一下军刀上的鲜血，说了句："八十二。"安慧民走过去："邱副旅长，你这把刀真不错啊，给我看看怎么样？"邱维达递给安慧民，安慧民仔细看了一会儿："这个倭刀是我见过的最好的一把。怎么样？借我用两天？"邱维达："这个恐怕不行。这是三营长胡豪当初缴获的，老胡活着的时候有个念想，要用这把刀杀掉一百个鬼子，现在老胡走了，我替他完成。"安慧民挺尴尬，在五十一师王耀武以下，他安慧民一张嘴还真没有人敢这么给他软钉子碰，也算是头一回，不过，安慧民到底在领导身边多年，脸色转换得很快，干笑两声："邱副旅长果然是一诺千金啊。"

贺村战斗结束后，五十一师组建了自己的机枪连，王耀武任命贺一龙为机枪连代理连长。贺一龙还向王耀武推荐了他的哥儿们，潘火亮，人送外号"潘大驴"，非常地道的炮手。"地道？有多地道？"炮兵连长王建基一听不服了，就追着问贺一龙。贺一龙说："中原大战那会儿，我这兄弟一炮炸死过师长。"王建基："吹牛逼吧。"贺一龙："啥叫吹牛逼呢，那个师长有名有姓的。"王建基："哪个师的师长？我还不问你他叫什么，你就告诉我他姓什么就成！"贺一龙："别将我，这师还不是杂牌师，那是第一师，师长姓徐。"王耀武一听这个，来精神了："贺连长，你这位兄弟现在在哪儿？"贺一龙："这小子他爹是打铁的，开了个铁匠铺，可这小子好这口，铁匠铺也就开不下去了。"贺一龙用手指头比划了一下，王耀武知道是抽大烟。王耀武："他家里还有什么人没有？"贺一龙："就他和他老娘，我这兄弟别看人驴，那绝对是个孝子。"王耀武当场拍板："贺连长，请你带路，我们去看看这位潘兄弟。"王建基、安慧民他们几个都愣了："师座，您有必要亲自去吗？我们哥儿俩就够他招呼一气的了。"王耀武："你们哥儿俩？还真不拿自己当外人了，都跟我一起去。显得隆重一点。"安慧民多了一句嘴："干嘛啊？三顾茅庐啊？他是诸葛亮吗？"王耀武："我告诉你安子，自古是名将出自行伍，英雄起于草莽。就我们炮兵连那点家什，缺的就是潘兄弟这种能人，我们跟鬼子拼什么？拼的就是人。别说我王耀武亲自，就是再多去两次，也没啥。"这回安慧民彻底消停了。

为什么王耀武一听被炸死的师长姓徐就来了精神了？这里面有一段故事要交代。贺一龙说的这位被炸死的师长姓徐，不但姓徐，而且还叫徐庭瑶，跟谷正伦有一拼，都是国民党军兵种中"他爹"（之父）一流的人物，谷正伦是"宪兵之父"，徐庭瑶是"装甲兵之父"。说起徐庭瑶跟王耀武还有一段领导与被领导的关系，那是东征和北伐时期了，王耀武看徐庭瑶那要仰着脖子看，打福建时，徐庭瑶就已经升任师长了。何应钦、李宗仁、白崇禧携手共撑危局时，龙潭战役徐庭瑶再立新功。所以，刘峙升任第一军军长后，徐庭瑶马上被安插到嫡系第二师任师长。中原大战，徐庭瑶代理第一师师长。1930 年 5 月 25 日，徐庭瑶被炮弹炸伤，贺一龙说炸死那是讹传，但这一炸也不轻，臂骨炸断，好悬没截肢。徐庭瑶吊着胳膊躺在医院里还问左右，这打炮的人是谁啊？那谁知道啊。徐庭瑶就说了："这炮手将来要是能找到，值得会一会。炸我的这门炮是法国的 81 毫米迫击炮，这种炮的特点是九个字'落角大、射速高、威力广'，不过，法国人缺乏钻研的精神，这要是德国人的炮，我这条命就没了，用这种炮能打到这种刁的角度的人不简单。"徐庭瑶的眼光不一般，他在任期间发现过一匹"千里马"，此人便是后来威震昆仑关抗日前线的杜聿明。

王耀武这人心多细啊，徐庭瑶这个量级的人物的逸闻逸事，他早就倒背如流了。如今能在贺村这穷乡僻壤的地方发现潘火亮，真有点说书人常讲的"踏破铁鞋无觅处，得来全不费工夫"的劲儿。王耀武早就想结交徐庭瑶，这位徐庭瑶虽然还只是中将军衔，可交接面很广，他是白崇禧的同学，又跟俞飞鹏是密友，此刻因为创建装甲兵，正是蒋介石倚重的臂膀，而且他还算是何应钦这条线上的。徐庭瑶为人洁身自好、廉洁奉公，所以，金钱美女、古玩字画都打不动他，此人最大的特点就是喜欢辨识人才。潘火亮眼下就是王耀武最需要的一枚棋子，对于这样的人多下点本钱，王耀武是从来都不在乎的。而且，潘火亮是孝子这点也很对王耀武的脾性。

要说潘火亮这人也真是"大驴"，见了王耀武等人，既不让座，也不倒水，大咧咧地哼了一声。还当着王耀武等人的面跟贺一龙逗哏："也披上狗皮了？"王建基一听就火了，手就往武装带上摸，摸枪啊，王耀武瞪了他一眼，王建基立马老实了。从进了潘家的门，王耀武脸上就一直浮着笑容，把个安慧民、王建基都给看傻了，师长啥时候这副尊容啊，这潘火亮值得这么大动静吗？倒是潘火亮的老娘潘老太太很懂道理，请王耀武他们坐下，家里很穷，没什么好茶叶，只能倒点白开水，王耀武当然不能空手来，他给潘家娘俩带了一些军用品，包括罐头、饼干什么的，那年月，有这些东西上门已经不得了。一路上王耀武已经从贺一龙那里知道了潘火亮的一些情况。潘火亮同村上杨姓的女儿很要好，但自宋以后，山西、河南部分地区农村恪守"潘杨不通婚"的旧约（此说法是从历史上潘美陷害杨业论起，关于这一点，今人王蔺所著《潘美传》中有过专门论述，可以参看），潘火亮是干着急没啥用。其实，杨家不同意潘火亮上门求亲，"潘杨不通婚"是一方面，更主要的是潘火亮没什么本钱，一个铁匠铺挣不了几个钱，家里还有个老娘，杨家女儿过门去明显没啥好果子吃。因此，潘火亮三十大几的汉子就窝在家里，越窝火，嗜好越深，大烟抽得越凶，抽得越凶家里就越来越穷。王耀武把来意跟潘老太太说清楚了，老太太深明大义，一听说是去打鬼子，当场就同意了。潘火亮不想去，他惦记老妈没人照料，王耀武给他吃了定心丸，老太太已经请正谊货运栈王思成经理代为照料，费用由五十一师拨出，而且，王耀武还答应上门为潘火亮向杨家提亲。这两件事把潘火亮给打动了，跪下冲着王耀武磕了三个响头："长官，潘火亮这辈子跟定您老人家了。"

潘火亮参军没两天，烟瘾犯了。王耀武这回脸上可不带笑了，他命令贺一龙将潘火亮关在小黑屋子里，不管饭就管水，不论他怎么喊怎么叫就不搭理他，一直到他吐出胆汁为止。这中间的过程就不用多说了，总之是潘火亮打出娘胎以来遭的最狠的一茬罪，闹过一天一夜后，人瘫软如泥，一通大米稀粥灌下去，烟瘾彻底戒了。

1938 年 5 月 28 日，强攻三义寨战役打响。三义寨是河南兰封县境内的一个小村寨，但因其背靠黄河，是日军南渡的咽喉要道，所以，拿下三义寨的含义自不待言。此次攻打三义寨的兵力配备以五十一师为主，新编三十五师、第二十师等为辅。薛岳作为国民党军中能征惯战的猛将的优点在于经常能够于瞬息万变的战场中捕捉到有利于自己的战机。而他的弱点则在于当这一战机出现以后经常会发生百密一疏的情况。这种现象在他的战争生涯中已不鲜见。就这次打三义寨而言，除了王耀武的五十一师算是能战、敢战之外，新三十五师、第二十师都是"聋子耳朵——配搭"。负隅固守三义寨的日军总兵力为 3000 人左右。日军一个师团一半人数在 20000 人左右，是诸兵种的联合体即步、炮、工、辎、卫、骑，师团配属战斗机、侦察机、轰炸机，每个步兵联队则配属战车若干辆。以日军的战斗力而言，抗战胜利后，国民党军上校方诚写过一个小册子叫《八年抗战小史》，书中对中日两支军队做了比较详尽的对比，尽管里面有些说法并不见得准确，但大致能够反映出当年战争的主要面貌。在方诚看来，日军的独立作战精神、后方补给、火力配备、伤亡抢救等 21 个方面都优于国军（全书从 23 个方面论述中日军队优劣对比）。就官兵素质而言，方诚认为："敌兵可望以一当五、当十，我军若无五倍十倍优于敌人，则不能歼敌。""敌兵一班甚至一名，担任搜索、掩护与狙击时，常能发挥很大效用。"方诚还特别推崇日军中下层考勤制度，相较于日军，一些国民党军的下级军官考勤制度形同虚设，吃空饷、吃空额是导致这种制度玩儿完的主要杀手。而这些看似普通、看似平常的日积月累一旦到了厚积薄发的战争状态时生发出巨大的效能，让敌我双方的长短、优劣、胜负彻底暴露在光天化日之下。

新三十五师的底子是土匪招安而来，典型的乌合之众，这种武装打家劫舍窝里横还绰绰有余，一旦临战，马上草鸡。第二十师倒是见过一些阵仗，可也是内讧多于外战，特别是师长、副师长之间积不相能，作为副师长的吴化成的确想帮王耀武一把，毕竟大家是哥儿们，可他能调动的只有他的第四旅，这点本钱要是在这里打光了，不到一个月他就得上断头台。国民党军与日军作战期间，侧翼的虚弱是有目共睹的，所谓"灵敏有余，坚忍不足"，遇到这种侧翼，烂泥巴糊不上墙。所以，战斗打响以后，主要是五十一师在那儿单练。

从罗店到南京，王耀武发现日军的射击本领相当强悍，所以，他一再强调发挥国民党军近战的优势。但罗马城不是一天建成的，国军忽视避弹、忽视掩体由来已久，"光膀子耍大刀"还是一些国军部队里的"传家宝"。即便王耀武这种重视训练、重视单兵作战的嫡系武装也不能免俗。因此，一开仗，损失很大。负责主攻的301团团长纪鸿儒把军帽一扔，喊了声："机枪掩护，给我冲。"一跃而起，带头冲了上去。在距离日军不到五十米处，纪鸿儒和他的战友们的一排木柄手榴弹甩了出去，几乎与此同时，日军的地瓜手榴弹也扔了过来，爆炸声阵阵，在短暂的硝烟中，纪鸿儒领着一帮弟兄已经冲到了敌军壕沟面前，日军毫不示弱，端着步枪迎面杀了过来。纪鸿儒的步枪短，日军的枪刺长，一刺刀就从纪鸿儒的左肘穿过，一块肉"刷"的一下就给带下来了，纪鸿儒忍住痛，用枪托横扫过去，日军顺势接住枪托，两个人四个膀子同时较劲，一下子滚到了一起，正在厮打，另外一个日军端着刺刀就准备向纪鸿儒的后背猛刺，这刺刀距离纪鸿儒的后心还有一厘米的当口，就听"噗"的一声，白花花的脑浆子都迸了出来，谁的脑浆子？鬼子的。纪鸿儒还没有看清楚怎么回事，又是"噗"的一声，跟自己扭打在一起的这个鬼子脑浆子也出来了。纪鸿儒定睛一看，原来是机枪连连长贺一龙，贺一龙露出一口白牙，咧嘴一笑："两碗豆腐脑，小意思。"

日军的轰击平台——系留气球不断给日军炮兵提醒，五十一师的炮兵连的家什实在不敢恭维，被日军的炮火结结实实地压得抬不起头。王建基蒙了，跑到潘火亮跟前："兄弟，看在党国的分上，想想高招吧，这么下去，师长非毙了我不可。"潘火亮："连长，给我十个人，我去专门打他的气球。"王建基："给你二十个"。潘火亮："就十个，多了没用，又不是赶集。"潘大驴就是这驴脾气，明明是雪中送炭，可还得损上人家一句。大约有半个小时的光景，敌军的气球忽然间消停了，潘火亮带着挂彩的弟兄们跑回来了，王建基："兄弟，不，你是我大爷，你怎么搞的？回头我跟师长那里给你请功。"潘火亮："别扯淡了，麻溜的，大炮上刺刀，让鬼子也尝尝'道口烧鸡'的滋味。"

就在王耀武的五十一师炮火被压制的同时，日军的坦克耀武扬威地冲了上来。纪鸿儒低声地吼了一嗓子："准备手榴弹！"这是要炸坦克的信号，贺一龙那边带着三个机枪手，三挺机关枪一起开火掩护，纪鸿儒拿着一捆集束手榴弹就准备上，在他身旁的卫兵一把抢过来，一个猛子扑了过去，距离坦克百十来米时，卫兵忽地蹿了过去，扑倒在地，纪鸿儒一看，心疼地叫了一声"糟糕"，哪知道扑倒在地的卫兵并没有中弹，而是以最快的速度靠近坦克，将集束手榴弹往坦克的履带里一塞，单手一扬，只听"轰"的一声巨响，日军坦克当场报销，卫兵也壮烈殉国。纪鸿儒的眼泪还没有淌完，又是连续的几声巨响，日军几辆坦克先后被炸毁，贺一龙大嘴一咧："嗨，潘大驴来劲了！"潘火亮建议王耀武集中全师所有炮火集中轰击敌军坦克，王耀武答应了，吴化成也够意思，把自己的第四旅所有的那几门炮也给调来了，一并听从五十一师的指挥。别小看这几门炮，它救了日后吴化成的一条命。

中午时分，炮火稍息，战场赢得极短暂的平静，纪鸿儒带领贺一龙他们打扫战场，这一打扫可算是大开眼界了。不少阵亡的日军士兵不是缺了耳朵，就是少了手指头，有的新兵还纳闷呢，玩什么花活呢？纪鸿儒发话了："凡是死了的，鬼子都要割下一个零部件带回去，能救活的早就扛跑了。"贺一龙："鬼子这点比咱们强，咱们要不不管，要不就三个忙乎一个，阵地上一个萝卜一个坑，一下子走了三，仗还怎么打？"纪鸿儒对贺一龙有点刮目相看了："老拐，行啊你，还一套一套的。"这时，近处传来"嗷"的一声，一个负责搜索的 301 团士兵被刺倒地，那个刺伤国军士兵的日本鬼子正卧在那里，手中握着滴血的刺刀，一看就知道这鬼子伤得不轻。"我操你哥的"，贺一龙一个箭步冲了上去，照着鬼子的脑袋瓜子就是一枪托，鬼子连哼都没哼，当场嗝屁。在整个抗日战争中，我国军民出于人道主义精神，对于日本伤兵多采取救助的措施，但由此被日本伤兵袭击受伤乃至牺牲的不知凡几。著名抗日战士节振国就是突出的一例。他在打扫战场时为了扶救一名日本伤兵被击中要害，随即牺牲。对于日本鬼子的这种禽兽不如的做法，曾任中央军委第二炮兵司令员的李水清老人直到晚年回忆时还恨恨不已地说道："如果说，在短兵相接的战场上，日军对我们的政治攻势无动于衷，可能跟语言不通有一定关系的话，那么当他败局已定，伤得要死，你救他活命，他却对你下毒手，以法西斯的'兽道主义'回报我们革命的人道主义，这就没法用常理常情来解释了，纯属一帮喂不熟的'白眼狼'。"①

贺一龙怒火中烧，回转身来就是一梭子，这时候，一个胆战心惊的声音出现了，

---

① 李水清口述《从红小鬼到火箭兵司令》第 125 页，解放军出版社 2009 年版。

而且说的是明明白白的中国话："兄弟，放过我吧。"一名日本伤兵手里拿着一条小白布，颤抖地哀求，贺一龙抬手就准备给他一枪托，被纪鸿儒给拦住了："等等。"纪鸿儒身边的人扯过日军伤兵手中的小白布，连忙将这名日军伤兵给捆了起来。纪鸿儒看了一眼小白布上面的字，吩咐道："押到后方去交给师长，这人不能死。"贺一龙："为啥？团长。"纪鸿儒："你没看这白布上写着呢吗？他是日本'支和会'的成员。"日本支和会全称叫做"日本支持和平运动联合会"，是日本一些对军部采取激进举措不满的政客们发起成立的不同政见组织，它的宗旨是支持国联出面解决中国问题，支持同英美保持和缓关系。所以，蒋介石为首的南京政府对这个组织一直采取比较宽容的态度，对于这个组织的成员也都一律照顾。可惜的是，该组织在 1941 年德军入侵苏联后，自行瓦解。

纪鸿儒、贺一龙两个人正说着，不知不觉迈上了壕沟，突然，一个刺耳的声音呼啸而来，纪鸿儒本能地推了贺一龙一把，等到贺一龙站稳脚跟时，纪鸿儒已经脸色苍白、嘴唇翕张，纪鸿儒的胸口处有一个小洞，鲜血从那里汩汩地涌出。"团长！"大家一下子围了上来，纪鸿儒知道自己不行了，指了指阵地："打鬼子要紧，我没事。"说完，头颅一歪，壮烈牺牲。

纪鸿儒阵亡的消息传来，全军上下痛哭失声，王耀武更是泪不自禁，五十一师创建时代的四位骨干团长抗战以来已经折损一半。在整个河南地区的会战中，像纪鸿儒这样可歌可泣的军人在五十一师里大有人在。302 团第三营营长、山东人翟玉本，双腿被打断，勤务兵要背他下火线，他说："我已是重伤无用之人，你背我不如背一挺机枪撤下去，还可以用来杀敌，为我报仇。你还是把我放下吧！"勤务兵执意要背，翟玉本咬住勤务兵的耳朵，强行命令他背走机枪，放下自己，勤务兵含泪遵行，最后翟玉本血洒阵地。

经过两天血战，五十一师虽然给予日军以重创，但自身的伤亡也已经达到极限。主攻的 302 团从阵地上撤下来时仅剩下三百余人。据后来者在 1992 年实地调查中发现，在整个兰封会战期间，中国军队始终未能攻克三义寨。以绝对兵力而言，中国国民党军总数远远超过三义寨的敌军总数，但结果却让王耀武无法接受。站在风悲日曛、蓬断草枯的战场边缘上的王耀武，真的有些理解古人所说的"风云帐下奇儿在，鼓角灯前老泪多"的心境了。

3. 弄权

五十一师内部出现弄权现象，王耀武协调平衡。后王耀武被任命为七十四军军长。

1938 年 6 月，徐州会战刚刚结束，日军大本营就把目光投向了"九省通衢"的武汉。日本人认为，只要攻占武汉，即可北控中原，南扼湘赣，压迫国民党政府屈服投降，尽早结束战争。在这样的大背景下，武汉会战打响了。

就在五十一师全师上下厉兵秣马之际，师副官处处长兼便衣队队长安慧民中校神闲意得地走进了第 153 旅旅长李天霞的住处。李天霞看见安慧民进来了，赶紧迎上去，口称："安总管驾到，有失远迎啊。"安慧民刺了他一句："你还不如叫我安公公呢。"李天霞："看你老弟扯哪儿去了？我这可是实话，谁不知道咱们五十一师上上下下、吃喝拉撒缺了你这个总管那可就玩不转了。"安慧民招呼手下："把东西都抬过来。"两名勤务兵将五个箱子一一搬运过来，摆放在李天霞的面前。李天霞："这是？"安慧民："这是军座给师座送去的，我分出一部分给你拿来尝尝鲜，一箱正宗法国好酒，剩下的都是美国罐头，我知道李副师长是见过大场面的，区区小菜，不足挂齿。"李天霞连忙道谢，并拉过安慧民："老弟，别拿我开心，什么李副师长。"安慧民："还跟我装？告诉你吧，师座批准，军座上报，军委会那边已备案，任命很快就下来，我这不提前给副师长效劳来了吗？"李天霞这下乐了："老弟，什么效劳不效劳的，你我是兄弟，我常年在下面，很多规矩都不懂，以后还请老弟多多指点。"然后李天霞送给安慧民一样东西，安慧民打开一看，原来是一把银质的勃朗宁手枪："那就谢谢副座了。"李天霞知道今天安慧民登门绝不是简单的报喜，一定还有更重要的事情。

果不其然，安慧民一开腔，李天霞就觉得这事明显棘手。安慧民看上了邱维达的那把三营长胡豪生前缴获的日本军刀，想要拿过来玩玩，上次在贺村给邱维达当面撅了回来，这次就找上李天霞帮忙，因为李天霞是邱维达的老长官，如今又即将成为五十一师的副师长，属于邱维达的顶头上司，安慧民琢磨李天霞只要肯张嘴，邱维达不敢不答应。李天霞略微沉吟了一下："老弟，说句不中听的话，那把军刀就算是钢口好，也不值得老弟动这么大心思吧？"安慧民："副座有所不知，我对这把刀无所谓，但军部的张副官看上了，他想要，你知道吗？如今张副官已经是张副官长了，你老兄这次的任命这么痛快地批下来，人家张副官长没少帮忙，我也跟着垫了不少人情，咱们哥们之间没的说，但人家那可是难得张一回嘴的啊。"李天霞一听扯出了俞济时的亲信副官张英年，立马点头称是。

李天霞也觉得自己面子够足，一个电话就把邱维达给叫了来，开了一瓶安慧民送来的法国酒，摆上两听美国罐头，特别热情地拉着邱维达问寒问暖。李天霞："青白老弟，战事不断，很久没跟老弟在一起坐坐了，怎么样？在周靖方（周志道）那里还满意吗？"邱维达知道李天霞这人心眼多，不会无缘无故地请他来聊天："蒙旅座关心，我在151旅还行，上上下下的关系处得还算可以。"李天霞："老弟是实在人，是君子，你自觉上下左右关系处得不错，可有人不这么看。"邱维达刚要张嘴，李天霞伸手制止："老弟，我给你透个底，这不军座和师长抬爱，上边已经准备给我压压担子，提我当副师长，照例还兼153旅旅长，但这肯定是暂时的，将来153旅还是要交出去的，交给张灵甫？哼哼，我不放心啊，只有交给你青白老弟才合我意。"邱维达立刻给李天霞满上，端起酒杯："旅座高升，邱某在这里恭贺旅座了。"李天霞象征性地抿了一口："老弟，咱们之间不闹这些虚礼了。我说把153旅交给你老弟还只是我一方面的意思，将来还要师长点头，说实话，你的战功，你的为人，师长那是非常清楚的。但你这人的毛病就是一个字——直。"邱维达："我是军人，直来直去惯了。"李天霞："直如弦死道边，曲如钩反封侯，这是自古以来的真理。师长身边的人你要是答对不明白了，时不时地给你喝上一壶，你能受得了吗？你知道吗？是谁跟我透露有人整你的消息吗？"邱维达问："谁？"李天霞："安副官，安慧民。怎么样？够意思吧。所以啊，以后你跟他要把关系弄匀乎了，别那么清高，没用。"邱维达："我是不是要谢谢安副官？"李天霞："那倒不用，你一个月那点子死钱，拿什么谢人家，我替你办就是了。"邱维达说谢谢旅座。李天霞这才单刀直入地奔了主题："青白，我听说你手里有一把缴获的日本人的军刀不错？"邱维达："是有这么回事，是胡子（胡豪）缴获的，旅座当初你也是知道的。"李天霞："安慧民跟我说起来，说他很喜欢你那把军刀，他想借去用一段时间，然后再还你，你看怎么样？"邱维达："旅座，这把军刀是胡子生前拿命换来的，他在军刀前发过誓，要用这把刀杀一百个鬼子祭奠烈士，可惜他后来牺牲了，我接过这把刀时也发了誓，一定要替胡子完成这个心愿，能不能等我凑满了整数再借给安副官，哪怕送给他也行。"李天霞一听，没戏，脸上没露声色："哦，是这样，小事一桩，我回头跟安慧民说说，来，继续喝酒。"

回过头来，李天霞把这件事告诉了安慧民，安慧民表面上还说谢谢副座，心里可恨上了邱维达。妈的，这么点子事还给我绕来绕去的，不给你点厉害，你也不知道你安大爷到底是干什么的。安慧民为什么这么想要邱维达手中的那把军刀？难道仅仅是为了讨好张英年吗？有一部分原因是这样，但更多的原因则不在这里，而在军刀之外。也就是说军刀的另一头连着一个重金属。

这个重金属的名字叫做钨砂。钨是军火制造的重要原料。希特勒曾经狂言道："再给我一万吨钨砂，我就能征服全世界。"这一万吨看起来是个天文数字，可在中国虽不能说是小菜一碟，但也算不上惊天动地。1918 年，中国钨产量为 6800 吨，这一年美国人的钨产量为 4700 吨。以中国当时落后的开采技术和客观制约条件而言，可见中国钨矿的丰厚存量足以让天下震惊。所以，国民党政府将钨矿列为六种特别矿产品之首，明令禁止民间私采。然而，正是因为有了这条明令，钨砂的走私才进一步泛滥起来。因为政府实行全方位的垄断，独霸市场，完全一支笔、一张嘴，没有二价。一方面钨砂开采的赋税很重，另一方面官方的收购价很低，这两者让钨砂的开采者无利可图，无身可翻，其结果只能铤而走险。1938 年广东钨矿砂市价为 660 元每百公斤，而广东省当局官方收购价仅为 85 元每百公斤。至于具体收购过程中，官方使用的量秤、勾损等细节更是层层盘剥。二十世纪三十年代是最不平静的岁月，各国动辄拔刀相向、舞枪弄棒，所以，作为重要军用物资的钨矿砂成了被追捧的顶尖对象，特别是中国的对手日本，尤其垂涎。他们不仅开价高，而且浑不吝，这就让一些人食指大动、胃口大开。而这些人当中就包括俞济时的副官长张英年以及五十一师的安慧民安队长。

张英年同其他几乎所有高级将领的副官长们一样，都承揽着"主公"手中的经济业务大权。因为在国民政府军事委员会资源委员会里面有人，所以，钨矿砂的部分开采、走私很快就被他熟练地操作了起来，而且，一旦干上了这一行，其他的业务在他看来赚钱实在太慢。安慧民在这里起了一个什么作用呢？王耀武在江西的时候，办过一个买卖，交给安慧民负责，后来江西地面太乱，王耀武就让安慧民将生意挪到湖南常德去做，为什么呢？因为常德是戴笠、赵铁夫早年设下的据点，在那里做生意有这样背景的人关照，自然没人敢捣乱。而钨矿砂的走私的渠道正是通过湖南进入广东的，这样一来，常德的这个点就成了安慧民入股的条件，但这一切王耀武并不知晓。安慧民当然清楚王耀武的手段，死瞒是一个非常笨的办法，最好的办法则是让主子直接或者间接地也被拉下水。让王耀武下水在安慧民看来是轻易办不到的，但让能够部分说服王耀武的人下水则并非难事。安慧民看中了参谋长罗明理，因为罗明理的软肋太直接了，他怕老婆。而罗明理的老婆跟王耀武的妻子郑宜兰关系最好，两家走动得非常密。安慧民将大把银子塞进罗明理的老婆的腰包，至于进了罗明理老婆腰包的这些银子是不是也会流进王耀武的家门，安慧民不用去费心思想了，因为他知道一旦天塌下来，首先去顶雷的应该是罗明理夫妇。

在张英年、安慧民织就的这张钨矿砂走私网上还有几个重要人物。作为买家，这并非张英年、安慧民特别关心的，他们就知道是个入了英国籍的香港商人。可是，当买卖做得正红火的时候，这位香港商人传来一句话，说是要请张英年他们帮助找一样东西，什么东西呢？就是那把三营长胡豪缴获的军刀。张英年马上找来安慧民问了问，的确就在五十一师的邱维达手里。安慧民来问题了，为什么对方要这么一把日本刀呢？没理由啊。张英年说，你问那么多有个屁用？他让咱们给他找就给他找，一把刀有什么了不起的，再说就在你们五十一师地盘里，这点事要是办不明白，不让人笑话咱们哥们儿吗？安慧民："这不是笑话的事，万一是日本人要这把刀呢？那不就说明我们一直在给日本人做事吗？这叫什么？这叫资敌，现在是非常时期，要问死罪的。"张英年冷笑一声："咱们发出去的那些货你以为没有落到日本人手里吗？要不然每次怎么就那么痛快地给结款呢？怎么从来都不压账呢？既然都已经脱了裤子，你还装什么烈女？"这回安慧民脑瓜皮上的冷汗可冒下来了。安慧民不同于张英年，张英年是马弁出身，从来就没怎么上过战场，完全靠着两条腿一张嘴两只手将俞济时给忙乎明白提拔上去的，安慧民虽然也是勤务兵出来的，可他真刀真枪地干过，不论是对内"围剿"，还是对外抗战，说起来也是十八般兵刃都练过的主儿，特别是对日本鬼子，安慧民从心眼往外恨，但目前到了这一步他知道自己是脱不开身了，也休想拔脚，否则他一定会先死在张英年的枪下的。张英年一看安慧民没吭气，就笑着拍着安慧民的肩膀头："老弟，想那么多没用。我告诉你一条真理，这年头就是拼谁比谁狠，谁比谁不要脸，你看看咱哥们儿周围爬上来的这些个大官们，表面上人五人六的，其实呢？都是他娘的一肚子男盗女娼。话又说回来，不这么狠，你能坐到这个位置上吗？从来都是富贵险中求。你就说咱们蒋委员长他老人家，当年在上海滩容易吗？可如今谁敢在他老人家面前放个屁，就是千秋万代以后，论起他的出身，也最多是一句'英雄不问出处'而已。所以，咱们哥们儿哪儿那么多的忌讳？甩开膀子干吧，只要咱们有了钱，有了权，有了地位，那就等于上了保险，官越大，扯的面越广，到时候你敢不要脸，可有不少人不敢不要脸。他们要脸就得护着咱们，否则都他娘的一块脱裤子，看谁的屁股眼子干净！"安慧民一想也是这个理，就答应到邱维达那里试一试。哪知道在邱维达那里非但没搞到军刀，反而给碰了一鼻子灰。不仅他碰了一鼻子灰，连李天霞也不灵。张英年说安慧民："老弟，不是我当哥哥的说你，你在五十一师的地位有待进一步加强。如果这个苗头你要是压不住的话，以后不听你招呼的会越来越多。我跟你说，天下最靠不住的就是上司的恩典。"安慧民承认张英年的话说到了他的心坎里，一个副旅长都敢撅自己的面子，他以后还凭什么在五十一师吆五喝六？

　　傍晚，安慧民去了一趟罗明理的住处，从罗明理那里彻底落实了一条消息，那就是王耀武提拔李天霞担任副师长，李天霞的兼差即153旅旅长要安排邱维达或者张灵甫接任。而此前张英年已经给罗明理垫了一步，他透露出另外一条实质性的消息，冯圣法的五十八师172旅旅长出缺，七十四军军长俞济时正在考虑旅长人选。这样一来，安慧民心里踏实了，既然邱维达不能"牛不喝水强按头"，那就只有将他挤出去。他从罗明理住处出来，故意转了两圈，为了不让别人发现他的行踪，因为他知道在五十一师内部，王耀武是比较注意高层人员之间的互动，所以，安慧民尽可能地回避他和罗明理这个级别人物的公开交往。突然，听到有人喊他的名字，借着夜色他看到孟记东正在他走来。"师座找你有事。"孟记东说。"什么事？"孟记东拉着安慧民一边走一边说。原来在三义寨战斗中俘虏的日本军人"支和会"成员武内义雄最近开口了，王耀武让安慧民、孟记东抓紧时间记录、整理一下武内提供的一些东西，然后回报给他。安慧民听了以后，哼了一下："就武内那个熊包，估计也没啥好料。"孟记东："师座看了他前两次的交代材料，觉得还有点意思，就让咱们接着跟他好好聊聊，师座还专门吩咐了，要善待武内。"孟记东问安慧民去哪儿了，安慧民说他闷得慌，出去转转，孟记东没吭声。

　　按照王耀武的指示，安慧民很快将武内义雄的谈话记录整理好送到了王耀武的办公室里，虽然已经是后半夜了，王耀武却仍旧没有休息。安慧民知道王耀武对于重要的交办事件有不过夜的习惯，所以，看到了他房间里的灯光以后便走了进去。王耀武对安慧民办的事很满意，招呼他坐下："安子，最近太忙了，也没时间跟你聊聊。"安慧民故意欠着半拉子屁股："师座，太晚了，您还是快休息吧，您太缺觉了。"王耀武笑了笑："咱们这些军人，身上的零件缺了都正常，还用说缺觉吗？"安慧民看到火候有些到了，就凑上前去说："师座，有件事也是今天刚听到的，我本来想等您明天休息好以后再汇报，既然您问到这里，我就说了。"安慧民便把冯圣法的五十八师172旅旅长出缺的消息说了出来。王耀武："这事我也听说了，怎么着，你有什么想法？"安慧民："您总是让我多看书，我前一段看了曾文正公全集，曾文正的徒弟彭玉麟给老师写过一封信，里面的一句叫做'东南无主，老师可有意乎？'"王耀武笑骂了一句：

"妈的，你小子现在还学会在我面前拽词了。行了，让我想想，你先去吧。"

王耀武知道，安慧民绝没可能看过《曾文正公全集》，因为他刚才说的关于曾国藩、彭玉麟之间的故事并非出自于《曾文正公全集》，而是出自于佚名所著的《清代野记》。问题的关键不在于安慧民的编造，而是安慧民说出了王耀武的部分心思。冯圣法的五十八师出缺旅长这件事王耀武一听到信儿，第一个反应就是要把这个缺份占住。但派谁过去，是派张灵甫还是派邱维达，他有些犹豫，及自听了安慧民讲述的那段在贺村伏击鬼子过程中邱维达抽刀救人的往事时，他下了决定，让邱维达去接任172旅旅长。因为邱维达身上有一种品质恰恰是张灵甫不具备的，邱维达善于隐忍，善于卫护，善于屈伸，这样的素质在客军中是最相宜的。至于张灵甫，只有他王耀武最熟悉他的脾性，也只有他王耀武才能更好地发挥他的长处，放在外边，对张灵甫对别人都不见得是好事。

同时，王耀武还考虑到了一层，那就是冯圣法的感受，凭空让五十一师的副旅长空降到五十八师当旅长，作为师长的冯圣法一定会别有想法。为了不让邱维达处境尴尬，王耀武还安排了一个铺垫，说动俞济时先行安排邱维达到七十四军军部供职，然后从军部过渡到172旅担任旅长。这件事王耀武不准备直接出头，那样容易引起冯圣法对他的误会，他让安慧民去找张英年，由张英年从中斡旋，极力促成此事，并且答应事成之后要予以重谢。张英年当然巴不得邱维达赶紧从五十一师里滚蛋，所以，相当卖力气，俞济时衡量了一下，便同意发表邱维达为172旅旅长。同时电召王耀武立刻到军部一叙。

王耀武甫一坐定，俞济时就说："佐民，你欠我一个大人情。你知道吗？老冯那边就准备保举廖龄奇了。廖和邱都是四期的，资历差不多，不过，你老弟的工作做得细，连我身边的副官长都替你们五十一师说话。"俞济时一看王耀武要解释，忙说："别解释，你说什么我都信，我今天找你来，第一是告诉你邱维达那边可以立刻上任，第二，我有个人要给你引见一下。"说着，一位中年男子和一位青年女性已然从里屋走了出来，中年男人拱手作揖："佐民老弟，别来无恙。"那个女的倒是自来熟，一见王耀武就喊："二哥，你好啊，还认得我吗？"王耀武仔细一打量，这才认出，原来是当年在内黄"单刀赴会"时结识下的沈北原、沈舒宁兄妹。沈北原的生意中覆盖着一家规模较大的货运公司，在湖南、江西、河南、湖北都有办事处，这家公司为了七十四军的运输问题，免费帮了不少忙，俞济时出面答谢时，彼此之间才知道从王耀武身上论起来，大家还都是"一家人"。沈舒宁在饭桌上对王耀武尤其热情，一口一个"二哥"，俞济时就乐了："佐民，烽火连三月，数声二锅锅（哥哥的京剧腔），有这样标致的妹妹，你老弟也算得上是儒将了。"王耀武陪笑："军座真诙谐。"王耀武自此心里才明白，俞济时为何会听从张英年的从中运作而安排邱维达做172旅旅长了，这都是因为此前有了沈北原的由头。

俞济时不但安排了邱维达到172旅，而且还很慷慨地交给王耀武一批刚运到的沪造山炮（75毫米口径），这种炮虽然老旧，但炮弹很足，来之前，潘火亮（已经提升为炮兵连副连长）就建议王耀武如有可能的话一定要多弄些这种炮，将来可以派上用场。但眼下王耀武最想也最需要做的是开一个别具生面的会。

被俘的日本鬼子武内义雄提供了一份材料，这份十几页纸的东西的分量显然赶不上当初在罗泾从小泉菊次郎身上搜到的那些纪要。不过，这些东西对于今后五十一师官兵们之于日本鬼子乃至日本人都会有一个切身的体会。以蒋介石为首的国民党政权比较注重中国传统的礼义廉耻教育和灌输。然而这些祖传的家什随着西风东渐，随着中国百余年来的不断落败，市场占有率已然逐渐下降，目前流行的国民党的"党化教育"其实更多的都是停留于普通层次上的说教，甚至连说教者本人也鲜有扎实的理论功底。具体到激励士气、报仇雪耻方面也很难有创新。王耀武在这方面也一直在思考，在梳理，他从领兵那一天开始就有着这种冲动和念头，在血战谭家桥，在寻找寻淮洲，在"审讯"胡天陶的每一时刻，他的这类想法就会伴随着事件的发展而越来越强烈。究竟要用一种什么样的梯子帮自己攀登上如此高度的认知呢？武内义雄的供述给了他一个探寻、追索的窗口。

邱维达的任命已经下达了，151旅要给邱副旅长饯行，王耀武决定把这个践行会索性开得大一点，不但151旅有关的官兵要到场，153旅的人也要到。不必拘泥官阶，大家都席地而坐，敞开地聊聊。即便是随意地聊聊，白文冰作为全师主管后勤的，也把会场布置得井井有条，操办的饭菜既简朴又实惠，不论是看在眼里，还是吃进口中，没有谁不高兴的。安慧民心里不是滋味，在公开场合里，他跟白文冰称兄道弟，无比亲热，而内心里对白的防范有增无减甚至有点变本加厉，虽然白文冰还没有任何迹象威胁到他安慧民的仕途经济，可安慧民隐约感觉此人将来肯定要成为自己的对手。所以，当王耀武告诉他邱维达任命已经铁定时，他旁敲侧击地"举荐"了白文冰过到172旅去给邱维达"帮忙"，王耀武居然批准了。这让他大喜过望，邱维达、白文冰即将面对的是冯圣法、廖龄奇两只老虎。

没有什么啰里啰唆的开场白，王耀武直奔主题，他问大家："日本鬼子到咱们中国来目的是什么？"他伸出两个手指头比划了一个"八"字："占我领土，灭我宗族。"他扬了扬手里的那份材料："我已经让人把这个东西发到了每个连，想必大家也看到了，这是一个日本军人的口述，在他们走上战场的同时被告知，对于中国的青年人，对于中国的儿童要格杀勿论、斩草除根。这是为什么？很简单，这是要根绝我们民族，要从地球上抹去我们这个有着几千年文明历史的国家。民国十七年，我在济南城内亲眼见过一个被钉死在城墙上仅有三岁的中国孩子！而现在我们在经历了罗店、南京、贺村、三义寨等一系列战斗后，对日本鬼子的血腥应该有了进一步的认识。这个被俘获的武内义雄是日本一个支持国际联盟和主张亲英美的组织成员，但是他告诉我们说，这样的组织在日本往往被看作是'叛徒'，当成'可耻'，也就是说在侵略中国，杀害中国人的这件事上，至少在很多的日本人的心目中是'光荣'的，是'圣战'。我们要清醒地认识到，今天的日本鬼子侵略中国既不同于蒙元灭亡南宋，也不同于满清入主中原，我们跟他们之间只存在你死我活的关系，没有任何回旋的余地。"王耀武的话音刚落，立刻引起了一阵阵的回应。贺一龙首先站了起来，给大家讲了一段他在二十九军的一则往事。当时贺一龙所部驻扎丰台，他在宛平专员公署当哨兵，日军在丰台摆了一个大队，大队长是少佐一木清直，平素这老小子进宛平城从来不下马，根本不把中国军队的岗哨放在眼里。等到宛平专署成立的时候，这老小子进行了一次礼节性拜访，特别的客气，不但不骑马，而且老远的打招呼，贺一龙就想了，是不是鬼子学好了？按说不能够啊。等到"七七事变"那天晚上，谜底揭晓了，日军的第一炮就把宛平专署的大厅给轰垮了。一木清直为啥徒步走到宛平专署？那是用步测量距离，给炮兵提供引信。什么叫日本鬼子，这就是日本鬼子，他的每一举每一动就包含着阴谋，他的每一颦每一笑都隐喻着杀机。王耀武在所部开展的战前教育虽然还没有找到"为谁扛枪、为谁打仗"的真谛，但它之于这支部队在日后的抗战战场上的激励作用也是不容忽视的。国际新闻社特邀军事记者庚天在有关战地报道中如此提及王耀武的战前教育："以及王耀武军长明耻教育为主因。因能见危授命，不顾死生。"①

王耀武虽然替邱维达到172旅任职做了一些必要的铺垫，但还远远不够。战事紧急，人事上的很多东西也只能大而化之。可大而化之也就必然有照顾不到的地方。冯圣法对邱维达的任命特别不满意，只不过碍于俞济时的面子，他不好发作。但是，很快冯圣法就找到了一个彻底收拾邱维达的机会。1938年7月下旬，日军从姑塘登陆，

---

① 庚天《锦江会战记》，载于1941年4月4日《民国日报》（江西）第三版，《抗日战争上高会战史料选编（上集）》。

侵占九江，并沿南浔线向南进犯，五十八师驻防江西德安附近，奉命开赴黄老门一带加强第六十四军李汉魂部的防线。五十八师下辖的两个旅即 172 旅和 174 旅得到的师部命令是："第 172 旅占领黄老门以西高地，第 174 旅占领黄老门以东高地。"其时，172 旅邱维达部防地在德安的东面，174 旅在德安的西面，铁路破坏以后，路东是庐山，无路可走，两支部队在行进中必然出现交叉，师指在下达命令时忽略了这一点。结果两支部队在前进途中遇到了大麻烦。一个是两支部队交叉引发混乱，174 旅部队将 172 旅旅部及所属第 343 团堵截，致使该部队无法通过。而此时，日军一股已经出现在前面的山沟里，邱维达命令特务排迅速占领高地控制局面，并令第 343 团赶上。未等 343 团赶上，特务排排长即已阵亡，旅参谋主任受伤。邱维达急切之中命令 174 旅后卫第 348 团三营马上予以援助，但该营营长以邱维达并非 174 旅长官为名，拒绝出手。经过劝说，该营勉强参战，等到 172 旅 343 团赶到时，日军一部沿铁路南下，343 团未及展开就被敌军冲散，伤亡惨重。事后，军部追究责任，冯圣法把这一切都推到了邱维达身上，指责邱维达指挥不力，拦截别旅兵员，并导致所部脱离掌握。俞济时下令撤销邱维达一切职务，另派廖龄奇担任第 172 旅旅长。邱维达丢了差事，自然没可能在五十八师继续待下去了，王耀武就让邱维达回到五十一师这边来，暂时没有空缺，而且也不可能马上给一个受过军部处分的人委任实缺，只好暂时委屈邱维达担任五十一师作战参谋。旅长变参谋，安慧民乐开了花，他现在要拿邱维达的那把军刀了。

俗话说：人往高处走，水往低处流。瞿天乐自从南京江面上救了一把邱维达，就跟定了他。邱维达一放旅长，瞿天乐更高兴了，他知道自己以后也会水涨船高的。哪成想，才一个多月的工夫，邱维达就变成了作战参谋。他这个卫士也就干不下去了，这么一想，心里就窝火，一窝火就想喝酒，可他没钱也没地方去，正闹心呢，安慧民安排的"钉子"丁小贵来了。丁小贵也是湖南人，跟瞿天乐套着老乡的关系。他给瞿天乐带来了外国酒和牛肉罐头，瞿天乐也就把心里的牢骚一吐为快。丁小贵说："这年头谁跟谁实在？就跟钱、就跟权最实在。眼下有单生意紧等着发财的买卖，你做不做？"瞿天乐："杀人？"丁小贵："我操，比杀人还他娘的容易。直说了吧，有人出大价钱要你们旅长那把随身带着的军刀。"瞿天乐愣了："你喝多了吧，一把破军刀还大价钱，你当我没见过猪跑啊？"丁小贵："你也就见过猪跑，你见过钱跑吗？直接往你怀里跑。说了你也不明白，一百块钱，就要这把刀，你干不干吧。"瞿天乐："不干。"丁小贵："为啥？"瞿天乐伸出手指头："二百才干。"丁小贵："你他娘的真狠啊，一下子就翻一倍。"瞿天乐："我还狠？你知道吗，这叫偷，旅长万一发现了，我就完了，我翻的那一番是跑路钱。"丁小贵："行，成交。"

过了几天的一个晚上，瞿天乐把军刀交到了丁小贵的手上。丁小贵抽出刀来看了看，忽然道："糟糕，是不是有人来了？"趁着瞿天乐回头的这工夫，这把军刀已经插进了瞿天乐的后心，瞿天乐连哼都没哼一声就倒地身亡。丁小贵将瞿天乐的尸体处理好，带着军刀向安慧民请功。邱维达做了参谋，自然没法再跟着卫士了，瞿天乐前几天就跟他说他准备下连队，邱维达还答应给他帮忙，介绍到最好的那个连去，这几天人突然不见了，不但人不见了，邱维达的那把军刀也不见了。他立刻向师里报告，副师长李天霞说："青白，这兵荒马乱的，跑个把卫兵算什么？我劝你别声张了，你现在可是够背的，旅长旅长没了，卫兵卫兵丢了，军刀军刀不见了，你说这要是传开去，你以后怎么混？"邱维达被李天霞一顿抢白，气得一句话也说不出来，回头碰到了白文冰，把这事告诉了白文冰。

白文冰这一段心里也特来气，王耀武安排他跟着邱维达到172旅明摆着是栽培他。所以，他抱着很大的希望，哪知道一个来月下来，屁颠屁颠地给人家轰出来了，这还不说，冯圣法指示新任172旅旅长廖龄奇查邱维达和他白文冰的账，邱维达他们才上任，账上自然是清白的，冯圣法这么做明显就是恶心他们。白文冰心里就此恨上冯圣法和廖龄奇，但目前没法子，级别相差太大，做梦都别想办人家。因为他原来一直设想跟住邱维达，所以，这一个多月下来，两个人的关系有点突飞猛进的意思，更主要的是如今都是天涯沦落人，说起来话还带着惺惺相惜的味道。白文冰听完邱维达的叙述，就多问了两句关于这把刀的来路，邱维达就说了一下，白文冰问："你这把刀有人惦记过没有？"邱维达："谁惦记它啊，不过，安副官倒是托李副师长跟我提起过。"白文冰："安慧民？"邱维达："对，那是前一段时间的事了，他就是借去玩玩而已，我没答应，他后来也没再找。"白文冰："邱兄，这事先放一放再说，刀是死的，不会自己长腿跑，人是活的，要跑你也拦不住。要我看，将来不管是这刀还是这人，都会再跟我们见面，那时候留点神就是了。"邱维达："文冰，你也学会云山雾绕了？"白文冰："这都是给他们逼的。"

1938年9、10月间发生的"万家岭大捷"让王耀武、张灵甫蜚声中外。特别是在张古山主阵地的攻守中，如果没有王耀武、张灵甫的当机立断、骁勇敢战，也就不会出现后来歼敌数万人的辉煌战绩。万家岭战役进行到最紧张的阶段时，日本朝野震动，侵华日酋畑俊六亲自布置三个支队营救被围困的日军松浦师团。据战后一名日本俘虏供称："（你们）几次攻至师团部附近，司令部勤务人员，全部出动参加战斗，师团长手中也持枪了。如果你们坚决前进 100 米，师团长就要切腹了。"1939 年 12 月，万家岭大捷之后的一年，日军松浦师团的部分人员要回国，临行前，该师团三百多人到万家岭战场祭吊在那里被击毙的同伙。万家岭山顶墓碑林立，中间多数写有诸如"** 部队奋战之地""忠烈故陆军 ** 之墓"一类的木牌，尽管时隔一年，许多系着皮带缰勒、含有铁衔的马头骨仍旧随处可见，至于那些穿着大脚趾与其他四个脚趾分开的军用胶鞋的日军尸骨虽经他们多次抢运，依然还有很多暴露于荒野之中。目击者、时任第九战区第三十二军第一四一师师长唐永良回忆道："有的尸骨被大堆蛆虫腐烂之后，蛆虫变成了蛹，蛹变成了蝇，但是蛹壳堆在骷髅上高达盈尺。"①

　　"万家岭大捷"的消息传来，举国振奋，蒋介石尤其高兴。李宗仁晚年回忆这么一件事："记得以前当台儿庄捷报传出之时，举国若狂，爆竹震天。蒋先生在武昌官邸听到街上人民欢闹，便问何事。左右告诉他说，人民在庆祝台儿庄大捷。蒋先生闻报，面露不愉之色，说：'有什么可庆祝的？叫他们走远点，不要在这里胡闹。'蒋先生并不是不喜欢听捷报，他所不喜欢的只是这个胜仗是我打的罢了。"这段回忆颇能道出老蒋为人的某些侧面。不过，这些毛病不独出在蒋介石身上，举凡专制者在嫡系与非嫡系之间往往都要这样取舍。此间万家岭大捷虽然是薛岳指挥的，可张古山一战实实在在的应该算在他的嫡系七十四军头上，算在他的黄埔学生王耀武、张灵甫头上。仅此一点也足以让老蒋面子十足了。说起蒋介石对这支嫡系部队七十四军的厚爱那也真是不一般。

　　就在万家岭战役进行到关键阶段，蒋介石一个电话打到了薛岳的指挥部。蒋介石发话了："七十四军在岷山损失太大，调下来整补。"薛岳很牛："调不下来。"为啥？薛岳说："赣北各军作战时间都比七十四军长，伤亡也比七十四军大，各军都没有调下来，对七十四军也请缓予整补。"薛岳这个人在战场上是个"浑不吝"，他经常说的一句话就是"薛某认识你，军令不认识你，军令认识你，军法不认识你"。老蒋也行，没跟薛岳计较，不过，他这份对七十四军的眷顾也由此传遍全军上下。如今，七十四军如此争气，而且首战张古山的张灵甫又是王耀武跟他面前力保过的，由此亦见王耀武的识人和用人，他决定再次召见王耀武。

　　这次召见王耀武是安排在重庆官邸，时间是 1939 年 6 月。虽然不是第一次去见蒋介石，王耀武仍旧准备了一段时间。王耀武见到蒋介石以后说的第一句话就是："校长瘦了。"蒋介石"呵呵"两声，掉了一句书袋："吾貌虽瘦，天下必肥。"老蒋是一个

_____
　　① 唐永良《我亲眼看到的万家岭战场残景》

比较迷信的人，这句话典出唐玄宗，所以，老蒋又补充了一句："李隆基不争气，丢了半壁江山。我们现在虽只剩下半壁江山，却坚信将来一定会光复故土。"蒋介石问王耀武："你到这个五十一师当师长有三年了吧。"王耀武准确地报上自己的履历，蒋介石点点头："俊才，北伐已然十二年过去了，墨三（顾祝同）、经扶（刘峙）、慕尹（钱大钧）、铭三（蒋鼎文）、文白（张治中）这些人或者暮气已深，或者远离沙场，或者虑不及此，国民革命的大业就要靠你们这些人来撑持。武汉会战以来，我军虽然受损，但我心里还是高兴的，辞修（陈诚）已经能挑起中枢的重担了，你一个，光亭（杜聿明）一个，荫国（宋希濂）一个，嗯，这几个也都能独当一面，各自为战。我很高兴。"王耀武自然要谦逊一番。接下来蒋介石又问道："俊才，抗战已有两年，以你之见，日后战事如何发展啊？"王耀武答道："学生以为，抗战未来之局无外乎两个字，一曰拖，一曰困。"蒋介石："嗯，说下去。"王耀武："倭寇提出三个月灭亡我中国，其核心尽管有蔑视我国原因所在，但其根本则是要急于求成，尽快结束战争，避免中国问题国际化。据我部俘获的日军士兵供称，日军征兵年龄原定为 22 周岁，自1938 年春以来，征兵年龄已经下调为 21 周岁。这说明日本国内兵员已然出了问题。"蒋介石："有道理，你继续说。"王耀武："日军三大支系，一为关东军，一为华北军，一为华中军，关东军、华北军深陷北方，短期内无余力支撑日军南下，华中派遣军尽管锋芒正盛，却也是孤军深入。我们只要在腹地两三个据点中牢牢地拖住他们，即可大面积消耗它的有生力量。"蒋介石："那何为'困'？"王耀武："学生是山东人，我们山东人最佩服的是诸葛武侯，读的最多的也是《三国演义》，诸葛亮七擒孟获以后回答费祎的提问时说过一句话，叫做'如此有三不易：留外人则当留兵，兵无所食，一不易也；蛮人伤破，父兄死亡，留外人而不留兵，必成祸患，二不易也；蛮人累有废杀之罪，自有嫌疑，留外人终不相信，三不易也。'这三不易总结起来是六个字即留食、留兵、留心。而这三者中最关键的在于留心，心者，信也，日本人在我们国人眼里哪儿还有一个信字可言？诚如校长在首都（南京）陷落后发表之《告全国国民书》中所说：'我全国同胞诚能晓然于敌人鲸吞无可幸免，父告其子，兄勉其弟，人人敌忾，步步设防，则四千万方里国土以内到处皆可造成有形无形之坚强壁垒，以制敌之死命。'"蒋介石用赞许的目光扫视了一下王耀武："俊才，自从首都一别，也才两年多，你顿悟了不少。我很高兴。"蒋介石又说道："你参加过首都（南京）保卫战，对于固守南京，人言啧啧，我也听说了不少。你怎么看？"王耀武实际上也是在蒋介石所说的"人言啧啧"之中，但面对蒋介石，他不好发牢骚，也不敢那么做，只是含混说了一句："学生愚钝，请校长开导。"蒋介石站起身来，踱开两步："南京一战不是军事战，而是政治战。你知道吗？胡适之（胡适）原本主和，居觉生（居正）还要逮捕他，可淞沪战败，居觉生居然一夜之间变了一个人，口口声声说如果对日主和没人敢于签字的话，他愿意去跟日本人签字。什么叫书生误国？这就是！自华北事变以来，我国家只有牺牲到底一条路可走，再无他途。淞沪战败，文人主和，武将失魂，首都如再不守，我军心、民心必将灰颓。我国抗战虽然不辞外援，但根本在我们自己，如我们没有抱定必死的信念，外人必将轻我，届时我等何以善其后？"

蒋介石："政治素求务实，如果仅为政治战，我必不至于倾全力。实则另有原因。"王耀武马上坐直了身子。蒋介石："你知道吗？苏俄曾经在八月底答应我们可以出兵参战。这是鲍格莫洛夫亲口对王亮畴（王宠惠字亮畴，时任国民政府外交部部长）说的，斯大林亲信伏罗希洛夫在会见张淮南（张冲）时也亲口对他说过，中国抗战到生死关头时，苏联一定会出兵，绝不坐视。不过，时至最后时刻，斯大林仍旧跟我玩弄文字游戏，什么'出兵须经最高苏维埃会议通过'云云，其谁不知所谓最高苏维埃不过斯大林之橡皮图章？"王耀武："南京一战，苏俄空军倒也不少惠助。"蒋介石点点头："政治非争一时意气，你是我的学生，你知道我从北伐以后便对苏俄万分警惕，但今日救中国，外援者，第一须仗美国，第二须仗苏俄，其他无足论。"说到这里，蒋介石到办公桌前拿起几份稿纸，在手中掂了掂："俊才，这是我让畏垒先生（陈布雷）准备起草的一份文告。你看看，提点个人看法。"王耀武作出诚惶诚恐的样子接过文告："学生何德何能，只有捧读而已。"这份文告虽是陈布雷捉刀，但却集中反映了蒋介石在抗战中期的主要指导思想。就其要点而言，无外乎三：第一，苏俄必不愿看到日本横行于远东，霸占中国，不久之将来，不仅美国可为奥援，即令苏俄也将成为中国的外援后盾，所以，国家外交倾斜也将出现大拐点；第二，英日同盟必将瓦解乃至不复存在，虽然中间或有反复；第三，中国自身必须坚定信心，以不畏万难、誓死抗日的决心赢得一切可赢得的机会与条件。该文告在 1939 年 8 月下旬，苏德签署互不侵犯条约之后的第五天即 8 月 28 日公开发布，题为《通电各省军政首长阐示国际形势之演变》。①

王耀武是一直站着读完的，他说："校长以如此重信见托，学生唯血洒疆场，以报涓埃。"蒋介石让他坐下："俊才，我不要你死，我要你给我带领七十四军，驱逐倭寇，雪我国耻。你适才提到的那两个字，其实也是双刃剑，对倭寇适用，对我们何尝

---

① 台湾，秦孝仪主编《总统蒋公思想言论总集》卷 37 第 194-196 页。

不适用？大概你也知道了，汪兆铭（汪精卫）一小撮人已无耻投敌，日后类似此狗彘不如的鼠辈必然沉渣泛起。唯其如此，我才更需要你们这些黄埔生拿出北伐的精神来，拿出黄埔的精神来，在全国民众面前做一表率，庶几不负先总理在天之灵。"蒋介石告诉王耀武，他已经批准任命王耀武为国民革命军第七十四军军长。蒋介石说："俊才，你如今非补充旅旅长，也非五十一师师长，而是七十四军军长，寄重一方，干系不小。上次王方舟（王陵基，四川军阀，字方舟）以势压人，我非不知。之所以批准对你记过一次，诚如古人所说'人之处世如行路，必操坚耐不拔之志，才可有成。及事成后，害者利矣，非者是矣'。抗日战场上鱼龙混杂，泥沙俱下，你要善于处理各方面的关系。王方舟此人虽然霸道一些，但还是有用武之地的。将来一旦你独当一面，寄任封疆，王方舟之流如能为你所用，我就彻底放心了。"这是最明显不过的封官许愿了，而且王耀武知道蒋介石开出的不是一张空头支票。

蒋介石谈到的有关王陵基与王耀武之间的"梁子"指的是 1938 年 9 月中旬在江西瑞昌岷山脚下的那场战役。是役，王耀武的五十一师暂归第三十集团军调遣，集团军总司令就是王陵基。这场战役由于上级指挥不力，王耀武部损失两位营长，王陵基却把责任算在了王耀武头上，硬是给王耀武来了一次记过处分，王耀武没有做丝毫辩解。王陵基，人称"王灵官"，是典型的阴毒、险忍之辈，他逢迎上司的手段千里

同王耀武发生龃龉的四川军阀王陵基

闻名。当初袁世凯以参谋次长陈宧为成武将军督理四川军务兼巡按使，军政大权一把抓。王陵基为了巴结陈宧的左右，硬是将家乡话改成了京腔。后来刘湘主政四川，王陵基更是极力逢迎。除了手段柔软，王陵基还有一张如簧巧舌。所以，川中同僚给王陵基起了个外号叫"樟茶鸭子"，比喻王陵基"肉烂嘴不烂"。蒋介石之所以说王陵基还有"用武之地"指的是王陵基此人反共极其坚决。当初四川"清党"时，王陵基便伙同蓝文斌残杀中共四川党组织负责人杨闇公。而且，在刘湘死后，蒋介石分化、瓦解四川军阀内部，王陵基、王瓒绪都是立下过汗马功劳的。相比王瓒绪，

蒋介石更看重王陵基。戴笠手下亲信沈醉要给戴笠搞来一些名贵的松柏，愣是把王陵基他老娘坟头上的柏树给挖走了，这要是放在一般的杂牌军身上，面对军统这样的凶神恶煞，自然要忍气吞声。可王陵基不管那一套，一封电报打到戴笠的办公桌上："家母坟上柏树请务必归还，生死同感。"戴笠接到电报就把沈醉等人臭骂了一顿，让他们马上把柏树给弄回去栽好。所以，像对王陵基这种人，王耀武都是敬鬼神而远之的。不过，王耀武也绝不是轻易吃亏的主儿，日后他和王陵基之间的这笔账到底让他给通过另外一种方式找补了回来，而且是加倍。

另一方面，王耀武通过这几年同俞济时的交往，对蒋的脾性的了解又进了一层。蒋介石为人刚毅、倔强，有时甚至有些偏躁。如果蒋长期在地方上工作，这些性格上的突出部可能会部分被磨平。但蒋年不足三十九岁便已掌控国民党中央大权，随着时间的推移，他这些性情上的特点更加突出，也更加扩大。老蒋生前的保健医生熊丸回忆过一件事，特别能说明老蒋的性情。三十年代的某一次外出，蒋介石身边的侍从人员因为难耐严寒，趁着专列停靠的当口儿，用火车头的锅炉里的热水洗脸，这给一生都坚持冷水洗脸的蒋介石看到了，老蒋勃然大怒，几步下了火车，大声呵斥："你们看看你们自己，像个革命军人吗？像个国民党员吗？接锅炉热水洗脸，有没有一点点革命军人的样子？混账透顶！全部不准接热水，今后你们一律用冷水洗脸！"这顿劈头盖脸的臭骂让侍从人员端着脸盆无所适从。① 应该说蒋介石说的并没有错，冷水洗脸一方面养生，另一方面也有锻炼意志的成分在内。可是，老蒋的冲天怒气发的不是地方，也不合身份。历史上汉明帝刘庄就是这么个主儿，有个小官叫药崧的得罪了汉明帝，汉明帝亲自拿着棍子追着药崧的屁股要收拾他，药崧情急之间钻进床底下，汉明帝就守在床边怒吼"快出来"，药崧也够哏儿的，他编了个顺口溜："天子穆穆，诸侯皇皇，未闻人君，自起撞郎。"汉明帝这才作罢。司马温公的《资治通鉴》上给汉明帝的评语就是"帝性褊察，好以耳目隐发为明，公卿大臣数被诋毁，近臣尚书以下至见提曳。"这就是史书上常说的"察察为明"的例子，老蒋也是这一路的人物。这个类型的统治者越到统治高峰时期就越讨厌下属的辩解、争议。因此，尽管王陵基让王耀武吃了苦头，受了冤屈，但王耀武始终没有在老蒋跟前解释、辩解一句，这点给老蒋的印象很好，认为王耀武能够忍辱负重、顾全大局。

蒋介石在最后还提到一件事。他说："俊才，我听雨农说你还有些搞情报的天赋？"王耀武有点愣了。蒋介石难得地笑了笑："你让人提供的那个汉中天主教堂的事

---

① 熊丸著《蒋介石私人医生回忆录》第18、19页，团结出版社2010年版。

情雨农他们前一段告破了，果然是外国情报机关在我国埋下的钉子。雨农说这份功劳里也有你一份。"王耀武："学生岂敢，这件事不过是学生偶一留意罢了。说起这件事，学生麾下也有一人与学生当初有同感。"蒋介石问："谁啊？"王耀武："邱维达，湖南平江人，军校四期，曾荣获云麾勋章。"蒋介石一听"云麾勋章"就多问了一句："现任何职？"王耀武说："作战参谋。"蒋介石表示奇怪，王耀武就简单地把邱维达任职172旅的事情说了一下。同时，他还告诉蒋介石，邱维达曾经建议加强下级军官平常训练工作，成立内部军官训练班。蒋介石不住地点头："这个人不错，不要当什么作战参谋了，你回去跟他讲，让他来陆大进修。至于他的职务嘛，由你来安排。"王耀武要的就是蒋介石这句话，有了这句话，他放手任用邱维达就会畅通无阻，休说冯圣法之流不敢说三道四，即便俞济时也无话可说。

这次在重庆官邸的接见是王耀武一生一个最重要的转折点之一。从此，王耀武以三十五岁的青壮年龄跻身国民党军高级将领行列之中，并以此为起点，逐渐攀升到方面军统帅乃至成为国民党军新生代主要代表人物之一。王耀武后来在自己的《自述》中如此评价这次接见："那时，我非常感激蒋先生对我的爱护。伯乐识马，蒋公识人，我下决心把七十四军整训好，使其成为纪律好、能作战、不怕死、听指挥的部队。"

王耀武这次到重庆来带了潘火亮，目的只有一个，那就是务必要见到徐庭瑶。他得到消息说徐庭瑶也来重庆叙职，具体谈什么内容还不清楚，估计跟部队的机械化武装有关，或许跟桂南会战有关。只是王耀武不准备暗中去见徐庭瑶，一则他与徐庭瑶以前并无渊源，冒昧前往一定要多费口舌也一定会人多眼杂。二则他不想让人感到他同徐庭瑶的见面是蓄谋已久，而是偶然相遇。说来也巧，何应钦在重庆主持汇报会，结束后搞了一个小规模的晚宴，何应钦让人拿着他的名片把王耀武给叫来了。何应钦让王文彦招呼王耀武，他到一边应酬去了。等到双方坐定后，王文彦对王耀武说："老弟，你立了一个奇功。"王耀武："老兄不是又开我玩笑吧？"王文彦："不是，是这样，你还记得你上次到南京去见老总（何应钦）的事吗？那次刘夷引见了一个叫迟语的商人也要见老总，恰好让你一句话给挡驾了，这份奇功就在你这句话上。"王耀武："此话怎讲？"王文彦："你知道这个迟语是谁吗？他就是刘宇驰！"这下子轮到王耀武惊呆了。"刘宇驰"对于他来说，那真是如雷贯耳。此人就是当初在昆明华丰茶楼刺杀何应钦的幕后凶手。王文彦说到这里，愤愤然："妈的，刘夷这个糊涂虫，差点要了老总的命。你知道吗？刘夷叛变了！"这不啻于又一个惊雷。王文彦："我听雨农说的，汉中天主教堂一案跟这个刘宇驰有着十分密切的瓜葛，此人是倭寇收买的奸细已经是千真万确，教堂这件事多亏你的情报，雨农那边及时收网，这次颇有斩获，但人没有抓到关键的。去年，刘宇驰裹挟刘夷，把他弄到了日本人那里，刘夷当即叛变。这件事要不是老总私下里给摁住，刘经扶那真是吃不了兜着走。就这样，好像陈辞修那边也闻到了一些，正准备随时给我们下蛆呢，我让雨农帮忙给盯着。"王文彦还告诉王耀武一件事："袁筱南没有死，这点雨农给查实了，这个混蛋行踪诡秘，一时不好下手。不过，说来也奇怪，汉中天主教堂这个案子，雨农的汇报证实了你当初的一个猜测，那就是袁筱南的通风报信很重要。真不知道这个混蛋葫芦里卖的是什么药。"两个人正说着，何应钦拉过来一个人介绍给王耀武："佐民，这位是你的老师长，徐庭瑶徐月祥。"王耀武马上敬礼："师长好。"何应钦笑道："佐民，你现在要叫他徐总了。"因为上边已经内定徐庭瑶为第三十八集团军总司令。王耀武关切地问徐庭瑶："徐总的臂膀如今看来早已健硕如初了。"徐庭瑶笑了："都说你王佐民心细如发，现在一看果不其然啊。"王耀武："哪里，实在是因为我在登封会战期间遇到了一位奇人。"王耀武一说"奇人"，何应钦、徐庭瑶、王文彦都被吸引住了，让王耀武说说，王耀武就把潘火亮的事给说了，徐庭瑶一听，来兴趣了："佐民，这个人现在哪里？"王耀武："他现在我重庆的住所。"徐庭瑶："让宪兵带车去把他叫到这里来。"何应钦指了指徐庭瑶："月祥，你糊涂了，叫宪兵去把他找来，他还不吓死啊。"王耀武去打了一个电话，不一会儿工夫，潘火亮就来了。徐庭瑶打量了潘火亮一番，又同他聊了几句，王耀武又顺便介绍了一下潘火亮在这次重要战役中发挥的重要作用，特别是万家岭大捷。徐庭瑶更感兴趣了："佐民啊，怎么样，割爱吧？"王文彦："徐总，你这横刀夺爱的毛病硬是改不过来了。"徐庭瑶："我这个三十八集团军是新搭的架子，炮兵这方面急需人才。当然了，现在到处都缺人才，就是不知道佐民老弟怎么看。"王耀武："既然徐总开口了，我只能照办。"徐庭瑶高兴了，跟王耀武碰了一杯。王耀武知道，自己的目的基本达到了。

王耀武为什么要急着见到徐庭瑶呢？因为他打听到俞济时调任新五军军长，新五军眼下的军长正是徐庭瑶，徐庭瑶升任三十八集团军总司令以后，下辖新五军和九十九军。俞济时离开七十四军不是光屁股走人的，他要拉走五十八师。因为五十八师是俞济时一手调教出来的，跟他的渊源最深。新五军是新地面，有了五十八师垫底，俞济时就不怕那边的其他师长不听招呼。王耀武清楚，俞济时这一手等于是釜底抽薪，更麻烦的是他还不好跟俞济时闹翻，这真是笑嘻嘻地捅你一刀，你还要笑嘻嘻地陪着笑。这让王耀武不由得不想起不久前他和罗明理去见俞济时的时候发生的一幕

253　　　　　　　　　　　　　　　　第四章　明争暗斗

场景来了。

1938 年 11 月，七十四军驻防湘阴、长沙一带，俞济时被发表为兼任长湘警备司令。11 月 13 日，著名的长沙大火灾爆发，上峰追究责任，最后确定为三个替罪羊，即长沙警备司令酆悌、警备团团长徐昆、省会警察局局长文重孚。这里面徐昆、文重孚都是陪衬，关键人物是酆悌。这场长沙大火到底该由谁来负责，那是要付诸历史公议的。只不过，在杀替罪羊这个问题上，国民党内部不少人公认酆悌不该死。但蒋介石偏偏让俞济时来办这件事，俞济时不禁有些挠头。他私下里去给他的叔叔俞飞鹏打电话咨询，俞飞鹏给他说了一个主意，俞济时按照这个主意去办，果然收效良好，一边杀了酆悌，一边还赢得了黄埔同学们的喝彩。所以，他在同王耀武、罗明理说起处理酆悌一案时，眉宇间都流露出得意之色。

从俞济时那里出来，罗明理一路上就说："都知道酆悌死了还带走一个'护驾'的。现在看处死那个行刑的刽子手的人应该是我们的军座大人。这一手倒是漂亮，难怪军座适才面露得意。"王耀武浅笑了一下，不置可否。罗明理分明从王耀武的脸上看到了某些不以为然："你是不是看出什么了？点化点化我。我这脑子就跟我们老家的嘉陵江一样。"王耀武："怎么说？"罗明理："都是水啊。"王耀武笑了："你回去翻翻《明史·刑法志》，你去看看朱洪武是怎么处理郭桓一案的。"罗明理回到住处找来《明史》，一看《刑法志二》中果然记载了这一段："帝乃手诏列桓等罪，而论右审刑吴庸等极刑，以厌天下心，言：'朕诏有司除奸，顾复生奸扰吾民，今后有如此者，遇赦不宥。'"朱元璋利用户部侍郎郭桓贪污一案大肆诛杀，牵连过多，以致民怨沸腾，而后朱元璋将审判官吴庸抓起来杀掉，将滥杀的责任推到他的身上去，还摆出一副"爱民如子"的架势。俞济时待酆悌被处决后，顺手将处决酆悌的刽子手开枪击毙。关于俞济时击毙这位刽子手的故事历来有两个版本，一个版本说这位刽子手因为深恨酆悌制造的长沙大火给湖南带来的灾难，所以将酆悌打得满脸开花；另一个版本则说刽子手将酆悌尸体上的金表等物贪污被查出。不管是哪一个版本，俞济时杀刽子手这件事都给自己脸上贴了金。

时下，俞济时还想故伎重演，用暗度陈仓的办法鼓动冯圣法、廖龄奇这些人主动提出五十八师平移到新五军，王耀武不禁暗自冷笑，你俞良桢（俞济时字良桢）太高看自己了，这种事施之酆悌可以，施之我王耀武则不可！王耀武决定以退为进，蒋介石赏假十天，他就慢慢地"踱回"七十四军的驻地。

王耀武的这一招还不到十天就把俞济时逼到了异常尴尬的境地。徐庭瑶本来就不愿意让俞济时这样的人到三十八集团军来，因为这是"天子门生"外加"天子恶犬"，动不动就要咬死人的，鲁涤平当年的处境他是清楚的。再者说，他带着五十八师过来，明摆着是来者不善，是要夺权的。不但徐庭瑶不满意俞济时这么做，杜聿明这些人也不感冒。徐庭瑶和白崇禧是同学，这件事他找了白崇禧，俞济时有个外号叫"俞豁子"，那就是白崇禧给起的，由此可见白崇禧对俞济时的观感之差。白崇禧和徐庭瑶立刻奏报蒋介石，说俞济时根本不懂机械化为何物，怎么能到新五军任职？而且五十八师鼓噪平移至新五军更是荒唐透顶，试想国军将领如果都这么做，堂堂国民革命军还不成了张家军、李家军了吗？蒋介石一听也没脾气了，但俞济时毕竟是老蒋的亲信，老蒋不想让他太过难堪，就把这件事交给俞飞鹏去办。

俞飞鹏这个人学历并不惊人，资历也不够骄人，但却能被蒋介石不次擢拔、屡加信赖，靠的是一个字：干。这个"干"分硬干、苦干和巧干。俞飞鹏三样都精通，而且都十分出色。当初在黄埔军校创建时期，蒋介石手里没钱，让大家去搞募捐活动，别人搞来钱一部分就落入自己的腰包，只有俞飞鹏全数上缴，一分不留。后来蒋介石让他办枪械，用船运，俞飞鹏怕有闪失，愣是一个人坐在装满枪械的箱子上一路不合眼，那叫底舱啊，等到上岸时，俞飞鹏都差点脱人形了。蒋介石一看就感动了："什么叫精忠啊？这就是。"这么多年过去了，俞飞鹏从一个少校军需官发展壮大到后方勤务部部长、交通部部长，还仍旧是老习惯，蒋介石吩咐的事情落实从来不过夜。因为听到蒋介石号召下面人读《明史》，硬是让手底下人天天读给他听，一天一段，风雨不误，遇到不懂的还不耻下问。所以，当俞济时问计于他的时候，他马上说出明史上的典故。也所以，蒋介石在江西"剿共"时居然要派俞飞鹏顶替自己的大舅哥宋子文出任财政部部长。

接到蒋介石的指示，俞飞鹏一个电话就打了过去。在电话里，俞飞鹏怒气冲冲："你知道酆悌是怎么死的吗？"俞济时："您有什么训示就直接说吧。"俞飞鹏："民二十四年（1935年），酆悌当选为候补中央执行委员，上边命令他把位置让给李鹤龄（李品仙字鹤龄），这是上边要拉李鹤龄，挖两广的墙脚，可酆悌却不识大体，位置虽然让出去了，但牢骚却发了一通。这是什么？这是恃宠而骄。我们这些人的富贵都是来自于上边，一旦上边对你有了嫌怨，你就离死不远了。"俞济时连连称是。俞飞鹏："你知道王佐民是何许人也吗？"俞济时知道今天老叔千里之外打来电话绝不会仅仅是为了骂人，一定又是要教他两手，所以，尽管挨了骂，嘴上却表现得服服帖帖。俞飞鹏："以前白健生（白崇禧字健生）嘲笑上边说上边不能指挥北方，上边对此一直耿耿于怀，加意培植北方籍的同志，王佐民就是上边重点培植的。我问你，顾墨三（顾祝同）、刘经扶（刘峙）都是什么年纪当上军长的？"俞济时："三十五六岁吧。"俞飞鹏："你自己又是哪个年纪当上军长的？"俞济时："三十五岁。"俞飞鹏："那王佐民呢？"俞济时嗫嚅："也是三十五岁。"俞飞鹏："你脑筋还算清楚。我告诉你，当年邱雨庵（邱清泉字雨庵）还是营长的时候，顾墨三有意为难他，上边打电话给顾墨三问他，你连一个营长都容不下，你将来怎么带兵？你就想想邱雨庵是什么来头？但就这样，邱雨庵也没有到了跟上边促膝谈心的地步啊！这次上边特别召见王佐民，我问了一下里边的人，一共谈了一个半小时，你在上边左右待过，你用脑子想想以前都有谁有过这种待遇？"俞飞鹏大概是脾气发够了，就换了一种语重心长的口吻对俞济时继续说道："戴雨农那是什么角色，功则归己，过则诿人。可这次破获汉中天主教堂一案，他却撅着屁股告诉上边说这里还有王佐民一份功劳，你以为他高风亮节吗？他是看清楚了上边对王佐民的意思。你仔细想想这几年王佐民在你我身上花费的心思，那是一般人能做到的吗？几乎处处搔到我们的痒处，说句实话，他把我们都琢磨透了。上次我到西北，他又是刀，又是书，你的那个病，他又是找人，又是献药。这次他到陪都，何敬公（何应钦）宴请集团军总司令以上人员，专门让王文彦把他找去，他当着大家的面给徐庭瑶进贡，进的不是金银珠宝，而是人。徐庭瑶找了这个人差不多十多年，硬是给他王佐民找到了。把暗送秋波做到如此堂而皇之，这已经不是一般的本

抗战中被枪决的师长廖龄奇

事了。这么说吧，上至最高当局、何敬公这些人，下到旅团这一级，只要跟他王佐民可能有关的，他就会把你的喜怒哀乐都尽数掌握。一边是八面玲珑，一边是埋头苦干，这样的人物我们拉都唯恐拉不过来，你却往外推。我看你的脑袋是不是让中华门给挤了？"俞济时听到这里，冷汗真的冒出来了："依您之见，现在如何补救？"俞飞鹏："你让五十八师那些人都消停下来，一切都照旧。另外你给王佐民发去一函，请他马上到任办交接，你要暗示清楚七十四军是完璧归赵。等到见面后，你一句话都不要提五十八师的事，叙旧、谈心随你如何处理，

然后大张旗鼓地宣布王佐民的任命，师旅团的长官人选一律由他决定。"俞济时："侄谨遵教诲，一定照办。"

王耀武的以退为进取得了成功，如愿以偿地迈上了新的台阶——第七十四军军长。当然，他给俞济时的面子也很足，五十八师师长的人选派了陈式正。陈式正是俞济时的老部下，当年俞济时在浙江省当保安处处长时，陈式正就是保安分处的分处长和保安团团长。在五十八师，陈式正一直被冯圣法压着抬不起头来，这次王耀武一上来就给陈式正"加冕"，让这位黄埔一期的老大哥很是感激，俞济时也放了心。然而，王耀武之所以擢拔陈式正，主要是为了暂时阻隔一下廖龄奇上升的步伐。这次五十八师闹着跟俞济时平移到新五军，廖龄奇是主力，而且廖龄奇这个人对王耀武素来有些轻视。这在王耀武来说，早已不是新闻。不过，廖龄奇毕竟不是侯龙安，他是正牌黄埔生出身，只比王耀武低一期。此人参加过北伐，为此负重伤，以猛打猛冲著称。俞济时奉命枪决鄮悌尚且要拉一个陪斩的，如果对像廖龄奇这种能征惯战的黄埔同窗下狠手，势必为人所耻笑，这样赔本不赚吆喝的买卖王耀武是断然不会去做的。而且，廖龄奇原在八十八师，南京保卫战下来，五十一师的很多人对八十八师特别不满，尤其是李天霞这些人。因而，对于廖龄奇，王耀武目前需要的是等待时机。

有一天，白文冰忽然来找王耀武。进来以后没头没脑地说了一句："主座，我看我还是回五十八师吧。"王耀武同样也是没头没脑地回了一句："就你自己吗？"白文冰："我一个人回去最好，还是干军需的老本行。"王耀武："好，我同意，去了以后多保重。"主仆二人这通没有任何事前铺垫的对话让我们想起了历史上另外一个场景。东晋末年，权臣刘裕在自己的封地宴请众人。席间，刘裕慨叹人生苦短，要解甲归田。大家不明就里，一通狂劝。曲终人散，中书令傅亮猛然醒悟，转回去见刘裕，说自己马上要回一趟建康（南京），刘裕也不问他去干什么，只问他需要多少人，傅亮回答只要十几个人就够了。过了没多久，建康便传来喜讯，东晋皇帝要把皇位禅让给刘裕，刘裕假意推辞一番后便成了南朝宋朝的开国皇帝，即宋武帝。

我们经常说精忠报国，在专制时代，报不报国还在次要，关键要报主。报主的关键还不在于忠，而在于精。邓文仪呼之即来、挥之即去是一种"精"；俞飞鹏吃苦在前、享乐在后也是一种"精"；白文冰见血封喉、卧薪尝胆更是一种"精"。

五十八师陈式正虽然扶正做了师长，但廖龄奇另拉一帮人马坐大。白文冰不去巴结师长陈式正，反过来则直扑副师长廖龄奇。当然还没有到了生扑的境地，而是曲径通幽，暗中交结廖龄奇的心腹王玉彬，从而攀上廖龄奇。本来廖龄奇对白文冰并无好感，当初他和邱维达离开172旅以后，冯圣法还让廖龄奇安排人查白文冰的账。但是，白文冰下的功夫很深，逐渐让廖龄奇对他产生了好感。陈式正同意白文冰过来，一方面是还王耀武一个人情，另一方面也有让白文冰帮忙压住王玉彬的意思。可白文冰非但不压着王玉彬，反而把师军需部门的大事小情都向王玉彬汇报，久而久之，王玉彬反而成了五十八师的真正的当家做主的军需主任。等到陈式正离开五十八师，廖龄奇正式接手五十八师以后，白文冰正式推荐王玉彬担任军需主任，王玉彬谦辞，最后安排王玉彬担任副主任，不过，军需部门的实权白文冰一律免费送交王玉彬，自己概不过问。廖龄奇当了五十八师师长，王耀武随即安排张灵甫过来担任副师长。

　　1941年春，国民政府军事委员会决定在西南、西北两个地区各自成立两个攻击军（战略军），作为大江两岸机动部队。这种战略军直属部队庞大：设有炮兵、工兵、辎重兵各一团，同时设有搜索营、高射炮营、战车防御炮营、通讯兵营、特务营。实际上这已经是一个小型的集团军。而且谁都知道，一旦本部被选为攻击军，该部军事主官下一步必然是集团军总司令乃至战区副司令长官的首选。西北地区以第一军、第二军为攻击军，西南地区确立第五军杜聿明部为攻击军，唯独另外一个军难以确认，因为第十八军和第七十四军的呼声都很高，不分伯仲。其中第十八军是陈诚的最大本钱，活动最力。统帅部当然不敢得罪陈诚，所以，就将皮球踢给了蒋介石。蒋介石为此征求了何应钦、白崇禧、俞飞鹏等人的意见，结果这几位都倾向于七十四军。这里面当然有门户之见，老蒋不是看不出来。不过，摆在桌面上七十四军自抗战以来打的这几场硬仗可以说无人可比。而且，王耀武作为七十四军新任军长，不论是战功还是为人特别是后者均要强于时任第十八军军长的方天。方天是陈诚的顶尖亲信郭忏的好友，经郭忏保荐取得陈诚的信赖，原任军长彭善被陈诚罢免以后，立刻调方天接掌十八军。十八军参谋长梅春华素有"齐人之福"（一妻一妾），子女众多，所以就贩卖私盐增加收入。梅春华是陆大第九期，原任十一师师长，不论是根基还是资历都不在方天之下，他看不惯方天那副对上逢迎、对下刻薄的臭脸孔，渐渐与方天产生矛盾。方天暗中收集梅春华走私的证据，汇报给陈诚，陈诚最恨手下贪污、腐败，就此将梅春华批捕。因为时任军法执行总监的何成濬同梅春华是湖北同乡，所以网开一面，要放梅一条生路。哪知道这等于戳了陈诚的肺管子，他一张条子递上去，蒋介石批示"立即枪决"，梅春华就此送了命。方天"心狠手辣"的名声就此传开，在黄埔同学中尤其令人侧目。据赵秀昆（曾任第十八军参谋长）回忆，方天本人原来并无意弄死梅春华，因而特表内疚，不愿意提及此事。另一方面，方天原配是李天霞的妹妹，李天霞跟方天虽有郎舅至亲，但也非常讨厌方天。凑巧的是抗战前夕李天霞的妹妹病故，方天很快续弦，有人搬弄是非说李天霞的妹妹死于方天之手，这就更让李天霞恼火。而且最麻烦的是这条谣言居然传到了蒋介石的耳朵里。这种茶壶里的风波自然无从查起，但就因为无从查起，在蒋看来一定是无风不起浪的。因而，蒋介石的天平自然倾斜到了王耀武的名下。但是，蒋介石还是要给陈诚一个台阶，他安排王耀武部接受陈诚的亲信罗卓英第十九集团军的统辖。

在接下来的上高会战中，王耀武及其领导下的七十四军不负众望，以决战兵团的身份参战，打出了新的威名。此一战役，七十四军俘虏日军少尉以下官兵13名，三八式步枪305支，战马115匹，轻机枪16挺，山炮1门，掷弹筒18具，战刀25把以及文件、防毒面具等甚多。参谋总长兼军政部部长何应钦在国民参政会上公开讲："上高会战，是一次最精彩之战。"国民政府授予七十四军"青天白日飞虎锦旗"（蓝绸，绣有翅白虎），授予军长王耀武青天白日勋章。第九战区司令长官薛岳发给七十四军奖金两万元。[①]

然而，天有不测风云。上高会战的威名还如日中天，七十四军便迎来了它建制以来最大的重挫。1940年8月下旬，日军集结大量兵力，总计调动约26个联队的武装，谋求新的打击。从1941年9月上旬开始，第二次长沙会战打响。第九战区司令长官薛岳沿袭罗卓英守修水、弃南昌的战术，命令第二十六军、第三十七军在平江以西—浯口—新市—营田—湘阴—临资口一线占领阵地，命令炮兵在浯口方面的汨罗江南岸占领阵地，支援步兵，固守汨罗江。九战区参谋处处长赵子立提出不同意见，薛岳和参谋长吴逸志不予采纳。结果，日军用了不到十天的时间，即将第二十军、第五十八军击破，同时将第二十六军、第三十七军、第十军冲垮。

当王耀武率领七十四军进抵赣西时，接到薛岳的命令是驻守长沙以东黄花、永安地区，这是辅助七十九军固守长沙。战区参谋处处长赵子立再度提出不同看法，他认为这样布防七十四军等于将其侧背授敌，是自投罗网。但薛岳的既定方针则是必须守住长沙。赵子立气愤不已，在通话中将上述情况说给了王耀武。王耀武也是毫无办法，因为九战区高参中将沈久成就在他的身边，此人的目的只有一个，那就是要求下面部队无条件地执行贯彻薛岳的命令。

日军将汨罗江南岸的国民党军击垮后，没有按照薛岳的意图直取长沙，而是直扑浏阳方向，同正在西进的七十四军遭遇。日军以全部兵力对七十四军侧背包围猛攻，

---

① 吴鸢、王仲模《上高会战纪实》

行进中的王耀武所部尽管也做了战斗准备，却因敌众我寡等因素，一下子垮了下来，以五十八师廖龄奇部垮得最厉害。①据九战区高参沈久成事后对第二十军第一三三师副师长向廷瑞讲述当时情况称："王耀武率领该军由上高经万载进入浏阳境内，连日急行军，士兵已很疲劳。长官部这时发现日军骑兵先头已到黄花市。当时若令第七十四军在浏阳河构筑工事，沿河布防，尚可阻敌前进，但薛岳令王耀武第七十四军跑步向黄花市前进。该军第五十七师余程万部和第五十八师廖龄奇部刚过浏阳不远，与日军骑兵联队遭遇。部队既不明敌情，也不熟悉地形，部队又来不及展开，士兵尚未喘过气来，遇到日军骑兵冲击，顿时大乱。王耀武险些成了俘虏，第五十七师和第五十八师各损失一半，第五十七师步兵指挥官李翰卿阵亡。眼见日军逼近，王耀武急与长官部派去联络的中将高参沈久成潜藏在大路边树林里，日军沿树林外大道向株洲进犯。"②另据时任第七十四军五十一师参谋处参谋黄幼衡回忆："为了急救长沙，晚饭后，全军继续成'一'字长蛇队形前进。天将黑时，看到前方永安市大火冲天，火光照到二三十公里以外。此时日军已渡过捞刀河，进到我军北侧的各个山头，但我军毫无察觉，只听说前方第二十六军还扼守着捞刀河。约晚上八点多钟，部队正行进间，忽听到在我军右侧各个山头上响起日军冲锋号，接着步、机枪声大作，不久日军就从北向南冲来，将第七十四军截击分别成无数段。军、帅、团、营失去了联系，只有各自力战。……这次全军官兵伤亡很大，其中第五十八师每连剩下不到百人，第九战区长官部指挥不当，第二十六军未按长官部命令在捞刀河阻止住日军，掩护第七十四军进入指定阵地，致日军长驱南下，均不无责任。而第七十四军部急于前进，没布置防空措施，没派侧翼警戒部队，没直接与前方友军联系，敌情不清，侧翼完全暴露，也是惨败原因。"③

廖龄奇自从军以来也没有打过这样的窝囊仗，新婚不久的他怒不可遏。他用火车将五十八师残部运送到湖南衡阳。关于这一点，邱维达回忆说："第五十八师廖龄奇（黄埔四期）竟擅作主张，将全师用火车由株洲输送至衡阳。"④吴鸢也回忆说："第

---

① 吴赵子立、王光伦《会战兵力部署及战斗经过》，载《湖南会战——原国民党将领抗日战争亲历记》第63-70页，中国文史出版社2010年9月版。

② 向廷瑞《追击日军到新墙河》，载《湖南会战——原国民党将领抗日战争亲历记》第76、77页，中国文史出版社2010年9月版。

③ 黄幼衡《浏阳城西遭遇战》，载《湖南会战——原国民党将领抗日战争亲历记》第91、92页，中国文史出版社2010年9月版。

④ 邱维达《沧桑集》，载台湾《传记文学》第61卷第一期第93页。

五十八师师长廖龄奇，竟将部队撤到株洲，并抢得车皮，勒令车站将全师输送到后方衡阳集结。"① 这还不是最麻烦的，最麻烦的是廖龄奇在火车上遇到九战区高参，他对高参说他是回祁阳老家探亲。其实，他是准备回到祁阳老家组织打游击，他还请祁阳县县长帮忙。县长电告湖南省政府请示，省政府主席薛岳拿到这封请示电的同时也收到了七十四军军长王耀武拍发来的要求九战区司令长官部调查所部五十八师师长廖龄奇下落的电报。薛岳随即命令祁阳县政府将廖龄奇逮捕。②

得知七十四军被冲垮的消息，蒋介石异常震惊，他亲自赶到衡阳主持军事会议。薛岳知道廖龄奇的身份，他无权处理。而且在蒋介石面前薛岳认为第二十六军军长萧之楚更应该负主要责任。蒋介石却不准备追究萧之楚的责任，集中将矛头对准了廖龄奇。这一消息传出来，廖龄奇手下的亲信王玉彬等人犹如热锅上的蚂蚁四处活动营救廖龄奇。虽说是逮捕，可毕竟没有受苦，只不过是虚应了事，廖龄奇本人还有着很大自由度的。王玉彬找到白文冰，请他帮忙想个主意。白文冰"沉重"地"思考"了一下说："眼下薛长官是肯定不会帮忙了，王军长那里也是戴罪之身，想帮也帮不了。目前只有一招管用。那就是直接去见委员长。"王玉彬："那能行吗？"白文冰给王玉彬举了两个例子，一个是方靖的例子，一个是孙元良的例子。1933 年 12 月中旬，时任第 294 旅少将旅长的方靖因所搭乘的装甲车领队误信临川附近有土匪袭击，遂与之发生枪战，惊动了在临川城内视察的蒋介石夫妇。"惊驾"之罪在当时是大罪，别说方靖区区一个旅长，即便是长期在蒋介石身边工作的侍从室的亲信们一旦触到这根线都要胆战心惊，惶惶不可终日。1942 年 4 月 29 日上午，国民政府军事委员会委员长侍从室第六组组长兼调查统计局（军统）帮办唐纵与铁道运输总司令部参谋长陈绍平（军统骨干）、邱清泉三人乘车出行，与由东向西行驶的蒋介石的座车几乎相撞。随后宪兵司令部及黎铁汉前来追问，知道是这三位以后就没计较，但作为当事人的唐纵此时虽荷蒙"圣恩"，却"不胜惶恐"，在这一天的日记里，唐纵写道："冒犯尊严，心实不安！"而后，唐纵本人还自请处分。③ 以唐纵那时节的地位尚且如此，何况 1933 年的方靖。可是，方靖左思右想，也没有更好的办法，最后只好硬着头皮去见蒋介石。经过一番训斥后，方靖不仅没有丢了脑袋，反而被最高当局简记在心。1938 年南

① 吴鸢《我所知道的张灵甫》，载《文史资料存稿选编》第 19 卷第 931 页。

② 向廷瑞《追击日军到新墙河》，载《湖南会战——原国民党将领抗日战争亲历记》第 77 页，中国文史出版社 2010 年 9 月版。

③ 《在蒋介石身边八年——侍从室高级幕僚唐纵日记》第 273 页，群众出版社 1991 年版。

京失陷以后，作为守卫南京的部队之一的八十八师师长孙元良要被追究责任，孙元良一面让中央社特派记者曹聚仁为他修改经他本人一手编造的《孙元良栖霞山打游击》一文公开发表，一面去面见蒋介石。原本还有可能被撤职查办的孙元良一旦见了蒋介石以后不但没罪，反而被蒋介石任命为第七十二军军长。而后，八十八师以264旅旅长廖龄奇为首的中层军官向上峰控告孙元良的种种劣迹，蒋介石迫于各方压力也才勉强批准临时羁押孙元良二十九天，释放的第二天即任命为中央训练团党政班副主任，接着任命为第二十军团副军团长，名义上比军长还要高半格。

对于方靖，王玉彬不熟，对于孙元良，王玉彬那真是剥了皮认识骨头，而且这段往事就是王玉彬茶余饭后说给白文冰的。经白文冰这么一点拨，王玉彬下定决心了，他鼓动廖龄奇去直接面见蒋介石。可是，王玉彬做梦都想不到，白文冰的这一招直接要了廖龄奇的命。方靖也好，孙元良也罢，他们直接面见蒋介石，不但没有披难，反而临福。可有一点，在他们的身后都有高人罩着。方靖是夏楚中的好友，而夏楚中是陈诚帐下数一数二的亲信，这且不说，当时担任蒋介石侍从的宣铁吾与之也有过从，对方靖也有过照顾。这就是方靖得以不死的原因。而孙元良非比旁人，他是蒋介石亲手栽培的"御林军管带"。1928年，蒋介石亲自下命令组建国民政府警卫师，也就是俗称的"御林军"。警卫师下辖两个旅，其中第二旅旅长就是孙元良。以后，警卫师扩充为警卫军，孙元良任第一师师长，俞济时任第二师师长，宋希濂、宣铁吾这些人当时还都在孙元良之下。"一·二八"抗战爆发前，蒋介石将警卫军改为第五军，辖八十七师、八十八师，每个师的编制比甲种师还要多一个独立团，待遇相当优厚。而且，蒋介石同孙元良私人之间的感情也不同一般。1926年孙元良弃守南昌，程潜一状告到蒋介石跟前，蒋介石为了应付程潜，同意将孙元良枪决，背后却资助孙元良去日本暂避一时。孙元良的叔父孙震，是川中大将之一，同盟会会员，还是老蒋在保定军校的前辈，更主要的是孙震在川军中拥蒋最力。而这些恰恰都是廖龄奇无法比拟的。别说王玉彬在情急之中想不到这些内容，即便是廖龄奇本人也没有更多地考虑孙元良同蒋介石的渊源，否则他也不会一而再、再而三地同孙元良叫板。

廖龄奇太不了解蒋介石的脾性了。这次南岳军事会议，蒋介石大动肝火："处处我不如敌。但吾人犹存制胜之把握者何在？……军人无自信力，尚可为军人乎？今日且有部队打了一天两天就下来，犹恬然不知羞耻，武德堕地莫此为甚！"蒋介石在号称第三次南岳军事会议上主要强调的内容之一便是军人魂。他在开幕词中说："我们一般将领目前最大的缺点：第一就是怯懦——就是我上面所谓的与敌接触，挨日退走，不知廉耻，不守纪律，不服从命令；第二就是虚伪——各级报告不确实，蒙蔽军情，欺骗上官；第三就是贪污——走私营利，荒淫无度。要知道：我们部下虚伪欺骗，就是我们上官虚伪欺骗，我们部下贪污怯懦，亦就是我们上官贪污怯懦。这"虚""贪""怯"三个字，我们都有了，如何能不失败，能不灭亡？仅就这几点而论，我们的耻辱已甚，危险已深！"薛岳向蒋介石提出要处理第二十六军军长萧之楚，蒋没有答应。萧之楚是何许人也，蒋介石很清楚。那是早年跟随过冯玉祥的主儿，也就是典型的杂牌军头子。杀这种人，蒋介石并不手软，但要分一个时间、地点、背景。此次萧之楚并非没有责任，可要说凭此就能把他萧之楚变成祭旗的猪牛三牲，老蒋不这么认为。

俗话说："己不正焉能正人？"蒋介石素以善于、敢于收拾杂牌军著称，他麾下的各路嫡系将领也以此为己任。但此间是领导全国抗战，即便老蒋心里一百分的愿意，表面上却一定要拿出一副秉公的模样来。就第九战区而言，一个司令长官（薛岳），两个副司令长官（杨森、王陵基）都是杂牌，如果这次拿萧之楚开刀，必然会在他们当中引发"兔死狐悲"之感，这在一个长年纵横捭阖于各派势力中的蒋介石来说，顶不划算。而且，萧之楚尽管没有尽力掩护七十四军，可毕竟也算是打了一仗，再者说七十四军本身在被日军冲垮的过程中也暴露出很多的毛病与弱点。如果不把整顿的目光对准七十四军内部，不从该军内部找问题，那么，这次南岳军事会议必将事倍功半，将来老蒋面对全国各路将领也一定会折损他的最高权威。此外，还有一层蒋介石不愿说出的因素。萧之楚这个人之于蒋介石的作用大抵跟孙震之流差不多，萧之楚虽然名义上曾经是冯玉祥的属下，但追本溯源，他是孙岳的人马，从孙岳担任第十五混成旅旅长时就跟随孙岳。1924 年冯玉祥联合孙岳、胡景翼发动北京政变之后组成的国民军，孙岳占一股，在冯玉祥的回忆录中，多次提及自己和这位被他称之为"孙二哥"的孙岳的莫逆交情。可是，在一些知情人眼中，冯玉祥同孙岳的关系其实并不像冯自己所说的那样"铁磁"，相反在很多地方上，冯对孙岳还有所侵夺。据王法勤（孙岳密友）的同乡孙宇安回忆，冯玉祥对孙岳并无经济上的接济，而且由苏联供给的大部分武器、弹药，冯玉祥也未曾分与孙岳。后来，冯玉祥为了缓和同奉系军阀张作霖的关系，竟然让孙岳让出保定、大名。[①] 所以，孙岳的一些部下名义上虽然尊奉冯玉祥为盟主，但实际上却与冯离心离德，像杨虎城、萧之楚都是这样。而且，萧之楚在孙岳死后还一度被方振武领导，成了西北军中一个"万金油"式的人物。正因为

---

① 孙宇安《王法勤事迹》，载《文史资料存稿选编》第 19 卷第 65 页。

有了这层历史因素，因而蒋介石比较看重萧之楚这枚棋子，希望通过他以及和他同样背景的人，让西北军这个大系统彻底断了借尸还魂的念想。

就在召开第三次南岳军事会议的前一天，即1941年10月15日，蒋介石分别召见了王陵基和王耀武。这是蒋一贯的手法，要从侧面摸清楚各方的动向，以便从容掌握局面。王耀武早在七十四军被冲垮之初便已经将自请处分的电报发给战区长官部，长官部将这份电稿上呈侍从室，蒋介石看过了。对于王耀武的顾全大局，蒋介石早有定论。此次再度看到王耀武的检讨是先于战区长官部所辖各部军事主官送达"御前"的，内心的感受可想而知。

蒋介石问王耀武："目下治军最要紧在何处？"王耀武说："学生浅见，莫如六个字最要紧：守纪律、讲团结。"蒋介石非常高兴。这次蒋介石同王耀武见面时间虽然比不上在重庆官邸，但谈的内容却很仔细，细到士兵使用子弹的方法和手榴弹投掷的有关内容上。由此可见，蒋对王耀武的信赖已经提升到了一个新的高度。王耀武向蒋介石反映了一个情况，那就是部队普通士兵的训练较差。在国民党军内部一直有"官不如兵"的说法，即便是蒋介石也认同这一观点。然而，就目前的"兵"来说，射击技能之差也到了非整饬不可的地步。王耀武认为，普通士兵射击技能差，不够沉着，四处放枪，一则壮胆，再则虚火。其结果无非先行暴露自己的位置，给敌军炮兵提供"良好"的"靶端"。而且乱放枪还在其次，还有乱投手榴弹乃至乱放迫击炮的。投出去的手榴弹以至于让日军又给扔了回来，其技能之低令人咋舌。日军在攻击国民党军高地时，也往往利用国军这一缺陷，高声叫喊，虚耗国军方面的弹药。蒋介石听后频频点头，忽然问了王耀武一句："听说你部五十八师廖龄奇曾去江西完婚？"王耀武只能回答是。蒋介石又问："廖龄奇跑回祁阳干什么？"王耀武："这点学生不知，只是从战区长官部的通报中得知廖师长是在家乡祁阳被逮系。"蒋介石"哼"了一声："此次战败，虽不是你部完全责任，但七十四军乃全军观瞻所在，我不能不严肃纪律。"王耀武："学生有负校长重托，恳请校长严责。"蒋介石："知耻近乎勇，昔日曾文正靖港投水适非轻生，乃是知耻，你的报告我已经批复了，不日薛长官就会拿给你，我希望你效法曾文正公，绝地重生，百折不挠。"王耀武："学生绝不敢忘记校长训诲。"

10月17日，廖龄奇听从亲信的劝告，前去面见蒋介石。他不知道，就在昨天下午，蒋介石的侍从室收到一封匿名信，信中控告廖龄奇占用伤兵慰问款项高达五万元，而且指明这是廖龄奇任职八十八师时发生的事情。[①] 蒋介石一听汇报，突然想起一件往事。他让秘书给他查一查1938年3月间孙元良呈递上来的一份有关八十八师内部情况的密件。秘书很快就查到了，在这份密件中，孙元良反映过一个关于廖龄奇的事情。1937年淞沪抗战前夕，时任八十八师527团团长的廖龄奇因分配买马费用与孙元良发生争执，遂准备将该团拉至江苏无锡围攻孙元良的师部，后经调解送给廖龄奇五千元并担保三个月内报升廖为旅长方才了事。在黄埔系控制的军队中有一条不成文的规定，那就是提拔营以上军官都要报蒋介石批准。而且，在蒋介石认为必要的时候要见上一面。同时营以上军官都必须是黄埔出身。当初孙元良保奏廖龄奇升旅长的同时附上这份密件，这在蒋介石看来，认为孙元良对他不撒谎，是古人所说的"朴忠"。而对廖龄奇的印象则是大坏。如今看到匿名信，又联想起这段过节，老蒋已经有些怒不可遏。他问秘书："我听说这次湘北作战，我军各部队官长还有带了家眷在防地附近居住的？"秘书回答是。蒋介石怒气冲冲地在房间里走了一会："倭寇说我们中国如死猪卧地，任人宰割。为何如此？身为武人，当效命沙场，却为儿女私情、蝇头小利，或狼奔豕突，或拔刀相向，成何体统？"秘书知道这位廖师长必定是这次南岳军事会议上的头号替罪羊。

然而，廖龄奇却浑然不知，他跑到蒋介石跟前准备洗刷自己的罪名，蒋介石只看了他一眼就骂道："滚。"一般人听到这个"滚"字也就屁滚尿流地"滚"了，可廖龄奇非但没有"滚"，反而要向蒋介石说明情况。蒋这个人最恨部下跟他强辩，有一则段子可以说明这一点。抗战期间，重庆当局成立物资局，统管物资，由何浩若担任局长。有一次，蒋介石讯问何浩若，指责了何两句，何浩若辩解了一下，老蒋登时大怒："强辩，强辩。"摔门而去。过了一会儿，蒋介石的秘书萧自诚到外间办事，看到何浩若还直挺挺地待在那里不敢动弹，就问他为什么没回去，何浩若说："委员长要枪毙我，我等候委员长的发落。"蒋介石的普通话说得不好，何浩若把"强辩"听成了"枪毙"。萧自诚将何浩若原话说给蒋介石，蒋介石转怒为喜，遂放过何浩若。[②] 此间

---

① 1938年春，孙元良派亲信葛天以慰劳八十八师伤官兵的名义拿出五万元，用廖龄奇、葛天、宋尚鲁（宋希濂的弟弟，八十八师军需主任）、王玉彬四人的名义存入汉口一家银行。随后，葛天就将他的图章和存折一起交给廖龄奇，用葛天的话说就是"实际上就是给廖五万元"。同时，葛天根据廖龄奇的请求，到湖北花园车站附近八十八师驻地重发该师官兵三个月薪饷（即1937年10月至12月），据葛天说当时八十八师实际人数不足三千人。

② 赵毓麟《国民政府军事委员会委员长侍从室人事内幕》，载《文史资料存稿选编》第15卷第5页。

看到廖龄奇的辩解，又想到九战区给他的报告说廖借战时回乡探亲贻误军机，再想到以前廖龄奇强项对抗上司孙元良以至于用枪"分肥"，蒋介石立刻命令将廖龄奇押解在案，严加处分。10 月 21 日，南岳第三次军事会议结束的闭幕式上，蒋介石重申军令的同时下令将廖龄奇枪决以儆效尤。当天，廖龄奇就被处决，执行命令不过夜，这在蒋介石处死黄埔系将领中是绝无仅有的一次特例。

廖龄奇致死的原因历来说法不一，有的说廖龄奇得罪了薛岳、吴逸志，有的则说廖龄奇得罪了王耀武。这些虽然都是原因之一，但还都不是压倒骆驼的最后一根稻草。这个最后的稻草就出在廖龄奇去面见蒋介石以及那封匿名信身上。而这两件事都是白文冰亲自运作的。有人或许要问，白文冰怎么会如此了解蒋介石的脾性？他又没有在老蒋身边待过。白文冰的确没有在蒋介石身边待过，可他却在励志社待过，而且一待就是几年。励志社名义上是个后勤机关，甚至还有点"黑户口"的意思。但内中关节却是藏龙卧虎。黄埔一期的李良荣（后任国民政府福建省政府主席）在"围剿"红军时被撤销少将旅长的官职"发配"到老蒋的侍从室当副官，蒋介石就让他去励志社待着。这一流的人物很多，白文冰接触多了，也就自然摸清了老蒋的部分脾性。本身犯了严重错误或者是罪行的去面见蒋介石，有的人超生，有的人寻死，这都在一线机遇上。西方人讲"性格决定命运"，就在这一线机遇中，"朝觐者"的性情与蒋介石当时所具的心情有着最直接的关联。说到底要有一分技巧，还要外加一个特殊背景。白文冰跟王玉彬说的都是事实，但王玉彬也好，廖龄奇也罢，他们都没有琢磨明白一件事，方靖见蒋介石由祸得福，后来辽沈战役中的朱茂榛、刘梓皋见蒋介石由祸得福，都是拼的这两条即技巧与背景，方靖的身后是夏楚中、陈诚，朱茂榛、刘梓皋的背后是俞济时、桂永清。而廖龄奇的背后呢？谁也没有。如果谁也没有，有了一分技巧也足以超生。抗战期间，黄杰在归德失守问题上负有重大责任，按照军法，黄杰难逃一死，就是蒋介石也准备严肃处理他。可是，他见了蒋介石，在蒋介石臭骂一顿以后，黄杰默默肃立，两行热泪随之淌下，蒋介石的气儿当时就消了，还让侍从给黄杰拿"绢头"（手绢，浙江方言叫绢头），可侍从人员偏偏还不是浙江本地人，愣是给听成了"砖头"，拿了一块砖头给蒋介石，搞得蒋介石也忍俊不禁了，一场杀头的风波就此过去，黄杰仅被简单地囚禁了事。偏偏廖龄奇不具备黄杰之流的"机敏"。

而且，白文冰还知道老蒋这个人最恨战事吃紧时工作人员忙于婚嫁，特别当战事失利，工作人员如果以此为由请假或者溜开，最易遭致蒋介石的严惩。1933 年，南昌行营的一位工作人员向蒋介石报请婚假，正值前方战事不顺，蒋介石非但不给假，反而批示"立即枪决"。后来幸亏熊式辉转圜才算保住性命，这是白文冰在担任南昌警察局副局长时听熊式辉的亲信们亲口说的。廖龄奇本人不但有吉安完婚在前，还有祁阳"探亲"于后，九战区的通报上写得明明白白，蒋介石焉能不恨？

白文冰在庐山服务时，那是亲眼目睹过蒋介石对高级将领们的粗暴。往往是一语不合，就会遭致蒋介石的掌掴或者脚踢。高级将领们挨打之余给最高当局的这两招分别起名为"熊掌"和"火腿"。他们有时候到了生活服务社里闲聊时就彼此问候"今天你吃的是熊掌还是火腿"，说完还苦笑不止。不要说邓文仪、曾扩情这些黄埔生，蒋介石说打便打，就是张治中这类"客卿""幕僚"也是说骂就骂。1930年，张治中去车站面蒋，蒋介石当着众人的面就骂张治中："你还有什么脸来见我？"搞得张治中当场下不来台。白文冰要"办"廖龄奇，琢磨了许久，可以说是花费了两年的时间来研究弄死廖龄奇的法子。这次南岳军事会议是难得一见的好机会，白文冰当然不会放过。在外因来说，战败要抓替罪羊，廖龄奇肯定在劫难逃。但要廖龄奇的性命还要铺垫关键几步。一个是匿名信，廖龄奇的"贪渎""抗上"必然要给蒋介石最坏的印象。因为蒋从九战区长官部那里已经了解到廖龄奇"婚假""探亲"的事情，印象已然糟糕，这封匿名信自然是火上浇油。但这还不至于要廖龄奇死，因为毕竟是黄埔生。那么，就有了面蒋的这一幕。凭着廖龄奇的强硬的性格，必定会在蒋介石面前晓晓强辩，必定会激怒蒋介石。蒋介石被激怒后也有不少人死里逃生，那是需要有力度的人在老蒋跟前"缓颊"，可廖龄奇根儿起上就没有，所以，激怒之后必然是处决。如果这些都不能达到预期目的的话，白文冰还给廖龄奇备了最后一口"棺材"，就是聚众闹事。廖龄奇麾下的三位铁杆心腹邓竹修、何澜、王伯雄，白文冰都通过王玉彬找好了，只要蒋介石不准备立即杀掉廖龄奇，他就暗中串联这几个人联名具保廖龄奇。可是还没等这口棺材派上用场，廖龄奇便被蒋介石杀了。不过，白文冰还是准备动用一下这口"棺材"，因为要彻底掌握五十八师，非动这口"棺材"不可。

邓竹修、何澜、王伯雄三个团长请辞本职的事情一旦闹开，五十八师可热闹起来了。王耀武当然知道这件事，但他没管，他让张灵甫处理这件事。如今张灵甫因为廖龄奇一死就给扶正了，成了五十八师的当家人。这三位团长要论起打仗来，那是没得说。所以，蔡仁杰还觉得应该挽留这三位，张灵甫没有挽留，照旧上报，按照程序请这三位走人。当然，并非退职，不过是异地当官而已。蔡仁杰还有点不太明白，因为平素这三位团长对张灵甫也是比较尊敬的。张灵甫难得掉一回书袋，他告诉蔡仁杰："你知道张耳和陈余这哥俩的故事吗？"蔡仁杰晃晃脑袋。张灵甫说："这哥俩以前是过命的交情。后来有一次闹不愉快，陈余就把大印解下来交给张耳说哥们儿我不侍候了，转身去了厕所。张耳也蒙了，不准备接印。张耳身边的人就说了，'天与不取反受其咎'，陈余非池中物，现在不接着以后就没机会了。张耳听从了劝告，陈余从厕所一出来一看大印没了，从此与张耳闹翻。"蔡仁杰听完还是晃晃脑袋："师长你就干脆跟我说白了吧，我这脑子锈住了。"张灵甫："奶奶的，难得我掉一回书袋你还不给捧场。这种事说白了就没意思了。我就跟你说一句，这三位要是不走，将来该走的恐怕就是你我。"蔡仁杰："这回明白了。"张灵甫："你给我去查查，到底是谁串联这三位闹事的？"蔡仁杰查了一圈，也没费劲（因为本来就不需要费劲）便把白文冰幕后的"黑手"给抓到了，张灵甫趁势请示王耀武，将白文冰踢出五十八师，安排到五十一师下面当司务长，这等于说白文冰这好几年白混了。但白文冰一点都不生气，优哉游哉地上任去了。因为他知道这件事看得最清楚的人除了他自己，便是军长王耀武。

4. 陈、戴争锋

陈诚、戴笠争锋，袁筱南被戴笠捕获，陈诚得力干将吴化东受牵连亦被诱捕。同时王耀武亲信罗明理、安慧民身陷走私特矿案中，王受影响。

廖龄奇死后，王玉彬在五十八师也待不下去了。白文冰问他准备去哪儿，王玉彬说他去投靠一位道上的朋友。这位道上的朋友叫瞿伯平，人在湘西，路子很野。王玉彬说："没想到我们国军内部搞起人来比这帮子道上的还要黑。"白文冰叹口气："天下乌鸦一般黑。"哥俩洒泪而别，当然白文冰的眼泪多半是挤出来的。

白文冰下放当了司务长，安慧民心里乐开了花。他还故意去看了看白文冰，假装嘘寒问暖。白文冰也假招子一般地回应，装出的那副可怜样让安慧民以为这哥们儿这辈子就跟厨房打交道了。最近这一程子，安慧民的杂事的确太多，但收益也的确不少。钨砂的生意进展非常顺利，特别是俞济时在1941年走了"麦城"，被黄绍竑、刘建绪攻讦，第十集团军副总司令干不成了，灰溜溜地滚回了重庆，张英年也随之铩羽而归，钨矿砂南片的生意基本交给安慧民打理。上次答应给张英年的那把日本军刀也因此被安慧民给打了折扣，自己给留下了。其实这军刀的被隐匿主要是安慧民从旁听到了一次王耀武同日军俘虏武内义雄之间的谈话引发的结果。

自1939年三义寨战役后差不多两年多的时间里，武内义雄的中文水平明显进步多了，泛泛的交谈已经不再需要翻译。他这个宣讲员的身份进入到 1942 年以后又被增添了新的内容。1942 年，陈诚主政湖北进入关键阶段，为了推行其"经济新政"，陈诚利用他与薛岳之间的私人关系，将湖南省的军粮拨给鄂西，供应民食，为此在湘西改造运粮机构，将原来隶属于军政部的湘谷转运处改造为军粮接运处，专门监督湖南的粮食由咸丰运往恩施。"大军未动，粮草先行"，陈诚对于军粮的重要性当然清楚得很，他特派自己的亲信朱怀冰兼任省政府粮政局局长。朱怀冰是湖北黄冈人，林彪的小同乡，为人刻薄寡恩、心狠手辣。1968 年 11 月病死台北，居然连跟随他多年的管家都不愿意出席他的葬礼。陈诚知道朱怀冰办理粮政一定会不遗余力，但另一方面他还需要一个能够协调各方、弥缝中间的人物，特别是战区副司令长官黄琪翔不再兼任接运处以后，他考虑让吴化东过来，助他一臂之力。陈诚安排吴化东担任国民政府军事委员会战地党政委员会湖南分会特派湘西督察专员兼军粮接运处政治训导员。

吴化东是陈诚调任军政部次长时带过去的亲信，等到陈诚离开军政部外调后，吴化东的处境就比较尴尬了。虽然吴化东很善于处理与各方的关系，但毕竟军政部是何应钦的天下。他在军务司副司长的位置上干了好几年，愣是扶不了正。军务司司长秉承何应钦的意图，采取上挤下压的办法，试图驱赶吴化东"滚出"军政部。偏偏吴化东这个人在军政部的人缘很好，科员们都喜欢这位吴副司长。而且，有的人还给吴化东打抱不平，专门戏弄了一下军务司挤压吴化东的一位科长。我们前面提到过徐庭瑶被任命为第三十八集团军总司令，桂南会战结束后，蒋介石于 1940 年 2 月 27 日发布命令称："第三十八集团军总司令徐庭瑶，处置无方，决心不坚，未能挽回战局，该集团军番号取消，该总司令撤职查办。"徐庭瑶就此回到机械化兵学校任教育长。当时学校急需一批军用器材，蒋介石、何应钦都点了头的。徐庭瑶就让潘火亮带着条子到军政部军务司办公事。哪知道碰到的这位专司配合司长排挤吴化东的科长素来与徐庭瑶不和，以前徐庭瑶任掌集团军总司令，科长够不着徐庭瑶，报复不了，这次总算掐住机会，愣是不批。科长当然不是直眉楞眼地不批，而是在报告上填写："所请不合标准，待查，暂不予申领。"这样的意见，然后签呈上司，科长是司长的亲信，司长看到下属这么批，自己大笔一挥也就签了。潘火亮前后去了三次，都不得要领。有人就给潘火亮递话，让他请徐庭瑶亲自出面找上边。徐庭瑶果然去找何应钦，何应钦赶快让次长和主管司长查查是怎么回事。一查这才知道是科长在作祟。给潘火亮气的，有一天他单独跟踪这位科长到他家门口，对这位科长说："我给你讲一个故事。"科长说不听。潘火亮说你听完就都明白了。潘火亮说："以前我们村有个老实巴交的农民，大字不识一个，得罪了村子里的大户，大户交给他一个纸条说你去乡公所把这个纸条交给乡长，我就不跟你计较了。农民就去了，去了以后就被乡长给扣下了。后来农民才知道，纸条上写的是'罚来人五元钱'。"科长："就这故事？没明白。"潘火亮上去就是一拳头："妈了个逼的，这回你明白了吧。"

潘火亮拳打军务司科长的事竟然也传到了蒋介石的耳朵里，蒋介石早有用陈诚取代何应钦主掌军政部的想法，如今他听到这件事以后就让戴笠去专门了解一下事情的经过。戴笠派谁去了解呢？派的这人正是赵铁夫。因为赵铁夫原本就在军政部干过，上上下下有些熟悉的关系，特别是跟眼前这位挨打的科长算是半个酒肉朋友。老赵如今的地位非比旁人，是国民政府军事委员会交通运输统制局监察处特别情报组组长。该处处长由戴笠亲自兼任，副处长也由戴笠的亲信、"十人团"之一的张炎元担任。1942年，监察处撤销，改称水陆交通统一检查处，张炎元任处长，赵铁夫任副处长。赵铁夫闲谈之间扯出1937年戴笠主动向王耀武索取的那批军火被扣的事情，赵铁夫回去跟戴笠一汇报，戴笠的心头马上涌起了一大团的疑云。戴笠与陈诚之间早已势同水火。这里面除开政治上的因素，还有一些涉及个人品性上的东西。陈诚素来蔑视戴笠，认为他就是城狐社鼠一流的人物，跟历史上那些狐假虎威的吕壹（孙权身边的特务头子）、纪纲（明成祖时期著名的锦衣卫首脑）等人并无区别。而且，陈诚不比别人，他对戴笠的轻蔑甚至于形诸神色。戴笠这种人从底层爬起，出身微寒，其内心高度的自卑，是最忌惮别人指指点点的。而且，一旦爬到高位，自卑便转化为强烈的自大，容不得半点沙子。

但要整垮陈诚这个量级的人物，戴笠知道光靠自己的织网、张网是远远不够的，还需要搜寻陈诚内部堡垒的裂缝。对于吴化东其人，戴笠的关注不是一天两天了。吴化东此人并无不良嗜好，也不贪不占，工作之余要么转转书摊，要么简单地带家里人出去吃顿饭，几乎找不到一丁点的痕迹来证明这个人的不轨。而越是这样恬淡如水、静如处子的人越让戴笠心生疑惑。1940年夏秋，蒋介石加快反共摩擦的步伐，他曾经下过密令，各军政机关凡发现有共党分子渗透者，无须上报，即予秘密处决。这道命令由侍从室发出，却不料到了周恩来的桌上，周恩来据此向蒋介石提出抗议，搞得蒋介石狼狈不堪，转而对内部要求彻查。戴笠奉命追查此事，花了不少精力。当时侍从室下发密令的所有机关，戴笠都做了一一排查，最后的着眼点落在了军政部特密室，落到了上校参谋焦扬的身上。实际上，尽管着眼点落在焦扬身上，戴笠手头还是没有足够的证据实施抓捕，他之所以锁定焦扬，根本一点则是抓到了焦扬另外的一个小辫子——陈诚系统内部的秘密小团体——青年军官团。这个"青年军官团"又称"青年将校组织",奉陈诚为灵魂,旨在刷新国民党军事层面的人事和组织,与日本"二二六"事件前的"皇道派"有些类似,只不过规模上差得远。蒋介石最恨手下人暗中经营地盘、拉拢山头,特别是发起秘密组织。戴笠知道只要从焦扬入手,牵出"青年军官团"便足以够陈诚喝上一壶的。不过,真的要把陈诚置于死地或者说打入冷宫,还必须给陈诚戴上一顶"红帽子",而这个契机就要从吴化东身上想办法。戴笠根本不相信焦扬会轻易地或者毫无背景地把蒋介石的密令泄露出去,反倒是那位挨打的科长透露的关于军政部查扣他同王耀武之间做交易截留下来的那批军械的往事触动了戴笠敏感的神经,他内心隐隐感到,一个查扣军械,一个泄露密令,这两个线头肯定是一只手在操纵。而且,即便这只手不在吴化东身上,也会跟吴化东有些牵连,而且这两件事的最终结果都是对中共有利,只要抓住吴化东的蛛丝马迹,这顶"红帽子"就算扣定了,到了那个时候,陈诚的厄运便会直接临头。

吴化东动身前,徐庭瑶请吴化东费心把潘火亮也带到湖南去,潘火亮看不惯重庆官面上的这些乌七八糟的东西,更愿意下部队回到原来的战友中间,徐庭瑶就答应了,还对潘火亮说什么时候不高兴还可以再回来。吴化东、潘火亮他们一走,赵铁夫这边也准备启程,目标也是湘西。如果就是为了死盯吴化东,戴笠还不准备动用赵铁夫这样的尖刀利刃。这次戴笠让赵铁夫去湘西有三层考虑:第一,破获汉中天主教堂案以后,始终没有抓到迟语(刘宇驰)和袁筱南,现在得到线报是他们的行踪在湘西一带,需要立刻密捕,这件事一开始就是赵铁夫负责的,所以,要派他去。如果这件事要在他戴笠手中完成的话,何应钦必然要欠他一个大人情。第二,湖北、湖南地处咽喉要道,水陆交通发达,一直是军统当家的缉私处在陈诚系统的特务头子阮成章的压制下始终抬不起头来,戴笠要用赵铁夫打开局面。第三,也是最重要的一点,从余书茵那里得到可靠情报,中山纯一郎新任"中支"首席监理官。"中支"的全称是"中支那振兴株式会社",它与东北的"满铁"和华北的"北支那开发株式会社"并称侵华经济战场的"三匹狼",是日本试图摧垮中国经济体系的急先锋。他赶赴湖南目的在于与一个代号叫"菊蟹"的日本重量级特务取得联系。据余书茵称,这位"菊蟹"是日本军部长期隐藏在中国内部的一枚重要棋子,不到关键时期不会轻易启用。这次中山纯一郎突然跑到湖南,应该与下一阶段日军的华中、华南战略有密切关联。此外,还有两层原因,一个就是赵铁夫同王耀武的关系,在湘西不论是动文还是动武,都离不开驻军的鼎力支持。再者说,王耀武非一般起起武夫可比,汉中天主教堂案如果没有王耀武的敏锐嗅觉，军统至今恐怕还不得要领。戴笠备了一份厚礼托赵铁夫送给王耀武。因为前不久，戴笠老母来信说因为日军飞机轰炸，导致庙门被毁，军次浙江的第七十四军军长王耀武特派他的副官长安慧民携重金万元来家里资助重修庙宇。戴笠知道这份人情不一般，因此他特别关照赵铁夫，到了湖南驻地，多与王耀武取得联系。再一个则是戴笠知道吴化东曾经救过赵铁夫、王耀武，他就是要赵铁夫看住自己的救命恩人，由此可以窥测出他使用的这柄工具是否得心应手，也同时可以看出王耀武在这件事上的基本态度。

在"烽火连三月"的日子里，王耀武迎来了两位故人。这两位故人如今一位是特务头子戴笠身边的干将，一位则是"接班人"陈诚智囊团的主力。说白了，哪位都得罪不起。而且，来者不善，他们"空降"前线，既不是来给王耀武出谋划策的，也不是替王耀武遮风挡雨的，这两位"门神"式的人物的到来似乎让王耀武看到以后仕途上的某些难以预测的艰险和不测。

王耀武招待故人的席面摆在五十一师151旅，司务长白文冰端着"冰糖肘子"貌似惶恐地走了上来。赵铁夫一嘴的酒菜却没挡住视线的散落。他一指白文冰："佐民，这不是白老弟吗？"王耀武就把白文冰"落难"的过程简单地跟赵铁夫做了一下介绍。赵铁夫说："佐民，廖龄奇自己寻死怪谁？再说了，委员长开恩，已经将廖龄奇按照战殁处理，准烈士待遇啊。所以，白老弟这篇老皇历也该翻过去了。你说是不是？"王耀武："既然老兄发话了，老弟我只有照办了。"他对白文冰说："文冰，你也别在这里干了，回头还是回到军需处，干老本行吧。"

饭后，赵铁夫拉着王耀武单独坐了一会。赵铁夫按照戴笠的指示，将厚礼交给了王耀武，又把追查袁筱南和刘宇驰（迟语）的事给王耀武透了点消息。赵铁夫："我在重庆可是听说了，你老弟还有一大步官运呢。"王耀武只是笑笑。赵铁夫："跟我这儿卖关子？以后要叫你王副总司令了。"王耀武早就通过俞济时了解到了，上边准备任命王耀武担任第二十九集团军副总司令，并专门设立副总司令部。赵铁夫："那我劝你可是要小心点他。"赵铁夫暗地里比划了一下吴化东的名字。王耀武："啥意思？"赵铁夫："战地党政委员会说撤就撤了，回头他要到二十九集团军总部来跟你一口锅里搅马勺的。"王耀武："都是兄弟嘛。"赵铁夫："兄弟？我跟你是兄弟，他如今不同了，他跟陈小鬼跟得很紧的。"王耀武："陈小鬼这个外号可不好乱叫，你在我这儿叫叫也就算了。"赵铁夫嗤了一声："佐民，你是官越混越大，胆越变越小。现在背地里谁不叫他陈小鬼？一门心思想着小鬼跌金刚呢。"王耀武："你是说他要跟敬公过不去？"赵铁夫："这不是明摆着的吗？老头子现在给他的职务有多少了？湖北省主席兼战区司令长官还兼三青团书记长，三青团以前哪儿设过书记长啊？这是专门给他留的位置。而且说话就要任命他当远征军司令长官，还要把他抬到洋人面前，这不就是露面吗？露面为了什么？"王耀武还没有听说"远征军司令长官"的事，着实吃了一惊，他对何应钦的前程有了些忧虑。赵铁夫："雨农这次让我来兼着缉私处的差事，说白了就是盯着吴化东，为啥让我盯着？我也不傻，那是考验我呢，说到底也是考验你，谁不知道我们三个人当年在上海滩的交情？不过，陈小鬼要在眼下的池子里翻起三尺浪来也不容易。"王耀武："这话怎么讲？"赵铁夫："你想，胡宗南、汤恩伯还有雨农能让他这么翻腾上去吗？"王耀武知道从赵铁夫这里最多也就是了解这些行情，恐怕有些内容只有到了吴化东那里才会知道得更准确一些。

　　还没有等王耀武登门，吴化东主动过来了。他把潘火亮交到王耀武手里，两个人一道叙了叙旧，庐山一别虽只有六七年的光景，但似乎彼此间却感到横隔了许多年似的。吴化东单刀直入："老赵已经跟你说了不少了吧。"王耀武："说的都是往事。"吴化东："有人不是说过，历史都是当代史吗？往事也是一样。"王耀武："大哥，你还是当年那么尖锐啊。"吴化东："我们兄弟之间还端着干嘛？辞修把我摆在这边，你也能看明白了，不过，老赵应该是想多了，那些茶壶里的风波，我是最没有兴趣的。"王耀武："远征军人选的事，大哥应该知道吧。"吴化东："辞修是要更上层楼了，重庆现在传得很疯，说是小鬼跌金刚、矮子要上房。老赵也应该跟你说了吧。"王耀武不置可否。吴化东："其实这都是面上的，内里的完全不是这么回事。"王耀武："哦？"吴化东："你知道美国人是怎么评价辞修的上位的吗？"王耀武有兴趣。吴化东："在蒋介石儿子具备条件之前，他陈诚会被看作是临时继承人。"王耀武："这话我倒要请教了。"吴化东："民二十七（民国二十七年即 1938 年），老头子指定布雷先生和辞修以及康兆民（康泽字兆民）起草《三民主义青年团组织要旨》，并指定辞修担任青年团中央干事会书记长。你也知道，三青团是老头子搞李代桃僵的主要盘子。辞修以为'一朝权在手，便把令来行'，老头子让他定武汉方面团的筹备主任人选，辞修就定了郭忏，哪知道老头子大笔一挥，让康兆民自兼。接着，第一期三青团骨干训练班班主任，辞修定的是桂永清，老头子马上下令另外在训练班之上设立训育委员会，派陈文渊任训委会主任，凌驾在训练班之上。辞修表面上是书记长，但实权在组织处，处长是康兆民，康事事请示老头子，老头子又往往一竿子插到底。"王耀武："照大哥这么说，康兆民岂不成了三青团的实权派了吗？"吴化东知道王耀武明知故问，就故意顺着王耀武的话接着说："美国人说得很清楚，铺路，知道吗？不论是辞修还是康兆民都是铺路的石头子。"王耀武："经国先生还在江西吧。"吴化东："是啊，当专员。他这个专员头衔最近还惹来一场小风波。"王耀武："说说。"吴化东："经国的儿子念小学，经国对他管教很严，有一次学校的老师问孩子，你的父母和祖父母是做什么的？小孩子回答说祖父在中国当皇上，父亲在江西当专员。事情传到经国的耳朵里，他发了脾气，把儿子给揍了一顿，一问才知道是跟班卫士教儿子这么说了，一纸命令就将那个卫士给送前线去了。"王耀武："呵呵，看来这个人的行事作风倒也特别。"吴化东："还有更特别的呢。经国有个亲信叫杨万昌，有一次有人问杨万昌，蒋经国这人怎么样？杨万昌也不知道是怎么想的，脱口而出，我们老板手段很厉害，笑面老虎一样。这件事后来给经国知道了，经国暂时不动声色。后来抓赌，抓到了杨万昌的老婆，按规定罚跪两小时，当时烈日炎炎，杨万昌的老婆溜溜地在赣州中山公园跪了两个小时，再以后杨万昌两口子也分手了，杨万昌本人后来也被从经国那里赶了出去。"王耀武倒吸了一口冷气："这人你接触过吗？"吴化东："接触过两次，都是跟着别人一起见的，有一次大家还在一起喝了一顿酒。经国拿着鸡脑袋和鸡爪子啃个没完，一边啃还一边跟大家说，小时候奶奶和妈妈不让我吃鸡头和鸡脚，说是吃了这些东西将来只会抓书本，不能读书，现在看起来，那根本是哄哄小孩子的。"王耀武干笑了两声："真不是一个容易侍候的主儿。"吴化东："所以说，不论是辞修，还是戴雨农，说到底在此人面前不过都是配角而已，至于我们这些人更是跑龙套的，老赵要是把我这一亩三分地当成了戒备的对象，那笑话可就闹大了。"

1943年4月，陈诚从远征军司令长官的位置上回来指挥了鄂西会战，取得一定程度的胜利，被国民党官方吹捧为"鄂西大捷"。明明第十八军正面的日军只有三四千人，可中央社的报道却夸大为两个师团。不过，到底是打了胜仗，而且又是陈诚的嫡系干出来的，蒋介石亲自飞往前方进行嘉奖。王耀武所部在会战中从侧翼打击敌军，并截断敌军交通，所以，国民政府军事委员会也予以明令嘉奖，王耀武升任第二十九集团军副总司令仍兼第七十四军军长的晋升令也公开发表。庆功宴上，王耀武身边坐着此次会战的"功臣"之一胡琏。当石牌要塞攻守战到最关键时刻，陈诚打电话给胡琏问他有无决心守住要塞，胡琏回答："成功虽无把握，成仁确有决心。"这句话经陈诚转述到蒋介石面前，成为军中"名言"，胡琏一时间也身价百倍。其实，胡琏虽然豪言壮语，私下里却请求第十八师副师长赵秀昆接替自己，未能获准又再三叮嘱赵秀昆，一旦突围有戏，"你们撤下去后可不要忘了十一师啊。"这还不够，专门在石牌江边备了逃命的小木船。这些事情当然瞒不过赵铁夫的眼珠子，赵铁夫不屑一顾地跟王耀武说："胡伯玉（胡琏字伯玉）银洋镶枪头而已，吹什么吹，还伯玉伯玉，要我看就是尿盆！"胡琏有个促狭的外号叫"钵盂"，是顺着他的字号"伯玉"来的，意思是说他为人贪渎，拿着十一师的招牌当钵盂到处捞钱。所以，赵铁夫说胡琏是"尿盆"。胡琏坐的这桌除开胡琏自己，剩下的都是王耀武七十四军的手下，胡琏本人善嫖好赌，一上饭桌还是"话痨"，说个不停，这要是在他十一师的饭桌上倒也罢了，偏偏在七十四军五十一师的饭桌上，这些人同样也是嫡系，也是骄横惯了的，哪里容得下胡琏的臭白话，不过看在王耀武的面子上，他们没给胡琏难堪，但紧着吃好赶快下桌，离胡琏远远的。胡琏正在兴头上，哪能看出这眉眼高低来，他讲他和高魁元、朱鼎卿（与朱怀冰系同祖父的堂兄弟）在江西一起嫖赌时跟宪兵厮打的故事，毫无遮拦，嫡系的嘴脸暴露无遗。王耀武笑而不语，耐心地听他胡吹乱侃，一面又告诉手下："大伙慢点吃，今天好菜不少，都在后面呢。"王耀武自己也端着饭碗细嚼慢咽。胡琏说："高煜辰（高魁元字煜辰）他一上牌桌就想胡大的，一看胡不了大的，就搅和别人，结果谁也别想胡。都说山东人厚道，要我看山东人最奸，大奸似忠。"胡琏扬声大笑，忽然间想到王耀武就是山东人，这下子有点懵了，情急之间也想不出退身的办法。王耀武若无其事地给他夹了一筷子武昌鱼，然后慢吞吞地说："民二十六（民国二十六年，即1937年）在庐山训练时就听过高魁元师长的一些轶闻，我记得好像是说他喜欢经常唱上一段，唱得还挺字正腔圆的，对不对，伯玉？"胡琏赶紧应声："还是王大哥记性好，确有此事。"开饭前，王耀武说过了，今天是喜庆的日子，不拘常例，不要用官衔称呼，都是黄埔同学，就叙年轮好了，胡琏是1907年生人，小王耀武三岁，故用"大哥"称呼王耀武。接着，胡琏便简单地把高魁元唱戏的段子说了一下。当时任第十四师82团团附的高魁元受训庐山，陈诚请大家随便坐坐，兴之所至，就点名叫大伙唱戏助兴，因为陈诚这个人一贯严肃，很少开玩笑，加之喜怒无常，所以，没人敢轻易搭腔，这下子就有点冷场。高魁元见状就上去喊了一嗓子，唱了一段《狸猫换太子》："为国家、尽忠信、食君禄、报皇恩……"唱完，陈诚带头叫好，不但是叫高魁元捧场的好，还叫高魁元唱的这段词的好，因为庐山训练本身就是大搞"个人崇拜"，提倡"忠于个人"，陈诚很快下条子委任高魁元为82团团长。胡琏说完这段故事，一场尴尬悄然过去。下了饭桌，胡琏去跟王耀武道歉，王耀武哈哈一笑："伯玉，咱们同学多年不见，开几句玩笑算啥？"胡琏回想起刚才吃饭的全过程，有些感慨。他在十八军会餐时，凡是陈诚在场，大家都是不敢吭气，不敢多说，而且普遍吃不饱，因为陈诚有胃病，吃饭快，扒拉几口，扔下筷子就起身，他一起来，谁还好意思坐在那儿继续吃啊？但今天他冷眼旁观五十一师的这些人跟王耀武吃饭都显得比较从容，王耀武本人也尽量招呼这些属下，让他们吃饱吃好，而且，他走嘴的那句话王耀武根本没有计较，更没有当场让他下不来台，反而通过他的嘴巴里说出了高魁元作为山东人唱的那段"为国家、尽忠信、食君禄、报皇恩"，让大家看看山东人到底是"大奸似忠"还是"大忠似奸"。由此，他很佩服王耀武的体恤和机敏，日后当十八军暂时划归王耀武指挥时，胡琏对王耀武下达的命令从不打折扣。

第二十九集团军总司令是四川军阀王瓒绪，我们前面就提到过，他和王陵基都是蒋介石瓦解、分化四川地方实力派的重要棋子。所以，蒋介石对待这支武装尽管仍旧抱有对待所有杂牌军的应有态度，但还是会经常恩出格外。王瓒绪是深知枪杆子的力度的，他统辖的第二十九集团军名义上是两个军，即第四十四军和第六十七军，实际上，第六十七军他根本指挥不动。所以，他为了保存实力，对于王耀武出任副总司令并且统带七十四军一事从来不予过问，不但军事上不予过问，就连后勤方面的事也都由王耀武个人说了算。王瓒绪不管王耀武的后勤，王耀武就添派安慧民出任第二十九兵站分监部副分监。按照抗战时期国民党军后勤体系的规定，战区设立兵站总监，属战区司令长官部和后勤部双重领导，各集团军设分监部，分监下面再设分站和派出所。安慧民知道这是王耀武压给他的一副重担，眼下因为抗战的原因，王耀武经营的生意大多效益一般，可以腾挪的资金非常有限，要解决军队的吃喝用的问题，非得下一番狠功夫不可，安慧民还知道如果办明白了这桩差事，将来还会有更多的好事等着他，毕竟副官长的位置不是久留之地，自己将来要独当一面，必须要有个过硬的出处，兵站分监部便是这个出处所在。

安慧民上任还把白文冰也给拉了过去。这倒不是安慧民惦记白文冰，而是白文冰主动上门"哀求"来的差使。这一段时间以来，白文冰特别"贴"安慧民，大哥长大哥短，暗地里也没少给安慧民送。安慧民想着既然做了分监，那就要多找几个干活的，说起后勤这个行当，白文冰轻车熟路，毕竟是把好手，就这么着，任命白文冰做了分站站长。参谋长罗明理私下里跟安慧民说："安子，小白这个人可不简单，你把他弄你身边去，你不怕炸着你自己个儿？"安慧民说他心里有数，罗明理也就没多说什么。

兵站分监的所有业务包里归堆就是两个字："弄钱"。到哪儿弄钱去？安慧民倒是有路子，可不能用，那是留给他自己和张英年他们那些人的。再说了，走私钨矿砂，逮着就是死刑，谁敢弄到桌面上来？不过，安慧民另外又想起了一桩生意，要不怎么说靠山吃山、靠水吃水呢，靠着湘西的地面，就要黑吃黑。这里的"黑"不是黑社会，而是鸦片烟。当初，张英年交代过，走私钨矿砂还有两位股东，如今这两位股东也开始逐渐浮出水面，他们所起的作用在安慧民看来只能越来越大。而且，有了兵站分监部这块招牌，等于说"英雄"有了"用武之地"。但目前，白文冰替安慧民找了个现成的出血筒子。"小孩儿没娘，说来话长"，还要从四川军阀王陵基身上论起。

四川军阀总体说来都有一个共同点，那就是好色。个个都是采花狂贼，个个都是床笫高手。杨森对人说："我最喜欢青年人，所以，我找的女人都特别年轻。"说起来，这些军阀既不崇拜孙中山，也不敬仰蒋介石。他们喜欢的一个历史人物是谁呢？是中国五胡十六国时期羌族首领姚弋仲。为啥喜欢他呢？因为姚弋仲有四十二个儿子，这在中国封建史上都是数一数二的牛皮大亨。他的五儿子姚襄很厉害，后来给前秦杀了，哪成想，长江后浪推前浪，死了姚襄，姚弋仲第二十四个儿子姚苌居然杀了前秦皇帝苻坚，自立为帝，成为后秦的开国皇帝。所以，四川军阀普遍认为之所以老姚家能"江山代有才人出"，关键一点在于儿子多，儿子多的前提就必须老婆多，而且一定要年轻才行。

在具体搞女人方面，王陵基跟杨森这些人不同，他喜欢"装"，喜欢搞点品味。其实说到底还是财色兼收的那种。有一年，王陵基混到汉口，从朋友堆里打听到曾国藩的某个孙女流落到此，人长得不赖且不说，关键是还有一大笔款子在手里揣着。这下子王陵基来神了。他耍尽花招，终于将这位曾袭侯的女孩子套在了手掌心，不仅霸占了人家的身体，还瓜分了人家的财产，最狠的是后来玩腻了，一脚踢开。安慧民听到这里，就有点腻歪："白老弟，你跟我说这些陈芝麻烂谷子有啥用？"白文冰嘿嘿一笑："大哥，您有所不知，如今这苦主找上门来，不图别的，就图出一口恶气。"合着人家曾袭侯的后代也不是白给你王陵基玩的，这位侯爵小姐有个兄弟，一直想要报这一箭之仇，暗中就托了黑道上的关系，准备暗地里找人打王陵基的黑枪。这种事谁能干呢？目标有一个，那就是湘西巨匪瞿伯阶。

白文冰又是怎么知道这则消息的呢？我们前面提到过五十八师师长廖龄奇的军需主任王玉彬辞官以后跑回湘西跟着老朋友瞿伯平混，这位瞿伯平就是瞿伯阶的堂弟，也是瞿伯阶的"军师"。像王玉彬这种身份的，瞿伯阶请都请不来，当然当作上宾对待。而且，瞿伯阶为了对付老狐狸陈凤举和坐地炮杨福昌，也实在用得着王玉彬。曾袭侯的后人原本就跟王玉彬的关系不错，托到王玉彬头上，王玉彬请瞿伯平帮忙，准备找人收拾王陵基。赶巧的是第二十九集团军兵站分监部有一批货经龙山县地面，负责接货的又是白文冰。就这么着，白文冰同王玉彬又见上了面，两个闲扯的时候，扯出了这段细节。白文冰眼珠子一转就知道，这是一桩太好的买卖了，不过自己还是不能直接伸手，这次他找的替身是安慧民。白文冰就把自己设计的圈套说给了安慧民，安慧民一听还真靠谱，这桩买卖虽然风险很大，等于得罪王陵基这种头面人物，但利润的确客观，最主要的是等于替王耀武包括七十四军出头。当年不就是王陵基整到了王耀武的头上的吗？可转念一想，安慧民又有点含糊，为啥？因为王陵基早就走了陈诚的路子，撵走了李默庵，兼任湘鄂赣边区总指挥，名义上等于是第二十九集团军的小半个顶头上司之一。白文冰就跟安慧民打包票说如果出了事，第一往土匪身上靠，第二往他白文冰身上靠，总之污水泼不到你安副分监的脑袋上就是了。白文冰为什么这样有把握算计王陵基？因为事前白文冰已经知道王陵基走了陈诚的途径，得罪了两个人，一个是薛岳，一个是戴笠。王陵基一直想把自己麾下的第七十二军和第七十八军变成甲种军，因此去走陈诚的门路。陈诚告诉他一下子两个军都升格为甲种军不现实，不如像王瓒绪那样，撤销一个军，将撤销的这个军原辖的两个师，一个并入另外一个军，一个则划归集总（集团军总部）指挥，这样一来，一个军就下辖三个师，自然升格为甲种军。王陵基觉得这个办法好，就着手裁第七十八军。不料，七十八军军长是沈久成，是薛岳的亲信，他反对这个方案，另提了一套办法，王陵基不管这一套，硬是裁了七十八军，这就开罪了薛岳。等到王陵基将七十二军升格完毕以后，又将李默庵挤走，把湘鄂赣边区总指挥部抓在手里，抓也就抓了，还将边区调查室的权力一并上收，这个调查室实际上是军统搞起来的，按照规定是由赵铁夫代管，由重庆局本部直接行使人事任免权。王陵基这么一弄，戴笠当时就火了。赵铁夫更是气不打一处来，早就想找机会收拾王陵基。白文冰了解到这一内幕，所以，他才敢鼓动安慧民下手。

一切计划都在常德瞿伯平的地盘上策划完毕，赵铁夫有感慨，当年在这里第一次结识戴笠，目的是收拾袁祖铭，如今自己当了家，在这里策划收拾王陵基。这整人的感觉有时候真是不一样啊。他们先是故意委托常德城里的长兴货运栈运送一批东西，这东西怕碰、怕磕、怕颠，放的保证金那是厚厚的，而且故意透露出委托的主顾是曾袭侯的小姐。这个长兴货运栈的东家不是别人，正是王陵基的亲信、第三十集团军兵站分监（时称第三十兵站支部长）王崇德，王崇德立刻把这消息过给了王陵基。王陵基一听，怎么着？咸鱼翻身？合着这小姐还有好东西藏着呢？暗中就让王崇德留意，这一留意可不要紧了，好家伙，愣是打听出一大串的东西来，敢情人家曾袭侯的小姐宝贝海了去了，不但有古玩还有字画，特别是有些东西都是用黄绫子裹着的。王陵基一听直拍大腿啊，那黄绫子裹着的不用说肯定是御赐的，想当年曾老爷子那是"勋高柱石"一流的人物，太后皇上的没少接见，一见面还能少给东西吗？再说了，曾国藩的儿子曾纪泽的女婿是谁啊？那是怀来县知县吴永，慈禧太后西逃躲八国联军时的患难之交，就凭这交情，宫里的好玩意儿还能少得了吗？想到这儿，王陵基差点没抽自己两大嘴巴，怪自己早早地放跑了金娃娃。事已至此，怎么办呢？他让王崇德务必将这批古董买下来，出多少钱都行。这王陵基要不怎么说"装"呢，他当初打听到江陵张居正的老家藏着一批宝贝，愣是让王崇德他们去挖人家的老房子，后来给王崇德搞得没招了，硬是把张居正的祖宗祠堂里的木刻字屏拿来充数。这次还是这么办，只不过不能硬来，就得软磨。王崇德费了九牛二虎之力，总算是达成了协议，用二十万元买这些古董。而且，这二十万元不能用法币结算，得用金条。就这样，王陵基还觉得划算呢。王陵基要王崇德把这批货都一律运到四川老家去，途径都选好了。东西分两批走，这第一批就给赵铁夫的缉私处抓个正着，二话没有啊，罚没。不仅罚没而且要上报。这下子搞得王陵基慌了神，这是战时啊，而且他是典型的杂牌，万一老蒋拿这件事做文章，闹不好兵权丢了不说，小命都难保。这就托关系走后门，又额外送了一笔钱给赵铁夫的缉私处，总算将东西运走了。可王陵基万万没有想到的是，1949 年成都解放，王陵基狼狈逃窜时无法带走的这批古董被人民政府查抄，经检验后发现竟然没有一件是真品。安慧民、白文冰他们有了这十多万元（分给瞿伯平他们几万元）打底，这第二十九兵站分监部就彻底开张了。兵站搞得有声有色的另外一个支撑点则是来自于沈北原的帮忙。沈北原的客运、货运生意做得越来越大，网点也越布越密，这次沈北原来到湖南是张英年事前给打的前站，在重庆，沈北原与俞济时的亲信张英年的关系再度升级。如今的张英年早已不再是马弁级的人物，而成为重庆特务系统谈虎色变的"东厂太监"。1942 年，俞济时调回蒋介石身边，做了侍卫长，由此开始，俞济时逐步经营在蒋介石周围的关系网。1943 年下半年开始筹组军事委员会委员长侍从室第一处参事室（1944 年初正式挂牌运作）。参事室有个外号叫"监察之监察"，说白了也就是"太上特务"，连中统、军统、宪兵司令部都在监察之列。张英年被俞济时保举为参事室执行秘书，权力炙手可热。既然张英年打了招呼，安慧民当然不敢慢待。张英年还托沈北原带了一句话过来，那就是军刀的事情要抓紧落实。说起军刀，安慧民的头皮就发麻，因为这把军刀的来头有点太邪乎了。

　　有一次，王耀武跟武内义雄在闲聊时，扯到了日本的军刀。你别看武内义雄在战场上是怂包一个，可说起日本朝野的家长里短那还真是有一套，唯其如此，王耀武有时候就愿意把他找来扯上一通。这次话题本来说的是日本征兵制，结果一下子跑题跑到了天皇裕仁身上。武内义雄："天底下最黑的就是宫廷，要不你们中国的老祖宗怎么会说，来世不要托生帝王家呢。"接着，武内义雄就说起裕仁出生前的一段往事。裕仁的老爹叫嘉仁，也就是后来的神经病患者大正天皇。嘉仁的老娘柳原爱子怀嘉仁的时候，就有人在走廊上泼了香油，这不是祝福娘俩，而是要让柳原爱子流产。还有人把中国宫廷传统的"巫蛊术"加以改造用到了柳原爱子身上。这种改造是把一个装满了豆子的麻袋放在柳原爱子住处的水盆里，这表明柳原爱子肚子里的孩子就像这麻袋里的豆子一样，再鼓也出不来。不知道是诅咒本身起了作用还是其他的什么巧合，嘉仁出生后明显跟常人不太一样，长大以后发现基本上是应该打发去安定医院的主儿。实际上这还在其次，流传在日本皇宫内另外一则可怕的咒语才是皇室高级成员最为恐惧的。相传某位天皇在位期间，废长立幼，长子不服造反被逼自杀，其母小仓也被株连，小仓家的妃子临死前咒骂道："天道好还，报应不爽，七代相沿，仅存一子。"说来也怪，孝明天皇弟兄六人，长大成人的也只有孝明天皇一人，明治天皇有一个兄弟，出生次日即死，大正天皇也是如此。前些年，日本皇室再度闹"子荒"，这个可怕的咒语也再度被皇室成员记起。有鉴于此，明治天皇为了不让儿子嘉仁受到咒语的阻碍，特意将儿子寄养在外祖父中山忠能侯爵的家里。等到裕仁降生时，本来应该寄养在他的外祖父九条家里，可明治天皇做主将裕仁寄养在海军中将川村纯义处，这是因为川村纯义的女儿川村花子是大正天皇生母柳原爱子的侄媳妇。明治认为柳原爱子保全了皇族血脉，因而对她高看一眼，而在柳原家族中，柳原爱子对自己的侄子柳原光义和侄女白莲最为喜爱。所以，明治一定要把"圣孙"的抚育权交给跟以上两个人有关的家族中。等到嘉仁即位后，赐封中山侯爵御刀一柄，上书"皇室屏藩"。裕仁即位，又在军刀上加赐"永世翼戴"。日本虽然也是封建社会比较漫长的亚洲国家，但其封建礼仪远不能同中国相比，老皇帝刻了四个字，新皇帝在下面接着刻四个字，这在中国是绝无仅有的。不过，这在日本也是见怪不怪。李鸿章签署《马关条约》时遇刺，日本天皇派出"御医"诊治，日本皇后也赐予绷带，这在中国也是不可能出现的。说到这儿，在一旁静听的邱维达问了武内义雄一句："这几个字是怎么书写的？"武内义雄就写了下来，邱维达一看，便对王耀武说："要是这几个字不错的话，这把刀就是胡豪当初缴获的那把。"王耀武："是吗？就是你丢的那把刀吗？"邱维达点点头，安慧民坐在那儿可是有些不安稳了。武内义雄一听这把刀曾经落入眼前的邱维达手中，露出复杂的表情。王耀武笑了笑："这有什么奇怪的。中原会战那会儿，我们国军的李汉魂将军就在罗王寨缴获过你们日本师团长土肥原贤二的佩刀。河南那时候还流通一种辅币俗称'大铜圆'的钱，比南方的小铜圆大一倍，李汉魂将军让人拿二十枚这种大铜圆摞在一起，用土肥原的军刀狠劈下去，二十枚铜圆当场两半。说起来这把刀都赶上水浒传里青面兽杨志祖传的那把宝刀了。"邱维达问武内义雄："既然是天皇赐刀，那么这把刀怎么会轻易跑到战场上来？"武内义雄："这是日本和中国不同的地方，日本武士的军刀一直被看作是'圣物'一流的东西，天皇接受教育第一学年开讲绪论十二编，军刀被列在前十编中，仅次于神社和大米。在日本，武士的军刀讲究要经常带血，否则就会视作无用，即便是天皇赐刀也不例外。而且，越是无上荣光的军刀越要沾满对手的鲜血，这样才能发扬军刀的风范。"邱维达暗骂了一句"这帮兔崽子"，武内义雄当然没听清楚，还继续说他的"军刀经"。其实不用说，也能猜到了，中山家族的"嫡流"拿着这把刀在战场上让胡豪给切了，然后他安慧民又把"见小利忘大义"的瞿老乐给切了，刀如今落在他手里，真正应了那句话"缚虎容易纵虎难"，原本是准备留着这把军刀将来说事，可眼下彻底明白了自己早已彻底上了贼船。这把刀不论交出去还是不交出去，只要露出半点风声，自己都将死路一条。不过，这些担忧，当初张英年早就替他看出来，他跟安慧民说了一句算是"肺腑之言"的话："上了贼船就别想下，否则你第一个死，既然上了，就要争取去当贼头，不当大头，也要当二头，总之是先抖起来再说，一旦你做大了，即便是贼也不是贼了，你要是栽了，你就必须是贼。老祖宗的话要连读，不能断句，'上贼船易下贼船难'，可还有一句是成者王侯败者贼寇。"想到这里，安慧民横下一条心来，原准备最近找机会弄死丁小贵的计划也暂缓，他还让这个候补替死鬼在见阎王爷之前继续为他办几件脏事。

同时听到武内义雄"高论"的赵铁夫则有了另外一层想法。他首先想到的是要把这个武内义雄给弄到自己手里。他早就听说王耀武在部队里弄了个日本俘虏兵见天说教，来到湘西以后他从侧面认真地观察了几次武内义雄。这个日本鬼子怕死还在其次，关键在于他贪财。因为这个特点，赵铁夫觉得武内真是越来越符合他需要的标准了。赵铁夫要武内干什么？这里面牵扯着军统与日本人之间的一场秘密金融战。

1937年12月，日本大本营决定要让中国的抗日政权在金融上崩溃。次年7月，日本政府召开的五相会议上再度提出"设法造成法币的崩溃，取得中国的外汇，由此在财政上使中国现中央政府自行消灭"。当然，这是日本人的最高追求，在打响金融战之前，日本人还有个最低追求，那就是做到或者基本做到"以战养战"。随着叫板

第四章　明争暗斗

的深入，军统高层的一些人利用这个机会大发横财。原来物价是沦陷区比大后方便宜，1942年以后，沦陷区的物价升上来了，大后方反倒便宜了，这样，一些牟利奸商就把大后方的物资向沦陷区转运，获利经常是几倍的往上翻。这么好的生意，军统能放过吗？戴笠本来就兼着战时货运管理局局长和缉私署署长，做这样的生意那还不跟玩似的？闹到最后便形成了这么一种怪现象，军统一边将伪造的中储券（汪伪政权发行的货币）抢购的战略物资运回大后方，一边将大后方的紧俏物资销往沦陷区。而且，不论是运出还是运入，军统都抽头，里外都赚钱，而且，这还成了军统分布在主要水陆码头的重要业务，都由军统分设在当地的据点的头面人物直接掌控。湖南当时主要流往沦陷区的物资是棉花、黄金和西药。通过湖南自广东流向沦陷区的有钨矿砂、茶油、纸张、花生等，通过湖南自江西流往沦陷区的主要是米谷。不论从哪个角度看，湖南都是必经之路，军统在这方面下的功夫也最大。特别是陈诚主政湖北开通了运送军粮的捷径以后，军统一直想在里面插上一脚。在军统以往的历史上，蒋介石以下，只有三个人它是轻易不做情报不安插秘线的，即胡宗南、陈诚和宋子文。不过，今昔异势，戴笠现在一门心思要搞陈诚，自然不会像从前那么消停。所以，赵铁夫上任以来，最主要的脑筋就动在这条运粮捷径身上。军统派往沦陷区跟日伪当局打交道的除开颇具经验的大特务头子外，还要指派由军统训练出来或者经过考查无误的日本"向导"，这些"向导"多数出身俘虏兵。日军的对外军纪素来不太讲究，杀人越货强奸轮奸是家常菜，但对内从来都是特别严厉的，作为"帝国的军刀"的日军的教育也从来都是以"远离金钱的诱惑"为题的，因为日本军阀深知，当一支军队对金钱的迷恋超过了对死亡的恐惧，这支军队基本上就废了。然而，"黑眼珠见不得白银子"是自古沿袭下来的名句，当然也就不会被轻易地扳过来。随着战争的旷日持久，日军对内的军纪也日渐废弛，能战的老兵或死或走或残，新兵蛋子里效忠天皇的固然不少，但同时效忠"阿堵物"的也日渐增多。据国民政府财政部1943年夏季的有关档案披露，当时日军的宪兵甚至也参与了"护送"走私物品的活动，而且愈演愈烈。原本归湖南这条线上使用的日军"向导"在喂肥了以后已经遭致"密裁"，现在赵铁夫需要的正是像武内义雄这样的新面孔。

王耀武倒不是舍不得区区一个武内义雄，他问道："老兄，你是不是要打吴化东他们那条道的主意？"赵铁夫一笑："什么事都瞒不过你这个脑袋瓜子。不过，我可是什么都没做，也什么都没说。兄弟我现在好歹是个处长，凡事都是从党国利益出发，不敢沾染半点私情。"王耀武："编，接着编。"赵铁夫咧了咧嘴："放心吧，不论从公从私，对不住兄弟的事，我老赵不会去做的。"王耀武："老兄，吴大哥可是救过你我的，而且，他那人你也知道，他上次走前担心你误会他，还跟我聊了一会，所以，你怎么也不该在他的脑袋上动土。"赵铁夫拍拍王耀武："佐民，我心里有数。"

说归说，做归做，赵铁夫早就跟军粮接运处的副处长挂上了钩，真金白银的一拿到手，谁不喷啊？副处长也是人啊。湖北省原来有货运管理处，就是军统的地盘，也是军统洗钱的重要基地，但目标太大，而且暴露，陈诚的"研究系"特务早就盯上了，施展不开。因此，赵铁夫才打军粮接运处的主意。这么着，就由沈北原的公司出面，走军粮接运处的捷径将走私物品一批批运往沦陷区，可谓神不知鬼不觉。不过，天下到底没有不透风的墙，吴化东很快察觉了赵铁夫他们的这一勾当。鉴于自己的特殊身份，吴化东当然不便直接插手干预，而是想了一个釜底抽薪的办法。蒋介石依赖的"三大将"陈诚、胡宗南和汤恩伯手中都各自有一套属于他们自己的特务系统，自然，这些特务系统在名义上是绝对不敢自行其是的，陈诚及其主要亲信也断然否认存在过这种特务组织。但究其内里，却也算是"独立王国"，陈诚军事集团的特务系统外号叫"研究系"，是由第六战区司令长官部研究室得名而来。其实，研究室不过是一张幌子，实质则是嫡流战区司令长官部通讯室。鄂西大捷以后，蒋介石批准在六战区成立通讯室，这是陈诚集团特务系统正式建立组织的开始，该通讯室下设四个股，在各地设立十二个侦察班和十九个县级通讯站，遍布湖北、湖南。为了掩护通讯室的特务性质，陈诚集团的特务头子阮成章建议使用研究室的名义，所以，外人一般只知道有研究室而不知道有通讯室。主管陈诚特务系统的两个主要头目分别是张振国和阮成章，这里面阮成章是后来者居上，特别是 1943 年以后成为研究室代主任，成了六战区首屈一指的特务头子。阮成章不仅派出特务四处侦谍，而且也干起了仿制和伪造汪伪政权"中储券"的生意。

特务最大的特点就是喜欢"吃独食"，禁止他人染指。所以，当吴化东透过有关人士放给阮成章关于赵铁夫夹运"中储券"同时将战略物资倒手给沦陷区的情报时，阮成章的大鼻子头一下子便红了。对于赵铁夫以缉私处处长的身份到湖北、湖南本来就等于在阮成章的嗓子眼里卡了根鱼刺，这次又得到赵铁夫大肆夹运"中储券"的情报，更加怒不可遏。但阮成章虽然鼻头红了不少，可转念一想，如果硬上弓的话，很有可能会直接引来军统的反弹。因为在此之前，军统特务刘培初的党政工作总队和湖北省货运管理处都是被阮成章搞掉的，军统对此已经是咬牙切齿了。如果这次直接对"夹运"的事下手，万一军统狗急跳墙，他阮成章难保不遭暗算。军统在湖北的点设

第四章 明争暗斗

得很早，"保四科"（湖北省保安处第四科）那是大名鼎鼎，六战区军法执行部里面的调查室也有军统众多的眼线。因此，阮成章改用"软刀子"对付赵铁夫。这次他瞄准的目标便是武内义雄。

武内义雄在常德的落脚点是茂新货栈，我们在前面提到过，茂新货栈是当年戴笠通过瞿伯平建立的"点"，这次茂新货栈过来了一位来自上海的"大主顾"，而且还是女的，谁啊？余书茵。余书茵这次来常德等于是肩挑双担，一方面是戴笠派过来的情报人员，另一方面则是中山纯一郎所在的"中支"派驻湖南的合作对象，帮助中支寻找"合适"的伙伴的同时也将为中山纯一郎搜索军刀的下落。余书茵是不愿意接受戴笠的这次特殊使命的，因为久在河边站，没有不湿鞋的。她多多少少已经感觉到背后那双不时扫视兼怀疑的目光的逡巡，日本人不是傻瓜蛋，虽然它的情报工作比起俄国人或者美国人要差很大档次，可毕竟也算是玩了多少年的老手，起码的警惕还是有的。而且，戴笠已经答应过她，美日开战不久就会把她调回重庆。可是，戴笠食言了。1932 年 11 月 12 日，戴笠"十人团"成员徐亮同唐纵闲聊时品评戴笠之为人，说过以下这番话："雨农使人卖力气，并不怎样安慰和体恤，未能收人之心，反而离人之欢。"另外一位"十人团"成员周伟龙评价戴笠则说："对上忖度精到，对下死刑和禁闭（彼谓人的骨头是贱的）。对己是享乐主义，对人无所顾忌。"唐纵冷眼旁观戴笠"其职员生活之痛苦，一无莫所睹"。换言之，戴笠将给自己打工的这些人无一不视作工具，工具当然是不必有个人感受的，当然也就不必有个人安危的。取之则用，用过则废。余书茵是他玩腻的女人，如今有了胡蝶，余书茵更加不在他的眼里，至于余书茵个人的出路和死活，戴笠从未想过。

虽说戴笠已然对余书茵没了兴趣，可武内义雄却对这位女人倍感不同。余书茵因为有特殊任务在身，也只好勉强同武内打了几次交道，彼此都通日语，不用翻译，说东道西，很是聊过一些东西。但余书茵到底不会让武内得手，这样，武内的兴致便格外的浓烈。阮成章的眼线已经密切注意到了武内的行踪，很快也同武内搭上了桥。两边通吃，两边收钱，这种买卖对于武内来说正是求之不得。

武内两边通吃的事很快被沈北原发觉，密告赵铁夫。沈北原开办的华兴贸易公司如今肩负军统"夹运"和"转运"的业务，同时还由此与汉口的通利公司发生了一些业务。这个通利公司的幕后老板就是吴化成。1943 年，吴化成通过戴笠和沈鸿烈的指使，奉上峰之命秘密投靠日寇，被日伪任命为"和平建国军"方面军总司令，授予上将军衔。通利公司既是给吴化成所部筹款的机构，也是与戴笠通风的窗口。赵铁夫虽然对沈北原非常信任，但对通利公司的背景却只字不提。赵铁夫得知武内的事情以后，觉得麻烦来了，陈诚的"研究系"醉翁之意不在酒，肯定是准备通过武内打开缺口。现在他们把武内故意留在外边，目的是钓鱼。应该说，把武内义雄直接弄到身边来，当初是赵铁夫考虑得并不周到所致。如今，事情搞到这一步，如果听任发展下去，后果不堪设想。于是，赵铁夫密电重庆戴笠，请示下一步行止，而且在电报中，赵铁夫故意扩大事态。这使得原本便对陈诚戒备十分的戴笠更加以为陈诚集团准备动手，他很快复电给赵铁夫，将武内义雄密捕押送来重庆，由赵铁夫亲自负责。武内义雄被押到重庆以后，即送往望龙门21号严加看管。戴笠随即召见赵铁夫，他仔细盘问了军粮接运处同缉私处之间的过节，特别是详细询问了"研究系"特务对军统的破坏与抵制，戴笠同时也非常关注吴化东的动向。赵铁夫在汇报过程中，声称湖北省货运管理处和财政部湖北省缉私处的权力都已经被"研究系"侵夺，军统在湖北的据点仅剩下"保四科"徒有虚名。而且，"研究系"的手已经伸到通利公司门下，等于直接抢军统的"业务"，这跟此前刘培初等人向戴笠的汇报基本吻合。据此，戴笠下定决心，提前动手。戴笠让赵铁夫迅速赶回六战区，按照戴笠交给他的名单，锁定名单上所有人物，一俟重庆指令拿到，立刻抓人，不准漏网。戴笠特别叮嘱赵铁夫，王耀武的便衣队力量较强，关键时刻可以借用。赵铁夫面有难色，他知道王耀武从来不会趟这种浑水的。戴笠颇有把握："你跟王佐民说，武内义雄在我手里，十分安全。同时你还要告诉他，黑木清行也在我手里。他听了以后，肯定会把便衣队借你给用的。"戴笠同时要求赵铁夫，一定要想方设法搞掉吴化东，最差也要将其看住。

实际上，就在同赵铁夫谈话期间，戴笠已经从被捕的陈诚集团的参谋焦扬身上搜出语焉不详、颇有异端的密信一封，已经由昆明的军统特务机关转呈到重庆，就捏在戴笠手心里。从这封信的内容看，跟陈诚集团的"青年将校团"有着密切的关联。只是因为这封信还不能完全坐实"青年将校团"的异动，所以，戴笠准备继续搜罗一下其他相关材料，再行密报蒋介石。但如今看来，这件事必须立刻启动。他已经秘密造访何应钦，将此事和盘托出，何应钦坚决支持。同时，戴笠也与胡宗南联系过，胡宗南也予以支持。加之赵铁夫、刘培初等人的汇报，让戴笠认定，陈诚已经准备对他动手。因此，他即先下手向蒋介石汇报全部过程。蒋介石闻讯勃然大怒，下手令抓人。

赵铁夫回到湖南的当天就收到戴笠来自重庆的密电，只有四个字："照单全收。"赵铁夫连夜去找王耀武，商借便衣队。王耀武也不是吃素的，他早几天前就从余书茵那里知道了武内义雄失踪的事情，余书茵判断，这件事跟赵铁夫突然离开湖南有直接关系。最大的可能是武内已经被秘密扣押。对于这一点，王耀武并不担心，因为武内义雄的事情，他事前向俞济时做过说明。可是当赵铁夫说出了武内义雄现在戴笠手中，并且点出黑木清行的出处时，王耀武大吃一惊，冷汗冒出来了。

1943 年 9 月下旬，王耀武到重庆公干，见过唐纵、俞济时等人。据俞济时向他透露，日本军部特务和知鹰二的亲信总务部部长黑木清行衔黑龙会头子头山满和萱野长知的意图准备同蒋介石谈中日休战等一系列问题，经蒋介石批准后，由戴笠将黑木清行暂时扣押软禁。黑木清行原在日本时便以捕捉日共为"己任"，戴笠把他抓在手上，经常由他辨认军统方面使用的日军"向导"有无日共嫌疑，一经指认，立刻予以清洗。所以，黑木这张嘴就等于是"黑嘴"，黑嘴一张，祸事连连。俞济时当时就劝王耀武，找机会把武内义雄给打发了，否则容易惹出不必要的麻烦。所以，当赵铁夫向王耀武借调武内义雄的时候，王耀武假意多问两句，然后很痛快地拨给了赵铁夫，也是据此而来。如今戴笠通过赵铁夫带话给王耀武，说黑木清行在他手里，这就相当于戴笠直接告诉了王耀武他下一步的手段。所谓雁过留声，9 月间去拜会唐纵、俞济时的事情，戴笠肯定知情，唯其知情，他才会亮出黑木清行这块招牌，以深知戴笠脾性的王耀武看来，这是戴笠不择手段的一个重要表示，比起当年在庐山上的"截胡"丝毫不逊色，如果黑木清行"指认"武内义雄是"日共"的话，王耀武至少也要脱层皮。既然事情已经到了这一步，王耀武只能硬着头皮说借。事后证明，王耀武的冷汗不是白冒的，抗战胜利后，黑木清行仍旧被羁留在军统手中，他在 1947 年获释前还指称原日本军队防疫所所长河北外男为"日共分子"，导致河北外男于同年夏在重庆南区公园被枪杀。不过，借归借，便衣队要化装，而且借出去的便衣队成员一则不配长枪，二则都是操湖北口音。这样是为了避免"研究系"的特务顺藤摸瓜排查到七十四军头上。

王耀武不再多说，暗中替吴化东担心。事实上，赵铁夫此刻的心理状态比王耀武还要糟糕，抓人他不怵头，关键是如何将吴化东罗织在内。这时候，他想起了一个人来，白文冰。想当初在南昌第二陆军监狱时，白文冰那小子的那些个损招至今还印在赵铁夫的脑海里。

一看赵铁夫登门，又备了这么多厚礼，白文冰就知道什么叫"夜猫子进宅，好事不来"了。不过，他欠赵铁夫人情啊，上次如果不是赵铁夫说了句话，王耀武哪儿能就坡下驴把他给安排了。等到赵铁夫一张嘴，白文冰就装出为难的样子开始挠头了。最后，白文冰："这样吧，您得保证今天我说的话，哪儿说哪儿了，不能有一丝风透出去，尤其不能让我们主座知道。"赵铁夫满口答应。白文冰："我提个人，或许对您有所帮助。"

白文冰告诉赵铁夫，他手下有个管库员，差使很肥，这个管库员的同乡有时候就来这里坐坐，打打牙祭或者弄点钱花花。白文冰就注意上他这位同乡了，后来一问，这位同乡叫郑醒农。白文冰向这个管库员打听郑醒农的情况，这才知道郑醒农原名郑建安，又名郑新民，是民国三十年（1941年）被捕以后叛变的中共鄂西特委秘书。白文冰一听这情况感兴趣了，以后郑醒农再来，白文冰就负责招待他。两人聊着聊着，郑醒农就把过去的一些事倒给了白文冰。阮成章这些特务头子因为郑醒农一开始打了埋伏，后来在劝降这件事上也没有"立功"，所以，对他非常冷淡，事后就把他扔在一边，不闻不问。郑醒农这个人有个毛病，就是身边离不开钱，喜欢吃点喝点，搞点个人享受。如今财路越来越窄，就找他的同乡这位管库员想办法。白文冰凭着他特殊的嗅觉，感到这个人还是有些剩余价值可以利用的。因而，经常给郑醒农拿些钱，郑醒农跟白文冰的关系也就越走越近。有一次，两个人闲聊的时候，郑醒农就感慨了："白先生，也就是你还把我当个人看，也就只有在你这里，我还觉得自己像个人。"白文冰笑呵呵地给他倒酒："老兄，三十年河东，三十年河西，别这么悲观。"说完，又从兜里掏出一摞光洋摆在郑醒农的面前。白文冰了解过郑醒农的履历，特别关注的是郑醒农担任过中共地下党交通站站长这个职务。据他所知，凡是担任这个职务的人要有三样东西别人学不来。第一，要有个"火眼金睛"，也就是说过目不忘的好记性；第二，要有个"神行太保"，也就是说要有个好腿脚；第三，要有个"胶皮肚子"，也就是说要有副好肠胃。关键是这第一点，当年在南昌第二陆军监狱里，他领教过中共头号叛徒顾顺章的"本事"，虽然郑醒农不能跟顾顺章相提并论，但这种人留在手里，某一天就会派上用场。果不其然，这摞光洋起了作用，郑醒农说："不瞒你白先生说，我本来今天想给你带样礼物过来，可惜的是没得手，不过，我肯定要给你一样正经玩意儿，也让你看看我老郑不是那种忘恩负义的人。"白文冰："老兄，你我之间还用得着玩这套吗？你说我这里什么没有？除了大丫头小媳妇以外。"

叛徒顾顺章

郑醒农："你还别说，我要给你的这样东西还真是个宝贝。"白文冰："哦？什么宝贝？"郑醒农："红珊瑚烟嘴。"白文冰："那也不奇怪啊。"郑醒农："这可是唐继尧用过的。"白文冰皱皱眉。郑醒农："再往上追，这就是岑毓英、岑春煊爷俩用过的。"白文冰："怎么个意思？"郑醒农："据说，当年岑毓英当云贵总督的时候，搞到一颗名贵的珊瑚树，这珊瑚树最特别的是多了一个小杈，根据历史的记载，大概只有西晋大臣石崇家里的珊瑚树才有这种特殊的小杈。岑毓英就用这个小杈做成烟嘴和烟杆，后来这东西就传给了他儿子岑春煊。再后来，岑春煊跟唐继尧好上了，就把这烟嘴送给了唐继尧作念想。唐继尧完蛋后，这烟嘴可就下落不明了。"白文冰："你是怎么知道这些东西的？"郑醒农慢慢道来："我在恩远饭店有个朋友，他姓唐，小唐就是唐继尧他们家里管事的儿子，起小就在唐家呆过，这枚烟嘴除了唐老爷子以外，就是他爹见过和保管的次数最多。后来唐家败了，小唐也就离开了云南。唐继尧他们家祖上是湖北荆州的，好像明朝才过到云南的，唐老爷子发迹以后，追本溯源，在荆州建了几个宅子，其中一处就是小唐他爹看着来的，后来他爹死了，小唐是个败家子，三下两下就把荆州的家产给祸害没了，没法子，混到社会上随便找点事做，在恩远饭店当招待。有一天，他看到一个客人手里偶尔晃了一下这个红珊瑚烟嘴，这小子你别看他是败家子，看这东西一看一个儿准，谁让他熟悉来着，从小就看着长大的啊。"白文冰："你是说你想让小唐把这烟嘴弄来送我？"郑醒农乐了："没错，可是小唐没敢动手，他跟我说这客人好像来头不小。因为他看见吴先生跟他在一起呆过。"白文冰："吴先生？"郑醒农："就是军粮接运处的训导员吴先生啊。"白文冰："吴化东？"郑醒农点点头。白文冰："那么，这客人是哪儿来的？"郑醒农："小唐说了，是贵州口音，而且应该是安龙那片的。"白文冰："能这么肯定？"郑醒农："应该能，你想啊，小唐就是唐继尧平了贵州以后生在那儿的，贵州等于他半个家一样，口音不会听错。反正肯定是贵州的。"白文冰："那这客人还有什么特征啊？"郑醒农："听小唐说，好像有点左撇子，好像啊，他也不确定，因为你也不能总盯着人家看，再说这客人挺深的，平常不出门。"

等白文冰将这段转述完毕，赵铁夫"呼"的一下子站了起来，来回走了两圈："老弟啊，这个郑醒农现在哪儿？能不能给我马上弄来。"白文冰："处座，您老别急，郑醒农是煮熟的鸭子，我想知道的是我这段情况提供得是否有价值？"赵铁夫："老弟，不是有价值，而是太有价值了。这里面的沟沟坎坎当初在南昌的时候，审讯许随安那会儿，你也多少知道一些，我也不必瞒你。退一万步说，即便屎盆子扣不到吴化东脑袋上，如果这个贵州人真的是我们十几年来一直要抓的那位，也足以在重庆横晃了。不过，我纳闷的是，这么一个好段子，你怎么不说给你们副总座听，而偏偏等我来的时候才讲呢？"白文冰："处座多心了不是？以我们主座的为人和处事，你说我跟他讲完这个段子以后，他做的第一件事会是什么？啊？"说到这儿，赵铁夫和白文冰都笑了。赵铁夫点点头："你算是把你们副总座琢磨透了，佐民这个人做人还是有底线的。"白文冰："处座，这话不好这么说，我可从来不敢也没有琢磨过我们主座，更谈不上琢磨透了。"赵铁夫："老弟，算我啥也没说，行不？"赵铁夫又说："老弟，你待在这里真是屈才了，不是我挖佐民的墙脚，当年在南昌我就劝你跟我去南京，怎么样？现在跟我去重庆也来得及，雨农跟我许过愿，这单生意过后，我回重庆局本部，关键处一定要给我一个，到时候你来当副处长如何？"白文冰："饶了我吧，我哪儿是那块材料啊，我最多也就是跟着在下面踢踢脚，喊两嗓子而已，我现在当这个角儿挺满意，有吃有喝还有的捞，再说，主座对我不错，我就这么攀了高枝儿，您说这是不是也有点不仗义啊？"赵铁夫："难得老弟这么仁义，以后只要想起来，我那边随时给你留位置。"

两个小时以后，赵铁夫就通过白文冰将郑醒农秘密提了过来，反反复复把那个贵州人的情况打听了个遍。基本可以确认这个人就是十六年以来他赵铁夫一直"魂牵梦萦"要找的袁祖铭的幕僚袁筱南。赵铁夫再往深了一想，袁筱南为什么会在这个时候来到接运处？道理很简单，正好打了个时间差，赵铁夫这段时间刚好离开此处回了重庆，赵铁夫押解武内义雄回重庆是打着述职的旗号，因为迫于孔祥熙的压力，戴笠不得不辞去财政部缉私署署长的职务，赵铁夫的缉私处处长自然也干不久，所以，他的这次回重庆述职在两湖官场上早已传遍是办移交的。而赵铁夫是奉戴笠之命，秘密潜回，知情人少之又少，甚至连"保四科"的人都不清楚。而且，这次赵铁夫在湖北、湖南同时动手，借助的是王耀武的便衣队，根本没用军统系统的特务人员。因而，也就很少有人会想到赵铁夫居然近在咫尺。事后证明，赵铁夫的判断没有错，吴化东劝过袁筱南，不要在此处久留，因为赵铁夫的办公处就在这里。但袁筱南并不在意，他自信是有把握对付赵铁夫的，当年他为何死里逃生，就在周斓等人眼皮底下活着逃出了常德县城？就是因为他在船上的时候，便已对赵铁夫多了一分戒备，赵铁夫去茂新货栈的情况，袁筱南也略知一二，只是因为时间太紧，已经来不及通知袁祖铭，所以，袁筱南只好孤身逃脱。在以后的日子里，除了他袁筱南自己愿意在王耀武的视线下暴露外，赵铁夫竟然连他的一点蛛丝马迹都搜索不到，这固然是袁筱南值得自我骄傲的地方，也是他最后大意失荆州的所在。他万万没有想到的是赵铁夫此次动用的是王耀武的便衣队，这批训练有素，在战场上足以应对日军特工队的便衣人员稳稳地瞒过了袁筱南的警惕。

根据郑醒农的交代，赵铁夫知道袁筱南还要逗留一天或者两天的时间，他让人看好郑醒农，自己守在电台前亲自给戴笠发报。戴笠回电指示，立即布置抓捕，同时电令，如果确认袁筱南身份无误，立解重庆。赵铁夫马不停蹄地布置下去，在郑醒农提供的地点左右安排了大量的暗哨和流动哨。第二天上午，赵铁夫他们终于抓到了袁筱南。而且，拔出萝卜带出泥，在袁筱南的住处搜到一张提货单，货品都是西药，赵铁夫他们又按图索骥，查扣了这批西药。应该说，这场意外的"惊喜"让赵铁夫长达十六年的梦魇结束了。当然，赵铁夫知道此刻的袁筱南肯定是什么都不会说的，他也不指望他说什么。抓到袁筱南不久，戴笠、赵铁夫又设计诱捕吴化东"成功"，迅速将他们两个人押往重庆军统局本部收审。走前，赵铁夫把郑醒农也一并带走，郑醒农就此投靠军统，中华人民共和国成立后，他被我公安机关逮捕归案，受到了应有的惩办。

在抓捕袁筱南和吴化东的过程中，王耀武完全被蒙在鼓里，直到孟记东向他透露一些情况以后，他才如梦初醒，让他气愤的是，赵铁夫背着他这么干倒也还在其次，白文冰竟然参与其中还只字不吐，他一个电话就把白文冰叫到了办公室。奇怪的是白文冰并不惊慌，反倒是王耀武先开了口："这个事为什么不告诉我？"白文冰："主座，我请您现在也不要听，不要问。"王耀武冷笑道："我也算是从死人堆里爬过的，未必就怕这个。"白文冰："主座既然要问个究竟，我就说说。吴先生是您的救命恩人，这不假，可袁筱南呢？不用我说了，我不知道便衣队的弟兄有没有告诉您，从袁筱南的手中查到一批西药，湖南走私夹运最大的三宗货品就是西药和黄金、棉花。为了躲避'瓜田李下'，你让我把湖南的金店的生意都给挪到江西那边去了。可袁筱南搞了这批违禁的西药，意欲何为呢？只有两条路可走，一条是通日本人的，一条是通中共。以吴先生的为人，杀了我我也不信他会与私通日本人的人交往，那么就只有一种解释——通共。"王耀武不得不承认白文冰所说的这些也正是他的顾虑所在："你去吧，有事我再叫你。"白文冰走后，王耀武陷入了苦恼之中。

5.谁主沉浮？

进入 1943 年 11 月以后，常德保卫战打响，在这次战役中，七十四军五十七师余程万部打出了中国军队的威风，王耀武因为带兵有方、攻救得力，受到蒋介石的第三次破格召见，就在这次召见不久，国民政府明令发表王耀武为国民革命军第二十四集团军总司令，时年王耀武不过三十九岁。在蒋介石的"三大将"中，只有陈诚是在不足四十岁的年龄迈上集团军总司令台阶的，剩下的胡宗南、汤恩伯都是不惑之年才当上集团军总司令的。而黄埔系的其他将领中，也只有李默庵等极个别人是在不足四十岁年龄里坐上集团军总司令宝座的。不过，李默庵是黄埔一期出身，王耀武则不过是黄埔三期而已。就这一点而言，王耀武已经跻身蒋介石重要爱将的行列之中。应该说，截止到这时，蒋介石对王耀武的三次召见，每一次都预示着王耀武将走上一个重要的位置，每一次都标志着王耀武的仕途更加顺畅。

随着王耀武跨入集团军总司令的行列，安慧民也被新近发表为第二十四兵站分监部分监。因为白文冰对安慧民的"恭恭敬敬""服服帖帖"，这次安慧民晋升以后也安排白文冰担任分监部副分监，同时兼任第七十四军军需处处长。罗明理对安慧民这么提拔白文冰不以为然："安老弟，这个小白不好琢磨，我劝你多观察观察再说。"安慧民："参谋长，这小子当然不是啥好鸟。可孙悟空天大的本领也逃不过如来佛的手心。只要佛爷不变心，孙猴子能撑多高？"罗明理心里也承认安慧民说的是"真理"，遂岔开话题道："最近你嫂子问我你怎么不常去坐坐了，我说安老弟升了分监了，享受了少将级的待遇，眼光自然也就不同了。"安慧民："参谋长又骂我了，您也知道，我最近那是忙得连个放屁的工夫都没有，改日，我一定登门叨扰。"安慧民心里清楚得很，什么"常去坐坐"，不过是借口。今天明里是话话家常，实则是参谋长手头又痒痒了。说到钱，最近安慧民真是有些头疼。进入到 1944 年，明眼人都能看出来，日本明显有些挺不住了。虽然距离崩盘还挺远，可当年的那股子精神头却再也看不到了。各路驻军特别是黄埔系将领的所辖部队一时间都成了市场上的"香饽饽"，日伪方面分别有人直接与他们联络，希望搞一些"物质调节"，希望多一点"和平通道"。比如汤恩伯的部队就专门设立了物资调节处，由汤的军需处处长兼任物资调节处处长，大搞走私贩运。然而，王耀武在这方面却迟迟没有动作，不但没有动作，反而积极配合国民政府资源委员会派员到湘西勾考矿业资源产运情况。在湘西当地，蒋经国的"赣南班"的亲信之一的严子庸（严守中字子庸，以字行）以国民党县党部书记长的身份兼任代县长，主抓特矿走私的问题。蒋经国在江西于都县查禁特矿很有些经验，以至联保主任这一级别的底层干部想要搞点手脚也不太容易。这一点被严子庸借鉴过来，再加上国民政府资源委员会的大员在上面，安慧民能不头疼吗？

张英年本来不准备告诉安慧民倒腾钨矿砂的另外几位股东的名字，这都是单线联系的，当初也是约定好的。可眼下这局面，安慧民那边一手掐着两条线，一条是兵站线，一条是运粮线，而且跟瞿伯阶他们也接上了头，不论这两条线哪条线出毛病，这对他们的生意的影响都是大大的。所以，张英年就把其中两位最重要的股东的情况及时通报给安慧民，也该让他们出面帮忙顶顶雷了。

张英年说出来的这两位股东就是湘西的著名"土著"，他们俩的名字安慧民早就从瞿伯阶嘴巴里听过了。这两个王八蛋，一个叫陈凤举，一个叫杨福昌，这就是瞿伯阶经常骂的"老狐狸"和"坐地炮"。先来说陈凤举，陈凤举字鸿飞，他老妈生他的那天，据说有"异兆"，所以，陈凤举的爷爷就写了一个横幅挂在中堂，上面四行字："鸿鹄高飞，一举千里；羽翼已就，横绝四海。"陈凤举靠着家里的资助，放高利贷起步，一点点爬上去，做过一方团总，成了县里有名的豪绅。他生平最大的资本，也是他赖以起家的本钱就是同"湘西王"陈渠珍陈老统的一段渊源。当年川军入境时，陈渠珍的家属都多亏湘西土匪世家张贤乐的保护才得以平安，事后陈渠珍感激张贤乐，封他当了游击司令，还封张贤乐的儿子当了团长。可张氏父子看到陈渠珍无暇他顾，就准备借机推翻陈渠珍自代，因为张贤乐的儿子同陈凤举的女儿是订了婚的，所以，陈凤举也是知情人。可陈凤举却暗中把这件事捅给了陈渠珍，陈渠珍设计杀了张贤乐父子，从此拿陈凤举当家里人看待。有一次，陈渠珍准备让陈凤举出任辖区的行政专员，相当于陈渠珍的副手，陈凤举不干，他跟陈渠珍要三个位置，一个是湘西禁烟委员，一个是十县联团委员会委员，一个是十县联合师范校董会董事。陈渠珍马上就答应了。湘西禁烟委员名义上是禁烟，实际上是贩烟，这等于钱把子。十县联团委员会是保甲制度最关键的环节，也是陈渠珍拥兵湘西的主要根源，这等于刀把子。十县联合师范学校既是宗法，也是人脉，这等于是印把子。陈凤举抓住了这三个把子，即使日后陈渠珍垮台，何健进了湘西，也一样拿他毫无办法，一样也得当神供着。

接着再来说"坐地炮"杨福昌。杨福昌时任县警察局局长兼县补给分会会长兼军民合作指导处主任。这个县补给分会的任务是驻军的副食费一旦同当地有差价后，这个差价部分由该补给分会报请省政府补给会划拨。军民合作指导处则是负责驻军的运粮和其他军需供应工作。原本这个补给分会和军民合作指导处并不是什么了不起的机构，而且在编制上也没有特别固定的人员。但问题在于戏法人人会变，就看变得好看不好看。有了这支印把子，就看你掌舵的会不会用。杨福昌愣是让这两个闲曹冷衙变成了车水马龙的个人福利总基地。

县是国民党政权基层组织最关键的一个环节。小说《新星》的作者托词《古陵县志》写下开篇的第一句话："积县而郡，积郡而天下。故郡县治，天下无不治。"道理说得很透彻。国民党也懂得这个道理，1938 年以后，国民党中央政权搞了"新县制"，就是为了把县这一级政权的"管、教、养、卫"四大职能充分发挥出来。进入到二十世纪四十年代，为了整合已然涣散的国民党基层党组织，蒋介石还吸取了蒋经国的建议，将一些县的三青团干部调到县党部充实起来，同时还尝试让这些县党部的头目兼任县长或者管理县政。严子庸就是这种试验田里的一束荻麦。

早在抗战初期，蒋介石就曾经痛心疾首地论及国民党："第一，做官不做事；第二，有私利无公心；第三，重权力次责任。"蒋介石进一步指责道："党组织有上层而无基础，有党员而无民众，有组织而无训练，有议案而无行动，有章程而无纪律。"蒋介石认为："各级党部办事，只要个人的情感和私见，注意个人的得失和权力的分配，对于整个党务事业和党的前途，没有真诚的打算。"蒋介石还认为："为什么说本党现在只有躯壳而无精神？就是我们的同志丧失了党德。党德堕落，党没有精神，没有力量。所以，要蒙受党耻和国耻。"

为了应对这个糟糕的局面，蒋介石搞了两套办法，一套是以团洗党，一套则是以军统党。前者被称为"团党论"，后者则被称为"军党论"。所谓以团洗党是用三民主义革命理想改造国民党，用掺沙子等办法一点点渗透进去。所谓以军统党，则是利用军队严密的组织和纪律唤醒党部组织的职能。在"三青团"的问题上，蒋介石很卖力气，他自兼团长，用陈诚在前台，用蒋经国在幕后，严子庸这类的人物都是这个背景下给培养起来的。军队方面，蒋介石批准成立青年军，一手抓青年，一手利用青年抓组织。与此同时，蒋介石在黄埔系中也大力培植这方面的样板，这块"整党"的试验田的在湖南湘西的另一束荻麦便是王耀武及其麾下的七十四军。

严子庸在常德保卫战中唱了一把好戏，给王耀武的帮助不小。在蒋家父子看来，王耀武、严子庸的文武搭配、军党双架，如果进展顺利的话，"整党"的这个目的可能在湖南便先行结出了"奇葩"。此外，湖南以前长期在何健这些地方实力派的手中，党务系统基本处于瘫痪状态，假如从这里起步能够树立起一个样板的话，那么，下面的工作自然也就是容易得多。然而，形势的发展毕竟不以个人意志为转移的，严子庸接手县政府和县党部以后便发现，在烂泥潭中行走的国民党基层组织真不知从何抓起。

作为现代政党，特别是国民党这种一党执政的党集团，开党会、交党费等于是基层党组织的两条腿。可是，严子庸发现在他所管辖的县里，这两条"党腿"某种程度上都被打断了，就是没打断也给抽了筋、去了骨，留下的不过是一层皮。党会有县党部每周的例会和县党部下属的分区党部的党组会，严子庸主持的县党部的第一次例会就出现大量缺席现象，而分区党部的党组会更是一塌糊涂。严子庸就开始着手调查这个党会为啥开不成，一调查，明白了一半。有两个原因，一个是党员成分鱼龙混杂、乱七八糟。根据严子庸的考察发现，抗战前夕，该县县党部组成人员中还曾经有过专科学校学生出身的知识分子，等到抗战爆发以后县党部的组成人员中不但大专院校毕业的成为绝迹，就是中学水平的也成了稀罕物，最多的则是小学毕业和私塾出身的。就个人职业成分来说，抗战前，专职党务人员还是颇有一些的，可抗战以后该党部下属的各级党组织中的党员成分主要以农民党员和无业游民为主。而且，这些人入党根本非其所愿，完全是县党部为了应付上级党部的命令，强行要求这些人集体入党所致。这些人不要说对三民主义不知为何物，就是党章、党纪这些条条款款也从未见过。分区党部连一本党章都找不到。县党部的党旗长达十年未曾更换，破烂程度简直无法形容。另一个原因则是因为开党会没有油水可捞。比如县里召开县政府组织的各项会议，多半有点东西发给与会者，像十县联团委员会开会干脆就发钱，禁烟局开会发的东西至今搞不清楚，但肯定是好东西，因为开会的人出来都眉开眼笑的。

至于说到交党费，那简直就是国民党党务工作中最大的老大难问题，连蒋介石也无可奈何。抗战前，国民党要求党员每月须交纳党费两角钱，这个标准按照当时的物价情况看，不能算高。可就是这么个标准仍旧达不到。

这些还都是老问题，让严子庸大吃一惊的则是县党部实际上已经被架空，全县的党务系统的核心不是他这个县党部书记长，而是陈凤举。每年，国民党中央组织部照例都要下达征收新党员入党的指标，蒋介石曾经在抗战中期提出过要国民党党员突破1000万人大关，为了完成这一"目标"，国民党中央组织部开足了马力。各级党部接到命令的第一感觉是傻了，第二感觉这根本等于扯淡。不过，你上面有政策，下面便有对策，不就是要人吗？好，给，要多少给多少，反正中央组织部的大老爷们也不可能亲自跑下来问长问短，问个究竟。就这样，在二十世纪四十年代，中国大地上出现了"入党"的"高潮"，县党部要求凡是在册的公务员一律成为当然党员，警察局在编的警务人员一律是当然党员，县银行发放贷款时，受贷者必须入党，县救济会下到乡村一级发放粮款时，受到资助的农民同时必须办理入党手续。在这样的大背景下，陈凤举发现大有文章可做。陈渠珍垮台，十县联团委员会自然不复存在，但代之而起的联保委员会还是陈凤举当家。十县联合师范学校改名叫"联合师范学校"，校董会还是被陈凤举操纵，而且借着这一机会，陈凤举还将县中学抓到手。结果，"入党"的摊派任务一下来，陈凤举的功劳最大，因为一则这些下面的保甲长都是他不同程度提拔或者使用过的，他们搞来的"党员"功绩自然要算在陈凤举的头上，二则县中学和师范学校全体入党，这更是在人员上压倒了其他各县。最重要的还在于按照新入党的人数向上索取党务活动经费，尽管陈凤举看不上这点小钱，但这实际上是一种权威的炫耀，而且这笔钱到手以后，他直接划给下面的保甲长或者县中学的训导主任使用，落得个天大的人情。上面因为有着国民党中央组织部和省党部的压力，这笔钱还不能不给，担心万一不给，下面就撤火，你这锅"入党"的浑水就休想烧开。闹到最后，县党部组织、宣传、训练、民运四个干事均被陈凤举联络陈、杨、瞿、彭等几大宗姓平均瓜分，县党部主持日常工作的主任秘书就是陈凤举的亲戚，县党部实际的工作会议和例会在人家陈凤举家里就开过了，陈凤举不点头，你县党部连个屁都通不过。而且，陈凤举还放出话去，县党部的工作很累，我根本不愿意管，如果不是严书记长的"感召力"，我早就让贤了。言外之意相当于警告严子庸，你要想换人，我先把你给换了。

更可怕的是陈凤举不止于此，他还联合杨福昌"承包"了县财政、县警政。警政这块本来就是杨福昌自己扛过来的，因为湖南省警务处处长和保安处处长都是由军统骨干担任，杨福昌虽然不是军统线上的人，可跟这些人关系一直不俗。因为杨福昌从他老爹那代起就是开金矿的，家里有的是钱，就是没有穿官衣儿的，所以，老爹后来出钱买通各级官员，给儿子安排当上了县警察局局长，再通过这个位置结交省里警保系统的特务头子，以至靠山不倒，靠水长流。战时规定，县长兼任县军法室军法官，要求县警察局将有关羁押超过二十四小时的人犯务必交由县军法室审理。但县警察局杨福昌根本不买这个账，要么在二十四小时内把人犯给做了，要么直接将人犯通过军统的线路上送到省警务处或者保安处第四科。你县长天大的本事也惹不起军统。县财政名义上也是县长一把抓，但具体到严子庸他们这个县，财政收入除开正项外，副项主要是三块，一块是鸦片烟抽税，一块是军粮补给差价款，一块是走私夹运。而且，这三块副项的收入远远高于正项。就这三个副项来说，禁烟这块是陈凤举统管，县长插不上手去。军粮是补给分会和军民合作指导处管理的，严子庸也使不上劲。最后走私这项，严子庸更糊涂了，人家神龙见首不见尾，你干没辙。这三块副项收入主要是陈凤举和杨福昌把持，另外有时候需要瞿伯阶帮忙的，临时分给他一些。瞿伯阶也不傻，知道这中间的猫腻，所以，几次想联手安慧民将陈凤举、杨福昌给整窝端掉。他的办法还没有做，人家张英年那边的话就给递到了，安慧民的屁股还能坐到你瞿伯阶那边去？

严子庸到底还是蒋经国一手带起来的人，一开始这三把火还真想狠狠地点他一家伙。他想来想去，要把陈凤举和杨福昌这样的地头蛇摁下去，找土匪头子瞿伯阶那是不行的，那等于前门驱虎后门迎狼。说到底还是要驻军帮忙，一般说来，这种级别的县长想去跟集团军总司令这一级别的高级将领对话，基本是做梦。可严子庸不这么想，他有跟王耀武常德共事的经历，他觉得王耀武这人还算是有血性的，而且，这次蒋经国也跟他说过，第二十四集团军直属党部书记长由王耀武兼任，真的用军队的"黄埔精神"再把"党军"的一些传统灌输到党组织中去，王耀武那里是重点。于是，严子庸便去找王耀武商量。

王耀武听完严子庸的叙述，半天没说话，不是他蒙了，而是他此刻心里想到了一件往事。当年他在江西"剿共"的时候，郑宜兰的老爹曾经去江西公干，王耀武留他住了几天，翁婿两个人聊起时局，老丈人给王耀武看了一样东西。这是国民党闽侯县县党部三十年代初的一份报告誊抄件，上面是这样写的："闽省自隶党治之初，民众视党如天之骄子，视党员如神圣之不可侵犯，其所以如是者，盖以水深火热之民众，待援之殷，望治之切，视党军如王师，视主义如圭臬，视标语如信符，党军未至，尝有奚为后我之怼，其信仰之深可知矣。惟时过境迁，办理党务者不能奋发有为，遂流于腐化；益以时会所趋，党权不能提高，于是党治渐移为官治，致贪污充斥，民苦难堪，而负有除暴救民之党部负责同志，在此之时，只以息事宁人为口禅，虚与委蛇，徒事敷衍，此民怨沸腾矣。至党员方面，平素久疏训练，对党观念，本已薄弱，况多不能洁身自爱，行动流于恶化，其作奸犯科，如嫖也，赌也，鸦片也，贪污土劣也，溺者无一不尽其极，执是之故，人民对党之信仰，则每况愈下，此不特过去本县如是，即全省各县人民对党之态度莫不皆然。"说实话，王耀武当时看到这份誊抄件虽然也有些震动，可总是在想，这也是过去的事了，或许是受了中共方面的"蛊惑"也未可知，只要尽快"剿""匪"，将来一致对外时一定会有所改观的。可今天当他听到严子庸的告白以后，他的心底这片早已尘封的水面终于泛起了波澜。两年前，他听到过一个湖南官场上的笑话，说是中央任命周天贤为国民党湖南省党部委员，事后才知道周天贤居然连国民党党员都不是，只好撤销成命。如今将闽侯县党部的誊抄件以及严子庸所在县的基层党组织概况和这个周天贤的笑话联系到一起，王耀武再也坐不住了。国民党实行的是一党专制统治，如果这个党基摇晃，所谓皮之不存毛将焉附？

严子庸又点了王耀武一句："王总司令或许不知，经国先生曾经跟我谈起过苏俄的党团组织之坚固可谓无与伦比。据经国先生了解，苏俄早于民国十年（1921年）便确认党组织对苏维埃政府的绝对领导权。苏俄中央书记处高高在上，虽只有三位成员，可耳聪目明，鲜有蒙蔽偷滑，经国先生用中国古人的话总结道'事权之一，纲

纪之肃，推校往古，无有伦比'。反观我们这里，真是令人无话可说，难怪日寇说我们'所谓一党治国者，不过纸上文章而已'。"王耀武："日寇何时有此言论？"严子庸："这是日寇在民国二十四年于上海召开的领事会议上透露的，也是经国先生告诉我的。"王耀武："地方党务、政务不意都被这些豪绅、奸商把持，长此以往，党国何以立足？"严子庸："所以，今天严某来，就是请王总司令出面帮忙，收拾残局。"王耀武："王某何德何能？再说，驻军不得干预地方政务，你们县里的事自可请省府出面，如需要代陈，我倒是可以襄助一臂之力，薛长官这点面子还是能给我的。"严子庸："早就听说王总司令急公好义、披肝沥胆，想当年，总司令在北伐福州之际，以区区下级军官的身份尚且能解救民女于水火之中，如今手绾兵符、镇守一方，却退避三舍，严某百思不得其解。"王耀武笑了："看来严先生也是有心人，王某的这点子事情，严先生知道的还不少。不知道严先生读过《后汉书》没有？"严子庸："也算读过。"王耀武："我记得《后汉书·酷吏传》上光武与姐姐湖阳公主之间有段对话。"严子庸："莫非这句——'主曰：文叔为白衣时，臧亡匿死，吏不敢至门。今为天子，威不能行一令乎？帝笑曰：天子不与白衣同。'"王耀武又笑了："严先生是聪明人，此一时彼一时啊。"严子庸："王总司令说的对，的确是此一时彼一时。自'四一二''清党'以来，党权隳堕，所为者何？无非是两条，第一党之于全民并无感召力，第二党之于地方并无号召力。所谓强支弱干，所以，对内不能削平大难，对外不能制胜倭奴。现在抗战军兴，真是绝好的机遇，本党以领导抗日自居，以抗战的名义得寸则寸得尺则尺，渗透地方渗透各派。严某不才，受经国先生知遇，如果连一个小小的百里方圆都不能令其纳入国家轨道，还遑论其他？于今，我已探知，有一批违禁物资正好通过贵防区，这批违禁物资不是鸦片，也不是黄金，而是钨矿砂，听到这里，以王总司令往昔光荣历史，严某揣度不会无动于衷吧？"

从严子庸嘴巴里听到"钨矿砂"的走私，而且就要从第二十四集团军的防区中通过，王耀武不能再那么矜持了，关于特矿走私的事，他多有耳闻，只是没有想到如今居然爬到了他的头上。而且，他也清楚，蒋家父子之所以这么看重新县制，根本目的就像严子庸刚才说的那样，意在"收权"。蒋介石甚至考虑过，到必要时刻，将县一级的政权直接划归中央统属，既然国民党党务系统处在半瘫痪状态，那么，也就只有借重于国民党党内新生力量包括军队的力量不断输血与激活。从这个层面上，县里的事情虽然隶属于地方行政系统，但他王耀武插手也不会被多加指责。然而，即便是这样，王耀武也认为该避嫌的一定要避嫌，他借口具体事务需要跟参谋长罗明理去谈，支走了严子庸。

等严子庸一走，王耀武就把白文冰给找了来，向他了解一下陈凤举和杨福昌的基本背景。白文冰说杨福昌这个人暂时还不能动，王耀武问他为啥。白文冰就告诉王耀武，金店的生意挪到江西以后，金子的来源比以前成本增加不少，还就是搭上了杨福昌这条船，入账的金价还算合理。而且，目前上海黑市上黄金很抢手，江西金店打金这块没有太多收益，反倒是腾挪到上海的那批金子收入相当可观。而且，这笔收入也是支撑七十四军特别是五十一师伤残官兵的重要支柱。白文冰还告诉王耀武，杨家经营金矿已经两代，气候大致形成，他们是采、运、销一条龙，光是运送就有三条秘密通道，他也只知道其中的两条，还有一条只有杨福昌自己掌握，外人无从得知。所以，就算是要搞杨福昌，也不是现在，也要等机会。王耀武正在踌躇，罗明理的电话打了进来。在电话里，罗明理将严子庸的需求提了出来，一个是需要便衣队的帮助，主要是截获钨矿砂走私。再一个需要集总这边封锁消息，以严子庸的情报看，这批走私的钨矿砂最迟在下周一也要过来了。王耀武放下电话，心里更不是滋味了。白文冰小心翼翼地问："主座，如果有需要小白出力的地方，还请主座明示，小白愿为主座分劳。"王耀武："你可能也猜出来了，严子庸他们要我们伸手帮助他们截获走私的这批钨矿砂，但这潭水很深，我们作为驻军到底趟不趟，我还在犹豫中。"白文冰："严书记长那边，不妨先答应他，这件事如果主座看得起我小白，不如交给我来办。"王耀武点点头："我信得过你，要不然我也不会找你了。"白文冰又跟王耀武低语了两句，王耀武的脸色有点变，可很快绷住了，他同意白文冰便宜行事。

在准备截获钨矿砂这件事上，白文冰是下了不少的功夫的，通过王玉彬和瞿伯平他们打听了很多新情况，再加上自己的眼线，基本概况了解得差不多了。他知道王耀武在这件事上的为难程度。首先，王耀武既然决定帮助严子庸截获钨矿砂却没有通知国民政府资源委员会的特派员参与，这显然不准备将此事扩大。而将此事扩大的主要功能就是扳倒杨福昌。可是，这么做有些投鼠忌器，前面已经提到了这一层，集总要厚恤五十一师乃至七十四军的伤残弟兄，离不开金子，上峰给的这笔钱非常有限，军政部部长是何应钦亲自兼任，对于王耀武所部的提请，何应钦一般都是有求必应。但是，抗战期间，军政部内部收支一团糟，何应钦自己做过一个统计，从 1937 年 7 月到 1945 年8 月，这八年多的时间里，中国物价上涨 1640 倍。可军队中上将的薪水只上涨了 208.3倍，士兵的薪金只上升了 128.6 倍。不论是上将还是士兵，如果通过正常收入都无法维持生计，而且，官兵之间的贫富差距进一步拉大，抗战前，官兵间的贫富差距为 34 倍，抗战中，两者间的差距为 55 倍。如果加上官长们各开通途拿进来的灰色收入，那就连155 倍都不止了。在这样一个大环境下，军政部上上下下可谓无官不贪，无吏不渎。所以，即便是何应钦发话交办的事，假如下面人要做个手脚，那太简单不过了，上次徐庭瑶他们碰的钉子便是一例。因而，王耀武自己不得不从"小金库"里面支付一笔巨款应对本部人马可能出现的各种情况。"钱是英雄胆"，手里没有米，那是连鸡都叫不来的。

然而，此时的王耀武正值壮年，官运亨通，对于蒋介石的提携感戴莫名，心中暗暗发誓要为国民党的党天下尽自己所能。看到陈凤举、杨福昌这些地头蛇的所作所为，王耀武从心底里恨之入骨，对于这些国蠹，杀一个不多，杀一百更好。他就想借着这次拦截走私的钨矿砂的事情彻底将杨福昌这批人摁住，砍断他们的利爪，服服帖帖地成为第二十四集团军的出血筒子。办这样一件事，王耀武不直接跟严子庸对话，也不直接表态，而是分别让罗明理和他白文冰去具体负责，为的是将来有一个缓冲的余地，这点上白文冰很清楚。而作为白文冰自己来说，查办钨矿砂这件事同样也是他扳倒安慧民以及罗明理的第一步。

王耀武、白文冰、严子庸他们在忙乎，陈凤举、杨福昌也没闲着。傍晚时分，杨福昌敲开了陈凤举的一个秘密住处的侧门。杨福昌把刚刚得到的消息告诉了陈凤举，陈凤举也马上没脾气了。

对于像严子庸这样的货色，陈凤举是从来没有放在眼里的，包括国民政府推行的"新县制"，陈凤举也自有对策。他说过："什么新县制，说白了就是削藩策，想一竿子捅到底，好啊，你不是收权吗？你收的越多，你得罪的人也就越多，就说我们县里，你县长兼党部书记长还兼军法官还兼司法检察官兼训练所所长兼政工室主任，轮兼，你厉害，可你兼差越多，下面人的油水就越少，他们就越恨你，有了这么多恨你的人，我还怕你不早点滚蛋吗？什么叫强龙不压地头蛇，这就是。"可是，对于严子庸勾结王耀武来整治他们，却令陈凤举倒吸了一口冷气。这位集团军总司令他是有所耳闻的，况且这是抗战非常时期，军人当政，如果把王耀武给惹毛了，他一声令下很有可能就要了他的老命。所以，对付王耀武还需要智取。只要是人，他就都有弱点，平素陈凤举没少琢磨王耀武，今天看来必须要跟他过一招了。杨福昌听完陈凤举的"锦囊妙计"以后，有点含糊："您老这可是把枪口直接对准了他王耀武啊，这人可是天子门生，穿黄马褂的。再说了，真要是乱枪打死严子庸，回头太子那边真的责问起来，我们可是吃不了兜着走。"陈凤举阴阴一笑："你爹为啥骂你？因为你一到关键时刻就拉稀。在湘西地面上给弄死的县长、书记长还少吗？龙山县党部书记长老田是怎么死的？还用我提醒你吗？"龙山县县党部书记长田和中是龙山县龙头乡人，典型的"坐地炮"，因为鸦片烟利润的事与龙头乡乡长向天寿吵翻，向天寿也是有名的地头蛇，田和中亲自带了县警察中队来围捕向天寿，向也不示弱，表面上敷衍田和中，暗地里请来土匪，当场就将田和中击毙，事后，向天寿上山落草，一年以后，屁事没有。陈凤举："好歹向天寿当初是明着干的，咱们这次可手上一点都没沾血，枪子能长眼珠子吗？打墙也是动土，你那边不是还有一批从江西启运过来的金子吗？也夹在下周的那批货里。"杨福昌："那批金子可是顺福号和兴盛号委托我的……哦，我明白了。"陈凤举："明白就好，赶紧照办。"

严子庸从罗明理那里商借到便衣队，做了周密的安排。周一的半夜里，如期截获了这批他梦寐以求的走私特矿，可一旦开箱却傻了眼，这里不是什么钨矿砂，而是白花花的粮食，粮食里面还藏有黄澄澄的金子，走私的货车来自于沈北原的华兴货运公司，被拦截下来的车辆里走出几个横晃的人物，他们根本不在乎严子庸的牌头，张嘴就开骂，正骂着，四处却传来一声唿哨，蒙面的成群结队的黑衣人拿着明晃晃的大刀猛扑了过来，严子庸知道这是遇上了土匪，三处不同来路的人正在犬牙交错当中，枪声大作，杨福昌亲自带着县警察中队赶了过来，还声明所有人都被他给包围了，说完也不等回话便下令开枪，黑衣人收起刀，也拿枪还击，子弹噼里啪啦地打了一个多小时，直到王耀武的驻军赶到，这才算是解了围，严子庸万幸没有给打死却身中两枪，其中一枪打伤了他的左眼，县党部书记长一不留神成了《三国》里的夏侯惇。

真正麻烦的还在后面。这批货的货主不是别人，正是王耀武曾经的恩主、现任第五战区司令长官的刘峙刘经扶上将。负责运货的是王耀武的朋友沈北原，刘峙的亲信通过沈北原的公司走私军粮已非一日，他们早就跟杨福昌搭上了钩，本来这批军粮不是一定走这个路线的，也不见得非要周一晚上通过，这都是陈凤举暗中指使杨福昌临时改变了计划，将走漏风声的钨矿砂暂时摁住不动，另外让走私军粮上场，军粮中夹运的黄金是江西顺福号和兴盛号的存货，是准备投到黑市做交易的，而顺福号、兴盛号其实白文冰在江西替王耀武经营的金店生意的两个前台幌子。他们雇用杨福昌为他们在湘西开路也非一日两日，况且杨福昌本人在湘西、江西都有金矿，金子本来就是人家杨家的，这一段时间以来，两家金子实货紧张，杨福昌主动提出给垫付，拿他们存在杨福昌那里的部分米谷做抵押。不论是军粮还是黄金，都足以让王耀武哑巴吃黄连，有苦说不出。而且，五战区那边已经来了电话，问军粮的事到底是怎么回事。别看那是走私的东西，可五战区刘峙的亲信们却理直气壮地指责二十四集团军，他们虽然不是王耀武的直接上司，可身后刘峙这棵大树王耀武还是能掂出分量的，此时的刘峙虽然没有像早年那么威风八面，但毕竟还是蒋介石的亲信，而且，军队调动是常有的，如果有朝一日将二十四集团军划拨到五战区统属，今天跟刘峙麾下的城狐社鼠吵翻了天，只会给异日留下无穷的麻烦。再者说了，白花花的大米中夹运的金子怎么解释？金子的源头是谁的？刘峙的亲信们那边也抓住了这个把柄吵个不停。更麻烦的还在后面。刘峙手下走私的这批大米的下家就是扶王耀武上战马走一程的王文彦，大米从湘西路过，直达贵州，王文彦怎么也没有想到在王耀武的防区出了事。本来，他这边都准备好了要跟王耀武打招呼的，可运粮提前了，而且，他想到只要是亮出刘峙或者他的"派司"，王耀武的手下没可能穷追不舍，哪成想居然还出了人命。王文彦亲自给王耀武去电话，把王耀武搞了个大红脸。

随后，王耀武气急败坏地叫来白文冰，劈头就吼道："看看你办的好事！"白文冰也是才知道昨晚发生的"调包计"，而且也是刚从瞿伯平那里得知有人向他们透了口风说有金子过境，这才拍板去抢，完全不知是人家事前布好的陷阱，白白损失了十几个兄弟不说，还被扣上开枪击伤国府官员的罪名，正闹心呢。白文冰慢吞吞地说："主座息怒，之前我跟您提过的那件事，不也正好借此应验了吗？"王耀武猛然记起白文冰跟他低声念叨的那件事:"这么说来,这次走漏消息的基本可以确定在他们两个人身上了。"白文冰:"不但可以确定,而且还可以确定钨矿砂的走私跟他们两个人有直接关系。"原来,白文冰早就注意到安慧民和罗明理的关系,这点王耀武也不傻,他从孟记东的线报中也听说了,只是他万万没有想到的是,一个是自己从黄埔时期就一路走来的战友,一个是自己一手提拔起来的亲信,居然在战时同走私特矿扯上了不清不楚的关系。而且,眼下这场陷他于不义的"游戏"中,这两个人竟然还扮演了重要的角色。这真应了古人的那句话:"知人知面不知心。"

应该说,这场游戏王耀武暂时以落败收场,这是自投身抗战以来一直扯顺风旗的王耀武倍感耻辱的一件事。此前七十四军在1941年秋季的第二次长沙会战中被冲垮的纪录其实与王耀武并无太多直接关系,主要是上峰的责任。而这次则不同,王耀武早年经常游走于社会底层,所以,在他的身上颇有一股自信,自信自己对于下情往往摸得最清楚最直接,对于这些地头蛇的举动,也能往往了解得最全面,当年在福州对阵李云峰的往事尤其能说明这一点。在听过严子庸、白文冰对陈凤举、杨福昌等人的发迹史的描述后,王耀武内心中对他们并无太多的重视,更多的则是轻蔑。他不认为这几个家伙就能在湘西翻起几尺浪,可正是因为自己的轻敌,导致如今栽了这么一个跟头,所谓小河沟里翻了船。而且,从这件事上引出的若干思考让王耀武经常汗流浃背,一个执政当局的党务系统、政权系统居然无法操作一个县的规程,一个从黄埔出来锻炼成军的嫡系武装竟然在两个地头蛇面前束手无策。如果将来有个风吹草动,这样的底子如何应对?王耀武真的是不敢想了。

6. 连环套

白文冰暗中衔王耀武之命调查安慧民和罗明理,不料竟扯出一个"连环案",最终真相大白。

白文冰暗中衔王耀武之命调查安慧民和罗明理,这对于他来说尽管不算什么轻车熟路,可也并非陌生。而且,他还可以借着这个机会偶尔去同余书茵秘密幽会。白文冰跟他的主子王耀武有一点比较相似,那就是在女人的问题上轻易不犯糊涂,他白文冰看中的并且认为能娶回家的一定要是身世清白、勤劳侍奉的女人,诸如相貌啊、身段啊这些外在的东西,全不在白文冰的眼中。不过,余书茵算是例外。这个从上海时期便和他白文冰有过接触的女人留给白文冰的印象实在太深了，当然他很清楚这个女人的床上曾经有过赵铁夫，有过戴笠，甚至还有过日本人。而这些人中间，以他白文冰最为"卑微"。可是心头却总也挥之不去那种异样的感觉的白文冰还是对余书茵倾吐了他的部分心曲。而究其内里，主要是余书茵的相貌、气质特别接近于白文冰的第一位女友或可说是未婚妻肖冰，肖冰死于盲肠炎，他至今记得她身体的余温在他的呼号声中渐渐远去。假如是在平时，余书茵是根本不会去搭理这位貌不惊人的青年人，充其量不过是她见过的若干腿子之一而已。可战争的残酷与自身任务的特殊让余书茵得过且过的念头愈来愈占了上风，只不过，每一次与白文冰苟合之后，空虚与无聊再次填满了她的脑际，但下一次还是照旧重复。

最近，她发现在中山纯一郎的中支公司同日军大本营的秘密联络中频繁出现"河南""湖南"两处地名，而从未出现过的"菊蟹"竟也破天荒地第一次出现了。作为一个女人来说，她现在最想做的事就是尽快脱身于中山纯一郎，但作为一名特工来说，她的大脑指挥她必须将此情况报告她的上级组织——军统局。军统方面在接到余书茵的报告的同时，也从吴化成的通利公司那里接到了另外一份情报——日军可能由豫南、豫东两地同时动作。可是，军统却没有从吴化成那边得到日军准确的行动时间、兵力部署情况以及主要作战目的。所以，戴笠决定双管齐下，一方面要求吴化成想方设法从日军口中套出这次作战的主要情报，另一方面则严令余书茵继续从中山纯一郎那里得出确切的消息。1944 年 3 月，余书茵汇报，日军将平汉路的军队调往青岛，部分日军在洛阳对岸孟津一带活动频繁，作为后方掠夺的主要机关的中支公司北上的车辆开始增调。4 月初，日军突然调庞炳勋、吴化成、张岚峰、孙殿英、孙良诚这几大伪军头子到北平开会，随即通利公司再无任何消息通报给重庆方面。所以，暗线这边只有通过余书茵来缓慢运作，戴笠急如星火却也不敢过多催促。戴笠的命令其实打乱了余书茵原有的部署，通过一年多的努力，她正在廓清那位代号"菊蟹"的日军长期潜伏间谍的政治肖像，并且也有了一定的轨迹。可是，因为戴笠要求她尽快拿到日军新举动的情报，这就给本来已经颇有成效的侦破"菊蟹"无形中增添了阻隔。实际上，对于这个"菊蟹"，王耀武同样非常关注。最早听到"菊蟹"的典故还是 1943 年9 月他回到重庆从唐纵的口中得知的。常德会战期间，余程万部缴获的日军情报中，也非常晦涩地提到了这个代号"菊蟹"的秘密使命。"菊蟹"是一道始于东汉光武帝年间的宫廷名菜，做法是用上等的菊花裹上粟粉和鸡蛋油炸而成，据说这是光武帝刘秀兵败之际曾经服用的食物，以后发迹做了皇帝，为了表示不忘过去，特别保留此菜，每当宴饮旧部和皇族时，都要摆上来。唐朝时，这道菜传到日本，受到日本上层贵族的追捧，竟发展成为日本宫廷名菜之一。从这个名词的根源可以看出，日本侵略当局对这名特工的重视程度。据王耀武派出的便衣队孟记东等人的侦查结果，王耀武判断，"菊蟹"应该和当年汉中天主教堂案有着一定的关联，很快从重庆那边传来的消息也就是被密捕的袁筱南的口供中证实了王耀武的判断，至少从 1933 年开始，"菊蟹"就一直在陕西、河南、湖北、湖南四省加紧活动。袁筱南的消息来自于他一度的同党迟语（刘宇驰），也是因为出于民族大义的感召，袁筱南才会冒着生命危险连续给王耀武他们发出信号。王耀武得到这层消息的同时也一直在为吴化东的安全担忧，可他知道这件事是绝对不能过问的，瓦罐一定要离锅沿远一点才行。

　　1944 年 4 月 5 日晚，日本中支那株式会社首席监理官中山纯一郎在同余书茵"饱餐"之后，搭乘当晚的汽车赶赴汉口，随后转至郑州。余书茵从中山纯一郎的口中得知日军正积极修复黄河铁桥，并在黄河沿岸积存大量军用物资，中山纯一郎此去的目的也跟调拨军需品有直接关系。在余书茵的情报中还提到日军从满洲调来两个师团，总兵力不过三到四万人左右，汽车炮车较多，从种种迹象可以看出日军虽然要有大动作，但兵力不足，尚不能对国民革命军发起正面攻击，其目的仍旧在策应华中作战上转圈圈。余书茵的情报随后由戴笠转呈最高当局，根据各方收集的情报以及在对整体战局上掺杂的大量的固执己见使国民党最高决策层轻易地否决了 4 月初陈纳德从美军情报机关获取的另外两份具有相当战略价值的情报中所传递出来的重要信息。陈纳德曾经向史迪威提到过，日军将可能发动一场自珍珠港事变以来最具攻击威胁性的军事行动，其目的有两个，一个是席卷平汉路的河南封锁线，一个是占领长沙、辐射湘桂两省。陈纳德还唯恐国民党方面不够重视，又专门就此问题关照蒋介石。但在国民党方面，不论是前线的李宗仁、胡宗南、汤恩伯、蒋鼎文还是后方的徐永昌、何应钦、白崇禧乃至蒋介石都一致认为日军在 1944 年到来之际已经处于劣势，或可说处于守势，这种背景下即便调动部分人马，也不可能出现大规模的军事行动，更遑论跨省作战，席卷平汉路、占领长沙。所以，余书茵的情报一过来，就被持有几乎相同观点的国民党高层决策人物所采纳，在内外几乎一致的一边倒的状态下，日军终于在 1944 年 4 月 17 日发动了抗战后期规模最大的旨在打通大陆交通线的战役——"一号作战"（我方习惯称之为"豫湘桂战役"）。而直到日军在 5 月上旬发起总攻时，国民党军事决策层还在敌军的数量上扯皮。事实上，日军为了发动这起战役，一共抽调了 150 个大队，其总兵力在武汉会战之上。而当郑介民等人转述法国军事代表团的情报时，蒋介石竟批示："似为敌之神经战。"

  日军在河南得手后，很快抽调优势兵力直扑湖南，正当日军于 1944 年 5 月以一线 7 个师团三路南进，分趋长沙、衡阳、浏阳之际，国民党军第九战区司令长官薛岳仍旧认为日军陷于太平洋战场的泥潭，还抽不出兵力来对付中国，特别是三次长沙会战以后，日军不敢再打长沙的主意，兼 4 月 5 月为南方黄梅雨季，不利于日军机械化运动。这种匪夷所思的单方面设想更为日军的长驱直入提供了"保障"。5 月 26 日，日酋东条英机向日皇裕仁汇报时就明白指出："敌方对我方的作战构想尚未能做出准确判断。"

  东条英机的话尽管带有些狂傲的色彩，但基本属实。以蒋介石为首的国民党上层决策人物的确没有摸清楚日军的进攻重点。日军此次行动虽然是强弩之末，可一开始便摆出少有的强硬姿态，以 5 个师团配属第一线作战，以 3 个师团配属第二线作战。而国民党当局显然对日军的兵力的足够强大估计不足，薛岳请求蒋介石调部分兵力增援时，却被蒋介石忽略了，直到第二阶段作战开局以后，蒋介石才意识到情况明显不妙。作为长期在湖南同日军交手的薛岳，也被日军来势凶猛的攻击给搞晕了。日军以骨干师团部署于两翼，令薛岳预定的外侧作战难以实现，从而达到日军的优势突破的构想。

  1944 年 6 月 18 日，日军以两个师团 3 万人的绝对优势重挫薛岳部张德能的第四军 1 万人，攻陷长沙。消息传来，重庆震动。作为蒋介石指挥作战的重要机关——大本营军令部，此时此刻却难以统一意见，争吵不休。副参谋总长白崇禧建议放弃衡阳，将有效兵力调往桂林，依托游击战的持久性吃掉日军有生力量。军令部部长徐永昌则认为应死守衡阳，改变中国自 4 月份开战以来的国际形象。

  当时，蒋介石一身肩负的国际压力很大，美国总统罗斯福甚至提出要求史迪威来主持中国战区的军事事务，包括指挥中共方面的八路军和新四军。蒋介石不止一次的痛心疾首地指出："外国人已经不把我们的军队当作一个军队，不把我们军人当作一个军人，较之日寇占我们的国土，以武力来打击我们，凌辱我们，还要难受！"作为当事人之一的徐永昌在日记中描述蒋介石的样子，"声色俱厉，数数击案如山响"。

  表面上看，这次豫湘桂战役与蒋介石的判断失误有直接关系。但究其内里却与蒋介石自 1944 年春季以来的战略思想的部分转变有着更深一层的联系。进入 1944 年以后，美国扶植的第二次民主宪政运动此起彼伏，国民党党内开明派遥相呼应，其核心目的无非两个字：分权。这让蒋介石大起疑惑，当年苏俄的阴影再度在他心中徘徊不去，蒋介石在日记中写道："以民主口号企图摇荡人心，打击现局，而若干中委亦随声附和，反对现状，形势汹涌，如有大祸之临头者。"这在一个长期主掌军权，盘桓中央多年的蒋介石来说，简直是不可容忍的，由于美国人过早地触及蒋介石的禁脔，使得蒋介石对眼下日本人的某些战略要点做了后来被视作是根本性的调整。现藏台北的国民党"国史馆"《蒋中正档案》之《特交档案》对联合国外交 014 卷中记录了 1944 年国民党执政当局提出的对日"化敌为友、以德报怨"的纲领性文件，在这份文件中体现了这种要义即"日本为美国控制并非我国之福，削弱而独立的日本对于我国，相当于荷比，甚至法国，之对于英国，有缓冲美国对我经济及政治压力之作用。因此，对日和约适可而止，使其对我悔、愧、感、敬。以德报怨，化敌为友，既足以表示我传统的泱泱大国之风，且能获得世界文化上精神上之领导权，以与美国之经济领导权相对抗。"①

蒋介石的"苦心孤诣"很快被隐藏多年的日本老牌间谍"菊蟹"所挖掘并传递给了东京。虽然，"菊蟹"的能量还没有达到可以窥探整部战略意图的水准，但蛛丝马迹已经让日本人嗅到了不同的味道。令人感到滑稽的是，这些行将就木的日本军阀尚没有意识到这是一根多么重要的救命稻草，反而通过这条线索利用了蒋介石，他们频频播撒各类烟幕，包括动用"菊蟹"的独立战线反复给国民党当局灌迷魂汤，让他们产生足够的错觉，借此达到"一号作战"畅通无阻的目的。事后证明，日本人的这一招在开战以后的确收到了预期效果，可也因此给他们自己的棺材盖上楔进了一枚最大的钉子。

日军兵围衡阳之后，蒋介石准备东西两翼夹击日军，而日军则准备利用衡阳这个诱饵，全方位歼灭国民党军第九战区的主力部队。白崇禧向蒋介石建议调第四十六军和第六十二军去桂林，增防祁阳、零陵、桂林一带防线，防止日军下一步的突进。蒋介石则否决了白崇禧的建议，蒋之所以否决白崇禧的建议，固然有"山头"的因素，更多的则是政治上的考虑。不过，对于蒋的考虑，身为第一线军事主官的王耀武是不以为然的。日军此次南来，王耀武做了细致入微的分析，他认为，日军的行动特别是湖南战场的举措基本是抄袭中国 1862 年 10 月 13 日爆发的满清湘军与太平军之间的雨花台之战曾国藩、曾国荃兄弟的故智。所不同的是日军改湘军的壕堑战为野战，寻求在运动中追歼国军。当年，湘军可供驱使的作战兵力不足两万人，太平军李秀成指挥的部众则多达十万。可是，对比双方的强弱可知，湘军虽然人少，却有三点为太平军所不及。第一，湘军水师处绝对优势；第二，湘军后勤保障无忧；第三，湘军参战人员剽悍敢战。将上述对比衡诸中日两军的现状上，王耀武感到国民党军的劣势是不

---

① 王建朗《信任的流失——从蒋介石日记看抗战后期的中美关系》，载《近代史研究》2009 年第三期，第 62 页。

言而喻的。首先，日军在实施重点突破上兵力往往占绝对优势，始终压国军一头。在这点上，国军恰恰重蹈雨花台战役中李秀成领导的太平军的覆辙，兵力分散，布阵散漫，很容易给敌人提供切、斩的有利战机。其次，国军后勤保障相当之差甚至可以用"恶劣"二字来形容。1944 年 10 月，美国亲蒋势力代表人物魏德迈竟然发现国民党军的普通士兵经常处于半饥饿状态，士兵食不果腹、衣不保暖、药品缺乏、救治迟缓，伤病员接连不断地出现，严重削弱了战斗力；再有就是国军将士的勇敢程度颇受质疑，以至两三名国军士兵竟不能活捉一名日军。后来就连最有把握的冲锋、肉搏都落于敌军之后。联想到 1862 年 10 月 26 日，也就是雨花台激战到了关键时刻，曾国荃给乃兄曾国藩的信中所述"所幸忠酋（对李秀成的蔑称——引者注）狡有余而悍尚不足，故得支持至今尚无恙"，《湘军志》中也记载雨花台战役"罕搏战，率恃炮声相震骇"。值得一提的是，在国民党的官方正式文件、文稿中针对国军将士的作战也有类似的描述，"每遇近距离与敌交锋，只知一味喊'冲'、喊'杀'，如同儿戏"。①

而国民党军方面，更要命的一个弱点还在于蒋介石的"遥控指挥"。平心而论，遥控指挥也不是老蒋个人的发明创造，就国民党军的现实来看，指挥若干不同历史渊源、不同历史背景、不同历史构造的部队心往一块想，劲往一块使，如果不是老蒋亲自出面，其他人还真挑不起这副担子。但问题是遥控指挥毕竟等同饮鸩止渴，救得了一时却也毁了一世。白崇禧作为蒋介石提出的协调指挥衡阳战事的代表，他提出的建议对错与否，显然决定权应该在上峰，不料白的建议一出台就遭到前线指挥官薛岳的公开大骂："屌你老母，让我给他守大门，做梦！"薛岳因为历史的原因，抱恨新桂系，可就是这么一位对新桂系不满的薛岳，一旦得知老蒋要"遥控指挥"衡阳战事，采取的应对措施竟然是装神行太保，开跑。薛岳的理论是："你跑远了，他（蒋介石）联系不上你了，自然也就指挥不动你了。"以薛岳的地位和身份，这么做或许还可以，但以王耀武受恩深重、黄埔嫡系的出身就不可能这么简单地师法了。不过，王耀武也有"绝招"，原任军统局军事处处长鲍志鸿晚年有个回忆，某日，戴笠传达蒋介石命令，要王耀武派出一个加强营，攻击日军侧背，救援守卫衡阳的第十军方先觉部。王耀武复电戴笠说戴判断如神，实际上依然按兵不动，虚伪应付了事。② 在王耀武看来，

---

① 王奇生著《革命与反革命——社会文化视野下的民国政治》第 300-315 页，社会科学文献出版社 2010 年版。

② 鲍志鸿：《抗战后期的豫湘桂战役——在军统局的所见所闻》，载《武汉文史资料》1987 年第 2 辑，第 91 页。

此时增援衡阳，犹如抱薪救火，而且王耀武督率的部队多数都是疲惫之师，难以言勇。然而，毕竟"圣命"难违，王耀武最终还是把张灵甫派了出去，而结果诚如王耀武所料，所谓"赔了夫人又折兵"而已。从这时起，王耀武对于蒋介石"固守一点，四面包抄"的战术产生了怀疑，而且，这种"遥控指挥"更让王耀武联想起那位坐在"太阳城"里屡出昏招的"天王"洪秀全。

在这次"长衡会战"中，王耀武的出色之处不在于动员张灵甫部救援衡阳，而在于将便衣队的功效发挥到最大程度。便衣队率领民众自发扰乱日军后方，以游击、突袭为主，使日军疲于奔命、应接不暇。关于这一点，蒋介石在事后的有关会议上专门提出表扬，蒋介石说："这一次中原会战和湖南会战，我军最大的耻辱就是敌人利用便衣队到处扰乱，而我们在自己的国土之内作战，反而不能用这种战术打击敌人。据我所知道的，此次除王耀武所部使用便衣队发生相当效用以外，其他各战区各部队都没有切实组织和运用。"[1] 而且，便衣队行动中的意外收获竟然是发现了一处临时囤积钨矿砂的窝点，顺藤摸瓜，抓捕到了杨福昌的一个手下，正当王耀武他们准备收紧口袋，密捕杨福昌时，杨福昌突然暴毙，线索断掉了。当便衣队全体立功人员授勋获奖之际，王耀武发现这支自陕西便跟着他一路杀过来的贴身武装仅剩下不足五十人，更可惜的是便衣队副队长贺一龙不幸阵亡，他的眼泪不由自主地流淌了下来。

鉴于河南、湖南战场的严重失利，蒋介石事后追究责任，将亲信蒋鼎文撤职，汤恩伯撤职留任，失守长沙的第四军军长张德能被执行枪决。蒋介石自己也做了"自责"。军统方面，因为情报上的错漏也被连带追究责任，戴笠又一次将赵铁夫打发出

常德会战中的王耀武（左二）

来，赵铁夫每一次出现在王耀武的身边，王耀武都知道将会有大事发生，只是这次他不知道这种厄运又会降临在谁的身上。

跟以往每次不同的是，这次赵铁夫来去匆匆，竟然也没有和王耀武打招呼，很快赶回重庆。王耀武乐得不见面，自上次吴化东被捕以后，对这位曾经出手搭

---

[1] 《对于整军会议各案之指示》，台北，秦孝仪主编《总统蒋公思想言论总集》卷二十，第492页。

救自己的老朋友，王耀武内心里面产生了一种说不出的复杂感觉，当然在赵铁夫来看，他是执行公务，可在王耀武看来，赵铁夫变化太大了，或可说原来存在于他身上的一种本质的东西直到现在才让王耀武发现。赵铁夫走后的第四天晚上，白文冰忽然跑来，脸色极差，带着一种少有的气氛坐在了椅子上，一言不发。这种情景自白文冰从庐山归在自己麾下以来，王耀武从未见过。

还不等王耀武发问，白文冰的眼窝里就已经溢出了泪水。白文冰说："主座，余书茵死了，死得很惨，就死在我的怀里。"王耀武大惊失色："怎么回事？谁干的?!"白文冰："这是第二个死在我怀里的女人，第一个是我的未婚妻肖冰，她因为盲肠炎被误诊，活生生地死在我的怀里，而今天余书茵比她死得还惨，死于一种我从未见过的毒药，而在我之前，只有一个人去见过她。"白文冰抬起眼来看着王耀武，眼神透着一股子寒气，王耀武虽然也是枪林弹雨中杀过来的军人，可这种逼人的寒气，却也不常见，况且还没有哪一个部下敢这么逼视着他。白文冰："主座，你知道是谁吗？"王耀武："我当然不知道了。"白文冰："赵铁夫。"说出这个名字的时候，王耀武似乎听到了白文冰咬牙切齿的声音。不过，王耀武很快就清楚白文冰肯定没有说谎，这种事发生在赵铁夫的身上一点都不奇怪。只是为什么用如此狠毒的手段对待自己人？赵铁夫的背后一定还会有戴笠。王耀武走过去，拍拍白文冰的肩膀："你想怎么办？说说看。"白文冰收住眼泪："主座，书茵死前跟我说起两个人，一个是她的儿子，现在还在福州老家，由她父母抚养，才三岁，我想我有责任去照顾他。"王耀武："这个自然，不仅你有责任，就是我也有责任照顾好这个孩子，余书茵是经我手救过来的人，没想到竟然下场这么惨。"白文冰："还有一个人，余书茵说她跟踪了很久，多少有些眉目。"王耀武："谁？"白文冰没有吱声，而是用茶水在书桌上写出了这个人的名字——沈北原。王耀武几乎要喊出一声"啊"字。白文冰沉重地点点头："就是他。这个人背景很深，很深，您知道我说的很深的意思吧。"王耀武也点点头。白文冰临走前忽然问了王耀武一句："书茵死前挣扎着问我，为什么上司有病，下属吃药？为什么我们鞍前马后十余年，最后竟然会被下如此毒手？为什么我们对自己人总是这么苛求？我回答不出来，所以，我想问问主座，这到底是为什么？"王耀武无言以对，王耀武知道今夜的他注定也将无眠。余书茵留下的三个疑问，直到王耀武临终时也无法回答出来。

落落寡欢的白文冰被严子庸给拉到了家里，自从上次查处钨矿砂事件发生后，白文冰在医院照料了一段严子庸，而且还专门请人治疗严子庸的眼睛，因此，两人之间结下了友谊。当然，白文冰之所以如此卖力也是看中了严子庸的蒋经国系统的背景。今天晚上白文冰很悲伤，而严子庸则很兴奋。一问才知道，原来为党国瞎了一只眼的严子庸有两件事值得高兴。第一件事是蒋经国准备调严子庸到三民主义青年团中央干事会组织处工作或者到新筹建的青年军政治部担任组训处工作。严子庸："小白，你看我选哪一个比较好一点？"白文冰："这两个职务能不能一肩双挑？"严子庸更兴奋了："嗨，还是你小白气魄大，想得多，一肩双挑，这是个好主意啊。"白文冰："书记长不打算继续为'新县制'奋斗了？"严子庸喝尽了杯中酒，狠吐出了一口恶气："奋斗个屁！经国自己在赣南打开一片天地，怎么样？十里乡绅联名告他，给他列了十大罪状，老头子也不得不敷衍这些土鳖，硬是把经国调开了。新县制当初老头子设计得很好，政教合一、全面渗透，跟共产党和地方实力派一较短长，可你也看到了，区区两只地头蛇就把我咬得变成了独眼龙。算了，退一步海阔天空，不跟这些土鳖较劲了，还是回中央工作吧，至少省心。"白文冰："这可是有些不符合你书记长的人物性格啊。"严子庸嘿嘿一笑："小白，经国跟我交底了，中央干校（三民主义青年团中央干部学校，简称'中央干校'——引者注）和青年军是目下最关键的两步棋，说到底这年头还是要抓枪杆子，有了青年军垫底，将来用枪杆子跟这帮土豪劣绅说话，我看他们还能蹦跶到几时？"白文冰："你们这些人都是有后台的，不想干了拔拔脚拍拍屁股就走人了，可我们这些小人物只好继续在这里做断肠人。"严子庸："小白，你今晚可是有点多愁善感啊，用你的话说这不符合你的人物性格。"白文冰："我他奶奶的还有啥人物性格，小菜一碟而已。"说完，白文冰猛灌两口酒，压住自己烦躁的情绪。严子庸："是啊，身边没女人，就都这副德行。还有个事，你也知道的，就是小翠儿让我放心不下。这一走不知道猴年马月才能相见。这个女人那真叫一个贴心啊。"白文冰："你回到中央工作，还兼着青年军的差，我就不信像小翠儿这种乡下女人还会在你的眼里。"严子庸把酒杯一推："小白，你跟我相处也不是一天两天了，你说我这个人是那种随随便便的人吗？要说天底下这女人我也见过一些，可像小翠儿这种知冷知热、贴心贴肝的还真不多见。"因为有余书茵这件事横着，白文冰竟也跟严子庸产生了共鸣："是啊，女人多的是，可好女人毕竟难得。不过，话又说回来，那小翠儿再好，也是别人的盘中餐，你这么惦记着不也没用吗？"严子庸："要不怎么说天下事不如意者十之八九呢。我这么多年拼命工作，对女人我真是没动过什么念头，这次好不容易动了凡心，可他妈的居然还是别人的婆娘，你说这点子背的，跟谁说理去啊。"

严子庸说的"小翠儿"是白文冰的好友王玉彬的老婆陶翠儿，人有个二十五六岁的年纪，有些妖媚的样子。对于这种女人，白文冰素来没啥兴趣，再说了，朋友妻不可欺，这是起码的做人道理。不过，白文冰跟王玉彬的实质关系，严子庸并不知晓。说到陶翠儿，白文冰倒是想起王玉彬在他去常德之前有一次聊天说碰到了一个算命先生，说他王玉彬有血光之灾，要他躲"星"（灾星，旧社会的迷信说法——引者注）。王玉彬一边说着，还一边笑骂着，说像他这样风里来雨里去的人还怕个屁。王玉彬这么说着，白文冰的心里可是一动。当初给廖龄奇挖坑的事，在现场的只有他白文冰与王玉彬，自然王玉彬没有琢磨透这件事的原委，可他毕竟亲眼见了。这么一个人始终还活着，对于白文冰来说，真不是什么好事。如今，严子庸说到陶翠儿的事，又跟王玉彬连着，白文冰觉得值得考虑考虑。而且，王玉彬之前还跟他透露过那就是邱维达丢的那把军刀有点影子了，至于影子在哪儿，王玉彬没说，白文冰也没来得及问。

　　可是，到了第二天下午，严子庸派人来找白文冰，说是王玉彬死了，是从青龙山上跳下去的。白文冰的第一个反应就是，王玉彬跟杨福昌一样，都是被人提前做了手脚，自己动作明显慢了两拍。王玉彬一死，后面的闲话跟着就传开了，说是严子庸跟翠儿走得很近，这才有了王玉彬的死，连山上的瞿伯平也暗中来找白文冰，他们也怀疑因为上次查处钨矿砂走私的事，严子庸官报私仇，害死了王玉彬。这两种消息混合到一起，严子庸的屁股坐不住了。县警察局在杨福昌死后，又派了个新的局长，是军统临澧班学生出身，喜欢事必躬亲，严子庸一时也不好大咧咧地插手。白文冰暗地里自己跑到王玉彬自杀的现场进行勘察，虽然已经过去了一天一夜，但山石上还能看到斑斑的血迹。尸体跑到哪儿去了？直到中午吃饭时，白文冰还在琢磨这件事，碰巧有人招呼他过去，他抬眼一看，原来是邱维达。邱维达陆军大学毕业以后回到部队，受到王耀武的重视，而且，出于多重考虑，王耀武在组建第二十四集团军总司令部时，特派邱维达担任集总参谋长，而罗明理则担任副参谋长。邱维达有些不安，他对王耀武说："明理一直跟着你当参谋长，这次忽然把我调上来，他不会没有想法的，我怎么安排其实无所谓，只要在你手下，我都愿意。"王耀武："你不用担心这些，明理那边我会去解释，参谋长这个位置我考虑很久了，你上来比较合适。明理这个人是好人，有时候不愿意轻易开罪谁，你就不同了，只要你看着不对的，你都敢放炮。"邱维达："合着你是让我来唱白脸的。"王耀武笑了："也不都唱白脸，也有唱红脸的，比如我。"这次邱维达也笑了。实际上，王耀武让邱维达出掌集总参谋长还有一层因素，那就是二十四集团军新归属过来一个军即第七十三军，七十三军是湘军系统，何健、刘建绪、王东原都曾经指挥过这支部队，这个军上上下下湖南人很多，邱维达跟他们都是同乡，处理起关系来比较方便。而且最重要的是这个军的军长韩濬（又作韩浚）跟邱维达是老相识，按照礼节论，邱维达还要叫韩濬一声"韩老师"。当年邱维达和伙伴共八人从上海吴淞口出发坐轮船去广州应考黄埔军校，大家因为第一次出远门，心里不免惶惶然，就在甲板上议论纷纷，这时候有人循着声音问了一句："你们是不是去考黄埔军校？"大家都点头，问话的这个人做了自我介绍，他说："我叫韩濬，我是湖北黄冈人，黄埔第一期毕业，你们第一次去广州，路不熟，我可以给你们简单地说说。"于是，韩濬很细致地告诉他们到了广州应如何投宿，不要去当地的客栈，而是要去湖南人开的小客栈，便宜而且饭菜可口，然后再去长堤黄埔军校入伍生部申请考试事宜。邱维达他们依照韩濬的指导，投宿湖南小客栈，果然经济实惠，四角毫洋包吃包住。这件事让邱维达一直很感念，他始终尊称"韩老师"。韩濬是黄埔一期，按行辈论，王耀武要叫他一声"老大哥"，韩濬在第三次长沙会战时，是七十三军七十七师师长，很能打，连薛岳也敬他三分，但为人脾气比较率直，第十军军长李玉堂跟他同属黄埔一期，韩濬去看李玉堂，李玉堂正摆弄日本军刀上瘾，对韩濬有些怠慢，韩濬一气之下，抬腿就走，用韩濬自己的话说就是"我对他（李玉堂）也不屑一顾，掉头即去"。七十三军新附，有了邱维达和韩濬的这层老关系，指挥起来就不那么困难，这也是王耀武之所以要把邱维达推上来的一个原因。

因为自己的原因一度连累白文冰也跟着被打入"冷宫"，邱维达一直过意不去，这次回来担任参谋长，一时间杂务缠身，白文冰自己也是跑东跑西，两人始终没有好好地聊聊。正赶上今天中午吃饭碰到了一处，邱维达专门拎着两样好菜请白文冰过来一道扯一扯。这两道菜一个是清蒸腊鸡，一个是黄焖鸭块，还有几样湘西泡菜。邱维达给白文冰夹了一个鸭块："你尝尝这口，肯定让你满意，我知道你是最讲究口腹之欲的，跟我不一样，随便吃一口就行了。"白文冰一尝，还真是那么回事，就又多吃了一块："嗯，不错，味道醇厚，这菜不像是当地做出来的吧。"邱维达乐了："到底是你小白，嘴巴真贼，这是我侄子孝敬我的，特意从恩施带过来的，罐头包装，我那里还有一大桶，一会儿你走的时候也带上。"白文冰："你这侄子不错啊。"邱维达："这还不是亲侄子，就是本家侄子，要不怎么说我们湖南人实在呢。对了，其实我这侄子你也应该知道，他叫邱义。"白文冰："新来的县警察局局长邱义？"邱维达："没错，就是这小子。"白文冰知道这次新来的县警察局局长是军统临澧班的学生，据说还有两下子，爆破、暗杀、侦缉都在行，是军统局总务处处长沈醉亲手带出来的，没想到竟然还是邱维达的本家侄子。白文冰吃了两口泡菜："这是从小陶然客栈买的吧。"邱维达点点头。白文冰："那里的男主人遇害了，你知道这件事吗？"邱维达："你是说王玉彬吧，我怎么不知道，邱义也跟我说过几嘴。说实话，当初我在五十八师的时候，王玉彬等于是老廖（廖龄奇）的一条腿，人是霸道了点，可毕竟算是袍泽，如今遭致横死，而且就死在我们的眼皮底下，心里不落忍。我还告诉邱义了，要早点抓住凶手。"白文冰："参谋长，不如你给我引荐一下，认识认识这位邱局长吧。"邱维达："你还嫌事少啊？这是当地政府管的事，你跟着掺乎什么。"白文冰压低声音道："不是我瞎掺乎，这件凶案不是普通凶案，很有可能连着另外一桩大案，我还有个预感，这案子跟你丢的那把军刀还有关联呢。"邱维达："你越说越神了，引荐没问题，下午我就带你去。不过，你说这个案子跟军刀有关，是不是真的？"白文冰："真的假不了，假的也真不了。这件事到你参谋长这里为止，一丁点的风都不要透出去。"

下午，经过邱维达的引荐，县警局局长邱义和白文冰见上了。邱义告诉白文冰，案发现场并没有得到特别有价值的东西，只有两件物品，一个是王玉彬穿过的皮夹克，因为是军制的，一直很惹眼，有人当时就指证这是王玉彬的。另外一个是一枚圆形的古钱。白文冰要求看看这两样东西，他特别掂起这枚古钱，这东西让他感到有些眼熟，只是眼下还不敢确定。他又问邱义："其他可疑情况有没有呢？"邱义："昨天晚上，深夜了吧，我派了两个人在案发现场蹲守，据他们说有人出现，可这两个废物没有经验，愣是把来人给惊着了，那人动作还很敏捷，这两个废物根本不是人家的对手。"白文冰："你怎么看？"邱义："我觉得这人来者不善，应该是冲着什么东西去的，所以，现在这两件物品，"邱义指了指皮夹克和古钱，"都是我亲自保管。"白文冰："邱局长不愧是临澧班的高材生，看问题就是一针见血。"

白文冰在回来的路上一直在想这枚古钱，他记得他曾经在瞿伯平身上见过这枚古钱，只是比他看到的这枚还要大一些。当时他还问过瞿伯平，这是护身符？瞿伯平跟他讲了这枚大钱的来源，这实际上是"御赏"，是纯金打造的金钱。时间可以上溯到清朝的雍正年间。清雍正六年，湖南部分地区"改土归流"，废除"土舍制"，瞿家的祖先在这次政治运动中，归顺清政府，受到湖南巡抚王国栋的表彰，被赐予六品顶戴。雍正十三年，贵州古州叛乱，清政府为之成立办理苗疆事务处，瞿家也奉命带人参与政府的围剿行动，叛乱平定后，因为瞿家的功劳，被新皇帝赏给一些财物，其中有十二枚金钱，瞿家的几大支派都分有这种金钱，作为传家的象征。瞿伯平当时还跟白文冰逗了一句咳嗽："乾隆老儿当年赏给我们瞿家金钱，是为了让我们世世代代当顺民，他老人家要是看到我们这些当土匪的专门跟官府对着干的人脖子上戴着他的赏赐的话，还不跟坟地里气得坐起来？"

等白文冰回到驻地，邱维达已经在那里坐等了有一会工夫了。"参谋长大驾光临，这可真是稀客。"邱维达："小白，我也不跟你绕弯子了。你能不能临时挪借给我点。"白文冰："借钱还是借物还是借人？"邱维达："这不是废话吗？当然是借钱了。"白文冰问他要多少，邱维达："给一百块现大洋吧，要是有条子更好，五两一根的，来两根就行。"白文冰："还'来两根就行'，你这口气当我这是农民银行啊？"邱维达："快点，我等着急用。"白文冰："参谋长该不是也要进步了吧？"邱维达："还让你给说对了，这还真是跟女人有关，不过跟你的脏心思对不上，我是看一个人的老姐姐去。"白文冰一边给邱维达拿出一百块现大洋，一边随口问："这是谁的姐姐，值得参谋长亲自出面借钱。"邱维达："你还记得以前跟过我的卫士瞿老乐吗？老乐救过我，后来活不见人死不见尸，我一直惦记着，他就是本县人，我让人打听过了，家里没有什么人了，还剩下一个老姐姐，孤苦伶仃的，我就准备送点钱过去，你也知道我，向来不善于搞钱，这个月又精光光，只好向你张嘴了，下个月关饷时还你。"白文冰："那个瞿老乐和军刀是一起丢的吧？"邱维达："没错，不过，老乐绝对不会去偷军刀，他这人我了解。"白文冰也要求一道去看瞿老乐的姐姐，邱维达答应了。

从瞿天乐（瞿老乐）老姐姐家里出来，邱维达问道："你刚才都问老乐姐姐什么了，还搞得神神道道的。"白文冰微笑着说："事情快有眉目了。"哪知道，傍晚白文冰再来瞿老乐姐姐家里时，县警局的人早已围在这里了，上去一问才知道老乐的姐姐突然死了。白文冰暗骂了一句："妈的，赶到我前面来了。"

白文冰闷闷不乐地一人走了回去，路上经过小陶然客栈，就蹩了进去。小陶然客栈名义上是客栈，其实还兼有杂货店、酒店这些功能，其实，这也是王玉彬生前搞的一个幌子，作为跟山里瞿伯阶、瞿伯平兄弟联系的据点。王玉彬从来不管客栈里的事，都是老板娘陶翠儿一直在弄。小陶然客栈知名的东西有两样，一样是老板娘陶翠儿，具体说就是陶翠儿的那晃来晃去的胸前两坨肉，很有风韵的样子，有些读了点书的人臭贫，说那可真是仙桃啊，偏偏她又姓陶。另一样则是泡菜，陶翠儿泡制的一手好泡菜，远近闻名，连严子庸都喜欢吃，陶翠儿也经常给他送去一些，两个人的眉目传情就是从泡菜开始的。名曰泡菜，实则泡妞。客栈的伙计都认识白文冰，特别是伙计小四儿一向跟白文冰很熟，他叫白文冰"白副总"，白文冰听了很受用，一时间觉得自己跟白崇禧似的（白崇禧当时在官场上被呼之为"白副总座"，意即白崇禧兼任副参谋总长）。白文冰出手塞给小四儿一样东西，小四儿一捏，就知道是一块光洋，赶紧哈腰："谢谢白副总。"白文冰："小嫂子不在？"白文冰从王玉彬那里论，管陶翠儿叫"小嫂子"。小四儿："去严县长那里送泡菜去了。"白文冰："真勤奋啊，好像你们老板的头七还没过呢吧。"小四儿掉了一句书词："风雨无阻。"白文冰哈哈一笑，顺带着扫看了一眼店里的摆设。他发现泡菜坛子新换了两个，就问小四儿："四儿，原来摆在这里的那两个坛子呢？"小四儿头也没抬地回答："都挪到地窖去了。"白文冰："哦，你们家的泡菜那是真叫一个绝，都快赶上我们山东的咸菜疙瘩了。"小四儿笑着说："白副总，那能比吗？"正说着，陶翠儿从外面走进来了，一身的素服，显得她比平常还好看了一些，她连忙跟白文冰打招呼。白文冰说了一堆面上的废话，扔下点钱，就走了。陶翠儿望着白文冰远去的身影，问小四儿："白先生刚才都聊什么了？"小四儿："没说什么，哦，就问了一句原来那两个摆在那儿的坛子哪儿去了，我就告诉他搬到地窖去了。"陶翠儿听到这里，脸色一寒。她进屋忙乎了一阵，拿了个包裹说出去办事，径自离开了客栈。

过了三个多小时，悄然转回的陶翠儿下了地窖，走到了那两个被挪动的坛子跟前，冷不防一个阴阴的声音突然跳了出来，几乎将陶翠儿吓死："小嫂子，辛苦了。"陶翠儿借着手提灯看清了站在他面前的是白文冰。

当晚，按照白文冰的安排，县警察局局长邱义带人起获了装有王玉彬尸体的泡菜坛子，白文冰故意将晚上的行动搞得有些动静，他知道在他们的背后正有一双从黑暗中射来的目光炯炯地监视着。忙乎到十点，白文冰才回到驻地，他看到安慧民的房间的灯是亮着的，就带上早已准备好的酒菜，敲开了安慧民的房门。他到安慧民这里的目的只有一个，那就是告诉安慧民安分监，杀害王玉彬的凶手已经基本锁定了，就是兵站分监部的副官丁小贵。

第二天的抓捕行动也像白文冰预料的那样，丁小贵自然而然地失踪了。不过，在搜查丁小贵的房间时，除了发现丁小贵作案的工具以外，还发现了邱维达丢失的那把日本军刀。邱维达见军刀失而复得，十分高兴，直嚷嚷要请白文冰和邱义吃一顿。

此刻的白文冰没工夫去应酬这些虚礼，而是正忙着跟王耀武汇报整个案情的经过。白文冰："都是按照您的吩咐办理的，说来也神了，居然跟您事前预测的基本相同。"王耀武："那不是我有什么神奇的本事，而是得益于我的一位长辈。"王耀武小时候，有一次听王德发给他讲故事，讲了这么一个真实的段子。说是有一家的男主人某一天碰到了个算命先生，这位算命先生说他有血光之灾，应该避一避，以三天为限，过了三天就没事了。于是，这位男主人跟老婆说过了，他就在外面找了个房子暂时住三天，每天都由老婆去送饭。到了第三天的半夜，有人忽然看到那位男主人披头散发地跑到河边，一个猛子跳了下去。之后，这个男人活不见人、死不见尸，案子没头没尾，谁也不清楚怎么回事。男主人的老娘因为想念儿子，每天都哭泣不已，有个晚上老太太做梦，儿子在梦里告诉她，说是未能及时尽孝，所以，在外面的一个房子里床底下给她老人家留了四罐金子，请老太太去挖出来，度过余生。老太太醒来以后，将信将疑，就请人按照梦中的地址去挖，果然挖到四个罐子，只是打开一看，罐子里没有金子，而是儿子的被肢解的尸体。老太太连忙报官，最后一查，作案的人是儿子的老婆和那位算命先生，原来这位算命先生是假扮的，他跟这家男主人的老婆早已通奸，为了掩盖痕迹，索性设计将男主人害死，那天晚上投河自尽的其实是算命先生假扮成男主人。

以后到上海滩做了店员的王耀武特别喜欢看冯梦龙的"三言二拍"，其中《警世通言》中有个段子叫《三现身》，跟王德发讲的几乎差不多，所以，对这个故事王耀武一直印象非常深刻。这次听到白文冰说王玉彬死前的算命经历和坠落青龙山山崖的下场，王耀武首先想到了这个沉埋已久的故事，他结合白文冰的几次汇报，在王玉彬身边纠合的人事分别有严子庸、丁小贵、瞿伯平，而三股人事的焦点都是对准一个人，那就是陶翠儿。因此，王耀武让白文冰盯紧陶翠儿。与此同时，丁小贵的行踪也被锁定。特别是在案发现场发现的那枚古钱，白文冰已经从瞿老乐的姐姐身上证实了是瞿老乐生前经常佩戴的信物。而白文冰和邱维达去看望瞿老乐姐姐的消息除开他们两人之外，只有另外两个人知道，一个是王耀武，一个是分监部的司机老毛。而杀人凶手正是从司机老毛口中得知白文冰、邱维达前去看望瞿老乐的姐姐的。在瞿老乐姐姐被杀的时间段里，老毛正在分监部待命，他只在收发室的外面遇到过分监部副官丁小贵一人，遇到丁小贵以后，老毛被丁小贵临时派了一个差事，跑去常德办事，为了"照顾"老毛，丁小贵还给老毛搭上一位"押车"的。途中，在一家汽车修理铺下车休息，同这里一位熟人闲聊十五分钟，而这位熟人随后即走进了第二十四集团军便衣队队长孟记东的住处。由此进一步验证了之前白文冰的侦察和王耀武的看法，丁小贵派差给司机老毛实际上是杀人灭口，他基本可以被确认为凶犯。只是，丁小贵包括白文冰在内做梦都想不到的是司机老毛的真实身份。老毛的大名叫毛学谦，他是王耀武泰安同乡，给王耀武当过勤务兵，后来因为一宗小事招惹王耀武不满，给"踢"到了安慧民的兵站当司机。从此默默无闻，随便什么杂活，在兵站里都可以派给老毛去干，但没有人能想到这位闷声闷气、窝囊透顶的毛学谦竟然是王耀武亲信便衣队谍报组组长。毛学谦的这一身份只有王耀武、孟记东两个人掌握。直到王耀武担任山东省政府主席以后，毛学谦的组长牌子才正式亮了出来。至于那位丁小贵派给毛学谦"押车"的人，自上车以后便宣告了他的彻底"失踪"。

白文冰从瞿老乐姐姐遇害现场故意整回小陶然客栈，并且故意同伙计小四儿大声谈论泡菜坛子，这不过是白文冰与事前收买好的小四儿临时的一场表演，就是表演给陶翠儿看的，即便陶翠儿看不到，也会有人看到报告给陶翠儿的。这是打草惊蛇。果然，陶翠儿很快去找丁小贵想办法，陶翠儿回到客栈不放心去地窖看那几个被挪动的坛子，白文冰半路折回客栈，走暗道进入地窖悄然等候入网的陶翠儿。经过审讯得知，陶翠儿和丁小贵本是"娃娃亲"，后来丁家败落，丁小贵远走他乡，一直音讯隔绝，这次回湖南，两个人重逢，丁小贵想带陶翠儿走，但陶翠儿嫌丁小贵穷，丁小贵一时冲动，将军刀的事捅了出来，并说已经找到了陈凤举，由陈负责出手，一旦出手，钱是少不了的。但这件事被王玉彬偷听到了，王玉彬敲诈丁小贵，丁小贵去同陈凤举商量，陈凤举教唆丁小贵设计害死王玉彬，并把脏水分一部分给陶翠儿，陶翠儿本人虽然没有直接害死亲夫，但在丁小贵的威逼利诱下，答应不再声张，并配合丁小贵隐匿王玉彬被肢解的尸体暂时存放在地窖里。因为王耀武有言在先，一定要把陶翠儿从这堆烂泥潭里拔出脚来，交给严子庸一个干干净净的女人，白文冰知道这是王耀武赠给严子庸的特殊礼物。所以，白文冰将计就计，让陶翠儿按照丁小贵的计划腾挪尸体，据此收捕陶翠儿，而且当场演给躲在暗处的丁小贵看。受惊的丁小贵准备逃走，却不料被背后的另外一只黑手干掉。

王耀武："丁小贵的尸体找到没有？"白文冰："基本上可以确认地点了，只是暂时没有动。"王耀武："一条死狗，不用急着挖出来。不过，从军刀完璧归赵这点来看，此人尚没有天良丧尽，这也是我不急于动他的缘故。"白文冰："他跟着主座鞍前马后这么多年了，就是熏也该熏出来点做人的滋味来了。"王耀武："别说这个，如果他真的有你说的那样，他也不会迈出后来这一步。"白文冰："从军刀出人意料的料理来看，此人貌似是被人引诱进入了圈子。这次最让我感到可惜的是，没有十足的证据办陈凤举，免不了又让这老小子多活些时日。"王耀武："听说沈北原过一段时间要来湘西，你去准备一下。这场戏演好了比什么都强。陈凤举那些垃圾迟早要清除的，不在这一早一晚。"

湘西会战是王耀武首次指挥大兵团机动作战，战绩夺目。1945 年 8 月 15 日，日本投降。

沈北原的真名叫松本信太郎，他是松本菊熊的侄子。松本菊熊是川岛浪速的密友和心腹。1901 年，松本菊熊应川岛浪速的邀请任职于清朝京师警务学堂，担任副提调。京师警务学堂是当时中国最大的警察教育机构，也是孕育中国现代警政制度的摇篮。日本人看中了这片"肥田"，借机大肆插手警务学堂的教职员工作安排。而且，派去的诸如川岛浪速、町野武马、松本菊熊这些人本身就是兼职的政治特工或军事特务。松本菊熊在京师警务学堂供职期间，利用日本妓女收买俄军军官，为了不引起俄方的注意，川岛浪速与松本菊熊还演出一场苦肉计，川岛浪速假意以新年宴会上松本菊熊醉酒闹事为名将其开除，而后松本利用所谓"在华志士"的纠集为日后川岛浪速组建袭扰俄军后方的日本特务班铺路开道。[①] 松本菊熊的兄长死于侵华的甲午战争，遗腹子松本信太郎便成为松本菊熊特殊关照的对象，松本菊熊将其看作是自己事业的继承人，自幼便锻炼他成为一名"中国通"，以后松本信太郎在川岛浪速的日本特务班工作过一段时间，从 1921 年起以生意人的面孔长期潜伏在中国境内，为日本军方收集了大量的情报。沈北原身边还有个助手，也就是所谓的"妹妹"沈舒宁。沈舒宁本名叫武藤云子，她是武藤带刀的女儿。说起武藤带刀，大家或许并不熟悉，但说起武藤带刀的堂房兄弟武藤章，那就是"大名鼎鼎"了。武藤带刀与松本菊熊关系过命，武藤带刀死的时候不把女儿武藤云子托付给武藤章，而是托付给松本菊熊，可见一斑。但是，当武藤云子长成以后，松本菊熊还是把她给强奸了，并且发展其成为特务。武藤云子利用自己的姿色和能力以及在松本信太郎身边无可替代的地位换取了松本信太郎的信任，在 1928 年 6 月借助日本陆军之手干掉了松本菊熊。而此时的武藤云子不过十九岁。

沈氏兄妹代号"菊蟹""菊酪"，以生意人作为障眼法，一次又一次地完成了日本军部交给他们的"艰巨"任务。他们的主要任务是以发现或者挖掘有潜力的中国军人作为他们猎取重要情报或者重要暗杀活动的奠基石。在众多的国民党军军人中间，他们

---

① 肖朗、施峥《日本教习与京师警务学堂》，载《近代史研究》2004 年第五期第 62 页。

最初选定的目标是刘夷。因为刘夷同刘峙的关系，刘峙同何应钦的关系以及何应钦同日本人的关系，这样一路攀爬上去，很容易楔入国民党高层核心。同刘夷打交道的过程中意外结识王耀武，通过细致的观察，沈北原发觉王耀武是国民党军人当中不可多得的干才。由于王耀武的破坏，汉中天主教堂一案让沈北原失去了一个重要的联络、勘察据点。不过，失之东隅收之桑榆，沈北原很快找到了王耀武的"命门"——俞济时。由俞济时的副官长张英年的关系，他靠上了俞济时这棵大树。也因为张英年的关系，他与王耀武的原任副官安慧民成了朋友。而不论是张英年还是安慧民，他们的要害处即走私钨矿砂一事都时时在沈北原的掌握之中。正在沈北原不断地自鸣得意手中的这几个木偶的转动越来越符合"帝国的利益"之际，余书茵闯入了他的视线。他从小泉菊次郎和英森的离奇失踪便开始怀疑中国特工可能混迹于其中，在以后与安慧民的交往中，旁敲侧击地了解到小泉和英森的失踪乃至死亡绝不是王耀武的神来之笔，而是另外有人从"帝国"内部获取了关键的资源。十分巧合的是，当沈北原追索余书茵的踪迹时，余书茵也敏感地察觉到了沈北原的异味。最后还是沈北原早走一步，他利用了国民党决策层的判断失误，让中山纯一郎故意放风给余书茵，给本已经失误的对日军"一号作战"方案的判断彻底夯实下来。这是沈北原最为得意的手笔，由此也借助军统戴笠推卸责任之手毒死了余书茵。只是沈北原万万没有料到的是，王耀武手中的那张网已经向他扑来。"作茧自缚"这个成语再一次在沈北原的身上得到了充分的印证。

1944 年冬，美国政府援助国民党当局二十五个师的美械装备。蒋介石借口需要人主持接收事宜，乃调何应钦为新成立的中国陆军总司令部总司令，军政部部长一缺着由陈诚递补。为了进一步安抚何应钦，蒋介石明令宣布西南各战区作战、指挥、整训均由何应钦负责，何应钦的家乡贵州省之党、政、军一干事务也交由何应钦统辖。何应钦的"陆总"下辖 28 个军约八十万众，汤恩伯笑称："何老总现在成了曹丞相。"陆军总司令部下辖四个方面军司令部，第一方面军司令官由卢汉担任，第二方面军司令官由张发奎担任，第三方面军司令官由汤恩伯担任，第四方面军司令官由王耀武担任。卢汉在抗战中期即担任贵州省政府主席（未到职）和滇南作战军总司令。张发奎的第二方面军是由第四战区改头换面而来，汤恩伯的第三方面军司令官则是由湘桂黔边区总司令改任。所以，卢汉、张发奎、汤恩伯担任方面军司令官都是平调，唯独王耀武等于坐升，而且，在这四位方面司令官中，王耀武的资历最浅，年龄最轻，不过四十出头。

王耀武的第四方面军下辖四个军即第十八军、第七十四军、第七十三军、第一百军。其中第十八、第七十四、第七十三三个军均为美械装备，第一百军暂时为国械装备。在四个军中，第十八军、第七十四军号称国民党军王牌的王牌。所以，第四方面军在陆总下辖的各方面军中战斗力最强，人称"子龙军"。王耀武以邱维达为方面军司令部参谋长，罗明理为副参谋长，安慧民任兵站补给司令部司令，白文冰为副司令。

不久，沈北原来到湘西，王耀武很慷慨地招待了他一番，不仅领着他参观了一些地方，还让他到洪江寨头看了看王耀武四方面军的军官训练班。这个训练班是王耀武亲自兼任班主任，搞的连以上军官的轮训机构，每期一周，以各师师长为队长，仿庐山军官训练团而来。沈北原当然也不是空手而来，也给王耀武带来了大批的慰问品。王耀武还设宴款待了沈北原一行，主客双方都很尽兴。接下来几天沈北原都由副参谋长罗明理陪同，具体食宿接待由兵站补给司令安慧民负责。因此，沈北原相当满意，特别是安慧民还跟沈北原的华兴公司续签了一年的合同。沈北原说："明年的这个时候，我们可以到南京喝酒去了。"安慧民也笑着说："但愿能早日光复故都。"连续两个晚上，安慧民都在兵站补给司令部设牌局，安慧民、沈北原让副参谋长罗明理连庄连赢，大家都志得意满。晚上，为了表示彼此的亲近，安慧民就让沈北原夜宿补给司令部，跟自己是里外间。

半夜时分，万籁俱寂。补给司令部副司令白文冰突然叫醒安慧民："有个急件请

雪峰山会战中的七十四军官兵

司令签署，这是副参谋长亲自吩咐过的。"安慧民老大不高兴："什么事非得这个时候来？你没看看几点了？"白文冰："副参谋长和李军长也都没睡呢。"安慧民："他们是有名的失眠症，当然没睡呢，我这一天忙里忙外、屁滚尿流的，刚挨上枕头你就跟叫丧似的叫唤。"白文冰连忙赔笑。安慧民拧开台灯，还听了一下里间的动静："沈先生在里面呢，那是贵客，吵醒了我不要紧，要是怠慢了他，回头司令官那边可没有好脸子看。"白文冰连连称是。安慧民转头一看，发现白文冰身后还跟着一个人："这人谁啊？"那人马上满脸堆笑地请安："安大司令，您老不认识小的我了？"安慧民脸色缓和了一点："哦，你是小方，都他奶奶的中校了，混得可以啊。这么晚了不睡觉跑我这儿干屁来了？"那个叫小方的忙解释："主要是给您老添麻烦来了，当然也不白添麻烦。"说着递过去一样东西。安慧民问白文冰："怎么回事？"白文冰："李军长找了副参谋长，把原来调补给韩军长他们那批装备拨到李军长名下，本来李军长要亲自来给您说的，但他今天不正好外出巡视吗？这就让方副官过来专门请您把这件公事给批了。"安慧民："这事我做不了主，回头韩军长要是告到司令官那儿，我受不了。"方副官："您老别急，具体事情由咱们军长跟副参谋长以及司令官协调，只要您老大笔一挥，我们军长说了，还有一打大条等着孝敬您老。"安慧

第四章　明争暗斗

民："就你们一百军的事儿多，穷折腾什么劲儿。"白文冰帮腔："大哥，您还不知道的吧，上边有意思让七十三军韩军长把十五师的美械装备暂时交给一百军，现在梁师长都撂挑子不干了。"安慧民："哦？有这事？怎么个意思？说说。"白文冰："我这也是刚从副参谋长那听来的，本来副参谋长今天准备跟您说的，但今天愣是一点时间都抽不开。我就学一回鹦鹉吧。"七十三军十五师的老家长是湘军的王东原，王东原是陈诚的保定军校的同学，现任十五师师长梁祗六是王东原的内亲。所以，七十三军十五师他们也一直往陈诚系统上靠，这次搞美械装备就是陈诚就任军政部部长以后施的恩报。这就让一百军的李天霞看不过去了，李天霞联合原来的一百军老军长施中诚一起去找王耀武，王耀武说他管不了，你们哥俩要是有本事去请总司令部的人说话，他们两个人不知道怎么请动了何应钦身边的人，愣是让陆总下道命令将七十三军十五师的美械装备暂时交给一百军，这下子十五师师长梁祗六不干了。白文冰学着梁祗六气愤的样子逗得安慧民低声笑个不停："没错，梁大嗓门就这德性。"白文冰："梁师长还说了，他不去新化了，这不副参谋长亲自托参谋长出面找的韩军长说项，这才算勉强说动，不过，梁师长来气，要了一笔开拔费，这笔钱韩军长是拿不出来，所以，到新化那边的说是一个师，实际上就两个团，才几千号人。"安慧民："批我倒是可以批，但是，咱们现在人手不够，调运这么一大批装备，可不是闹着玩的啊。"白文冰想了想："有了，您明早跟沈先生漏漏口风，他们华兴公司在湘西不是有一批备用车辆吗？就算咱们借他的，以您和沈先生的关系，他会给面子的。"安慧民："我还想不到这层？关键是老沈他们那批备用车是给上边留着的。轻易不敢调。"白文冰和方副官又都玩命地恭维了一番安慧民，安慧民笑骂道："看出来了，你们俩没少捞好处，行吧，明早，我磨磨老沈。你们都滚回去吧，老子明天还得给你们当差，这会儿就是天塌下来也得眯一阵儿了。"

第二天一早，安慧民跟起身很早的沈北原一道共进早餐，安慧民把昨晚的事说了一遍，附带道歉，沈北原开怀一笑："没事儿，我昨晚喝得多了点，一直睡得很香。调车的事确实有些难度，你也知道那批车辆的用场。不过，你既然张嘴了，我就是头拱地也得想想办法。"安慧民奉上一笔酬谢费，沈北原客气了一下，也就收下了。后来的几天里，沈北原并不食言，很快用他们华兴公司自己的车辆将部分装备悉数转运完毕。

1945年3月间，王耀武的第四方面军司令部情报部门发现，日军在衡阳、邵阳之间调动兵马频繁，由武汉到长沙的水路运输也日渐繁忙。便衣队在祁阳县境内捕

湘西雪峰山会战期间运输弹药

获的日军大尉村岛供称，他的任务是侦察华军兵力配备和交通情况。一场大战即将
到来。

日军的原有企图就是打通湘桂线，由于湘黔公路雪峰山一带有王耀武部重兵屯守，
所以，日军一直未能得手。此次，他们准备利用美械装备进入国民党军时间不长，方
面军整合阶段过短等客观因素，以先发制人的手段一举打开湘黔门户，威胁重庆。日
军为此纠集了六个师团之众的兵力，共二十五万人，以第二十军司令官坂西一良中将
为最高指挥官。因为事前他们得到"菊蟹"沈北原的情报，王耀武部在新化境内的防
御力量极其薄弱，所部梁祗六的十五师并无美械装备且兵力总数不过是数千人而已。
所以，日军准备用狮子搏兔的架势猛击十五师，从那里撕开整个战役的第一个缺口。

进犯新化的是以日军"重广支队"为急先锋。重广支队即日军第 131 联队，以其
联队长重广三马冠名。据时任国民革命军第七十三军第十五师代理参谋主任的刘养锋
回忆："其右翼兵团为了适应山地战需要，组织了一支山地作战的特种部队——重广
支队，兵力万余人，号称精锐。该部乘雷雨之夜，偷越湘乡县境内的龙山，绕道向新
化、溆浦方向疾进，企图一举攻占芷江机场，'扼三楚之咽喉，拊川黔之项背'，取得

　　　　　　　　第四章　明争暗斗

有利态势。"①

只是这支"精锐"实在是生不逢时。他们遭遇的是第十五师不假，但十五师绝不是沈北原情报中所叙述的那样的"窝囊废"。王耀武故意让白文冰和安慧民以及假扮的方副官一起上演了一出1945年春季版的"蒋干盗书"，以其人之道还治其人之身，通过沈北原将假情报传递给进犯湘西的日军最高指挥部，使得日军误以为十五师防卫阵地最为薄弱，将其选定为中央突破口。哪知道，日军一旦进入十五师防备的邵阳东北乡孙家桥界家坳阵地便受到了空前猛烈的打压。七十三军并非主力，更非嫡系，但王耀武却把防备日军中央突破的重要任务交给了七十三军以及第十五师。以偏师做主力，这在崇尚门第和背景的国民党军队伍中是了不得的信任，梁祗六素来刚勇奋进，得到命令后，特别激动，他对王耀武说："湘人守湘土，责无旁贷，只要有梁祗六三寸气在，断不让倭奴前行一步！"十五师在孙家桥和安化兰田尖山岭一带布防，梁祗六派一个团突进敌后邵东廉桥黑田卜等地，随时偷袭敌军，多抓蛇头。等到与日军相持一周后，十五师即撤到资江西岸阵地据险固守，日军遭遇重创后，转而在大树滩、猪栏门、小溪等处强渡资江，哪知道，此时正值春季，江山暴涨，水流湍急，非有大量船只不可。而一旦要渡江，则轻重武器都要受到地形限制。而防守部队十五师全师上下都是湖南本地人，地形熟悉、武器称手，打起防御战来可谓头头是道。② 最要命的是，梁祗六给日军重装部队准备了一道湖南"家乡菜"，人称"葫芦炖狗脚"。清末太平天国起义，在湖南入伍的"新长毛"较之广西出发的"老长毛"更让清军恐惧，其中最为恐惧的就是"新长毛"们带去的一种自制秘密武器。这是来自湖南苗族的祖传，将木头砍成扁担状，再用火麻将弯曲的扁担两端捆死固定，扁担中是一块厚木板，与弩身垂直，上面有箭巢，可以一次安插三支箭镞，这块厚木板当地人叫它"葫芦"，"葫芦"后下方钉有类似手枪把模样的木柄，又名"狗脚"，"狗脚"前下方安装一个扳机，射箭时发射人只要食指一动，利箭立刻射出。这种利箭的有效射程是150米，100米内足以致猛兽死亡。而且，这种弩配置的箭也有讲究，利箭一般长40厘米、粗8毫米、箭头长6厘米、尖端长2.5厘米，箭头为铁质、两侧锐利无比、后翼为三角形，起到平衡箭支发射的命中率。箭头抹有毒药，此类毒药是当地土产的一种名叫喇叭花的植

---

① 刘养锋《洋溪阻击战》，载《湖南会战——原国民党将领抗日战争亲历记》第358页，中国文史出版社2010年版。

② 李中兴《回忆雪峰山战役》，载《湖南会战——原国民党将领抗日战争亲历记》第385、386页，中国文史出版社2010年版。

物中的体液，提取极为简单，只要用小刀把花体的根茎划破将其中的粉浆涂于箭头即可，此毒有剧、缓之分，剧者见血封喉，缓者痛极而死。最可怕的是这种弩箭的穿透力非常强悍，中华人民共和国成立后全军运动会上曾有武汉军区野战军某部表演过这种在新化阻击战中的功勋传奇弩射，据目击者说，距离15米远、用30公斤力弩射，击中靶子内环，穿透后插进干土深达4厘米。为了更大效能地发挥这种弩箭的作用，梁祇六让射手分成两组，第一组发射的同时第二组装箭，一俟发射完毕，第二组立刻跟进，资江两岸，山高林密，弩箭齐发，连环紧凑，倭寇不明地形，不辨究竟，死伤遍地。日军进犯湘西，其重广支队血债累累，据有关资料统计："日军重广支队在洋溪杀死792人，致伤残232人，毁粮食30665担，掠夺耕牛510头，掠夺其他财物价值达1052万多元。在泽溪大桥（今名反帝桥）西岸黄口边，将村民肖桂生等7人活埋；在磨石坑，将民夫反手连脚绑成木鱼形，再把捕竹弯下，把人互系于两根南竹竹梢上，再把捕竹放手弹开，让捕竹撕扯分尸致死；或一竹一人，悬空倒吊，村民李雪吉、杨申生等8人被活活吊死；东风村民邹艾仁挑担不支，遭日军剖腹掏肝；村民邹修海被抓去做夫，日军以铁丝穿其腮，以防逃跑；谢家垣村民谢之久一家8口，惨遭杀绝；在彭家亭，日军在一楼梯上一次捆绑无辜村民9人，丢入塘内活活溺死；在木龙，日军将

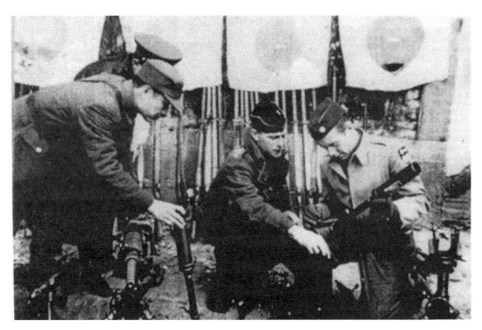

中美两军在湘西会战结束后清点从日军手中缴获的战略物资

秤砣和砖块吊在 70 老翁陈远清胡子上取乐;在东风,村民袁某妻生下小孩方 3 日,被 10 个日兵轮奸致死,更有甚者,日军在洋溪大桥底下架火锅烹煮人肉,争相吞食,老人邹寿宜就是用开水活活煮死的。"目睹日军如此兽行,十五师官兵更加义愤填膺、怒不可遏,以钢铁之器并血肉之躯将敌军狠狠地压制在狭小的范围内,予以痛击。新化一带的防卫战为湘西会战的首次胜利,极大地鼓舞了四方面军的士气。

战役之初,王耀武即放手让邱维达全权布置作战任务,以其在辰溪设立指挥所,直接指挥左翼部队,并负责与王敬久之间的联络、沟通。邱维达提出一套方案,以雪峰山有利地形整合为一个口袋阵,武冈、新化、安化三点坚守作为两翼阵地的支撑点。在具体战术上采取诱敌深入、聚而歼之。王耀武支持邱维达的意见,他提出这次决战雪峰山,国军方面有五大优势可恃:"第一,我们有充分准备,预则立,不预则废;第二,我们武器装备不论地空火力均超过敌军;第三,我们占据有利地形,敌人是自蹈死地;第四,我们有强大援军作为支撑;第五,士气旺盛,军民团结一致,湖南各界全力以赴支援我军。"这次碰头会结束后,第四方面军即在王耀武、邱维达的指挥下,按照议定部署,层层阻击日军,而此时,国民党军后续援军也源源不断开进,美军方面也予以大力支持。不久,陆军总司令何应钦偕同美军作战司令麦克鲁和参谋长巴特鲁赶赴安江前线面授机宜。

在王耀武的指挥部里,军事会议如期召开,参加会议的包括何应钦、肖毅肃、冷欣、邱维达、罗明理、廖耀湘、马崇六、彭孟缉,美军代表麦克鲁、巴特鲁、金武德等。在会上王耀武表示,此间日军在战略上犯了冒进的错误,在战术上犯了"顿兵于坚城之下"的错误,尽管日军投入了两个军的兵力,但已经走进了死胡同,胜利大有希望。现在要大家群策群力,一起研究出一个行之有效的方案,最终要由总座(何应钦)来决定。在这次会议上,邱维达提出第一套方案,向三国时代魏国名将邓艾学习,在关键时刻用奇兵。邱维达认为应采用左翼迂回包抄敌人的战术,以一个加强军从辰溪、溆浦插入敌人的侧背再向南进击,配合第一线兵团截断湘黔公路,围歼敌军。肖毅肃、冷欣和罗明理提出采取中央突破的方式,将敌军压缩在资江以西地区歼灭。在这两套方案的辩论中,双方各执一词,何应钦不便决断,邱维达找了个机会托词离开。何应钦问王耀武:"佐民,你觉得两套方案哪个更好一些?"王耀武:"以学生愚见,邱维达参谋长提出的更适合实际。"何应钦:"邱青白要学邓艾,美械装备显然用不上,这次美国人都在这里,如果因为不使用或者不能发挥美械装备导致会战的疏漏,这个责任可是不小的。"何应钦进一步说道:"佐民,你不是外人,我也不跟你讲官场上的废话。我这次怎么来的陆总，你应该清楚，好在我是顶着'松山大捷'的帽子上任的，到了你的地界，你总该让我加冕而不是脱帽吧？"说到这里，何应钦还干笑了两声。王耀武打了个立正的姿势："总座放心。"何应钦："我就要你这句话，至于怎么下决心你去决定，我给你当后盾。都已经当了下坡驴了，我还怕什么？"王耀武知道何应钦这是气话，也是实话。他立刻用电话叫通邱维达，让他马上回来商议具体操作办法。

邱维达建议使用一个加强军，王耀武提出那就使用第十八军胡琏部。何应钦打了个问号："胡琏？是不是喜欢捞钱的那个胡琏？"王耀武知道何应钦对陈诚系统的部队素无好感："胡伯玉打仗还是把好手。"何应钦："那可是人家（陈诚）的本钱，你花的时候可要小心点。"王耀武："有校长和总座在，学生也就豁出去了。"何应钦笑了笑。次日清晨，邱维达代表四方面军司令部同十八军军长胡琏碰面。邱维达将战略意图言简意赅地向胡琏做了介绍："伯玉，这次可是王司令官亲自点了你的将。"胡琏："司令动动嘴，我们跑断腿。"邱维达："不愿意？"胡琏："要是别人，我还真敢说'不愿意'这三个字，但在王司令官这里，十八军不讲价钱。"邱维达："行，有进步。"邱维达随后将与胡琏接触后的拍板的方案对王耀武、何应钦做了汇报。

胡琏也算条汉子，说到做到。只用了三天多的时间，胡琏便同友邻部队将日军咽喉要道湘黔公路完全截断封锁。这样一来，深入雪峰山的日军二十余万均陷入层层围困之中。美军动用空中打击的优势，将隐蔽在崇山峻岭中的日军予以全方位的轰炸和清剿，日军死伤大片。据前线报告，日军内无粮草、外无救兵，战斗力日削，厌战情绪日涨，出现大批投降和自动缴械者，湘西会战全面胜利在望。何应钦、麦克鲁、王耀武、邱维达、巴特鲁、金武德、邓文仪、莫德惠等人乘坐美军武装直升机一同参观阵地。面对着弹痕累累的工事，面对着横七竖八的日军尸体，美国人也为之动容。王耀武走到麦克鲁和巴特鲁跟前，用手一指潘火亮："在他的一发炮弹下，炸死了倭寇一个大佐，一个少佐。"麦克鲁用赞赏的目光看着潘火亮，王耀武："老潘，露两手给洋人看看。"潘火亮转悠了一圈，对麦克鲁他们几个说："那个山坡上有一棵老槐树，就它了。"说完，老潘架好手边那门82毫米迫击炮，不用瞄准镜，只用眼睛、手和垂球定好角度，只听"轰"的一声，那棵老槐树应声而倒，美军还没来得及叫好，就见老潘突然撤掉炮架、座板，用手臂抱着一个光秃秃的炮筒对准两百米内出现的一个临时目标当头一炮，等尘埃落定，大家跑上去一看，原来这个临时目标是个被老潘的炮弹炸烂的野兽，麦克鲁转身回来把这门迫击炮炮筒反复看了两遍，竖起大拇指说："中国军人，好样的！"

何应钦缓步走到一处小山坡上，眺望远处，不禁吟咏道："天乎人事苦难留，眉锁湘江水不流。炼石有心嗟一木，凌云无计慰三洲。河山赤地风悲角，社稷怀人雨溢秋。尽瘁未能时已逝，年年鹃血染宗周。"王耀武："目睹此情此景，中湘王在九泉之下也该瞑目了。"何应钦："怎么？佐民，你也知道中湘王的故事？"王耀武："记得当年在黄埔，您给我们讲过中湘王为国捐躯、舍身社稷的往事，学生至今记得。学生还记得，中湘王哲嗣兵部侍郎何文瑞公督师昆仑关，身染瘴疫，仍不退避，左右劝他稍息，他说山河破碎、外虏强梁，大丈夫立马沙场，理应马革裹尸，庶几不负先中湘王之遗志。"何应钦："难得啊，佐民，难得你还记得这些。"素来温和持重的何应钦明显有些激动了，他擦拭了一下眼镜又重新戴上："屈指算来，中湘王殉节已经二百九十六年了。我们中国人终于可以站在外虏的尸首上扬眉吐气了。"王耀武："可惜学生不是诗人，面对这些，无法用更好的语言来描述。"何应钦："军人也是诗人，你用你的指挥才能向世人宣告了这一切，而这些同样是任何诗词都要为之逊色的。"①

王耀武刚走下山坡，何应钦忽然叫住了他："佐民，有件事你要抓紧办一下。"王耀武："请总座示下。"何应钦："你去告诉邱维达，让他尽快蒇功吧。"王耀武愣了："总座，现在结束战事，势必不能奏全歼之效啊。"何应钦："你是军人不假，可是你已经被提名为中央执行委员会委员了，本来我想过了选举以后再告诉你，这是委座亲自提名的，我也非常赞成。中央委员是什么？是政治家，政治家不懂政治能行吗？"何应钦又说道："现在本党的第六次全国代表大会正在重庆召开，与会代表都还等着听我去汇报湘西大捷，总裁昨天又来了电话，询问战事进展。如果我们这边拖拖拉拉，何时才能报告上？军事要服从政治嘛。"王耀武看了一眼何应钦，他简直想不到刚才那位激动不已、一腔情怀的何应钦此刻竟然如此平静地命令他立刻结束战斗。这就是政治？这就是政治家？王耀武只有点头的份儿。

王耀武拿起电话机，仿佛千钧重。他知道邱维达的脾气，肯定要在电话筒里乱叫的。果不其然，邱维达一听到要"早日结束这场战争"的话，当场就蹦了。"最快也得五天"，王耀武："不行！何老总后天清早的飞机回重庆，在他动身前就要解决好这件事。"邱维达："吃饭要一口一口地吃，作战也要一个一个地打。"王耀武："这

---

① 中湘王：即南明大学士何腾蛟，贵州黎平人，清顺治六年被俘遇害，南明朝廷追赠为中湘王，谥文节或文烈。何腾蛟一门均死于抗清斗争。何应钦生前对何腾蛟十分敬仰和崇拜，只呼中湘王而不赞其名。何应钦所诵之诗是何腾蛟殉难前夕所作《绝命诗》。

些我不想听，我考虑了一下，就在胡琏的正面包围圈放开一个缺口，这样就可以早点结束战局。"邱维达都气糊涂了："你想过没有？这么做，下面的人会怎么想？对战局有什么好处？"王耀武："我补充一句，就在洞口公路附近放开个口子就行了。"邱维达："本人作为参谋长，碍难执行。"邱维达撂下电话不一会工夫，又一个电话打了进来，邱维达一听，何应钦亲自上阵："王佐民同你谈的问题，希望你全面考虑。军事要配合政治！"何应钦放下电话，转过身来冲着王耀武不满地皱皱眉头："这个邱维达，死脑筋嘛。"王耀武："敬公有所不知，邱青白慈母过世，尚未入土，他以重孝之身权指挥之能，也算难能可贵。"何应钦惊愕地"哦"了一声。事后，邱维达知道是王耀武直接给下面部队的头头下了开口子的命令，日军上野武夫一部部分战斗人员借机溜走。[1]

湘西会战是王耀武生平首次指挥大兵团机动作战，它所取得的战绩是夺目的：毙伤敌人 28174 人（其中击毙 12498 人），俘敌 247 人，缴获大小火炮 24 门，步枪 1300 余支，机枪 100 挺，战马 347 匹，其他战利品 20 余吨。因为王耀武的特殊军功，国民党第六次全国代表大会上，王耀武当选为中央执行委员会委员，在当选的 222 名中央执行委员中排名第 140 位，列邓文仪、郑介民、汤恩伯、卢汉等人之前。同时，国民政府打破抗战期间不予晋升高级将领军衔的规定，特批准晋升肖毅肃、王耀武、杜聿明三人军衔，王耀武从陆军少将晋升为陆军中将。这是王耀武个人政治、军事生涯的顶峰。若干年后，也许王耀武一生中的其他片段都会在历史的长河中逐渐湮没，但唯独他和他的战友们为了中华民族的独立自由，奋勇抵抗外来侵略的轨迹将永远为人们所记得。

1945 年 8 月 15 日，日本侵略者宣布无条件投降。《号外》传来，整个安江都震动了。8 月 20 日下午，小小的芷江迎来了大批国民党军政要员。8 月 20 日晚，会议室灯火辉煌，照彻通宵。何应钦同肖毅肃、张发奎、卢汉、王耀武、汤恩伯等人紧急磋商接受日本投降事宜。第二天中午，美军少将麦克鲁特地开车赶到王耀武的住处，将一把装饰精美的银柄手枪送到了王耀武的手中："请允许我以及和我持相同看法的我国将士们表达对将军阁下的敬意。"王耀武接过来一看，手枪的枪柄上用汉字刻有如下字样："余对将军阁下之才干及卓越之功勋深表敬仰特此以自用之枪敬赠阁下以作纪念——美军中将麦克鲁敬赠——1945 年 8 月 21 日。"麦克鲁通过翻译告诉王耀武，这

---

① 邱维达《我对湘西"雪峰山会战"的回忆》，载《文史资料选辑》第 31 卷第九十辑第 70-87 页。

柄手枪是仿造美军名将潘兴的佩枪打造，言外之意是表达了麦克鲁珍视他与王耀武这段"缘分"。王耀武也从邱维达手中拿过那把刻有日本天皇"御赐"字眼的军刀赠给麦克鲁："尊敬的将军阁下，这把军刀上染有我军抗倭烈士胡豪上校的鲜血，也记载了我们八年殊死抗战的侧面，它曾经砍下过一百颗倭寇的头颅，今天我将它赠送给阁下，希望我们两军将士都铭记着这段曾经愉快的一道奋战在抗击强敌的战线上的光荣历史。"值得一提的是，这柄手枪日后成了中国人民解放军攻占伪山东省政府时缴获的战利品。而那把军刀则成为美军博物馆中的一项珍藏，在这把军刀的名牌下，印有一排小字："1937-1945，中国军人用它杀死了一百名侵略者。"

衣锦还乡

1. "荣归"

抗战结束，王耀武"衣锦还乡"。后蒋介石召见，王暗自不愿。

酒酣耳热之后，王耀武推开杯盘："走，到外面透透风去。"李天霞、邱维达、罗明理、安慧民、白文冰等人都尾随王耀武鱼贯而出。

今天下午，王耀武从日军第二十军司令官、中将坂西一良手中接过了他的指挥刀，代表第四方面军接受日军的投降。晚上的庆功宴，王耀武破例喝了白酒。直到这时，他还感到那股子兴奋仍旧没有退潮。"谁来说个段子给解解酒？"王耀武笑道。李天霞满脸堆笑地问："佐公是喜欢听荤的还是喜欢听素的？"在王耀武升任第四方面军司令官以后，李天霞在公开场合下对王耀武的称呼变了，不再叫军座，也不再叫总座，而是升格为"公"，"佐公"。方面军司令官等同于战区司令长官，按照这个规格称"公"不为过。只是，王耀武还不过四十岁，就以"公"著称，让底下人有些转不过弯去。不过，"佐公"的称呼很快在李天霞的带动下叫响了。北洋军阀统治时期，军人的最高荣誉称呼是"帅"，做到了省一级的督军便可以称帅，做到了巡阅使便可以称大帅，而像曹锟、张作霖这些凌驾于巡阅使之上的军阀派系首脑，便可以称之为"老帅"。而在国民党统治时期，为了避讳"军政府"的嫌疑，不论文武官员，最高的荣誉称呼为"公"，像人们熟知的称何应钦为"敬公"，称李宗仁为"德公"，称阎锡山为"百公"，称李济深为"任公"，称冯玉祥为"焕公"等。那个时候，称"公"还是很讲究些牌位和资历的，随着时间的推移，"公"这一名号也开始逐渐贬值，像顾祝同、薛岳、刘峙这些人也开始称"公"了。到了抗战后期，连王耀武这些黄埔学生出身的人也跻身"公"列。最后就连李天霞这样级别的干部也被尊称为"霞公"。所谓"攀龙附凤势莫当，天下尽化为侯王"，一个朝代的没落从称呼上便可以看得出来。

王耀武："今天高兴，随便说，百无禁忌。"李天霞和安慧民各自讲了一个带点"颜色"的段子，大家哄笑一阵。王耀武看到邱维达没开口，就说："青白，你也别绷着了，也讲一个。"安慧民酸溜溜地说道："就是，请参谋长也说一个。说起参谋长，那是连日本人都敬佩不已的。"邱维达"睃"了安慧民一眼，心里想起一句老话"开国承家，小人勿用"，自上次白文冰他们秉承王耀武的意图设计了一出现代版的"蒋干盗书"以后，安慧民忽然还了阳，走到哪儿都牛逼烘烘的，仿佛雪峰山大捷是他安慧民一手酿造的。李天霞一听，接了过来："安司令说的没错，好像是日军第三十四师团师团长吧？叫什么来着？"安慧民："伴健雄。"王耀武："还有这事儿？青白，你说说。"邱维达："我路过衡阳的时候，施军长叫住我说是日军师团长要见我一面，否则就怎么怎么遗憾来着，我就见了一面。他跟我说贵军的计划真是绝妙，如果再多上两天，他们不用打也饿死了。"说到这里，邱维达才意识到这是安慧民给自己下的套。因为再傻的人也能联想到，邱维达的话里面是否会隐含着对网开一面放走部分日军的不满。事实上，王耀武也不愿意那么做，他不是一个善于踢皮球的人，尤其对邱维达这样的属下，他之所以将电话交由何应钦来答复也恰恰说明了自己的苦衷。对于这一点，邱维达事后也是理解的，他在回忆录《沧桑集》中便不再多提这段有关王耀武的情节。只是现在安慧民引诱邱维达说出了日本师团长的实话，陡地让本来宽松的气氛变得有些微妙起来。王耀武随口笑道："青白，咱们今天可是说好了，不谈风云，只谈风月，你犯规了，罚你讲个笑话吧。"邱维达："好，认罚，讲一个怕老婆的故事吧。从前有个皇帝要搞一项调查，看看大臣当中有多少位是怕老婆的。他就说了，凡是怕老婆的都站到左边去。于是很多大臣都站过去了，只有一个大臣没动。皇帝就问他，看来你是不怕老婆了。那位大臣回答，我老婆说了，不要到人多的地方去。"大家轰然一笑。罗明理："现在就我们这几个人躲到了人少的地方，参谋长是有所指啊。"大家又笑了。

　　王耀武主持的长沙受降搞得比较成功，所谓秋毫无犯、秩序井然，深得何应钦的赞许。王耀武从俞济时那里得到消息，他很快将北上，担任要职，极有可能衣锦还乡。对于这一点，王耀武当然是兴奋不已的。不过，另外一方面，他从邱维达的口中得到的消息则是充满了不谐之音。有一天，王耀武和邱维达闲聊起受降的事。邱维达跟王耀武说了一件关于陆军总司令部副参谋长、中将冷欣的趣事。冷欣是一个不讨新闻记者喜欢的人，这次芷江受降，有不少记者对他的猴狲相特表挖苦，说他丢了国格。这种以貌取人的作法，邱维达不以为然，但是，他听到了这个冷欣同冈村宁次谈话中遇到的"笑话"则让人实在笑不出了。日本吞并朝鲜以后，用所谓"通婚"的手段逼迫朝鲜王族"换血"，此后还将这种手段用在溥仪兄弟身上。朝鲜王世子李垠娶的是日本皇族梨本宫守正王的女儿，这个女儿据说本来是太子妃的人选，后来不知怎么给诊断为不孕，于是日本太子妃泡汤，转而许给朝鲜世子。冷欣与冈村宁次谈得比较融洽，也许是要卖弄一下自己对日本上层的了解程度，冷欣忽然问冈村宁次："听说李王世子妃是日本皇族，她长得很漂亮，很好看吧？"这话一出口，两边的翻译都惊呆了，担任冷欣翻译的陆总的高参、少将黄瀛很机敏，将这句话给"翻译"成"听说李王世子妃很能干吧？"冈村宁次先是一愣，继而一笑。以冈村宁次的汉语水平，他应该能够听明白冷欣的问话，只是没有必要揭穿罢了。[①] 王耀武听到这里，也只是苦笑了一下，像冷欣这个量级的人物闹出这种"国际笑话"其实在国民党军高级将领中还算是小菜一碟。比冷欣夸张的笑话，王耀武都听到过，只不过不便对邱维达说而已。1946年，身为国民政府军事委员会副参谋总长兼办公厅主任的上将朱绍良到四川宜宾视察，看望老同盟会会员、原国民政府参军长吕超。正好吕超的儿媳妇刚过门，也出于礼貌来见朱绍良，这位朱绍良竟然摸着人家年轻媳妇的手问道："昨夜滋味如何？"这话一出口，在场所有人都愣住了。虽说旧社会有"新婚三天没大小"一说，但堂堂国府要员的朱绍良这么讲话，也的确是让人没法接受。事后，有人斗胆趁着朱绍良高兴，暗指他那天的问话有些失言，哪知道朱绍良脖子一梗："我不过是开个玩笑而已，想当年戴雨农手下动手打吕超的儿子，吕家何尝敢放个屁？"重庆青木关检查所是军统的地盘，有一次时任国民政府参军长吕超的儿子经过那里，对军统的小特务不买账，愣是给他们暴打了一顿，要不是国民政府主席林森路过说情，结果也许更糟，事后打人者竟然没有受到任何惩戒。

可是，这一次邱维达不是攀扯这些国府、国军要员们的边幅，而是说到了冈村宁次通过冷欣转达给蒋介石、何应钦的一个建议。冈村宁次对冷欣说，目前日本已然战败，所谓败军之将不敢言勇，国民政府的心腹大患显然不再是日本人了，而是另有其人。现在在中国的日本军队有一百多万，装备齐全，趁现在还没有公布遣散命令，如果国府有意拿过去，尚能派上大用场。一旦遣散令下发，军心瓦解，那就没有办法了。冷欣当面谢过，还很快向重庆最高当局做了汇报。王耀武："你这是听谁说的？"邱维达："消息是绝对可靠。"王耀武暗吃一惊，联想到俞济时给他的暗

---

① 黄瀛《陆军总部及南京前进指挥所受降工作回忆》，载《文史资料存稿选编》第7卷第582页。

示，即将北上就任要职，难道是要继续打下去不成？邱维达又说道："还有件事，我也是不吐不快。我也不怕得罪你。"王耀武笑了："你得罪我的地方还少吗？说吧。'寡人赦你无罪'。"邱维达："最近安慧民闹得越来越不像话了，像他这么接收敌产的，简直跟明抢差不多，在外别人或许不知内情，我怕他们要误会方面军总部的。"王耀武："你现在说话也不那么爽直了嘛，什么方面军总部，还不就是我王耀武？"邱维达："古人说开国承家，小人勿用。这话在今天还是有道理的。"王耀武："从书面上说是这个道理，而实际当中却又不可拘泥。贵同乡曾国藩算是能用人的了。可他晚年的日记中如何写的？"王耀武知道邱维达不喜欢曾国藩，说近代中国之所以天下板荡、军阀扰攘，曾氏实为万恶渊薮。湖南人当中如此看轻曾国藩的倒真是不多，所以，王耀武不用"曾文正"而直呼为"贵同乡曾国藩"。王耀武说："曾国藩在日记中写道：'当战争之世，苟无益胜负之数，虽盛德亦无所用之。余生平好用忠实者流，今老矣，始知药之多不当于病也。'曾国藩保奏的周腾虎倒是盛德之人，却并无实效可供发挥，且一遭弹劾，竟然抑郁而终。你以为如何？"王耀武又道："我们不妨再看远一点，赵广汉治京兆好用新进少年，刘晏理天下财好用士人，无外乎新进少年可塑性强，少沾染流习，士人不拜阿堵物，清高自励。可是，赵广汉也好，刘晏也罢，最后下场又当如何？一个腰斩，一个逼死。所以，自古以来用人，无外乎一个字。"邱维达："哪个字？"王耀武："权！权有两层意思，一层为掌权，非掌权不足以号令；二层为权变，非权变不足以施行。阳春白雪的事，当然要用君子，可挖地沟、趟浑水的勾当，不用小人用谁？"邱维达："我说不过你。"王耀武："我这可不是狡辩，也是有感而发。你说如今这个接收伪产、敌产，难道不是趟浑水？你看看全国各地，哪个地方的接收是敢拍胸脯的？你看看哪个接收大员是为了维护国家利益、百姓生计的？我让你邱大夫去演这个角儿，你演得下来吗？"邱维达："那也比有些人要强，总不能刮地皮吧。"王耀武："我今天跟你说这些，不是扯闲白的。你的位置近期就要挪动一下了。"原来，王耀武的第四方面军即将北调，改为第二绥靖区，原属部队也将打乱，其中，七十四军调南京，担负卫戍任务。七十四军五十一师师长周志道升第一百军副军长，王耀武准备让邱维达接任五十一师师长。国民党军的体系带有很大程度的自清末、北洋以来的遗风。参谋长实际上是军事主官的幕僚长，属于夹带人物，以方面军参谋长外放担任下属师旅长的现象在国民党军并不罕见，而且往往还是一种器重的表现形式。而中国人民解放军的参谋长则与之不同。人民军队的参谋长既是部队的参谋长，也是司令部的直接首长，是实现首长意图、决心的主要组织者，也是首长的代理人。1996年颁布的《中国人民解放军司令部条例》中指出"参谋长是部队首长之一"。

七十四军是王耀武起家、成功的最大本钱，而在七十四军中，能够让王耀武牢牢掌控的部队只有五十一师，王耀武将其形容为"屁股"，没有了这个"屁股"，自己就坐不稳了。所以，七十四军军长的人选固然重要，但五十一师师长的人选在王耀武看来更是重中之重。只有让邱维达这样的人接任五十一师师长，王耀武才放心。而且，眼下酝酿七十四军军长候选人的事情也提到了日程上来，张灵甫、周志道、邱维达、李天霞这几个人的影子都不断出现在王耀武的脑海间。以跟随自己的资历论，周志道、邱维达自然居首，以善于处理各派关系论，李天霞当仁不让，以敢战剽悍论，张灵甫位居第一。不过，细究起来，在王耀武心目中，够格七十四军军长的只有张灵甫和邱维达两个人。但张灵甫为人强梁，一旦飙升，有难以掌控的迹象，所以，为万一计，邱维达必须接掌五十一师，即便将来七十四军军长的桂冠落不到邱维达手中，但七十四军这支部队的骨干力量仍将握在他王耀武手心。对于邱维达的优缺点，王耀武都看在眼里，邱维达算得上勇谋兼备，可或缺的则是运用权术的手腕，当然也正是这一点，才让王耀武放下心来将老营——五十一师交到他的手里。所以，今天王耀武破例和邱维达谈了谈关于权术层面的一些道理，便于邱维达领悟其中奥妙。但是，江山易改本性难移，王耀武也知道邱维达是不屑于迁就这些东西的。而且，这么推心置腹的谈话另一方面多少可以抵消从四方面军参谋长的位置下移到五十一师师长的"落差"。自然，这种"落差"在邱维达看来，真的是等于零。果然，邱维达说："这样安排好，我交卸了参谋长这副担子，正好给明理去挑。我还是喜欢下去带部队，简单。"

安顿好邱维达这一面，王耀武还要安顿一个人的位置，这就是安慧民。第四方面军司令官兵站补给司令部已经由军政部、后勤总司令部（陈诚担任军政部部长以后，后勤部改称后勤总司令部，由陈诚兼任总司令）核准，其工作即将移交给很快就要成立的第二绥靖区第四兵站总监部。虽然兵站总监部是双重领导，但作为绥靖区的第一把手，对于谁来接手兵站总监部，还是有很大发言权的。只不过，如今的王耀武对于安慧民的出处已经有了新的想法。他让安慧民出任新设立的第四方面军湖南整理办事处处长（即办事处主任），将第四方面军在湖南的后续收尾工作全盘料理清楚。而且，王耀武还交给安慧民一项重要的任务：采购一批军粮。因为四方面军目前接手了一大堆日本战俘和战俘家属，连同第四方面军的留守部队，需要大批军粮供应。对于这件事，王耀武同安慧民专门交代了一句话："安子，这件事我要你做到六个字'不冒渎，不扰民'。"安慧民点头称是。转过身来的安慧民针对王耀武所说的"不冒渎、不扰民"嗤之以鼻。"什么不冒渎，要是不冒渎，你的运输公司和锯木厂是怎么来的？"在接收敌伪财产的时候，王耀武暗中让白文冰留下了日军的一些轮船，开办了一家运输公司，另外还利用接收过来的电机设备开办了一家锯木厂。事情虽然做得隐秘，但安慧民到底还是打听到了。"再说了，不扰民怎么弄粮食？"安慧民从王耀武那里出来，一头扎进了陈凤举家里的小院。

自杨福昌手下暴露了行踪以后，安慧民与陈凤举第一时间里派人结果了杨福昌。杨家虽然被蒙在鼓里，可不等于都是瞎子，随着抗战胜利的来临，杨家上上下下重提旧事。所以，安慧民和陈凤举商量怎么才能彻底将这种事平息下去。同时，就是这批军粮的着落，安慧民也想讨陈凤举一个主意。陈凤举一直对杨家的金矿耿耿于怀，既然安慧民主动上门，正好是一个机会。陈凤举："安司令，杨家的事躲是躲不掉的，所谓逼债台高三百尺，高三百尺脚仍来。打墙也是动土，索性一锅端。"安慧民："一锅端？现在不比战时了。闹不好要出大动静的。"陈凤举："这件事要是不彻底让他们消停了，迟早要出大动静的，只是那个时候你我都逃不掉干系。而且，眼下你的脑袋上还顶着一个办事处处长的帽子，也就是说你安司令现在是四方面军在湖南的最高代表，只要给他杨家扣上敌伪的罪名，什么事也都解决了。再说了，你又不是第一次干这种事。"陈凤举又说："湖南办事处一旦撤销，你安司令未来出处在哪里呢？"安慧民："我当然要跟王司令去山东了。"陈凤举："嘿嘿，这恐怕是你安司令一厢情愿的吧？"安慧民："你什么意思？"陈凤举："不是我陈某人什么意思，而是他王司令什么意思。你知道吗？我找人打听过了，第四兵站总监部的总监人选基本定了，不是你安司令，而是陈宝仓，此人是陈诚线上过来的，王司令官敢说个不字吗？而且，据我所知，陈宝仓到任，王司令官可是举双手欢迎的，这叫什么？这叫杯酒释兵权。一句话，山东已经没有了你安大司令的位置了。"安慧民："不可能。"陈凤举："没什么不可能的，过河拆桥，比比皆是。"安慧民冷笑一声："对别人可以这样，对我嘛，哼哼。"陈凤举知道安慧民手里有一些真材实料，就没继续追问。安慧民："我也不傻，我已经跟张组长（张英年）联系过了，回头我到南京去谋公干，山东我也不准备去了，干了半辈子侍候人的勾当了，老子也得当两天主子。"陈凤举笑着提醒了一句："长安米珠薪桂，居大不易。"安慧民："嗯，既然这样，不如索性把老杨家和这次军粮的事摆在一起搞，要搞就搞它个大的。"陈凤举："还得是安司令看得透，这世间做事分为三种，第一种是造大船的，第二种是凿大船的，第三种是炸大船的。第一种苦，第二种累，就这第三种不但容易，而且灰飞烟灭，不留痕迹。"安慧民哈哈大笑："好，咱们就炸他个人仰马翻。"

1945年10月初，七十四军空运到南京，担任卫成任务并兼管日伪军武装解除，遣返日俘、日侨。邱维达忙得不亦乐乎。10月10日，陆军总司令部代表国民政府在南京为包括邱维达在内的一批国民党军将领授勋，邱维达被授予忠勤勋章。授勋仪式刚过，何应钦的随从叫住邱维达："请邱师长跟我来。"在会客室里，邱维达见到了何应钦。何应钦满面春风，笑容可掬："你可是瘦多了。"邱维达："劳总座惦记。"何应钦示意他坐下，还有人给邱维达端上泡好的茶水。何应钦："你们这次来南京，任务很明确，就是要当'清道夫'，为委员长和国府的还都做准备。而且，这个'清道夫'不但要清那些残留的日伪军的道，还要清那些死了个汉奸走卒的道。"邱维达有点纳闷，什么叫"那些死了个汉奸走卒的道"，难道还要学伍子胥掘墓鞭尸不成？何应钦："王佐民经常对我谈起你，老实说，在黄埔的时候，我对你真是没有什么具体的印象。这也许是我这位当教官的官僚，不过上一次在湘西，我可是见识过你了。"邱维达："学生不才。"何应钦："军人不谈政治，可偏偏政治要找军人。眼下就又有一篇政治文章等着你们五十一师去做，至于具体怎么做，到时候会有人通知你的。这篇文章找别人去做也行，但我就点了你的将，不独王佐民的因素，也是我个人对你的了解所致。"何应钦说到这里，站起身来，到办公桌前，拿起一条横幅递给邱维达："上次在湘西，我不知道令堂的事，回来以后是王佐民告诉我的，临时起笔，仓促得很，聊表对老人家的一点敬意。"邱维达接过来一看，原来是何应钦写给自己母亲的挽联，八个大字："慈心似海，情重如山。"邱维达眼眶一湿，立刻给何应钦敬了一个标准的军礼："总座眷顾，生死同感。"何应钦："你移孝作忠，墨绖从军，虽古之名将，亦不过如此。时下正值国家百废待兴之际，需要的正是你这种朴忠。"邱维达："学生愿师法先贤，报效党国。"何应钦："还有一点我也很满意。这么说吧，已经有人托关系托到了我的门下，你也许都听说了，为的是七十四军未来军长的人选，以你的战功和资历，谋求这个缺分也是理所固然。但也只有你，既没有请托王佐民，更没有请托我。其实，像七十四军这样的武装也只有放在淡泊明志的人的手中，才是最稳妥的。"何应钦、邱维达之间这次见面给彼此双方都留下了深刻的印象。时隔三十六年之后，1981年秋，邱维达与何应钦再度在美国相见，两人抚今追昔，均不胜感慨之至。

　　11 月中旬的一天下午，邱维达午睡刚过，翻出桌上的一张报纸，上面赫然记录着这样一段新闻："身为国民革命军第四方面军湖南整理办事处处长、上校安慧民日前被判处死刑，业已照准执行。"罪名是"盗购军粮，私吞公款，惊扰地方，残害百姓"。邱维达当时就惊愕了，他马上叫通白文冰的电话，白文冰几乎是与他脚前脚后到的南京，说是另有公干。白文冰在电话的那一头信誓旦旦地对邱维达说，他也不知道安慧民被处决的事，事前一点风声都没有。白文冰这次来南京，一方面是负责打理和处理王耀武生意上的一些要事，同时也是去见一个跟自己有着历史渊源的重要的女人。因为在白文冰看来，还都在即，这个女人的重要性很快就会凸显出来，这样的香如果不早点烧，临时抱佛脚是没有用的。可是，他怎么也没有想到，在他走后不到一个月的时间里，安慧民竟然身首异处，而且消息封得死死的，连他这样的角色竟然也一点都不知情，这让他再一次对王耀武的为人刮目相看。事后，白文冰陆陆续续打听到一些情况，安慧民以征购军粮的名义将湖南省留存的备荒粮的三分之一强挪为己用。而且，在政府已经征实（征收实物，从 1941 年，国民政府规定，田赋征实，即征收稻谷等实物粮食）的基础上继续强征，使得已经饥寒交迫的百姓犹如剥皮。在验收时，先用市斗量稻谷体积，再称重量，每担稻谷要符合安慧民等人私自制定的标准才合标准，否则拒绝验收。过秤后仍旧百般刁难，借口不足，严令照补。本来征购军粮的价格已经严重低于市场价格，但给付粮农的款项只有区区百分之三十为现金，另外百分之七十为各类乱七八糟的债券，实际上抗战中，法币贬值已经相当厉害，更遑论这些不知何年何月可以兑付的债券了。如此，粮农拿到手里其实就是废纸一堆。这种残暴如虎的征粮早在抗战胜利前就已经遭到了强烈的反弹，原任粮食部司长、江西省田赋粮食处处长程懋型因不愿昧着良知凌逼粮农而在吉安投水自杀，死前附有一纸文书上呈国民政府，实为"尸谏"，事后，国民政府尽管给予程懋型旌扬，但江西省政府主席王陵基等人照旧严苛征购，不假毫厘。粮食部部长、孔祥熙的亲信徐堪竟然称程懋型"书生意气"。所以，在这一背景下，征购军粮的暴政始终没有得到治理。安慧民正是借着这个空子，大肆盘剥，利用军粮和市价粮之间的巨额差价，投机倒把，中饱私囊。这件事引起了粮农的愤怒，有人在背后怂恿粮农联合状告安慧民，惊动了湖南省地方议会，原湖南军阀头子、湖南地方议会议长赵恒惕亲自出面要求王耀武给出一个说法。王耀武当时是亲自兼任的军粮采购委员会主任委员，他在调查取证后，发现了安慧民的劣迹，很快交付军法处处理，三天后即行公布安慧民罪状，然后枪决。

这都是表面上流传开来的版本，还不足以验证安慧民之死的有关内幕。倒是另外一则消息特让白文冰感兴趣，安慧民死前，王耀武曾经将其请到自己的办公室里小酌，二人为此长谈达三个小时之久，至于都谈了什么，已然无从知晓，即便是今天仍旧是谜案一桩，无法破解。只是军法处的人说，国民政府军事委员会军法执行总监部已经给四方面军来了电令，要求解送安慧民到重庆受审。而且，白文冰了解到这封电报的背景是俞济时，说准确点就是张英年代表俞济时请军法执行总监部负责办理的。但一贯奉俞济时只言片语为圭臬的王耀武竟然扣住电报不管，径直枪决安慧民，还出榜公告，这等于将俞济时、张英年等人置于无物之地。这在王耀武的从政生涯中真是罕见得很。即便当初俞济时把持七十四军时，王耀武也没有如此图穷匕见。而且，更令白文冰大吃一惊的是，怂恿粮农和湖南省议会告状的背后黑手竟然是陈凤举。这条消息是邱义给他提供的，应该不会假。以王耀武对陈凤举的恶感，在这起事件中，陈凤举如何要推倒安慧民？是自保抑或另有指使？最让白文冰惊奇的是，这件事从始至终，都是在极其秘密的状态下进行的，军法处、便衣队这两支王耀武平素信赖的贴身"武器"，都没有动用，安慧民是被原来兵站分监部司机毛学谦开车送进四方面军司令官办公大院的，进去以后就再没有出来，而便衣队队长孟记东当时根本不在现场。屈指算来，整个这件事的当事人不会超过五个，甚至不会超过四个。如果这一切都是谋划好了的，那么，将他调到南京处理生意上的事，也是王耀武故意安排的、故意甩开他的一个障眼法。这么想下去的白文冰后脖颈子真是有些冷飕飕的感觉了。

转眼到了1946年，1月25日，邱维达从李天霞那里得知王耀武将于次日抵达南京，届时要请李天霞、张灵甫、邱维达这几个人一道坐坐，还要补喝张灵甫和李天霞的喜酒。本来，蒋介石曾经要王耀武于1945年11月11日赶到重庆参加军事会议，但王耀武以胃病为由推掉了。1945年12月底，王耀武再度收到蒋介石的电令要他赶往重庆觐见。这一次，王耀武无法再推托了。王耀武到蒋介石重庆官邸面见蒋介石之前，碰到了国民党政权著名的"文甘草"张群。张群本字鹤君，有"鹤立鸡群"之意，后来奔走革命，以江浙"鹤""岳"同音，遂改字"岳军"，隐喻"岳家军"。张群的出身跟明末救时宰相张居正有一比。张群的老爹是师爷，县太爷邓某搞了个丫鬟，一搞就把肚子给搞大了，怎么办呢？就"下嫁"给这位张师爷，过门不久就生了张群，所以，张群名义上姓张，其实姓邓。邓县太爷知道内情，所以，县衙里教授县太爷的少爷公子们的时候，张群也在座一起学习，只是因为他的名分是师爷的儿子，因此经常要受到那些公子哥的嘲弄，这给张群以极深的刺激，但也由此锻炼成张群"百炼钢"的性情，即主子如何驱使，如何发怒，终究能俯首帖耳，百依百顺。殷汝耕的兄长殷汝骊（曾任国民政府财政部次长）曾经评价张群道："众友评岳军，只能呼为蒋之使女而不得称为如夫人，以如夫人尚有恃宠撒娇时，而张并此无之，唯知唯唯诺诺，蒋欲如何便如何，无一丝违抗。"张群自己也自嘲地说过："张群何人，蒋介石走狗也。"① 此时正值国共和谈期间，所以，王耀武就向张群问起有关情况："以岳公看，两党争端能否以和平方式来解决？"张群："这很难说，我看国共的问题还是以和平解决了好。"王耀武说："以我过去对共产党作战的经验来说，要想以武力消灭他，是不容易的事。抗战八年，不但百姓要过太平日子，就是军队里的人们，一般也想休息休息。国共两党的争端，我也认为以和平解决了为好。"两个人正谈着，蒋介石的秘书出来先请张群进去，张群出来后，蒋介石正式召见王耀武。

蒋介石的召见对于王耀武来说，每一次都意味着荣宠和晋升。但这次召见王耀武却想方设法推却，因为王耀武知道，蒋介石急于要他到重庆既非升官，也非加爵，而是让他去拼命，跟中共去拼命。果然，等到老蒋问过王耀武的病情后，便大发议论道："我主张军队国家化，使国家彻底统一。但共产党不肯将他的部队变成国家的军队，他们也就不会放弃消灭国民党及颠覆国家的企图。和平解决国事，没有希望……山东在地理上很重要，况共军在该省已有基础，我们必须加强力量占领山东。控制山东可以支援华北及东北，而非李延年所能担任。我想将第十一战区副司令长官李延年调任徐州绥靖公署副主任，将第四方面军司令部及直属部队改为第二绥靖区司令部及直属部队，以你任司令官，司令部驻济南。你先去检查身体，有什么事过几天再来见我。"

这次召见时间不长，王耀武极少发表意见，几乎都是蒋一个人在谈。王耀武刚从蒋介石那里出来，俞济时就派人将王耀武接了过去，先休息，然

新任第二绥靖区司令官时的王耀武

---

① 冯若飞《我所知道的张群》，载《文史资料选辑》第 42 辑第 170、173 页。

后送他到俞济时的家里，共进晚餐。这顿饭俞济时很费了一番心思，特别安排了王耀武喜欢吃的"思想鸡"，另外还有四样特色鲁菜，是请专人烹制的。王耀武一看就明白了，这也是劝驾。王耀武："局座用心何其良苦。"（俞济时已经担任国民政府参军处军务局局长。）俞济时搓搓手："佐民，到底瞒不过你的眼睛，好了，边吃边聊。"一上来，王耀武就安慧民的事给俞济时道歉，俞济时手一挥："佐民，情况我都知道了，你别自责，那么处理自有你的道理。"王耀武："张英年那边……"俞济时："他到南京去了。"王耀武心领神会地点点头。酒饭过后，俞济时叫人给王耀武端来早已备好的普洱茶，俞济时呷了一口："谈得如何？"王耀武轻轻摇摇头。俞济时道："我给你看两样东西。"说完，俞济时拿来两份延安出版的中共中央机关《解放日报》，放在王耀武的面前。一份是 1944 年 10 月 12 日出版的，一份是 1945 年 8 月 16 日出版的。这两份报纸的第一版上的两个段落俞济时都用红笔加重描过。王耀武拿起 1944 年 10 月 12 日的这份报纸端详起来，第一版刊登的中共中央重要领导人周恩来的题为《如何解决》的讲话内容，俞济时红笔描过的如下："敌后解放区现已拥有被解放的人口约九千万，占沦陷区人口（二万万零七百八十万）的百分之四十三。敌后解放区的面积约八十三万七千余平方公里，占敌后总面积（一百二十六万三千余平方公里）的百分之六十六。敌后我抗战兵力，正规军（包括八路军、新四军及华南抗日纵队）已达五十三万，游击队的民兵约二百二十万，成为正规军的直接预备队，另有数百万的地方自卫军，则为我敌后动员的后备队。在这些解放区内，共有民选县政府五百九十一县，专员公署八十五处，民选的边区政府及行署十二处（陕甘宁边区均不在内）……总起来说，我们敌后人民在这七年多所发展起来的抗日部队五十七万正规军及二百二十万民〈兵〉总计起来，几已达到国民党现有部队的相等数目。我们敌后人民，在这七年多所建立起来的五百九十一县地方政权，几已达国民党政府失去的七百二十一县的百分之八十二。"看到这里，王耀武不由得停住了，他忙拿起另外一张即 1945 年 8 月 16 日的《解放日报》，上面刊登了中共中央另外一位重要领导人朱德的《中国解放区抗日军朱总司令致美英苏三国说帖》，俞济时描过的地方分明这样写着："我代表中国解放区、中国沦陷区一切抗日武装力量及二万万六千万人民，谨向美利坚合众国政府、联合王国政府、苏维埃社会主义共和国联盟政府送出下列的说帖。"俞济时用手指点了点"二万万六千万人民"这组数字说："你知道吗？毛泽东同美国人谢伟思说过，重庆控制下的地区有人口 1.9 亿，日本人盘踞的地区有人口 1.6 亿，中共方面有人口 1 个亿。"王耀武："朱德这里所说的'二万万六千万人民'也就是将原日寇占领区人口总数与中共解放区人口总数相加所得而来，对吧。"俞济时："没错。"俞济时特别指着周恩来的讲话中的一段文字（即"总起来说，我们敌后人民在这七年多所发展起来的抗日部队五十七万正规军及二百二十万民〈兵〉总计起来，几已达到国民党现有部队的相等数目。我们敌后人民，在这七年多所建立起来的五百九十一县地方政权，几已达国民党政府失去的七百二十一县的百分之八十二。"）说道："周这个人对于你我来说并不陌生，他在黄埔的片段，我至今还能记得。他是以稳健、持重著称，但在这篇演讲中，他用了两个'几已达到'，可见绝非偶然。而且，这还是去年两党之间的力量对比，时隔一年，朱德敢代表'二万万六千万人民'对外宣称，中共的力量岂能小觑？"俞济时又说道："委员长一向视共产党为心腹之患，是劲敌，不消灭他们，他是不甘心的。现在我们不断地向华东、东北调动部队，还发了《剿匪手本》，把对日作战的军事指挥机构名称，改为对内作战的军事指挥名称，这些措施都是准备与共产党打的。我看国共两党的问题，最后还是以武力来解决，和谈不会有好的结果。"王耀武："只不过眼下人心思定，所谓天心已厌玄黄血，世事难分黑白棋。"俞济时："老弟啊，都到了什么时候了，你还掉戏词？你就准备作战吧。"王耀武："如若打起来，战事绝非短时间可以结束。"俞济时不以为然道："不要多长时间。"

王耀武身体检查完毕，不久又奉命去见蒋介石。当蒋介石知道王耀武患的是"胃溃疡"并且准备长时间地休养时，竟断然加以否决："现在的情况不容许你休养，你必须到济南去。到济南后，一面工作，一面医病，不准离职休养。"俄而，蒋介石换了一种口气对王耀武说："汉武帝不是说过嘛，富贵不还乡犹如锦衣夜行。你离开山东多少年了？"王耀武回答："二十二年了。"蒋介石："是该回去看看啦。你是我最优秀的学生，以鲁人守鲁地，以鲁地驱鲁敌，从守宜黄开始，你就以能战能守著称，我把山东交给你，华东的局面就打开一半。"王耀武见蒋介石决心已下，不好过多再谈，就从侧面委婉地向蒋提出三点建议，实际上仍旧避免尽快开战：第一，抗战八年，我们在军事政治等方面，都不健全，需要改进，尤以军队的风气太坏，极应加以彻底整顿。在我们对军事政治没有改革以前，就与共产党打是很不利的。第二，各地百姓非常厌恶战争，希望抗战结束后过太平日子，军队的官兵也是这种厌战心理，士兵更严重。在这种心理没有转变之前，实不利于作战。第三，共产党的驻地问题要解决，从东北或者西北划出一块地方来，不妨将区域划得大一点，让共产党所有军队和行政人员撤到那里去，避免他们影响社会各阶层，也易于防范，还可以减少彼此的冲突。蒋介石听后，马上说道："为了国家的统一，不容许再有割据。你要知道，共产党不会给我们整顿的时间，你不打他，他要打你。他不容许我们休息。老百姓不得过太平日子，官兵不得休息，这都是共产党给予的。要随时对各界及你们所带部队的官兵说明，使他们有所认识。"王耀武说："如能争取到两年以上的和平环境，积极整理内部，使我们内部健全一些，到那时一旦发生战事，就能战胜共产党。"蒋介石："你们不要因和谈放松了准备。共产党是残酷的，我们如被他们打败了，就死无葬身之地。津浦路、胶济路都被共军截断了，部队去济南非空运不可。你先回去准备，我吩咐航空委员会周（至柔）主任派飞机，将第四方面军司令部及直属部队，由武昌秘密运往济南。在运送时须设法不使共军发现你们的行动，免得他们注意和有所借口。我们的军队将重要城市及重要交通线占领后，再由点线扩大成面。山东很重要，青岛又是美国的海军基地，我们必须控制。以当前山东的情况来看，胶济路比津浦路还重要。共产党不会放弃胶济路。你到济南后，应尽现有的力量为而后打通胶济路造成有利态势。我还想抽调部队增加到胶济铁路方面，在力量许可时即打通这条铁路，恢复青济铁路交通。胶东半岛与辽东半岛只隔一条海峡，由烟台、龙口等地乘船，以一夜的时间就可以到旅顺、大连。共军可能利用船只调动部队，取捷径支援在东北的共军。要注意侦察，如发现有运兵的情况，我们就增派海军驻长山岛堵截他们。"蒋介石一口气说了这么多，显然事前已经胸有成竹，这已经不再是普通的谈话，而是兵力部署，直接下任务了。王耀武没有吭气，蒋介石看了王耀武一眼："俊才，我知道你在抗战中打得很好，美国人也很看重你，是名将嘛，自然要爱惜羽毛，只不过，我提醒你，现在我们和中共，犹如逆水行舟，不进则退。你个人的荣誉还在其次，党国的大局为重。你不是最仰慕诸葛亮吗？就要学他的鞠躬尽瘁、死而后已。"王耀武被蒋介石说中了部分心事，只能更加默然。

王耀武满腹心事地离开重庆回到武汉，召集四方面军有关人员开会，商讨按照蒋介石的部署调派军队的事情。下面的人对空运部队到济南这件事众说纷纭、莫衷一是，王耀武也没有拿出硬性的主张。他想在一月下旬再到南京听听何应钦的主张，兼听则明吧。

王耀武 1 月 26 日到南京，安排的是下午去见何应钦。中午他接到戴笠的电话，戴笠要给他接风，而且都已经安排好了。王耀武担心喝得醉醺醺的不好去见何应钦，就把日期推了一下，改在1月27日中午，另外还要叫上李天霞、张灵甫和邱维达。1月26日下午，王耀武见到了何应钦，何应钦告诉他："委员长已下了决心要消灭共产党。在抗战胜利后，委员长积极调动军队办理受降及接收，何时也就占领各大城市。现在大城市除东北还有一部分没有占领外，其余的都被我们占领了。"何应钦表示他即将要赶赴徐州、济南视察，所以，要求王耀武同他一道去济南看看。次日中午，戴笠安排的宴会正常开席，王耀武、张灵甫、李天霞、邱维达、毛人凤等都准时莅临。戴笠说："铁夫本来也是要赶到给佐民接风洗尘的，只是他昨晚有事飞去北平，我在这里就多替他喝上一杯了。"席间，免不了对时局议论纷纷，因为当着部下，王耀武不好多表示什么。戴笠也借这个机会向新婚不久的李天霞、张灵甫祝贺。在重庆俞济时的住处，关于未来七十四军军长人选的事已经基本定下来了，由张灵甫接替。在张灵甫、李天霞、邱维达这三个人当中，邱维达的为人自不必说，只是李天霞不免对此要有所耿耿于怀。所以，俞济时主动提出工作由他去做，保证李天霞没有怨气。说是没有怨气，其实怎么可能呢？李天霞为了奔走七十四军军长这一位置，一段时间以来可谓风尘仆仆，找了不少关系，就像何应钦说的那样"已经托到了我的门下"。但最终还是落入张灵甫的手掌中，酒席当中，李天霞真是难得地强作欢颜了。张灵甫自然意气风发，一则军长一事已经知晓，任命下达只是程序而已，二则又有新人入怀，"菊花须插满头归"，宴饮之间，得意已然形于辞色。李天霞敬酒时冲着张灵甫说："灵甫兄即将挥舞我七十四军之飞虎旗，仰承良公（俞济时字良桢）、佐公的虎威，将来凌烟阁上少不了我兄的大名啊。"张灵甫知道李天霞满肚子牢骚，也不便直接触碰，只是呵呵一笑："好说，好说。"李天霞："李某突然想起一副对子，知道灵甫兄雅好翰墨，不知可否献丑？"戴笠在一旁说："好啊，今日要是能够得到两位常胜将军的墨宝，我戴某人这桌酒席可是大有赚头了。"说罢，笔墨侍候。李天霞挥笔写下"飞虎旗、旗飞虎，旗卷虎藏身"的上联。张灵甫几乎没有思考，接着也提笔写下"走马灯、灯走马，灯熄马停步"的下联。王耀武、戴笠走到跟前看了看，又彼此相互看了看，神色都有些异样。一个"旗卷虎藏身"，一个"灯熄马停步"让王耀武心头不免一寒，一种不祥的预兆陡然爬上心头。至于戴笠，是马年出生，又患有鼻炎，按照古代的相书上说，人性肖牲，主富贵。所以，戴笠也一贯以此自骄于人。只不过，忽然看到这个"灯熄马停步"，实在是没法夸眼前这两位手掌兵权的军长，连勉强一笑都难以作出。一个多月以后，属马的戴笠因飞机失事，粉身碎骨，果然是"灯熄马停步"。一年多以后，张灵甫败死孟良崮。两年多以后，王耀武济南城外遇俘。三年多以后，李天霞被奉命逮捕，随后判刑。其后，李天霞落拓台北，身陷囹圄，娇妻离异，旧部隔绝，可真是"旗卷虎藏身"了。一副李天霞、张灵甫斗气使性引出的老对联居然成了四位国民党军核心骨干人物的人生谶语，也算是对联史话上的一段奇谈了吧。

酒席散了，众人离去，戴笠同王耀武一边走一边聊。戴笠："佐民，你的行程是怎么安排的？今天这顿饭的确太简单了点。"王耀武："敬公要去徐州、济南视察，他叫我一同前往，然后我就留在济南那边了。"戴笠："老弟是封疆大吏、建府开衙。而我们这些人还是风尘俗吏、四处奔走。"王耀武："雨农兄又拿我们这些底下人开涮了。"戴笠："大家都是底下人，你知道吗？我今晚去接二公子，二公子从上海来，心情不大好，已经有人关照我了，要给他配一副顺气的药丸才好。"戴笠所说的"二公子"指的是时任装甲兵教官兼战车一团副团长、中校蒋纬国。

事情的起因是这样的，钱大钧和李及兰负责接收上海，钱大钧以上海市市长兼任淞沪警备司令部总司令，李及兰任副总司令。李及兰手下有个特务团团长叫陈守成，因为"劫收"捞了些钱，被李及兰当作靶子准备干掉。因为素知李及兰心黑手狠，陈守成就委托下面的三营营长韩铭书去求蒋纬国搭救。李及兰这个人自恃陈诚为靠山，一般的求情非但不会卖面子，反而适得其反。但蒋纬国的身份，李及兰再浑他也要

蒋纬国

掂量掂量。正巧，蒋纬国的战车一团的部分人马在上海大闹皇后戏院，引发与警备司令部的冲突，韩铭书就趁这个当口将陈守成的事情说给了蒋纬国。蒋纬国利用去向李及兰汇报装甲兵同警备司令部冲突事件处理结果的机会给陈守成说情，李及兰脸色不好看，可也不能驳二公子的面子。最后还是放了陈守成，陈守成一出来就调到了蒋纬国身边去了，因此蒋纬国同韩铭书这几个人还换了贴，结拜成兄弟。[1] 本来这件事到此也就为止了，可还是有好事者跳了出来。李及兰这个人比较狂妄，说话办事一向自以为是，蒋纬国去见他的时候，他大咧咧地跟蒋纬国说："你到上海怎么也不来看你钱叔

---

① 韩铭书《我和蒋纬国是怎样成为盟兄弟的》，《文史资料存稿选编》第 20 卷第 759-762 页。

（钱大钧，李及兰同钱大钧是连襟）和我呢？"
要说蒋纬国管钱大钧叫一声"叔叔"，倒也还
说得过去，好歹人家钱大钧做过黄埔军校的代
理校长，只不过钱大钧从来不敢自命是蒋家这
两位公子的"叔叔"。李及兰一个 1904 年出生
的黄埔一期的毕业生也敢托大，弄成跟钱大钧
一样的"叔叔辈"，自然让人听了别扭，而且，
李及兰话里话外，"毛孩子长""毛孩子短"
的，更显示他的倨傲。如果这种倨傲放在其
他派系人的眼中，最多是敢怒不敢言，可碰
上了蒋纬国手下的这批骄兵悍将，问题就出
来了。蒋纬国手下的人把这件事说给了军统

北伐时期的钱大钧

上海站，邱义（已经从湖南调到上海工作）得知以后很快向戴笠做了汇报。戴笠于
是乎食指大动，这个消息来得太及时了，也太好了。

　　1932 年，李及兰还是第五十二师第 155 旅旅长的时候，驻节江西万安。他的属
下调戏第二十八师旅长杨思忠的老婆给杨思忠的手下看到了，彼此互相暴打一番，
李及兰偏袒自己的部下，硬是要杨思忠枪决他手下的两个人，杨思忠不敢得罪李及
兰，暗中让这两个人开小差跑了。但是，李及兰闻讯后不依不饶，硬是暗地里追上
去将其中一个人给搞死了，另外一个人跑了出来，以后到了上海、南京，混进了军
统，如今是卧底在李士珍身边的戴笠的一个重要眼线。这小子最恨李及兰，戴笠清
楚得很，眼下他和李士珍争夺警政大权，正好用得着这个卧底，戴笠要用李及兰的
脑袋让这个卧底死心塌地地将李士珍的情报源源不断地给他送过来。戴笠以局长的
位置俯身去买下面人的好的事已经不止一次两次了，用戴笠的话说："只要对党国有
利，让我给他做三孙子都行。"只是，这里的"党国"所代表的含义经常会变化的，
一般情况下，党国就是蒋介石或者他戴笠。如果说仅仅为了一个卧底便如此大动干
戈地套用二公子的这段往事，戴笠也未免有些小题大做了。其实，戴笠是想通过搭
上蒋纬国这条线去办另外一件大事，李及兰只不过是药引子之一而已。前面我们提
到过，戴笠抓捕陈诚身边的"青年将校组织"一案，这些人至今还羁押在戴笠的手
掌心里。所谓缚虎容易纵虎难，戴笠一直在考虑应该用一个什么样的办法干掉这些
人，至少要给陈诚涂个花脸出来。经过一段时间的排查，戴笠发现一条线索跟李及

兰有关。怎么办李及兰，戴笠为此在同梅乐斯的一次闲聊中受到了启发。梅乐斯告诫戴笠，对于反对派不要轻易用政治立场一类的手段去处理对方，套上政治色彩很浓的帽子，因为政治本身是不确定的，今天忽而这般，明天忽而那样，所以，政治犯的案子形不成铁案。如果想要把对手置之于死地，必须把他跟刑事案件联系到一起去，他杀了人就要偿命，他越了货就要坐牢，这是天经地义的事，即便将来再过多少年，再换了什么样的头头，刑事案件是很难翻案，起码翻起来不容易。所以，戴笠就注意收集李及兰当初雇凶杀人的经过，等到人证物证齐全，便可以直接去抓李及兰，而且，这次他接蒋纬国过来，还是为了要蒋纬国就"青年将校组织"一事在蒋介石跟前透口风，因为在反共的态度上，蒋纬国素来坚决，而且后来他也亲手杀掉过有共产党嫌疑的部下。① 如果这一切都进行得顺利的话，不但可以拿下"青年将校组织"，还可以顺带抓了李及兰，而且由此将陈诚置之于无法置辩的尴尬处境中去，这才是戴笠去殷勤迎接二公子的基本内容。

当然，这一切的安排戴笠是不会和王耀武提起的，他只不过大致描述了一下装甲兵在上海闹事的经过。但王耀武却感到戴笠绝不会泛泛地讲述一个跟自己未来行动毫无关系的故事，二公子蒋纬国的到来势必要跟一件大事紧密相连。因此，他本来已经准备出口的问一问戴笠有关吴化东的近况的想法很快改变了，现在还不是打听的时候。只是，他和戴笠这时都没有想到，这是他们最后一次见面。

坐在飞去徐州的飞机上，何应钦貌似无意地说道："你推荐张灵甫担任七十四军未来的军长，这点很让上边满意。"王耀武有些不明究竟，不知道何应钦为何突然冒出这么一句话来。何应钦："怎么，以你王佐民的聪明还想不到这一层吗？"王耀武："学生愚钝，请敬公明示。"何应钦笑了笑："不管你是真傻还是装傻，这件事都办得漂亮。邱维达也好，李天霞也罢，他们跟你的渊源太深，而张灵甫则不同，他是半路出家到了你的门下的。而且，张灵甫在上边已经挂过号，你极力保举他，这是你无意插手七十四军今后的人事的表现，上边当然满意了。"王耀武心头一紧，关于他手下的这些基干部队此后的去处，他已经得到了一些线报，可如今何应钦将他们跟最高当局对他的观感乃至后半生的荣辱直接联系起来，则还未见其详。何应钦接着说道："佐民，你知道我为什么拉着你到徐州和济南吗？"何应钦不等王耀武作答便径自说了出来："你久居湖南，已经有人说你的闲话了。"王耀武大吃一惊，尽管他也有各色线报来自于高层左右，但这样的情况还是第一次听到。何应钦："你知道常

① 《蒋纬国口述自传》第97、98页，中国大百科全书出版社2008年版。

德是谁起家的地方吗？"王耀武猛然记起："冯老总？"何应钦呵呵一笑："佐民，你到底还是个聪明人，没错，是冯焕章（冯玉祥）起家的地方，而且，湖南还是造就你们山东同乡里一个翘楚的地界。"王耀武知道何应钦指的是吴佩孚，当初吴佩孚湖南休战邀誉天下，从此走上历史大舞台。何应钦："有了这两条，你再待在湖南不动，那可真是树欲静而风不止了。听说赵夷午（赵恒惕）对你评价很高？他说'入湘军人风节高者前有吴子玉（吴佩孚），后有王佐民'。"王耀武知道赵恒惕对自己枪决安慧民惩办军粮扰民事件很满意，但对他说过的这句话却实在回忆不起来。历史上，吴佩孚奉命进入湖南，同赵恒惕订交，上演过一出"廉蔺交欢"的近代版"名剧"。还没等王耀武回过神来，何应钦又问道："戴雨农是不是请你吃过饭了？是不是还问到了你的行止？"王耀武"啊"了一声。何应钦笑了："什么叫投石问路啊？呵呵。"王耀武马上明白了："那学生该如何措手？请敬公教我。"何应钦："以不变应万变，你到了济南一切如常，部队该调去的调去，但七十四军和一百军你就别想了，再过两个多月，要召开整军会议了。有人急着要当赵普，也有人急着要当王彦超，只是我们别傻呵呵地去学武行德便是了。"在中国历史上，演出过一段"杯酒释兵权"的"喜剧"，作为宋太祖赵匡胤手下的节度使王彦超见机行事，体面收场，而武行德则啰里啰唆地不断提起当年的战功，被赵匡胤皮里阳秋地呵斥了一番。王耀武听到这里，心头涌起无限滋味，"衣锦还乡""荣归故里"的背后居然还有这么多文章。

2. 道中道

抗战胜利，国民党各方面人心不一，各怀心事。王耀武听闻戴笠飞机失事遇难，担心军统会"变天"。

到徐州机场迎接何应钦、王耀武等人一行的是徐州绥靖公署的除顾祝同之外的所有要员，内中排在迎接第一位的居然是顾祝同的老婆许文蓉。何应钦刚下飞机，许文蓉就扑上去握手道乏，许文蓉与何应钦的老婆王文湘关系最好，以姐妹相称。许文蓉："墨三染了风寒，怕传染给总座，所以让我先来给总座请安，请总座不要见怪。"何应钦："我们就去看看墨三吧。"他一招手，随员提了一个包裹上来交给许文蓉，何应钦："这是你大姐（王文湘）特别关照要我交给你的东西。"许文蓉又是一番道谢。王耀武在欢迎的人群中看到了穆忠恒。一个月以前还是第十战区副司令长官兼徐州前进指挥所主任的穆忠恒此时已经威风不再，王耀武要求和穆忠恒一辆车，车上两个人闲扯了一会儿离别之后的短长，接下来王耀武问穆忠恒今后的打算。穆忠恒是李品仙邀请过来的"客人"，因为第十九集团军总司令兼十战区临泉指挥所主任陈大庆不买李品仙的账，所以，李品仙硬是一怒之下向上边反映撤销临泉指挥所的编制，另委穆忠恒为徐州前进指挥所主任。李品仙在安徽省政府主席任内就是以"挖坟"著称，捞钱很有一套，老穆也不差，李品仙、穆忠恒合流狠捞敌伪物资，一边开公司，一边收银行，日伪时期臭名昭著的大中商业银行在穆忠恒的庇护下照常营业，大中银行的老板暗中送给穆忠恒一百万元作为酬庸。日军在陇海路东段运河车站存了3000吨原煤，徐州前进指挥所分到1400吨，这1400吨中分给指挥所参谋长200吨，剩下的都通过人手倒卖，所得款项除140万元外，其余5000万元均被穆忠恒吞没。顾祝同到徐州走马上任以后，穆忠恒假装沉默，顾祝同的手下一分钱捞不到，自然脸色不好看，上报顾祝同，老顾一脚就把穆忠恒给踢到了重庆，担任军事委员会中将高参，这等于坐了冷板凳。所以，穆忠恒见到王耀武，好一阵唏嘘。说到王耀武此行，穆忠恒倒是透露了一点外人不知的秘辛。原来，何应钦要第一站到徐州不为别的，主要是为了调和他与顾祝同之间出现的裂痕。顾祝同在抗战期间始终主掌三战区，像江苏省政府主席这样的要缺，蒋介石都听任顾祝同委任同乡韩德勤担任，以后老韩在苏北吃了陈粟的猛揍，蒋介石也不过分追究。可是到了接收

蒋经国

的时候，三战区却无缘接收上海、南京两地，谁都知道这两处是日伪敌产中最肥的部位，可谓富甲天下。蒋介石非但不让顾祝同插手，而且还让汤恩伯疾进，第三方面军司令部在南京、上海大发横财，三战区的人都气糊涂了。顾祝同在何应钦交卸军政部部长的时候就已经准备接替这个职位了，何应钦也上呈蒋介石了，可老蒋却让陈诚担任。如今退而求其次，接收上海、南京而且又是分内的事情，还是给搅黄了，顾祝同对何应钦的不帮忙或者说袖手旁观大为不满，特别是顾祝同最讨厌的冷欣在陆军总司令部那里直走何应钦路线，咸鱼翻身，这就让顾祝同心中产生了愤懑的情绪，就在这个当口，蒋经国去见顾祝同，代

表老爹蒋介石问寒问暖，并且许给徐州绥靖公署主任，还同意将浙江接收的尾款任由顾祝同支配。由此，老爹对何应钦便更加不那么看重了。何应钦也不傻，看出了这里的门道，顾祝同、刘峙这是他北伐时期就有的哼哈二将，这样的老部下如果一旦心生衔恨，那么后果一定非常"可观"。所以，这次徐州之行，何应钦是准备认真地拉一拉顾祝同的"胖手"的。

王耀武听到这里，什么也没说，心里却想，这个接收搞得天怒人怨，黑眼珠见不得白银子，不但上下级之间隔阂更甚，即便是多年的袍泽也可以反目成仇。他又忽然想到被处决的安慧民，禁不住暗自叹息了一下。在车上，王耀武同穆忠恒做了交代，如果实在不甘心去坐军委会高参这个冷板凳的话，第二绥靖区是否可以屈就担任一个副司令官？穆忠恒给感动得够呛："佐公，你这是第二次救我。"王耀武笑笑："什么左公右公的，下面人随便叫，你怎么也跟着起哄，你我兄弟之间不论这个。"穆忠恒从1942年至1944年担任了三年的敌后山东省政府主席，还兼管着东北军的五十一军，王耀武回山东老家，基干部队带不走多少，有了穆忠恒这样的老马识途，自然可以顺利得很。这才是王耀武愿意伸手援助穆忠恒的主要原因之一。

到徐州的第二天傍晚，顾祝同的副官请王耀武晚上六点整到顾祝同的官邸用餐。从当年江西一别，已经十年多了，顾祝同虚胖的脸上苍老了不少，但春风依旧，从顾祝同这晚心情之好来看，可能是同何应钦的见面比较愉快吧（1946年6月，顾祝同接替何应钦担任陆军总司令）。顾祝同与王耀武谈及眼下的形势，顾祝同尽管表示一定程度的乐观，但对于中共阵营中的某些老对手却特表忧心。顾祝同提到陈毅、粟裕两个人，王耀武很有兴趣。顾祝同告诉王耀武，当年他奉命围困新四军在皖南时，三战区内部对叶挺、项英、陈毅、粟裕有过一个评价："叶项株守皖南，如瓮中之鳖，手到擒来；陈粟据守苏南，如海滨之鱼，稍纵即逝。"顾祝同："陈毅这个人在政治上是很有一套拳经的，那时候韩楚箴（韩德勤字楚箴）被他搞得很辛苦，韩国钧那个老头子就半公开地讲，楚箴不是仲弘（陈毅字仲弘）的对手。黄桥一战，李新甫（国民党军第八十九军军长李守维，字新甫）还丢了身家性命。到头来，他陈毅不但军事上获胜，政治上还获利，搞得我们一点脾气都没有。"王耀武："陈毅的大名这次在南京听到过，说是委员长准备专门请陈毅的兄长陈修和劝驾，希望陈毅过来。"顾祝同："这怎么可能？陈毅是朱毛旧部，是铁了心地跟着中共走到底的，据说此人的信仰很深。他现在有个副手叫粟裕的，湖南人，是你们当年围剿方志敏、寻淮洲一部的漏网之鱼，如今已然不得了。"顾祝同讲了一个粟裕的小片段。抗战期间，有一些青年学生到粟裕的队伍中当兵，训练射击时，这些学生自以为已经掌握了要领便到一边闲谈去了，粟裕看在眼里，并不多说什么，只是让人在枪支上放一枚铜圆，然后发令射击，结果学生手持的枪械上的铜圆应声落地。粟裕拿起这支步枪，仍旧放了一枚铜圆，连射几次，铜圆纹丝不动。粟裕做完演练，轻轻将枪放下，一言不发而去。顾祝同就此发了议论："粟裕身为中共新四军师一级军事主官，仍有这种操练素质，相比之下，我们国军在这方面则令人堪忧。我听郭小鬼（郭汝瑰）说，七十三军的那个叫沈篓的团长很是闹过这方面的笑话啊。"王耀武知道顾祝同所说的"沈篓"的笑话。郭汝瑰在抗战中调任七十三军暂编第五师师长，他是日本军校出来的，所以，很重视射击训练这些基础的东西，带领士兵打靶，下面一个团长沈篓看到了，不以为然说打枪算什么，随便扔一个柚子到天上，我一枪就能给它拿下。郭汝瑰就当场抛了一个柚子上去，沈篓连续几次都没有击中，狼狈不堪。随后，郭汝瑰让人在五十米外的大树上画一个人头大的圆圈，命令全师的军官用手枪射击，竟无一人命中。顾祝同："当年好在还有个抗战的名义顶在那里，随便谁也不好完全懈怠。如今抗战胜利，这类事情恐怕更加比比皆是，而且，人心也散了。用这样的力量如何能办大事？"听顾祝同的言外之意，他也未必赞同现在就跟中共翻脸。

从徐州出来，何应钦、王耀武、穆忠恒等人便直飞济南。在济南待了两天，何应钦准备回去，走前他又和王耀武推心置腹地长谈了一次。何应钦说："我看济南是我们薄弱的一环，我回南京，你就不要跟我回去了，留在这里熟悉一下情况。你再找李延年商量一下空运部队保密的问题。以目前的情况看，共军的力量优于我们，济南四面楚歌，处在孤立状态中，如不增加部队，前途并不乐观。"王耀武见何应钦已经说到这份儿上，也索性问道："以您的判断，国共两党是不是真的要大打出手了？"何应钦哼了两声，不以为然地说："抗战胜利，不管是大胜还是惨胜，总归是胜了。人家如今的地位算是高高在上，我们这些人的话何敢上达天听？委员长决心要打，白健生（白崇禧）、陈辞修（陈诚）也坚决支持，我还能说什么？白健生要打有他的小算盘，一则他的确与中共势不两立，再则只有打，他的广西才有立足之地，否则将来难免成为龙云那样的下场。至于陈辞修嘛……"何应钦说到这里没有再说下去，但意思很明显，陈诚主张打迎合蒋介石的主张，其目的自然是瞄准了第二号人物的位置。何应钦："我也不认为国共两党能靠和谈维持局面，两党之间非武力不能解决。只是陈辞修将打共军看得太容易，将来会吃亏的。我们现在的情况别人不清楚，我们自己还不清楚吗？不到半年的接收，各路大员日进斗金、盆满钵满。岳武穆说文官不爱财、武将不怕死，天下可致太平。如今文官也爱财，武将更爱财，这样搞下去还能跟人家真刀真枪地较量吗？我一直就是这个观点，打共产党不是容易的事，战事也绝非短时间可以结束的，要作长期打算。"王耀武："富贵乡是英雄冢，学生一直以为不如割划出几个地区交给中共，偃武修文、歌舞升平是一把双刃剑，割伤我们的同时也在割伤中共，温水煮青蛙都是一样的效应。如今政协会正在召开，拿这个东西当个法宝祭出来，挟天子令诸侯，讨不从命，岂不更好？一俟我们内部整理完全，到那时再和中共动手也不迟。"何应钦："你这不过是一厢情愿而已。现在连于大胡子（于右任）都开始欢呼'蒋主席万岁'了，他是越来越喜欢听这一套了，有人喊万岁，就会有人跟着喊万万岁的，你要是跑过去跟人家说人固有一死，那还不要闹个灰头土脸回来？说是万寿无疆，岂不知每逢万寿必无疆的道理？所以，我是决计不开口了，看看他们如何收场。"①过了一会儿，何应钦突然问道："佐民，吴化成这个人你准备怎么处理？"王耀武面见蒋介石时，蒋已经提出了这个话题。在藤县战役中，层峰命令他火速增援，他却阳奉阴违，按兵不动。这件事让蒋介石、陈诚非常恼火，陈诚建议蒋介石借此机会除掉吴化成。但另一方面，吴化成有沈鸿烈、戴笠的背景，蒋介石颇有些举棋不定。不过，有一点则是肯定的，那就是要将吴化成扣押在济南，随时等候处置。这件事蒋介石交给王耀武去办理，王耀武一直没有动作，现在何应钦提了出来，他答道："学生初主鲁政，凡事还是先求稳当，次求变化为好。"何应钦："杀人固然可以立威，却未必能够立信。吴化成是山东地方实力派的代表人物，也是韩复榘当年留下的余孽之一，一上来就杀掉的话，影响很大。不过，将他羁縻在济南，使其无法伸展，倒也不失为长策。"王耀武："敬公所言极是，学生也准备照此办理。抗战中，三义寨苦战，吴化成尚且能够襄助中央军一臂之力。敬公当初教导我们说，马不在首次，而全在驾驭；将不在优劣，而全在调度。学生正好实践一番。"何应钦满意地笑了笑："好，你这么做，我就放心了。"

此前，对于山东的政情，王耀武自己做过研究，在穆忠恒那里也专门了解过。在眼下，山东地方上有三个实力派，一个是吴化成部，一个是齐子修部，一个是张天佐部。这三支地方实力派中，吴化成势力最大，而且和自己最为相识，抓住了吴化成一

---

① 清朝末年，慈禧太后骄奢淫逸，花费巨款为个人筹办寿典，文人林白水不满，作过一副对联讥讽慈禧的所作所为，其中下联是："五十失琉球，六十失台海，七十又失东三省！五万里版图弥蹙，每逢万寿必无疆。"何应钦引用到此，意在讽刺那些高呼万岁的人。

部，剩下的两支对付起来就会比较从容。但是，吴化成在这三股势力中，名声也是最臭。他帮助日本人大肆屠杀中国抗日军民，制造"无人区"，八路军鲁中军区三次发动"讨吴战役"，打得吴化成抱头鼠窜。1945年10月，吴化成秉承国民党顽固派的意图，突然向山东界河一带发动进攻，被陈毅指挥的新四军打了一个狠狠的伏击，麾下两员大将一个被击毙，一个被俘，死伤人马数千，伤了元气。而且，这次挨打之后，国民党当局并不给吴化成任何补充，包括坐镇济南的李延年，本来答应给吴化成的一个旅的编制也矢口否认，这也就是后来在攻打藤县时，为何吴化成会拒绝增援的主要原因。王耀武在何应钦离开济南不久，便电召吴化成来省城商议要事。但是，吴化成却没有来，王耀武派人了解了一下，才知道是这次行动事前让吴化成得到了口风。不过，吴化成虽然没到济南，却没有把门关死，他让他的亲信林中英作为全权代表来见王耀武。

林中英把吴化成的处境和难处都同王耀武讲了。王耀武表面上不动声色，听林中英代表吴化成开出价钱。林中英提出了三点要求，一个是尽快安排吴化成和戴笠见面。另一个是给吴化成和他的手下一个体面的名义，至少不能低于郝鹏举。还有就是穆忠恒不能难为他，因为当初穆忠恒担任山东省政府主席时，吴化成给他找了不少的"麻烦"，穆忠恒对吴化成恨之入骨。对于吴化成提出的三点要求，王耀武觉得第三点没什么问题，第一点和第二点有些难度。1945年9月中旬，陆军总司令部编发《伪军整编方案》，确定庞炳勋、孙良诚、张岚峰、郝鹏举、丁默村、叶蓬、任援道、鲍文樾、门致中、李守信为"路军总司令"级别，即所谓十大汉奸，其中郝鹏举排名第四，被李品仙、穆忠恒隆重推出，而且穆忠恒之所以被李品仙看重，其中一个原因就是他和郝鹏举不俗的交往所致。至于吴化成、孙殿英、徐朴诚这些人算是二流汉奸，发表为总队司令。但十大汉奸中，庞炳勋后来不干了，叶蓬、丁默村给毙了，鲍文樾是个空架子，所以，吴化成曾经有过争取得到路军总司令的机会。特别是9月下旬，吴化成和郝鹏举、孙殿英他们一道去南京见过何应钦，只是这次见面中，何应钦虽然对他们慰勉有加，给了纵队司令的头衔。但吴化成跟何应钦毫无瓜葛，够不着，而且戴笠还不在南京。最麻烦的是军政部部长兼后勤总司令陈诚极其厌恶这些汉奸武装，他亲自下令不准供给他们后勤装备，而且明确表示伪军不能作为国军的成员，叶蓬就是在陈诚坚持下给枪毙的。本来，戴笠是拉着吴化成上了老蒋的战车的，而且在抗战中吴化成的通利公司一直"表现"不错。可是，吴化东到底是吴化成的亲兄长，在这件事上，戴笠可从没有含糊过。虽然他也知道吴化成这么多年了跟乃兄吴化东是两股道上的跑车。不过，戴笠不准备急于见吴化成，对于他的请托，军统方面始终没有透露半点风声，而且，眼下戴笠最大的心思放在了如何将军统化整为零这件事上，王耀武何能轻易许诺安排戴笠同吴化成见面？但是，这些想法王耀武当然不会与林中英直接说出来，王耀武现在最想办的是尽快将吴化成这支武装抓到手里，所以，在表面上吴化成开出的价码王耀武一律答应。

1946 年 2 月初，王耀武从济南飞回武汉，开始大量运送原属第四方面军司令部的各色人员以及直属部队到山东。此前，蒋介石已经命令第十二军、第九十六军以及李弥的第八军空运济南，加强山东防务。然而，这些部队到了山东以后，王耀武发现，这些人不是来帮忙的，而是来扯淡的。第十二军和第九十六军装备差、素质低、战斗弱，不值一提。第八军李弥所部号称精锐，可桀骜不驯也是出了名的。除开李弥这样的刺头，山东境内还有夏楚中这位"事儿妈"。夏楚中在山东，名义上是手下，但反客为主，对山东境内的事经常指手画脚，还粗暴干涉地方人事。因为他的背后站着陈诚，所以，一般人对他都是敢怒不敢言。

这且不说，蒋介石还给王耀武配了一位"可人"的副手即第二绥区副司令官李仙洲，人称"李大哥"。李仙洲比王耀武大了整整十岁，黄埔一期出身，爱吃水饺。（陈毅说过："李仙洲是山东人，爱吃水饺。"周恩来也说过："李大哥是山东人，爱吃水饺。"）早年很有血性，济南惨案发生时，李仙洲向刘峙请命要跟日本人拼了，未获批

准。李仙洲在蒋介石的秤盘子上还是有些斤两的，这主要和李仙洲帮助蒋介石摆平胶东军阀刘珍年有关。李仙洲被派去刘珍年的旧部当副师长，李大哥为人豪爽，以酒会友，下面人跟他很投脾气。而且，李仙洲不嫖不赌，这在旧军队中是鹤立鸡群的，一来二去，刘珍年的旧部不再强项，蒋介石便把李仙洲扶正，当了师长。蒋介石后来夸奖李仙洲是用"厚朴""感格"了军阀的武装。李仙洲的为人是没说的，可能力到底还是差了不少，蒋介石有一次气得在电报里骂李大哥"非革命军人"。

军事上是这么安排的，党务和政府系统，蒋介石给山东派了两员大将，都

国民党第二绥靖区副司令官李仙洲

第五章　衣锦还乡

是CC系统出来的，一个是就任国民党山东省党部主任委员的庞镜塘，一个是就任山东省省参议会议长的裴鸣宇。庞镜塘是公子哥出身，爷爷当年做过前清的水师提督，他本人算是"二陈"（陈果夫、陈立夫）在中央组织部里面的"老板凳""老公事"了。裴鸣宇是张苇村的"余孽"，张苇村不明不白地死后，裴鸣宇继承张苇村的衣钵，和其他人一起搞了个"苇村中学"纪念张苇村并且借尸还魂。"苇村中学"后来改名为"建国中学"，所以，裴鸣宇他们也被称之为"建国中学派"，是国民党著名派系——中央俱乐部（CC系）在地方上的几大外围组织之一。

从表面上看，蒋介石给王耀武预先布置下的班子成员不论从军事还是从政治上，都下了一番苦心。可实际效果却适得其反，夏楚中、李弥这些人王耀武别说指挥，就是商量都要费上些许周折。庞镜塘、裴鸣宇长期把持党务系统，利用地方喉舌钳制舆论，省政府下发的施政方针如果不对他们的脾气，那是休想通过的。可以说，从一开始，王耀武就撞进了一个笼子里来，尽管这个笼子一开始就标明是为了襄赞王耀武把守山东而造就的。随着后来事态的发展，王耀武也日渐清楚，这个笼子同时也是为王耀武或者说包括王耀武在内的一批地方诸侯们量身定做的。最高当局是既要他们跑得快，也要他们不能脱缰，永远在这个笼子里做到唯命是从。

"上有政策，下有对策"，要在山东老家立下根本，王耀武也有几招等着派发。首先确立的是要拱走夏楚中，拉住李弥；其次，笼络地方派，对吴化成、张天佐、齐子修三股势力分门别类、对症下药；第三，利用三青团打压CC。所谓"新官上任三把火"，这三把火本应对外燃烧，不料却从内部先烧将起来了。而且，这把火越烧越大，范围越烧越广，人数越烧越多，一直烧到济南城破，王耀武被俘。

为了应对眼前的复杂局面，王耀武请来一个半人作为助手，帮助他解决一系列难题。为什么说是一个半人呢？因为这里有一个人来山东的一半原因是自动请缨。这个一个半人是谁呢？一个人是俞济时的兄长俞济民，到山东担任鲁东行署主任和山东省政府委员。半个则是严子庸，严子庸自调离湖南以后，到三民主义青年团中央团部工作，襄助蒋经国整理团务。蒋经国派严子庸到重庆兵工厂一手抓基层团务，一手抓工运。严子庸出身工人家庭，本人也干过纱厂、钢铁厂。所以，在重庆兵工厂搞得比较有声色，将康泽的势力打得抬不起头来。蒋经国考虑到严子庸的能力，给严子庸三个位置供他选择，一个是台湾省工会特别党部负责人，一个是三民主义青年团山东省团部筹备委员，一个是驻日通讯社负责人。严子庸选了第二个职务。蒋经国问他为什么，严子庸说："山东密迩京畿，且又是中共盘根错节之处，如果不早为之计，将来必落入人手。"严子庸和蒋经国探讨他的去向的时间是 1945 年 10 月，蒋经国对他的这番话并不是特别重视。因为在当时，包括蒋经国在内的很多国民党人都在抗战胜利的欢笑声中暂时陶醉了自己的头脑。即以蒋经国为例，抗战胜利不久，他就钻入富贵温柔乡，与黄杰等人夜夜笙歌、不醉不归。据黄杰的部属、原任国民党中央训练团干部总队副总队长、陆军编练司令部参谋长程炯回忆："蒋经国在抗战结束回到南京后，生活十分腐化，日唯沉醉于声色犬马的角逐中，这点恰与黄杰相投。他们常常联袂参加某些高级舞会和社交活动，当时在南京的所谓交际花或名媛闺秀，几乎都被他们玩弄于股掌之间。"[1] 当时像严子庸这样看待未来时局的国民党中青年骨干并不是很多，所以，等到事态逐渐明朗以后，蒋经国格外看重严子庸。只是蒋经国没有想到的是，在严子庸之所以选择第二个职务的背后还有一双推手在运作，这就是严子庸的新欢陶翠儿。湘西的案子结案后，陶翠儿暂时没有动，严子庸到了重庆不久就派人迎娶陶翠儿。陶翠儿人在重庆，耳濡目染的都是达官显贵们的奔走豪门、灯红酒绿，加上她本来的好慕虚荣、艳羡浮华的性情，很快耐不住寂寞。可是，严子庸手里的活钱毕竟有数，这样陶翠儿只好背着严子庸做了些小"生意"，积累了点私房钱。而且，随着小"生意"的日益盘活，她发现自己的本领其实远不止经营一个小陶然那么局狭，很应该走出一片天地来。在经营自己的小地盘的时候，陶翠儿结识了一位重庆地面上军、商两界都吃得开的女人，她便是沈舒宁。只是让陶翠儿搞不懂的是，1944 年 9 月以后，这位沈大小姐忽然间蒸发了。直到 1945 年 9 月中旬的一天，突然又神兵天降般回到了南京，沈舒宁告诉陶翠儿，真要想发大财的话，还是要北上，山东、平津这是首选。平津因为已经给军统渗透得差不多了，那么山东自然是最佳去处，而且蒋经国开出的账单中还有山东这个缺分，因此，陶翠儿特别赞成严子庸北上山东，严子庸那时候还不清楚陶翠儿的小算盘，更不知道她已经在背后跟沈舒宁搭上了线。总之，本来是南辕北辙的两辆马车都跑到了山东这一条道上来。

俞济民在浙江始终担任地方官，治理经验比较丰富。但王耀武调他来山东，心里并不是十分情愿。俞济民毕业于北京高等警官学校，为人聪颖、能干，他和王耀武订交很早，俞济民喜好古玩，王耀武投其所好，费了不少周章给他完成了一项颇为艰巨的"任务"，只是那时的俞济民还不叫俞济民，而叫"熊炳章"。俞济民在浙江一直是王耀武最直接的眼睛，浙江是国民党最高当局的故土，国民党上层很多大佬的老家，

---

[1] 程炯《关于黄杰的一鳞半爪》，《文史资料存稿选编》第二十卷第 506 页。

"春江水暖鸭先知"，上面有个风吹草动，最先知道消息的一定是浙江宁波。蒋介石回家探望，俞济民总是第一个知道消息。俞济时安插在侍从室侍卫长室的侍卫们有三分之一的人马是来自于俞济民的推荐或者请托。因此，侍从室的某些动态，王耀武完全可以绕开俞济时便直接从俞济民那里获得第一手的信息。特别像张英年、安慧民这个案子，就是通过俞济民完成的手脚。因此，这样一张王牌，王耀武不到万不得已是不想打出来的。可按照眼下的布局来看，蒋介石一时半会不能让他脱离山东，这样，山东也就相当于当年的湖南，既是一个死地，也是一招活棋，只有用人得法、用人得当，才能走出这个格局。山东在王耀武看来，是一个"四战"之地，形如三国时代的荆襄九郡。一方面是中共铁打的根据地，一方面又是国民党上层齐聚的经营圈子，陈诚派陈宝仓、陈果夫派齐鲁公司、蒋介石派陈舜耕以及后来毛人凤派赵铁夫，他王耀武纵然千手千眼，也有照顾不到的地方，所以，他只能压上俞济民这样的王牌人物，震慑各方势力，这在某种程度上对于一个素来看重内在情报资源的王耀武来说，等于是饮鸩止渴。

除了俞济民、严子庸的到来，王耀武还急忙从上海、南京将白文冰调回。因为第二绥靖区司令部的另外一只手——第四兵站总监部还操持在陈诚的亲信陈宝仓等人手中。陈宝仓此人，王耀武是打过交道的，在王耀武看来，此人不好摆弄，当初同意他到第四兵站总监部，一则是因为他本身就是从胶济接收特派员位置上过来的，而且又是陈诚的亲信，不好硬驳。二则便是利用他抵消安慧民到任的可能性。现在第二种可能性早已随着安慧民的被处决而消失，倒是此人的不听招呼、事事阻挠让王耀武大伤脑筋。所以，他叫白文冰赶快回来。按照王耀武的原意，他不准备再让白文冰回到他的身边来，一个是抗战胜利后，接收的新资产需要白文冰这样轻车熟路的人去代为管理；再一个便是他不想让这个参与过多次密务的人成为安慧民第二，尾大不掉。只是当前，用人孔急，已然顾不得这些，俞济民、白文冰，王耀武散在外线作战的两只眼睛都给收缩到了山东，力度之大透着他一股股的无奈。

王耀武戎马生涯二十年，深知枪杆子的重要性。俞济民、白文冰乃至严子庸这都是爪牙，执掌军队，他需要的股肱、臂膀。以前，他在七十四军的时候，麾下有邱维达、罗明理、周志道、张灵甫、李天霞等人，现在到了山东，名义上统辖第二十集团军夏楚中部、第八军李弥部、第九十六军廖运泽部、第十二军霍守义部、第七十三军韩浚部（1946 年 6 月调来）、第五十四军阙汉骞部，1946 年 10 月又来了整编第四十六师韩练成部，包里归堆差不多有八个军之众，比起他在雪峰山会战时统率的部队数量翻了一倍。可仔细研究下来，二十集团军的三个军，阙汉骞的五十四军他是一丁点也指挥不动的。第九十六军军长廖运泽跟王耀武还真是颇有渊源，当年廖运泽是黄埔军校潮州分校学生分队队长，王耀武在他的手下，论起辈分来，王耀武该叫他一声老大哥，廖运泽跟李仙洲的关系特别好。应该说在二绥区里，廖运泽是李仙洲、穆忠恒以下最值得信赖的一个，可廖运泽压根就不准备让王耀武信赖或者信用。廖运泽出身于"起义世家"，他老爹廖子宾当初就参加过熊成基

莱芜战役中的"隐形将军"韩练成

的新军起义，廖运泽的堂房哥哥廖运周是响当当的淮海战役前线起义的师长，因为他的起义动摇了十二兵团的军心，让陈诚的这支骨干走向玩完。廖运泽的亲哥哥廖运升于1949年在浙江起义。廖运泽本人也是很"红"的，早年投身于反对军阀运动，在黄埔军校经曹渊介绍加入中国共产党。1928年，他同廖运周、许光达（1955年被授予中国人民解放军大将军衔）商量搞夏收暴动未果，尽管后来脱党，但始终避免同中共正面交锋，连李仙洲请他到山东高就，他为了不同中共发生直接冲突，都予以谢绝。所以，这样的军长和他的部队，王耀武实际上也是指望不上的，而且廖运泽的这一"习惯"王耀武也是有所耳闻的，所以，他对廖运泽是"敬鬼神而远之"。

再来看十二军霍守义部。霍守义所部是老东北军，也是穆忠恒曾经亲手指挥过的。但实际上也难以指望。因为霍守义这支人马本来就有"前科"，别说用起来，就是放在一边还要找一帮子人监视他们。现在隶属于十二军的第111师和112师都一度是反蒋抗日的急先锋，其中111师在师长常恩多、处长郭维城、团长万毅等人的领导下率部起义。要说这111师红到什么程度呢？举一个例子就明白了。111师起义以后，第666团一连连长张振山要拉着全连人反水，暗地里就跟自己的老炊事员徐贵亭说了，老炊事员那是很铁的关系了，可是老炊事员一听这事，前脚跟连长哼哼哈哈地满口答应着，后脚就去了团副指导员那里全盘托出，就此张振山被捕枪决。可见这111师的思想政治工作是做到家了。如今的111师是当初反水跑了的331旅旅长孙焕彩一手搞起来的，

虽然老孙是铁杆反共，可战斗力太差，烂泥巴糊不上墙。最主要的是在济南城防问题上，霍守义坚持已见，和王耀武还尿不到一个壶里，这样的部队，这样的长官，王耀武能放心得下吗？

如此算下来，真正能让王耀武放在手心里摆弄的只有即将从南边跟过来的七十三军，但七十三军不是王耀武起家的部队，韩浚那里也是客情，当初因为有邱维达这层关系，韩浚很卖力气。而且，七十三军的战斗力比起七十四军和八十三军到底差了一层。总体来说，王耀武麾下的这几支人马不尽如人意。这才是王耀武真正忧心忡忡的地方。不久，他得到消息说邱维达即将来济南，他立刻吩咐马上做好迎接邱维达的准备。邱维达是回乡葬母，路过青岛时被邀请到济南小坐的。机场欢迎仪式很隆重，王耀武、罗明理、穆忠恒、李仙洲等人均出席。王耀武还腾出自己的公馆给邱维达入住，两个人虽只是几个月不见，可要说的话却是很多。1946 年 4 月，南京召开的整军会议闭幕，七十四军被按照序列编为国民革命军整编第七十四师，下辖三个旅，师长为张灵甫，邱维达和蔡仁杰任副师长。王耀武人在山东，未能参加这次整军会议，但他仍旧非常关心七十四师的着落。听邱维达介绍了一些会场上的情况，王耀武问他："你怎么看这次整军会议？"邱维达摇摇头："徒有其表而已。"王耀武："敬公说它是杯酒释兵权，我虽然不敢这么说，可也知道这是中看不中吃的玩意儿，当然，这在有些人看来未必不是杰作啊。"邱维达："集团军改为军，军改为师，表面上看机构似乎是被精简下来了，可实际则未必，不过是糊弄眼珠子罢了。下一步据说是要把军事委员会也撤销，改成美国人的那种国防部。"王耀武："在这点上，我倒是比较欣赏中共方面的辩证的统一——类务实办法。上个月初，我在济南迎来送往，同中共的新四军军长陈毅在一起聊了一段时间，受益不浅。不知你注意到没有？我们这边在官职上的称呼是'司令官'，而他们则称之为'司令员'。勤务兵向陈毅汇报说报告司令，陈毅马上纠正道：'不是司令，而是司令员，我和你都是员，我是司令员，你是勤务员，我们都是革命队伍中的普通一员。'共产党队伍里没有'官'这一直接称呼，原来有个'副官'，后来也取消了，军队里都是员，统称指战员。"邱维达："也就是称呼不同。"王耀武："不要小看这个称呼，国人自古以来不患贫患不均，这个'员'字用得好，也用得妙，这是一个心理战，至少大家从字面上看都是平等的。"邱维达："这倒是没有想过。"王耀武："不想不行啊，形势逼人。我同时还注意到一点，你看见没有，中共那里不管是大军区还是小军区，都叫司令员，这也是心理战。我们这边，这次整军会议之后，哪怕你是一个中将，也还只是整编旅或者整编师的旅长、师长。官都是希望越当越大，本来当着集团军司令的，变成了军长，本来当着军长的，变成了师长、旅长，你让那些人怎么想？"邱维达乐了："你这不是自相矛盾了吗？一边你盛赞中共取消了'官'的称呼，另一边你又说中共喜欢搞一堆司令出来。你到底是什么意思？"王耀武："这就是中共常说的辩证法，辩证的统一。一方面是平等感，官兵平等，大家都是员；另一方面则是荣誉感，只要你有了军功，有了成绩，就破格提拔让你当司令员。这两个方面既有约束，也有务实。不能小觑啊。"邱维达点点头。王耀武："举凡一个厉害角色，都是遵古不泥古的。吕正操一个东北军的团长，投奔共产党，一上来就是司令员，共产党一边计较'官'与'员'的称谓，一方面却不吝'官'的封赏。这才是非常时期的非常之道。说白了，这也是革命党的思维，而我们呢？现在居然要搞什么全民党，这不就是西方社会民主党那套办法吗？真是滑稽得可以了。"邱维达："南京如今高唱宪政的大有人在，而且很吃香。听说在陪都时代就已经有人高唱入云了。我还听说，民三十二那年（1943 年），老头子在陪都听一个叫冯友兰的教授的劝告，说是一定要搞民主宪政，不能走前清覆灭的老路以至于落泪？"王耀武听到此，连连冷笑："清谈误国自古如此，你知道吗？这位冯友兰教授的外号叫什么？叫冯友兰娜。这位'仁兄'身段之婀娜实在无法用语言形容，如今宪政民主甚嚣尘上，也是拜这位仁兄一路货色之赐。"①邱维达："我在重庆听人说过，鲁迅曾在致友人信中道及：'文人美女，必负亡国之责，近似亦有人觉国之将亡，已在卸责于清流或舆论矣。'这话虽然不敢完全苟同，可也算是一句实话。如今是美国人和朝中大佬们喜欢听这些宪政民主的东西，所以，就要有人出来应景。冯友兰他们也不过是'逢其欲'而已。"王耀武："美国人也不都是如此，你还记得那个叫古德诺的美国人吗？"邱维达："该不是袁大总统的宪法顾问吧。"王耀武："正是此公。古老头初到中国时还抱着西方那套民主思维不放，接触了一段中国实情以后，就变换了思想，他说：'今日之急务，在得一稳固强硬之政府，能实行其所定政策者，然后可徐收其效。'古老头私下里对美国公使芮恩施说：'这里至今还是一个缺乏政治的社会，这种社会经过了许多世纪，它依靠自行实施的社会的和道德的约束，没有固定的法庭或正式的法令。现在它突然决定采用我们的选举、立法和我们比较抽象的和人为的西方制度中的其他成分。我倒相信如果制度改革能够更和缓些，如果代议制能以现存的社会

---

① 当时因为吴晗、闻一多倾向革命，所以，在校园里被国民党右翼势力起了两个外号，分别叫"吴晗斯基"和"闻一多夫"，而也有国民党内部的人给冯友兰起外号叫"冯友兰娜"，均属污蔑。

集团和利益为基础，而不以普选的抽象观念为基础的话，那么情况就要好得多。根据实际经验，这些政治上的抽象原则，对于中国人来说，至今仍然没有意义。'芮恩施本人也承认：'古德诺博士常常和我谈论中国的政治问题。他感到国会企图过多地采用西方政治上的做法，而没有充分考虑到是否对中国适用。他认为行政权不应该经常受国会的干涉，又认为中国实行内阁制的条件尚未成熟。因此他持一种相当保守的看法，赞成逐渐向西方制度的方向发展，而不赞成全盘采用西方制度。'这是触摸到中国政情三昧的美国人三十年前的看法，可惜的是至今却被我们有些人给忽略了，徒然叫嚣宪政民主，不过是为他人攘夺党国权力而张目。"邱维达："据我看来，老头子也未必就相信什么宪政民主救中国一类的滥调，借他山之石可以攻玉也未可知啊。"王耀武："宪政民主这种事在中国根本就免提，你提了就是授人以柄，因为你真的要去做西方的那套宪政民主，等于是自剪羽翼，如果你不去做就等于自打耳光，反正是里外不是人。所以，提都不要提。提了不过是徒乱人心而已。现在当务之急就是收拢党心、军心，整理内部。可是，我们有些人还见不及此，非但见不及此，还拼命掣肘。"邱维达："呵呵，你到了老家反倒是一肚子牢骚了，这跟你在湘西的时候可判若两人啊。"王耀武："我在湘西是跟土豪劣绅斗，如今回到了山东，却是跟党棍政客们斗，而且还不知道下场如何。退一步说，就算是我赢了，我身上这点子零件也被他们拆得七零八落了，如何去对付中共？"邱维达："哪有那么悲观？堂堂中央执行委员会委员、山东省绥靖统一总指挥兼第二绥靖区司令官，翎顶辉煌、大权在握，你还想要什么？"王耀武苦笑道："狗屁的大权在握，那是表面文章，且不说手下这些军队我泰半指挥不灵，就是这些个地头蛇也搞得我无所适从。省党部高呼'爱党'，省议会高呼'爱民'，城防司令部高呼'爱军'，随便出台一条措施，都会给他们弄得七荤八素、遍体鳞伤，更别说去具体施行了。以前我在湘西不管怎么说斗的是'害民贼'，如今遇上这些'爱民贼'，真是无话可说了。"王耀武掰开手指头给邱维达一一点出："青岛的齐鲁公司不能碰，因为那是果夫先生亲自过问的生意，是党产；济南铁路局不能碰，因为局长陈舜耕做过委员长的侍从秘书，他伯父陈杏佳跟委员长是同学，他姐姐陈志坚跟毛夫人（毛福梅）是姐妹；济南城防司令部不能碰，夏楚中那个人我就不提了；省政府、省党部、省议会这三家更不能碰。你说我这个统一总指挥能统一到哪儿？指挥得了谁？"说到这儿，王耀武有些愤然："且不说这些了，就是眼下一个省政府调查室都敢于不通过我直接抓人，搞得我狼狈不堪。这不是令不出都门又是什么？"邱维达忙问是怎么回事，王耀武便道出了事情的原委。

王耀武调来山东之前，中统、军统在山东的情报系统便开始大面积的恢复工作。

从历史上看，中统不论是情报还是行动这两大块都比不上军统。在山东的地界上，军统的势力还是压过中统一头，上面给山东省和第二绥靖区派来的军统头子是赵铁夫，老赵的头衔是徐州绥靖公署特种情报整理处少将副处长兼驻山东巡视特派员，他有权代表军统局管理山东省政府调查室和绥靖区第二处，等于是这两个部门的"太上皇"。老赵这时人在北平，还没到山东，可命令却传达了过来。1946年3月5日，山东省政府调查室主任许揆一接到赵铁夫电话赶往济南丰顺茶庄同赵铁夫的代表见面。等到许揆一一见赵铁夫的代表，愣住了，这不是山东省立医院的沈大夫吗？谁是沈大夫？就是沈北原的"妹妹"沈舒宁。我们前面提到过，王耀武设计圈了沈北原一次，彻底识破沈北原的真实身份。此后，军统围堵沈北原不果，沈舒宁也同时失踪。可是到了1945年9月8日这天，军统在接收过程中偶然发现了沈舒宁的行迹，沈舒宁不但身份变成了日侨，而且堂而皇之地出现在美军海军陆战队第六师的阵营中，成了美国战略情报局上校莱玛（Lema）身边的红人。戴笠仔细一打听，才知道沈舒宁为美国人提供了大量的有价值的情报，包括苏联钢铁资源调查、"满洲国"重要工业资源调查、"满洲国"地域军事力量配给资源详细报告书，日本国北海道财力、物力、人力调查等。其中部分资料已经通过原任侍从室第二处秘书、现任陆军总司令部政治部主任李惟果转了过来。后来已经回国的美国联邦调查局高级特工汤姆斯还通过其他人转告戴笠，对于包括沈舒宁在内的一批老练的日本特工和间谍人员要善于使用。于是，戴笠即派赵铁夫同沈舒宁接上了头，按照沈舒宁提出的价码给她安排了军统内部的工作，直接由戴笠亲自领导，具体沟通由赵铁夫负责。沈舒宁对外的公开身份是山东省省立医院医生，实际则是军统在徐州绥靖公署范围内的一个重要眼线。沈舒宁向许揆一透露一个重要的情报，中共济南市委商埠区委书记唐守松化名蒲永年，目前供职于济南市内一所中学当勤杂人员，他经常到一家叫做"冯记膏药铺"的地方，现已查明唐守松手中掌握了一定有价值的情报，并且他与济南乡下中共秘密武装力量有联系，目前必须抓住此人。同时根据线报，中共山东分局自民国三十五年（1946年）2月起调整济南地区的地下领导层，山东分局和鲁中区委归口管理中共济南市委，所以，这个唐守松一旦被捕，极有可能从他嘴里了解到中共山东分局和鲁中区委的一些重要情况。徐州绥署（绥靖公署简称绥署）要求限期破案，一举抓捕。许揆一从丰顺茶庄出来，马上开会布置抓捕任务，行动从1946年3月12日下午开始，到次日中午，终于将唐守松等三人抓获，许揆一将唐守松等人立刻解往省会警察局第二看守所特种刑讯科（简称刑二科）关押，当晚即开始连轴熬审，唐守松受刑不过，随即叛变自首。唐守松供出的若干情报中有一条引起了许揆一等人的高度重视，那就是3月中下旬中共方面鲁中军区下属的军分区副司令员王道将要秘密拜会山东省政府主席兼省保安司令何思源。何思源在山东被骂作"饮水不思源"，尽管如此，国民党高层对他也始终不抱信任的态度，而且，据查王道同何思源的接触一向不疏，两个人早有联系。所以，许揆一报请徐州绥署准备在王道来到济南的时候，即行监视，必要时予以密捕，徐州回电同意许揆一所请。本来，这些事都是在秘密中进行的，王耀武并不知情，哪知道这次抓捕唐守松时因为同时也抓了冯记膏药铺的掌柜的，由此竟引出一团闹剧来。

这冯记膏药铺的掌柜大名叫冯德炎，此人我们在前面专门提到过，王耀武知道俞飞鹏的"打野外"的经历就是从冯德炎口中得知的。冯德炎不是青岛人吗？怎么跑来济南开膏药铺了呢？原来冯德炎后来在上海落魄了，幸亏遇到华兴公司的王思成，搭帮救了他，王思成在山东老家开了两处买卖，其中一处是卖洋点心的，王思成委托冯德炎帮助照料。1944年，冯德炎到上海去找王思成，王思成晚上有个饭局，一直到很晚才回来，回来以后爷俩一开始聊得很痛快，跟着王思成就是上吐下泻，人就不行了，冯德炎立马叫救护车，送到医院折腾到下半夜，王思成便过世了，医生和护士都特别惊讶王思成的死相，整个一个大活人，最后抽成了猴子大小的模样。这件事可把冯德炎给吓坏了，他瞅个机会直接从医院跑了，而且一路跑回青岛，跑回青岛的第二天晚上就听说王思成他们家的那个洋点心铺子失火，里面的人都给烧死了。冯德炎一看事情大发了，他就又跑到了济南藏起来，济南冯记膏药铺的老板冯德山是他一个同族的哥哥，冯德炎就在冯德山那里落脚，冯德炎的老辈子祖宗是行医的，卖的膏药，青岛、济南都算是有一小名气，别看冯德炎平素吹吹乎乎的，说起膏药，他也有点家学渊源，冯德山就让他也跟着一起忙乎。1945年3月，冯德山被济南的日本宪兵队的汽车撞死，他膝下没有子女，铺子就给冯德炎接了过来，一直开到现在。冯德炎的膏药铺有一批常客，这批常客中有两个人跟冯德炎最对脾气，一个是唐守松，人称"老蒲"（唐守松化名蒲永年），冯德炎喜欢聊点时政，还喜欢骂点人，对于时下的一些世道很看不惯，老蒲也是这样，哥俩一喝完酒就开骂。另一个是潘火亮，潘火亮因为雪峰山战役腰部受伤，用了老冯家的膏药才见好，所以，潘火亮特别感激老冯，经常给冯德炎买东西，一般地赖、流氓之所以不敢找冯记膏药铺的麻烦，包括地方上的警察也轻易不敢"光顾"膏药铺，都是因为有了潘火亮这棵树罩着。潘火亮外号是"潘大驴"，他麾下的炮兵团那也是一头驴，别说警察了，就是济南城里的宪兵看到炮团都要礼让三分，因为炮团是王耀武的心尖子，直属二绥区司令部，王耀武、罗明理以下谁也指挥不动。

冯德炎被抓到警察局看守所，他并不知道自己犯的是多大的案子，也不知道自己即将面对的都是哪些恶鬼，还是大模大样地吹着小牛。审讯他的人问他，你知道不知道这是什么地方？冯德炎说他知道，而且他还知道他大侄子潘火亮在绥靖区直属炮团当团长。审讯老冯头的头头一看这样，就告诉下面人："给这老头点点水，让他知道知道他在跟谁说话呢。"

他们将冯德炎带进一个小跨院里，冯德炎一进去就看到了一个半大小伙子被捆在那里，半跪着的样子。小伙子看上去也就十六七岁，一直喊着"我冤枉，放我出去"，审讯冯德炎的头子用手一指这小伙子说："开始吧。"这时候，马上过来两个人，用铁丝将小伙子的脖子缠住，左右手各一个人拉住铁丝的两头，用脚踩住小伙子的脑袋，猛地一拉，小伙子当即没了声音，过了一会，小伙子的肚子便鼓了起来，其中一个人上去照着小伙子的小肚子就是一脚，小伙子放了一个屁，当时就没有呼吸了。冯德炎小时候就听说过"嗝屁朝凉"的故事，可几十年过去了，从未亲眼见过，而且是用这种方式当着他的面让这么一个刚才还活蹦乱跳的小伙子送了命的，他腿肚子一软，一泼热尿当时就从裤腿里溜了出来。提过去以后，不管问不问的一律都说，就在这时，第二看守所外面闹了起来，审讯不得不暂时中止，不但审讯中止了，连山东省政府调查室主任许揆一也给惊动了，直接跑了过来。

潘火亮经常去冯德炎的膏药铺子一个是治疗腰部，再一个则是为了以前的大烟瘾。虽然大烟给戒了，到底还是留下点后遗症，每到春季都不舒服。今年的春天因为冯记的膏药，潘火亮舒服了不少。所以，他最近来的次数就比较多。这天早上一来，没见到冯德炎，他就问了，冯德炎的伙计便告诉潘火亮说老掌柜的都有两天没回来了，是给几个身份不明的人直接带走了。我们都报官了，官家也不管，潘火亮一听就蹿了，赶紧让人去查，一查就查到了第二看守所的头上，潘火亮带着十几号人拎着枪榴弹就冲到了第二看守所的门前，三两句不对付便跟里面的人干起来了，炮团的人从来不吃亏，这次也是一样，把看守所的警察好一顿揍，军统的人出来也不管用，没法子只好请调查室主任许揆一到现场制止。但这么一来，王耀武也给惊动了，几乎与许揆一到达的时间相差无几，王耀武的汽车也开进了第二看守所的院子。当着许揆一的面，潘火亮就把冯德炎被抓的事给说了出来，还说是第二看守所的人先动的手。王耀武脸色铁青，许揆一赔笑解释，王耀武说先去看看这个姓冯的。等到一见冯德炎，王耀武认出来了，这不就是当初在上海滩马玉山糖果店里胡吹乱侃的冯大爷吗？王耀武走过去握住老头的手："冯大爷，您老还记得我吗？"冯德炎都给这帮孙子吓傻了，猛见这么一个大官又跑自己跟前了，当然就要晃脑袋了。王耀武提醒道："我是马玉山糖果店的小王，向您请教过的小王，您老再想想？"冯德炎想了想，脱口而出："你是泰安的王哲让，对不对？"王耀武狂点头："大爷，您老记性太好了，您当年是最爱吃我们店里的杏花酥了。我就是王哲让，现在改名叫王耀武了。"冯德炎这下子琢磨过味来了，合着当年的小王是如今山东地面的老大，堂堂的二绥区司令官，这下子冯德炎有依仗了，抱着王耀武号啕大哭，许揆一一看，得，麻烦大了，司令官还跟这儿认了亲，回过头来狠狠地瞪了手下人几眼。王耀武安慰了冯德炎两句，让卫兵扶着老头出去，审讯冯德炎那哥们还有点不开眼，张了张嘴那意思是怎么这就让走了，潘火亮一抬胳膊，那哥们的下巴就不能动弹了，潘火亮还紧着说："这第二看守所搞的，这不讲究，灰调子这么长也不说收拾收拾，害得我直抬胳膊走路。"然后他假装关注地问那哥们："我说爷们儿，没事吧？"那哥们下巴不能动了，哼哼唧唧的。冯德炎这回来劲了，一边走一边说："没事，脱臼，到我那儿一张五毛钱的膏药就接上。"潘火亮还"啧、啧"两声道："看看咱冯大爷，人多仗义啊，给你们整成这样，还不忘了行善积德，膏药就要五毛钱，连成本都不够。对了，许主任，我记得您老好像有痔疮，我告诉您，冯大爷那儿的膏药特灵，就贴肚脐眼上，三副就保您一通百通。"王耀武挥挥手示意潘火亮见好就收，王耀武对许揆一说："许主任，你刚才对我说这件事你是没来得及向我汇报，那么，我现在给你点时间，你再想想，你还有什么事应该马上跟我汇报的。"许揆一满脸通红："司令官息怒，许某绝不敢僭越，只是这件事赵处长事前有过交代，我也不敢硬抗。"王耀武："你是说铁夫让你不向我汇报的？"许揆一连忙作揖："司令官千万别误会，赵处长绝没这个意思，退一万步说就算是上峰不让我说，我也得跟您汇报，县官不如现管的道理，许某还是知道的。这件事的确是许某一时的疏忽，司令官一向体恤下情，请务必海涵。"

许揆一尽管说了软话，可对鲁中军区王道等人还是采取了秘密监视，而且就在王道来到济南后不久，许揆一还指责王道等人是来做情报工作的，受到了包括中共方面军事调处代表旷任农等人的反驳，即便是这样，许揆一还是一意孤行，拒绝恢复王道等人的自由。王耀武是在许揆一执行了对王道等人的监视行动之后的第三天才知道的详情。而且，还不是许揆一直接向王耀武汇报的，而是旷任农等人的抗议材料摆到王耀武桌面上，王耀武才知道的。正准备发火，许揆一厚着脸皮登门报告。这次许揆一扔出很多理由，看起来条条过硬：第一，之所以不及时通报王道被监视乃至失去自由的情况在于避免引起绥区司令部同省政府之间的不谐；第二，如果调查室就能独立办案的话，直接查出王道同省政府某要人之间的勾连，正好为绥区在山东省的施政扫开障碍。王耀武问道："那么你们现在准备怎么对付王道？"许揆一："我们初拟了一份脱党声明，是以王道的口气写的，只要他在上面签了字，这辈子他就休想再回到共军那边去。"王耀武："你有这个把握吗？"许揆一："王道的历史情况，我们摸了不少。再者，司令官您对王道也应该不陌生吧？他不是铁杆的中共干部出身，用中共的眼光看，他是有前科的。"许揆一这话倒是敲在了王耀武的心坎上。关于王道，王耀武尽管没有谋面，但对他的历史还是熟悉的。我们在前面提到过，顾祝同曾经与王耀武在江西的时候谈起过王耀武老师刘子衡教过的学生中有"二王八司马"一说，其中"二王"指的是王耀武和王徵绥。这个王徵绥就是王道的原名。不过，此王徵绥非彼王徵绥，重名而已，只是因为后来王道"声名鹊起"，以至于以讹传讹仍旧将王道视作刘子衡"门下所出"。王道原名王徵绥，系山东莒县大地主家庭出身，同族王尽美是中共一大代表。王道本人毕业于济南法政大学，做过国民党莒县县党部执行委员，为人豪爽、好交朋友，生平最喜一副对联："竿头打旗随风动，留得残荷听雨声。"颇能道出其人的处世哲学与志趣。日寇侵入山东后，王道一度拉起一支武装进行抗日活动，该武装后被编为山东新编第四师第二旅，王道任旅长。当时王道的顶头上司就是吴化成，王道与吴化成关系不睦，王担心吴化成加害自己，遂把队伍拉了出来。1942 年 9 月，王道投降日寇，出任日伪"灭共建国军"第一师第八团团长。王道卖身求荣的日子并不好过，在几次"围剿"八路军的行动中，王道所部饱受侵凌，苦不堪言。通过老朋友靖任秋做工作，王道的思想有了进一步的转变，主动要求跟八路军方面取得联系。1944 年夏，王道率部起义，这是山东地区自抗战以来伪军反正规模最大的一次，也是敌后战场规模较大的一次，王道拉出一个完整的建制团，八路军山东军区司令员兼政治委员罗荣桓亲自给王道发去贺电，作为亲身经历了王道起义的符浩老人（曾任外交部副部长）在回忆录中曾就王道起义专门写过浓重的一笔。

在王耀武看来，抗战时期落水失足的一些地方武装忽而投国、忽而投共本也是正常不过的事。自二绥区在山东立足以后，王耀武亲自出面招抚了很多地方势力，这些人最看重的无非是人、枪、钱和地盘，只要满足了这里面的主要几条，剩下的都好说，戴谁的帽子都可以。像王道这样的标准的地主出身的人，王耀武觉得他没理由一条道走到"黑"。所以，许揆一提出了让王道签署《脱党声明》的建议，王耀武表示同意。许揆一临走时似乎有意无意地又提到了一件事："司令官，本来这件事事关我们团体的纪律，但您不是外人，所以，我斗胆就跟您说说。"许揆一告诉王耀武，昨天（3月21日），军统局搜索队在孝陵卫附近发现一架飞机残骸，共收到尸体十三具，内中现已找到局人事处处长龚仙舫图章一枚。因龚仙舫同戴笠同机前往，所以，戴笠遇难基本可以确定。王耀武听到这里，脑袋"嗡"的一下，他紧盯着许揆一问："真的确定了吗？"许揆一点点头："这件事毛主任下了密令，让我们不能向外透露半点风声，我想到您和老板生前的关系，所以，才冒险说了出来，请您务必保密。"

听罢王耀武的这一大段讲述，邱维达摇头笑了："这个许揆一名义上是给你报信，其实是提醒你，军统的'天'要变了。"王耀武："谁说不是啊，这以后在山东地面上再要跟这些个人打交道，又要难上一层了。"

3. 搅局

王耀武劝谏蒋介石修内，不与中共开战。齐子修"阻碍王耀武担任山东省主席"搅局计划被破坏，王担任山东省主席。

同邱维达的闲聊刚刚放下，许揆一的电话就打了进来，说是有重要情况汇报。其实许揆一所说的这个重要情况，王耀武已经从二绥区二处的人口中得知了：许揆一逼迫王道签署《脱党声明》以后，王道还答应王耀武的要求出任第二绥靖区司令部参议，同时兼任第二绥靖区干部训练队教官。按照王耀武他们所提出的"用共产党的办法对付共产党"，可是经过王道辅导的干部训练队的队员们言必称共党，动辄大谈解放区如何廉洁，解放区社会秩序如何安稳，解放区如何高度重视人民利益等等，令那些旁观监视王道的人胆战心惊，他们判断如果听任王道这么搞下去的话，用不了多久，这个干部训练队势必成为解放区的思想宣传队。王耀武知道许揆一得到这些个消息以后肯定是坐不住了，实际上不单许揆一坐不住了，他自己也坐不住了。王耀武从王道身上看到了一个人的影子——胡天陶。这个十一年以来一直挥之不去的影子又出现在王耀武的心头。而且，比胡天陶更加不可理解的是，胡天陶毕竟出身寒苦，同中共的工农为核心有着天然的勾连。而眼下这位王道，既是大地主出身，又有投降日寇的前科，可一旦被共产党拉了过去，短短一年多的时间里，思想竟然转变得如此之快，立场如此之"顽固"，简直是匪夷所思。也直到这时，他开始相信何应钦当初在南京和他谈话时举出的黄敬、袁筱南的例子，这样高门大户出身的人如果服膺了中共的学说，那么，它对党国的"破坏"程度之大是无法估量的。

许揆一汇报了王道的最新情况后，提出了两个办法，其一是立即将王道逮捕；其二是将王道送到吴化成处，交由吴化成处理。许揆一笑嘻嘻的脸上不经意间露出一丝狰狞："司令官，我以为第二点比较可行，谁都知道王道投降日军正是吴化成的凌逼所致，而今吴化成这个人到底靠得住靠不住还需要考验，如果将王道交给他去处理，嘿嘿，岂不是一箭双雕？"王耀武沉吟了一下："先把王道关起来再说。"他没有把王道交给调查室关押，而是关在绥靖区禁闭室里，还送给王道他们一些有助于"反省"的书籍，王道也不看。

是不是将王道交给吴化成，王耀武犹豫不决。这时，手下人报告说吴化成的代表林中英又来济南了，而且说一定要当面见过司令官。王耀武让手下人将林中英领到一处秘密地点见面。林中英怎么突然来了呢？王道被调查室扣押的消息传到了吴化成的耳朵里，老吴立刻叫来林中英。吴化成："那份大礼现在可以送出去了。"林中英："不是说要直接送给何老总吗？"吴化成："来不及了，我已经听说了，王道给山东省调查室的人扣下了。如果我估计的不错的话，这帮孙子应该很快要把王道送到我们这儿来，到那时候，我们这儿可就来大麻烦了。"林中英："王道送我们这儿来？"吴化成："你们这些学生出身的人就是缺乏历练，不读《三国》，想当年，曹操要除掉吕布和刘备，便采纳荀彧的'二虎竞食'之计挑逗他们互相残杀。如今有的人也想故技重演，将王道送到我这里来看我和他的哈哈笑，如果我杀了他，我就自绝于八路军和共产党，以后休想再有退路；如果我不杀他王道，那便是坐实了我'通共'的罪名，他们自然来杀我。所以，不要等了，你马上去准备将那份大礼直接送到王佐民那里去，如今能救我的只有他了。"就这样，林中英押着这份"大礼"直奔济南城，当下同王耀武见了面，送上这份"大礼"，王耀武不看则已，一看便吃了一大惊，这礼送得的确是太大了，大到让王耀武一时间也不知所措。

这是份什么"大礼"呢？我们在前面谈到过，吴化成抗战时期组建过一家公司叫通利公司，暗地里跟戴笠、杜月笙眉来眼去地做生意。通利公司的一个重要股东便是刘宇驰（迟语），刘宇驰在南京准备再度行刺何应钦的计划败露后，裹挟刘夷彻底给日本人当了挡箭牌。戴笠了解到刘宇驰的下落后曾经密令吴化成将刘宇驰抓捕归案，可吴化成没动，因为吴化成知道刘宇驰一边连着日本人，如果他动了刘宇驰，势必惊动日本人，那时候别说曲线救国不灵了，就是自己的吃饭家伙都要给摘掉。不仅没动刘宇驰，反而同刘宇驰打得火热。抗战胜利后，刘宇驰如丧家之犬，惶惶不可终日。他利用自己以前跟孔、宋门下的交情花了不少的银子买自己一条命。军统那因为戴笠忙于接收，一时间也没有抽出时间来追查他，日子一久，风险也就逐渐降下来了。特别是后来他听说刘夷混进七十四军后不久被政府逮捕法办之际经刘峙说项被释放获准到香港定居的消息，更加证实了他自己的判断，只要有钱、有人，他的这一灾患不是躲不掉的。而眼下自己有一笔款子存在青岛，拿到这笔钱以后，先躲到香港去，然后再想办法。于是他到了青岛，居然碰到了吴化成，吴化成力邀刘宇驰去他的住处叙叙旧，刘宇驰经不住吴化成的"诚恳"，便去了，这一去也就再也休想脱身了。吴化成利用自己和沈舒宁在北平的老交情，用美国人的交通工具将刘宇驰一路送回自己的防区（吴化成也同样瞒着沈舒宁，只说是禁运物资），成了"镇宅之宝"。吴化成原来的打算是将刘宇驰直接送给何应钦或者戴笠，可三月间戴笠的死讯传来，吴化成只好想办法送给何应钦，但他跟何应钦直接够不着，只能通过王耀武，然而，吴化成知道刘宇驰的分量，他还不准备跟王耀武利益均沾。没想到的是，王道被扣押这件事逼得他不得不把这份大礼送给了王耀武。

王耀武立即通知毛学谦带着几名亲随赶过来将刘宇驰押解到二绥区直属特务旅（即由王耀武的便衣队扩充而成）的秘密羁押点严密看管，不得走漏半点风声。林中英说："司令官，我们吴司令说了，这份礼您收下以后，他过一段时间一定来济南看望您老。"王耀武知道这是吴化成在跟他自己打哑谜，所谓的"过一段时间一定来济南看望您老"的本意便是要帮助他吴化成躲过眼下的这一难关的同义词。王耀武不置可否地回了一句："让你们吴司令多保重身体。"林中英将王耀武这句云遮雾绕的话传递给吴化成，吴化成高兴了："这就行了，现在我们可以坐等。"林中英有些担忧，吴化成不以为然地摆摆手："不必瞎操心了，你不了解王佐民这个人，他说了这句话也就等于给我们吃了一颗定心丸。现在，王佐民只是要把这个人情送给谁的问题，不存在放与不放的问题了。"林中英有点打破砂锅问到底的意思，吴化成也赶上心情好，要摆弄一下自己的"学问"，遂认真地回答道："王道是被军统的人给扣下的，王耀武不能直接表态放与不放，这是得罪人的事，而且得罪的还是军统。别说现在戴雨农不在了，就是戴笠在，王耀武也不会去做。然而，他收下了刘宇驰又说了这句话，就明白无误地通知我们，不论怎么说，要把收拾王道这股祸水引向我们的伎俩在王耀武手中是绝伸不过来的。那么，也就是说王耀武不会扣着王道始终不放，怎么放？放给谁？王佐民现在跟我们一样，也是坐等，等一个上面来的人到他面前去张嘴，只要对方嘴巴一张，王佐民肯定会送人情出去。而且，据我看来，这个人情也就在这一周之内必然送出。"林中英将信将疑，可后来发生的事实正如吴化成所料，王耀武的老师刘子衡来到山东见了王道，并且打着顾祝同的旗号请王耀武放出王道，王耀武没有坚持，即将王道交出。以后王道到了徐州再度被军统特务逮捕，还是刘子衡出面利用自己和顾祝同的关系将王道第二次放出。所以，即便是徐州绥署二处以及二处的顶头上司对王道的释放表示十二万分的不满，但终因有顾祝同这棵大树，他们也无话可说。

"王道事件"结束后第三天，王耀武摆酒为邱维达饯行。此前，王耀武专门问过邱维达："青白，怎么样，留下来帮我忙吧。我准备给你两个旅，在淄博设立一个警备司令部，你去做司令。你也知道，明理多数时间是参与戎幕，没有长期典兵的经历，在指挥协调等方面不如你，以后我还想把全省的警备大权都交给你，有你替我坐镇后方，我踏实多了。"邱维达表示自己这次外出是专门向上峰请了假的，如果说短期帮忙，比如三个月，解燃眉之急，那没问题，但要长期驻扎，则必须有相关指令。王耀武也表示理解，他知道以眼下的形势来看，邱维达留在七十四师比留在山东某种意义上更重要一些。自 1946 年 4 月整军会议结束，张灵甫跃升整编七十四师师长之职，张灵甫的亲信蔡仁杰、卢醒等人也随即成为七十四师内部的首要，一个以张灵甫统带的原五十八师即整编后的五十八旅为轴心的新派势力正在七十四师中不断地蚕食着王耀武精心打造的权力架构。尽管这种迹象还没有完全显露出来，但王耀武早已感觉到了，对于张灵甫这种人，他既不能像对付侯龙安那样简单，也不能像对付廖龄奇那样隐晦，张灵甫是一个"养不驯"的人，留在系统内，只会越来越烫手，也只有暂时推出去。可一旦推出去了，又要想方设法不至于让他走得太远，走到自己的对立面上，那么，也只剩下羁縻这一招，而作为羁縻张灵甫的关键人物邱维达，王耀武说到底是舍不得让他离开七十四师的。因此当谈到要与上峰要求指令派驻邱维达到山东这一话题时，王耀武选择了放弃。

在为邱维达饯行的宴席上，各色酒菜应有尽有，不过，在一边还摆着一盘油炸花生米显得不那么协调。这一天来参加宴席的包括王耀武、邱维达、罗明理、白文冰、孟记东五个人。王耀武举杯："今天在座的一共五个人，本来还应该有靖方（周志道）、耀宗（李天霞）。其中明理、青白是跟我最早的，小孟和小白也不晚，都是我们

李天霞

补充旅和五十一师的老底子，这些年走过来，没有在座的帮忙，我王耀武到不了今天，所谓上赖最高，下靠诸位。所以，第一杯酒我敬各位，请满饮。"王耀武喝毕，又端起第二杯酒："这杯酒是给青白送行的，我不瞒诸位，我原本是打算把青白留在这里跟我们一道共事了，怎奈皇命在身，所以啥也不说了，都在酒里了。"王耀武端起第三杯酒："大家可能看到了那盘花生米，估计还得问怎么冒出这么一盘菜，其实今天这里还应该有一个人的座位。"王耀武顿了顿，又道："他就是安子，安慧民。这道花生米是他平常最喜欢吃的，那时候他天天跑外，难得一闲，最大的愿望就是喝点白酒，吃点花生米。他后来干犯国法，罪在不赦，自然不用说了，但他毕竟跟我们袍泽一场，今天摆上这盘花生米也算是留个念想。所以，这第三杯酒就敬给大智（程智）、鸿儒（纪鸿儒）、胡豪这些曾经为我们这支部队立下过汗马功劳却无法与我们共饮的弟兄们。"王耀武这一招是从穆忠恒当初跟他说起张学良摆"烧茄子"的那个典故中得到的启示，而且今天在座的并无穆忠恒，所以，不必有"剽窃"感。再者，王耀武的这杯酒绝不是简单的"敬"给死人，更多的是做给活人看，做给罗明理、白文冰、孟记东这三个人看的。罗明理原本同安慧民关系最好，在安慧民办的那些事上罗明理的嫌疑最大，况且最后帮助王耀武具体负责收拾安慧民的还是罗明理；孟记东是安慧民的继任，也是勤务兵出身爬上来的，安慧民就等于是他的一个未来的影子；白文冰查办安慧民的所有经办事由，并且挖出老根，尽管没有直接参与处理安慧民，可他所做的一切已经为安慧民最后的完蛋铺垫了必要的基石。而眼下这三位，一个是绥靖区参谋长，掌握司令部核心；一个是负责警卫保安的一把手；一个则是兵站总监部的实权派。因而，王耀武要通过这桌酒席上这盘怀旧色彩的花生米告诉他们，王某人对待一个死者尚且如此，遑论生者。而在罗明理、白文冰二人心中，体会尤深，特别是白文冰，结合自己这一次南京之行，对于王耀武的这番做作别有一番感触。

白文冰这次到南京除开王耀武交办的任务以外，自己还要去见一个久违了的女人。她的名字叫向影心，又名向友新。这位陕西籍的女人本身或许还不足以引起大家的注意，但和她厮混过的那几位男人一旦被开列出来，则很能说明点问题（他们分别是胡逸民、桂永清、殷汝耕、毛人凤、俞济时）。1931年，白文冰还只是南京中央陆军军人监狱的看守长。有一天傍晚，他听到几个看守窃窃私语，还带着猥亵的轻笑声，他仔细谛听，才知道他们几个人今晚要负责刑讯一名思想激进、带点嫌疑的女囚，而且这名女囚很年轻，每当刑讯年轻女囚的时候，一些看守总要事前谈笑一番。按照这些看守"提供"的线索，白文冰很快找到了临时羁押这名女囚的地点，因为刚刚解到时间不长，还没有来得及编号，而且，前两次审讯都是普通的过堂，没有对她动过一手指头。但是，今晚她明显逃不过去了。白文冰本人是很清楚监狱内部的"俗例"的，对于某些毫无背景又突然撞上门来的女囚，凌辱和轻薄是必不可免的，而一旦沾上了"赤色"的边，祸害致死也是寻常事。如果放在平常，白文冰或许会不动声色，因为在监狱里这种事见得太多了，所谓见怪不怪。但今晚他却忽发奇想要去看看这位女囚，其实这和白文冰刚刚失去未婚妻肖冰有关，当一个自己曾经挚爱的女人死在自己怀抱中且自己毫无回天之力时，痛感往往会伴随一生的。白文冰到狱政科调看了女囚的材料，很简单，白文冰特别注意到了女囚的籍贯——陕西，还有女囚的家庭成员。以白文冰对囚徒的了解，他知道这个女人属于家世清白的那种，所以，他很快向监狱长做了汇报并且提出自己的意见，不要让这个女人遭不必要的罪。监狱长是老资格的国民党法官，曾经亲随孙中山，1927年"清党"时担任过审判委员会主席。他感到奇怪的是白文冰从没有因为囚犯的个人情况来向他提出任何建议，何以这个女人引起了他的关注呢？监狱长带着这样的疑问提审了女囚，提审之后他认为白文冰那个傍晚的建议实在太好了，帮了他一大忙。而若干个月以后，这位女囚便成了监狱长的姨太太，当时女囚的名字还叫向友新。

三十年代中期，白文冰与向友新在上海重逢时，彼此都发生了根本的变化。白文冰作为给王耀武看家护院的二掌柜，向友新则改名为向影心，公开身份是南京慈恩医院总务科主任。向影心非常感激白文冰，而且又因为白文冰成为生意人，彼此之间又横添了一道利益关系，自此他们的联系从未中断。这次到南京，白文冰交付给向影心一批紧俏的西药，这是从日军那里接收过来的，交货地点自然也在南京慈恩医院。如今的向影心不再是这家医院的总务科主任，而是这座医院的新任院长。白文冰在与向影心叙旧之余，发现了这座医院还住进来了一个熟悉的身影，此人便是俞济时的亲信张英年。他问过值班护士，张英年刚住进来两天，至于是什么病，护士告诉他是普通的肺炎。然而，三天以后，张英年死了，还是死在了这家医院里。一场普通的肺炎竟然能够要了一个参与密勿的关键人物的性命，这在党国救治史上也算是奇闻了吧。可白文冰知道，张英年绝不是死于肺炎，既然他能死在这家医院里，那么这家医院的"主人"又是谁呢？白文冰想到了向影心以及向影心的丈夫毛人凤，而且这两位一周后都出现在党国按照殉职例为张英年请恤和安葬的现场上。不仅如此，连准备动身到山东任职的俞济时的兄长俞济民也突然跑来吊唁张英年。而几乎与此同时，白文冰还从另外一个渠道获知，身居湘西的陈凤举被仇家所害，也就是说当年湘西走私钨矿砂案的几个重要当事人都已经不在人世了。而这些情况不早不晚都是发生在安慧民被秘密处决的前后，这也绝不是偶然的巧合。在南京的这些日子里，王耀武那边虽然经常跟他通信，但绝口不提让他回山东，只是前一阶段忽然来信要他马上回去并且说联勤总部那边也通过了任命，由他白文冰担任联勤总部第四兵站总监部副参谋长。走前，向影心给他钱行，话里话外透露出一条重要的信息，上峰接到秘密举报，正在准备查处第四兵站总监部总监陈宝仓，负责调查的还是白文冰的老相识邱义。向影心向他举杯祝贺，说他此次回到山东指日可待便能坐上兵站总监的位置。白文冰含笑不语，他明白自己肩上的"担子"有"多重"。

白文冰回到济南的同时，邱义也已经进入角色，担任第四兵站总监部通讯处副处长，调查陈宝仓的工作由邱义、白文冰的暗中配合有条不紊地展开了。而此时的王耀武也在机场送别了邱维达。临登机前，邱维达还额外地提醒了王耀武一句："委员长如今正在兴头上，'汉元帝'的那段典故，我看不说也罢，免得偾事。而且，你四周都是别人的眼睛，如果有小人兴风作浪，后果不堪设想。"邱维达所说的"汉元帝"的典故是王耀武、邱维达夜谈中涉及的关于国民党政权执政得失的一段感悟。自然也是由"宪政"引发而来。王耀武拿出一本书来指出里面已经用红笔画过的那段："这是满清的乾隆登基称帝之前写的一篇文章，说起来当年我还是无意中看到的，只是那个时候还轮不到我来思考这个层面上的问题。这篇文章我反复看过几次，感慨颇多。尤其是这一段。"邱维达接过来一看，只见上面写着："自古亡国之君，或失于刚暴，或失于柔懦，刚暴者其亡速，柔懦者其亡缓。亡速者，一知其将危而济之以宽和，犹可挽救于末路，亡缓者，相互牵连受苦，日甚一日，虽有贤者，亦无以善其后者。故刚暴之亡国也，或聚敛诛戮之甚，众叛亲离，而祖宗之德泽未泯，身虽亡而国祚有不绝者焉。柔懦者，或权臣，或国戚，或宦寺，或女祸，大权一失，威福下移，身虽苟安于一时而至子孙未有不亡者，是柔懦之亡国，又甚于刚暴也……"这是乾隆作为皇子时写的一篇名为《汉元帝》的文章，在这篇文章里基本表达了乾隆的执政立场。曾几何时，雍正在同宠臣鄂尔泰等人论及身后事，还一度为自己的接班人有可能失之仁弱而颇为隐忧。事实上乾隆即位后表面上奉行"宽仁"，其实骨子里的狠忍程度远迈乃父。邱维达看到这里说："那依你看满清的灭亡是失之于宽还是失之于暴？"王耀武反问一句："那你认为蒙元亡国是失之于宽还是失之于暴？"邱维达说："当然是失之于暴了。"王耀武："可朱元璋却不这么认为。他说过'元氏暗弱，威福下移，驯至于乱，今宜鉴之'。换言之，朱元璋认为蒙元的灭亡是失之于宽或者说失之于弱。所以，他开国之初要济之以猛。"王耀武继续说道："青白，我是打算这次等校长亲莅济南时，要向他直谏一番，我意还是先从修整内部着手，以严猛手段彻底清除内部不利因素，然后才可言对外或者开战。"邱维达对王耀武做出的这一决定颇感意外："这不像是你的风格啊，你这不是明知不可为而为之吗？而且，你也应该知道老头子不会耐心到这种程度的，你去直谏我看是徒然碰得头破血流，何苦？"王耀武："如今是磨刀霍霍，如果再不说出这番话来，将来我们都要噬脐莫及、悔之晚矣的。"邱维达："即便要劝谏，你也不要举'汉元帝'这个例子，太尖锐了。"因此，在临别时，邱维达还不忘叮嘱王耀武这句话。王耀武点点头，同时也说道："青白，你回七十四师也是帮我，灵甫为人强梁，自古道，齿以刚而亡，舌以柔则存。到关键时刻，希望你不要让他由着性子来，这支部队来之不易啊。好歹要给党国留颗种子。"

送走邱维达，王耀武对陈宝仓的材料很关注，白文冰将整理好的有关陈宝仓的东西直送王耀武处，从白文冰以往的经验看，王耀武准备亲自出马来料理陈宝仓一案，其缜密程度远远超过处理安慧民案。1946 年 6 月 3 日中午，蒋介石、宋美龄夫妇飞抵济南，王耀武率领山东党政军各界到机场欢迎，随后安排午饭，蒋介石这是自五月间白崇禧、顾祝同来济南打气之后代表国民政府就即将宣布的对中共的决裂和作战表明最高态度的，当然也是藉此来"唤醒"山东省的各界官员要以无比的信心和耐力应对日后的种种经历。王耀武也是准备利用这次难得的机会对蒋介石造膝密陈。当蒋介石按照正常的寒暄程序问到王耀武最近在看什么书时，王耀武一反常态地答道："学生正在读《王猛传》。"这让蒋介石有点感到奇怪，不过转而一想也正常，因为王猛也是山东人，便和颜悦色地说："你说说看王景略（王猛字景略）的最大本领是什么？"王耀武忽然站了起来，向蒋介石敬了一个标准的军礼："校长容禀，学生自投身黄埔以来追随校长革命，而今二十二年矣。如非校长擢拔，学生岂有今日？故夙夜匪懈、不敢稍怠。即便肝脑涂地，也不能报校长于万一。"蒋介石连说："坐下讲，坐下讲，我来济南就是听你说话的，有什么话，有什么实话都可以讲，我能听得进，你讲吧。"王耀武："校长历来察纳雅言、从善如流，令学生感铭肺腑。抗战结束，校长即以齐鲁要地委学生以重任，今又值非常时期，学生如果知而不言、言不由衷，是愧对校长栽培，也是愧对国家、民族。"蒋介石："嗯，我喜欢的就是你的朴忠。"王耀武："昔日北伐之所以成功，皆在于我们收齐章程、修明内部，然后干戈对外、上下一心，以不足十万人削平海内、克定大难，上慰先总理，下告众民生，是以顺应天命、顺应潮流、顺应人心。而后抗战军兴，又是校长亲自领导，以百折不挠之精神驱逐倭奴、复我故土，即便千秋万代之后，子孙亦将铭记这段历史，校长以无上荣光当与列圣同辉。"蒋介石听到这里，微微露出一丝笑意："讲得好，所以，我才要在我的有生之年，带领你们用北伐和抗日的精神完成最后之国民革命。"王耀武："适才校长问起学生最近所看何书，学生答以《王猛传》，校长许王景略以一代人杰，学生特别注意王景略临终前心之所系'晋虽僻处江南，然正朔相承，上下安和，臣没之后，愿勿以晋为图。鲜卑、西羌，我之仇敌，终为人患，宜渐除之，以便社稷。'"说到这里，王耀武惴惴不安地抬头看了蒋介石一眼，蒋介石的脸色还算平静，王耀武这才继续说道："前此校长五月间在郑州曾有训诲，谓之'纪律废弛，学术荒疏，精神懈怠，业务停顿'，学生以为校长所言正说到我军痛处，而要改变这一现状，又如校长所说'除了我们反省检讨，自立、自强之外，别无他法'，所以，如果我们要是能够花上五年左右的时间整理内部、修正关系、养成锐气，以校长激励之'新观念、新精神'去迎战新敌人，自当无坚不摧、无往不胜。"王耀武说的这段话其实并不长，而且也准备了些日子，但还是汗流浃背。蒋介石："这就是你要对我说的？"王耀武："校长英明天纵、烛照一切，学生不才，愿以犬马之意上达天听。"蒋介石："你遵法先贤，这是好的，但却不可以拘泥，今昔异势，笼统比较是不对的。苻坚极盛时不过八十余万众，而我军已然五百万众，苻坚不过统一北方，而本党如今已经号令天下，连联合国都要承认我们的法统。即以西南而言，抗战前，陈济棠、龙云、刘湘等人分庭抗礼，现在或死或逃，半壁江山早已在国府洞鉴之中。"王耀武："刘湘既死，刘文辉、邓锡侯仍旧首鼠两端；龙云虽降，却依然头生反骨。山西之阎锡山，广西之李宗仁、白崇禧，目前校长临以天威，自然不敢轻举妄动。可一旦有个风吹草动，他们难免不生异念。而西北历来为本党鞭长不及，东北新附，苏俄外生祸乱，人心难测，凡此种种，非要五年左右的时间予以抚定不可。"蒋介石不耐烦地站了起来："五年？五年以后，中共羽翼已就，如何收拾？按照我的设想，如果不是日本人和张汉卿（张学良）捣乱，中共早已绝迹。所以，现在绝不能等，这是留给本党的最后机会，失之毫厘，谬以千里。"王耀武："校长睿虑非学生所能企及。只是学生不揣愚陋，担心战端一开，难免沉渣泛起。"蒋介石："什么沉渣？"王耀武趁势递上有关陈宝仓的调查材料，蒋介石看了几眼："情况都属实吗？"王耀武："学生亲自派人调查的，陈宝仓贪渎还在其次，关键的是他有'通共'的嫌疑，材料上写得很明白。诸如陈宝仓这类虽说属于少数，可一旦得逞，后果不堪设想，而且其人历任要职，辐射面很广，是否已经发展内线均不可知，此诚最堪忧者。"蒋介石听到这里，有些重视地翻看了一下材料。王耀武进一步道："陈宝仓辈固然需要防范，但因其地位不在上游，倒还可以羁縻，学生唯恐有些人静极思动、不甘寂寞，藉此战事之际，欲行非常之事，做姚苌、慕容垂亦未可知。"蒋介石马上变了脸色："谁是姚苌，谁又是慕容垂？难道我是苻坚吗？"王耀武赶紧起身赔罪："学生绝不敢借古讽今，只是一片赤诚欲报校长知遇之恩，情急之间忘了忌讳，万望校长息怒。"蒋介石脸色开始缓和，顿了一下道："俊才，你是我最优秀的学生，不论是战功还是眼界都在寻常人等之上，你也应该知道，日本人如果得逞，我辈尚可求作亡国奴，而中共如果得逞，我辈必将死无葬身之地。我这次来就是要告诉你，大战一经爆发，山东身系全局，由你坐镇后方，董督各军配合前线进剿实为最佳配置，想必墨三也跟你说过了，你以为如何？"王耀武："中共作战素来讲求实效，且着意克服历代流贼行军之弊，所谓来去自由、穿插裕如。抗战期间，其游而不击，全力培养后续，一批剽悍之徒脱颖而出。三月初，中共军调代表至徐州，徐州绥署副参谋长谢慕庄言及空军威力强大时，共方代表粟裕则说'天上的飞机还不能到地面来抓俘虏'，枭黠之色溢于言表。此人在苏北、苏中多次与我军为难，其指挥特色灵活多变，轻易不株守一处。所以，学生斗胆吁请，愿自提一支劲旅，做机动兵团专摄粟裕侧翼，如能生擒此人，山东共军诚不足虑。"蒋介石对于"粟裕"这个名字并不熟悉，看了看表说："好吧，今天就谈到这里，你提的建议可以从长计议。但目前你还要按照我的意图去办。有什么事你可以告诉俞局长，由他转呈也行。"

蒋介石走了，把王耀武一个人晾在了那里，好半天没回过神来。直到俞济时拍他的肩膀时才知道自己该离开了。俞济时："佐民啊，你是聪明一世，糊涂一时，老头子这次第一站就到了你这里，你给他奏了这么一本，本来还准备在这里多待几天，现在好了，口谕说下午就回南京。"王耀武："大哥，我这几句话要是不说，我得憋死。而且，我要是再不说，我怕将来对不起校长。"俞济时伸手交给他一张条子，王耀武拿过来一看，上面是蒋介石亲手批准的赏给王耀武十两黄金的批条："这是……"俞济时："老头子原本想借此机会去看看令堂大人，这十两金子是给老人家的用度，现在也去不成了，只好交给你，由你来处理吧。"王耀武心头一热，有点哽咽："校长大恩，学生没齿不忘。"俞济时："你啊，还是没理解老头子的用意。当初在湖南，老头子要你管一点党务，现在把你放到地方再管一点政务，这样一来，你党政军各方面的资历就都有了，下面的话还用我再说吗？你虽然比不了胡寿山（胡宗南）、汤恩伯（汤恩伯本名克勤，字恩伯，以字行），但在老头子眼里，你和关雨东（关麟征）、李霖生（李默庵）这些人到底有很大的不同。上次你谦辞上将赏封，老头子对你就非常满意，说王俊才不慕虚荣，有古大臣风。"王耀武："我也清楚校长这是将山东当作湖南交给我。可有些话如鲠在喉不吐不快。"俞济时一扬手："行了，佐民，你今天吐的够多的了。你要是还没吐够，我都要跟着吐了。老头子刚才传下话来，说要你全权负责山东境内的一切事务，这一切可是包罗万象啊，何思源下半年肯定走人，到时候你接省主席，党政军一肩挑，徐州那边把赵铁夫也派给你，这样军统公秘两个单位的协调也顺利多了，免得给你掣肘。"王耀武一听赵铁夫又来"帮忙"，心中不禁叫苦，但嘴上还得表示"感谢"。俞济时又笑了笑："对了，连你那位干妹妹也都早来这里打了前站，你看看你要唱戏，多少人来给搭台啊？你还吐？"王耀武："干妹妹？谁啊？"俞济时："你忘了？沈舒宁啊，沈北原的妹妹。"王耀武很吃一惊，俞济时："哎呀，我知道你要说什么，那是老皇历了，于今人家沈大小姐早已效力党国了，归在军统那边。"王耀武："但她是特务啊，而且也应该是战犯。"俞济时："亏你还熟读三国呢，不知道天下大势分久必合的道理吗？"王耀武听到这里，错愕不已。最后他把陈宝仓的事情又对俞济时简单地说了一下，希望俞济时从旁玉成，俞济时有点为难："佐民，不是我不肯尽力，而是实在不好办。你来我这里几次，欲言又止，我都知道你想打听吴化东的消息，当时我不便告诉你，现在不妨跟你说了。"王耀武没想到俞济时忽然提及吴化东，赶紧凑上前去。俞济时："这个人已经没了。是抱病身亡，肺病，今年年初就已经假释了，只是消息一直封锁，我也不好多谈。"王耀武："他人是什么时候走的？"俞济时："三月份。你看看，吴化东当年牵扯到'将校团'天大的案子，何敬公亲自批呈的，戴笠亲自主抓的。现在呢？一句话给放了，剩下的那些人估计也关不了多久了。所以，你想想看，陈宝仓区区一个贪污罪名还能办多大的动静？"王耀武："可他还涉嫌'通共'啊。"俞济时："通共的证据有多少？吴化东他们不也有'通共'的嫌疑吗？他们那个'将校组织'连何敬公都要搞，胃口不比共产党小多少，可目前只有一个袁筱南给判了死刑，剩下的都留下活口。而且袁筱南是死在刺杀何敬公的谋主之一这个罪名上，连他头上的'通共'罪名都没有完全坐实。"王耀武这才知道袁筱南也死了。俞济时："这么跟你说吧，这位……"俞济时用手指头摸了摸左耳朵，暗指陈诚（因为陈是耳字旁，且在左边）："气焰了不得，何敬公是准备一走了之，躲得远远的，白健生（白崇禧）也给他气得不行，上个月白健生到你这里来，你也应该看出来，戴雨农再一死，更没有人敢打他的主意了，据说戴雨农死前还准备收拾李及兰，从他身上打开此人的缺口，可惜他坠机身亡，一切都成泡影。眼下你拿陈宝仓这个案子做文章，我看还是息事宁人的好，免得被他给盯上，到时候收不了场。"王耀武忿然作色："投鼠忌器、投鼠忌器！我现在才知道什么叫'城狐社鼠'。"

俞济时："老弟，不管怎么说，陈宝仓肯定是滚蛋了，给你腾出了空间来，下一步你还是集中精力整理内部，我怎么听说你下面的人心思很大呢？居然能走通汤恩伯的门路，要'弃曹归汉'了。"王耀武急问："谁？"俞济时："齐子修，我是听了一耳朵的，说是要投到汤恩伯那里，我说你这个篱笆子是怎么拴的？这不像是你王佐民的一贯作风嘛。"

当日下午，蒋介石夫妇飞回南京，从机场回来的路上，罗明理和王耀武同车，罗明理："看来老头子主意已定，只等开打了。"王耀武："劝也无益，我们只能恪尽臣子之道。我就是担心姚苌、慕容垂辈复生于今日啊。"罗明理："依你看，谁更像姚苌、慕容垂呢？"王耀武："前秦西吞凉州、北平燕代，俨然魏武重生，但正如人之进食，狼吞虎咽之后最重要的便是消化，苻坚所缺的也正是这一点。五月间，白健生在青岛发表的那通西北练兵的高论，你注意到了没有？"罗明理："白健生主张练就十万骑兵布防西北，还主张全民皆兵，共抗'赤匪'。说起来也是醉翁之意不在酒吧？"王耀武："大战一起，广西拥兵自固就是理所宜然。其实，何止广西一地，山西、西康、云南这几个地方哪个是俯首帖耳的？就说四川，抗战时作为陪都，可川系军阀虚与委蛇、莫可奈何。一旦天下有变，谁能保证他们还会和我们一条心？"王耀武还问起军官总队副总队长齐子修的动向，罗明理说暂时还没有什么异常，只是齐子修最近和参议会那些人走得很近："你和老头子提了运动战的事了吗？"王耀武："那能不提吗？老头子不置可否。倒是俞局长劝我不要太操切。"罗明理隐然一笑："难得俞局长一片好心啊。"王耀武："你怎么阴阳怪气的？"罗明理："你别忘了，当初你以静制动逼他退堂的事。"王耀武："那都是过去的事了，这么多年，我们对他可谓百依百顺，他对我们也算是特殊照顾。"罗明理："你把人总是往好处想，我听说今年年初考量七十四军军长人选时，冯圣法跟俞局长说，如果七十四军军长不是张灵甫的话，那么宁可将其一析为二。"王耀武："有这种事？你听谁说的？"罗明理："谁说的不重要，关键在于它是不是事实。这次邱青白来这里，你也应该知道，如今的七十四师是五十八当家、五十一受压。而且我还听说，俞局长下一步准备保张灵甫接掌整五军，由蔡仁杰坐升七十四师师长。你不是问我这是谁说的吗？我告诉你这是罗文浪告诉我的，你们这些长官平素都通天，我们这些当老百姓的也就只好'入地'了。"罗文浪是李天霞麾下的五十七团团长，从驻守常德时便在王耀武的帐下，王耀武知道此人向来不虚言、不张扬。而越是这样，他心里也就越觉得堵。

就在王耀武、罗明理他们送走蒋介石夫妇之后的三个小时后，邱义也来到了机场，他们不是送人，而是"护送"陈宝仓回南京接受调查。邱义对白文冰说："你们这位王司令官兄弟我可是真有些佩服。陈宝仓当初跟他是结了梁子的，可老陈走马上任时，他是敲锣打鼓，欢天喜地。随后暗中收集老陈的材料，如今老陈落荒而走还给蒙在鼓中，估计一直以为是我们'团体'（军统内部人员对自己单位的特殊称呼）干的好事。难怪戴老板生前对王司令官从来都是高看一眼的，跟着这样的老板做事，要么五子登科，要么五马分尸。"陈宝仓调回南京以后，以"查无实据"被安排到国防部任职。1948年国民党政府撤销其"贪污案"案底，另有任用。后陈宝仓因"吴石案"在台湾被捕，旋即牺牲。1952年，被中华人民共和国中央人民政府追认为革命烈士。

邱义的话引起了白文冰的一点点思考。这么多年来，他跟着王耀武，王耀武给他安排的位置始终是处于王耀武个人能够控制的范围内，换句话说，就是在王耀武的身份足以任免的权力范畴内打转转。比如这次来第四兵站总监部任职，参谋长以上职务要由南京的联勤总部点头才能任免，但总监部的中层官员则可以由绥靖区司令部同总监部一道管理，其中绥靖区司令部的指导意见为主。所以，白文冰的职务是副参谋长，仍旧在中层官员之列。然而，这么多年以来，白文冰也承认在经济上王耀武对他从来都是特别慷慨的，即便安慧民在世得宠之际，白文冰的手头一直都是相当宽裕的，支款子从来不会被打折扣，事后报销也从未难为。他这么想着的时候，不防勤务兵报告说吴化成司令的电话追到了机场，说是有情况要谈，白文冰心想，吴化成不是在南京吗？怎么忽然跑回来了？

1946年6月，国民党一手挑起的内战全面爆发，吴化成奉命到南京参加军事会议，这次他没有找任何理由推托，而且行前还专门到济南拜会王耀武，领取要旨。不过，吴化成毕竟长期在"三个鸡蛋"上"跳舞"，练就了一套朝秦暮楚的本事。他在南京参加军事会议期间还去看望了原西北军的老长官。吴化成从来没有烧冷灶的习惯，这次之所以去见这位老长官其目的就在于从老长官那里套一套其他西北军同仁们对此次内战的总体态度，为自己的下一步打算做个风险评估。老长官因为是看着吴化成起来的，当然知道这小子破天荒地登门送礼的目的。老长官了解吴化成为人比较迷信，命令吴化成："你给我写张作霖、吴佩孚、孙传芳这三个人的名字。"吴化成写好了，老长官又说："你再写蒋介石三个字。"吴化成也写好了："合着这么多年过去了，您老还惦记让我练字呢？"老长官："少跟我这儿要贫嘴，我就问你看着这上面的三个人名你发现了什么？"吴化成："每个人的中间名字都是单立人旁。"老长官说："对，那蒋介石的介帽头是什么？"吴化成："是个人嘛。"老长官："对了，张作霖的作、吴佩孚的佩、孙传芳的传，都是半个人站中间，而老蒋的介则是一个人跨两边，这就是为啥老蒋最后压他们一头的缘故。"吴化成："经您老这一点拨，还真有那么点意思。"老长官："你再把毛泽东三个字写出来。"老长官指着毛泽东三个字说："毛泽东字润之，属水，而蒋介石则是石，古话讲水滴石穿，毛泽东、蒋介石谁高谁低这不是明摆着的事吗？"吴化成："您老的意思我明白了。"老长官："你还没完全明白，我就告诉你，小子，千万不要跟共军碰，你那点子人马还不够人家喝上一壶的呢！这点的体会你自己最深。再有，老蒋是怎么看我们西北军的？你在抗日的时候已经掉进去一次了，如果这次再掉进去，就是神仙也捞不起。"老长官送给吴化成一件"礼物"，可以和中共那边直接接上头。吴化成和林中英从老长官那里出来时，竟然看到了第二绥靖区军官总队副总队长齐子修的族弟也是他的副官齐子万，吴化成让林中英盯着齐子万，看他去拜哪座神。中午吃饭的当口，林中英回来了，带回来两个消息，第一个消息显然是噩耗，吴化成最得力的一个团被共产党给围在了大汶口，紧急呼救。第二个消息是齐子万拜倒的码头是汤恩伯，介绍人是李延年。吴化成跟个豹子似的在屋里转来转去，他同时想到两个办法，一个是按照老长官提供的方式去和中共交涉；一个则是请王耀武看在昔日的面子上出兵救援自己被困的人马。但他很快就否定了第二条，因为"解铃还须系铃人"，与其为这件事去拜王耀武，不如直接拜共产党这尊真神。他打定主意要林中英立刻按照老长官提供的方式去同中共取得联系，不惜一切代价抢出那个团，他从1943年起积累的八万多人马如今只剩下一万多人了，如果这个团再丢了，他吴化成就跟叫花子差不多了，那时候不用别人收拾他，他自己都要给他自己脑门子开上一枪。那么，齐子修这件事呢？报告还是不报告？齐子修和吴化成都是西北军的，而且都在宋哲元手下混过，齐子修没有吴化成那么牛，最大的官就是连长。所以，他一直很尊重吴化成，管老吴叫大哥。日本人打进来以后，齐子修一开始跟日本人是死扛的，吴化成"曲线救国"，日本人让吴化成想办法将齐子修也弄过来，吴化成了解齐子修喜欢"抽两口"的特殊嗜好，就用鸦片烟做引子将齐子修钓了出来，日本人就此密捕齐子修。送到宪兵队，吴化成立马赶了过去，这通戏演下来，把齐子修感动坏了，认为"吴大哥"太够哥们意思了，而且他本来抗日的决心也就那么回事，自然是就坡下驴投了日本人。打这儿起，齐子修更拿吴化成当亲人了，1944年八路军的"讨吴战役"时，齐子修还拼命掩护过吴化成。两人处得跟亲哥们似的。因此在齐子修准备改换门庭这件事上，报不报告给王耀武，吴化成拿不定主意。

等到吴化成一回山东，陈宝仓的事他很快就知道了。要想在山东混下去，混好，混明白，抱不住王耀武的大腿是不灵的。这下子他决定了，必须将齐子修的事告诉给王耀武，但又不能太露骨，让人觉得他是卖友求荣。因而，他准备通过白文冰的嘴巴将这一消息传递出去，电话也就一屁股地追到了飞机场。吴化成跟白文冰是当年庐山

第五章　衣锦还乡

的交情，虚礼就不用搞了，但吴化成还是弄出了不少花样，送了白文冰不薄的一份礼。话题也很堂皇，是从吴化成部的补给谈起。表面上看吴化成将这件事看得很重，但白文冰知道这老小子肚里的花花肠子还没有掏出来半根。果然在不经意间，吴化成露出了齐子修在南京跑关系的段子。

转过身来，白文冰把吴化成找他的事说给了王耀武。如果仅仅是齐子修要另找靠山这件事，王耀武恼火归恼火，还不至于对齐子修下手。可齐子修这个人不太"讲究"，他对王耀武一上任就把他的保安师师长的头衔换掉、部队改编心生怨恨，再加上李延年的挑唆，就想在临走前再"恶心"王耀武一把。国民党山东官场上有一句流行语叫"三李不如一王"，说的是李仙洲、李玉堂、李延年这三个山东籍的人混得都不如同属山东老乡的王耀武。但具体说来，李仙洲人比较厚道，尽管混得不如王耀武，只要王耀武一招呼还跑过来给当差，没二话。等剩下这两位也就是李玉堂、李延年就没那么客气了，李玉堂当面跟王耀武掰过"腕子"，因为晏子风的任命，差点同王耀武吵翻了天。李延年则是玩阴的，暗地里下绊子，他在接收的时候捞得太多，王耀武上来给他擦屁股，自然要打压一下，李延年就认为王耀武是踩了他的肩膀向上爬，两个人的嫌隙就种下了。李延年到了徐州绥署，还一直跟齐子修有联系，鼓动齐子修给王耀武点颜色看看。

说起来也是该着，何思源已经内定调离山东，到北平任职。山东省政府主席铁定是王耀武接。可接归接，还得走程序。别看国民党是半壁江山，但一直跟西方人学，把那套选举搞得神神道道的，从 1936 年起便公布了国民代表大会选举办法，号召普选。在专制土壤上萌生的任何枝丫都必然会被打上封建的烙印，"普选"的结果是让国民党治下的中国社会"五毒俱全"，什么是"五毒"呢？就是"军官肿（总，即军官总队）、省市馋（参，即省市参议会）、国大带（代，即国大代表）、妇女邪（协，即妇女协会）、新闻妓（记，即新闻记者）"。军官总队是安排国民党军内一些无法安置的将领们的集散地，所以，机构特别臃肿，而且这些人脾气还特别大，点火就燃烧，给亮就灿烂，在南京甚至演出"哭陵"（哭祭中山陵）的闹剧；省市参议会名义上是民意机关，但实际上却被一些别有用心的人给把持了，他们动辄就打出"民主"的旗号要挟各派人马要分他们一杯羹，四处狂捞，遍地抽头，因此称之为"馋"；国民代表大会的代表们则是裙带成风，各地都是帮派、宗族或者小圈子划线；妇女协会更加惹不起，因为他们的顶头上司是宋美龄、王文湘这些"领袖级"人物的老婆，用"女权"的名义大搞摊派，各方均是叫苦不迭；新闻记者捕风捉影、受雇豪门，犹如娼妓，毫无廉耻可言。这五毒是成事不足、败事有余，做糖不甜、做醋可酸。比如王耀武要接任山东省政府委员兼主席，按照程序要省参议会半数通过才行。本来这也就是走走形式，可当时的省参议会议长裴鸣宇同王耀武的关系一直不太好，对王耀武的指令总是阳奉阴违，齐子修看中了这一点，便在省市参议会的参议员身上打起了主意。齐子修最拿手的便是贩卖军粮，虽然如今抗战结束了，这种捞油水的机会已然少之又少，可原始积累摆在那儿呢，再者还有李延年的鼎力支持，有银子花，自然也就有人愿意上钩，愿意伸手。齐子修跟他收买的省参议员们达成的协议是不要超过半数，让王耀武的省主席的走过场走不下去。因为像王耀武这个量级的人物，即便是省参议会通不过半数，上面也会有办法用直接任命的方式来。但王耀武不想那么做，他自认到了山东以后，方方面面的关系处理得还很周全，而且人地两熟，参议员们没理由不投他的票。而越是这么想，也就越给齐子修他们钻了空子，齐子修就是要让王耀武当场难堪，虽然你王耀武日后肯定要成为省主席，可在当选的过程中你半数不到，现了大眼，让上边看看你这人在老家居然还这么没人缘。齐子修算盘打得挺好，他这么一闹，然后拍屁股走人，站在岸上看王耀武自己收拾残局。但是，他怎么也没有想到他布下的搅局方案给另外一个斜路杀出来的女人搅了局。

　　这个女人就是严子庸的老婆陶翠儿。严子庸上任三青团山东省支团部，陶翠儿也跟着来了，不是泛泛而来，那是带着任务来的。人是环境的动物，当了官太太而且是"新生力量"——三青团的官太太陶翠儿跟在湘西开店时是绝然不同了。你再朴实的人也架不住这旧社会的官场的熏染啊，三下两下比划下来人就站不稳了，就打晃，看看人家张太太那穿的是什么啊？再看看人家李太太那用的是什么啊？回头又看看人家王太太那住的是哪儿啊？就这么一比，自己就找到差距了，有差距怎么办啊？奋起直追啊，这一路追到了山东。山东这地方一看那真是肥啊，毕竟不像湖南属于战地，多次给蹂躏过的那种，捞钱的机会大把。陶翠儿一到济南，白文冰就交给她一个折子，说是给严兄入的"干股"，陶翠儿打开一看，好家伙，足足有相当于十根大条子。这是她捞钱的开始，捞着捞着心里不踏实了。为什么啊？我们上面说了，人她就架不住互相比啊。陶翠儿原来在湘西的姐妹们来信了，说现在不是马上要召开第一次国民代表大会了吗？地方上已经都开始推选国大代表候选人了。我们湘西这地方愣是出人才，慈利县啊、芦溪县啊、凤凰县啊，国大代表候选人出了一大堆，还报出具体人名，陶翠儿在湘西那也是见多识广的，说的这些个女的陶翠儿大部分还都认识，至少听过名字，一琢磨，不对啊，这些女的还不如自己呢，怎么着，都人五人六的要成了国大代表了，这天下还有没有讲理的了？她就问这些湘西的小姐妹凭啥她们都混上了国大代表候选人了，人家就告诉她了，有背景啊，你看，人家第一是妇女，现在蒋夫人都公开说了，妇女必须有地位，有地位的体现就要大批量地从政、当官、指手画脚；第二，人家是少数民族，土家族、苗族啊什么什么的，现在是宪政时期，讲究民族共和，一个都不能少。陶翠儿一听更来气了，我也是少数民族，我也得当国大代表候选人。

古人说不怕贼偷就怕贼惦记，要是给这旧社会的官太太惦记上了，那比贼惦记还狠。陶翠儿先去活动济南市妇女协会的会长，这妇女协会的会长的老头是济南市社会局局长，还在严子庸之下，当然要买陶翠儿的账了。很快给陶翠儿安排为妇女协会副会长，陶翠儿也不傻，投桃报李，拉着这会长老娘们一起进入市参议会，强烈要求"妇女有地位"，参议会议长自然也不敢开罪陶翠儿，因为谁都知道严子庸的来路，那是跟"太子"有关联的。做了参议会参议员的陶翠儿还惦记国大代表那档子事呢，怎么办呢？她想到了白文冰，她知道白文冰主意最多，当初在湘西就是白文冰救了她一条命。她向白文冰请教如何当上国大代表候选人。白文冰教她一招，就是把济南市凡是没有投过票的适龄人员名字收集起来，安排专人填写选票，选票上的名字就是她陶翠儿和妇女协会的会长两个人，这样保证当选。陶翠儿大喜过望，暗中鼓动人去专门搞这项工作，不料却被省参议会的一位女议员给告发了，连严子庸都知道了，脸上自然挂不住了，回到家里将陶翠儿给臭骂一顿，陶翠儿恨死了这位女参议员，发誓要报复她。经过陶翠儿的调查了解，发觉这位女参议员跟山东省军官总队副总队长齐子修有一腿子，而且最近两个人在一起活动频繁，再一追查下去就把齐子修秘密筹划的准备恶心王耀武的事情给摸了个大概其，这下子陶翠儿可有牌打了。她这次既不通过白文冰，也不告诉严子庸，而是直接去找王耀武。王耀武听完陶翠儿的叙述，不露声色，但很领陶翠儿的情，这让陶翠儿非常满意。

随后，王耀武便叫来白文冰商量这件事。白文冰说齐子修的事情最好还是交给吴化成去办。上次许揆一要用王道试一试吴化成的肝胆，我们也不妨利用齐子修来照方抓药，试一试吴化成的态度。王耀武："你就看着办吧。"白文冰这才彻底明白王耀武为何当年在湘西对陶翠儿手下留情的缘故，昔日留下的这步棋今天终于起了关键的作用。由此再度想起邱义的那番话："跟着这样的老板，要么五子登科，要么五马分尸。"

白文冰利用批发补给的理由去吴化成的防地，两人屏退左右，喝上了小酒。白文冰没有打埋伏，直接就把齐子修要捣乱的这件事摆到了酒桌上。吴化成一看就知道这是逼着自己表态，可表态容易啊，接下来是干活。吴化成："我手里没什么老齐的硬把柄，不好办啊。"白文冰："软和硬都是相对的，什么叫软，什么叫硬，我和你都说了不算，那要司令官来点头。"吴化成："关键是时间紧、任务急，哥哥我一时还真想不出好办法。"白文冰阴阴地点了他一句："我记得你和王玉臣的关系不错。"王玉臣是齐子修手下的团长，很得齐子修的信赖，以前贩卖军粮的勾当都是王玉臣去经手办理的。但后来因为分赃和提拔的原因，齐子修和王玉臣之间闹了不愉快，齐子修也渐渐开始疏远王玉臣。王玉臣就私下里跟吴化成勾搭上了。吴化成见这种事居然被白文冰掌握在手中，便知道自己今天无论如何是躲不开了，不过还是不死心："兄弟，老王这个人没有多大料道，还是另外想想办法。"接着，吴化成眼珠一转："兄弟，你看兵站那边是不是也配合一下？"白文冰："你说怎么配合？"吴化成："你手里不是接收过一大批日伪档案吗？文字是死的，可人是活的，你说对不对？"白文冰暗骂吴化成到了这个关口还跟自己要滑头、讲价钱，他知道吴化成是不甘心一个人手上沾血的，要拖他白文冰一道下水。白文冰："二哥，有个事我忘了对你说了，徐州绥署的赵处长不日将来济南。"吴化成："是赵铁夫那个兔崽子？"白文冰："对，他这次来济南，据说是跟大汶口有关。"吴化成听到这里，脸色有点变，他马上干了一杯酒："脚正不怕鞋歪，吴某人不怕查。"白文冰："谁到山东这个地面上都要看司令官的脸色。陈宝仓不就是不识相吗？赵处长跟司令官是多年的朋友，他不会不懂这个规矩的。"吴化成一饮而尽，将酒杯重重地一放："行了，兄弟，老齐的事，你瞧好吧。"

吴化成知道，要把齐子修往死路上送，只有一条，那就是让他跟共产党沾上边。十天以后，王玉臣密告齐子修"通共"，绥靖区军法处立刻将齐子修扣押，解送军法处看守所。两天后，从里面传来了消息称齐子修畏罪自杀。徐州李延年和赵铁夫的电话打了过来，但人已经死了，而且还有王玉臣作证，留有齐子修"通共"的书面证据，据王玉臣指认这是他当初防备齐子修将来杀人灭口而暗中保留的。因为齐子修已死，无法对质，而且，绥靖区早在齐子修被捕前后便已经将事件经过报陈徐州绥署。现在的徐州绥署主任是王耀武在湖南时期的老长官薛岳薛伯陵，薛岳大笔一挥："知道了。"为什么上边对齐子修的死因不予追究、轻轻放过呢？如果仅仅是薛岳和王耀武的关系密切这是解释不通的，而且王耀武也好，吴化成也罢，他们也不敢轻易冒这个险。关键一点还在齐子修个人历史上有过一段"前科"，这也就是为什么吴化成敢接白文冰扔下的这个活儿的主要原因。在齐子修的身上，有两则流传于鲁西北很久的段子，一个是"二十八宿守聊城"，一个是"范单骑智降齐子修"。1937年10月18日，时任国民革命军第181师连长的齐子修骗开聊城北门，扣押聊城县代理县长兼山东省第六专区政训处处长张维翰（中共党员），还缴了政训处的枪，张维翰情急之下，略施小计，逃出齐子修的掌握，躲到了民众教育馆隐蔽起来。齐子修因为跑了张维翰，担心县民团要回来收拾他们，便抢掠之后逃出聊城。当时政训处四十二名工作人员中有二十八人在齐子修离开聊城后，于10月23日重新返回聊城，这就是"二十八宿守聊城"的来历。齐子修逃走了，六专区专员范筑先率人追剿齐子修，齐子修跑到了武城，范筑先他们赶到了夏津，彼此之间相距几十华里，范筑先决定采用唐代郭子仪单骑会回纥的例子，匹马单枪地去说服齐子修。大家都不同意，范筑先则坚持成行，最后他一个人就骑了一辆自行车带了一个卫兵前往武城，齐子修在范筑先的恳切劝导下，答应投奔抗日队伍，所部被编为保安第三营，齐子修任营长。范筑先的六专区容纳了很多中共党人，范筑先、范树民父子成为鲁西北抗日的一面大旗。沈鸿烈就任国民政府山东省政府主席以后，对范筑先"红了山东半边"的做法特别不满，随后，沈鸿烈勾结范筑先所部参谋长王金祥等人，肢解范部。在沈鸿烈等人的离间下，范筑先不幸于1938年11月中旬在聊城守卫战中壮烈殉国。范筑先尸骨未寒，沈鸿烈即发表王金祥为第六专区行政专员兼保安司令，命令他对范筑先任用的中共领导下的抗日武装进行大规模的绞杀。范筑先麾下招抚的各路人马名单也都进入沈鸿烈严密监视的范围内，尽管齐子修后来改换门庭，但这段历史毕竟成为他不被国民党上层见用的"污点"，吴化成对齐子修的这点家底是很清楚的，唯其如此，他才敢用让王玉臣用"通共"的名义上报。也唯其如此，国民党当局也才会对齐子修的"自杀"不闻不问。

1946年10月23日，王耀武正式出任山东省政府委员兼主席。11月1日，他在就职仪式上发表讲话："山东沦陷八年，元气大伤，正宜休养生息，不期共匪乘机变乱，复员建国大业无从进行。我三千八百万同胞未受抗战胜利之益，反被内乱骚扰之祸，且日陷水深火热之中，实为山东人民之不幸。本人自长沙受降后，于本年一月衔命北上，办理山东绥靖，……兼任省长……为父老兄弟服务。……本人唯一愿望首在安定人民，安定地方，……自当秉承元首旨意，竭尽忠诚，为我父老兄弟谋安定，争取生存，改善生活，开辟生机，使能安居乐业。"此时的王耀武虽然已经没有了衣锦还乡时的踌躇满志，可毕竟还准备在山东施展一番拳脚。只是他没有想到，他这个山东省政府委员兼主席只有不足两年的任期。

第六章

兵临城下

1. 转折点

莱芜战役实为解放战争中山东战场的一个重要转折点，国民党军队损失惨重。

刚过"破五"（大年初五），陈毅、粟裕就急不可待地将新组建的华野特种兵纵队司令员陈锐霆找来谈话。陈锐霆曾任国民党军第九十二军 425 团团长，1941 年在安徽怀远率部起义。起义后，编成九十二军独立旅，陈锐霆任旅长。陈锐霆本人是炮兵出身，陈毅非常看重他的本事，曾经亲自向中央军委推荐。1945 年 3 月军调时，有人建议陈锐霆跟陈毅同行前往济南，陈毅当即否决："王耀武要是把陈锐霆抓起来怎么办？"（陈锐霆在九十二军内部起义，李仙洲曾是九十二军军长，所以，陈毅担心王耀武、李仙洲会把陈锐霆扣起来。）粟裕当然知道，这不是什么偏疼偏爱，而是陈毅作为华野的主要领导对于未来战争的重大思考。炮兵建设必须提上日程，必须加快速度。

炮兵是粟裕的一步重要的杀棋，三个月以后的泰安战役中，特纵的炮兵便发挥了巨大的优势。国民党军整编第七十二师师长杨文瑔向南京呼救，南京要他顶住，他说："顶不住，共军有大家伙（105 榴弹炮）。"南京方面不相信。杨文瑔扔下一句："还不是你们在鲁南送给人家的！"便被俘了。被俘的杨文瑔不住地对前来采访他的新华社山东分社的记者感叹："你们有这么多的大家伙，完全出乎我们意料，而你们步炮协同得又这么好，更是出乎意料。"可惜的是这些有价值的信息，国民党方面始终无暇顾及，包括王耀武在内，都忽视了泰安战役之于后来战局发展的潜在影响。

经过华东野战军前委讨论同意，制定了北上歼敌的作战方案，于 2 月 5 日上报中央军委，在这份电报里，华野前委提出了三个可供选择的方案，而侧重点在第三方案，并着重说明了执行第三方案的优点。这个第三方案是："如南线敌仍不北进，或北进时不便消灭，则除以一个纵队留临沂地区与敌纠缠外，其余主力急行北上，彻底解决北线敌人，平毁胶济线，威胁济南，以吸引南线敌人进入临沂以北山地或增援胶济线，而后我再举全力反攻，各个歼灭之。如执行此第三方案，至少可以彻底解决北线敌人，利于我今后全力向南；如临沂敌人继续北进，更便于对敌歼灭。" 2 月 6 日，毛泽东为中共中央军委起草复电，表示完全同意第三方案，认为"这可使我完全立于主动地位，使蒋介石完全陷于被动"。中央军委指示："总之，先打弱敌，后打强敌，力争主动，避免被动。"为此，南线华东野战军"在原地整训，对外装作打南面模样"，待北线敌军占领莱芜、新泰、博山之线以后再秘密北移；北线渤海区部队停止攻击，以使李仙洲集团放胆南进。

而作为交战的另一方和"鲁南会战"中一个重要环节的第二绥靖区本身实际是被蒋介石、陈诚拖入战场的。1947年1月5日，国民党军空军总司令周至柔奉蒋介石密令携带蒋的亲笔信飞抵济南面交王耀武。据知情人陶富业（第二绥靖区第二处处长）回忆，这封亲笔信长达十页，指示王耀武"大将应从大局着眼，济南方面必须立即抽调一个有力兵团从莱芜山区进入苏北，以策应陇海路东段地区之作战。"在信中，蒋介石还告知，整编第四十六师韩练成部即将从海南运抵青岛，归王耀武调拨。面对这样一封信，面对周至柔这样一个人，一个是催驾，一个是坐等，王耀武内心老大不快。济南是山东首府，既然老蒋已然命令王耀武要守住济南，以点带面，盘活山东局面，那么，济南四周的兵力配备就要充足和充分。如今忽然要让他调出去一部分人马，无异于釜底抽薪，王耀武当然不愿意。但是，老蒋这次派了周至柔来济南，而且还拿了亲笔信，那就是显然不再同你商量，而是要你照章执行。况且周至柔谁都知道是陈诚的人马，你就是不打折扣地执行了，他回到南京恐怕还要说三道四，如果稍一违拗，后果更加不堪设想。可是，事到临头，王耀武还是心有不甘。其实不光是王耀武，就连王耀武的老上司薛岳也不赞同蒋介石、陈诚的"鲁南会战"计划。为了防止意外和督促作战计划的顺利实施，蒋介石派陈诚亲自飞往徐州指挥。薛岳是靠着陈诚才"咸鱼翻身"的，所以，自然要对陈诚唯命是从。陈诚下车伊始，哇哩哇啦地在新安镇讲了一堆废话，核心含义就是"打气"。尚在济南城中的王耀武对陈诚的讲话嗤之以鼻，只是不便明说而已。1947年1月底，国防部第三厅（作战）厅长张秉钧拿着蒋介石的手令在济南第二绥区司令部会议室召开重要军事会议，王耀武、罗明理、韩练成、陈金城、霍守义等人均出席会议。蒋介石的手令说得很明确："为吸引陈毅、粟裕于新泰、莱芜地区，以策应临沂方面主力军的作战，指派七十三军及整编四十六师，经明水、文祖、吐丝口进取莱芜、新泰，并确实占领之。"对于这份手令，王耀武一看就知道是某些"高人"的"产物"，空泛、虚张。具体说来，这份手令包括"鲁南会战"本身都是重复蒋介石以往一直强调的一个"神话"——固守一点，四面包抄。早在日军发动"一号作战"时遭遇的衡阳战役中，王耀武便已经对蒋介石的这套做法产生了严重的怀疑。如今继续沿袭这个故智，王耀武仍旧不以为然。再者，七十三军是王耀武防守济南的一张王牌部队，唯一的一支算是跟他渊源较深的人马轻易就这么派了出去，生死未卜，这在王耀武来说，无论如何是不满意的。但正如他面对周至柔那样，在张秉钧这样的小人物面前，王耀武更不能有所流露，这些肚子里的话，只能让罗明理代为表达。

在会上，绥区的参谋长罗明理和七十三军副军长都对这个计划发表了不同的看法，争辩相当激烈。罗明理他们举出以往整二十六师和五十一师被歼灭的例子证明凡是被包围的部队，没有听说过援军或者友军能够将其解救出来的。而且上溯到抗战时期的常德守备战，也只是七十四军五十七师在苦撑。可见，胜则争功、败不相援是由来已久的痼疾，不论对内还是对外。现在又把七十三军和四十六师拿出来当"贺礼"，胜算把握大吗？再者，七十三军和四十六师一走，济南防务空虚，后方吃紧，将来万一共军奔袭后路，如何应对？就地形而言，不论是从明水还是博山出发，都要经过长途险路，如果没有足够的兵力作为掩护，遭遇偷袭怎么办？罗明理还向张秉钧简单扼要地介绍了二绥区的防守情况："第七十三军控扼张店、邹平、明水；第八军控扼潍县、益都、临淄；第九十六军控扼济南以南；第十二军控扼明水、博山、莱芜之间。"罗明理认为这一现状目前看是比较合理的，不宜做太大的更动，如果实在要动的话，不妨将九十六军依托济南相机进出泰安，整四十六师依托高密相机进出诸城，十二军以原有态势相机进出莱芜、新泰。这一样可以达到牵制和吸引共军的目的，而且还不需投入更大兵力。张秉钧被这些质疑和建议给堵到了墙角，私下里不得不找王耀武说出事情的原委。原来关于七十三军和整四十六师的取道新泰、莱芜是白崇禧的提议。因为1927年北伐，白崇禧就是取道新泰、莱芜、明水、吐丝口包围济南的。王耀武听完忍住气，"慕容垂、姚苌"的阴影再次爬上心头，他恳切地对张秉钧说道："伯平（张秉钧字伯平），今夕何夕？白健公当年追击的是北洋军阀的残部，而我们面对的则是共军的精锐。陈毅、粟裕百战之身岂能是张宗昌狗肉将军一流可比？这次鲁南决战是山东战局最大关键者，宁可静止，也不能孟浪。"张秉钧被王耀武的话打动了，他："佐公，那就按你的意见办，调十二军伺机进出莱芜、新泰，调七十三军193师于文祖、吐丝口，负责掩护维持交通。只是霍守义此人惯于要滑头，担心把握不住。"王耀武笑道："要滑头也比硬逞能强，至少可以少吃点亏，七十三军集中过来，确保胶济线无虞，也算不负校长的重托了。"张秉钧将这一意见反映了上去，却遭致陈诚的一顿训斥。蒋介石亲自发给王耀武指令，明确宣布原手令所公布计划不能稍有改变，必须全力执行。蒋介石在信中写得很冲："苟能达到预期之目的，虽放弃济南、青岛，亦在所不惜。"话说到这份儿上，王耀武还没有死心，他还有一招准备拖一拖。

他让罗明理拿着方案去找国民党山东省党部主任委员庞镜塘，说明其中的利害。庞镜塘虽然平时与王耀武貌合神离，但此人还算是聪明人。之前王耀武曾经跟他研究过有关济南防守的情况，庞镜塘除了在修建南郊飞机跑道的事情上同王耀武说不到一起去，剩下的还算凑合。果然，庞镜塘拿到罗明理送来的方案以后也赞成王耀武的主张。庞镜塘说："山东自古以来，自北向南有三条路，一个是由临朐南出穆陵关遥控沂蒙山区；一个是沿泰山徂徕山一线向南进兖沂地区；一个是取道吐丝口出泰山东侧直捣新泰、莱芜，前两条路高屋建瓴、势如破竹，最后这条路则是极易陷入腹背受敌的境地。"所以，庞镜塘也主张对国防部选择的出新泰、莱芜这条路线要"顶回去"。而且，庞镜塘特别赞同王耀武的保守济南的主张，只要济南稳固，即可以牵制大量共军主力，确保津浦路不至于中断，还可以随时南下策应。庞镜塘主动提出要给南京国民党中央执行委员会秘书长吴铁城联系，劝说国防部修改既定方针。然后，吴铁城转告庞镜塘，修改原计划是根本办不到的，陈诚一口否决，蒋介石也不同意。华野主力自临沂向北转移后，陈诚便公开宣称共军已经不战而逃，还为此给王耀武发电："我军在苏北和鲁南与敌作战，歼敌甚众。敌军心涣散，粮弹缺乏，已无力与我主力部队作战，陈毅已率其主力放弃临沂，向北逃窜，有过黄河避战的企图；务须增强黄河防务，勿使其窜过黄河以北，俾便在黄河以南地区歼灭之。"陈诚还把这一"喜讯"通报给蒋介石，根据陈诚的意见，蒋介石遂拟订新的部署，交由陈诚电令王耀武遵照执行："敌军在临沂等地失败后，已无力与我军主力作战，有北渡黄河避战的企图，着该司令官派一个军进驻莱芜，一个军进驻新泰诱敌来攻，勿使其继续北窜。待我守军将敌吸引住以后，再以部队迅速增援，内外夹击而歼灭之。"王耀武拿到这样的指令，哭笑不得。他把电文递给罗明理："不知道这位总长是怎么想的？陈粟怎么可能不战而逃？自去年春到现在十个月过去了，我们从未追歼过陈粟所部哪怕一个整师的兵力，更何谈共军主力了。另据逃回来的被俘人员介绍，共军下级干部与士兵均不愿北撤。所以，这份电令真不知从何说起。"罗明理："据我看来，陈总长之所以会产生这样的错觉，可能跟我们同陈毅的新四军在历史上打的若干交道有关。"王耀武让他继续说下去。罗明理："您还记得第五次进剿江西'匪'区时的广昌战役吗？"罗明理提醒了王耀武。1934 年 4 月陈诚所部在广昌与中国工农红军遭遇，陈诚以阵亡 600 余、伤1800 余的代价换来红军伤亡 5500 人的"大捷"，这一战，红军方面集结了红一、三、

五、九四个军团中的精锐部队共 9 个师的兵力。广昌一失，中央苏区门户洞开，国民党军得以长驱直入。罗明理："而且，自此以后，十八军基本没有参与千里追剿共军残部的主要战斗，所以他们对共军的认识也就停留在这里。陈毅麾下的这支部队多数干部是来自于当年江西'匪'区，陈总长很容易会把眼前这场战役视作广昌一战的翻版。"王耀武："十多年过去了，共军远非当年可比。"罗明理："我上次同胡伯玉（胡琏）聊天，从他的闲谈中了解到，十八军上上下下认为共军中最难对付的首推刘伯承部，胡伯玉亲口对我说，刘伯承手下皆当初盘踞大别山之'悍贼'，个个骁勇敢战。至于对陈、粟诸人，胡伯玉并不怎么放在眼里，他觉得黄桥、曹甸不过是柿子拣软的捏而已，韩德勤那种草包何足道哉？"王耀武："你这么一说也让我想起上次同张伯平（张秉钧）的谈话来了。出新泰、莱芜竟是来自于白健生的主张。我问伯平，这次校长怎么忽然听起白健生的主意了？张伯平说校长以为北伐、抗战时都是白某人做他的幕僚长，最后结果都不错，而这次同中共开打，白健生又是主张最力者，自然要俯从他的看法。"罗明理："还有一点，当初在皖南设计围歼新四军时，白健生也是参了股份的，我猜校长之所以对陈粟一部如此张扬以至猛追猛打，应该是和皖南那次特殊事件有直接关系。"王耀武："嗯？"罗明理："皖南一战，中共新四军军长叶挺被俘，副军长项英暗毙，政治部主任袁国平自戕，此三人为新四军军部灵魂人物，竟一战而歼之，实为历次剿'匪'所仅见。皖南一案发生不久，校长即表示'此事对内对外对敌国皆可发生有效而良好之反响'。其后乃下令取消新四军番号。"王耀武："你说得对，我记得当时校长曾对国民参政会本党籍的参政员交底说'国共最终总要分家的，对此用不着担心，单从军事上，三个月就可以消灭共产党，问题是目前还不是时候，目前政治上还只能是防御'。这么一看，'三个月消灭中共'之张本实出于彼时。"罗明理："那你看陈总长的这份电令如何料理？"王耀武："得过且过吧。"王耀武随即口述三条命令：派正在博山、明水、莱芜之间活动的第十二军霍守义部率麾下之 111 师和 112 师进驻莱芜城，以新编三十六师曹振铎部进驻莱芜以北的吐丝口镇维护交通，到达指定地点后迅速构筑工事，竭力收集敌情，随时具报；派整四十六师韩练成部集中博山后向新泰方向前进；派第二绥靖区副司令官李仙洲率领部分幕僚及通讯人员组成前方指挥所，前往十二军、整四十六师督促前进并在进入莱芜城后进驻莱芜指挥之；另派绥区第四处处长指挥一个保安团又章丘自卫团，协助十二军工兵部队修通由明水经吐丝口镇至莱芜间公路，以利战时运输。罗明理复述了一遍，不无关切地问了一句："李副司令官主持前方指挥所，只怕是稳健有余，魄力不足吧？"王耀武："蜀中无大将，廖化作先锋。这也是没办法的办法,穆忠恒、丁治磐,一个名不正言不顺,一个远在天边(青岛),选来选去只有李大哥了。好在李为人乖觉,还算听话,我们的命令他也不至于打折扣,总比外人强。"

李仙洲率部抵达博山以后才知道十二军霍守义部走到吐丝口镇以南、莱芜县城以北约十余华里的孝义集就不敢再动。直到他们打探到莱芜县城乃一座空城时才四处张贴标语,缓步前进。同时捏造战报谎称占领莱芜县城,中共已然"逃窜"云云。而且,霍守义还声称共军约有两个师在莱芜县城以南山地及其以东附近地区活动,十二军须撤至博山城西近郊观察。李仙洲对于霍守义如此迟缓和不力深感不满,上报王耀武。就在这时,俞济时通过兄长俞济民告诉王耀武,赶快调主力出动,南京已经有很难听的话传开了。王耀武只好于2月16日下令让七十三军与十二军对调,进驻莱芜城。王耀武不愿意调出七十三军一方面固然是因为这支部队是他唯一可以用起来得心应手的工具。再一层便是这支部队目前的现状不容乐观,只有卵翼在济南附近经过一段时间的整训才能投入使用。因为七十三军从湖南开往山东的路上,士兵大量减员,空额非常之大。七十三军麾下新组建的独立旅就是利用这些空额搞起来的武装,但它驻守在淄博,担任矿警旅(下辖三个团)的任务,动不了。而且这支矿警旅因为是空额搞起来的,国防部和联勤总部根本不负责它的编制和军费,所需费用都是从七十三军空额中划拨出来。说通俗点,到了点名发饷的时候,这个矿警旅的官兵们必须回到原来各自所在的旅、团当中去领取军饷。矿警旅的旅长、副旅长、团长、副团长都是王耀武以第二绥靖区的名义委任的,虽然都是少将、上校,可均属"黑官",没有得到国防部的正式编制,蒋介石压根不知道。所以,七十三军一旦离开淄博,无形中抽走了三个团的兵力。加之,七十三军的重装备比如辎弹炮营、兽力营以及2000匹骡马、140辆十轮卡车、48辆中型吉普和80辆小型吉普都滞留在上海、青岛,还没有运到,各师的山炮营、战防炮连和迫击炮部队等也就都无法随军行动。这还只是王耀武的担忧,具体到了第七十三军军长韩浚那里,担忧比

国民党七十三军军长韩浚

这更近一层。因为按照国防部和王耀武的指令，七十三军空出来的防务交由十二军接替。十二军人称"十二拿"，在兖州一带名声最臭，当地百姓上到九十九，下到刚会走，没有一个不骂他们的，叫他们"十二拿"，就是见啥拿啥的意思。这样一支武装能否认真守住七十三军留下的防地，大成问题。十二军回防前，七十三军的 77 师还驻守邹平、长山，等到交接结束再归还建制。此外，还有一个 193 师要修建公路，临时走不开。这样真正带走的只有一个 15 师，因为 77 师不在手里攥着，韩浚心里没有底。韩浚是靠着 77 师起家的，这支部队是七十三军中最有战斗力的一个，特点是老兵多、战斗经历长、部队训练比较好、武器配备强，当初接收日寇剩余军用物资时，77 师一下子便武装到位。但这支部队也有一个重要的弱点，那就是吃空额厉害，韩浚本人参加过共产党，以后虽然脱党了，但对国民党军内部的腐败是很看不上眼的，七十三军内吃空额，韩浚从不沾边，可也禁止不住。现任 77 师师长田君健是王耀武跟前的"红人"，很得王耀武信赖。然而，田君健是"火箭干部"，没有经历过中下级军官这一层磨炼，在管理、指挥上颇有欠缺，特别是自抗战接收以后，77 师内部虚骄之气上升。所以，韩浚感到即便 77 师在手也不敢说十分有把握。而王耀武答应在 77 师归还建制前划归韩浚指挥的新编 36 师实际上是一个临时拼凑起来的武装，没什么战斗力可言。而且还有一点，韩浚对谁也没有说出口。那就是他对友军整四十六师师长韩练成有些看不惯。韩浚曾经派人了解过整四十六师上上下下的风气，发现整四十六师官兵骄气十足。尤其是韩练成本人，极其能"侃大山"。有一次他和韩浚吹牛说为了置办部队的寒衣，他给陈诚的老婆谭祥写信说如果我们部队寒衣不上身，你谭祥就不是谭院长（谭延闿）的女儿。韩练成还告诉韩浚说他在海南的时候给宋子文拟了一个经济计划，搞得宋子文对他非常欣赏。总之，在韩练成的嘴巴里，豪门满地跑，韩浚当时觉得韩练成此人"心骄气浮、言过其实，如果将来碰上同他配合作战，倒要加以注意"，没想到这次竟然给这么结实地碰个正着，韩浚心中升起"不祥之兆"。作为助攻的第二绥区，不论是王耀武、李仙洲，还是韩浚、韩练成，都是满怀心腹事走上了决战的舞台。他们或者对上级心生不满，或者对同僚深抱嫌隙，或者另有使命，以这样一个精神状态去面对陈、粟的珠联璧合，其后果已经可想而知了。

1947 年 2 月 15 日，华野主力主动放弃临沂，进入临沂城的是王耀武的旧部张灵甫和李天霞。整七十四师和整八十三师策马入城给外界炒得很厉害。1947 年 2 月 16日这天的《申报》上就公开宣称"王耀武一手培养的五虎将之二的李天霞、张灵甫两师所部劲旅，于 15 日上午 10 时已正式收复临沂城。按临沂为中共第二支强大部队新四军之根据地，亦为中共华东局、山东省政府与山东军区所在地，亦即大江以北、大河以南中共之军事政治中心。其对中共之重要性，仅次于延安……"王耀武对于这一消息并不置信，他尽管也认为他一手调教出来的整七十四师非同凡响，可陈粟毕竟非比旁人，在这么短的时间里居然被一举"击溃"，显然是不可能的。他根据以往的经验判断，陈粟很有可能是转移主力，寻求战机。他派出飞机四处侦察，发现共军的行军方向有重大异动迹象。王耀武更进一步认为，鲁南决战应该是陈粟的虚晃一枪，真正要他们下本钱的应该还在鲁中。2月16日晨，王耀武电令整

华野陈毅

四十六师撤出新泰，转回颜庄；李仙洲的前方指挥所和韩浚的七十三军撤至莱芜。这道命令下达后竟然引起强烈反弹。李仙洲后来回忆说："这时各部官兵均不同意后撤，皆迷信蒋介石与陈诚的吹牛：三个月最多不过半年，就全部消灭共产党的武装部队。"因为摆在眼前的就是中共重要根据地临沂的"陷落"，这种难得一见的"战绩"自然很容易成为鼓噪各军前进的催化剂。无独有偶的是，对于主动放弃临沂，华野内部部分指战员心中也充满了种种误解和牢骚。因为必须要隐蔽战略意图，所以行军中就没有对下级指战员们予以说明，一些干部战士开始放出了怪话，对于这些思想苗头，各纵队的政治部都开始了耐心细致的讲解。与之形成鲜明对比的是，当国民党上层得知王耀武命令整四十六师和七十三军后撤的消息时居然发了雷霆之怒，陈诚叫嚣"已围之师，不足为虑"，下令王耀武更改前命，着整四十六师仍进驻新泰县城及其附近山区，李仙洲的前方指挥所和七十三军仍驻颜庄附近，各部官兵得知这一命令竟然忘乎所以地说："除非新四军不来，如其敢来，一定要他们吃个苦头。"

新四军不是不敢来，而是早就来了。在华野主动放弃临沂的2月15日这一天，野司（野战军司令部）下达作战预备命令：以一纵、六纵为左路，攻莱芜、吐丝口镇；以四纵、七纵为中路，攻颜庄；以八纵、九纵为右路，攻和庄（何庄）；以十纵抢占锦阳关，切断李仙洲集团退路。华野拿出全部的家当摆出的这副阵势是攻在必克，志在必得。蒋介石、陈诚真是连做梦都想不到，华野会下如此本钱来吃掉北线集团。可

是，王耀武下令后撤一度让华野的计划遇到了前所未有的考验。粟裕晚年回忆道："北线敌军突然后撤，曾使有的同志担心抓不住敌人，因而要求提前出击，截敌退路，并向莱芜挺进。这样，即使打不掉敌全部，也可切敌后尾。我们审慎研究后认为，我主力尚未全部到达预定集结位置，不能达成合围，仓促发起战役，无取胜把握，并且可能将敌人赶跑。相反，如我不过早惊动敌人，继续隐蔽集结主力，就可能使敌人一时还难以判断我之企图，举棋不定，徘徊失措，即使敌不再南来，我待主力到齐后再突然发起攻击，至少还可以在胶济路抓住敌人。因此，我们坚持了原定决心，没有采纳提前出击的建议，并督促各部加速隐蔽开进，完成对敌人的合围。"从某种意义上说，是陈诚"帮"了华野陈毅、粟裕一个大忙。

由于对手徘徊犹豫，重蹈覆辙，益加证明华野的作战企图尚未暴露。陈、粟的作战决心也就更大了。针对敌人南下的新态势，粟裕于 2 月 18 日对原定作战部署作了新的调整，进一步明确区分了各纵队的分工，以一纵、八纵队攻莱芜，四纵攻颜庄，七纵切断敌第四十六军与第七十三军的联系，六纵攻吐丝口镇，九纵控制博山以南。战役原定 19 日发起，因时间仓促，准备未周，决定延至 20 日。

华野在变，王耀武也在变。2 月 19 日，王耀武接到七十三军军长韩浚的报告，莱芜西南劝礼庄和莱芜以西方下集一带发现共军，唯番号不明，这支共军与七十三军搜索队发生接触。同一天，整四十六师（注：已经恢复第四十六军的番号，但这里仍以整四十六师称呼，以便整齐划一）韩练成部报告说他们发现颜庄以东地区也出现共军。综合两部的报告，王耀武做出判断，中共很有可能是集中兵力先消灭七十三军，次第再灭整四十六师。王耀武当机立断，即命已到颜庄附近的整四十六师马上开赴莱芜，到达后与七十三军合力固守莱芜。当晚，整四十六师抵达莱芜，李仙洲、韩浚、韩练成商议决定，以七十三军担任莱芜城城防，以整四十六师担负莱芜南面山地的防守。王耀武另外电令原属七十三军的第 77 师田君健部立刻归还建制，不得迟误。77 师为了兵进神速，选择了由博山同吐丝口的大道，以 229 团为前卫，231 团附炮兵营、工兵营、通讯营、直属特务连、搜索连居中，230 团及辎重营、卫生营殿后。一路都未遇到强硬抵抗，加之我们前述的原因，77 师本身作战能力较强，又得到各团战报称莱芜、博山一带未发现共军大规模活动痕迹，因而产生了骄狂的情绪。2 月 20 日下午 3 时，先头部队抵达和庄以南的"将军坟"丘陵地带即与华野发生接触，黄昏前战斗愈加激烈。师长田君健得报，命令 230 团抢占和庄以东两公里处的制高点玉皇顶以及和庄西北高地。77 师倾其全力，把美式装备一股脑地甩了出来，战役打得相当残酷，玉皇顶拉锯战更是异常惨烈，连77师经历了抗战的老兵们都开始胆战心惊起来。师长田君健以"将军坟"地名不祥，令师指（师指挥部）后撤回和庄。20日深夜，田君健意识到共军此来是以聚歼77师为唯一目的，如果分散兵力死缠烂打必然要中圈套，所以，他收缩兵力，撤出玉皇顶，改奔和庄西北的樵岭，固守待援。田君健此刻的"救命菩萨"一共有两尊，一个是守在莱芜城内的七十三军，一个是躲在博山县城的警备旅。从20日夜，田君健就同上述部队开始联络，要求增援，保卫突围，但计划均落空。博山县城的警备旅畏敌如虎，不敢挪动一步。而莱芜县城内的韩浚则被华野牵制，派出的援兵都被华野给挡了回来。2月21日下午1时，77师参谋长刘剑雄阵亡。5时，田君健见大势已去，决定突围。2月22日上午9时，田君健及其突围部队被华野重重围困，田君健以佩枪自杀，77师全部被歼。

2月20日晚，粟裕考虑到为使全歼77师获竟全功，必须让李仙洲集团脱身不得，所以，就在几乎与寻歼77师的同时，华野一纵、六纵对莱芜外围和吐丝口镇发起猛攻，十纵抢占锦阳关，切断敌军后路，提前置敌于死地。2月21日，77师覆灭，华野八纵、九纵腾出手来转入主攻方向。同日，华野一纵队攻占了莱芜城以西、以南诸村落，并击退了由莱芜向北争夺城北各要点之敌；六纵突入吐丝口镇，并歼灭了由青石桥南援口镇之敌一部。王耀武连续根据前方战报，做出如下判断：第一，援军不可得，这是一直以来的"惯例"；第二，死守不是办法；第三，新编三十六师只能走为上；第四，共军约有万余人奔袭肥城，不排除袭扰济南的可能。他由此下定决心一定要跟"老头子"争一争。他制定出新的突围路线——经吐丝口撤至明水及其以南地区。他请罗明理专门飞一趟南京，面陈蒋介石，必须征得蒋的同意。罗明理表示"愿效申包胥哭秦廷"，王耀武也不见怪他的急不择言。就在王耀武做出决断的同时，粟裕也有两个判断出笼："一是固守莱芜城；二是向吐丝口镇方向突围，我第六纵队几次强攻未克的吐丝口镇，这时却成了莱芜之敌向北突围的希望。我考虑，如敌固守莱芜城，两个军虽已会合一起，抵抗能力增强，但城小兵多，挤成一团，我可首先集中炮火予以大量杀伤，而后再集中兵力攻歼；如敌突围，则对我更为有利，便于我于运动中消灭之。我们当即做出了适应两种打法的部署，如敌困守莱芜即于二十三日晚发起总攻，如敌突围，我则于运动中将其歼灭，相应也具体区分了各部队的任务。"

蒋介石无奈之下同意了罗明理转来的王耀武的亲笔信中的要求，他另给王耀武手书一封回信，信中有"我当严令王叔铭指挥空军集中力量轰炸扫射，竭力掩护部队转移，并祈上帝保佑我北撤部队的安全和胜利。"这封信通篇读下来，没有一处使用

"官腔"，更无一处笔走龙蛇（蒋介石一向对自己的文采较为自负），尾端竟抬出"上帝"，王耀武苦笑着摇了摇头："活着的上帝尚且如此，何敢寄希望于彼苍。"

李仙洲接到撤退的命令，即与"二韩"商量，韩浚支持李仙洲的意见，定于2月22日突围，而韩练成则表示反对，他希望再拖一天，2月23日走，他提出的理由是他的部队时间不够，韩浚当场就火了："说走就得走，有什么时间不够！"李仙洲和了一把稀泥："不差一天。"韩浚怒不可遏却也无话可说。2月22日这一天，李仙洲来到七十三军军部，韩练成也跟来了，而且一直住了下来，再也没回他的师部，这让韩浚大起疑心。韩浚私下询问李仙洲："他（韩练成）会不会有什么变化？"李仙洲哈哈大笑："你别忘了，他是老头子的救命恩人，是赏穿'黄马褂'的。再说了，民国三十五年，他手下188师的一个副营长，姓罗，他带着人跑到了共区，韩练成就花了五天时间就把此人逮捕归案，执行枪决。你看看这手段如何？所以，你大可放心。"1930年5月31日，冯玉祥部郑大章偷袭归德机场，火车站也危在旦夕，韩练成闻讯率部赶到，解了蒋介石行营之围。蒋介石知道韩练成还不是黄埔出身，很快给军校毕业生管理部门下手令："韩练成忠勇性成，特许军校三期毕业，列入学籍。"这就是李仙洲所说的"赏穿黄马褂"的经过。李仙洲话虽如此，韩浚仍旧疑团密布："当年陈赓也救过老头子的命。"李仙洲又笑了笑："这话可不好随便说。"韩浚见事已至此，便向李仙洲提出："把一切不必要的辎重行李公文等一律烧毁，轻装突围。"李仙洲则借口济南绥靖区电报要求"一粮一弹都必须带走"加以否决。韩浚又提出："纵然粮弹可以带走，其他的东西有什么不能烧毁的？"李仙洲傲然道："不要紧的，二三十里路，我们一闯就闯过去了。"

2月23日晚，当七十三军和李仙洲的前方指挥所准备就绪时，忽然发现整四十六师集结完毕却原地不动。韩浚很快找到李仙洲问个究竟，李仙洲说韩练成去看七十三军守城部队的情况，一去不回，至今没有消息。韩浚几乎要跳脚大骂："这是儿戏吗？一方已经行动，另一方却迟迟跟不上，出了问题，谁负责？"李仙洲无奈只好下令："火速攻击前进。"当第七十三军刚刚越过第二道封锁线时，整四十六师一个旅突然朝着七十三军15师45团阵地冲了过来，一下子就把45团给冲乱了，紧接着又把44团也给冲乱了。摁下葫芦起来瓢，44团、45团这边正乱着，整四十六师另外两个旅又偏离他的行军路线将七十三军的193师也给冲乱了。顿时，师找不到团，团找不到营，狼奔豕突，乱七八糟，更要命的是，李仙洲还同意带走一部分莱芜县的难民，整个儿一"刘备渡江"的现代版。韩浚率领一部分人向吐丝口方向狂奔，但很快遭到伏击，他知道吐丝口完了，转而向博山方向跑，但这时华野的口袋已经完全扎紧了。

兵法曾云"围师必阙，穷寇勿追"，而粟裕却反其道而行之。事后证明，粟裕这一招给本已溃散的逃军以致命的一击。王耀武回忆说："我因战况万分紧急，要求王叔铭再增加飞机前来助战，片刻不停地向解放军轰炸，并且对他说，只有这样才能将北撤部队救出一部分，否则要被全部歼灭。王叔铭回答说，我指挥着飞机轰炸，一直没有中断，可是敌人不怕死，阻止不住他们前进，我有什么办法？"战役仅持续了五六个小时，国民党军六万余人全部被歼，李仙洲、韩浚被俘，七十三军副军长、15师师长、副师长、139师师长均被俘。整四十六师除师长韩练成不知下落外，副师长陈炯、副师长兼旅长海竞强（白崇禧外甥）以下也均被俘获。后来才得知，韩练成早已同中共方面取得联系，在华野杨斯德的护送下顺利到达华野前指。之后韩练成又化装返回南京，另编了一套谎言蒙混过关，仍旧获得蒋介石的信任。中华人民共和国成立前夕，韩练成成功逃离国民党的掌握，1950年加入中国共产党，历任中国人民解放军兰州军区副司令员、甘肃省副省长等职，1955年被授予人民解放军中将军衔。

莱芜战役实为解放战争中山东战场的一个重要转折点。粟裕评价道："这次战役，出敌意料，仅三天时间，即以我军获得大胜、敌军惨遭失败而迅速结束，打得干净利落。战役后，我军乘胜扩张战果，几天之内，控制胶济铁路二百五十多公里，解放县城十三座和重镇几十个，使我鲁中、渤海、胶东、滨海四个解放区连成一片，与正面战场的胜利相呼应，我苏中、盐阜、淮北、淮海的敌后斗争也取得了进一步发展，从而大大改善了我军的战略态势。"国民党方面虽然感受不同，却也不约而同地承认，莱芜一战把他们彻底"打疼了"。蒋介石在2月28日的日记中写道："莱芜所造成之最大损失，实为国军无上之耻辱，因之胶济路又不能不缩短战线，只守据点矣。"王耀武给李天霞的信中沉痛写道："莱芜战役，损失惨重，百年教训，刻骨铭心！"1989年出版的由国民党自行编撰的《国民革命军战役史第五部——戡乱》中如此评定莱芜战役："此次作战，实为双方在主战场上胜败之转折点所在。"

2.分肥

国民党各方面势力趁乱聚敛钱财。

1947年2月23日，王耀武被莱芜战役搞得精疲力竭。忽然接到济南飞机场空军基地司令部的电话说今天午后南京有重要人物要找谈话，不进市区，请王耀武立刻赶来机场。王耀武问对方来者何人，对方始终不正面回答。当时王耀武头昏脑涨，没有往深处想，只以为是南京国防部的某位"大老爷"。到了机场才知道原来是蒋介石亲自飞来训话。[①] 飞机停稳，蒋介石缓步走了下来，他只看了王耀武一眼，便挺身向前。这在王耀武同蒋介石直接接触的历史上绝无仅有。一般情况下，老蒋见到王耀武总要面带微笑，至少不会像今天这样板着脸孔，一言不发。不过，王耀武转念一想也可以理解，败军之将不敢言勇，又怎么敢奢求"统帅"满面春风呢？

　　蒋介石甫一坐下，马上询问有关莱芜战役的情况。实际上 23 日下午 2 时，王叔铭在济南机场已经对蒋介石做了汇报，老蒋不敢相信他的部队都被"包圆"了，还一再要求王叔铭"看仔细了"，当王叔铭回答"我对地面上业已详细观察，确未见地面上有战斗"时，老蒋仍旧要求王叔铭"你再派飞机去看看还有什么情形"。所以，这次一见到王耀武，蒋介石最想听到的是济南是否安全，中共是否会立刻选择奔袭济南。当王耀武答以"西营尚未发现敌人的正规部队，济南西北两面的四十公里内没有敌人的大部队活动"时，老蒋内心总算暂时松了一口气："济南是战略要地，必须固守，东南两面地形复杂，易于接近，防御重点应放在东南方面，并确保千佛山。应催十二军火速集中济南，对于民众组训必须加强，以增强作战力量。"绝口不提当初在亲笔信中言之凿凿的"虽放弃济南、青岛，亦在所不惜"的话了。

　　用过晚饭，蒋介石把王耀武叫到另外一个房间里，狠狠地训了一通，算是发泄了莱芜战役失利的部分怨气："你们只是在莱芜这个战役里就损失了两个军零一个师，损失了这样多的轻重武器，增加了敌人力量，这仗以后就更不好打了。这样的失败真是耻辱。莱芜既已被围，你为什么又要撤退？遭到这样大的损失，你是不能辞其咎的，这次你选派的将领也不适当，李仙洲的指挥能力差，你不知道吗？撤退时他连后卫也不派，这是什么部署？你为什么派他去指挥？如派个能力好的去指挥，还不致失败。李仙洲已被敌人捉去，你们要知道，高级人员被捉去，早晚会被共产党杀掉。济南无论在军事、政治、地理上都是很重要的，如出意外，你要负责。"蒋介石通篇骂下来，王耀武不做一个字的辩解，其实辩也无用，而且这种无声也代表了王耀武内心的真实感受。晚上，蒋介石也不去市内休息，而执意要在空军基地司令部简单对付一夜，这一夜里，俞济时和王耀武都没有睡，因为蒋介石事前叮嘱要格外注意济南飞

---

　　① 关于蒋介石此次飞抵济南的时间，一般均作 2 月 24 日，此处依据王耀武个人回忆为 2 月 23日。

机场附近的动向，所以，俞济时干脆派人坐守蒋介石的专机，他自己也不断询问王耀武有关情况。王耀武内心老大不快，但强忍没有发作，俞济时也看出来了："佐民，我知道你现在的心情，可你也要理解理解老头子，从去年圣诞节到现在，他就没睡过一个安稳觉。"王耀武点点头，俞济时："沈崇一案到现在都没有个了局，北平现在闹得很厉害，一大堆学者联合签名凌逼政府，我们也知道中共在背后插手，可就是抓不到人。本来还想借着鲁南会战取得一些实效，缓冲一下，哪知道李仙洲这么无能。"俞济时又说："其实什么李仙洲，都是托词，这点老头子很清楚，陈辞修这次是丢人现眼到了家。可到头来还是把账算在了薛伯陵身上。陈辞修说了，这次他要用七十四师和十一师翻本。"王耀武暗暗叫苦，他说："自古大将不可轻出，七十四师是您一手调教出来的基干武装，非到万不得已，不能轻易使用，一旦挫了锐气，悔之晚矣。"俞济时："我何尝不这么想，但木已成舟，再者张灵甫、胡琏也跃跃欲试。"俞济时说到这里就把话头从七十四师身上岔了开去，这让王耀武感到罗明理对他讲过的俞济时之于整七十四师别有用心的说法未必是假的。王耀武："请大哥在适当时机不妨向校长进言，济南是否可以放弃？退守青岛不失为上策。校长在白天说到十二军，实际上霍守义此人很靠不住，我们吃东北军的苦头难道还少吗？关键时刻，他们只能偾事！"俞济时："好，我找机会吧，老头子最近火气很大，我有时候都不敢置喙。我倒是很佩服你白天里的定力，你是把老头子琢磨透了。"这时候有名侍从走到俞济时跟前低语两声，俞济时不得不跟王耀武告辞。

霍守义的十二军果然没有等到，蒋介石很不高兴，又骂了一顿李仙洲，留下一张手谕给霍守义，匆匆登机飞离济南。望着渐渐消失在视野中的专机，罗明理撇撇嘴："真是匆匆而来，滚滚而去。"他摘下白手套，掸了掸："这次我看老头子是有些乱了方寸。"王耀武回头瞪了他一眼，罗明理不在意，还半带着微笑地继续说："骂薛岳，骂李仙洲，还骂你，就是不骂陈辞修。说实话，不管怎么说，薛伯陵在指挥上还是有一套办法的，如今要走马换将，换成我们的顾墨公，就不知说什么好了。"蒋介石来济南这次透露出要换掉薛岳，重新推出顾祝同，征求王耀武等人的看法，王耀武曾经不置可否，实际上也是不敢参与意见。如今听罗明理阴阳怪气地这么说，王耀武便堵了他一句："不知说什么好就别说，你不说话，没人当你是哑巴。"罗明理："不平则鸣嘛，墨公那些个'英雄事迹''名山事业'难道你没听说过？"王耀武："那要看哪一段。"罗明理："'有美人可语，秋水隔婵娟'这个名段子不会没听过吧？"王耀武看了看罗明理："你小子值此大战之际，脑子里都琢磨些什么东西？"罗明理跟王耀武这么多年，他知道王耀武称呼"你小子"时就说明王耀武并不拒绝这类话题，于是他就扯开了："你还记得当年我们两个聊过怕老婆这个事情吧，那时候我不就说了嘛，在家越是怕老婆，在外就越搞得厉害。墨公就应了这个注解。"接着，罗明理便把顾祝同在抗战时期的一段风流韵事说了出来。1938年，从浙江来安徽屯溪献艺的女伶美素娟一场《盘丝洞》让顾祝同特为着迷，以后逐渐搭上了手，金屋藏娇。这件事做得很巧妙，但很快被何应钦的老婆王文湘给知道了，王文湘最恨男人在外面偷吃，她本人没有生育，所以看何应钦看得尤其紧，她与顾祝同的老婆许文蓉是干姐妹，她就把这件事捅给了许文蓉，许文蓉一怒之下跑回三战区所在地上饶，套出了美素娟的住处，假情假意地将美素娟接了回来，美素娟当时已经怀孕，许文蓉借口安胎，给美素娟服了一剂药，美素娟连同肚子里的孩子一道归西。这且不算完，许文蓉还连夜赶到重庆，通过王文湘向宋美龄告了一状，说是美素娟有重大共党嫌疑，紧跟着蒋介石命令三战司令长官部调查美素娟身份的手谕就到了上饶，顾祝同这边因为美素娟的死连眼泪还都没擦干，看到这样的手谕差点没气死。罗明理讲完，王耀武："这种事姑妄听之吧。"罗明理知道王耀武听进去了，就又说了一句："虽说'最毒妇人心'这句话不见得对。但这个女人要是吃上了醋，那心思可就难以琢磨了。"王耀武："你该不会是又有所指吧？"罗明理："嘿嘿，我也就是道听途说，听说严子庸的老婆陶翠儿可不是个省油的灯。"王耀武："你听到了些什么？"罗明理："我都说了，我是道听途说，随便一说的。"不过，罗明理对顾祝同的非议很快在中共方面也得到了"回应"。蒋介石从济南飞回南京不久就撤销徐州、郑州两个绥靖公署，转而改设陆军总司令部徐州司令部负责统一指挥原徐州绥署和郑州绥署的全部兵力，由顾祝同以陆军总司令的名义坐镇徐州，总司其责。粟裕当即在华野的高级干部会议上作出迅速反应："薛岳用兵尚称机敏果断，而顾祝同则历来是我手下败将，这无异以庸才代替干才。在高级军事指挥人员的更迭上，正象征着国民党的日暮途穷，最后必然会走向崩溃。"

其实，不光是军事上的昏招让国民党的统治日暮途穷，经济上某些急功近利的举措也把国民党这个本已千疮百孔的躯壳向万劫不复的深渊中一点点拖去。本书的主人公王耀武也正是在这一趋势下逐渐滑落直至完全不能自拔。

1947年3月20日，锣鼓喧天、鞭炮齐鸣，国民政府中央合作金库济南分库（即山东分库）正式成立。出席分库开业庆典的包括王耀武、庞镜塘、裴鸣宇、王崇五、刘翔、严子庸、许揆一等各界头面人物，原任徐州绥署特种情报整理处副处长的少将赵铁夫也出现在主席台上，他又是怎么来的济南呢？原来戴笠死后，赵铁夫很快攀上郑介民这条粗腿，郑介民在军统内部并无小圈子，赵铁夫又是戴笠线上起家的，所以，郑对赵铁夫的卖身投靠很看重，而且出于控制军统内部的需要，郑介民也要在华北多楔入几根属于自己的大钉子。赵铁夫就是在这样一个背景下来到济南的。军统局改称保密局以后，地方上的大员还没有来得及动，保密局济南站（山东站）站长是担任山东省政府调查室主任的许揆一，许揆一的真面目还不太容易摸得清，再者许也没有过失，不便将其从站长的位置上拿掉。于是，郑介民便想了一个变通的办法，在济南站站长之上设了一个"特派观察员"。赵铁夫原来的职务——徐州绥署特种情报整理处副处长，这是一个看似强横实则并无自身地盘的空心汤团，这次郑介民之所以肯把山东的地盘交给他，也是对他不断攀缘的一种酬庸。那么，郑介民为什么要给赵铁夫这样的酬庸呢？如果仅仅是投靠那还远远不够，更主要的是最近一段时间里，赵铁夫帮助郑介民的老婆柯漱芳办了一件大事。

柯漱芳本人在捞钱上也很有一套，她名下的农商银行是上海证券交易所中的活跃分子，她这次拜托赵铁夫去杜月笙那里只为一件事，那就是尽可能地吃进"复兴公债"。因为她已经得到消息，毛人凤的老婆向影心名下的谦泰裕银号早就动手了。在军统内部，上层的人都知道柯漱芳与向影心是积不相能、水火不容的两头母老虎，她们之间的暗斗甚至可以追溯到戴笠生前。特别是抗战结束，周佛海的老婆用 120 根大条子（金条）买周佛海的命，向影心一口独吞，惹毛了柯漱芳。这次如果再让向影心在"复兴公债"上得了手，柯漱芳岂不要气死？所以，她把主动投靠上门的赵铁夫这张牌打出去，拼命也要给向影心一点颜色看看。

赵铁夫当初奉戴笠之命到湖北、湖南两地去给陈诚搅局的时候就听说过湖北官场有三位清官，一个是代省主席严重（字立三），一个是石瑛，一个则是财政厅厅长贾士毅。赵铁夫对前两者略知一二，唯独这个财政厅厅长贾士毅还号称"清官"让赵铁夫有点闹不明白。因为在当时不论是下级的财政所所长，还是市地的财政局局长乃至省财政厅厅长直到国家财政部部长，不能说一个清官没有，但要说有两个清官的话，其中有一个肯定是假冒的。因为那年头吃财政这碗饭的人没有不贪的。接下来，赵铁夫就打听明白了，这位贾厅长为何被称作"清官"，因为他第一不刮地皮，第二不受贿，第三不吃空额，第四不打抽风。在贾士毅 1943 年离任时，个人账目一清二楚，相当干净。难道贾厅长就靠着一个月那么点薪水度日吗？也不是，贾厅长靠的是公债。因为省财政厅是国家财政部在地方上的第一个接口，负责掌管公债与收兑公债，贾厅长利用这个便利条件，低价收进公债，然后按照公债票面价格向国家财政部兑换足额现金，赚取差价。抗战时期，老百姓对公债更不信任，急于脱手，只要给现钱就卖，由此贾士毅很是发了一笔财，正是靠着这笔财，他才能做到上述四点，被称之为"清官"。也就是从这时开始，赵铁夫对公债这玩意儿开始有了印象了，但这几年他在接收上很发了几笔大财，而且都是真金白银的进出，所以，又把公债给抛到脑后去了，这次一看连柯漱芳都动了真格的，他才意识到公债这上面无论如何要狠捞上一笔。

同杜月笙见了面之后，赵铁夫也把复兴公债的事弄了个大概。现在关键是要找一个苦主，在交易所里搞到一个席位。赵铁夫就是带着这种强烈的念头踏上了济南的地面。如今，中央合作金库济南分库的成立无疑让他眼前一亮，机会来了。中央合作金库是国民党金融体系中重要的一环，它与中央银行、农民银行、中国银行、交通银行、中央信托局和邮政储汇局都并列为国家金融机构，俗称"四行二局一库"。其后台老板是陈果夫、陈立夫兄弟，在行政上受财政部和社会部管辖，在业务上受四行总处管辖（四行总处即中央银行、中国银行、交通银行、农民银行四行联合办事处总处的简称）。但是，财政部部长孔祥熙对中央合作金库来他的口袋里分肥很不满，所以，拨给合作金库的开办费只有 100 亿法币，按照日渐滑落的法币币值计算，这 100 亿元除开购置办公设备和办公地点外再无多余资金。因此，二陈便开动脑筋，积极谋求拓宽财路。各地分库的逐次建立就是二陈撒网的开端。中央合作金库在东北接收过程中，很是发了一笔横财。而山东也是当年接收的重点之一，所以，在二陈看来，山东的库底子一定很厚。再者说，山东地面上驻军很多，军费储蓄是金库的最大的进项。因而，这次济南分库的成立搞得动静很大，请了不少头面人物参加，特别是邀请了夏楚中到场。原本国民党军政机关的公款都是存在四行二局的，但这种"代理国库"的职能很快将中央银行架空。于是，宋子文上台后出笼了《军政机关公款存汇办法》，要求以后军政机关的所有公款只能存在国库中，这个办法首先遭到财政部的抵制，其他三家银行也很不满意，暗中不予执行，中央合作金库成立后也自然不买这个"办法"的账，继续背着中央银行吸收军政机关存款主要是军费的存汇业务。在山东地面上，数夏楚中的腰包最肥，夏楚中以赈济湖南水灾为名个人便贪污了一万两黄金，他因为是陈诚的嫡系，他麾下的部队军饷最足，而且都是提前发放。按照流程，军饷从联勤总部发到基层部队通常要一个月的时间，蒋介石考虑到这样一来官兵都是月底关饷，生计上不容易。便决定提前一个月开资，如此便可以在每个月的月初就能拿到军饷了。可是，老蒋的这个"鼓舞士气"的"经文"愣是让下面人给钻了个天大的空子。你不是提前一个月开资吗？钱款解到各兵站后，各部队长官将军饷提回来，马上存入各自的关系户银行账户上，账户都是开着他们私人的姓名，放上一个月，存款利息便已经相当可观，而且各个银行之间为了更多地吸收存款，还搞出内部"贴息"一说，也就是说银行给你付的利息比实际上官面公开的利率还要高。有的部队长官更黑，军饷一到手连银行都不进，直接用飞机运到上海证券交易所，大做投机生意。等到当官的赚饱了，再把一点钱从银行提出来给下层官兵关饷，而此时因为物价腾飞、货币贬值，到手的法币早就打了若干折扣了。所以，蒋介石的"提前关饷"是虽以"爱民"始，却是以"害民"告终的。

夏楚中当然清楚济南分库的小算盘，他可以将公私款项都放到济南分库中，但是，济南分库的算盘将来也必须要由他来拨动。夏楚中如果得逞的话，济南分库变成了陈诚系统在山东的流动银行了。王耀武、白文冰等人都坐不住了，济南分库的襄理叫向景新，是向影心的堂弟，跟白文冰一向走得很近，而且第四兵站总监部本身也是济南分库瞄准的另外一块巨大肥肉。白文冰利用这个机会去找向景新套套夏楚中的底牌，哪知道他们的动作刚一开始，赵铁夫已然捷足先登了。

我们说过，财政部和社会部归口管理中央合作金库。可是财政部不满意二陈的做法，所以，对于中央合作金库，他们基本是不闻不问。这样，管理的担子就落在了社会部的肩膀上。各地的分库自然也就统归各地的社会局管理。社会部的当家人谷正纲和贺衷寒虽然派系各异，但眼下却都是向着蒋太子蒋经国，社会部因此也成了三青团的一个据点。各地社会局中"新太子派"（国民党党内称呼追随蒋经国的人为"新太子派"，借此区别于孙科的"太子派"）也就纷纷抢滩。赵铁夫知道合作金库是中统的地盘，军统的人休想插手。可是，他还知道一点，沈舒宁有个最好的知己陶翠儿如今已经是"严太太"了，她丈夫严子庸在济南地方政府的份额可不是闹着玩的。所以，他托沈舒宁出面去请陶翠儿出来见面。陶翠儿自从丢了国大代表候选人之后心里很窝囊，有时候也夹枪带棒地对严子庸冷嘲热讽，严子庸并没多想。赵铁夫早就知道陶翠儿的为人，因此一上来就给她开出个大盘子，请陶翠儿掌管济南市妇女信用合作社。济南市妇女信用合作社是中央合作金库济南分库投资开办的钱庄，名义上说是吸纳济南乃至山东妇女界的存款，其实是变相集中这些官太太们的钱财用于投机倒把，因为拿钱到这里的主儿都不是一般战士，所以回报也很丰厚。陶翠儿："这么个'金娃娃'谁肯交给我？"沈舒宁："你别忘了你的身份，你是济南市妇女界的代表，还是济南市参议员，金库要在济南打太太们的主意想绕开你，可能吗？而且，据我所知分库的襄理向景新同兵站白副参谋长关系非常好，你不用出面，只需让白副参谋长暗示一下，这个'金娃娃'就算到手。我还告诉你，时间拖不起，因为眼下的行市也是一天一变，不趁着有利的时候狠狠吃进，将来你哭都找不到坟头。"陶翠儿点头同意，沈舒宁又说："为了保险起见，咱们还得再走一步棋，安排一个靠得住的角色去担任市社会局社会合作事业管理科科长。这件事也非你莫属。"陶翠儿："你是说让我去拱我们家严子庸的'后门'？"沈舒宁："妹妹就是聪明，一点就透。"说到这里，沈舒宁交给陶翠儿整整十根金条："这是第一期费用，先把人负责安排进去。"陶翠儿一看金条，小粉脸激动得通红通红的，不怪都乐意"买官""卖官"，敢情这钱来得也是忒容易了些。陶翠儿："只是我们家老严这个人太死心眼，这'卖官'的勾当万一传开去……"沈舒宁这时又递给陶翠儿一张纸条，这是一个欠条，说明欠陶翠儿十根金条，月底归还，并附利息。陶翠儿这下子有些撑不住了："行了，姐姐，就这么着吧，老严那边有我招呼着。具体人选你定盘子，回头我把社会局那边有关的情况给你报一个具体的节略，你就照方抓药就是了。"

　　陶翠儿一边去找白文冰帮助落实自己掌管妇女信用合作社的事，一边去找济南市社会局局长。不到十天的工夫，这两件事都有了交代。济南分库那边也是巴不得能将严子庸这样的大人物拉进来为己所用，而且陶翠儿又是白文冰力保的人物，分库没有理由不答应。济南市社会局局长自然不敢得罪陶翠儿，再加上陶翠儿送来的三根金条所起的作用，沈舒宁保荐的人选、戏子高长泰立马到位济南市社会局社会合作事业管理科科长。济南市妇女信用合作社开业不久便拿到上海证券交易所的席位，这也是赵铁夫通过杜月笙运作来的，妇女信用合作社由此成为赵铁夫发财的新工具。因为社会局那边已经摆平，所以，妇女信用合作社名义上虽然归分库掌管，但实际上已经落入赵铁夫、沈舒宁的手掌心。等到白文冰他们意识到赵铁夫事前在社会局那边做了手脚也晚了。妇女信用合作社虽然有些套利存款（这套手法在当时的上海证券交易所中是很多银行都玩的。比如某银行以"星期存款"名义为储户做股票套利买卖，买进某纱厂股票现货，同时卖出某纱厂股票期货，一周内的差额合利息五分以上，一个月就在两角钱以上，银行以此为旗号，以低于套利一二分的利率给予储户，从而让一大批散户被笼络进来），也还可以用吃进来的公债到分库那边抵押盘回来一部分资金，可毕竟做不大。于是，赵铁夫、沈舒宁和陶翠儿的眼光便盯住了济南几家规模比较大的纱厂。济南市最大的纱厂有好几家，其中成大纱厂是王耀武和丁基实的买卖，丁基实是国民党元老派人物丁惟汾的侄子，现任的山东省政府建设厅厅长，不好乱动；仁丰纱厂则是王耀武泰安派的代表企业，关系也直通到二绥区司令部那里，也不好乱动。剩下的这几家的情况，赵铁夫和沈舒宁都不是特别熟，陶翠儿掂量了一下说："杀生不如杀熟，要我看还是从成通纱厂干起。"陶翠儿告诉赵铁夫、沈舒宁，成通纱厂的老板苗海峰同严子庸的关系一直不错，也因为这个原因，成通在济南市比较牛，一般的衙门不敢开罪他们。上次，济南市市长的亲戚看上了成通纱厂外面的一块地皮，准备用它来开饭店，找了不少的关系，成通的苗海峰都不答应，最后这个亲戚急了，愣是在那块地皮外面挂上了牌子："……饭店施工处，请绕行。"苗海峰当天晚上就派工人把牌子给砸了，不但砸了，而且还知会了严子庸，第二天严子庸亲自到现场办公，济南市市长的亲戚一看严书记长坐在那里也不敢乱来了。赵铁夫、沈舒宁一听这个段子就明白了，这是陶翠儿告诉大家这出戏最好分开唱，各有各的角色。而且最巧的是这一周内严子庸都不在济南。

因为苗海峰得罪过济南市市长的亲戚，所以，赵铁夫授意济南市城防司令部防奸处的军统特务出面敲诈苗海峰。防奸处以接到举报抓捕共党嫌犯为名连续三天进入成通纱厂随便提人讯问，最后连苗海峰也一块儿带走，扣在防奸处的地下室里。这下子苗海峰家里人慌了神，赶紧去请严子庸，严子庸不在，那就只好给陶翠儿磕头。陶翠儿还装模作样地表态："我们家老严那是有名的不准家属干预外事的，这件事我可不敢管啊。"对方继续哀求："陶会长，您虽然是严书记长的家属，可也是我们济南市的参议员，您不管谁管啊？您总不能见死不救吧？"陶翠儿摆出为难的样子表示可以去试一试，灵不灵的不敢保证。按照事前和赵铁夫、沈舒宁盘算好的价码，陶翠儿通过防奸处的人的嘴巴开出价码："五百两黄金，要现货。"苗海峰的家属直咧嘴，防奸处的人说了："也可以不拿这笔款子，你们家能给行政院的秘书长送一千两的黄金，可见本事不小，这么大本事的人待在地下室里估计也死不了。"家属一听连送给行政院秘书长一千两黄金的事都知道了，可见这次防奸处是有备而来。只好忍痛割爱，总不能舍命不舍财吧。但陶翠儿来脾气了，冲着防奸处的人就嚷嚷："你们这不是讹人吗？我告诉你，且不说我们家老严还在位，就算他不在位了，老娘我也还是市参议员，我还就看不得老实人受气，五百两黄金你们一分钱都别想拿，立马给我放人。"防奸处的人："陶参议员，您是大人物，我们是小人物，所谓大人不计小人过，既然你来做说和，我们就得开价码，总不能都是您漫天要价，我们连坐地还钱都不可以吧？如果您为难或者觉得气不公的话，那咱们就公事公办，严书记长将来知道了，我们也没责任不是？"苗海峰的家属一看局面要僵，连忙劝住陶翠儿。最后和防奸处的人谈妥，五百两黄金作为成通纱厂和防奸处的合作基金存入济南市妇女信用合作社，陶翠儿还放出狠话："这笔钱放在妇女社里，由我们女界负责监督，看谁敢独吞了它？"所谓合作基金只不过是一个好听的名头而已，因为这笔款子支配权就在防奸处，说白了也就在赵铁夫、沈舒宁和陶翠儿手中。为此，苗海峰给放出来后还因为感谢陶翠儿，另外送给陶翠儿几件棉纱作为酬答。有了这笔金子垫底，陶翠儿在郊外盘了一大片地，命名为"合作农场"，搞了一堆记者来照相、参观，说是为济南市乃至山东省妇女谋福祉的，然后又拿这个空壳的"合作农场"向济南分库要求贷款，一下子要了三千两黄金的大价码。由此，赵铁夫、沈舒宁和陶翠儿吞吐复兴公债的本钱一下子就压过了谦泰裕，外加上农商银行的联手，他们在公债市场上屡屡得手，气得向景新和白文冰干瞪眼。

就在赵铁夫、陶翠儿等人翻江倒海时，向影心悄然来到青岛养病。病因据说是神经官能症，需要静养，不能打扰。而白文冰偕同向景新则秘密潜往青岛探望向影心。向影心为什么突然跑到了青岛？又为什么患上了神经官能症了呢？根子还在军统局戴笠死后的人事布局上。戴笠死后，局本部分为三派，一派是郑介民为首，一派是唐纵、张严佛为首，一派则是毛人凤为首。在后来的较量中，毛人凤这一派逐渐占了上风，唐纵淡出军统，张严佛被冷藏，郑介民尽管在台上，可脚下的根基早就松了。现在要端掉郑介民也只是时间早晚的事。不过，郑介民的老婆柯漱芳可不是泛泛之辈，她四处放出风去，说向影心同潘其武不干不净，毛人凤戴了绿帽子还浑然不觉。而且还继续散发有关向影心的"生活作风问题"，如此一来，向影心在南京就特别尴尬，特别是她同俞济时的关系也不想让更多的人"关注"。而且最关键的是，毛人凤接班在即，地方上有些实力派比较扎手，必须予以清除，像北平的马汉三，济南的赵铁夫等。对于马汉三，毛人凤要亲自对付，对于赵铁夫，向影心去对付则比较合适。所以，就借了向影心的所谓的"神经官能症"这个似是而非的"老毛病"到青岛观测风向、伺机动手。

在向影心和赵铁夫之间原本就有两个梁子。一个是当初向影心作为卧底潜伏在殷汝耕身边时不留神被殷看出了破绽，当向影心向赵铁夫发出求救信号时，为了顾全军统在河北一带的组织安全，赵铁夫竟然奉命切断了向影心的横向联系。尽管老赵是照章办事，可在向影心眼里，此人太过狠恶。另一个则是赵铁夫在查办汉中天主教堂一案时根据王耀武提供的线索追查到向影心的堂弟向景新的头上，当时向景新是县政府的秘书，在印刷所里有抽头，而这个印刷所正是日本人去接头的小据点。向景新本人虽然后来被查实没有同日本人直接打过交道，也没有为日本人提供过任何情报，可毕竟同这件事有间接的瓜葛，而且作为政府工作人员私下里接受贿赂，官肯定是当不成了。后来辗转到了重庆，在向影心的关照下总算在中央合作金库中找到了一口饭吃。这些旧账还没有算完，跟着在与郑介民、柯漱芳的内斗中，在复兴公债和济南分库的争夺上，赵铁夫又给向影心姐弟俩添了新恨。向影心这次来是发狠要把赵铁夫除掉，所以，她一到青岛就电召白文冰、向景新过来，她知道向景新已被赵铁夫给吓坏了，这种事指望不上他，只有白文冰主意最多，也只有白文冰才能帮上忙。若论起最恨赵铁夫的人，莫过于白文冰，白文冰这么多年了，时时刻刻都没有忘记余书茵的惨死，也时时刻刻没有忘记要干掉赵铁夫。可是，白文冰也最了解赵铁夫。赵铁夫出身底层，素来凶恶，连戴笠都要防他几分。这种人要么不打，要打就要一下子打死，如果一击不中，反噬必毒。而且，要收拾赵铁夫这样的"老军统"光靠毛人凤、向影心下决心还不行，还要其他方面的配合。因为赵铁夫不同于马汉三，他没有公开职务，没有那么招摇，更没听说过他公然结党自为，充其量就是一条恶狗。而眼下同中共争天下，像赵这样的恶狗还正是上面需要的。所以，一旦准备干掉赵铁夫，之前必须做到多管齐下、万箭齐发才行。白文冰："眼前有个机会，夏楚中对济南分库是垂涎已久，可惜始终没有到手，这次老赵又插了一杠子，等于要将夏楚中整出局，夏楚中与赵铁夫原来还算凑合，在赶走刘夷这件事上互相还曾帮过忙，但后来的关系是越走越远，特别是在抓捕吴化东这件事上，老赵是彻底得罪了'土木系'，因此我们只能从这里入手，只有把夏楚中和赵铁夫这两个人的火给点着了，我们才有机会。"白文冰的主张立刻得到了向影心、向景新姐弟俩的高度赞同。白文冰又给提供了一个背景："赵铁夫和陶翠儿他们搞了一块地，还因此向济南分库索了一笔款子，如果我们能在这块地上做好文章……"向景新一拍大腿："服了，哥哥，要不怎么人家都管您叫白副总座呢？这招绝了。我回济南马上去见夏楚中的副官。"

3. 蒋太子驾到

蒋经国赴济南办事恰好处理了一起空军、宪兵争斗的特大枪击案。

1947年5月3日，蒋介石率参谋总长陈诚、陆军总司令顾祝同、军务局局长俞济时等人再度飞临济南，对济南作为配合陆军总司令部发动鲁中会战的后方基地做出硬性规定。这次所谓"鲁中会战"的目的在于"国军决先扫荡黄河右岸亘津浦路沿线之匪，打通津浦中段，遮断陈、刘两匪之联络，诱敌匪主力于当面而击灭之"。顾祝同为此还调来原配属在冀鲁豫战场上的主力兵团王敬久部，国民党军主要精锐武装第五军、第七十四师和第十一师都派上了战场。因为在 4 月初，王敬久兵团即已打通津浦路兖州至济南段，所以，不论是蒋介石，还是顾祝同、陈诚此间到济南都是颇具有一番自信的，其中尤以陈诚为最。王耀武特别安排了一桌简单的饭菜，在饭桌上，陈诚的话很多，一改莱芜战后的消沉，而且他吃饭很快，也没有等人的习惯，一边吃一边说："佐民，你今天这桌饭菜还真是既管好又管饱的。"王耀武忙答道："属下准备得仓促，让总长见笑了。"陈诚："昨天我去总裁那里汇报工作，总裁亲自留我吃饭，一上桌，也就是两荤一素，外加一个菠菜汤。我就笑了，我说总裁，大家都怕到你这里来吃饭，说是吃不饱，总裁说也就是你来我这里，我才让他们又加了一个菜。所以一直到今天才算在你王佐民这里吃了一顿饱饭。"蒋介石听到这里先笑了，别人自然也就跟着笑，顾祝同与俞济时对望了一眼后说："辞修自持寒素，清节高标那是一向有名的。"陈诚用手帕擦擦嘴巴："我们这些人都是总裁一手带起来的，我们也是一直向总裁学习的，但实际上我们比照总裁还是差得远。可我就相信一点，只要我们不断地去学，去跟，总不至于掉了队。不像有的人，自视甚高，以武侯自居，吹什么'全民战'，我们有几百万军队，还要驱赶老百姓上战场？这成什么话？这次鲁中会战，我们摆下三个主力，中共不就已经不知所措了吗？诸葛亮再亮不也是连西蜀都没有保住吗？"包括王耀武在内，大家都能听出来，陈诚一方面借着去蒋介石处吃饭，显示出自己同蒋介石不俗的关系，一方面则指桑骂槐地斥责白崇禧的"全民战术"，王耀武早就知道陈诚的骄横，今天算是第一次面对面地领教了。但是，蒋介石却含笑地面对这些话，所以，顾祝同以下谁也不便表态，听任陈诚一个人坐在那里说个不停。什么叫宠臣？这就是。

　　蒋介石、陈诚等人一行在王耀武事前安排好的群众夹道欢送的锣鼓声中尽兴而去。他们万万没有料到的是，在他们离开济南还不到十天，陈毅、粟裕便向中央军委报告了准备聚歼整七十四师的计划，以"百万军中取上将首级"的气魄打折国民党鲁中会战的脊梁骨。5 月 16 日，蒋介石倚为"长城"的也是王耀武赖以立身扬名的整编七十四师遭到全歼，张灵甫、蔡仁杰等均被击毙，华野缴获山炮、战防炮等 273 门，轻重机关枪 3468 挺，步枪 6977 支，各种子弹 2082580 发，手榴弹 6360 枚，战马 1397 匹。华野方面也付出了约 12000 人的伤亡代价。但被俘获的整七十四师官兵

19676 人中不少人随后即参加了解放军，华野在兵员上得以就地补充。

被击毙后的张灵甫

整七十四师被歼和张灵甫被击毙的消息传到南京，国民党朝野震动。早在 5 月 14 日，蒋介石即得知整七十四师被围的消息，他对顾祝同、汤恩伯、黄百韬、胡琏、区震、张淦、李天霞逐一臭骂，严厉督促他们救援。然而，仍旧无法令张灵甫及其部队脱险，最终走向覆灭。在国民党高层中，普遍对七十四师和整十一师寄予了莫大的希望，像李延年这些多年领兵作战的高级将领尽管不满意王耀武、张灵甫，却也认为"有十个七十四师就可以扫平中共"，一些国民党军中下级军官甚至还说："如果七十四师完了，打到南京都没得挡。"徐永昌在七十四师覆灭的当天在日记中记录了赵子立对他说过的话："七十四师之失，影响军心颇大。"对于七十四师这样的下场，作为亲手锻造这支武装的老长官俞济时和王耀武倒真是比蒋介石、陈诚看得清楚一些。5 月 13 日，俞济时了解到整七十四师全线被困，他当时就说："现在看共产党肯定不会放过张灵甫他们，我们能做的只有在临沂等待收容残部，如果还有残部的话。王佐民在济南的一番话如今不幸成了事实。"5 月 3 日，就在俞济时陪同蒋介石莅临济南，谈笑风生时，王耀武曾经同俞济时在私下里谈了半个多小时，时间很短，从后来俞济时留下的部分未刊手稿来看，王耀武主要是向俞济时谈了对此次鲁中会战的一些担忧。王耀武阐述的核心要点就是一句话："猛将不可轻出。"整七十四师是国民党军阵营中不可多见的王牌武装，官兵素质较强，装备最好，而且还经历过若干大阵仗，张灵甫虽然有这样那样的毛病和缺点，但在国民党军军一级的主官中无疑算得上骁勇善战。这样的主将，这样的部队，中共无时无刻不想着予以痛歼乃至全部消灭。所以，如非特有把握的情况下，整七十四师绝不可轻易拿出去，更不能在没有可靠的护卫的情况下孤军深入。从历史上看，第四次江西"围剿"，中共就是专打十一师，以至于国民党军全线崩溃。王耀武还向俞济时引证了 1862 年太平天国安庆保卫战的范例，陈玉成是太平天国南天一柱，他麾下的刘玱琳、李四福堪称左膀右臂。安庆战役打响后，陈玉成调刘玱琳和李四福率领四千人守集贤

　　　　第六章　兵临城下

关赤冈岭四垒，任务是"死守待援"和"牵制清妖后援"。曾国荃立刻将湘军头号悍将鲍超调了出来，以巨炮开路，猛攻刘玱琳和李四福，经过二十一天的激战，李四福先行被俘身亡，随后刘玱琳也不幸突围遇俘，旋遭肢解。刘玱琳一部的战殁，标志着太平天国安庆保卫战的失败的开始，同时也标志着陈玉成兵团走向消亡。王耀武在举例的时候，可谓谨小慎微，不过也算是把话说清楚了，他当然记得罗明理同他说过的关于俞济时特别准备拉回整七十四师到自己门下的往事，所以，他把自己的隐忧尽可能地淹没在种种修辞当中。尽管如此，俞济时也听明白了，因为不论是外放七十四师还是将其收回自己口袋，这支部队的兴衰都无一不关系他俞济时自己的浮沉。然而，俞济时和王耀武首先都不可能完全左右蒋介石、陈诚的决定，其次他们做梦也没有想到七十四师竟然就覆灭在指顾之间。

当消息传至济南时，王耀武一上午都水米不进，枯坐在办公室里，谁也不见。直到傍晚，才在罗明理和妻子的劝说下，勉强喝了点粥，王耀武一边喝一边顿足埋怨："要是交给我去指挥，能是今天这个样子吗？张灵甫与李耀宗（李天霞）素来不和，却偏偏将他们两个安排在一处，黄百韬本系杂牌，如何能指挥得动张灵甫？汤恩伯于张、李二将原无渊源，关键时刻必然调拨不灵。自古道，猛将不可轻出。否则一旦蹉跌，军心士气同时隳堕。将不知帅，帅不能御将，就是活着回来已属不易，还敢轻言胜负吗？"说罢，王耀武连连用拳头猛击桌案，罗明理和郑宜兰都是从未见过王耀武如此失态，顿时有些慌乱。其实让王耀武更感愤懑的还在后面，蒋介石在南京召开会议追究整七十四师被歼的责任，黄百韬替汤恩伯顶雷，被顾祝同给保了下来，李天霞尽管遭到当场扣押，事后却不了了之，异地当官。以张灵甫在国民党军高级将领中的地位，以七十四师在国民党武装力量中的排名，这么一场天大的事故事后竟然连一个责任人都没有获得严惩，其影响自然是恶劣和深远的，"胜则争功、败不相援"的恶习无疑会愈演愈烈。

进入 1947 年夏季之后，国民党当局为了挽回败局，不断加强对各地区的严密控制，尤其是加强舆论管制。国民党山东省党部在这方面，走到了前面。早在 1947 年 4 月，国民党山东省党部主任庞镜塘便在打招呼会上公开宣布管制方针，对于各新闻媒体，如有敢于违背"戡乱时期"政府有关政策的将被追究到底，从普通编辑一直到后台老板，轻者交地方当局讯问，重者军法从事。国防部保密局济南站派出大量特务和暗哨密布在济南各个行业中，探访"不谐"之音。有一天，山东省政府调查室的一个特务发现《新闻时报》上刊登了一首"反诗"——"十年养士知堪用，跃马先操同室戈"。这两句诗是出现在一篇署名叫"何时清"的《读史劄记》中，而且通观这篇读史文章，表面上是议论明末中央政府围剿农民起义的失策，实际上则有暗中讥讽眼下的"戡乱"的嫌疑。他赶快拿着这张报纸去向调查室主任许揆一汇报，许揆一不看则已，一看也是勃然大怒："这个叫'何时清'的我已经盯了他很久了，惯于借写史为名诋毁党国，甚属可恶。我早就说过，我们还不如秦始皇，想当初秦始皇就规定，以古非今者族（灭门）。要我看，我们还是坑儒坑得太少，要是像何时清这种货色都早早地给坑了，何至于还如此聒噪？"许揆一让特务调查清楚"何时清"的背景资料，秘密跟踪。特务调查的结果很快也出来了，"何时清"就是《新闻时报》的兼职记者程世杰的化名。许揆一狞笑了两声："妈的，真是踏破铁鞋无觅处啊。他就是'七·四'事件中跳得最欢的一个，你们还记得吗？7月19日交通部派员宣布济南铁路局减薪裁员办法失效的当天，新闻处就已经跟各大报社打过招呼，禁止对此事做全面报道，而且即便报道也必须通过我们调查室审核批准才行，可是第二天早上就是这个《新闻时报》居然违抗命令，也就是这个叫程世杰的带头撰稿讥讽政府。这回好了，我要把他彻底摁住，你们必须给我盯死他，不准他跑出济南市一步！"

许揆一所说的"七·四事件"起因是这样的，交通部济南铁路局局长陈舜耕因为考虑到津浦路、胶济路的通车只能通到三店，即南通妙米店，北通桑梓子店，东通郭店，入不敷出，就决定实施减薪裁员的办法，比如调部分铁路工人去浙赣路工作，但同时又不发给生活费，工人提出先从路局借一部分钱，路局不答应，而且还表态称如果不愿意去浙赣路工作，只能开除。工人群情激愤，在中共渤海区济南工委的领导下在1947年7月4日冲进济南铁路局局本部，打伤了陈舜耕并和在场负责镇压的国民党军警发生严重冲突，二绥区司令部得报，王耀武特派穆忠恒亲自跑一趟，但穆忠恒没起多大作用，王耀武加派三青团的严子庸赶到路局，因为严对"工运"素来有一套"办法"。在严子庸的协调下，矛盾暂时平息。7月19日，国民政府交通部派员到济南宣布济南铁路局减薪裁员办法失效，避免了局势的恶化。这件事平息以后，国民党山东当局要求新闻媒体不得对此事做过度报道，但程世杰这些人仍旧冲破重重阻力，在三青团控制下的报纸《新闻时报》上将济铁"七·四事件"做了全方位的介绍，表面上这篇文章是吹捧三青团的严子庸，实际上则是鞭挞济南铁路局的官老爷。而且，程世杰历来主张暴露真相，类似揭露的文章可谓比比皆是，国民党山东省党部和山东省政府调查室早就对他注意了。今天，许揆一发现他引用的这句诗内含讥讽还在其次，关键在于这首诗是吴世昌写的，发表于1945年10月的中共名下的《新华日报》上，

413

属于典型的"反诗"（吴世昌因为不满胡宗南在 1945 年发动的进攻延安解放军的"敷化事件"，发表一首诗在《新华日报》上，全诗如下：昨日边城传凯歌，将军神武试横磨。十年养士知堪用，跃马先操同室戈）。现在程世杰明里讥议历史，实则针对现政府，正好杀一儆百，不但可以摁住那些准备同党国叫板的人，还可以因此敲打一下三青团的严子庸。

过了几天，调查室的特务来报告说程世杰经常出没的地点有三处，其中一处最引发许揆一的兴趣——冯记膏药铺。许揆一自己一边撮着牙花子，一边乐出了声，底下人直纳闷，许揆一说："什么叫两好并一好啊，君子报仇十年不晚，哪还用等那么长时间啊。"底下人提醒许揆一，这冯德炎是司令官王耀武线上的，上次动他就吃了亏，这次也得留点神，别惹毛了司令官。许揆一笑道："你没看这份记录稿吗？冯德炎斥骂党国、吹捧中共的话都写在上面，别说他是司令官线上的，就是太子经国线上的也没用。这回我们吃定他了。"

程世杰颈椎经常不舒服，就到冯记膏药铺来找几贴膏药敷上，而且他和冯德炎还是酒友，特别聊得来。有一次，两个人聊到眼下的时局，具体说到国共军事上的较量，冯德炎趁着酒兴讲了这么一件往事。他说抗战那年，徐州大撤退，他躲在玉米地里亲眼目睹过日本鬼子杀中央军，7 个鬼子，37 个中央军，鬼子让这 37 个中央军并排跪着，然后他们擦拭东洋刀，擦好了，叫起来排头的第一个中央军，让他接过军刀砍跪在那里的第二个中央军，当时那情形大家都看清楚了，不管怎么着都是一个死，没跑儿。可跪在排头的这第一个中央军愣是从鬼子手里哆哆嗦嗦地接过了东洋刀，也真就当场砍死了跪在第二个的中央军，之后，鬼子让他把军刀在死者身上重新擦拭一番，再跪回去。这时，鬼子叫起跪在那儿的第三个中央军，用东洋刀来砍刚才杀自己同胞的第一个中央军，第三个中央军一样照办。就这么一路杀下去，除了最后一个中央军是鬼子亲自动手杀的，剩下那 36 人都是自己人互相杀掉的。程世杰听到这里，将酒杯重重地往桌上一顿，低声地骂了好几句。冯德炎讲了一个新四军跟鬼子较量的事，也是他亲眼目睹的。两个鬼子要过河，叫了一个中国的汉子，让他一个一个地把鬼子背过去，汉子答应了，先背第一个鬼子，背到河中，汉子和鬼子忽然都沉下去了，岸上的鬼子急得活蹦乱跳，不一会汉子浮出水面，甩手就是一枪把岸上的鬼子给撂那儿了，而且还把岸上的鬼子的枪给顺带抢走了，炮楼里的鬼子听到枪响闻声追来，汉子早就跑没影了。后来才知道，这汉子原来是"四爷"（当地群众管新四军叫"四将军"，隐含赵子龙的意思，尊称"四爷"）。程世杰听到这里，咧开嘴乐了。就这么一段谈话给山东省政府调查室的人偷偷记录了去,送到了许揆一处。许揆一就凭着这个还有报纸上的"反诗",将冯德炎和程世杰秘密逮捕押到了保密局济南站下属的一个秘密据点——一个汽车修理厂的外间,一般人根本找不到,而且这个外间后面连着很大的污水沟,要是用硝镪水化个人什么的,也很方便。许揆一把冯德炎、程世杰押在这里,再也不用担心像上次那样被潘火亮乃至王耀武轻易找上门来。当然,因为冯德炎和程世杰各自的背景,许揆一将这件事向赵铁夫做了专门的汇报,赵铁夫指示许揆一,人你可以随便收拾,但冯德炎必须留下一口气,有用处。

许揆一拿着一颗丸药在冯德炎面前晃动:"冯大爷,我知道您老在这条街上是有一号的,而且这一号还就得力于这个丸药,对不对?"许揆一说的是一年多以前,冯德炎救过一个生命垂危的病人的故事。当时,患者家属跑到冯德炎隔壁的一家诊所去求治,刚好冯德炎也在场,患者的情况很不好,医生认为基本属于没救了。冯德炎多了一句嘴,说他祖上行医的时候有过"以毒攻毒"的典故,患者家属就给冯德炎跪下求救,冯德炎让家属立下字据不能追究责任之后给患者服用了许揆一手中拿着的这种丸药,这种丸药实际上是用砒霜、巴豆做成,属于典型的毒药,一般情况下服下去三到五个小时内就会毒发身亡,可患者服下去以后奇迹竟然出现了,不但没死,反而逐渐好了起来。一时间,"冯大膏药"的外号不胫而走,冯德炎成了这一片的"名人"。实际上,这也不足为奇,祖国中医治疗史上类似这种神奇的例子很多,茅盾晚年回忆他的弟弟沈泽民幼时被救的往事也算是佳话中的一段。沈泽民虚岁三岁的时候患大病,茅盾的老爹也是通医道的,但对小儿子的病束手无策,不管如何开方子都不顶用,最后还是茅盾的母亲出面请老中医出面,老人家看了看病儿的样子下楼开方,只说一句话:"死马权当活马医。"茅盾后来还记得那个方子跟父亲开过的所有方子都不同,而且用的最重的两味药是冬瓜皮和冬瓜籽。大家没办法,只好照方抓药,结果沈泽民服下药去,非但睡得很安稳,而且半夜就开始叫饿,能进食了。

今天,冯德炎看到许揆一拿着这枚丸药在自己面前晃来晃去的,又说出自己救人的那段事便知道大事不妙,这小子一定憋着什么坏。果然,许揆一开口了:"冯大爷,老祖宗有过一句名言,叫做树皮草根,只能治病,不能治命。您也应该清楚吧?您老今天该着命犯我手,所以,我请您老把这个丸药吞下去。"说完一递眼色,左右强行将药丸给冯德炎塞进了嘴里,而后一拍后脖子,这丸药就给冯德炎"咽"了下去。许揆一乐了:"冯大爷,这就不怪我了,按照省政府和市政府的有关规定,您家里藏着这种药是犯法的。我就不用搬请尚方剑治您老的诋毁政府罪,也可以用私藏禁药的名

　　　　　　　　第六章　兵临城下

义让您在班房里坐上十天半个月的。"接着，许揆一指着冯德炎对左右道："这种药俗名'黑到底'，是一种剧毒，跟当初西门庆、潘金莲弄死咱们武大哥的那种药差不多。你们几位都给我上眼瞧好了，跟着长点学问。"许揆一："看见没有，先是眼珠子发直，跟着脸红脖子粗，再接着就是喘、喘，然后便是胸闷，最后身体主要部位发黑，再最后便是嗝屁朝凉了。"说着说着，冯德炎就已经喘上了。底下人还吹捧许揆一："主任，您可真行啊，敢情您还懂得医道，这道行可大了去了。"许揆一："戴老板生前就说过，咱们军统那是藏龙卧虎之地。不过，这招我还不是从咱们团体里学来的，是兄弟我自学成才的。"左右又捧："主任，您可得露点，让弟兄们也长长见识，这年头学点本领多难啊。"许揆一："咱们总裁经常教导我们，让咱们读点《明史》，就咱们二绥区来说，读《明史》最透的就是王司令官，人家不但读，而且还学以致用。兄弟我虽然是笨鸟，可咱先飞啊，一钻研，哎呀妈呀，总裁英明啊，《明史》学问大大的。"正说着，底下人请许揆一看冯德炎的脸色，明显已经变了，而且手足颜色也在变。许揆一："好，这是到了第二期症状了。咱们接着说《明史》，兄弟我发现，明朝搞得好的皇帝就两个，一个是太祖爷朱洪武，一个是明成祖永乐爷，这爷俩，一个不读书，一个少读书，可愣是把明朝的江山给坐稳了。后面的皇帝倒是读书了，识字了，但江山也玩完了。所以，咱们就得向人家朱洪武和永乐爷学习。《明史》上发生这么一件事，朱洪武手下有个伙计犯了法，卖毒药，朱洪武就让他当场服毒，不但服毒而且还得当场说毒药下肚以后啥感觉，说完以后朱洪武还用解药救他。"底下人不明白了："主任，为啥还救他呢？"许揆一："这就是朱洪武'高'的地方，私下里毒死他有啥用？得让他活着，当活靶子给其他的人看看，以后谁敢学他就这么对付。天亮以后把这卖毒药的老小子拉到市场上，公开砍脑袋，你看这活儿做的，多仔细，多讲究。"底下人："合着您老今天也扮了一把朱洪武。"许揆一得意一笑："照猫画虎，照猫画虎，哈哈，要我说请什么大学教授、知识分子，就这民间的奇招异术，对付什么人不行？收拾什么人不灵？"

许揆一白话痛快了，狠狠地灌了两口茶，然后慢吞吞地走到冯德炎的跟前："火候差不多了，黄龙汤侍候。"有人就问："啥叫黄龙汤？"许揆一："让他闻闻就知道了。"提问的人一闻，立马跑开了："我操，这不是大粪汤吗？"许揆一："什么叫学问？这就叫学问，要不怎么说咱们的祖传文化高明呢，管大粪汁叫黄龙汤，你闻着难受，可听着受用啊。记住了，这就是心理战。"底下人拿着这碗带有心理战标签的"黄龙汤"大粪汁硬给冯德炎灌了下去，不一会儿工夫，冯德炎便开始呕吐，吐得一塌糊涂，差不多连胆汁都给吐出来了。许揆一发话了："给他拎一边去，让他签字画押，把这些个罪名都担起来。记住了，留一口气就行。"回过头来他看了看早就吓瘫了的程世杰："我说伙计，您老是准备也跟冯大爷一样灌两碗黄龙汤，还是赶紧签字摁手印？"程世杰忙说："我摁手印，我摁手印。"许揆一这回真的笑了："你们几个猴崽子都给我听好了，搞案子第一条就是打态度，态度一端正，下面的活儿就好干多了。"从汽车间出来，许揆一直奔赵铁夫的住处，他把冯德炎和程世杰的口供以及画押都放在了赵铁夫的桌面上。听完许揆一的汇报，老赵高兴："许老弟，你还真行，没想到你还这么有内秀。"许揆一谦虚："艺不压身嘛。"赵铁夫手里捏着这两份供词，心里有底了，他知道这次王耀武肯定有求于他。

　　果不其然，过了三五天，在一次二绥区的例会结束后，王耀武叫住了赵铁夫。王耀武："老兄，你们济南站最近可以算得上成绩斐然了。"赵铁夫："难得司令官夸奖啊，我代弟兄们谢谢了。"王耀武："打哈哈就不用了，你就跟我说，冯德炎是不是让你们给拘了？人在哪儿？这件事谁挑的头？"说到这里，王耀武脸色峻急，眉头紧锁。赵铁夫知道火候到了："佐民，这件事呢……"王耀武用手一挡："别跟我说你才知道，我刚才就讲了，打哈哈扯淡的话不用说，就拣有用的。"赵铁夫："我不瞒你，我的确是才知道，而且这次口供画押都有，人证物证都有，现在是戡乱时期，这种事我总不能上来就说放人吧？再者说了，许揆一那人你还不知道？他毕竟兼着站长呢。"王耀武："老兄，你知道今天是什么日子吗？"赵铁夫："什么日子？"王耀武："二十四年的今天，我要饭要到了你的门前，是你帮我收拾了烟草行的那个老蛆，这件事我至今记得。而且这二十四年来，我王某人对老兄不能说涌泉相报，可也算够意思吧？"说到这里，王耀武的脸色完全撂下来了。赵铁夫往那儿一坐："佐民，既然你说到这份儿上，我也说两句。我知道你对我在余书茵和吴化东这两件事上的处理方式有看法，有想法，很正常啊，换了谁都会有想法的。可哥哥我今天告诉你一件事。你知道吗？余书茵在跟我过的时候，怀了别人的孩子！"王耀武"啊"了一声，赵铁夫："操，这种事我能开玩笑吗？她是我带出福州带到上海的，可竟然跟我耍这种花活，我知道了以后，我是怎么对她的？我让她把孩子生下来，不仅生下来还送回福州老家去抚养，后来她跟着雨农（戴笠）我又说什么了？豫湘桂一战，全线崩溃，老头子也好，雨农也罢，都要找个替罪羊遮羞，别说找到了她头上，就是找到了你我头上，我们不也得认栽吗？假如当初老头子让你来执行我，你干不干？吴化东那件事也是这层道理。"王耀武："吴化东出来以后呢？"赵铁夫："他是怎么死的，我也纳闷，据我判断他应该死于暗算。"王耀武没想到赵铁夫自己把答案给揭了出来："你判断那是谁干的？"赵铁夫："左不过雨农吧。吴化东救过你我的命，我就算帮不了忙，也不至于落井下石到那种程度，那样的话，我还是人吗？我还有脸来见你吗？说到这儿，我想求你一件事，有空时你替我在吴化成面前说两句缓缓场子，别让他继续误会我。"王耀武："这个好办，但今天这个事怎么说？"赵铁夫："我知道老冯头跟你的关系，这件事我会给你一个满意的答复。"王耀武："行，我就要你这句话。"赵铁夫："现在说话口气都不一样了，到底是中央执行委员、绥靖区的司令官啊。"王耀武："你也不用叫屈，拿出来吧。"赵铁夫："拿什么出来？"王耀武："还跟我这儿装？你老赵办事什么时候吃过亏？你今天既然答应放冯大爷出来，必然要有个条件，这条件你现在不拿出来，还等什么时候？"赵铁夫嘿嘿地笑了："佐民，你是真聪明。不过，我声明一点，我绝没有要挟你的意思，天地良心。"说罢，他就将他要求王耀武办的事给简单地提了出来。

　　赵铁夫、陶翠儿他们圈了一块地，靠着这块地从中央合作金库济南分库那里套出一笔款子，可现在这块地出了麻烦。陈诚的亲信夏楚中以"军事用地"名义临时征用了这块地，而且他还打着国防部的旗号。谁都知道，国防部是陈诚当家，告上去也没用。一旦没了这块地，从济南分库套出来的那笔款子也就成了无本之木、无源之水了。从种种迹象看，这肯定是有人背后故意下套让他老赵往里面钻，但关系到驻军，赵铁夫想来想去，只能请王耀武出面帮助解决。所以，他才命令许揆一留下冯德炎一条命作为自己提出条件的铺垫。王耀武听完了，也觉得棘手，可表面上不露声色，他说："我记得你跟夏这个人以前还是有交情的，他是不是不知情啊？"赵铁夫："这种事怎么会不知情？再者说了，当初那是为了搞刘夷，他夏楚中用得着我，后来，哦，后来你也知道，有了南昌第二陆军监狱那桩案子，夏楚中跟我还能有好脸色吗？别说夏楚中了，就是现在二厅（国防部二厅，厅长侯腾系死于南昌第二陆军监狱的侯龙安之堂弟）在济南的单位都跟我私下里较着劲呢。"赵铁夫又一次提到了侯龙安的那件案子，王耀武心头略微掠过一丝不快，他很快就有了主意，遂敷衍道："我可以给你去跑跑，但你也知道夏的为人，不好说话。我尽力就是了。"赵铁夫很高兴："佐民，冯大爷那件事你不用惦记了，不管夏楚中那边吐不吐口，我这边肯定让老许放人，他要是不放，我就跟他生掰。"王耀武看着赵铁夫离去，心底里暗骂了一句："小人。"

　　在赵铁夫看来，如果仅仅手里攥着一个区区的冯德炎还不足以让王耀武为自己"卖命"，他另外还有一个更好的办法，可以使王耀武"感念"自己的"大恩大德"。在审讯程世杰的过程中，赵铁夫意外地获得了一个情报，上个月，驻济南宪兵十一团三营的三名宪兵在济南火车站搜查一名旅客的行李时发现该名旅客携带了两本违禁书籍，随即将其带到宪兵三营讯问，讯问过程中，这三名宪兵对该旅客进行殴打造成伤残，为逃避责任，三名宪兵制造该旅客自杀假现场，毁尸灭迹。这件事有一个目击者，这名目击者后来将这件事告诉了程世杰，程世杰对此事进行暗中调查，死者的家庭背景和社会关系，程世杰已经摸到一些有价值的东西。赵铁夫翻检这些东西的时候，发现有一条重要信息，那就是死者本人与空军驻济南地勤大队大队长有点关系，在济南，宪兵和空军历来水火不容，也历来最让地方当局头疼，因为都是中央派驻济南的直属机关，来头也都很大，谁也轻易惹不起。赵铁夫想到这里，得意地笑了。

　　三天后，济南市中心剧院发生了一场特大枪击案。按照规定，任何剧院和茶楼等公开活动场所必须给军警人员留有"弹压席"，而且弹压席从来都是最好的位置，一般人当然不敢过问。可空军这些"天之骄子"却不把这些东西放在眼里，矛盾经常发生。国民党的空军从成立那天起就派系林立、黑幕重重。空军的事情，别说参谋总长、军政部部长不敢过问，就是何应钦本人也经常绕着走，因为来头太大。抗战前夕，孔令侃（孔祥熙、宋霭龄的儿子）采办军用飞机，美国人以中国采买飞机用来自卫为由，给了最优惠价，孔令侃按照老规矩要回扣，美国人不给，说已经是地板价了，就没有回扣了。孔令侃就毁约，美国人告状告到了宋子文那里，宋子文问孔令侃为什么这么干，孔令侃说你问我妈去，于是就没了下文。空军现在的当家人之一是毛邦初，毛邦初是蒋介石的原配、蒋经国的生母毛福梅的族侄孙。蒋介石有个鲜为人知的外号叫"蒋三毛"，这个外号有两层含义，一则是蒋介石本人头发不多，有"三毛"之嫌；再则也是最重要的是蒋介石身边提携重用的三个主要亲信都是溪口镇毛氏宗族的后裔，即毛邦初、毛庆祥、毛景彪。在这"三毛"中，以毛邦初为最。驻济南的空军地勤大队那也是毛邦初线上的，所以，非常骄横，宪兵又算老几？赵铁夫就利用这个茬口，故意将三个宪兵随意致死人命一案捅给了空军地勤大队李大队长，老李一发脾气，派人盯住了那肇事的三个宪兵，赶巧他们三个人这天在济南中心剧院值勤，老李就让手底下的人到剧院去"侍候"这三位。空军的人一到剧院就一屁股坐在了弹压席上，这三位宪兵大爷可不答应了，两下当即有了口角，空军那边横啊，伸手就拔枪，宪兵也不是吃素的，都是练过的主儿，一较劲就把空军的人的手腕子给摁住了，这就等于是宪兵先动手了，空军的人哪儿吃过这亏啊，抬手就是一枪，当场就撂倒一个宪兵，枪声一响，剧院里就乱套了，人群乱跑，被踩趴下的一堆一堆的，就这样，空军的人还不罢手，继续开枪。警察得到报告也冲进来了，可一看是空军的人开枪，他们也不敢管，就跟着乱吃喝，那边宪兵不干了，十一团三营得报，马上调来一车的宪兵围堵这几个空军的人。空军的老李更横，直接把战斗机给起飞了，准备用战斗机上的机关枪扫射宪兵车队。

乱子是越扯越大，最后连王耀武都惊动了，王耀武亲自驱车来到现场，当场喊话，可宪兵和空军都杀红了眼，一时还停不下来。这时候赵铁夫准备出场收拾残局了，因为这都是他事先意料之中的内容，以他和驻济南空军的交情和他对李大队长的掌握程度，这个矛盾应该不难解决。可就在他刚要登场的这一刹那，另外一个重要人物不期而至了。谁啊？蒋太子蒋经国。

蒋经国真正是轻车简从，就在严子庸一个人的陪同下，到了现场。严子庸站在高处喊了一嗓子："经国先生到了，请肃静！"就这一嗓子，包括王耀武在内的人都消停了。蒋经国吩咐严子庸："子庸同志，请你立刻给宪兵十一团和空军驻济南机场指挥部打电话，让他们的主官二十分钟内赶到这里来，就说我请他们过来，谢谢。"蒋经国的这一吩咐，闹事的双方都傻了。王耀武早就听说过蒋经国有现场办公、命令不过夜的习惯。据说有一次，蒋经国在市面上吃碗汤面，就看到一个交警吃完了饭不给钱，蒋经国吃碗面也抹抹嘴准备走，给店主喊住了，说你怎么不给钱呢？蒋经国指着刚走的那个警察说，他不也没给钱吗？店主说人跟人能比吗？他是警察，你是谁啊？蒋经国说一会儿你就知道我是谁了。他就到隔壁的电话间里给市警察局打了一个电话，过了一会的工夫，市警察局局长跑过来了，蒋经国指着那个白吃不给钱的交警说了一下情况，然后让店主作证，走完程序后，蒋经国罚了警察局局长和白吃的交警站一天岗，这件事很快传遍了大街小巷，警察白吃不给钱的风气暂时给制住了一段时间。王耀武今天也想看看蒋经国是怎么处理眼前这件事的。

只有十五分钟，宪兵十一团的团长以及驻济南空军指挥部的指挥官两个人一脸油汗地来到了中心剧院，一见蒋经国，马上立正行礼。蒋经国也还礼，同时请在场的肇事者把前后经过说了一番，急救车也在严子庸的招呼下赶到，将伤者、死者都给抬上车，蒋经国指着这些伤者和死者问宪兵团的团长和空军指挥官："情况你们都清楚了吧？受伤的和遇难的人你们也看到了吧？你们说该怎么办？"两个人对视了一下，跟着说道："听凭经国先生发落。"蒋经国："既然让我来处理，好，我现在宣布，首先开枪的空军飞行员即行逮捕，军法从事；其次，适才空军方面的当事人说过，他们之所以开枪是要报仇雪恨，报什么仇，雪什么恨，目前尚不清楚。烦请子庸同志立刻为我准备一间审讯室，由我来亲自负责审理全部过程，所有嫌犯一律交由我来先行看管，不知几位意下如何？"那两位哪儿还敢说个"不"字啊，点头如捣蒜。蒋经国在处理这件事的全过程中，说的话非常少，可字字都决定着一批人的生死去留，然而，蒋经国本人始终没有疾言厉色，而是面容和蔼，这让人不由得想起他的"笑面虎"的绰号来。这时候，蒋经国走到王耀武面前，握着王耀武的手说："王司令官，我下车伊始就越俎代庖，想必你能理解我的初衷吧？"王耀武："能理解，能理解。"两个人又紧紧地握了一下，所有的意会都在不言中了。宪兵和空军是地方上的两个脓疮，王耀武投鼠忌器，今天借着这个机会由蒋经国来充当这个"恶人"，就势压住空军和宪兵。去年蒋经国第一次来济南时就与王耀武说过这个话题，蒋经国说到了必要的时候，我可以替你出面来唱这个白脸。现在，蒋经国兑现了承诺，所以，王耀武不住地说"能理解，能理解"。

站在不远处的赵铁夫把这一切都看在了眼里，而且还有点拔不出来的意思。赵铁夫暗忖：这个王佐民，竟然跟太子也搭上了桥，而且看架势，太子对他可不是泛泛的敷衍。他把亲信喊过来，嘀咕道：你去查查，看太子爷这次来济南到底干什么来了。

王耀武为蒋经国专门安排了一处秘密住所，这个地址只有王耀武、蒋经国和严子庸三个人知道。很快，王耀武就从严子庸那里知道了蒋经国急匆匆地来到济南的原因。蒋经国此次来济，主要是三个目的，一个是调查夏楚中的问题；一个是答谢王耀武在三青团去留问题上的鼎力相助；一个是就近考察济南防务和党政军基本情况。三民主义青年团本来是蒋介石改造国民党的一步重要计划，可三青团成立以后，康泽等人很快把持了团务，非但没有达到清洗国民党内不谐势力的目的，反而叠床架屋重新出来一个山头。而且，康泽长期担任三青团中央干事会组织处处长以至恋栈不去，蒋经国自然无法安排。严子庸等蒋经国的亲信们也暗自着急，怎么办？只有想方设法赶走康泽。为此，严子庸他们还炮制了一条看似无聊的谣言。谣言的起因在康泽的儿子身上，康泽有两个儿子，大儿子叫康仲谋，二儿子叫康亚谋。于是，严子庸他们造谣说康泽给自己的儿子起名叫仲谋，真是野心不小，谁都知道三国的孙权字仲谋云云。这条谣言有两处杀机，一处是暗批康泽师法孙权，在三青团内部搞割据；一处文章就大了，蒋介石此人素来喜欢关羽，在日记中还以关羽的志节自勉，而谁都知道关羽是死于孙权之手的。像康泽这个量级的人物不可能不知道或者不可能一丁点都不了解蒋介石之于关羽的这个情结，既然知道了，还给儿子起名叫仲谋，其居心已然不可问。蒋介石是不是因此怀疑康泽要变成孙权，已不可知，但这条谣言的杀伤力却是很大的。康泽晚年回忆：1945 年 8 月初的一个下午，三青团中央干事会书记长张治中约他到家里去。张治中问康泽，你这一个多月来见过委员长没有？康泽说委员长没有约见过他。张治中说委员长最近在骂你，张治中还把蒋介石骂康泽的原话学了一下："康泽在组织处把持了七年，还要把持下去吗？是不是想造反？"康泽说当他听到这段话时"真如晴天霹雳"。随即向张治中提出辞职，张治中问他辞职以后，中央干事会组织处处长一职谁可以接任，康泽气咻咻地说："蒋经国！"

蒋经国接掌了三青团组织、训练大权，但局势还是不够明朗。陈果夫、陈立夫兄弟控制下的国民党中央组织部对三青团实施了不同方位的围追堵截，而三青团内部陈诚集团也借此坐大，为此，蒋经国有些一筹莫展。1946年，蒋经国到济南视察，席间曾同王耀武说起部分隐忧，话说得很体面，不仔细琢磨是品不出味道来的，可王耀武是什么人啊。他为蒋经国献了一条计策，只不过，王耀武没有当面同蒋经国说过，而是暗中对严子庸讲的。这条计策就四个字：李代桃僵。严子庸："佐民兄，总裁当初搞三青团本身就是用了李代桃僵这条计策的，现在看明显走不通了嘛。"王耀武一笑："在外面走不通，那就到里面去走。"严子庸没明白，王耀武又进一步挑明："孙猴子在外面没借到芭蕉扇，那就只好钻到铁扇公主肚子里去借，那时候也就由不得铁扇公主不借了。"严子庸："你是说党团合并？"王耀武："我啥也没说，我就是讲故事来着。"严子庸将王耀武的计策上达蒋经国，蒋经国密陈乃父蒋介石，蒋介石权衡利弊，决定采用这个办法。不过，要先在地方上有人打响第一炮才行，蒋经国又想到了山东，他让严子庸转告王耀武，请王耀武出面提请党团合并事宜。王耀武自己却并不出头，而是约请国民党山东省党部主任（即中国国民党山东省执行委员会主任委员，俗称省党部主任）庞镜塘挑头倡议党团合并，因为庞镜塘本身就是"CC系统"的人，而且又是中央组织部多年的老秘书（即秘书长）出身，说话自然有分量。王耀武等人则在倡议书上署上自己的名字，搞了个联名会签，蒋介石看到这个会签，当即拍板决定将三青团并入国民党，三青团中央委员自然而然成了国民党中央委员，蒋经国也就合理合法地进了国民党中央委员会，而蒋经国的那些个亲信人物也随之跟了进来。所以，这次蒋经国来济南就有专门答谢王耀武的意思，但是，蒋经国也不会公开答谢，也是转托严子庸表达了这层意思。王耀武本人也不愿意揽这号功劳到自己身上，因为党团合并这一招等于直接往"CC系"的心窝里捅了一刀，即便二陈一时没琢磨过来，事后也肯定要加速反击，矛盾不会减弱，只能愈演愈烈，因此王耀武是绝不会趟这种浑水的。当严子庸转达了蒋经国这层意思以后，王耀武即说："老弟说哪里话来，我何尝有什么功劳，真要说到功劳，除开校长和经国先生运筹帷幄之外，便是老弟的功劳了。"严子庸："我一个上传下达的，能有什么功劳？"王耀武："当初在重庆，如果不是老弟用'生子当如孙仲谋'赶跑了康兆民（康泽），即便党团合并，岂不也是熟饭给人吃吗？"严子庸曾经对王耀武说过这件事，今天听到王耀武旧事重提，自己也颇有些得意，一不留神说走了嘴："那件事啊，其实也是拜托了小白的点化。"王耀武眉头一皱："小白？哪个小白？"严子庸急忙掩饰："白文冰到重庆看我的时候，我同他提起来这件事，小白无意中随便扯了一句，我就记下了，并有了后来的发挥。"王耀武："所以啊，功劳总归是老弟的，我们这些人不过是捧场罢了。"说到这里，王耀武不再继续这个话题，而是告诉严子庸，明天他要设一个特殊的方式欢迎蒋经国，暂时保密，让他务必请蒋经国出席。

第二天上午，蒋经国在严子庸、钟泽相（宪兵十一团三营营长）的陪同下乘坐军用吉普车来到济南近郊，王耀武等山东地方当局的许多头面人物早就在这里恭候多时了。在这片空场的四周，士兵们按照番号布列整齐、衣甲鲜明。最引人注目的是两面旗子，一面旗子上写"以血洗血"，一面旗子上写"以牙还牙"。蒋经国凝视着两面旗子，转过身来问王耀武："王司令官，你这个关子卖得有点大啊。"王耀武："经国先生，真人面前不说假话。今天是一个特殊的日子，是特别军事法庭宣判日本战犯死刑的日子，每逢这样的日子，我都要请各界人士前来观看，为的是不忘国耻，凝聚军心。"蒋经国点点头："好，这个办法好。抗日战争虽然我们胜利了，可我们要走的路还很远，面临的强敌还很多，卧薪尝胆，生聚教训永远值得我们记取。"王耀武手一挥，一名日本战犯旋即被押了上来。这名日本战犯叫武山英一，是原日本济南宪兵队队长，外号"济南之虎"，他在担任济南宪兵队军曹直至队长期间，一共残杀中国无辜群众以及各界人士7102人，致残185人，在被他残杀的这些中国人民中，尚有儿童（最小的仅4个月）164人。武山英一杀害孩子的办法是将幼儿先行肢解，塞入磨盘中，驱赶中国人拉磨，将孩子碾为齑粉，在他的驻地缴获这种带有斑斑血迹的磨盘多达6个。王耀武亲自将武山英一的罪行对在场的所有人做了介绍，临了，他还格外看了一眼今天一位被请来的特殊人物——省立医院的"医生"沈舒宁，沈舒宁此刻的表情很复杂，眼神游离，神色紧张。王耀武念到"验明正身、执行枪决"时，全场爆发出热烈掌声，这时，军乐队奏响《满江红》，全场士兵们高唱不已，连蒋经国也被深深打动，王耀武告诉蒋经国，这首"满江红"从罗店一直唱到常德，今天又唱到济南，蒋经国不住地点头。歌曲刚唱完，就有人带头振臂高呼"以血洗血"的口号，全场又是一番震动，这震动同时也震撼了蒋经国。这个口号他太熟悉了，想当年，他的生母毛福梅就是死于日军军机的轰炸，他亲笔写下"以血洗血"四个大字铭志，所以，此刻他也毫不犹豫地举起了手臂，跟大家一道高呼。王耀武伸手掏出美军司令麦克鲁所赠佩枪交给站在第一排的潘火亮："执行！"潘火亮接过佩枪，敬了一个标准的军礼："是，长官！"在潘火亮的枪声中，日本战犯武山英一应声倒地，一命呜呼。

集会结束，人群散去，蒋经国同王耀武、严子庸、赵铁夫等人一道走下山坡，蒋经国对今天这番安排很满意，一反平素言语不多的常态，对济南的情况问来问去，王耀武并不急于解答，而是将机会留给赵铁夫。之前，赵铁夫找过王耀武，他表面上是告诉王耀武，冯德炎已经释放回家，实际上是希望王耀武帮他引见蒋经国，王耀武不但满口答应，而且还邀请赵铁夫参加第二天的枪决日本战犯的仪式。因为王耀武已经知道赵铁夫派人了解过蒋经国行程安排，应该已经多多少少闻到点蒋经国此行的味道，一个新的计划又在王耀武胸中形成了。

蒋经国指着远处一个拦有铁丝网的硕大空地问道："那是什么地方？"王耀武："这是赵处长他们为戡乱而预备的农场，这件事可以请赵处长来回答。"老赵早就等不及了，见蒋经国问起，立刻将事前编造的东西推了出来，最后还告诉蒋经国，这片农场如今已经被夏楚中所部无理盘踞。蒋经国没说话，只是看了看王耀武和严子庸。

晚上，蒋经国请王耀武、严子庸过去，蒋经国表示夏楚中的问题不能再拖了，必须马上着手解决，他决定和严子庸化装前往潍县取证，了解情况。因为这次来济南之前，关于夏楚中贪污赈灾款和强奸潍县名流丁叔言的孙女丁秀英等劣行已经进入了蒋经国的情报网中，为了加强济南防务，更是为了收买人心，蒋经国决心亲自出马来拔掉夏楚中这根刺。王耀武从蒋经国的安全考虑，不主张蒋经国亲自去潍县，蒋经国不同意，王耀武继而又提出派孟记东等少数精干人员作为警卫随程护送，蒋经国也不同意，他认为目标太大不利于暗查密访。后来严子庸提出方案，一方面让张天佐在潍县妥为布置，一方面让赵铁夫同去潍县，因为夏楚中此刻正在青岛参加胶东军事检讨会议，无暇他顾，蒋经国同意了。

回到住处已经很晚了，但王耀武仍旧有些兴奋，今天的事情基本都是按照他事前计划的那样进行着，而且还没有太大的纰漏。正想着，毛学谦电话打了进来，要求马上求见。王耀武看到毛学谦手里拿着两张纸，就问这是什么东西。毛学谦将这两张纸递给王耀武，王耀武一看，脸色大变，这是一副对联，上联是：王司令黔驴技穷；下联是：蒋太子壮志难酬。王耀武："哪儿发现的？"毛学谦说就是在近郊日本战犯行刑的地方附近发现的。王耀武叹了一口气，毛学谦表示已经布控了，王耀武摆摆手："把人都撤回来吧。"毛学谦不解，王耀武说："执行命令。"毛学谦带着一脑子的困惑走了，可王耀武却失眠了。一天的兴奋和顺利都被这副对联给冲得一干二净。王耀武不得不承认这副对联扎到了他的痛处。对于眼下的战局，久历戎行的王耀武是很清楚的，特别是进入1947年下半年以来，国民党政权的党心、军心同时灰颓，就算是维持残局也已经力不从心，还奢谈什么戡乱？王耀武为了守住济南这几个最后的散落在山东境内的据点，可谓煞费苦心，今天白天的这一幕并非是单纯为了讨好蒋经国而设，同时也是借助枪决日本战犯，唤起部队对昔日抗战荣誉的觉醒，勉强支撑起所谓的士气，这在王耀武来说不算搜肠刮肚可也差不多了。而且，王耀武也知道，如今不比抗战，人心向背一望便知，他这么做最多也就是一针强心剂罢了，不指望撑持多久。然而，就是这么点心思也被人窥破，而且还公然给曝了光，一曲曾经在抗日战场上壮怀激烈、催人奋进的军歌如今却意外地可能成为一个政治集团的挽歌，从这个意义上说，对方是自己阵营的还是共产党那边都已无关紧要，问题是面对这样的趋势，王耀武确实感到无计可施了。而且，这副对联就像一面魔镜，既照出了王耀武的原形，也预示了蒋经国日后的命运。

次日一早，王耀武即接到了俞济时从青岛打来的长途电话，俞济时在电话里告诉王耀武，赶快直飞青岛，老头子在青岛主持胶东作战检讨会议，会议已经开了三天了，今天老头子特意点了你王耀武的名，你要立刻起身过来。王耀武不敢怠慢，这次军事检讨会议王耀武早已得信，只是蒋经国告诉他先不用急着过去，等俞局长（俞济时）那边的通知再去。王耀武一到青岛，就先去见俞济时，在路上碰到了容光焕发的整编第八师师长李弥，彼此简单寒暄了一下，等李弥走远了，俞济时才说话："李炳仁（李弥字炳仁）把夏楚中告下了，这次老头子很恼火，他找你来就是为了了解一下夏楚中的情况。"潍坊一战，整编第二十一军军长夏楚中见死不救，李弥夫妇对夏楚中恨之入骨，这点王耀武是知道的。俞济时又说："经国来电话了，说是傍晚的飞机。"王耀武听到这里，心里完全放松了，他知道蒋经国那边肯定是得手了。

蒋介石这次来青岛主持军事检讨会议，心情很沉重。一年以来，戴之奇、张灵甫、宋瑞珂这些少壮派高级将领，"戡乱靖国"的主要支柱先后或自杀或被俘，残酷的现实让蒋介石不得不在10月19日的会议开幕时首次承认了国共两支军队上的某些重大差距。10月21日这一天，蒋介石甚至将人民解放军的"三大纪律八项注意"都发给与会者认真学习。不过，蒋介石对于南麻、临朐两次战役的结果还是很满意的，整十一师和整八师的"出色战绩"又让他产生了些许错觉,这也是他由此对夏楚中"变脸"的重要因素之一。

10 月 22 日,蒋介石先后听取了王耀武和蒋经国的汇报。当晚,蒋介石神色严峻地召开全体会议,在会议上,蒋介石怒气冲天,高声训斥夏楚中,随即宣布"国民革命军整编第二十一军军长夏楚中,经查,在临朐战役坐视不救,在潍县荒淫无耻,且证据确凿,夏楚中即行撤职,解国防部严惩"。王耀武这时站了起来,给夏楚中求情,蒋介石用手一指:"你身为绥靖区司令官,管教不严,还敢来讨保?连你也要关起来!"王耀武仿佛碰了一个很大的钉子似的,魂不守舍地坐了下来,而另一旁的夏楚中被警卫人员剥去领花和肩章、勋标,架了出去。王耀武用手绢轻轻擦了一下汗,适才那一幕的确有点险。王耀武深知夏楚中是陈诚的亲信骨干,所谓解往南京交国防部严惩不过是一句套话。反倒是夏楚中一旦翻身,便会加倍报复,他在自己管辖的地面上翻了船,自己又让老头子召去单独汇报,如果这时候不装出一副舍身讨保的样子来,陈诚、夏楚中一定会把这笔账记到自己头上的。如今虽然碰了一个大钉子,可毕竟脱了嫌疑,也算值得了。

喧嚣纷扰的一天就这么过去了,到了晚上,蒋经国做东请王耀武过去一叙。在座的只有蒋经国、严子庸和王耀武三个人。这次到潍县取证因为进展顺利,蒋经国很高兴,对潍县的张天佐特表夸赞,因为正是张天佐保护了重要人证丁秀英,才让夏楚中的"荒淫无耻"这项罪名落到了实处。严子庸也认为张天佐是能员,王耀武哼哈一番,不做更多表示,没有谁比王耀武更了解在丁叔言、丁秀英祖孙二人的悲惨遭遇中作为潍县的"老大"的山东保安第一师师长、三青团山东省团部筹备委员、行署专员张天佐扮演的真实角色了。1946 年,丁叔言遇害,其罪魁祸首就是张天佐。现在这位罪魁祸首找到了另外一个罪魁祸首夏楚中作挡箭牌,而且还被蒋太子视为"好汉",王耀武还能说什么呢?如果放在早年,像张天佐这种人,王耀武不会提拔重用,至少不会让他如此春风得意。但如今形势不同了,张天佐是地头蛇又是实力派,而且他和严子庸的关系一直不错,加之戴笠生前对张天佐也特别提携,王耀武也只能将张天佐看作山东的"廖化"了。

话题由张天佐的身上扯到了夏楚中的撤职查办,蒋经国含笑地问王耀武和严子庸:"你们以为夏楚中回到南京以后会怎么样?"严子庸:"不是说要严办吗?"蒋经国:"佐民兄,你以为呢?"在私下的交谈中,蒋经国脱略形迹,称呼王耀武为"佐民兄"。王耀武不想扫蒋经国卖关子的兴致,遂应付道:"应该严办吧。"蒋经国摇摇头:"那就是一句托词罢。夏楚中的银子早就铺好了路，陈总长也不会坐视不管，总之，东山再起是一定的。"严子庸："那我们不是白忙乎了吗？"蒋经国："当然不白忙乎，夏楚中放在山东就是成事不足败事有余，碍手碍脚的不说，还经常说三道四，现在我们把他踢回去，至少佐民兄这里不用再糅沙子了。"王耀武听到这里，赶紧拱手道谢，蒋经国又浮起他惯有的笑容："谢不到我头上，如果夏楚中仅仅是荒淫无耻，总裁是不会这么轻易将其革职查办的，真要谢的话还要谢谢李炳仁（李弥）才是。如果不是他首先发难，在总裁那里告下了夏楚中，我们的取证最多也就是旁证，定不了实际的罪名。"严子庸："李弥人虽怪异，可仗究竟打得不错。这次他和胡琏在南麻、临朐竟然挫败共军陈粟所部，也算是山东会剿以来难得一见的亮色。"王耀武："陈粟虽然挫败，却没有伤及筋骨，会上有些人的言论过于高亢了。"蒋经国："到底是佐民兄啊，久历战阵，不比一般泛泛之辈。你们知道李炳仁跟我说什么吗？"蒋经国奉蒋介石的手谕，给胡琏、李弥送行，这是蒋施恩的一种形式。在机场，蒋经国和李弥谈了一会儿，李弥说话很率直："共军越败越团结，我军越胜越分裂。暂时得胜倒是很让我担心，人家是吃一堑、长一智，而我们有些人可能就要长一智，吃一堑。"王耀武听完蒋经国的转述："这倒是李炳仁一贯的作风，直言不讳，话难听，脾气也大。"蒋经国："可说的却也在理，从历史上看，我们不怕失败，就怕胜利。民元时，我们驱除鞑虏，覆灭满清，结果有人高唱革命党起、革命军消的滥调，太阿倒持、授人以柄；民国十八年，国家统一初现曙光，但有人却割据自雄、沐猴而冠，搞得国家重新陷入混战的局面，日本人乘隙而入，祸害中国长达十四年之久；好不容易赶走了日寇，满以为可以重打鼓、另开张，不料有的人志得意满、大肆劫收，本已聚拢的人心被他们弄得七零八落。去潍县的这一路上，子庸同志跟我聊了很多，我现在是一肚子话没地方说去。"王耀武指着严子庸："子庸，你又给经国先生念什么经了？"严子庸："我就把自己当初来山东的所见所闻同经国先生说了一下，不加任何修饰。"

严子庸当初由重庆来济南前夕就对山东的中共解放区充满了浓厚的兴趣。李延年到重庆严子庸的府上看望严子庸的老母亲，顺便说起山东的情况，李延年说山东共军如何如何残忍，比如对往行人盘查森严，一旦发觉不对，即将可疑人员迅速活埋。但同时，李延年又说："山东土共没啥了不起，我只要一彪人马就可以将他们赶到大海里去。"李延年越是这么说，严子庸的兴致就越高，他请李延年用飞机将陶翠儿先行送到济南，他自己则化装经陇海线到连云港，经青岛到济南。青岛往西四十里就是解放区，严子庸事前托人搞了经商的证件，又对自己的服饰和相貌做了进一步的修正。

不过，心里还是突突的。严子庸伪装成做海物的行商，刚踏进解放区，果然遇到有人盘查，只是出乎严子庸意料的是，盘查他的人虽然穿着便衣，虽然对他的满口袋的干海参查得很仔细，却拒绝了他伸手递上来的哈德门香烟，并且好心地告诉他："再往前去就是蔡家庄，那是国军的地盘，你这些好烟留着送给他们吧，他们的讲究多。"严子庸只当这是宣传，接下来，他由这位便衣领着到村公所的一间屋子里休息喝茶，这位便衣告诉严子庸，只要是正当商人，只要进了解放区，解放区都有义务保护他们的安全和照顾他们的活动。说话间，便衣还问严子庸饿不饿。严子庸说真饿了，便衣就去张罗饭，一会儿的工夫端来几张煎饼和一把大葱，还有一个粗瓷碗装的豆腐汤，便衣说粗茶淡饭，吃饱没问题。严子庸一边吃一边同这个人攀谈，了解了不少情况，最后严子庸从麻袋里掏出一点干海参作为答谢，这位便衣执意不收，而且还告诉严子庸，在这里大家都是互相帮助，不讲价钱的，只管安心休息，有什么需要伸手的，告诉他一声就行。过后，严子庸才知道这位便衣就是村公所的负责人。在村里住的这两天里，严子庸见识了不少他平生从未见到的景况，比如他亲眼看到两个穿军装的共产党的战士和一个白发苍苍的老头围着一头猪崽说来说去，凑近一听才知道，原来前几天这两个战士帮着老头挖猪圈，不小心用铁锨碰死了一头小猪崽。于是按照共产党的规矩，战士主动登门道歉不说，还赔了老头一头新的猪崽，老头说什么也不要，两下正胶着呢。类似这样的事，严子庸还见过一些，在中共统治下的解放区，非但没有李延年所说的那种动辄活埋的现象，反倒是经常可以看到穿军装的人围着老百姓转，这种军民关系在抗战中不是没有见过，可在如今的国统区里却是再也见不到了。

蒋经国接过严子庸的话头："真话难听，但最难得。子庸同志见过的这些在我来说不算新鲜，我在苏俄期间就见过类似的，在佐民兄来说，更不算新鲜，当初你在北伐军中想必也一定见过很多。但现在它们都跑到哪儿去了呢？"严子庸："抗战时，成都郊县给盟军的空中堡垒修建九座机场，四十五万民众自备干粮、自带饮水，扶老携幼，肩挑手提，用最原始的办法仅仅几个月就竣工告成。现在我们济南戡乱加固城防，上自省主席，下到局科长，无不亲自出场监督，可进度又怎么样了呢？"蒋经国："我现在经常想到的就是，什么叫天道？"王耀武："天道就是人心。"蒋经国："没错，李贺不是有一句诗嘛，天若有情天亦老。天变，道亦变。如果不变，只能被抛进历史的垃圾堆里。所谓'天道无情'就是这个意思。"蒋经国说到这里，站了起来，缓步走到窗前："我回国以后，父亲担心我去国日久，国家典章文物荒废日久，就让我集中精力去读书。就我个人的读书心得来说，中国自古以来维系天下的不外乎道与术两者。所谓道，就是宗旨。所谓术，就是手段。慈禧太后为了满足一姓之欲，倒行逆施，搞得山河破碎，丧权辱国，可因为她有着一套'行之有效'的玩弄权力的手段，终其一生，还没有人敢公开向她挑战，满清的统治也由此得以苟延残喘。这算是无道有术。想当年，先总理草创同盟会，恭行天道，吊民伐罪，虽然我们那时候的'术'很幼稚也很不到位，可到底保留了成功的血脉，等到武昌振臂一挥，天下响应，满清王朝顷刻瓦解。这算是有道无术。有道有术，既可以夺天下，也可以定天下；无道有术，虽不免覆灭，却也可撑持一时；有道无术，虽不免落败，却也能愈挫愈奋。怕就怕既无道又无术，那只有死路一条！"蒋经国又说："中共跟我们争青年、争百姓，所争不过是人心。"王耀武："我记得经国先生最喜欢的名言是'计利当计天下利，求名应求万世名'。"蒋经国："对，可我们现在计的是私利，求的是骂名！"王耀武、严子庸对视了一下，都没敢接话茬。蒋经国："济南'七·四'事件就是一个最好的例子，党国目前已经到了生死存亡的关键时刻，可陈舜耕、孔令侃这些人还在这里蝇营狗苟、腐败不堪！"说到这里，蒋经国"砰"的一拳砸在了窗棂上："今天的中国就毁在这些豪门权贵的手里！"蒋经国转过身来举起酒杯对王耀武、严子庸说："佛曰我不下地狱谁下地狱？如今挽狂澜于既倒就在我们身上了。"说完一饮而尽，王耀武也只能跟着干杯，酒喝到肚子里却满不是滋味。本来，他今天很想和蒋经国谈谈放弃济南、退保徐州的事情，可现在蒋经国这个精神状态明显不宜深谈了。蒋经国把王耀武、严子庸送到走廊里时还特别拉住王耀武的手说："佐民兄，济南有你在可保无虞，但我始终担心一点，吴化成此人若即若离，不可不防，如果有可能的话，可调晏子风的第二师予以监督。"王耀武："当初血战三义寨时，吴化成虽系杂牌却很卖死力，戡乱以来，吴化成也没有明显反迹。"蒋经国："佐民兄，如果我没有记错的话，你平生对诸葛武侯最为信服，对吧？"王耀武点头。蒋经国："可我听说吴化成此人最喜欢曹阿瞒，宁可我负天下人，不可令天下人负我。此人朝秦暮楚，三姓家奴。我在苏俄留学期间，全俄肃反委员会主席捷尔任斯基有过一句名言'有底线的人永远无法理解无底线的人'，后来国家政治保卫总局局长亚戈达进一步解释了捷尔任斯基的这句名言——豺狼养不住，总要向森林。"王耀武："经国先生的提醒我会加倍留意，我回去即调晏子风部做进一步安排。"蒋经国："谢谢。"

在回去的路上，严子庸很兴奋，他大声地说："也只有经国才有这气魄，这些豪门权贵也只有经国才去敢触动！"王耀武不置可否，就给严子庸讲了一个段子。曾国藩在就任两江总督之后，曾经也有一番雄心壮志准备"重头收拾旧山河"，他和李鸿章联手在苏州等三处搞了一次"减赋"运动，触动了一下高门大户的利益。可一开始就碰了大钉子，潘曾玮、冯桂芬这些人不但拒绝配合，而且还把曾国藩、李鸿章给告到了朝廷，这场"减赋"运动不得不以失败告终。曾国藩由此感叹"为政不罪巨室"真是一句"名言"。严子庸："你这是借古喻今啊。我还记得国府执政之初，曾经在浙江搞过一次'二五减租'，最后也是虎头蛇尾。抗战时，委员长不无气愤地教训这些土豪劣绅：'试问我们一般有田有粮的人，在旁人都没有饭吃的时候，你一人一家独能安全吃饭吗？'可收效甚微，虽然这个道理人人都懂。你是不是认为此间经国的想法也不免重蹈覆辙啊？"王耀武："经国先生的用心自然是好的，可本党一直以来有两块硬伤是无法医治的。"严子庸："愿闻其详。"王耀武："一个是干部政策，一个是宣传策略。就拿干部政策来说，中共素来讲究不捐细流，能上能下，而本党呢？选拔人才的标准又是什么呢？"严子庸："你一说这个，我倒真是想起在重庆张之楚给我说起的一个故事来了。"严子庸在重庆供职的时候，张之楚和他谈起张国焘议论国民党的用人政策的一段话，张国焘说："要在国民党做点事，第一要有大学学历，第二要起码懂两国语言，第三还要有点地位的要人是你的亲戚，提拔你。"王耀武苦笑一声："我们输就输在这里。抗战时期本是延揽人才的关键，可本党的注意力却不在于此，至少忽视了对中小知识分子的争取和利用，让这些人平白地跑到了中共那边去，这是最大的失策，也是我们干部政策基本失败所在。"

赵铁夫在夏楚中被查办的过程中感到蒋经国的力度，他改换门庭的思绪也就越来越强烈。进入到1947年10月底，保密局上层的争斗形势已经相当明朗，毛人凤联合局潘其武、叶翔之、沈醉等人合伙扳倒郑介民。在军统内斗的过程中，有两个人起了很大的外力作用，一个是俞济时，一个是胡宗南。

在郑、毛交锋的过程中，赵铁夫始终是站在郑介民这一边的。现在看郑介民落败已成定局，毛人凤上台以后肯定要重新洗牌，那时候赵铁夫的位置也必然变动。所以，当务之急，赵铁夫一方面是赶快同比毛人凤更有力度的人攀上关系，一方面则尽快捞钱，即便官丢了，可有了银子，再差也还可以到香港或者国外做个富家翁。在潍县取证这件事上，蒋经国对赵铁夫的表现很满意，在蒋经国看来，这么老资格的一个军统大特务还能如此俯首帖耳、随叫随到，很不容易。蒋经国早有重新收拾情报系统的野心，要接收军统不同于搞掉康泽，必须要多拉一些人马，单靠自己在赣南和三青团组建起来的一干人等，显然不行，只有从军统内部多挖几个大特务才能搭起台子来。赵铁夫的投靠无疑是一个很好的信号，蒋经国临走前告诉赵铁夫："以后有事可以找子庸同志。"这就等于给赵铁夫留了个梯子。赵铁夫当然明白了,他在严子庸老婆陶翠儿身上下的功夫还少吗?甚至为了修好严子庸,他还让陶翠儿听从严子庸的劝告,表面上离开济南妇女信用合作社。因为赵铁夫很清楚,即便陶翠儿不离开妇女信用合作社,她也起不了什么作用了。向影心、向景新姐弟二人早已上下其手,将妇女信用合作社重新掌控在手中。要打开新局面,还必须寻找新的突破口,而这个新的突破口很快就自动找上门来了。

1947 年 12 月 1 日,济南市银行挂牌成立。济南市银行以现任济南市市长挂名董事长,资本金 10 亿元,其中一半是政府出钱,另一半则是民间出钱。常务董事分别是山东省财政厅厅长于治堂和成通纱厂的老板苗海峰。山东省政府管辖下的企业要承担一笔巨额开销——戡乱劳军款,这实际上是硬性摊派,这笔款子一旦收上来,最有可能被达官显贵们中饱私囊,只会留下很少的一部分用在济南的城防上,而且这中间还要不断地被各种地头蛇零敲碎打搞走一些。为了防止这笔款子被挪用,王耀武在山东省政府办公会议提出要成立济南市银行,凡属济南城防的一切款项都交由济南市银行管理。这都是表面上的理由,实际上王耀武之所以要选择在 1947 年 12 月推出济南市银行,其目的则是一箭双雕。

在固守济南的计划中,王耀武一直主张在济南南郊修建飞机跑道,为此还筹集了相当一笔款子。但这件事却遭到了山东省党部主任庞镜塘和山东省参议会议长裴鸣宇的暗中作梗,修建飞机跑道的款项原来存在中央银行济南分行,以后又被转入中央合作金库济南分库。为什么会转入济南分库,这都是因为济南市市长和许揆一等人为了讨好毛人凤、向影心夫妇所作的"努力",换言之,这笔钱自进入济南分库那天起,便被拆借给谦泰裕银号成为向影心他们翻炒公债、黄金的准备金了。这件事王耀武已经通过眼线查清楚了来龙去脉,却不急于动他们,其主要原因还是投鼠忌器。但此次蒋经国来济南却提供了一个非常重要的消息,那就是蒋经国征得蒋介石的同意,亲自坐镇财政部,会同财政部部长俞鸿钧准备在必要的时间段里全面打击炒作复兴公债的狂潮,届时,财政部公债司将要发表重要谈话,澄清外间关于复兴公债的种种传闻。王耀武感到这是一次极好的机会,他完全可以利用这个时间差将赵铁夫、许揆一乃至济南分库向景新等人的鲸吞公帑的行为狠狠刹住。王耀武也自然知道这么一来,他将要面临何种风险,也将要与哪些人结怨。所以,王耀武尽可能将身形隐蔽起来,用成立济南市银行这招棋来釜底抽薪。因为济南市银行一成立,按照规定,修建飞机跑道的款项必须从济南分库中划拨给济南市银行,而这时公债市场的变化也将导致包括谦泰裕银号在内的一批投机商大亏其本，赵铁夫本人由济南分库"刮"出去的那笔钱也在公债市场里，由此他和济南分库之间的账务纠缠也必然由此开头。而且，在具体时间上，王耀武通过严子庸与蒋经国联系后确定为 11 月 30 日这一天，财政部公债司发表重要谈话，声明此前关于复兴公债兑付的种种传闻均不确实，公债兑付并无任何实质性变更。因为 1947 年 11 月 30 日这一天是星期日，上海证券交易所不开市，投机商无从抛售，只能憋在手里。而济南市银行开业时间是 12 月 1 日，济南分库划拨回该银行的那笔修建飞机跑道的款项必须在 12 月 2 日之前到账。这个计划应该说是天衣无缝的，而且知情人少之又少，山东这边只有王耀武、严子庸几个人知道。

可谁也没想到，严子庸的老婆陶翠儿竟然发现了这层秘密，她因为自己的私房款都压在公债上，当然不会坐以待毙，她连夜就告诉了赵铁夫，老赵赶在 11 月 30 日前通知上海方面将复兴公债全抛出去。赵铁夫所在的席位卖出复兴公债自然也惊动了其他人，向影心知有变，她一面告知谦泰裕抛出一部分公债，一面给俞济时直接去电话打听消息。等到向影心拿到可靠的情报全部抛售复兴公债时，已经有点晚了，手头上还有一笔没有抛出，而这笔正好是挪用的济南修建飞机跑道的款子的一部分。12 月 1 日，上海证券交易所一开盘，复兴公债大跌，这笔窝在手里的款子自然也就大大缩水。其实，以向影心这些人的实力，用自己的钱垫付这点缺口并不成问题，关键是这些人向来吃惯了，让他们吐出去点肉那真是比登天还难。想来想去，还只是在拆东墙补西墙上想办法，一下子便想到了白文冰。向景新专门找白文冰想办法，白文冰就把吴化成给推荐了出来，最后三方达成协议由吴化成的"三鑫公司"出一笔款子堵上这个缺口，日后加倍奉还。吴化成的所谓"三鑫公司"的款子无非是军费，无非是官兵的饷银。应该说，这一过程也是天衣无缝，然而，意外又发生了。

几天后的一个深夜，三鑫公司的职员曾家琪回来晚了，为了不打扰其他人的休息，没有叫开院门，选择翻墙而入。曾家琪住的是山东省福利会的宿舍，该宿舍离山东省青年训导总队只有一墙之隔，因为天太黑，又下过雨，曾家琪一跃而入后才发现他翻进去的不是福利会的宿舍，刚想脱身，已经有两束刺眼的由手电筒射出的灯光直逼他的面庞，两个身着便衣、戴着礼帽的汉子扑了过来，一边走还一边森森地低吼道："口令！"原来住在这里的是山东省青年训导总队队部，但其主要机关人员都已经在不久前搬离，目前留守在这里的是青年训导总队政训队的人，而这个政训队则是保密局济南站第一观察室的公开身份。曾家琪眼疾手快，把帽檐边的一个小纸条抽下来猛地吞了下去，就在他吞咽纸条的同时，有一个青年汉子已经用手指头抠进了他的嘴巴里，还喊着："这小子不地道！"曾家琪一使劲，那汉子"哎呀"一声，手指头好悬没给咬断，但这一声也惊动了更多的人，曾家琪被捕了。在地下室的酷刑审讯过程中，曾家琪始终不承认自己吞咽过什么东西，在曾家琪的身上也没有搜到什么有价值的东西。于是，便把曾家琪暂时羁押在牢房里。在羁押期间，负责看守的姓马的青年人对曾家琪很同情，小马还暗中告诉曾家琪，他恨透了这里的一切，自己是误入歧途，被他们给骗了进来的，如今已经出不去了，只好混日子。小马表示他愿意给曾家琪传递消息到外面，曾家琪反复想了一天，便告诉小马说可以到三鑫公司找会计主任，姓方的先生，告诉他这里的情况，想办法保他出去，过了半天以后，小马回来了，告诉曾家琪说他已经把消息告诉了方主任，请曾家琪放心。

　　小马的确把曾家琪被捕的消息告诉了三鑫公司的会计主任方先生。但之前他先行向他的顶头上司赵铁夫做了汇报。小马是保密局济南站设在山东省青年训导总队的一名"特情人员"，这种身份的特务一般都以同情那些被羁押的犯人的面孔出现，尽可能地套出他们的底细，曾家琪因为任务在身，慌乱之中轻信了小马。赵铁夫听过特务小马的汇报，意识到新的突破口来了，三鑫公司是吴化成的买卖，他盯吴化成也不是一天两天了，这一段时间以来他就对王耀武成立济南市银行是别有所图大存疑念，尽管陶翠儿的告密内容仅限于 11 月 30 日公债司发表澄清谈话这一条，但联系到济南市银行的成立时间就不能不让他往更多的方向琢磨。如果这次抓住吴化成的什么把柄的话，那么将来对簿公堂的时候，有你王耀武在我赵某人面前作揖的那一刻。赵铁夫密令特务兵分两路，一路盯死三鑫公司的来往人员，一路盯死会计主任方某。从跟梢的特务口中得知，方某周三晚上分别同一个女人和男人见了面，周四再次同那个男人见了面。于是，赵铁夫又分别派人盯死同方某见面的女人和男人。接下来的一天，收获很大，盯死同方某见面的女人的那组特务回来报告说那个女人出现的方位基本廓清，赵铁夫一看报告，立刻给沈舒宁打电话，让她马上来一趟，不一会儿的工夫，沈舒宁到了，赵铁夫请她看了看这份报告，沈舒宁刚看两眼就说："这就是那个秘密电台经常出没的地域。"赵铁夫："果然没错，抓！"三处同时动手，方某以及那个女人和那个男人同时被捕。可是，戏剧性的一幕又出现了，当特务们去抓那个同三鑫公司会计主任方某见面的男人时却遭到了一顿毒打，毒打特务们的竟然也是特务。原来这位同方某见面的人不是别人，正是国防部二厅驻山东情报站谍报组组长，挨了打的保密局济南站的特务跑到外边呼救，更多的特务赶了来，最后将这位上校谍报组组长制服，带回了审讯室，赵铁夫从小窗口一看，坏了，的确是二厅的人，可既然已经抓来了，那就不能轻易放走，否则更交代不过去。

赵铁夫这边一抓人，真正是牵一发动全身。许揆一、向影心、白文冰、吴化成乃至王耀武都被惊动了，甚至连远在南京的国防部二厅实际的当家人侯腾也给惊动了。侯腾等人的震惊倒不是赵铁夫抓了他手下的谍报组组长，更不是这位谍报组组长参与了炒卖复兴公债，而是赵铁夫抓到的那个女人的身份初步被证实为中共方面的地下工作人员。据俞济时等人向他透露的消息，蒋介石同意由侯腾出任二厅厅长。可是，在这个节骨眼上，自己亲自安排的济南谍报组组长竟然同中共方面有了瓜葛，这要是传到蒋介石的耳朵里，别说二厅厅长没戏，就是这身虎皮也早晚得被扒掉。而且，联系到当初自己的堂兄侯龙安死于赵铁夫之手，以及最近夏楚中落马这件事，侯腾脑瓜子上的冷汗刷地下来了，他太清楚老赵的为人了，这是一条恶狗。

现在冒冷汗的不只是侯腾，向影心的冷汗也冒出来了。抓住了三鑫公司的会计主任至少要把吴化成给他们用军费堵窟窿的事捅出来，她知道蒋介石最恨左右挪用公款这种事，况且，她背后站着的是俞济时和毛人凤，一旦再把这两个人给牵扯进来，她向影心这辈子就算完蛋了。而且最要命的是被抓的女人的身份竟然有"共党"的嫌疑，如果按照这个思路走下去，她就更说不清楚了，因为她自己本来就有曾经"左倾"的前科。

而真正冒白毛汗的是吴化成本人。给向影心堵窟窿这种事他倒不担心，因为到时候他可以一推六二五。问题是那个被捕的女人的身份，这个女人到底是谁他也不很清楚。可他清楚的是，他已经派林中英与王道乃至华野接上了关系，说是华野派来的代表这几天就到。如果这个女人在中间走漏了不该走漏的风声，那就是祸事上门了。吴化成急得团团转，林中英劝他不要担心，凡事一挺就过去，这么多年了，不都是这么挺过来的吗？林中英："他赵铁夫抓了二厅的人，侯厅长能放过他吗？他赵铁夫要是再查到了那笔款子，向影心和毛局长能放过他吗？而且，他要是把矛头对准了我们的话，王司令官能放过他吗？你别忘了，我们现在是谁的人马？"吴化成听到这里，沉住气了，转了一圈，嘿嘿一笑："嗯，是这么个理儿。老话都说过，宁犯天条，不惹众怒。我们就挺着，妈的，你也去勤打听打听。"林中英答应着退了出来，自己的手心里不觉之中已经攥出了一把冷汗。

4. 崩溃

亲信背叛，济南失守，王耀武几欲崩溃，而济南战役中共胜利也是国民党政权总崩溃的开始。

作为一名多年以来蛰伏在"狼窝"里的地下党，林中英比谁都清楚他眼前遇到的这场的灾难的严重性。会计主任老方的被捕，特别是董静雅（与老方见面的那个女人）的被捕，敌人的刀尖差不多已经指到了他的眼前。现在自己唯一能做的只有等待，因为尽管他还不知道王道派来的代表是否已经与董静雅接上头，是否处于安全的状态，但以他对董静雅的了解，他知道这个女人足以为他赢得必要的时间。

由于特务们在羁押过程中的疏漏，曾家琪获悉老方已经被捕，自己羞愧难当，趁敌人不备，自尽身亡。曾家琪一死，事情显得更复杂了。虽然在董静雅家里搜到了电台，可这个电台的确做不得董静雅"犯法"的"罪证"。这部用的是 6L6 型号真空管，功率有 10 瓦，且用并联的办法用两根铅笔那样粗细的线圈一头勾在真空管的屏极上，另一头套在振荡管的铝帽上（也就是栅极），使用者还把电位器改成人工控制音量，能够准确地收到外来的信号，而一旦取走线圈，收报机就和普通的收音机没有任何区别。所以，现场抓获电台时，包括赵铁夫、沈舒宁都很纳闷，因为凭着一个只有发报装置而无收报装置的电台是无法给董静雅定罪的。而且，董静雅咬死说这个装置仅仅为了收听公债行情，是商业行为。会计主任老方的口气几乎同董静雅一样，他也只是承认他与谍报组组长的见面包括同董静雅的见面都是为了炒卖公债。而且也的确发现了二厅这位谍报组组长参与了大宗的公债买卖。应该说，截止到这时，赵铁夫已经从最初的兴奋点上跌落下来。哪知道，一个人的意外介入又拉了他一把，从而将这潭水搅得更混。

我们前面提到过叛徒唐守松，因为他的叛变间接导致了王道事件。唐守松叛变以后，实际好处没捞到多少，就给安排到青年训导总队政训队里当一个普通的队员。非常巧的是，他在羁押处看到了董静雅，这个女人面熟得很啊，他努力地搜索着自己的记忆，想起来了。于是，他向赵铁夫做了汇报，赵铁夫大喜过望，立刻布置人力查访董静雅的背景。查访的结果是此人不叫董静雅，而叫姚岚。她的祖父姚克之曾经做过北洋军阀头子段祺瑞的亲信靳云鹏的参议，其父姚旭任职韩复榘时代的国民党山东省党部，后来被张绍堂、张苇村陷害致死。姚岚曾经参加过"民先"（民族解放先锋队），此后，姚岚下落不明。1945年5月，姚岚化名董静雅出现在兖州和济南。1947年2月搬到现住址，一直未动。结合唐守松的汇报以及内查外调的情况的汇总，特别是通过沈舒宁，起获了隐藏在省医院里的另外一个电台，并通过刑讯报务员获知姚岚就是潜伏在济南的中共地下党，她在这里的任务就是接受一项特殊的使命。这个信息极大地刺激了赵铁夫的大脑皮层，如果打开姚岚这张嘴，势必能够获得更大的收益。那么，如何打开她这张嘴呢？这时，他想到了白文冰。

赵铁夫请白文冰出面帮忙审讯姚岚，因为赵铁夫知道白文冰对于熬审是有一套办法的，而且之前利用郑醒农一举抓获了袁筱南。白文冰虽然恨死了眼前这位"赵处长"，可仍旧虚与委蛇，他并不谦虚，而且也打算从这个叫姚岚的女人身上打开缺口，倒要看看拔出了这层泥到底还能牵出什么样的大萝卜来。但白文冰自己却不出面，而是推荐了吴化成手下的团长王玉臣。白文冰还给赵铁夫列举了王玉臣的"优势"：第一，王玉臣与中共有杀父之仇；第二，王玉臣本人追随齐子修疯狂反共，他本人在鲁西有一大笔血债；第三，王玉臣自投靠吴化成后始终得不到实质性的升迁，心怀不满，而姚岚一案无疑是打开吴化成所部缺口的关键部位，王玉臣肯定会格外卖力，作为王玉臣的长官的吴化成也不敢峻拒赵铁夫调用王玉臣；第四，王玉臣此人素来凶狠，尤其对女犯，长于折磨，姚岚出身大户，并非工农子弟，骨头未必有那么硬。

按照白文冰的建议，赵铁夫通过二绥区向吴化成点名要王玉臣参与审讯姚岚。吴化成把官司打到了王耀武那里，王耀武告诉吴化成稳住神，没什么大不了的，王玉臣尽管派去，如果不派去，反而会让人家生疑。吴化成告诉王耀武，赵铁夫这么做是冲着你来的，王耀武不置可否。王玉臣到位的那一天，二绥区二处处长和白文冰都被公开派去现场观看审讯，白文冰对自己被派去观刑有些不解。王耀武说："光有二处的人我不放心，你去最合适。"审讯连续进行了两天半。其酷烈程度无以言表，姚岚的全身被烙铁烫得没有一处是正常的颜色了，手指甲和脚趾甲都被拔出，最后压杠子的时候，左小腿当场压断。1951年镇压反革命时抓捕了当初给姚岚动刑的凶手，凶手承认，从审讯开始一直到审讯结束，姚岚没有掉过一滴眼泪，没有说过一句话。从姚岚的口中没有得到一丁点的有价值的东西。自南昌第二陆军监狱开始，赵铁夫破获的几场"大案"中，几乎都得益于叛徒，在这点上，赵铁夫一直颇为自信。而且，从顾顺章到郑醒农再到唐守松，他们哪一个人的身份都比眼前这位受刑晕死多次的姚岚重要得多，他们哪一个人的出身也都比眼前这位姚岚寒苦得多。可是，结果他们哪一个人的骨头都没有这么一个弱女子硬。这不仅让赵铁夫深感震惊，也让一直观看刑讯的白文冰大感震怖。

白文冰刚从审讯室回到家里，向景新就跑来了，他跟白文冰说，南京方面已经行动了，还问审讯的情况怎么样，白文冰说零口供。向景新长吁一口气："以前经常盼着共党招供，可这次是个例外，这女共党真够意思。"白文冰瞟了他一眼，向景新情知失言，连连打自己的嘴巴："臭嘴，臭嘴。"

向影心直接电告毛人凤、潘其武有关赵铁夫在济南动手的情况，毛人凤让潘其武具体负责处理此事，而国防部二厅那边侯腾也给赵铁夫准备了一道"菜"。在侯腾、潘其武、叶翔之这两股势力的共同运作下，赵铁夫的贪污罪证被顺利地通过俞济时送到了蒋介石那里，蒋介石勃然大怒，当即将毛人凤叫来由他负责查办赵铁夫。但过了三天，蒋介石又把毛人凤叫来："赵铁夫病了，你去济南听汇报的时候，顺便看看他的病，看看他病得到底重不重。赵是同志了，我记得他以前一直是跟着戴课长（戴笠）的。"毛人凤领命而去，他知道事情肯定又起了变化，否则赵铁夫怎么忽然病了，蒋介石怎么忽然改了口。

赵铁夫的罪证一递上去，蒋经国就知道信儿了。蒋介石把赵铁夫贪污的罪证都拿给了蒋经国，这些证据不是凭空捏造的。蒋经国自然无法从正面替他申辩，只能在侧面强调一下此前赵铁夫抓的那几个案子涉及的人事层面。蒋介石这才批准暂缓逮捕赵铁夫，蒋经国密电济南严子庸要赵铁夫"自求多福"，他也只能管到这一步。无奈之中的赵铁夫求到了王耀武的门下。王耀武知道这几天里，向影心、吴化成、许揆一他们没少动作，南京那边的风向已经昭示出赵铁夫的未来结局不会太妙。可如今赵铁夫找到了自己，赵铁夫为自己帮过两次大忙，一次是在天津，一次则是在南昌。想到南昌，王耀武心头又紧了一下。他为赵铁夫出了一个主意：住院。住了几天，毛人凤的电报到了，赵铁夫看后颇为惶惑，他又去找王耀武，王耀武："小病大养，自古皆然。如果我没判断错的话，总裁最多是让毛局长带你回南京，只要回到南京，你的问题就可大可小。"赵铁夫："何以见得？"王耀武："毛局长给济南站的电报刚才你不是说了嘛，是'即将来济，并探望铁夫同志'，他如果真的奉了总裁的密令来办你，根本无须电报打前站，这不是画蛇添足吗？"赵铁夫恍然大悟，连连道谢。赵铁夫走后，王耀武慢吞吞地在屋子里踱步，他满脑子都是毛人凤那封电报，凭着他这么多年来的政治经验，王耀武知道赵铁夫恐怕是凶多吉少，但愿他能逃过这一遭。

而此时，白文冰、吴化成、向景新也在琢磨着毛人凤的这封电报。向景新说向影心表态了，赵铁夫这次要是给放虎归山，势必后患无穷。只要能除掉赵铁夫，在所不惜。向影心还特别拜托白文冰务必拿出主意来。白文冰："赵铁夫既然病了，那就将计就计，不过，我事前声明，我这招只能算是押宝，押对了我们都活，押错了，就只好听天由命了。"吴化成："老弟，你就快说吧，我们都听你的。"白文冰："沈舒宁去了青岛，所以，请吴大哥也去青岛走一趟，任务只有一个，陪好她，让她在青岛多待几天。"吴化成："啥意思？"白文冰："只要她人不在济南，我们这套戏法才能变下去。懂不？"吴化成："不懂。"白文冰："给你们讲个故事，帮你们开开窍。"白文冰讲的这个故事是关于晋文公重耳和他的两个心腹魏犫、颠颉的。重耳在外流亡十九年，魏犫和颠颉一直跟随左右，后来重耳跑到曹国，曹国上下对他都很冷淡，只有僖负羁对重耳不错，等后来重耳即位攻陷曹国时，专门吩咐下去，要善待僖负羁全家，谁要是敢动僖负羁家里的一草一木都要按军法论处。魏犫和颠颉不服，晚上喝醉了就跑到僖负羁家里点火，没想到火烧起来后把魏犫也给烧伤了，幸亏颠颉背着他才跑出来。这把火将僖负羁给活活烧死，重耳大怒，要拿下魏犫和颠颉。亲信赵衰认为魏犫是猛将，杀了可惜，不如留下来。重耳就让赵衰去看看养病的魏犫，如果魏犫病重，就不留了，如果病得不重，就留下他一条命。赵衰来拜望的消息传到魏犫耳朵里，魏犫连忙让左右将他伤口用布帛紧紧缠住，要亲自出门迎接赵衰，左右都劝他不要动，躺在床上，魏犫火冒三丈说左右懂个屁。说完他不但亲自去迎接赵衰，而且还故意在赵衰面前蹦蹦跳跳地表示自己病得不重，很快就可以康复。赵衰就此复命，重耳便留下魏犫，只将颠颉杀掉。白文冰的故事讲完了，吴化成、向景新都互相看了看，明显没听懂。向景新没听懂是真没听懂，吴化成可是听懂了，心里暗想，白文冰这小子真够阴的，他的坏水可是比赵铁夫多了去了，此人要在济南，早晚是个麻烦，一定要想办法除了他才行。不过，表面上吴化成也装傻。白文冰便解释道："毛局长的电报上为什么专门提了一句'并探望铁夫同志'？很显然这是跟赵铁夫的病情联系到一起的。据我观察，老头子处分赵铁夫的决心肯定还没有全下，他让毛局长过来看看，如果赵铁夫病情一般，那就超生，如果病情较重，那就随便处理了。"吴化成："老头子在济南心腹众多，想要知道赵铁夫的病情到底如何，难道还需要毛局长亲自跑来不成？"白文冰："这就是老头子的手腕。赵铁夫是军统的老人，是所谓的'功狗'，处分这样的人老头子一向留有余地，绝不会轻易表态。他让毛局长亲自跑来，一则是放权，一则是收权，所谓放权是毛局长来办具体的事，所谓收权是最后的去留还要取决于他的点头与否。这一收一放都在这封电报里了。"白文冰："吴大哥，请你立刻赶往青岛，稳住沈舒宁。"白文冰又转向向景新："许揆一那边由你来负责。"吴化成出门前，冷风一吹，忽然想到一点，那又是谁让赵铁夫住进了医院的呢？

1948 年春，国防部保密局局长毛人凤驾临济南，王耀武以下都前来迎接。必要的程序过后，毛人凤提出要去看看住院的赵铁夫，山东省政府调查室主任许揆一立即安排，毛人凤还专门拉着王耀武一道去看望赵铁夫。王耀武到了省立医院才知道赵铁夫已经被转入重症监护室，王耀武心头掠过一丝寒意，等到见了病榻上的赵铁夫，王耀武心里明白，赵铁夫完了。因为此刻的赵铁夫分明不是什么装病了，而是真病且是重病，医生介绍说赵铁夫的肺功能已经严重衰竭，就目前的情况看，完全是拖日子了。毛人凤表示出很重视的样子，亲自要求医生讲解 X 光片，而且还询问医生是不是可以转到青岛美军那里或者飞机直送南京救治云云，医生都摇摇头说来不及了。毛人凤还气愤地盯着医生问道："从什么时候开始恶化的？为什么不报告？"医生不知所措，许揆一接过了话头："局座，赵处长也就是这两天病情才出现恶化的，医院方面向我做了汇报，我看到您风尘仆仆，公务繁忙，再者说王司令官那里也是特别的忙，所以，我除了指示他们想尽一切办法抢救外，还没有来得及向您做具体的汇报。"毛人凤生气了："糊涂！铁夫同志是老同志了，总裁亲自吩咐我来探望，你们却当作儿戏，回去以后我要严厉处分你们！"当天下午，毛人凤便把济南的情况连同赵铁夫的病情向蒋介石做了汇报，关于赵铁夫的去留问题，蒋介石回电中只字不提。毛人凤离开济南前夕握着许揆一的手语重心长地说："铁夫同志就交给你了，你要好好地照料他。"许揆一说局座放心吧。三天以后，赵铁夫在医院里撒手尘寰。毛人凤尽管已经到了青岛，但还专门打回来电话表示哀悼，并要求保密局济南站设立灵堂吊唁赵铁夫。王耀武自然也要去灵堂拜祭一番，他和罗明理出来后，钻进小轿车，罗明理念了一句宋词："狡兔依然在，良犬先烹。"王耀武只当没听见。

1948 年 3 月下旬，王耀武率领罗明理、严子庸、钱伯英等人准备前往潍县视察防务。随着周村的陷落，潍县已经成为下一个较量的据点。而一旦潍县失守。那么，青岛、济南之间仅有的一道维系也将归于完结，济南必将成为一座彻头彻尾的孤城。王耀武一行没有进潍县县城，只是在潍县机场同潍县守军主要头目陈金城（整九十六军军长兼整四十五师师长）、张天佐（国民党山东省党部委员兼国民政府山东省第八行政专区专员兼保安总队总队长）见了面。因为张天佐同严子庸的关系很深，所以，王耀武才叫严子庸一道过来，而且，自去年年底狙击许揆一、向景新等人挪用修建济南南郊飞机跑道一事以至功败垂成之后，严子庸一直自觉愧对蒋经国、王耀武，总是借口躲避。因而，王耀武并不清楚内中具体情节，只是觉得应该找个机会同严子庸沟通一下，免得他过于垂头丧气。等到王耀武同陈金城、张天佐聊过以后准备走的时候，严子庸忽然将王耀武叫到一旁，表态自己要留在潍县辅佐张天佐。严子庸向王耀武简单地叙述了去年年底狙击许揆一、赵铁夫、向景新等人失手的经过，并且坦承是由于陶翠儿的事前泄密所致，这件事他查清楚了，但因为事关他全家，所以，迟迟没有向王耀武告白，来潍县之前他已经将此事上报给蒋经国，所以，他眼下也不准备瞒着王耀武了："事情出在我老婆头上，怎么能说没有我的责任？围剿炒作公债，经国先生亲自坐镇南京，你又亲自坐守济南，结果因为我家里的一个女人竟然闹到那一步田地，我严某人负恩深重，有愧党国。"王耀武犹如五雷轰顶，去年年底狙击计划部分失败后，他曾经密令调查这件事的来龙去脉，虽然也得到了一些有价值的情报比如赵铁夫居中用事等，但他绝没想到自己的通盘计划竟然是毁在眼前这位三青团的重要骨干、自己一直引以为同道的严子庸的手里，而且更没想到的是竟然毁在自己亲手玉成婚配的陶翠儿这个女人手里。过了好一会，他递给严子庸一支香烟，自己也点了起来："子庸，这是天意。还是经国先生那句话说得对，'天道无情'，我们这些人看来注定要成为历史的过客了。"严子庸："所以，我要留下来。"王耀武："杀身自赎还是取义成仁？"王耀武说到这里，摇摇头："你没看到刚才陈金城问我何时可以空运一个旅过来时我的那副闪烁其辞的表情吗？潍县之不可守你我都明白，我们只不过是尽人力以听天命罢了。你留下来又有何益？"严子庸："总裁手创青年团，试图以此改造本党，经国先生继之而起，刷新政治。但这些努力都付之东流，我作为其中的一分子，痛心疾首却也无可奈何，这就像你说的那样，只能说是天意。既然天意如此，我也留在这里顺从一次天意吧。"王耀武还是不同意，严子庸冒火了："佐公，我知道你为我好！可眼下是什么时候了？我严某人一颗脑袋不值那么多钱！而且，九十六军原来隶属李延年，后来归廖运泽，你也一向并不看重，陈金城同仲甫（张天佐字仲甫）一贯是貌合神离、同床异梦，刚才你和仲甫单独谈话时想必他也会提到。而且，你也清楚，张仲甫这个人以前靠着戴笠，现在又受到经国的青睐，一向目无余子，有我在，他还不敢过于露骨，退一万步说，即便城破，有我在，也能不至于让他成为第二个周庆祥！"

严子庸提到的"周庆祥"触及了王耀武的痛处，他一下子沉默了。周庆祥是整三十二师师长（即三十二军军长），系王耀武山东大同乡，黄埔四期，与王耀武同岁。为人骁勇善战，曾经在抗战中辅佐方先觉扼守衡阳，苦战数日，令日寇尸横遍野。抗战结束后，周庆祥并无后台，只好北上投靠王耀武，王耀武很看重他，只是苦于一直不好安排他的缺分。直到 1947 年 7 月，整三十二师师长唐永良兵溃被撤，王耀武提请国防部任命周庆祥接掌整三十二师。当时，三十二师只剩下 141 旅和 139 旅残部编成的 422 团。三十二师的底子本来就差，中原大战前是阎锡山的部队，以后经手张学良、商震，历来都被视作杂牌，不论是人员还是装备，都备受歧视，战斗力较弱。周庆祥接任也算是受命危难之际，王耀武为了不亏待周庆祥，特调整七十三师 36 旅归周庆祥节制。1948 年 3 月 11 日，也就是周村战斗打响的前一天，王耀武才获悉华野两个主力纵队向周村、张店移动，他急令毫无思想准备的周庆祥率整三十二师出动，当时罗明理还多了一句嘴："让周师长守周村？"那个时代比较迷信，特别是军人，有大将犯地名一说。王耀武自然也管不了那些了，他握着周庆祥的手说："云亭（周庆祥字云亭），如果事有不济，可以随时退回济南。"周庆祥："司令官请放心，三十二师不是泥捏的。"直到这时，王耀武和周庆祥还都不知道，整三十二师的主力旅 141 旅三个团中两个团的团长都倾心中共，其中 141 旅 423 团团长郭蕴章本身就是中共地下党员。所以，周村战斗仅用了一天就解决了整三十二师，周庆祥化装成车夫逃回济南。蒋介石听到这个消息后不知了哪根神经（据说是周庆祥派卫士枪杀了蒋介石设置的战地视察官），竟然将周庆祥押回南京受审，不久即枪决。王耀武对这件事非常不满，周庆祥失陷周村并不是周本身的错误所致，而是国防部情报不准、山东地区情报不准所致。所谓千军易得、一将难求，在此用人之际，像周庆祥这样的将领完全可以让他戴罪图功，没必要一棍子打死，况且自内战以来，军令不行、军纪不严比比皆是，那些望风而逃、中饱私囊的人不是鲜于追究，便是轻轻放过。就在周庆祥被枪毙的同时，曾经被蒋介石亲口唾骂的夏楚中却已官复原职。奉命将周庆祥押送南京在济南机场送别时，周庆祥惨然对王耀武说："我要是被共军俘虏了，可能都会比今天的下场强。"王耀武虽然也断定周庆祥此次到南京要狠吃一些苦头，却绝没有料到会遭致枪决的极刑。消息出来，听者无不感叹，周庆祥的老部下、原整三十二师 422 团副团长李文涛晚年回忆时还辛酸地说道："假使当年，果若殉衡，死如泰山，恐名垂青史矣！"

严子庸："只手难扶唐社稷，连城犹拥晋山河。现如今我们怕是连这句话也不敢自夸了吧。佐公，你还记得上次经国来济说及贺衷寒的那段骂人的话吧？"王耀武："当然记得。"蒋经国上次来济南与王耀武、严子庸闲谈时说起 1946 年 9 月在庐山召开的三青团第二次全国团员代表大会期间，曾经是国民党复兴社的主要负责人之一的贺衷寒痛心疾首地大骂贪污腐败现象，并声言，一定要来场革命。蒋经国是带着颇为赞叹的口吻谈及此事的。严子庸："可是，经国在上个月回浙江老家，喝得酩酊大醉，直要跳楼。这才几个月啊。"王耀武："你听谁说的？"严子庸："佐公，这不是小道消息。经国最后被人拦住了，他说如果再不激发天良的话，大家将来连楼都没得跳了，只能跳海。所以，我请佐公批准将我留在潍县，算是留给我一个为党国尽忠的机会吧。"王耀武无言以对，只好重重地拍了一下严子庸的肩膀。

1948年4月27日，镇守潍县的张天佐部所据守的防线被我人民解放军一举突破，张天佐吞枪自杀，严子庸因顽抗被击毙。而此刻坐在济南城里的第四兵站总监部副参谋长白文冰却在打着严子庸的未亡人陶翠儿的主意。经过长时期的调查，白文冰终于搞清楚了毒死余书菌的那种特殊毒药的来源。这种毒药的全名叫做"阿米巴菌素"，是从患有霍乱的老鼠的尿液中提出的病菌，只要人吸收了这种病菌，这种菌便在人体内快速繁殖，以每分钟翻一倍的极速到三十六个小时后达到饱和，一旦爆发，就会出现一种霍乱的表象，实际上人体内的白血球均被这种病菌破坏，人体内部的水分通过上吐下泻排泄殆尽，死后，人的身体就会抽缩到像一个猴子大小的模样。这种毒药是日本最早发明的，在日本国内用这种毒药投毒的十八个案例中，无一人可以幸免于难。而这种毒药进入军统的时间是1944年，通过周佛海、沈舒宁之手输入的。沈北原、沈舒宁兄妹还用这种毒药毒死过正谊货运栈的王思成，这也正是冯德炎当初在医院里看到的那一幕令人惊惧的景象的来源。日本战败后，美军接手了这种毒药，但在美国战略情报局实验室的间谍用品发明专家斯坦利·拉维尔（Stanley Lovell）的眼里，这种毒药属于"小儿科"，拉维尔本人专注的名叫"肉毒菌毒素"的毒药更适合用于对政治人物的暗杀。该毒药能够麻痹并且损害中毒者的肺功能，使之衰竭直至死亡，且尸检不会有任何中毒的迹象。被毛人凤充分利用推倒郑介民事后却遭到贬斥的原军统局总务处处长沈醉在国民党统治覆灭前夕就曾经计划用这种毒药送毛人凤上西天。在济南或者说在山东，能够掌握并且熟练使用"肉毒菌毒素"的只有两个人——沈舒宁和白文冰。这也就是白文冰要求吴化成必须在青岛拖住沈舒宁不令其迅速返回济南的缘故。在这个时间段里，白文冰用"肉毒菌毒素"结果了赵铁夫。当然，他也知道自己的这次赤膊上阵很有可能会被沈舒宁察觉，但他并不担心，因为他已经给沈舒宁挖好了坑。可他却没有想到，沈舒宁瞄准他后脑勺的那把枪也在逐渐地扣动扳机。

日本战败后，冈村宁次通过今井武夫传话给沈舒宁，虽然"帝国"战败了，但中国无论如何不能统一，否则"帝国"在未来的半个多世纪里将经常做着噩梦。沈舒宁留下来，当然不会是为了去实践冈村宁次的指示，因为"帝国"已经覆灭，别说冈村宁次给她带话，就是裕仁天皇发了话也不管用。她之所以没有回到日本，主要是个人原因。几十年的中国养尊处优的生活已经不可能让她再去领略日本战后的废墟"风光"，而美国虽然是她的终极落脚点，但那里毕竟陌生。只有中国，太让她熟悉了，太让她迷恋了，而在中国，在国共对决的背景下，她的资历，她的能力，她的"才华"以及她的"风骚"更有表现的舞台。间谍是另类的演员，特别是像沈舒宁这种间谍，某种意义上说，她宁愿死在混乱纷呈的政治绞杀中，也不愿落寞无闻、终老田园。

在沈舒宁看来，赵铁夫之所以落到那种田地根本在于他的打草惊蛇，造成各方势力"合而谋我"的态势，所以，沈舒宁尽管还在沿着赵铁夫追查吴化成"通共"这条路径走下去，却更希望看到中国人自己的互相残杀。应该说，这次在青岛，美国人给吴化成上了无形中的一课，美军"强大"的武器装备让吴化成目瞪口呆。沈舒宁还给吴化成讲了一个他从未听说过的故事，当然这不是故事，而是历史的事实。1945 年 8 月 20 日，斯大林向苏军下达命令，要求苏联陆海军全力进驻日本北海道，理由是北海道位于三八线以北。而且，苏联驻日代表还一度强硬地表态，不管美国人是否同意，苏军都要进驻北海道。美国的麦克阿瑟比苏联人还要强硬地回复，只要没有美国人的许可，哪怕是一兵一卒登上北海道的领土，都将受到严厉的惩罚，美国人将逮捕所有的苏联驻日工作人员。这次交锋的结果是斯大林屈从了美国人的恫吓。在参观了部分美军驻青岛军力之后的吴化成非常深刻地理解了沈舒宁所讲的这个故事的现实意义——"美国人碰不得"。所以，当林中英告知吴化成中共那边派来的代表已经到了的时候，吴化成的态度忽然不那么积极了。自上次到南京见过老长官以后，吴化成就让林中英按照老长官所送的"礼物"去找同中共的联系接头人，哪知道具体一了解，竟然是王道。吴化成当时还说多亏我留了心眼，没有让祸水引到我们这边来，否则我们今天怎么跟王道见面？怎么同中共打交道？通过王道，吴化成与华野接上了头，双方还约定采取进一步的合作。由此华野方面还成立了具体负责策反吴化成部的机构。上次因为曾家琪的突然被捕和老方、姚岚的落入敌手，华野的代表才暂时无法同吴化成见面。等到赵铁夫死后，风平浪静了，两方面再度接触，可吴化成这一头明显热度降低了，拖了几次都不碰头，即便是碰头了也只是敷衍。林中英问他到底怎么回事，吴化成笑嘻嘻地回答，不急，不急。还说自己这方面经验很多，价码不可能一次谈妥，观望的意图很浓。

4 月下旬，潍县告急，王耀武督令包括吴化成在内的各部往救潍县，吴化成派出麾下 161 旅参加作战，哪知道潍县没有救下来，161 旅两个团的人马反倒被华野一口给吞了。这下子吓坏了吴化成，他一个劲儿地埋怨林中英，这叫什么合作？怎么把炮口对准了老子？话是这么说，可心底里却慌了，潍县是通往青岛的咽喉要道，也是王耀武的最后本钱之一，从开战到结束不过区区几天的时间，陈金城、张天佐、张景月、严子庸这几个人或俘、或死，自己的几千号人马也给搭了进去，跟共产党叫板不是闹着玩的。就这么着，吴化成又让林中英启动程序，自己要同华野的代表见面。然而，林中英的动态却被隐在暗处的沈舒宁给发现了，沈舒宁不动声色地将拍到的照片通过有关途径透给了白文冰，因为沈舒宁很清楚，一旦白文冰知道了，也就等于王耀武知道了。几乎与此同时，沈舒宁还将一张有关白文冰的照片转交给了吴化成，她对吴化成说这张照片要是送给了王耀武的话，王耀武肯定会感激他一辈子的。吴化成拿过来照片一看，照片上的人物是白文冰，背景是济南市黑虎泉半边街15号的门牌号，仅此而已。吴化成虽然没有看懂这张照片，但沈舒宁的神态他还是看懂了。至少这张照片里捏着白文冰的一个把柄，白文冰一向滑得像泥鳅，有了这张照片的话……吴化成微微笑了起来："沈小姐，您这照片什么意思？"沈舒宁："吴二哥，你们中国人最讲究给自己的孩子起名了吧？比如你的名字和清末著名抗英将领陈化成一样，是不是说明你的父母希望你能立志成为一名民族英雄？"吴化成："没错，我的名字是我叔爷爷给起的，他在淮军里当兵，还曾经在吴佩孚手底下干过，最恨你们小鬼子。"沈舒宁："吴二哥，你多心了，我今天没工夫跟你探讨民族大义的问题。我只是忽然对中国人的名字感兴趣了。"吴化成："你就别跟我转腰子了，你对中国人的名字感兴趣？我呸！你就说你到底想干屁？"沈舒宁一撇嘴："堂堂的国军中将，这么没文化。"她手指着照片上的白文冰问吴化成："你没觉得他的名字很奇怪吗？用你们老百姓的话说，白文冰是人名吗？"吴化成："这我倒没想过。"沈舒宁："亏你还是炎黄子孙，你们老祖宗留下的好玩意儿我看你是一点都没继承下来。"吴化成："要脱裤子就快点脱，磨磨蹭蹭的。"沈舒宁："前一段我到冯记膏药铺转了转，跟那里的掌柜冯老先生聊了一会儿，你们中国的东西真是博大精深啊。就这'白文冰'便是必不可少之物。"沈舒宁不再卖关子，她说'白文冰'是做膏药用的一种必需材料，只有加上了'白文冰'才能让膏药成之为膏药。吴化成嗤之以鼻："区区一个膏药名有啥奇怪的？"沈舒宁："白文冰的父母是做什么的你知道吗？白文冰这个名字是后取的，也就是俗称的化名，他白文冰的底子不过是南京中央监狱的一名看守，用的哪门子化名？这些你都想过吗？"吴化成听沈舒宁这么一说，不由得又把目光对准了那张照片，他刚要拿起来，被沈舒宁一把抽走，沈舒宁："感兴趣了吧？照片你可以拿走，但你要帮我办一件事。"吴化成还是有些将信将疑，沈舒宁："你要是眼珠子不瞎的话，你应该能认出来白文冰是出现在什么地方。"吴化成："这个还用你说，我当然知道，黑虎泉半边街。"沈舒宁："具体是半边街 15 号，你知道这里的主人是谁吗？"沈舒宁用手指头蘸着茶水在茶几上写了几个字，吴化成脑瓜子再也不晃了，直了："啊？你怎么知道是他？"沈舒宁用手抹去："我是怎么知道的不重要，但据我所知这个人来济南住在这里的情况大概不过超过三个人知情，王耀武一个，严子庸一个，他本人一个。那么，以王耀武和严子庸的行事风格，下面的问题还用我来说吗？照片里的画面还用我来解释吗？"吴化成琢磨了一会，马上应承道："你说办什么事吧，我给你办。要钱有钱，要人有人。"沈舒宁又掏出另外一张照片，照片上是一个女演员，长得挺漂亮的，沈舒宁："照片上这个女人叫陆怜君，我想让她永远消失掉。"

严子庸去潍县前夕曾经同白文冰小酌一番，在酒桌上，严子庸向白文冰倾吐了一些心曲，临走前留下一封信说 4 月底的时候再由白文冰拆开一看，并请白文冰帮着按照信上说的办成这件事。4 月底潍县失守，严子庸阵亡，白文冰拆开这封信一看才知道原来是严子庸委托他办理同陶翠儿的离婚，严子庸在信里说到上次围剿公债的事情就是陶翠儿走漏了风声，失悔自己管教不严，没有办好经国交办的差事，而且陶翠儿在严子庸背后还同不该联系的人如赵铁夫等勾结在一起，利用妇女信用合作社做了不少的不该做的事，严子庸说他自己没有决心处理陶翠儿，且感念她一直陪伴自己，所以值此为党国"尽忠"之际，请白文冰代为帮忙办理离婚手续，不要让陶翠儿再继续顶着他严子庸任何名义。信封里还有一张授权证明，是严子庸的亲笔，还有严子庸亲自钤印。白文冰看完这封信，生出些许感动，感动内容之一是国民党里像严子庸这样的人越来越少了；感动内容之二，当然也是最让白文冰感动的，有了这封信，白文冰可以顺理成章地去收拾陶翠儿了。此前，严子庸死讯一到济南，白文冰就在打陶翠儿的主意，打她名下捞来的那些大把钱财的主意。如今有了这封信，一切操作都可以从容地展开了，白文冰从心底里往外感谢严子庸给了他这个机会，白文冰也下定决心，从今以后，只要是他有可能，就一定要在严子庸的忌日为他烧纸焚香，这是恩人啊。

不过，眼下他要办的事不是陶翠儿的那些钱，而是要尽快安排济南市社会局合作事业管理科科长高长泰在聚丰德同沈舒宁进行一次特殊的见面。

1948 年 5 月 1 日，聚丰德饭庄，收拾得比平常苟合时还要风光体面的济南市社会局合作事业管理科科长高长泰同省立医院的沈舒宁医生见面了。高长泰今晚显出有些痛心的样子，他主动向沈舒宁交代了他与陆怜君的关系，并且保证以后切断和她的来往，一心扑在沈舒宁身上云云，沈舒宁也很体贴人，她不断地给高长泰布菜。高长泰是沈舒宁在济南包养的一个"三爷"（当时外地人管情夫都叫"二爷"，但山东人最重武松武二爷，所以用"三爷"代替），以后又是沈舒宁将高长泰推到了管理科科长的位置。可高长泰当了科长以后便和比沈舒宁年轻得多、相貌俊美得多的演员陆怜君勾搭到了一起，而且还准备长期来往。但为了不让沈舒宁知道，就必须要找一个万全之策，这时候，白文冰恰如其分地出现在了高长泰的面前，他交给高长泰一个酒壶，这是一个特制的转壶，并且为高长泰安排下了这桌酒席。喝了一会儿，沈舒宁突然捂住肚子，跌落到了座椅下面，表情很痛苦，眼睛里冒出凶恶的目光，直逼高长泰。高长泰走到沈舒宁身旁，看着她的挣扎一点点变得无力，微笑爬上了他的脸颊，可就在这时，高长泰忽然鼻孔里喷出鲜血，接着耳朵里、嘴里，最后是眼睛里都冒出了鲜血，高长泰全身都抽搐到了一起，皮鞋在剧烈的疼痛中被蹬掉了，原本躺在地上的沈舒宁反而坐了起来，她巧妙地利用了高长泰拿来的转壶的机关，捷足先登地害死了高长泰。为此，她得意地冷笑道："我不会让你一个人走的，陆怜君已经上路在那边等着你了。"高长泰终于死掉了，沈舒宁要起身再度确认一下高长泰的死亡，却不防被一个东西给轻轻地撞了一下，她本能地抬起脚狠命地一踮，因为她的皮鞋是特制的，鞋底藏有利刃，就她这么一脚，凭你是什么也会皮开肉裂，沈舒宁定睛一看，一条死蛇直挺挺地躺在那里，她迅速掏出无声手枪，刚要进入瞄准状态，那条死蛇临死前向她注入的毒液在她的体内发作了，她一头扑倒在地，再也没有起来。过了大约十分钟，一个穿着长衫、戴着墨镜的男人走进了包间，他摘下墨镜，用戴着手套的手分别探到沈舒宁和高长泰的鼻孔前试了一试，又将酒桌上的那把转壶塞进口袋里，然后放心地离开了。他就是白文冰。

过了几天，陶翠儿叫白文冰到他那里去一趟，是请他帮忙利用兵站总监部的账号为她转款。白文冰满口答应，陶翠儿抱怨说沈舒宁之前曾经交给她一把钥匙，可至今沈舒宁也不见动静，人也找不到，说好了是今天之前取走的，可陶翠儿明天就要到青岛去，真是麻烦。白文冰不动声色，到了晚上白文冰再来陶翠儿这里时告诉陶翠儿转款事宜已然办妥，还给她看了有关的凭证，陶翠儿很高兴，请白文冰喝一杯，白文冰不动声色地掏出严子庸的信给陶翠儿看，陶翠儿看完脸色大变，气得来回在屋子里走来走去，白文冰扶她坐下，给她倒了一杯茶，陶翠儿不喝，白文冰劝她要想得开，陶翠儿喝下了茶水，不一会儿的工夫就歪倒在白文冰的怀里，白文冰从自己的手提箱里拿出事先准备好的工具，将陶翠儿的脑袋套在一个白绫子里，慢慢地反复收纵，制造了陶翠儿自杀的现场。白文冰又很从容地找到了陶翠儿所说的沈舒宁留下的那把钥匙，在多次勘察现场无误并且清除了一切有可能令人生疑的痕迹之后，白文冰拨通了王耀武的公馆电话，向他及时地报告了陶翠儿出了意外。看着异常忙碌的济南市警察局的刑警们，白文冰生出点感慨来，自进入这种行业以后，已经很久没有亲自动手杀人了，没想到在五月里，他连续干了两次，尽管自己还算满意，但到底有点生疏了，他想起老祖宗的话，"拳不离手，曲不离口"，不由得从嘴里迸出两个字来："真理。"

1948 年 5 月 15 日，王耀武飞往南京面见蒋介石。王耀武当着蒋介石的面陈述了自己的看法，建议放弃济南，将部队撤至兖州及其以南地区，与徐州一带的部队连成一片，并以巩固徐州至兖州的铁路交通，利于日后的作战。王耀武的这番话是想了很久才不得不憋出来的。蒋介石听了以后很不满意，他说："你不从大处着眼，对济南的问题，我曾考虑过，我们必须确保济南，不能放弃。"接着，蒋介石就提出确保济南的三个理由，要点如下：济南是山东的省会，华东的战略要地。济南至徐州的铁路已修好通车。为了不让华东和华北的共区连成一片，不让他们掌握铁路交通的大动脉，必须守住济南；为了不使驻在青岛的美国海军陷于孤立，也必须守住济南。否则，不但在军事上政治上于我们不利，而且将影响美国对我们的援助。因此，不论华东战况如何变化，济南绝不可放弃；我们有强大的空运大队，随时可以增派援军，因此济南并不孤立，没有后方也可以作战。蒋介石还给王耀武打气："济南如果被围攻，我当亲自督促主力部队迅速增援。只要你能守得住，援军必能及时到达，我有力量来给你解围。为了确保济南，必要时可以增加防守部队。"同时也敲打王耀武："打仗主要是打士气。鼓舞士气，首先自己不要气馁。我们的失败就是失败于士气的低落。你们如不奋发努力，坚定意志，我们将死无葬身之地。"这次谈话毫无任何味道可言，这是王耀武自见蒋介石以来第一次发现他的决心已经动摇了。

见过蒋介石，王耀武又去拜见何应钦。何应钦此时已经被内定即将出任行政院政务委员兼国防部部长，顾祝同也被内定出任参谋总长。何应钦这次与以往大大地不同，显得有些垂头丧气，他对王耀武说话的口吻也带着一点讽刺："抗战胜利后，我们与中共作战以来，我们的将领送给共产党的礼很多，你也送了不少。陈辞修曾夸口说只需要三个月至六个月就可以解决共军的主力。可是现在已打了两年多了，不但没有解决共军的主力，我们的军队反而被消灭了二百多万。这样下去，真是不堪设想。希望你守住济南，不要再向共产党送礼了。"说到这里，何应钦招呼王耀武坐下，示意王耀武喝咖啡："这是我从美国带回来的，你走的时候也拿去一些，熬夜用得着，以后我们这些人休想睡安稳觉了。"何应钦叹了一口气："3 月份的时候，他（蒋介石）几乎一天一封电报催我回来，回来以后马上去见他（蒋介石），他也向我交了实底，自前年以来，两年多的时间里，我们一共损失兵员高达 300 多万，轻重机关枪 7 万挺，山炮野炮重炮 1000 多门，迫击炮 15000 多门。陈辞修丢下这么个烂摊子让我来接，佐民，你说说看，我怎么办？"王耀武默然无声，何应钦："你提的建议我看过了，主要是八个字'退守徐州，以利再战'。可惜他（蒋介石）不会采纳，而且他也不可能采纳。他是把政治声誉看作高于一切的，当初的守南京就是一个很好的例子。明知不可为而为之，济南能不能守住，恐怕只有天知道了。"送王耀武到门口时，何应钦欲言又止，最后就握了握王耀武的手："你好自为之吧。"这是何应钦、王耀武两个人的生平中最后一次见面。

实际上何应钦感伤的心境不是特例，在见到张群以后，王耀武发现在南京的国民党上层里，对未来局势的看法已经基本处于一种非常悲观的状态中。回到临时住处，王耀武把此次同行的白文冰叫来。王耀武说："今天我去见了张岳公（张群），粮食问题很严重，所以，我决定你暂时留在南京坐催。"白文冰："是。"王耀武关心地问道："我看你最近气色不是很好，我给你把把脉。"把过脉之后，王耀武认真地给白文冰开了一个方子："早晚各服一次，一个月以后估计就可以大安了。"白文冰连忙道谢，王耀武似乎不经意地问了一句："小白，你这个名字起得很有意思，你父母应该也通医道吧？"白文冰一愣，王耀武笑道："白文冰嘛，不是做膏药用的吗？"白文冰也强作笑容："是我爷爷给起的，老百姓，求个平安而已。"

正当王耀武在南京身心疲惫之际，中共中央已经基本完成对华东野战军领导班子的调整。毛泽东决定以粟裕代理华野司令员兼政治委员，将在长江以北搞几次大规模的歼灭战全权赋予了粟裕。而粟裕本人则在 1948 年 4 月 18 日给中央军委的电文中第一次提到了相机攻占济南，南线决战的思路已经在这位年仅四十一岁的方面军统帅的心目中日臻成熟。

1948 年 7 月 13 日，华野许世友、谭震林兵团攻克兖州，俘国民党军第十二军军长霍守义，济南周围三百公里的广大区域已被华野完全控扼，济南名副其实地成为了一座孤城。8 月 10 日，粟裕会同其他领导给军委发去有关作战计划。粟裕深知王耀武的指挥才能，他对王耀武曾经如此评价："王的性格大胆果断……王耀武之指挥，经一年多了解，是蒋军中指挥较有才干者。"为了占有绝对优势兵力，粟裕在 8 月 23 日去电军委请求调拨苏北兵团参战。8 月 26 日中央军委复电同意并指出可能出现的情况：

（一）在援敌距离尚远之时攻克济南；（二）在援敌距离已近之时攻克济南；（三）在援敌已近之时尚未攻克济南。28日军委又指示粟裕等人："我们要求你们的是以一部兵力真攻济南（不是佯攻，也不只占飞机场），而集中最大兵力于阻援和打援。"

此间王耀武还没有意识到粟裕乃至中共中央会把高达32万人之多的兵力全部投入到"攻济打援"这一战略决策中来，至于蒋介石虽然在8月初部署了大约27万兵力（其中济南城守军10万，外部援军17万）的济南会战规模，可实施起来却步履维艰。从南京回来的王耀武心情一直很糟，特别是7月中旬兖州的失守让他心烦意乱，战争生涯中历次决战前夕的状态都没有这一次让他感到由衷的凄惶。吴化成在他去南京前，交给了他一张有着"黑虎泉半边街15号"背景的特殊照片，他看着照片上的白文冰，其心理震撼程度远远要超过孟良崮整七十四师的被歼。上次蒋经国莅临济南准备去潍县取证，安排在黑虎泉半边街15号下榻，这是仅有蒋经国、王耀武、严子庸三个人知道的事，甚至连庞镜塘都没有告知，白文冰何从知晓？再加上严子庸曾经说漏嘴的那一句关于给康泽造谣的主意来自于白文冰，以及沈舒宁在提供给吴化成这张照片后便神秘地毒发身亡于聚丰德饭庄等等，王耀武不相信济南市警察局关于聚丰德饭庄沈舒宁、高长泰的死因是男女关系，虽然在仔细地搜查了沈舒宁和高长泰的住所后一无所获，但王耀武从吴化成手中接过这张照片的时候，他心里的最后一道防线已经开始逐渐瓦解。他再一次想起太平天国李秀成在其《自述》中谈及洪秀全赐予他"万古忠义"条幅时的义——乐我之心，防我之变。只是没想到，自己二十多年的鞍前马后、忠心耿耿仍旧是同样的遭遇。王耀武强烈地感到，中国二千多年来的人治社会中，最高当局和他的下属之间永远存在着一条永远无法填平的鸿沟！

虽然内心如此的愤慨，却又不得不尽忠职守。王耀武针对华野主力由苏北、皖北、豫东向山东调动的迹象，在召开的有关军事会议上分析如下：（一）山东省除济南、青岛、临沂三个据点以外，其余都被解放军占领。以济、青、临三处而论，当前济南遭受解放军进攻的可能性最大。解放军为了巩固后方，必将集中力量攻取济南，拔除其心脏中的这把刀子，以解除南下的顾虑，并使华东、华北联成一片，恢复津浦路徐州到天津间以及由胶济路经济南、德州至石家庄的交通运输，以利华东及华北的作战。（二）从解放军攻占潍县、兖州的作战情况来看，他们的炮兵及工兵的力量已大为增强，并具有一定的技术和攻坚的能力。（三）解放军对胶济铁路、津浦铁路及新占领地区的公路，不但不破坏，而且均在抢修中，并逐渐向济南延伸；在作战中所得到的火车头及车厢等，也大部修后使用。这显然是为进攻济南创造有利的交通运输条件。（四）解放军对济南守备部队从多方面进行瓦解工作。他们不断地把俘去的中下级军官释放回来，并且对在潍县、兖州战役中失散的国民党军官眷属很优待，还发给路费派车送回济南。这些回来的军官眷属都说解放军纪律严明，秋毫无犯。由潍县等地跑到济南来的商人，也到处说解放军的纪律好，不拿老百姓的一针一线，解放潍县后，派人挨家挨户进行慰问，并帮助老百姓解除困难，使人心很快地安定下来，社会秩序也随之恢复，工商业照常营业。这些情况都说明解放军正在积极进行攻城先攻心的瓦解工作，为解放济南准备条件。根据上述情况，王耀武判断华野的下一个目标必定是济南。为此，他做出以下部署：第一，电请蒋介石调派整八十三师周志道部空运济南增强防务；第二，请求增屯弹药及十一万人两个月需用的粮食，其中屯集部分毒气手榴弹；第三，令各部增加工事，凡是重要据点均须挖掘外壕和陷阱，架设鹿砦及铁丝网等副防御，并轮流练习射击及夜间战斗动作；第四，由济南城防最高军事主官会同国民党山东省党部主任对所部进行"精神讲话"，瓦解中共方面的宣传；第五，加速建设好千佛山下的飞机跑道，并将城北五柳闸加宽加高，拦住小清河河水，以便中共军队来攻时开闸放水；第六，加紧训练民众，防止共党活动，编组壮丁队、纠察队等。

8月10日晚，四架空军运输机满载着即将作废的法币降落在济南飞机场的跑道上。蒋介石鉴于金融秩序的全盘混乱，决定发行金圆券来取代法币，在法币宣布废止前，他命令各地军政长官用这些钱在解放区或者解放区的边缘区域大肆抢购物资，济南便是这一计划中的关键环节之一。随同这四架运输机一道扑来的不仅仅是法币，还有一度被王耀武"留"在南京的白文冰。按照白文冰的说法是南京方面派他负责参与督运这批法币平安抵济，王耀武当然不敢怠慢，立刻命令各部队以及第四兵站总监部的人持法币四处抢购。因为济南周围三百公里的区域已经被华野严密地控制在手里，他们当然不敢去抢购，只能局促在济南百里左右的村镇中搜刮。从7月起济南市的工商业已经大半凋零，歇业的高达278家，普通群众的日常生活水平大幅下降，在这样的情况下，国民党政权仍旧如此涸泽而渔，其影响可想而知。据王耀武后来回忆说，当地百姓流传一句顺口溜叫做"蒋介石不打倒，我们百姓活不了"。百姓生活如此，可搜刮人员却意外增肥，据第二绥靖区第二处代理科长贺光国回忆，他的军校同学、山东禹城人的张某任谍报组副组长专司用法币抢购物资，不到半年的时间，便"阔"了起来，他送给贺光国黄河鲤鱼一次就十七八斤，在当时的山东能吃到黄河鲤鱼是一件很了不得的事。与经济上的最后盘剥相对应的是政治上的加紧收网。8月13日济南又公布《非常时期户口管制惩罚暂行办法》，规定对容留、隐匿来路身份不明者，对"窝藏奸匪"及其机关或知情不报者，处以重刑或死刑，并实行五家"连保连坐"制。济南城内顿时沸反盈天、民怨载道。8月19日起，二绥区二处、济南城防司令部、济南市防奸处、济南市警察局、保密局济南站联合行动，以落实《非常时期户口管制惩罚暂行办法》为名，密查户口，密查各色"不稳定分子"，这项行动一直持续到9月，大量人员被捕、

守卫济南时的王耀武

关押，多数人到济南解放时才被释放。而已经"二进宫"的冯记膏药铺老板冯德炎在这次搜捕行动中不幸遇难。潍县失守后，逃回来的人当中有冯德炎的同乡，便找到冯德炎暂避一时，因为回青岛的路已经很难走，所以，这位同乡就一直待到8月，却不料被半夜查户口的逮个正着。冯德炎是有"案底"的，如今又添了新"罪名"，隐匿"来路不明"人员，案子一报上去正好给许揆一看到了，两次让冯德炎走脱，这次说出大天来也不能放人了。于是，许揆一秘密交办下去，没几天冯德炎就在狱中"暴病"而死。冯德炎的死，王耀武还没有得到消息，潘火亮却早就知道了，去冬今春耳闻目睹的一切令潘火亮对这个政权早已失望，冯德炎的死彻底点燃了他心头的怒火，他失望之余留下一封信上呈王耀武，然后悄然离去。

济南的城防部署是这样设定的：济南地区以城北泺口至城南八里洼为线，划分为东西两个守备区，守备重点置于飞机场的以西以南；东守备区以黄台山、茂岭山、砚池山、千佛山、四里山一带为主阵地，由整编七十三师15旅、77旅和整编二师的213旅、绥靖区特务旅、保安第六旅等部担任守备，整编七十三师师长曹振铎为守备区指挥官；西守备区以腊山、周官屯、白马山、青龙山一带为主阵地，由整编八十四师151旅、161旅和整编九十六军的独立旅、整编二师的211旅、省青年训导总队、省救民先锋总队、保安第四旅等部担任守备，整编九十六军军长兼整编八十四师师长吴化成为守备区指挥官；以保安团队为主担任东西守备区外围据点的防御，掩护主阵地的固守；另以有力部队编为总预备队，采取机动防御，由整编五七旅、整编八十三师19旅及准备空运来济的整编七十四师组成，整编二师师长晏子风为指挥官。作为绥靖区副司令官的穆忠恒不主张让吴化成防守西区，而且说即便是防守西区也应该加强督战巡视方面的指导。王耀武知道这是穆忠恒同吴化成的宿怨未了，就让吴化成出面大家一道坐坐，沟通一下。吴化成就在聚丰德摆了几桌酒席，上次聚丰德因

为出了沈舒宁、高长泰毒死的事件以后，生意一落千丈，聚丰德老板被迫出兑，接手的人就是吴化成的副手杨团一，所以，吴化成就把酒席摆到了聚丰德，第二绥靖区头面人物都参加了，这是给聚丰德撑台面呢。酒席从一开始，吴化成便对穆忠恒特别客气，紧着赔不是，王耀武很高兴，大家伙也都很尽兴，喝到半路，吴化成明显有些喝高了，他骂道："裴鸣宇这个老王八蛋，连句人话都不会说，今天他要在这里，我他妈的非毙了他不可！"有人就问为啥啊？吴化成又骂道："裴鸣宇还他妈的议长呢，竟他奶奶的念丧经！什么'八千子弟起青齐'，我二哥王耀武守的是济南，不是他妈的项羽守垓下！"他这么一骂，大家都有点懵了。今年6月，济南市郊白马山举行了一个仪式，是临时招募了一批青年学生成立的"山东青年教导总队"，王耀武也出席了，在成立大会上，山东省参议会议长裴鸣宇还朗诵了穆忠恒写的一首诗，内中有两句是"八千子弟起青齐，重整山河志亦奇"。今天酒桌上的这些人也都知道这件事，吴化成这么借酒劲一骂，大家都不免把目光都对准了穆忠恒。这时候，林中英赶紧过来拉吴化成，一边拉还一边劝："军座，您老去休息休息。"吴化成一晃膀子，张嘴又是一句："请……请……请滚出去！"这句话一出口，在场就有好几个人憋不住乐了，穆忠恒的脸上更加难看，转身拂袖而去。穆忠恒这么一走，有几个人干脆笑出了声，王耀武也是又好气、又好笑。

当时裴鸣宇念这句诗的时候，王耀武就很不高兴，"八千子弟"容易让人联想起项羽落魄垓下，要不是这首诗是穆忠恒写的，王耀武早就不准备给裴鸣宇留面子了。南郊飞机场跑道的事如果不是裴鸣宇从中作梗，何至于到今天还没有竣工？今晚吴化成替他骂了出来，他心里舒服多了。跟着后面吴化成骂的那句"请滚出去"，为什么穆忠恒脸上挂不住了？为什么在座的人都乐不可支呢？这里有一个关于穆忠恒的老段子。抗战时期，穆忠恒担任山东省政府主席，有一次他请青年学生到礼堂就座，他本来是要说"请坐"，可他结巴啊，一着急，就成了"请……请……"，这个"坐"半天说不出来，这些青年人看着这位省主席的磕磕巴巴的样子，就没绷住，全都乐了。穆忠恒一看生气了，一生气就更结巴了，他喊道："请……请……请滚出去！"这个段子后来在山东官场上流传很久，今晚吴化成给用到了这里，所以不少人都笑了，穆忠恒当然怒不可遏。第二天，林中英问吴化成，昨晚那么做会不会进一步刺激穆忠恒？吴化成哈哈大笑："老弟啊，亏你还算是熟读《资治通鉴》，亏你还给我天天讲《通鉴》，怎么连温峤戏钱凤的故事都忘了？"吴化成读书有限，林中英有一段时间经常给他读《资治通鉴》，昨晚的那一幕，林中英当然清楚那是吴化成要弄的手腕，现在之所以这么问，不过是要吴化成开心罢了。东晋晋元帝初年，割据势力王敦起兵造反，王敦知道温峤这个人很厉害，就把他从朝廷要到了自己的身边担任司马，温峤就故意与王敦的亲信钱凤打得火热，后来丹扬尹（相当于首都的第一把手）出缺，温峤很想出任，却故意在王敦的面前推荐钱凤，钱凤也推荐温峤，两个人互相吹捧，王敦就同意让温峤担任丹扬尹了，但温峤担心他走以后钱凤会在王敦面前进谗言，于是就利用走前的一次宴会上，在王敦面前故意耍酒疯骂了钱凤一顿。第二天上路时，温峤故意装出不愿意离开王敦的样子，痛哭流涕，王敦很受感动。等温峤走后，钱凤果然进谗言，可王敦却认为这都是钱凤怀恨温峤在酒席上骂过他才这么小肚鸡肠的。温峤到任后把王敦的所作所为都汇报给了朝廷并且一心一意地跟随朝廷讨伐王敦，王敦知道后气得要命却无可奈何。吴化成："老弟，你看我活学活用得如何？"林中英连连吹捧："军座真是高啊，我当时就愣没看出来。"吴化成更高兴了："其实啊，我觉得温峤也是跟曹孟德学的，想当年曹孟德糊弄他老叔不就是用装疯卖傻那一招吗？只不过我的确没有曹操那两下子，否则昨晚的戏管保叫它更热闹。"他对林中英说，现在可以同华野的人见面了，到时候了。

果不出吴化成所料，他在酒席间上演的这一幕也瞒过了王耀武的眼睛，当穆忠恒侧面提及吴化成不可靠时，王耀武不以为然。罗明理从侧面还提醒王耀武，吴化成会不会玩的是"温峤戏钱凤"的故智啊？王耀武听后哈哈大笑："他吴老二还能知道温峤吗？" 8 月 26 日，国防部第三厅厅长郭汝瑰偕同陆军总司令部第三署署长徐志勖等人到济南视察防务。郭汝瑰到济南看了一圈城防工事，挑了一堆毛病，徐志勖是王耀武的老部下，没吭声，就是陪着走，王耀武不愿意跟郭汝瑰打交道，就派参谋长罗明理陪同。郭汝瑰刚离开济南，徐州剿总副总司令杜聿明又奉命到济南视察防务，这次王耀武亲自出迎，穆忠恒、罗明理等人也一道作陪。王耀武刚叫了一声"杜总"，杜聿明连连制止："佐民兄，叫我光亭吧。"一路上杜聿明问道："佐民兄，郭小鬼（郭汝瑰）没难为你吧？"王耀武："倒是提了一堆看法，什么工事摊子铺得过大，火力不够发扬等等，我都记下了。"杜聿明用鼻孔哼了一声："赵括。"王耀武："我不怕他是赵括，我就怕他是裴蕴。"（裴蕴是南北朝陈朝的禁军将领，隋文帝杨坚南征陈朝之前，裴蕴就已经向隋朝输诚，并且在把守建康东北门户时为隋军充当内应，平陈后，隋文帝加封裴蕴为开府仪同三司）杜聿明脸色一变："你也看出来了？"王耀武："看出来有什么用？"说完他手指了指天，杜聿明："是啊，上面有人罩着。今年三月，我跟墨公（顾祝同）讲，郭汝瑰这个人不宜重用，他和中共有联系。墨公还训了我一通，说什么郭汝瑰办事很得力，他用起来放心云云，还说我疑神疑鬼。现在是大厦将倾，难免不沉渣泛起啊。"王耀武："有你光亭这样的柱石，大厦一时半会儿还倒不了。"杜聿明："你我这样的人言不听，计不从，即便是柱石又有何用？倒是郭汝瑰这种人两面讨好。说起郭汝瑰，我又忽然想起另外一个人了。"王耀武："谁？"杜聿明："吴化成。此人素来首鼠两端、反复无常，表面服从而内心诡诈，靠不住，要注意他。"王耀武："国防部和剿总以及绥靖区都没有发现他与共产党有勾结的情况，我们也没有理由撤换他。从他过去的表现看，我看他不会有什么问题。"

顾祝同

　　王耀武和杜聿明一边谈一边走进了作战大厅。王耀武说欢迎徐州杜总给我们作指示。杜聿明很谦虚地说了说，主要内容是谈他自己在东北四平的经验，虽说是谦虚，可在旁观者听来却是吹嘘。通篇谈话，杜聿明讲的多半是工事方面的话题。王耀武这时打断他，提出自己的看法，他认为要守住济南就必须增加部队，将整七十四师或者整八十三师调来，杜聿明不赞成："只要你们守十五天，我的部队一定可以到达济南，解你们的围。"王耀武反驳道："增援部队肯定会受到共军的猛烈阻击，这是有历史教训的。我看十五天肯定到不了济南。如果再调一个师来，别说守十五天，就是守二十天也没问题。"罗明理早就看不惯杜聿明，他接着王耀武的话茬顶了杜聿明一句："光靠工事是不行的，如果不增加部队，济南三五天就完了。"杜聿明盯着罗明理看了有一分钟，满脸的不快。回到南京后，杜聿明在蒋介石面前专门告了罗明理一状，说身为参谋长，临战非但不鼓励士气，反而说些泄气的话，思想有问题。不过，在杜聿明走后，顾祝同再度派出陆总第三署署长徐志勖和副署长程有秋来济查看防务，徐志勖、程有秋都是王耀武的旧部,在老长官面前不说假话,而且又没有外人,他们都说目前济南的防务摊子铺得太大,仿佛小孩穿大人的衣服,兵力、火力都不足。王耀武:"上次郭汝瑰来这里查看说的那些话也不是没有道理的,包括你们所看到的这些我也很清楚。可巧妇难为无米之炊,偌大的济南城,只有区区十万人来把守,怎么可能不捉襟见肘呢?而且这十万人还是鱼龙混杂、泥沙俱下。有人劝我不要迁就吴化成,认为他不可靠,但我不迁就他的话,谁来迁就我?"王耀武后面的这番话实际上是说给穆忠恒、罗明理听的,他们都不赞成由吴化成出任西区的指挥官,特别是西区还有飞机场。王耀武走到一辆日式轻型坦克前,对徐志勘、程有秋说:"这种老爷车步履蹒跚、机件不灵,可就这样,我们也只有这么区区几辆而已,还都当着宝贝用。"徐志勘问罗明理:"火炮数量还可以吧?"罗明理:"迫击炮80多门,十榴加机甲炮12门,弹药不是太多,就看如何调度了。"说到火炮,王耀武又想起潘火亮的不辞而别,心口一阵难过,临阵易将这意味什么?王耀武:"请两位回去面呈顾墨公,务必要把整八十三师给我们调来,否则济南前途堪忧。"

8月27日,蒋介石批准调动整八十三师周志道部飞抵济南协守。蒋介石原命令是整八十三师从9月1日起空运济南,十天内悉数到位,但却被刘峙给拦住了。刘峙当时的算盘是如果整八十三师都调到济南去,徐州必然会显得空虚,所以,刘峙尽可能地拖延整八十三师的调动,而先把一些弹药、通讯器材给运到济南去,蒋介石竟意外地同意了刘峙的看法,整八十三师仅运送了一个19旅到济南。其实,刘峙之所以这么决策与杜聿明对济南城防的构想有直接关系,杜聿明始终认为中共军队并非真正攻城,而意在打援,所以,他也始终不赞成增加济南城守的总兵力。王耀武一开始也曾经有过类似的想法,但他毕竟有着同粟裕打过交道的经验,也从一些情报中得知,中共军队从东南两面向济南外围移动的兵力应该不少于十万之众,在长清、万德一带发现的中共军队也应该在数万以上,这么大规模的兵力频繁调动,如果仅仅为了打援是说不通的。所以,他看到仅有19旅调来济南,非常焦急,即于1948年9月14日,再度飞往南京面见蒋介石。在他赶去南京前,他把老母、妻儿都委托一位亲信副官送往青岛安置,他已经预感到他以及济南未来的命运将会是什么。王耀武的五个儿子是按照仁、义、礼、智、信来取名的,唯独最小的小六儿还没来得及给起名就与父亲分别了。而且在火车站送行的时候,在场的所有人都没有想到这是亲人间最后的诀别。除了女儿王鲁云在1965年特批回国匆匆见了王耀武一面(仅一周时间)外,剩下的所有人都没有再见过王耀武。而据王鲁云本人回忆,她被批准见到父亲的时候,父亲王耀武除了变得更加苍老以外,也变得更加谨言慎行了,甚至连说话的声音也放低了不少，即便如此，王耀武仍旧将同王鲁云一道回来的年仅7岁的外孙女黄惠珍拉到一边悄悄地问她："你妈妈在香港和你爷爷、奶奶关系好不好啊？你爸爸对你妈妈好不好啊？"言语之间，舐犊情深。转眼间，47年过去了，王鲁云回忆起那场唯一的一次父女谋面的情景还唏嘘不已，感慨良多。

这次到南京来见蒋介石，王耀武采取了单刀直入的方式，直接向蒋介石要求把邱维达的整七十四师调往济南。蒋介石没有做正面的回应，只是安排王耀武和他一道用餐，餐桌上还专门给王耀武摆上了他一贯爱吃的"思想鸡"。王耀武无暇顾及这些，继续说出自己的观点："以过去屡次增援都没有完成任务的经验来说，是因为我们对共军截击我增援部队的力量估计得太小了。如济南被围攻，陈毅的主力极可能部署于兖州、济宁及其以北地区，阻我援军北上。又加我军士气不振，增援部队力量小了，很难完成任务。"蒋介石答道："第一，整七十四师可以空运济南；第二，共军的战法是猛打猛冲，只要守备部队头几天稳得住，他们的攻势就会受到顿挫；第三，如敌人一旦围攻济南，当严令援军迅速前进；第四，待援军到达兖州、济宁以北地区时，应随时注意与援军联系。在敌人打得精疲力竭时，要抽出两个师的兵力来出击，南北夹击，定获胜利。"王耀武对蒋介石说的第一点最感兴趣，也只有第一点对防守济南最

王耀武济南战役中所设临时指挥部

济南战役中的巷战

关键，至于南北夹击，至于严令援军迅抵济南，等等，以王耀武的战争经验判断，那是基本不可能做到的。眼下只有守住济南二十天，然后才能谈及其他。在离开南京城的那一瞬间，王耀武俯身望着逐渐缩小的城市街景，心头竟涌出一句李后主的词："无限江山，别时容易见时难。"当王耀武的座机于9月15日在济南的上空缓缓降落时，济南战役已经打响了。

就在济南战役打响的前几天，在华野的作战会议上，粟裕特别提出攻城部队不要把希望寄托在吴化成的临阵起义上，一切都要立足于"打"。粟裕再度重申了华野总部提出的参战炮兵的"三为主原则"，即以近战直射为主，以集中使用为主，以

直接支援步兵为主。粟裕还不忘叮嘱陈锐霆："要把特校的'重家伙'也用上去。"当时，华野内部管 105 毫米的美式榴弹炮叫"大家伙"，管美式坦克叫"重家伙"，华野特纵的特科学校（简称特校）编有坦克队。在济南战役进入总攻阶段时，特校的坦克队发挥了重要作用，陈锐霆回忆说："总攻的那天，他们配合步兵，……向东门推进，在距城头碉堡 100 米左右，摆开扇形火网……封锁着宽达 200 多米的城墙，打得敌人不敢抬头，一枪未发。原来企图向我反击的敌人 29 辆日式坦克，当发现我特校神勇的美式坦克队时，便仓皇窜入西门，停在西街巷口，不敢动弹了。"9 月 11 日，中央军委发来电报称："全军指挥，由粟裕担负。"

粟裕将主攻的方向锁定在西线的这一点，王耀武也想到了。为了掩护整七十四师迅速抵达济南，王耀武认为必须在长清一带严密布防阻遏华野的进攻。他即命令晏子风带 19 旅和 57 旅向古城以西增援，策应长清作战。而此时的整二师师长晏子风却接到了秘密筹划起义的兄长晏道刚的信函，晏道刚告诉弟弟，济南战役如果爆发，应相机向王耀武进言，如果王耀武继续忠于蒋介石，就要消极应付。所以，晏子风一度劝说王耀武将军队北移与傅作义并肩，王耀武没有采纳但也没有对晏子风采取措施。而王耀武和晏子风都没有想到的是，他们准备策应的长清县内部已经有了共产党的活动，当时负责镇守长清县的自卫总队第十二中队中队长就是中共地下党员。

王耀武手头的兵力有限，整七十四师仅空运来一个 57 旅，既然晏子风的部队调到了西边，东边的防守必然空虚。指挥华野东集团的九纵司令员聂凤智向师、团传达命令时就直接将本纵队的任务的"助攻"改成了"主攻"。济南东郊的茂岭山和砚池山是济南城防的重点之一，守备该据点的是王耀武亲自点名的整七十三师曹振铎部。为了彻底打垮济南城防的这根脊梁骨，开战前聂凤智要求参战炮兵"集中、准确、短促、猛烈"，参加济南攻城的炮兵一共集中了 500 多门火炮，这里主要是美国人称之为"五角大楼的骄傲"的美制 105 毫米口径榴弹炮，而华野的日式火炮则配给打援部队，由此可见，华野上上下下对攻克济南的决心之大了。9 月 16 日 24 时，茂岭山的国民党守军还没有闹清楚怎么回事时，强大的炮火就已经让他们被炸死或者震晕，据战后王耀武对华野特纵司令员陈锐霆说："被攻城部队炮火杀伤的数目惊人，约占其伤亡总数的百分之七十。"整七十三师 15 旅营长朱国华率部溃逃被王耀武点名枪决，但仍未能扭转败局。9 月 17 日凌晨 2 时，茂岭山被华野占领。凌晨 8 时，砚池山也被占领。

王耀武听到茂岭山、砚池山丢了，立刻将晏子风的部队调回准备反扑。但均被华野击退。同日，长清县失守，西区的王府、古城、段庄等地也相继失守。1948 年 10 月 9 日，华野负责人之一的谭震林在向毛泽东和华东局的汇报电报中称："在战役开始，九纵当晚即攻占了茂岭山及其四周，迫使王耀武改变部署，迅速将放在长青与机

济南战役中华野炮兵

场之间的 19 旅、57 旅东调平顶山、马家庄一线，将放在机场以西之 211 旅调回商埠北郊火车站一带，因而便利我军迅速迫近机场，迫使吴部起义，九纵这个行动，对整个战役进程缩短是起了很大作用。"纵观整个济南战役中王耀武后期防御的调度失灵、举措乖张，谭震林对东集团九纵的评价可谓恰如其分。

9 月 17 日，王耀武接到蒋介石手令，蒋介石告诉王耀武，他已经命令杜聿明严督各路援军迅速赶至指定地点，解济南之围。华野三纵拿下西郊琵琶山、玉皇山后即在 18 日开始炮击济南机场，使得正向济南空运的整七十四师只能匆匆扔下七个连。这时，华野已经将机场基本封锁住了，国民党军空军副总司令王叔铭只好命令空运部队结束行动。

华野为速战速决，即以重兵围攻马家庄。王耀武将整八十三师 19 旅赵尧部投入马家庄争夺战，赵尧是周志道的骨干，也是王耀武一手提拔起来的，虽然头部受伤却依旧顽抗。马家庄一战相当激烈，王耀武把刚刚空运进来的整七十四师的七个连全部投入战斗，整八十三师和整七十四师均属王耀武起家的骨干部队，他们在王耀武的驱使下，拿出玩命的劲头，试图堵住华野前进的步伐。

9 月 19 日下午 4 时，19 旅 55 团、57 团开始陆续撤离马家庄，华野追击部队除留一部侧击马家庄守军残部外，其刀锋直指济南永固门。当晚 22 时 15 分，吴化成的

济南战役战场：突击队穿过突破口向济南市内发起冲锋

155旅465团团长王玉臣突然跑到绥靖区司令部来了，一脸的油汗来不及擦，第一句话就是："吴化成叛变！"当时在办公室里的有王耀武、穆忠恒、罗明理、钱伯英、曹振铎、龙出云、李昆治、白文冰等人，这个消息把这些人都同时给震住了，参谋长罗明理一把揪住王玉臣："你再说一遍！"王玉臣："吴化成叛变了，千真万确！我不愿意跟他走，私下里逃出来的，快想办法吧，晚了，济南城就完蛋了！"王玉臣甩开罗明理的手，径自抓起桌上的军用茶缸子，咕嘟咕嘟地往嘴巴里灌水，在场所有的人也没有一个计较王玉臣的失礼，也没有一个责备王玉臣的口不择言，大家的眼珠子都齐刷刷地瞄向王耀武。王耀武心里虽然一再地要求自己"制怒""制怒"，可双手却不听使唤，他将一个大理石的烟灰缸猛地抓起来狠狠地掼到地上，愤怒地转了两圈，马上抓起电话吼道："叫青年教导总队立刻切断九十六军同城内的联系。"按下电话，王耀武又对王玉臣嘱咐道："王团长，我要给你请功。你现在先回去带着你的团到原地固守，看情况再调进城来。"王玉臣坚决要求将他的团带进城，王耀武："不行，你个人如果愿意可以随司令部行动，你那个团可能潜伏有共产党的人，为了防止出问题，暂时不要把那个团带进来。"王耀武让白文冰跟着王玉臣回去，白文冰给王耀武敬了个军礼："请主座放心。"王耀武心绪复杂地握着白文冰的手："多保重吧。"

王玉臣走后，大家又都聚拢到一起，开了个紧急碰头会。穆忠恒嘟囔了一句："这个何震寰是怎么搞的？"震寰是吴化成所部独立旅旅长何志斌的字号，何志斌原来也是西北军的老底子，但他为人刚直，看不惯吴化成那套朝秦暮楚的伎俩。所以，当初王耀武将他所在的山东保安第二旅划归吴化成的九十六军管辖并更名为九十六军独立旅时，穆忠恒是很赞成这一招，认为何志斌至少能看住吴化成。罗明理："从刚才王玉臣的交代看，目前吴化成还不知道他已经跑到我们这里来了，因此，司令官给青教总队的命令是很及时的。现在……"罗明理的话被身旁响起的电话铃声打断，罗明理不耐烦地提起话筒，刚问了一句，就赶紧捂住，神色紧张地冲着王耀武眨眼睛："吴化成来的电话！"王耀武接过来："我是王耀武，嗯……嗯，可以，我让他们设法抽调一部分拨给你们。你们那边现在怎么样？嗯……好，你也要多保重。"王耀武讲完电话，对着大家说道："明理说的没错，吴化成目前还不知道王玉臣已经告了他的密，他还要求给他们拨发100挺轻机关枪和卡车15辆，我都答应了。"王耀武表情凝重地踱了两步："给南京发报，通报吴化成叛变消息，请示下一步如何行动。我们这边也要立即做出决断。"曹振铎主张即刻突围，罗明理和龙出云不同意，王耀武实际上是倾向曹振铎的意见，因为吴化成叛变的消息一经传出，必然动摇军心。而且最重要的是吴化成守卫飞机场，飞机场一旦丢了，空降部队就成了画饼，没有援军，济南城破只是时间的问题。大家说完方案，都等着王耀武表态，罗明理提醒王耀武："如果未经允准，主动放弃济南，将来追究责任的话……"王耀武："按固守待援给南京报告。"根据王耀武的意见，第二绥靖区司令部提出两种应对吴化成部起义的方案：第一，缩短阵地，集中兵力，以内城为主，固守城垣；第二，主动突围。同时，王耀武决定绥靖区司令部撤到城内省政府指挥战事。送走了所有人，王耀武将自己反锁在办公室里，通宵未眠，眼前像放电影一样不断地出现他与吴化成这么多年交往的片段。尽管穆忠恒、罗明理嘴上没说什么，但他们的表情已经说明了一切。此前，王耀武下令让吴化成挂名九十六军军长兼八十四师师长，罗明理就不同意，王耀武为了表示自己"用人不疑"，还不让绥区二处的人再到吴化成的防区去，罗明理也不以为然。当然，罗明理也理解王耀武的苦衷，手中人马不多，吴化成麾下这一万多人自然就是关键。况且，王耀武也不可能将吴化成暗中把白文冰的那张颇能释疑的照片交给他的事说给罗明理。再者说，9 月 14 日他飞去南京途径徐州时，特地下来去看望刘峙，他与刘峙之间还谈及吴化成的情况，刘峙也肯定地说："我没接到吴化成跟共党勾结的情报，吴化成在抗战时期做过伪军，常和共党打仗，抗战胜利后他又和共党交手，彼此结下的仇很深，我看他不至于有什么问题。"就在 9 月中，吴化成有一次还向王耀武介绍识破中共的某些攻心手段的经验："共军围攻一个地方，他们常在第一线喊话，甚至对乙地的军队说甲地的军队已经投降了，某部放下武器了。这样对我们的军心很有影响，千万要注意。"王耀武当时有感于吴化成的这个解说，还传令下去要全军各部都要加以注意。9 月 17日早晨，王耀武还跟吴化成见了一面，当时讨论如何夺回砚池山和茂岭山，吴化成一脸的倦容，说他一夜未睡，还说茂岭山怎么会丢了呢，言语间有些慌乱的样子，王耀武也未及深想，因为就他自己来说得知茂岭山和砚池山失守的消息后也几乎不能自持。从这天早晨的碰面之后，王耀武再给九十六军打电话，吴化成从未亲自接过。王耀武捶了捶自己的脑袋，叫着自己的名号："王佐民，你的一生就这么完了吗？"

9 月 20 日上午 10 时多，吴化成的副手、第八十四师副师长杨团一狂奔而来。一见王耀武，杨团一跪倒大哭，大骂吴化成。王耀武挽起杨团一："这个事不怪你，都怪我有眼无珠。你能回来太好了。"杨团一一边哭一边还怒骂道："吴化成，变乱成性。人各有志嘛，干么都行，总得讲点道义吧？这个人太不够朋友了。"王耀武："给南京去电，告诉总统，说杨团一、王玉臣恪尽职守、坚贞不屈，请总统予以明令褒扬。"罗明理问杨团一："何震寰怎么没看住吴化成呢？"杨团一一听到何志斌的名字，立刻又骂了起来："何志斌跟高来宾（独立旅参谋长）穿连裆裤，把司令官派去的副旅长都给扣了起来，他还对吴化成说，绝对服从军座的指挥。他奶奶的，没一个好东西！"说起何志斌，王耀武才忽然发现穆忠恒已经有半天多的时间不见踪影了，他就此问了罗明理一句，罗明理冷笑一声："你做人是仁至义尽，可人家却是来无影去无踪！"王耀武："你是说他……"罗明理："他早跑了。"王玉臣来报告吴化成起义的消息后，罗明理还曾经建议让穆忠恒到开元寺那里负责指挥，王耀武当即否决了这一提议，因为王耀武认为穆忠恒素来与吴化成不睦，这个时候吴化成变生肘腋，穆忠恒到第一线去很容易吃亏。哪知道就在这天晚上，穆忠恒竟然抛下王耀武、罗明理等人先跑了。杨团一再次骂道："他妈的，还怪我们虐待杂牌，这些个杂牌军没一个好东西，到了关键时刻他妈的就知道顾自己！"说罢又放声大哭。杨团一好不容易止住哭声，外面又响起国民党山东省党部委员于宝伦的声音："司令官，我来晚了。"王耀武平素不喜欢同这位中统在山东的大头目打交道，但此刻是非常时期，只得硬着头皮去应付。于宝伦倒是开门见山："佐公，我都听说了，我有个建议，以我跟吴化成的部下155旅旅长杨友柏的交情，我愿意自身前往说服杨友柏反正，如果有可能的话，也将吴化成一道拉过来。"王耀武知道所谓"也将吴化成一道拉过来"完全是梦话，但试一试拉杨友柏倒不失为一条缓兵之计，他让手下封了十听茄力克香烟以及大笔现金给于宝伦带着，还让秘书用他的口气起草了一封短信给杨友柏，许以八十四师师长的职位。王耀武对于宝伦说："仲昆兄，不管此行是否成功，我都会将老兄的功劳上报总统。"快中午时，于宝伦赶回来了，第一句话就说："人心大变啊！"于宝伦带回来杨友柏给王耀武的一封回信："柏受司令官栽培，恩同天高，没齿难忘，军事问题既已表态，实难挽回，但保证绝不进犯城垣，请佐公放心，日后相见再当请罪。"王耀武反过来安慰于宝伦："有这封信就不白跑一趟。"中午12时，整七十四师172团团长刘炳坤把电话直接打到王耀武的办公桌上，是罗明理接的，刘炳坤请罗明理转告王耀武："炳坤等受佐公知遇，但知有死而已，万一阵地不守，还请佐公务必通知家属。"王耀武将电话从罗明理手里接过来："炳坤老弟，疾风知劲草，板荡识诚臣。你这种精神很好！我要报告给总统，升你为少将旅长！"刘炳坤率领空运过来的整七十四师的七个连（因在马家庄作战，损失了两个多连，其实已经不足四百人），死守包括升平街以南、经三路以北、纬二路以西、纬三路以东的一块方形地带，直到身负重伤，左右拼光殆尽为止。

下午4时，南京蒋介石的电报终于来了："俊才吾弟鉴，吴逆叛变，事出非常，知之痛心！陈明仁守四平，知不可守终竟守之，东北赖以保全；济南之于华北亦如四平之于东北，战略要地，弟必固守，不能放弃。已令经扶、光亭督率三路援军兼程疾进，中正。"王耀武面无表情地在"固守"二字旁边画了四个圈，又在"援军"二字旁边画了四个叉："不固守就杀头，援军一个也来不了！"晚7时，王耀武召开紧急会议，宣读蒋介石的电报，会开了半个小时，大家并没有从老蒋的"三路援军兼程疾进"的信息中看到半点希望。会后，王耀武将毛学谦叫来："我已经让军法处通知下去了，所有在押人犯一律释放，对共产党和俘虏人员一律送出卡子，不得伤害一人，你负责协同处理，不得有半点闪失。否则军法从事！"①毛学谦："那个人怎么办？"王耀武："让他去吧。"毛学谦所说的"那个人"指的就是白文冰，自白文冰在8月间押送法币回济南抢购物资时，毛学谦便全程监视他的一举一动，现在正值全城大乱之际，要想收拾白文冰正是好机会，还不会留一点痕迹。王耀武也清楚，而且从白文冰临近济南战役打响前夕被派回济南这一点来看，有的人也没打算给白文冰准备什么后路。但他还是放弃了这一念头，从他让白文冰跟着王玉臣走的那一刻他就放弃了出手的念头：大家共事一场，好聚好散吧。毛学谦刚要拔脚走，王耀武又叫住了他，特别低声嘱咐道："关于郭小鬼的那件事你务必找人给徐州杜总（杜聿明）他们捎个信。不管你用什么方式，总之要给杜总再来一个提醒。"毛学谦狠狠地点了点头。毛学谦走后，王耀武不无自嘲地说："睫在眼前长不见，道非身外更何求？若干年后，后人还不知道要如何笑话我王耀武呢。"王耀武收集到了有关郭汝瑰的一些负面情报，他要毛学谦一定要把这些东西交给徐州的杜聿明，毛学谦是否交到杜聿明的手中，已不可考。只是，郭汝瑰晚年回忆过，1982年他去拜访杜聿明，问杜聿明，为什么一再说他与中共有联系呢？有什么证据吗？杜聿明说，山东来人谈的，有根据。郭汝瑰又追问到底是谁，杜聿明则说这是秘密，不能告诉你。②王耀武玩了一辈子情报战，最后却被自己手下的吴化成耍了一个来回，所以，他不免要哀叹，也不免要自嘲。

9月23日上午，刘峙、王叔铭分别飞临济南上空，轮番给王耀武打气，说是援军即将杀到，务必顶住。实际上仰着脖子看他们表演的王耀武比他们更清楚，援军是不可能到的，当年张灵甫的悲剧再一次于济南重演了，他的脑海里突然闪出8月初他和罗明理等人聊起襄阳一战的场景。1948年2月，第十五绥靖区成立，康泽被蒋介石任命为司令官，把守襄樊要害，可康泽麾下只有区区两个杂牌旅，而且其中一个旅还都是新兵蛋子。罗明理就感叹说，真不知道老头子是怎么想的，别说康兆民了，就是关云长，也守不住这样的城。第十五绥靖区从成立到覆灭，只用了五个多月的时间，康泽被俘。罗明

---

① 王昭建《在王耀武指挥部中的见闻》，载《文史资料存稿选编》第10卷第358页。

② 《郭汝瑰回忆录》第258页，中共党史出版社2009年版。

解放军华东画报社印制的有关
王耀武潜逃被俘简略

济南战役后被俘的王耀武

理说:"像康兆民这样的人,本党是完一个少一个,老头子何以让他轻蹈死地呢?"王耀武当时忽然想起严子庸、白文冰合伙造谣替蒋经国排挤康泽的段子,不由得打了个激灵。如今自己马上也要成为下一个康泽了,不禁低声地骂了句:"妈的,拼了!"

王耀武把守卫内城坤顺门的任务交给77旅旅长钱伯英,钱伯英此前是绥靖区副参谋长,他是从湘西雪峰山会战时开始跟随王耀武的。这个湖北黄冈人是有名的死硬派,王耀武对他说:"内城是我们最后一道防线,如果被打开就无险可守了,必须反扑,恢复城墙阵地。"王耀武命令将亲信便衣队悉数编入77旅,钱伯英用手擦了一把眼睛,枪管顶起了军帽:"佐公,我这条命是你给的,民国三十四年时我就该死了,没想到又多活了三年,够本!"说完,嗷的一嗓子喊了起来,他手下的官兵们在他的嘶鸣中冲上了战场。作家丛正里曾走访过攻打坤顺门时担任我华野十三纵37师109团副参谋长的梁凤岗(离休前任内蒙古军区副司令员),老人回忆起那场血战还不无感慨地说道:"仗打得太苦了,也太惨。登城部队在突破口上拼搏了四个多小时。进攻时我们是2700多人,到天亮时只剩下1200人了。部队打了一夜,又饥又渴,也没了弹药。全团的炊事班都包了包子,几百人站在城外往城墙上扔包子、扔手榴弹。城上的同志一边打仗,一边吃。掉在血里的一扒皮就吃,什么也不顾。包子和手榴弹在空中乱飞。"钱伯英于济南城破后被俘,此后潜逃,归李弥节制,任云南"反共救国军"参谋长。若干年后,缅甸政府军一位叫差林的老军人回忆起这位钱伯英时还说过:"李弥打仗就要钱(钱伯英),钱伯英打仗不要命。"

9月24日上午11时,王耀武知道大势已去,决定率部突围。跟着王耀武的包括二绥区副参谋长干载、省政府秘书王昭建以及绥靖区几个处长。走前,王耀武给罗明理挂了最后一个电话,只说了八个字:"情势困难,各自珍重。"忽然,王耀武想起了什么,他转身指着干载对王昭建说:"你是本地人,回家没有危险,他是湖北人,口音不对，地形也不熟悉，在济南举目无亲，你帮帮他。"二绥区副参谋长干戟闻听此言，"唔"的一下，哭出了声，王耀武："哭个屁，内战不同抗战，徒死无益，否则定为天下人耻笑。"王耀武吩咐十五旅的一个营会同特务团一部，由北极阁通过出城的坑道向北突围。该部在突至一华里半处，受到华野的阻击，无法前进。王耀武等人就利用这个机会化好装，同时他命令突围部队向后撤退，造成败退的假象，趁着华野追击败军的机会一下子向东逃出了重围。只是王耀武这时还不知道，他的老对手粟裕早在他出逃前的上午 7 时便已经向中共中央建议可以打响淮海战役了。

济南战役历时八天，华野共歼灭国民党守军 84000 人，其中毙、伤 22423 人，俘获王耀武等将级军官 23 人，华野共伤亡 26991 人。济南战役后，美国人公开承认："自今而后，共产党要到何处，就到何处，要攻何城，就攻何城，再没有什么阻挡了。"周恩来说："三大战役的序幕是济南战役。"正如中共中央所指出的："（济南战役）胜利影响已动摇了蒋介石反动军队的内部。"国民党政权的总崩溃正是从济南战役的胜利开始的。

尾 声

白文冰身份揭秘：他是蒋介石直接批准参加国民革命军总司令部密查组的人员，奉命监视王耀武等国民党高级将领。

1988 年 9 月，已然在国外经商多年的白文冰在养子余化龙（余书茵之子，由白文冰抚养成人，香港商人）的陪同下踏上了济南的土地。他这次本来是想先到台湾去看望一下向影心，二十年了，他始终没有任何有关向影心的音讯，甚至不知道她是否还在人世。1948 年 9 月 23 日，他随王玉臣一道逃出济南，第一站就到了青岛向影心的住处，向影心也在准备离开青岛。她问白文冰下一步准备去哪儿，白文冰说他要回南京。向影心冷笑一声，"我劝你别死心眼了"。白文冰不解，向影心说你先给南京去个电报，如果他们回电直接说让你回去，你就回去，如果他们回电说他们派人来接你，我看你还是另做打算吧。一周后，南京来电，说是派人来青岛接白文冰回南京，白文冰拿着电文来找向影心，向影心："不出我所料吧？老弟，你救过我两次，我理应帮你。但有些话我不能说，我就举我自己的例子，毛人凤用植物神经紊乱的名义送我来青岛，如今该办的事都办好了，他在南京对人说我神经不正常，需要继续调养。南京我肯定是不回去了，我先去香港，不如你跟我一起走。"白文冰虽然没有同向影心一道走，但最终没有回南京，也通过香港去了国外。走前，他把余书茵的儿子余化龙带到身边。此次他之所以坚持要到台湾去看一下向影心，除了上述因素外，他还想解开一个多年以来沉积在心里的谜团。1951 年向影心返台，当年即发生了蒋经国举报"国防部"保密局特别技术总队总队长杜长城一案，随即蒋介石即以贪污罪名将毛人凤的心腹杜长城枪决，毛人凤就此一蹶不振。1955 年，毛人凤病死，向影心同俞济时的"往来"更加明显。而就在这一年的 6 月初的一个晚上，俞济时因为次日要陪同蒋介石校阅部队，临时擦拭枪械，不小心手枪走火擦伤大腿，以至于次日的校阅缺席。这件事很快被蒋经国反映上去，成为与"孙立人案"相关的佐证，俞济时从此失宠，以所谓"国策顾问"了结政治生涯。1988 年，蒋经国已经作古，白文冰想，假如向影心还健在，假如他能找到她的话，他想问问向影心，她的真实身份到底是什么？而向影心又是从什么时候发觉自己的底牌的？

　　白文冰，原名皇启斌。1927 年 7 月 16 日由蒋介石直接批准参加国民革命军总司令部密查组。密查组虽然仅仅存在了两个多月，却是日后中统、军统之滥觞。1927 年 8 月，密查组解散，皇启斌化名白文冰进入国民党中央军人监狱任职。1931 年起担负起秘密监视国民党军高级将领的任务。1937 年起进入王耀武所部，开始奉命负责监视王耀武的所作所为。1947 年起，其组织关系暂归蒋经国领导，但仍允许他直接密报。白文冰的名字是他取自己的姓名中偏旁以及第一个女友肖冰的名字合成。此外，"白文冰"系中医制作膏药时收膏所用药剂的名称，隐喻"收口"。尽管白文冰隐藏得很深，但最终还是露出了马脚。在济南城破前夕，他已经感觉到了毛学谦对自己的步步为营，可到底没有动手。他知道这一定是王耀武不同意。因而，他经常感念王耀武的手下留情，也时刻关注着王耀武的消息。直到八十年代，他才从大陆公开的消息中得知王耀武已于 1968 年 7 月病逝。

　　白文冰看了两遍济南解放阁的碑刻，不禁叹息道："说起来真是造化弄人啊。当初王耀武、赵铁夫、吴化东、吴化成这四个人是我亲身接触最多的，他们的结局实堪浩叹。王耀武尽职尽责，到头来成了战犯；赵铁夫死心塌地，到头来死得不明不白；吴化东忠肝义胆，到头来赍志而没；而吴化成呢，虽然反复无常、朝秦暮楚，最后却只有他修成了正果。这大概就是人们常说的'天道无情'吧？我给你举个例子，党国的空军号称天之骄子，谁也说不得碰不得，王耀武在山东贵为一省首脑也奈何他们不得。济南的空军指挥所是归北平的空军第二军区司令部管辖，民国三十七年在济南指挥空军调度的是北平空司二处处长傅瑞瑗，9 月 18 日一大早，傅瑞瑗传下命令，要指挥所所有的人都登机离开，大家上了飞机，傅瑞瑗才告诉他们说，听见炮声了吗？那是吴军长通知我们的信号，吴军长就要倒戈了，我曾劝过他，他不听我的，坚持要倒戈，那就让他倒吧，平时我们的关系很好，所以商定在最紧张的时候，他通知我们撤走。你看看，这像是一个党国空军指挥官说的话吗？这是傅瑞瑗的勤务兵亲口对我说的，就这样的人，就这么贻误战机、贻误党国，却屁事也没有，傅瑞瑗他敢公开这么说就说明他知道屁事都不会有的，否则他敢说吗？而王耀武这样的人，党国的高级将领中屈指可数的人才，撤到徐州的主张最早是王耀武提出来的，杜聿明后来搞的徐蚌会战也是照抄王耀武的故智，就这么个人，蒋先生还是让我盯着他，最早戴笠也负责盯过一段时间，前几天我看到大陆出版的沈醉回忆戴笠的书里也承认了，其实，王耀武5月份（指1948年5月）回南京的时候就猜出我的身份了，我那个时候也对蒋先生汇报过，可蒋先生后来还是让我借着押送法币的机会再回到济南去，万幸王耀武没有难为我，那回去也是不打算让我生还了嘛。向影心，我为什么要找她？也是因为这个嘛，他们两个对我有恩哪。所以，我说蒋先生用人最致命的弱点就在这里。说到底还是用人嘛，对不对？"

　　在白文冰准备离开济南的头一天晚上，有一位自称姓姚的中年人要来拜望他。这个中年人自报家门叫姚海光，是一名历史爱好者。白文冰同他很是聊了一会，也很投机。后来，姚海光给他看了一张照片，照片上的女人从面容上讲，有点眼熟。姚海光告诉白文冰，这个女人叫姚岚，是他的姑姑。"姚岚"，这个名字让白文冰一下子想起了那场血腥的刑讯的场面，但他想撑住，还想否认，可他的神情和双手是那么的不听使唤，颤抖间接过了姚岚的照片的同时又直直地僵硬在那里……

主要参考资料

一、文献史料

1.《粟裕军事文集》

2.《徐永昌日记》

3.《王世杰日记》

4.《粟裕年谱》

5.《在蒋介石身边八年——侍从室高级幕僚唐纵日记》

6.《何成濬日记》

7.《何应钦将军九五纪事长编》

8.《王子壮日记》

9.《总统蒋公思想言论总集》

10.《中华民国重要史料初编——对日抗战时期》

11.《日本军国主义侵华史料长编》（上、下）

12.《中华民国档案资料汇编》

二、回忆口述

1.《风雨中的宁静》

2.《我在蒋介石父子身边的日子》

3.《蒋介石私人医生回忆录》

4.《粟裕战争回忆录》

5.《庐山会议实录》

6.《潮流与点滴》

7.《李一氓回忆录》

8.《从红小鬼到火箭兵司令——李水清将军回忆录》

9.《黎原回忆录》

10.《陈诚抗日战争回忆录》

11.《中国国民革命军的北伐——一个驻华军事顾问的札记》

12.《纵横龙潭虎穴间——靖任秋回忆录》

13.《蒋纬国口述自传》

14.《蒋介石特勤总管黄仁霖回忆录》

15.《郑洞国回忆录》

16.《鹰犬将军——宋希濂回忆录》

17.《李默庵回忆录》

18.《郭汝瑰回忆录》

19.《原国民党将领抗日战争亲历记》（全十卷）

20.《张治中回忆录》

21.《李宗仁回忆录》

22.《沧桑集》

23.《六见蒋介石》

24.《新生之路》

25.《俞济时遗稿》（未刊）

三、报刊杂志

1.《纵横》

2.《百年潮》

3.《文史资料选辑》

4.《文史资料存稿选编》

5.《近代史研究》

6.《中共党史人物传》

7.《中共党史资料》

8.《近代史资料》

9.《传记文学》（台北）

10.《新文学史料》

四、著述

1.《诸葛亮将苑注释》

2.《民国高级将领列传》

3.《刘锡五传略》

4.《党员、党权与党争》

5.《国民党的联共与反共》

6.《革命与反革命——社会文化视野下的民国政治》

7.《中国国民党党史》

8.《林枫传》

9.《左权传》

10.《陈赓传》

11.《陆定一传》

其他：

1. 山东省情资料库

2. 王耀武亲属王鲁云、黄惠珍谈话记录

3. "洋溪万人堆"网络资料

后　记

　　2010 年有过一个想法，准备写个东西出来作为纪念辛亥百年的样品。地球人都知道辛亥革命的发动者是以中国同盟会为主体，所以，这也就自然牵扯到了同盟会的后身国民党。由此联系到国民党在中国大陆"其兴也勃焉、其亡也忽焉"的现象，便觉得应该选择个把国民党阵营中的历史人物作为切入点。就这样，王耀武闯进了视野之中。

　　王耀武对于我们大多数人来说，也熟也不熟。说熟悉是因为一场济南战役，特别是那句口号"打进济南府，活捉王耀武"；说不熟悉那就是王耀武的事迹在相当长的一段时间里并不是满大街的人都能朗朗上口。在这点上，王耀武甚至不如他的下级张灵甫、李天霞那么"耳熟能详"，老电影《南征北战》中李军长那句脍炙人口的台词"看在党国的分上，拉兄弟一把"成了日后李天霞的某种代名词，张灵甫就更不用说了。在新中国成立后第一批特赦的国民党战犯中，以王耀武留下的资料最少，他的五篇回忆文章加上自述尚不及十万字，而且内中很多细节都没有照顾到，加之他的早逝，这个人的历史陈迹已经很少有人过问了。这也就注定选择王耀武这个人物的巨大难度。

　　之所以用"传奇"二字，一则是王耀武本人的历史的确很有传奇色彩，较之小说更能吸引眼珠子，这是历史天然魅力所在；另一则便是写作过程中的"合并同类项"所致。什么叫"合并同类项"呢？举个例子，王耀武身边的亲信很多，要描写这些人，如果一一罗列出来，不但读者会时不时地搞错，就是作者自己也不胜其烦。索性将其共同点拿捏在一处，取一个相近的名字作为总代表。书中如安慧民、白文冰、孟记东、罗明理等人都是由此而来。另外，吴化成、吴化东、余书茵、沈北原、沈舒宁、赵铁夫、穆忠恒、侯龙安、陈凤举、严子庸等人物也是在名字上做了点手脚，原因有上述的理由，也有考虑到当事人家属的缘由。希

　　　　　　　　　　　　　　　　　　　　　　　　　　　　后记

望读者在阅读过程中，于此处稍加留意。

　　这本不成样子的小书所以能这么快地同大家见面，首先要感谢团结出版社社长梁光玉先生和总编室主任傅雪莎女士，在编辑、出版这本书的过程中，他们的敬业精神始终令作者感佩。其次在本书收集、整理资料时，李含章、任岩、龙哲等同志的积极协助也不敢稍忘。2011年夏，在得知拙作接近尾声之际，王耀武先生的亲属王鲁云女士、黄惠珍女士专门从香港飞来与作者见面，并且提供了一些鲜为人知的细节，自然为本书增色不少，在此也一并谢过。

　　书稿虽然磨砺一年之久，但粗糙、错漏之处一定不免。敬请大家不吝赐教、指正为盼。

温　相

2012 年 4 月 20 日

winston1118@163.com